王亚南全集

第二卷

厦门大学出版社
XIAMEN UNIVERSITY PRESS
国家一级出版社
全国百佳图书出版单位

图书在版编目(CIP)数据

王亚南全集. 第二卷 /《王亚南全集》编纂委员会编.—厦门:厦门大学出版社,2021.1

ISBN 978-7-5615-8042-4

Ⅰ. ①王… Ⅱ. ①王… Ⅲ. ①王亚南(1901—1969)—全集 Ⅳ. ①C52

中国版本图书馆 CIP 数据核字(2021)第 011651 号

出 版 人 郑文礼
出版策划 宋文艳
责任编辑 许红兵
责任校对 李芮男
装帧设计 李夏凌 蔡炜荣
技术编辑 朱 楷

出版发行 厦门大学出版社
社 址 厦门市软件园二期望海路 39 号
邮政编码 361008
总 机 0592-2181111 0592-2181406(传真)
营销中心 0592-2184458 0592-2181365
网 址 http://www.xmupress.com
邮 箱 xmup@xmupress.com
印 刷 厦门集大印刷厂

开本 720 mm×1 000 mm 1/16
印张 39
插页 3
字数 604 千字
版次 2021 年 1 月第 1 版
印次 2021 年 1 月第 1 次印刷
定价 168.00 元

本书如有印装质量问题请直接寄承印厂调换

厦门大学出版社
微信二维码

厦门大学出版社
微博二维码

编纂体例

1.编校基本原则:尊重与保持原著面貌,同时兼顾现行学术规范和读者阅读习惯。

2.版式:原为竖排者均改为横排,繁体字均改为简体字。

3.古体字、异体字改动而于原意无损者,改为今体字和通用字,并按新版《现代汉语词典》规范。

4.对明显的文字排校差错,包括衍(多余)、脱(减少)、倒(倒置)、错(错讹)进行校改。添加的字用六角号及楷体标示,其他径行改正。漫漶不清、无法辨认的,用方框“□□”标示。

5.生僻或明显有碍于读者理解的旧词,改为常用或便于理解的新词。

6.标点符号原则上不作改动;个别影响阅读或容易引起歧义的,采用现行国家标准予以改正。

7.著作(译作)、文章原则上采用原有标题;个别无标题或标题有改动的,由编者酌加或修改,并用“*”号注明,加“编者注”说明。

8.原作中的夹注、篇后注、章后注等,原则上改为脚注,文献出版年份和页码统一为阿拉伯数字。

9.编者所加注释均注明“编者注”,并根据情况采用脚注或夹注形式。

10.引文均不复核,个别明显错引处径行代为改正。

11.原文中人名、地名、国名已成音译定例的,按定例予以改正和统一;未成音译定例者,仍循其旧。卷末根据需要附“人名译名对照表”等。

12.统计数字按现行规范统一。年代表述仍循原著写法。

13.内容涉及对外或民族、宗教政策的，亦保留原样，必要时加“编者注”说明。

14.早期原著中个别提法不合现行规定的，径行作省略处理。

《王亚南全集》编辑部

本卷编者说明

本卷收录王亚南迄今已公开发表的有关《资本论》研究的42篇文章，包括已收录《〈资本论〉研究》《关于学习〈资本论〉的几个问题》这两部文集中的24篇论文、讲稿和分散发表在《厦门大学学报》(社会科学版)、《中国经济问题》、《新建设》、《经济研究》等上关于《资本论》教学与研究的18篇学术论文。

王亚南是马克思《资本论》全三卷最早的中文翻译者之一。解放后他长期从事《资本论》的宣传、教学与研究工作，并结合实际撰写了大量有关《资本论》教学与研究的专题论文，对《资本论》的原理、研究对象、研究方法、结构体系及其学习要点、难点和重点，《资本论》创作的时代背景与阶级历史任务等进行了全面、系统的研究，是我国最早通俗、完整地宣传介绍《资本论》的经济学家之一，对《资本论》在中国的研究、传播和普及教育发挥了不可替代的作用。

早在20世纪60年代初，王亚南就组织厦门大学经济系部分教师撰写关于《资本论》的通俗解读文章，逐章逐句阐释《资本论》的内容，每篇均由王亚南亲自审定后在《中国经济问题》上定期刊出。王亚南创办的《资本论》通俗讲座自1961年起开设，深受广大干部、群众的欢迎、喜爱和重视。随着讲座内容的陆续整理发表，厦门大学的《资本论》研究也迅速成为全国关注的热点。1963年12月，由王亚南、袁镇岳主编的《〈资本论〉讲座》第一分册由上海人民出版社出版。王亚南特地为该书出版撰写了《写在〈《资本论》讲座〉前面》的介绍文章，同时将他在《中国经济问题》上发表的《唯物主义历史观和马克思主义政治经济学方法论——关于〈资本论〉第一卷的几篇序与跋》的专题研究文章收录该书。

这一时期，王亚南还应邀到北京、上海、南昌等地进行短期讲学或开办学术讲座，开展《资本论》的宣传普及工作。例如1962年10月，他应中共江西省委党校的邀请到南昌讲学，对《资本论》产生的时代背景、研究的对象与方法、结构与体系，《资本论》第一、二、三卷的要点以及学习和运用《资本论》的途径等，做了全面系统而又简明扼要的介绍。由于讲学的内容更加口语化，也更加深入浅出、通俗易懂，因此受到了大家的一致好评。

在长期围绕《资本论》开展的教学和研究工作中，王亚南十分希望能将其关于《资本论》教学与研究的成果汇编成册，并亲自选定了十多篇论文，拟以《〈资本论〉研究——〈资本论〉的学与用》为书名出版①。可惜由于种种原因，该书未能在王亚南生前正式出版。

1973年3月，厦门大学经济研究所按照王亚南生前的设想，将他在《经济研究》、《学术月刊》、《文汇报》、《厦门大学学报》(社会科学版)、《中国经济问题》等报刊上发表的十余篇文章，汇编为《〈资本论〉研究》一书，由上海人民出版社出版。

1980年11月，厦门大学经济系教师王洛林对王亚南1962年10月在江西南昌讲学的记录稿进行了认真整理，汇集成《关于学习〈资本论〉的几个问题》一书，由福建人民出版社正式出版。

为了全面反映王亚南关于《资本论》的研究成果，我们对已收录上述两部书中的24篇文章和分散发表在其他报刊上的18篇文章进行了校勘整理，结为《王亚南全集》第二卷。本卷分为三个部分：第一部分为“《资本论》研究”，包含已收录上海人民出版社出版的同名书中的17篇文章；第二部分为“关于学习《资本论》的几个问题”，包含已收录福建人民出版社出版的同名书中的7篇讲稿；第三部分为“关于马克思的《资本论》”，包含王亚南分散发表在相关报刊、书籍上的18篇文章。

正如王亚南所说：“像《资本论》这样一部关系人类历史命运，关系马克思主义哲学社会科学理论的建设与发展的伟大著作，在每一个历史发

---

① 王亚南：《学习〈资本论〉第三卷值得注意的若干问题》，《中国经济问题》1964年第10期。

展阶段，在每一个采取了不同阶级斗争形式的国家民族，学习起来，都会依照它的时代或阶级的要求，提出不同任务。”[①]在今天建设新时代有中国特色的社会主义的历史征程中，重温这些历经时间和实践检验，仍然散发着浓厚理论气息的文章，对于我们“温故而知新”，推动《资本论》的教学、研究和通俗化工作，对于推动马克思主义理论的中国化、时代化、大众化，具有重要的理论和现实意义。

---

① 王亚南：《写在〈资本论〉通俗讲座前面》，《中国经济问题》1961年第8期。

目 录

《资本论》研究

关于学习《资本论》的几个问题

关于马克思的《资本论》

《资本论》研究

原书封面

《资本论》研究
王亚南 著
上海人民出版社出版
（上海绍兴路5号）
新华书店上海发行所发行　上海商务印刷厂印刷
开本850×1156　1/32　印张13　字数296,000
1973年3月第1版　1973年3月第1次印刷
印数1—50,000
统一书号：4171·16　定价：1.03元
内部发行

原书版权页

前 言

《资本论》是一部划时代的伟大著作。马克思在《资本论》中完成了政治经济学的伟大革命，创立了批判的、革命的无产阶级政治经济学。列宁指出，“马克思的经济学说就是马克思理论最深刻、最全面、最详细的证明和运用”。因此，遵照伟大领袖毛主席关于“认真看书学习，弄通马克思主义”的教导，学习《资本论》，对于认识资本主义制度必然要灭亡，社会主义必然要胜利，社会主义制度终究要代替资本主义制度；对于提高我们的阶级斗争、路线斗争和无产阶级专政下继续革命的觉悟，做好当前的社会主义革命和社会主义建设工作，都有重大现实意义。

王亚南同志参加过翻译《资本论》的工作，长期从事马克思主义经济理论的研究。这里收集的十多篇论文，是他生前在这方面研究的部分成果。我们把这些文章汇集出版，供大家参考。

本书分为三个部分：第一部分就《资本论》产生的时代背景，阶级的历史任务，研究的对象和方法，第一、二、三卷的结构与体系以及三卷的综合系统理解，作简要的介绍；第二部分是歌颂《资本论》对无产阶级解放事业的历史功绩，以及恩格斯对《资本论》的伟大贡献；第三部分是作者结合实际斗争学习和研究《资本论》的体会，这些文章揭露和批判了当代资产阶级经济学和现代修正主义对《资本论》的污蔑和歪曲，并对当时经济理论界争论的一些问题提出个人见解。

这十多篇论文，均写于一九六五年以前。第三部分，除个别篇写于一九五七年外，都是一九六一年至一九六五年所作，并发表在《文汇报》、《经济研究》、《厦门大学学报》以及本所编印的《中国经济问题》上。这次汇集，我们除对引文作了校正，个别地方作了一些删改和文字润饰外，其他都按原稿编入。由于水平限制，编纂上一定存在不少问题，希望读者批评指正。

厦门大学经济研究所

第一部分

一、《资本论》产生的时代背景与阶级历史任务

(一)《资本论》产生的年代

讲到《资本论》产生的年代,有两点需要交代清楚。第一点是《资本论》出版的年月,其次是《资本论》撰写的过程。

我们知道,《资本论》第一卷出版于一八六七年,第二卷、第三卷则是在马克思逝世以后,由恩格斯整理草稿,分别于一八八五年、一八九四年出版。但这还没有包括马克思原来计划包括在《资本论》里面的剩余价值理论或剩余价值学说史部分。对于那一部分,恩格斯在临终以前,曾委托考茨基整理原稿,作为第四卷出版。但考茨基整理的结果,却把剩余价值学说史作为一部独立著作,分作三卷,分别在一九〇四年、一九〇五年和一九一〇年刊印出来。以上是《资本论》出版经过的概略。但一部著作的产生,更重要的是要看它的写作过程。包括剩余价值学说史在内的《资本论》手稿,在第一卷刊行的一八六七年以前,已经大体完成。而在第一卷刊行的前两年,即一八六五年,马克思曾就其中的重要论点,用《价值、价格与利润》(一作《工资、价格和利润》)的讲题作过报告(这是在马克思死后,从遗稿中发现的)。在这以前的一八五九年,马克思发表了他的经典名著《政治经济学批判》。在这部书的序言中,他已经把要写作《资本论》

的计划轮廓指示出来了；事实上，他当时还为《政治经济学批判》写过一篇"导言"，在"导言"的结尾，还较详细地提到后来写作《资本论》如何分篇的问题。他在《资本论》第一卷初版序言中，就是把《资本论》看作《政治经济学批判》的续篇，这就是说，《政治经济学批判》是《资本论》的初篇了。如果我们根据恩格斯所说的，"资本和劳动的关系，是我们现代全部社会体系所依以旋转的轴心"，《资本论》就是对于这种关系"第一次作了科学的说明"[①]，那么，马克思在一八四七年刊出的《雇佣劳动与资本》，已经是后来发展的《资本论》的序曲或雏形。由此可见，《资本论》的酝酿计划写作过程，大体是在十九世纪中叶前后的二十年间。这就是《资本论》的产生年代。但我们这样说，决没有忘记马克思在他逝世的一八八三年以前，一直在对这部著作进行加工的工作，而在这以后恩格斯为把第二卷、第三卷整理好付印，又付出了很繁重的劳动。

现在我们要分别来考察这个时期在西欧各主要国家的资本主义发展情况、工人运动情况和社会思想变动情况，看怎样促使马克思提出写作《资本论》的历史任务来的。

(二)西欧英、法、德三国当时的具体历史情况和工人阶级斗争情况

1.先讲三国的具体历史情况

《资本论》的作者是德国人，但他的全部理论，他的《资本论》，却是把英国的社会经济发展情况，作为考察研究的对象。恩格斯在《资本论》第一卷英文本的序中说："这个人的全部理论，是他毕生研究英国经济史和经济状况的结果"[②]。他是德国人，而把他研究的对象放在英国，那并不是因为他当时长期住在英国，而是因为科学的研究本身，有这个要求。我们知道，《资本论》所研究的，是资本主义经济，或者说，《资本论》论的是资本。研究考察必须选择比较成熟的形态，当一个社会经济形态还没有成

① 恩格斯：《卡·马克思〈资本论〉第一卷书评——为〈民主周报〉作》。《马克思恩格斯选集》第2卷，人民出版社1972年版，第269页。

② 马克思：《资本论》第1卷，人民出版社1963年版，第XXXIII页。

熟,它的各种范畴,它的规律,都还没有形成,那研究起来就有种种困难。马克思选定英国为考察研究的对象,其原因:第一,英国是当时资本主义发展最成熟的国家;第二,由于英国的资本主义发展成熟,所以英国有关经济的资料,思想资料,学说史资料,现实的统计资料都非常丰富。马克思自己曾说:"英国博物馆中堆积着政治经济学史的大量资料,伦敦对于考察资产阶级社会是一个方便的地点"①。但以英国社会经济为研究对象,并不是说,马克思没有注意欧洲其他各国,特别是大陆法、德两国的情况。法国的资本主义发展,仅次于英国;在十九世纪四十年代以后,德国也急起直追地赶上来。由于这三个国家的政治经济生活有密切联系,并和这个研究有关的思想领域,特别是在工人阶级运动方面,一直在相互发生影响,所以,讨论《资本论》产生的时代背景,不能只限于英国,同时还必须讲到法国和德国。事实上,当时美国的情况,马克思也是非常注意的。

应当说,近代资产阶级革命,是标志着资本主义商品经济发展的里程碑:一方面,资本主义商品经济没有一定程度的发展,就不会导致资产阶级革命,另一方面,资产阶级革命成功了,又会进一步促进资本主义商品经济的发展。但这仍是比较一般的说法。资产阶级革命产生的具体历史条件,时间的先后,革命的过程与特点,都对于资本主义经济的发展有不同的影响。英、法、德三国资产阶级革命产生的历史时期,是不相同的。英国革命产生于十七世纪四十年代,法国革命产生于十八世纪八十年代,而德国革命则产生于十九世纪四十年代。这就是说,英国革命早于法国140年,法国革命又早于德国60年,即德国革命落后于英国200年。在十九世纪中叶以前,三国的资本主义发展情况,也大体显示了这个先后的顺序。但进一步比较考察这三国革命的不同性质和不同表现形态,就不但可以较清楚地了解它们的具体历史情况和资本主义发展进程,还可以帮助我们认识这些国家工人阶级生长和运动的一般动态。马克思曾深刻地指出三国的革命的区别,他说:"1648年的革命和1789年的革命,并不是英国的革命和法国的革命;这是欧洲范围的革命。它们不是社会中某一阶级对旧政治制度的胜利;它们宣告了欧洲新社会的政治制度。资产

---

① 马克思:《政治经济学批判》序言。《马克思恩格斯选集》第2卷,人民出版社1972年版,第84页。

阶级在这两次革命中获得了胜利；然而，当时资产阶级的胜利意味着新社会制度的胜利，资产阶级所有制对封建所有制的胜利，民族对地方主义的胜利，竞争对行会制度的胜利，财产分配制对长子继承制的胜利，土地所有者支配土地制对土地所有者隶属于土地制的胜利，教育对迷信的胜利，家庭对宗族的胜利，进取精神对游侠怠惰的胜利，资产阶级法权对中世纪特权的胜利。1648 年的革命是十七世纪对十六世纪的革命，1789 年的革命是十八世纪对十七世纪的胜利。这两次革命不仅反映了它们本身发生的地区即英法两国的要求，而且在更大得多的程度上反映了当时整个世界的要求。普鲁士的三月革命却完全不是这样。"[①]它自始就是"要在思想上建立起君主立宪政体，在事实上建立起资产阶级政权。三月革命决不是欧洲的革命，它不过是欧洲革命在一个落后国家里的微弱的回声。它不仅没有超过自己的世纪，反而比自己的世纪落后了半世纪以上。……普鲁士的三月革命甚至不是民族范围的、德意志范围的革命，它一开始就是普鲁士地方性的革命。"[②]在德国的这个革命，其所以表示了这样的狭窄性，软弱性，落后性，乃是因为它的"资产阶级发展得如此萎靡、畏缩、缓慢，以致当它同封建制度和专制制度对峙的时候，它本身已经是同无产阶级以及城市居民中所有那些在利益和思想上跟无产阶级相近的阶层相对峙的了"[③]。反过来也说明，英、法两国资产阶级革命其所以表现得那样彻底，那样有生命力，是由于它们的资产阶级在进行革命以前，资本主义商品生产已有较大的发展，它已经痛切地感到封建制度与专制主义对于那种生产的束缚，它就毫无顾忌地领导并团结一切在那些制度下，受压迫的无产阶级和其他社会阶层，向着共同的敌人猛冲，因为当时的无产阶级尚没有发展成为一个给予它们以威胁的力量。不过，由于时代的进步，无产阶级在法国革命中扮演的角色，已经和在英国革命中扮演的角色，大不相同了。无产阶级愈来愈在资产阶级革命中表现出它的力量和

---

① 马克思：《资产阶级和反革命》。《马克思恩格斯选集》第 1 卷，人民出版社 1972 年版，第 321 页。

② 马克思：《资产阶级和反革命》。《马克思恩格斯选集》第 1 卷，人民出版社 1972 年版，第 321～322 页。

③ 马克思：《资产阶级和反革命》。《马克思恩格斯选集》第 1 卷，人民出版社 1972 年版，第 322 页。

扮演着重要角色的这一事实,并不能叫德国资产阶级进行革命表现更大的勇气,却反而使他们更感到踌躇、胆怯,一开始就认为有必要和旧势力妥协。尽管如此,德国在一八四八年革命以后,资本主义仍有极其迅速的发展,这不是没有原因的。当我们想到,英国十七世纪的政治革命和十八世纪的产业革命所给予法国革命以及法国革命后的资本主义发展以多么大的影响,就不难看出,在英、法两国的先进的政治经济的影响下,德国在促进统一国家和加速资本主义经济发展方面,该得到多么丰富的经验。就因为有这许多历史的、社会的原因,在十九世纪中叶前后,不但法国已是仅次于英国的先进资本主义国家,就是落后的德国,也想要马不停蹄地赶上来。

2.再讲三国的工人阶级斗争情况

资本主义商品经济的发展,就是意味着由资本家与工资雇佣劳动者结成的生产关系的发展,也就是意味着资本家剥削雇佣劳动者所获得的剩余价值的积累的增长。这个剥削关系的本质,虽然到后来是由马克思发现并阐明的,但剥削的事实以及由此引起的劳资双方的利害冲突,却是在资本生活开始的第一瞬间,就存在着的。不过早期所有的劳动者与资本家间的冲突与斗争,都没有脱离个别的、零碎的行业内部的性质。因为资本主义经济的发展,虽然不可避免地要发展工人阶级,但工人阶级要发展成为一个社会的阶级力量,就必须资本主义发展到相当普遍的程度,以便把劳动阶级的队伍扩大起来,使他们的眼界开阔起来,打破行业的、地区的,乃至民族的限制。不仅如此,当资本主义的生产与流通关系,还受着封建的、专制主义的压制的时候,资产阶级是善于把他们剥削工人阶级、损害工人阶级的责任,转嫁到封建贵族和专制君主身上,并还进一步利用工人阶级来推翻封建制度与专制主义制度的。上面讲到的英、法、德各国工人阶级在资产阶级革命中分别扮演的角色,除了表明工人阶级在社会进步立场上有必要参加推翻反动落后制度的一切运动外,同时也说明资产阶级在利用他们达到双重的目的,即一方面剥削工人阶级,一方面打倒封建领主贵族。

当英法两国资产阶级先后赢得革命胜利,夺得政权,从而,把社会敌对阶级简化了的时候,工人阶级与资产阶级的矛盾就面对面地突出来了。这种情况,在英法两国资本主义受着英国产业革命与法国大革命的刺激,而加速发展的过程中，特别显得尖锐。到了十九世纪三十年代，我们就看到英法两国工人的有组织的集体斗争运动。事实上，英国工人阶级在一八二四年就由一系列的斗争，取得了结社的合法权力。一八三一年欧文及其信奉者，就开始公开组织“全国劳动者阶级联盟”，展开选举法改革运动。同盟组织的目标，除了要求废除地主在选举上的特权、废除议员在财产上的资格限制外，还提出劳动者有确保其劳动全部价值的权利，有用一切手段保护劳动者、使不受雇主及制造家横暴压迫的权利。劳动者阶级参加这次选举法改革运动，虽然只取得了废除地主选举特权，使资产阶级得到好处，而没有废除选举财产上的资格限制，但他们继续展开普选运动，提出“人民宪章”的号召，断断续续一直到一八四六年。这一系列斗争，不仅促成了所谓劳动“大宪章”即“工厂条例”的实现，并还使议会通过了“十小时法案”。工人阶级作为一个阶级力量在全国范围发动起来，就能够叫资产阶级知道他们的厉害。就在英国工人阶级开始他们的选举法改革运动的同一年，也即一八三一年，还没有取得结社合法权的法国里昂的丝业工人，采取一次使法国资产阶级感到非常惊恐的暴力行动。斗争与反斗争的结果，他们干脆把这个城市占领了。他们占领这个城市的时间虽然很短，但它的影响，却极其深远。英法两国的工人阶级行动起来了，德国工人阶级怎么样呢？德国的资产阶级虽然出现得很迟，但在革命以前，德国的资产阶级已经在学习英法两国的经验，发展资本主义经济；同时，德国工人阶级也并没有等待，他们也已经在吸收英法两国工人阶级的斗争经验，开始行动。在一八四四年，德国西里西亚的纺织工人起义了。马克思对于这次起义行动，给予了很高的评价。事实上，在这次西里西亚事件以前，散布在西欧各国的德国工人，就在一八三六年开始组织一个秘密性的革命团体，分头在各国活动。一八八五年恩格斯讲到它的特点说：“……这个运动差不多在一切文明国家中都曾展开过。而且还不仅如此。目前的国际工人运动实质上是当时的德国工人运动的直接继续，那时的德国工人运动一般说来是第一次国际工人运动，并且产生出许多在国际工人协会中起了领导作用的人。”①

---

① 恩格斯：《关于共产主义者同盟的历史》。《马克思恩格斯选集》第4卷，人民出版社1972年版，第186页。

从上面我们看见，在十九世纪三四十年代，不但是英国法国的工人阶级，就是德国工人阶级，也都有组织地行动起来了。从他们的组织行动中，显示出迫切要求一种能够教育他们、统一他们的组织和行动的指导思想，使他们明确认识自己阶级的利益、力量和前途，使他们在斗争中不迷失方向，不听信那些阶级敌人散布的各种不利于他们团结、斗争的错误言论。这就是说，需要有一整套符合工人阶级利益、为工人阶级利益服务的理论原则或思想体系。这样的思想体系，不但不能从现存的社会学说思想中找到，并且还要一反那些现存的社会学说思想，才能建立起来。为什么呢？请先看看工人阶级斗争的思想障碍罢！

（三）工人阶级斗争的思想障碍

在社会主义社会以前的一切有文化的社会，差不多只限于私有制社会。而那时所有的社会文化思想学说，也差不多是为了分别适应辩护各不同私有制度而逐渐形成的。在资本主义私有制阶段，由于这种制度比以前的奴隶制、封建制进步，也由于它的进步生产力允许社会文化思想有较大较全面的发展，它就有可能在社会思想的各个领域内，建立起把资本私有制合理化、合法化的各种哲学社会科学体系，使生活在这种制度下的人们，不但是剥削者，连被剥削者也承认它是自然的，非如此不可的，从而是要永远这样下去的。这种思想的法网，不但是资本主义的强制的政治法律，赖以制订、赖以推行的有效的理论根据，同时还是在日常生活中，在社会风习中，在舆论中，捍卫资本主义制度，使不受非议反抗的思想工具。这些对工人阶级的革命斗争运动的思想障碍，已经够大了，而且在其间还掺杂一些空想社会主义思想。空想社会主义虽然在这一方面或那一方面，提到反对资本主义制度，但由于它基本上不是无产阶级的，在很大程度上是反科学的，所以，尽管它在攻击资本主义制度，并提出对未来社会的各种展望，这些方面有很大的积极意义；但是由于它脱离实际，回避政治斗争，对工人阶级革命斗争，造成的思想障碍，一点也不比那些拥护资本主义制度的人的言论为少。为了说明的便利，这里只打算就资本主义社会思想学说中，最基本的也是与工人阶级利益最有关的资产阶级政治经济学和空想社会主义讲一个梗概。

1.资产阶级政治经济学

依据马克思的批判的、科学的分析，资产阶级政治经济学有两种类型，一是古典的，一是庸俗的。两者的性质不同，它们对于工人阶级思想毒害的影响也不一样。古典经济学产生于十九世纪以前，当时工人阶级与资产阶级的斗争，还处在潜伏状态中，因此，那些古典学者还不妨从科学的立场，把资产阶级社会的内在联系、内在矛盾揭露出来。他们肯定社会的财富或商品，是由劳动创造出来的，肯定劳动者所得的工资以及社会各种收入，资本家的利润，地主的地租，教会的什一税，国家的税收，归根结底，都是出自劳动的成果；他们还不掩饰，资产阶级越来越富了，劳动者阶级仅能挣得糊口的生活资料，并由此说明他们的利害冲突与阶级斗争。但他们认为，所有这些贫富悬殊的现象，阶级斗争的现象，都是发展社会生产力必然要产生的，无可避免的自然现象。也就是说，工人阶级就是展开斗争，到头也改变不了被剥削的贫困的命运。不是么？历史上从来就没有通过斗争可以消灭贫富不平等的事情，不是这样的不平等，就是那样的不平等，做自由劳动者毕竟比做奴隶农奴高明啰！劳动所有权是被尊重的，一切都很公平，大家都是在平等地位上竞争，要斗争，也搞不出什么名堂来啊！这些话，不是很动听么？

可是庸俗经济学者不是这样看问题，由于他们基本上是出现在工人阶级与资产阶级的斗争已经白热化了的十九世纪三四十年代乃至更晚一点的时期。在这时，作为资产阶级的经济学者，他们已经害怕讲真理、讲科学了，已经在睁大眼睛否认资本家阶级对工人阶级的剥削了，已经不敢正面承认社会矛盾和阶级斗争是资本主义制度的必然产物了。他们认为财富是工人阶级与资本家共同合作创造出来的，他们的利益是调和的，不是矛盾的，因而斗争是有害的。资本家投资不能没有利润，就象劳动者出卖劳动力不能没有工资一样。斗争使得资本家无利可图，闭厂歇业，受苦挨饿的还是工人阶级。倒不如好好与资本家调和合作，彼此两利。

总的说来，古典经济学向工人阶级所作的忠告，是斗争也没有结果；庸俗经济学代工人阶级所作的打算，是根本用不着斗争。它们都是从一个共同前提认识出发，那就是资本主义私有制不容侵犯。他们在这个私有制的框框里，把劳动权也塞进去，同资本权、土地权，平起平坐，被看作是“天赋人权”，看作是“平等自由”的理性的表现。但为什么这样的“平等自由”,“天赋人权”,一行使起来,竟是那样不平等,竟使小部分人富有,大部分人贫困呢?工人阶级从现实生活中是不难体会这种说法的虚伪性和欺骗性的,至少,他们对这种说法是怀疑的。但整个资产阶级思想,特别是那些资产阶级经济学者们的似是而非的理论,使他们对资本主义制度的本质想不透,说不清,心中没有底,影响他们的团结,斗争起来也就迷失方向。

2.空想社会主义

在十九世纪初期,正当资产阶级的各种学者,特别是经济学者,把资本主义私有制当作神圣不可侵犯的理性的产物,把资本主义国家当作“理性王国”来宣扬的时候,资本主义在它由形成以至发展过程中,造成的种种社会贫困罪恶现象,已经相当广泛地引起人们的不满。空想社会主义者是最初敢于向资本主义制度本身挑战的人。法国的圣西门和傅立叶,英国的欧文是他们的伟大的代表人物。他们从各个不同的视野:圣西门从哲学社会学方面,傅立叶从历史和社会制度方面,欧文从经济实践方面,分别大胆揭露资本主义制度本身的缺陷,其内在的矛盾及其不免于灭亡的暂时的过渡性;不仅如此,他们还越过资本私有制社会的视野,去设想展望和计划未来的合理生活远景,从而为社会主义、共产主义提出了许多有建设意义的创见。圣西门宣告“生产是任何社会组织的目的”,到临终时,他还说“世界的将来是属于工人的”。傅立叶指出人类社会由蒙昧、野蛮、宗法以迄文明的四个阶段,但在文明社会,一切采取了复杂的、虚伪的二义的形式,在平等自由口号下的不平等不自由,贫困产生于过剩中,整个文明制度是在矛盾中、罪恶循环中运行,并由此提出他的协同主义的学说。欧文这位伟大的空想社会主义的“实验家”,和圣西门、傅立叶不同,他更重视实际行动,他通过集体企业管理,通过劳动公平交易组织,通过合作措施,由一个实验到另一个实验,企图在资本主义制度孔隙中,找出并试验达到他所幻想的共产主义途径。三位空想大师分别在理论上出了很多主意,在实践上作了不少努力,他们的言论和行动,曾在一定范围内,激动人心,开拓工人阶级的眼界。但所有这三位空想大师的共同特点,就是都没有考虑到必须发动工人阶级来展开斗争,从资产阶级手中夺取政权,然后才能谈到消灭人剥削人的制度,而实现他们的理想。而他们所想的和所做的,恰是要通过教育宣传、和平改造的方法,不主张斗争,特别不主张政治斗争。这一来，他们在揭露资本主义制度罪恶并指出其不可避免的灭亡命运的方面，即使能帮助工人阶级，使他们走出资产阶级设定的思想迷宫，而在如何消灭资本主义制度，实现社会主义、共产主义理想方面，不是又要把他们推进云里雾中吗？

从科学批判的立场来讲，也许我们是不能过多要求这些空想社会主义者的。在他们所处的历史时期，资本主义在英国，还是刚刚以现代性的、以大工业为基础的周期经济危机，来表现它的内在矛盾运动的规律，而工人阶级对资产阶级的斗争，又还是处在引而待发的阶段，不成熟的条件，只能允许他们提出不成熟的社会主义思想形态。

在二十年代前后，空想社会主义者是止于提出一些不切实际的方案，完全没有考虑到工人阶级成为改革社会的基本动力这个根本问题；而资产阶级的政治经济学，则由于古典政治经济学愈来愈不合这个历史时期资产阶级的口味，又正在开始为宣传阶级调和协作的庸俗政治经济学所代替。在这样的情况下，工人阶级在三四十年代展开的阶级斗争，迫切要求有一种能够让他们理解斗争意义，辨明斗争方向，团结斗争力量，指出斗争前途的指导思想，就非常明白了。

这是时代的要求，这是时代向工人阶级的利益的代表者提出的极其严肃重大的阶级的历史任务。

（四）《资本论》所完成的阶级历史任务

马克思在四十年代初，就已经是工人阶级的同情者、拥护者，是一切有利于工人阶级的政治宣传运动的积极参加者。当他在思想上，由青年黑格尔派的唯心论者转为辩证唯物论者的同时，在政治上，他已经由社会民主主义者，变为共产主义者了。由于他在国内外的活动，自始就和共产主义者同盟的早期组织保持联系，自始就注意各国工人阶级运动情况，从而认清了工人阶级的阶级本质特点和力量；他很早就把人类解放、社会变革的希望，寄托在工人阶级身上，并认定工人阶级要肩负起解放自己也解放全人类的重大责任，必须提高阶级觉悟，必须有一整套无产阶级的思想学说体系来武装头脑。他在一八四三年、一八四四年写的《〈黑格尔法哲学批判〉导言》中，就提出了这样具有深刻含义的警语："德国人的解放就是人的解放。这个解放的头脑是哲学,它的心脏是无产阶级。”[①]这里所说的哲学,当然是指着为工人阶级所要求的理论思想体系。工人阶级只有接受和占有了这种理论思想体系,才能完成他们的解放事业。但在当时,这种理论思想体系,并不存在。古典哲学、古典政治经济学只为它提供了一些有关现实关系合理的思想片段,空想社会主义也只发出了一些未来社会的思想闪光,而且它们还都是包括在错误的和不健康的各种教义中。一切都得重新开始。我们知道,在为共产主义者同盟撰写《共产党宣言》的一八四七年前后,马克思在实际上已经在为建立这样的理论思想体系努力。在这个思想体系中,首先就要对资产阶级的哲学、政治经济学和空想社会主义,进行革命的批判,并在批判展开中,把新的理论基础逐渐建立起来。他的研究努力的程序,大体是先从共产主义所要求的新的世界观、方法论,从历史唯物主义哲学,转到政治经济学,再通过现实资本主义生产关系发展过程的规律的发现,找到实现社会主义的物质条件与人的条件的科学论据。马克思在四十年代后,特别在撰写《共产党宣言》的一八四七年,他已有意识地和他的战友恩格斯,承担起这个艰巨工作。到了五十年代末,如我们前面讲到的,他已在《政治经济学批判》“导言”和“序言”中,把他建立那个理论思想体系的草图,描写出来了。那就是后来在六十年代完成的《资本论》的内容。

结合工人阶级革命斗争的实践要求来看,《资本论》提出了三个关键的理论:

第一,资本剥削的理论——就劳动价值学说,剩余价值学说,流通学说,分配学说,来全面系统论证资产阶级对工人阶级的剥削;而且按照客观发展的规律,那还是愈来愈残酷的剥削。

第二,资本发展的同时也是工人阶级势力发展的理论——从资本剥削的本质来看,资产阶级要想不发展它的敌对阶级,即工人阶级,也就不能发展它自己。这里面就体现了愈来愈不利于资产阶级的阶级力量的消长变化的规律。

第三,资本被剥夺的理论——资本的集中扩大过程,它的社会化过

---

① 马克思:《〈黑格尔法哲学批判〉导言》。《马克思恩格斯选集》第 1 卷,人民出版社 1972 年版,第 15 页。

程，一方面愈来愈使资本个人占有的形式，不适于它的发展，而同时它在集中社会化过程中积累的物的因素，以及由此集中团结、培育、锻炼的人的因素，就将成为资本被剥夺，更高级新社会形式被创建出来的准备条件。

所有这些关于工人阶级被剥削，它的力量不断被增大和增长，以至最后资本被剥夺，都不是出于主观愿望，而是作为客观存在的事实来加以描述，当作客观存在的规律而将其发现。一切都有事实和科学的根据，它就有说服力，就有宣传动员的力量，就能为工人阶级所接受。《资本论》的作者，就是这样来完成他的阶级历史任务的。

我们由此可以看到，要承担起这个庄严的阶级历史任务，首先当然要对于工人阶级事业有高度的忠诚，对于工人阶级的品质与力量，有足够的认识，对于所进行的研究，有广博精深的科学造诣。但在这当中，我们还必须牢牢记住马克思自己讲的一句话："……人类始终只提出自己能够解决的任务，因为只要仔细考察就可以发现，任务本身，只有在解决它的物质条件已经存在或者至少是在形成过程中的时候，才会产生。"[①]也就是说，只有到了工人阶级运动有了较普遍深入的发展的十九世纪中叶前后，那个指导他们斗争的理论任务，才能被提到议事日程；也只有到了资本主义社会关系已经明确地表现出它的自我否定的内在运动规律的时期，《资本论》的作者，才有可能很成功地完成那个阶级历史任务。

① 马克思：《政治经济学批判》序言。《马克思恩格斯选集》第2卷，人民出版社1972年版，第83页。

二、《资本论》研究的对象与方法

(一)《资本论》的哲学基础

我们知道,马克思撰写《资本论》是为了完成一项时代所赋予他的阶级历史任务,那就是教育指导工人阶级进行革命斗争的任务。我们又知道,马克思很出色地完成了这个任务。恩格斯对于《资本论》的评语是:"自地球上有资本家和工人以来,没有一本书象我们面前这本书那样,对于工人具有如此重要的意义。"①而劳动者对于《资本论》的反应,则是如马克思自己所说的:"《资本论》迅速在德国工人阶级广大范围内得到的理解,对我的劳动来说,是一种最好的报酬。"②《资本论》所以对工人阶级那样重要,工人阶级所以能很快地领悟并接受《资本论》里面所讲的道理,就因为那些道理不但符合工人阶级的实际情况,而且也符合于他们的要求和对未来的展望;使他们从传统的流行的社会思想意识,特别是从资产阶级政治经济学(乃至空想社会主义)的思想束缚中,解脱出来。这就表明,作为一部经济学论著来看,《资本论》首先就不能不是对于资产阶级政治经济学的批判,对于政治经济学的革命。或者说,不能不是把为资产阶级服务的政治经济学,变革为为工人阶级服务的政治经济学了。

要对政治经济学作这样的变革,也并不是说,把以往资产阶级经济学者几百年研究的成果,全抛在一边,重新另起炉灶,那样做,不但不符合人类科学发展上需要不断总结经验,接受优秀遗产的现实道理,也不是马克思主义者要尽量吸收利用以往有关科学知识,来为工人阶级事业服务的

---

① 恩格斯:《卡·马克思〈资本论〉第一卷书评——为〈民主周报〉作》。《马克思恩格斯选集》第2卷,人民出版社1972年版,第269页。

② 马克思:《资本论》第1卷,人民出版社1963年版,第XV页。

有效途径。因此，马克思在《资本论》中所要做的，就是在对资产阶级古典政治经济学展开去粗取精、去伪存真的批判吸收中，建立起新的经济理论体系。这样一个科学革命工作，显然不能就资产阶级经济学的某一些方面或某一些论点，枝枝节节地去批判，而是要在一个正确的科学体系中，去看它这一方面那一方面的理论或论点，对在哪里，错在哪里。恩格斯对《政治经济学批判》就这样说明过："我们面前的这部著作，绝不是对经济学的个别章节作零碎的批判，绝不是对经济学的某些争论问题作孤立的研究。相反，它一开始就以系统地概括经济科学的全部复杂内容，并且在联系中阐述资产阶级生产和资产阶级交换的规律为目的。既然经济学家无非是这些规律的解释者和辩护人，那末，这种阐述同时也就是对全部经济学文献的批判。"①我们知道，《资本论》是《政治经济学批判》的续篇，恩格斯对于《政治经济学批判》的话，当然适用于《资本论》。

事实上，资产阶级政治经济学者(不单是庸俗的，也包括古典的)的致命缺点，就在于他们的研究，缺少正确的哲学基础，也就是说，缺少科学的世界观、历史观和方法原理。由于他们对于自己所研究的对象，即资本主义制度，在一方面，自始就把它看作是人类社会最合理的、最后的制度，是再也不会变革的制度；同时又不自觉其矛盾地、笼统地把它看作是人类的社会制度，以为这种制度下存在的各种经济范畴、原则、规律，适用于人类不同的社会。由前一个错误的看法，就促使他们把一些不合理的经济关系、经济现象，尽量说成是合理的、自然的；由后一个错误的看法，又使他们把一些只是具有资本主义特质特点的东西，说成是普遍的、一般的。这就说明，他们对于资本主义制度的研究，不仅采取了形而上学的观点，在那种观点的指导下，还运用了极不正确的方法。马克思恰好是从这里下手，来展开他对于资产阶级政治经济学的批判，并由此确立他的新的政治经济学体系的。

马克思的哲学，包括辩证唯物论和历史唯物论。正如他的政治经济学是在批判吸收古典政治经济学的基础上发展起来的一样，他的哲学也是在批判吸收古典哲学的基础上发展起来的。但是有一点必须指出，如

---

① 恩格斯：《卡尔·马克思〈政治经济学批判〉》。《马克思恩格斯选集》第2卷，人民出版社1972年版，第119页。

果说，他的唯物论是清算了费尔巴哈等旧唯物论者的机械的、形而上学的倾向的结果，他的辩证法是清算了黑格尔唯心主义的因素的结果；而他的唯物史观，则是他把他的唯物论与辩证法结合起来形成的辩证唯物论，进一步扩展到社会生活领域，而作出的一个崭新的发现。由于这个发现，我们就对自然、对社会、对人类思想本身，有一个完整的辩证唯物主义的世界观，同时也有了符合这个世界观的本质要求的辩证方法原理。从这个世界观出发，从存在决定意识这个根本的命题出发，引出社会存在决定社会意识；再在社会存在中引出物质生活的生产方式决定着社会生活、政治生活以及一般精神生活过程的原则；再在物质生活生产方式中，引出生产力与生产关系这两个相适应又相矛盾的辩证的规定因素。这样，就为一切社会科学，特别是为政治经济学找到了如何进行研究，并且必须从哪里着手去研究的客观依据。

马克思在《政治经济学批判》序言中，这样表述了作为他研究政治经济学的一般导线的唯物历史观："人们在自己生活的社会生产中发生一定的、必然的、不以他们的意志为转移的关系，即同他们的物质生产力的一定发展阶段相适合的生产关系。这些生产关系的总和构成社会的经济结构，即有法律的和政治的上层建筑竖立其上并有一定的社会意识形式与之相适应的现实基础。……社会的物质生产力发展到一定阶段，便同它们一直在其中活动的现存生产关系或财产关系（这只是生产关系的法律用语）发生矛盾。于是这些关系便由生产力的发展形式变成生产力的桎梏。那时社会革命的时代就到来了。"①由于马克思是沿着这个导线来展开他对于资产阶级政治经济学的批判，并从而建立他的新的政治经济学体系的，所以恩格斯说："这种德国的经济学本质上是建立在唯物主义历史观的基础上的"②。很显然，在研究批判中采取了这样的观点，他的方法，便必须是反对形而上学的自然主义的，必须是唯物的辩证方法。恩格斯也指出："马克思对于政治经济学的批判就是以这个方法作基础的，这

---

① 马克思：《政治经济学批判》序言。《马克思恩格斯选集》第 2 卷，人民出版社 1972 年版，第 82～83 页。

② 恩格斯：《卡尔·马克思〈政治经济学批判〉》。《马克思恩格斯选集》第 2 卷，人民出版社 1972 年版，第 116 页。

个方法的制定，在我们看来是一个其意义不亚于唯物主义基本观点的成果。”①

在下面，我们将依据这个哲学基础，就马克思的政治经济学或《资本论》的研究对象和研究方法，分别加以说明。

(二)《资本论》的研究对象是资本主义社会的生产关系

从上面讲到的唯物史观公式，我们清楚看到，马克思是把他的《资本论》的研究对象，确定在资本主义社会的生产关系方面。他不但这样确定了他的研究对象，并且还把这个对象，作了非常严密的科学的规定：

“……同他们的物质生产力的一定发展阶段相适合的生产关系。

“这些生产关系的总和构成社会的经济结构，……。

“社会的物质生产力发展到一定阶段，便同它们一直在其中活动的现存生产关系或财产关系(这只是生产关系的法律用语)发生矛盾。”②

他这样来确定来规定的研究对象，我们大家今天似乎过于熟悉了，倒反而不大容易认清它的积极的深刻的意义。但是只要问一问：这和资产阶级经济学者所定的研究对象有什么不同呢？为什么抓住这个研究对象，一开始就给了资产阶级经济学的理论体系以沉重的打击呢？当问到这些的时候，我们的想法，就会有所不同了。

我认为，需要从以下这几个方面把问题交代清楚：

首先，《资本论》所要研究的，是资本主义社会的生产关系，而不是含糊笼统地讲什么人类社会的一般生产关系，这才有可能就资本主义社会的特点，来研究它的经济关系和规律。列宁非常重视这一点，他说：“马克思只说到一个‘社会经济形态’，即资本主义社会经济形态，换句话说，他研究的只是这个形态而不是别的形态的发展规律”③。资产阶级的庸俗

---

① 恩格斯：《卡尔·马克思〈政治经济学批判〉》。《马克思恩格斯选集》第2卷，人民出版社1972年版，第122页。

② 马克思：《政治经济学批判》序言。《马克思恩格斯选集》第2卷，人民出版社1972年版，第82页。

③ 列宁：《什么是“人民之友”以及他们如何攻击社会民主主义者？》。《列宁选集》第1卷，人民出版社1972年版，第4～5页。

经济学者不必说，就是那些古典经济学者，也时常在封建的经济关系与资本主义的经济关系之间，扯来扯去；有时还用原始人类渔猎捕获物的交换关系，来类比十八、十九世纪的商品价值关系；说货币是产生于人类的求利本能，把资本看成是任何社会都能存在的生产工具。这样混淆概念，滥用逻辑，如何能把握资本主义社会的实质和特点！

其次，马克思所讲的资本主义社会的生产关系，并不只是一般所说的在生产上结成的关系，尤其不是资产阶级经济学者在他们的经济学论著中论生产或论生产技术条件所谈到的那种关系，而是在资产阶级统治下，以所生产所交换的劳动生产物为媒介，而由资产阶级与劳动阶级构成的社会关系。恩格斯说，政治经济学"所研究的不是物，而是人和人之间的关系，归根到底是阶级和阶级之间的关系；可是这些关系总是同物结合着，并且作为物出现；诚然，这个或那个经济学家在个别场合也曾觉察到这种联系，而马克思第一次揭示出它对于整个经济学的意义……"①。

再次，由于马克思所理解的生产关系，是由资产阶级支配的、资产阶级剥削劳动者阶级的那种社会关系，那末，这种关系本身，就必须以所有制为前提，就必须肯定生产资料的占有者，同时也是劳动生产物的占有者。所以，如前面讲到的，马克思又说财产关系只是生产关系的法律用语。斯大林更对此作了引申的说明，认为生产关系包括："（一）生产资料的所有制形式；（二）由此产生的各种不同社会集团在生产中的地位以及他们的相互关系，或如马克思所说的，'互相交换其活动'；（三）完全以它们为转移的产品分配形式。"②在这个说明中，不仅包括了所有制，还把生产、交换与分配及其相互的主从关系也包括在里面了。这完全符合马克思的"生产关系总和""社会经济结构"的概念。而且只有这样，它才能算是这门科学的全面研究对象。资产阶级经济学者，尽管把所有制看成是资本主义的命根子，可是在他们的理论说明中，却往往把它看成是可有可无的东西，甚至有意不接触到它，这只能说明，他们的理论受到了如何大的阶级限制。

---

① 恩格斯：《卡尔·马克思〈政治经济学批判〉》。《马克思恩格斯选集》第2卷，人民出版社1972年版，第123页。

② 斯大林：《苏联社会主义经济问题》，人民出版社1971年版，第58页。

还必须指出，马克思认为，具有上述那些含义或社会规定性的生产关系，是要和当时所在社会的物质生产力发展程度相适合的，“社会的物质生产力发展到一定阶段，便同它们一直在其中活动的现存生产关系……发生矛盾。于是这些关系便由生产力的发展形式变成生产力的桎梏。那时社会革命的时代就到来了”[①]；原来的生产关系，就要为新的生产关系所代替了。马克思在另一个场合，把这称为“生产力（生产资料）的概念和生产关系的概念的辩证法”，也许是因为他怕人们会机械地理解生产关系适合生产力发展程度的意义，还特地对那句话加以限制，说那是“这样一种辩证法，它的界限应当确定，它不抹杀现实差别”[②]。列宁认定，马克思关于生产关系与一定物质生产力发展程度相适合的提法，是一切社会科学得以建立的现实的理论基础。他说：“只有把社会关系归结于生产关系，把生产关系归结于生产力的高度，才能有可靠的根据把社会形态的发展看做自然历史过程。不言而喻，没有这种观点，也就不会有社会科学。”这样，当然也不会有科学的经济学。他还对此作这样的例解：“主观主义者虽然承认历史现象的规律性，但不能把这些现象的进化看做自然历史过程，这是因为他们只限于指出社会思想和人的目的，而不善于把这些思想和目的归结于物质的社会关系。”[③]但是，我们在这里无论是根据马克思所说的，还是根据列宁所说的，都只能认定，物质生产力对生产关系有决定性的约束力，有非常密切的联系，但不能因此得出结论，说它和生产关系一样，甚至还主要，是政治经济学的研究对象。这种结论在全部《资本论》中，是找不到根据的。虽然马克思、恩格斯有时也说，政治经济学是研究资本主义生产方式。那只是表明，那种研究要结合生产力来进行，并通过生产关系是在促进生产力的发展还是在妨害着生产力的发展，来表现这种生产方式的内在矛盾运动。他们的着眼点，是从社会的方面，看生产关系是否促进生产力，而绝不是从技术的方面讲求如何提高生产力。

---

① 马克思：《政治经济学批判》序言。《马克思恩格斯选集》第 2 卷，人民出版社 1972 年版，第 82～83 页。

② 马克思：《〈政治经济学批判〉导言》。《马克思恩格斯选集》第 2 卷，人民出版社 1972 年版，第 112 页。

③ 列宁：《什么是“人民之友”以及他们如何攻击社会民主主义者？》。《列宁选集》第 1 卷，人民出版社 1972 年版，第 8～9 页。

我体会，马克思看待生产关系和生产力的关系，有些类似他看待价值和使用价值的关系。商品的分析，离不开使用价值，但分析商品的着眼点，仍在价值或交换价值；商品的运动，是由于价值与使用价值的矛盾展开的，而资本主义生产方式的总体运动，则是由生产关系与生产力的矛盾展开的。象这样，既要联系到使用价值，又不是以使用价值为研究对象；既要联系到生产力，又不是以生产力为对象，是高度运用抽象力的结果。事实上，我们将会看到，《资本论》的作者，如果不把他的研究对象确定为生产关系，《资本论》就不可能有一个完整的严密的体系。

通过上面的几点说明，我们对于作为《资本论》研究对象的生产关系，应当有一个比较明确的综合理解。那就是，在资本主义社会，以所有制为出发点，以生产为决定环节，以劳动生产物为媒介，而由资产阶级与劳动阶级结成的阶级关系，或由他们的相互经济关系和相互利害矛盾关系形成的社会经济结构。这种阶级关系，或社会经济结构，还要有一定的社会生产力，作为它的物质前提。这是由马克思自己以及恩格斯、列宁、斯大林作了科学规定的生产关系，它比我们一般理解的规定性，要复杂得多，它的内容也要丰富得多。只有这样对生产关系作了严密的科学规定，才能把资本主义制度的本质及其根本矛盾，全揭出来；也才能把资本主义制度的内在联系及其各种运动，全包括在里面；而所有的资本主义经济范畴，才能被看作是那种生产关系的这一方面那一方面的理论表现。马克思说："正如在研究任何历史科学、社会科学时一样，应当时刻把握住：无论在现实中或在头脑中，主体——这里是现代资产阶级社会——都是既与的；因而范畴表现这个一定社会的、这个主体的存在形式、存在规定……。"①如果在政治经济学研究的对象中，象资产阶级经济学者所做的那样，把资本主义社会这个主体抽象去了，把所有制抽象去了，把阶级的矛盾关系抽象去了，甚至往往把它的物质前提抽象去了，那么，所研究的一切范畴概念，就将和自然科学上的各种范畴概念一样没有社会的性质。

其实，在把自然现象和社会现象加以区别之后，我们就是对于自然现

---

① 马克思：《〈政治经济学批判〉导言》。《马克思恩格斯选集》第2卷，人民出版社1972年版，第109页。

象，也必须根据它们的不同的特质、不同的矛盾，来进行分析。毛泽东同志指示我们："对于某一现象的领域所特有的某一种矛盾的研究，就构成某一门科学的对象。……如果不研究矛盾的特殊性，就无从确定一事物不同于他事物的特殊的本质，就无从发现事物运动发展的特殊的原因，或特殊的根据，也就无从辨别事物，无从区分科学研究的领域。"[①]关系人们经济利害的社会现象的研究，怎能不把握它的本质矛盾关系呢？马克思的政治经济学，他的《资本论》，是以揭露资产阶级剥削本质，揭露资本主义经济运动规律为目的，所以一开始就明确把握所研究的对象，并给予这个对象以非常严密的、完全符合于客观事实的科学规定。这是对资产阶级经济学批判的一个抓住要害的步骤，是建立科学的政治经济学的决定关键，同时也是我们学习《资本论》首先要搞清楚的重要环节。

(三)《资本论》的方法是唯物主义的辩证方法

《资本论》的研究对象既经明确了，现在我们要进而讨论它的方法。虽然确定什么是研究对象，也是方法论上要处理的问题，但我们这里却是要指出：已经确定了的这样的对象，必须用怎样的方法来研究它。

马克思对于经济学的研究，自始就是非常重视方法的。早在一八四七年批判蒲鲁东的一部经典著作——《哲学的贫困》中，马克思就对蒲鲁东的形而上学方法，作了尖锐的批评。他指出蒲鲁东没有用历史的辩证的观点方法，去考察资本主义社会的现实生产关系，及其内在的矛盾运动和发展，却把资产阶级经济学者从那种生产关系抽象出来的范畴，概念原则，看成是既定的，永久不变的；以那些概念范畴间的矛盾表现，来代替资本主义生产关系的内在的现实矛盾运动的分析。结果，他就只能在资产阶级经济学概念中翻筋斗。事实上，那些"经济学家们向我们解释了生产怎样在上述关系下进行，但是没有说明这些关系本身是怎样产生的，也就是说，没有说明产生这些关系的历史运动。"[②]从这里，我们已不难看到，

---

① 毛泽东：《矛盾论》。《毛泽东选集》第1卷，人民出版社1968年横排本，第284页。

② 马克思：《哲学的贫困》。《马克思恩格斯全集》第4卷，人民出版社版，第139～140页。

马克思在他对于蒲鲁东，从而也是对于资产阶级的经济学的批判中，已不仅表明他是如何重视方法，还表明他重视的是什么方法。

以唯物主义的辩证方法，来反对并代替资产阶级的形而上学的方法，就使得经济学发生了彻底革命。

把资本主义社会，看成是不再变革的、最后的社会形态，这就是自然主义的形而上学的观点。依照这个观点，就会把各种经济事物当作是孤立的，或没有内在联系的，认定它们只有量变而没有质变的，只强调对立物统一的一面，而不注意其对立斗争的一面。这样来对待并处理社会经济关系及其问题，就是经济学的形而上学的方法。比如就作为资本主义运动根源的对立物的统一与斗争来说，资产阶级经济学者，总是倾向于对立物的相互联系或统一的一面，而不肯强调斗争的一面。马克思曾批判英国经济学家约翰·穆勒说："在经济关系——以及它所表示的范畴——包含对立性的地方，在矛盾和矛盾的统一存在的地方，他总是把对立物的统一强调，而把诸对立物否定。他把对立物的统一，化为对立物的直接的同一。"①愈到晚近，所有的资产阶级经济学者，以及一切右翼社会党人和修正主义者，都在把穆勒这种看法，作为他们的阶级调和论和阶级合作论的理论基础。

但必须指出，十九世纪以前的资产阶级经济学者所以要采取那种形而上学的观点和方法，除了他们的阶级立场，愈来愈以采取这样观点方法对他们有利以外，还因为当时的社会生产水平与交换关系，还有些妨碍他们放开眼界，全面地、深入地把全社会经济当作一个整体来考察它的内部联系及其矛盾运动的规律。而这正是有待于采取唯物主义的辩证观点，运用辩证方法才能正确处理和发现的。依辩证的观点看来，各种社会经济事物是有它们的内在联系的，它们在"自己运动"中，不但有量变，并还有质变，而作为其变动的推动力，则不是什么对立物的相互依存与统一，而恰好是它们的矛盾与斗争。这和上述资产阶级经济学的形而上学观点，是完全相反的。而依据这个观点，来对待处理现实经济关系，当然会得出相反的结果。这就是为什么在经济研究方面运用辩证方法，就要引起经济学彻底革命的原因。

---

① 马克思：《剩余价值学说史》第3卷，三联书店1957年版，第99页。

与资产阶级经济学者形而上学地研究资本主义经济所得出的资本主义经济制度将永远维持下去的结论相反，马克思运用唯物主义的辩证方法，却明确而不可动摇地揭露出了它的暂时性与过渡性。关于什么是经济学的辩证方法问题，马克思曾借一位俄国经济学者就他的《资本论》的方法所讲的话，来加以表述。那位经济学者说：

"对马克思说来，只有一件事是重要的：那就是发现他从事研究的各种现象的规律。并且他认为重要的，不仅是在这各种现象具有一个完成形式，并保持一种可以在一定期间内看到的联系的时候支配着这各种现象的规律。对于他，比什么都重要的，是这各种现象的变化规律，它们的发展规律，那就是由一个形态过渡到另一个形态，由一种联系秩序过渡到另一种联系秩序的规律。这种规律一经发现，他就要详细研究这种规律在社会生活上由以表现的各种结果。……所以，马克思所殷切关怀的只是一件事：那就是用严格的科学研究，证明社会关系上某些具有一定性质的秩序的必然性，并且把那些对他说来是当作出发点和根据点的事实，尽可能完善地指证出来。为了要达到这个目的，他只要证明现在的秩序有其必然性，同时另一种秩序也有其必然性，并且不管人们是否相信，不管人们是否意识到，前一种秩序总是不可避免地要推移到这另一种秩序中去。马克思把社会的运动看为是一个自然史的过程；……有人会说，经济生活的一般规律永远是一样的，不管是适用于现在，还是适用于过去，都是一样的。马克思正好否认了这一点。在他看来，这样的抽象规律是不存在的。……照他的意见，正好相反，每一个历史时期都有它自己特有的规律。……由于生产力的发展程度不同，社会关系和支配这种社会关系的规律也不同。马克思抱定这个目标，从这个观点去研究并且说明资本主义的经济制度时，他不过严密科学地，树立了每一种对经济生活进行的准确研究所必须具有的目标。……这样一种研究的科学价值，是在于阐明，一定社会有机体的发生，生存，发展，死亡，以及它由另一个高级社会有机体代替的事实，受着一些什么特殊的规律支配。"①

马克思曾满意地指出，那位俄国经济学者描述的《资本论》的现实研究方法，就是他的辩证方法。那段话不仅指出了这种方法怎样依据唯物

① 见马克思：《资本论》第1卷，人民出版社1963年版，第XX～XXII页。

主义的辩证观点来进行研究,还指出了,要怎样研究才好把所研究对象的辩证发展关系表达出来。尽管如此,但资本主义经济现象是错综复杂的、变化多端的,所有上面引文中提到的各种现象中存在的规律,特别是它们的变化的规律、发展的规律、由一形态推移到另一形态的规律,并不是明明白白摆在那里,叫人们一看就清楚的。因此还必须根据资本主义性质,用这样或那样的较具体的方式方法,从各种表面复杂的现象中,去发现它们的本质关系,去确定它们的最重要的方面,最有决定性的过程,而由是把资本主义的内在联系,其矛盾运动倾向,作为一个辩证发展的体系,在观念上复制或再生产出来。至于那些较具体的方式方法的如何运用的问题,马克思自己及其他革命导师,曾分别给予我们一些重要的指示。

马克思在表示他在《资本论》中应用的现实方法不外就是辩证方法以后,紧接着提出了研究的方法与说明的方法。他指示我们:"研究必须详细地占有材料,分析它的不同的发展形态,并探寻出这各种形态的内部联系。只有在完成这种工作之后,实际的运动方才能够适当地叙述出来。"①

说到怎样进行这种综合说明或叙述,恩格斯曾在《卡尔·马克思〈政治经济学批判〉》一文中,对于政治经济学的批判,就是依照已经确立的辩证方法,也可以采取历史与逻辑的两种方法来进行。他指出了这两者的直接联系和区别;而在理论的研究上,则以采取大体上体现着现实历史进程的逻辑的方法较为适合②。上面引文中讲到的马克思看得更重要的,是现象之变化的规律,发展的规律,由一形态到他一形态、由一种联系的秩序到另一种联系的秩序的推移的规律等等,就是指着这种必然的逻辑。而马克思自己,在他着手写《政治经济学批判》时,所写的一篇"导言"中,也曾讲到,经济学的研究或其叙述的程序,按照十七世纪的资产阶级经济学所做的那样,从活生生的总体状况入手,总是行不通的,总是需要借助于分析已经得到的一些有决定意义的抽象的一般关系,如分工、货币、价值等等开始,然后由此一步一步地引到包含着更复杂规定的具体,即由简

---

① 马克思:《资本论》第1卷,人民出版社1963年版,第XXII页。

② 参见恩格斯:《卡尔·马克思〈政治经济学批判〉》。《马克思恩格斯选集》第2卷,人民出版社1972年版,第122~123页。

单的抽象上升到复杂的具体。但这样的说明叙述程序，一点也不能理解为任何一个包含有较复杂的关系或规定性的范畴的确定和研究，不要接触到活生生的具体情况。否则就成为脱离实际的从概念到更复杂的概念的抽象研究了。

在这里我们还需要指出，列宁就应用分析方法与综合方法所作的指示，对于我们有极大的启示意义。他说："应用分析的方法还是应用综合的方法，这决不是（如通常所说的）'我们随心所欲的事'，——这取决于'那些必须认识的对象本身'"①。对分析综合方法的应用如此，对上述研究方法与说明方法、历史和逻辑方法、由抽象上升到具体的方法等的应用，也是如此。对于同一经济制度下的各种不同经济关系，经济问题，需要根据全面发展的观点，辩证法的要求，因所研究对象的性质范围而运用不同的认识手段或各种较具体的方式方法。

所有在经济学研究上分别处理不同问题对象所应用的这些方式方法，其中也还包括形式逻辑上的归纳法与演绎法，都是从属于辩证方法，而构成马克思主义经济学的辩证方法论体系，在本质上与资产阶级经济学的形而上学体系相区别。资产阶级经济学者不仅很突出地强调归纳方法或演绎方法，以致形成经济学上演绎学派和归纳学派。我们还知道有所谓历史学派、抽象学派，他们不时还大言不惭地玩弄"经济分析"的词汇。但他们在应用那些方法的时候，不仅是非常片面的、随意的，而且是依照他们那种形而上学的观点方法，把社会经济现象看成是孤立的、或没有内在本质联系的、没有质变的，或者只有联系统一而没有矛盾斗争的。这样，他们就是运用任何有效的认识的手段或方式方法，都很难达到正确认识所研究对象的目的。恩格斯指示我们说，在政治经济学研究上，"现今发展阶段上的德国的辩证方法比旧时庸俗唠叨的形而上学的方法优越，至少象铁路比中世纪的交通工具优越一样"②。

马克思批判了资产阶级经济学，成功地建立起他自己的新经济学，就是因为他一开始就掌握并运用了这个辩证的方法论体系。

---

① 列宁：《黑格尔"逻辑学"一书摘要》。《列宁全集》第 38 卷，人民出版社版，第 254 页。

② 恩格斯：《卡尔·马克思〈政治经济学批判〉》。《马克思恩格斯选集》第 2 卷，人民出版社 1972 年版，第 123～124 页。

三、《资本论》的结构与体系

马克思在《资本论》中创立了与资产阶级经济学完全不同的崭新的结构与体系。

这首先就是由于他一开始就把研究的对象，确定为资本主义社会的生产关系，并把他的研究方法，确定为唯物主义的辩证方法。我们知道，资产阶级古典经济学者，曾就资本主义社会的内部联系进行分析，但由于他们不曾明确把握这种关系，又加上他们作为资产阶级的代言人，也不容许他们明确搞清这种关系，所以，研究了一辈子政治经济学，始终没有把对象弄清楚。恩格斯说，政治经济学“所研究的不是物，而是人和人之间的关系，归根到底是阶级和阶级之间的关系；可是这些关系总是同物结合着，并且作为物出现；诚然，这个或那个经济学家在个别场合也曾觉察到这种联系，而马克思第一次揭示出它对于整个经济学的意义……”①。马克思其所以能首先揭开这种关系对于整个经济学的意义，其所以能把它作为经济学的研究对象，那又可以说是由于运用唯物主义辩证方法来进行研究，就要求全面把握社会的本质的关系的结果。

马克思主义的创建者在十九世纪四十年代，就已经大体确立了他的唯物主义世界观和辩证方法论。那在《共产党宣言》中已经以非常确定的形式向我们提示了。而马克思在《政治经济学批判》序言中，自称他在一八五〇年用批判的精神来重新开始透彻地研究新的经济学史料的时候，不仅说明他已经完全摆脱了资产阶级经济学者那一套形而上学的观点方法，并还说明他在用新的辩证观点方法来批判前者并建立起他自己的经济学体系。

事实上，马克思在《资本论》中创建的科学体系，以及由那个体系反映

① 恩格斯：《卡尔·马克思〈政治经济学批判〉》。《马克思恩格斯选集》第 2 卷，人民出版社 1972 年版，第 123 页。

出的资本主义社会的自我发展、自我否定的辩证关系，尽管已经被证明是无比正确的真理，但是直到现在，资产阶级经济学者自不必说，连各种各色的修正主义者、改良主义者，也跟在资产阶级学者后面，对《资本论》的科学体系，作着毫无根据的非难与曲解。如果说当代的庸俗经济学者，象英国的罗宾逊之流，还在重复着恩格斯在世时的那种诽谤，说什么《资本论》第一卷、第二卷与第三卷间存在着不可调和的矛盾；而所有的改良主义者与修正主义者，则始终对《资本论》中体现的资本主义社会生产关系的辩证发展过程，或者认为是神秘的，或者认为是宿命的，他们都不约而同地憎恶或害怕辩证法，都企图阉割《资本论》体系，抉去它的辩证的灵魂或革命的实质，而使其变成毫无生气的、庸俗的东西。

因此，今天来阐述马克思在创建《资本论》结构体系方面表现的科学真理，无论是批判当代资产阶级庸俗经济学，还是批判各种形式的庸俗社会主义，都有极其重要的现实意义。

(一)一个崭新的研究结构

马克思在《资本论》中创建的结构，在那些习惯于资产阶级经济学传统的人看来，固然很不顺眼，并使他们感到困惑，但对于我们没有旧经济学素养从而没有资产阶级经济学者那种传统成见的人来说，也并不是一目了然、看了就懂的。其根本原因在于这一点，在历史唯物主义基础上，把资本主义社会的生产关系，作为研究对象，并把这个对象，当作是各方面相互联系的和内在矛盾的辩证发展关系来处理，它所要把握的，是本质的东西，是主要的东西，不是一般的表面现象及其联系。列宁指示我们说："在资本主义的世界经济中，即使有七十个马克思也不能够把握住所有这些错综复杂的变化的总和；至多是发现这些变化的规律，在主要的基本的方面指出这些变化及其历史发展的客观的逻辑。"①马克思自己也讲到：《资本论》的"最终目的，是揭露近代社会的经济运动规律"②。是在于

① 列宁：《唯物主义和经验批判主义》。《列宁选集》第2卷，人民出版社1972年版，第331页。

② 马克思：《资本论》第1卷，人民出版社1963年版，第Ⅻ页。

阐明，一定社会有机体的发生，生存，发展，死亡，以及它由另一个高级社会有机体代替的事实，受着一些什么特殊的规律支配。这就表明，它的内容，不但是反乎一般常识的，也是根本和一般形而上学的经济学两样的。内容不同，研究的形式和结构也不一样。要在一个新的研究结构中，把资本主义经济的错综复杂的变化规律发现出来，并还要在主要的基本的方面把那些变化及其历史发展的逻辑表达出来，那该是多么艰巨的科学工作啊！马克思也确实在这方面下过不少的功夫。在马克思看来，一部科学的论著，就得在它的结构和体系上，把正确的观点与方法体现出来；把内在的有机联系反映出来，尤其要把一切有关的基本环节预先设想到。他说："科学和其他建筑师不同，它不仅画出空中楼阁，而且在打下地基之前就造起大厦的各层住室。"①所以在开始写《政治经济学批判》这部书时，他曾认真考虑到这个问题，并表示经济学"应当这样来分篇：

（1）一般的抽象的规定，因此它们或多或少属于一切社会形式，不过是在上面所分析过的意义上。

（2）形成资产阶级社会内部结构并且成为基本阶级的依据的范畴。资本、雇佣劳动、土地所有制。它们相互之间的关系。城市和乡村。三大社会阶级。它们之间的交换。流通。信用事业（私的）。

（3）资产阶级社会在国家形式上的概括。就它本身来考察。'非生产'阶级。税。国债。公的信用。人口。殖民地。向外国移民。

（4）生产的国际关系。国际分工。国际交换。输出和输入。汇率。

（5）世界市场和危机。"②

大体上以这个分篇法为基础，在《政治经济学批判》已经写成后所作的序言中，他开头就说：

"我考察资产阶级经济制度是按照以下的次序：资本、土地所有制、雇佣劳动；国家、对外贸易、世界市场。在前三项下，我研究现代资产阶级社

① 马克思：《政治经济学批判》。《马克思恩格斯全集》第13卷，人民出版社版，第47页。

② 马克思：《〈政治经济学批判〉导言》。《马克思恩格斯选集》第2卷，人民出版社1972年版，第111页。

会分成的三大阶级的经济生活条件;其他三项的相互联系是一目了然的。”①

到了正式撰写《资本论》,他把上述的次序,又作了一些修改。在写好第一卷资本的生产过程所作的初版序中,他说:“本书第二卷将讨论资本的流通过程(第二册)和总过程的各种形式(第三册);第三卷即终卷(第四册)将讨论学说史。”②

马克思在世时,《资本论》只出版了第一卷。恩格斯编第二卷,把第二册作为第二卷,把第三册作为第三卷印行。后来考茨基编《剩余价值学说史》,把它作为一部独立著作出版。于是《资本论》就成为现在的三卷本。就三卷本的内容和结构而论,看来和“导言”中的分篇法,和《政治经济学批判》序言中的考察顺序,有一些出入,但其中表现了一个明显的趋势,就是愈来愈概括,愈把重心集中到上述分篇法的第二点,即构成资本主义社会内部结构及作为几个基本阶级的依据的范畴方面,亦即序言中考察顺序的前三项方面;也就是愈来愈符合列宁所说的,在主要的基本的方面,从错综复杂的资本经济变化中发现规律,指出其历史发展的客观的逻辑。

我们且来看看《资本论》的结构包括了怎样的内容。

(二)批判与创建

这里且不妨重复一下上述三卷的结构。

第一卷　资本的生产过程

第二卷　资本的流通过程

第三卷　资本主义生产的总过程

关于它们的基本内容,马克思在《资本论》第三卷的开头,分别这样概括说明:“在第一卷,我们研究的,是资本主义生产过程本身当作直接生产过程考察时呈现的各种现象。”资本的直接生产过程,就是它的劳动过程和价值增殖过程。即是说,这一卷,是分析剩余价值的生产和资本自身的

① 马克思:《政治经济学批判》序言。《马克思恩格斯选集》第2卷,人民出版社1972年版,第81页。

② 马克思:《资本论》第1卷,人民出版社1963年版,第XIII页。

生产。但在现实世界内，资本的直接生产过程，“还要用流通过程来补足，而流通过程是第二卷研究的对象。第二卷，特别是其中把流通过程当作社会再生产过程的媒介来考察的第三篇，指出了资本主义生产过程，当作一个全体来考察，是生产过程和流通过程的统一。”至于第三卷，“我们所要做的，不能再是对这个统一的广泛的考察。在这一卷我们要找出和说明的，宁可说是资本的运动过程当作一个总体来看时所生的各种具体形式。”①到这里，我们才看到整个资本主义的实际情况，看到前两卷所讨论的剩余价值（它的生产与流通），如何转化为利润，如何表现为平均利润，如何按社会资本中各个资本家所有部分的比例，分配于各资本家之间。

从这里我们看到了，这样一个结构，首先就对于资产阶级庸俗经济学者以三位一体公式（资本——利润，劳动——工资，土地——地租）为基础而建立的三分法（生产、分配、交换）结构，是一个尖锐的对照，并且从几个方面，给予了后者以彻底的抨击与揭露。

首先，这个结构，是把资本这个范畴，从一切其他经济范畴区别开，认为它是主宰资本主义社会经济的统治范畴。作为资本家，不过是资本的人格化。资产阶级尽管把他们的利益强调为社会的利益，而实际上，他们与劳动者之间的利益是对立的。资本这个范畴本身，就是意味着对于劳动者的榨取和剥削。把资本拿出来认真分析，就要把那种见不得人的剥削实质揭露出来，因此他们的代言人，自始就有些不敢正视这个现实；到了工人阶级对资产阶级斗争的威胁增大了，他们就更有必要用尽办法来把这个现实掩盖起来。上述的三位一体公式，把资本——利润，劳动——工资，土地——地租三者等同看待；把资本（不是任何物，而是一定的、社会的、属于一定的社会历史形态的生产关系）、土地（无机的自然自身）、劳动（不过是一个抽象，在它自身是不存在的，一般地是指着人的生产活动）这三个没有任何共同点的因素，在那个公式上平起平坐地并列着，以示它们的收入：利润、工资、地租，都处在公平合理的平等地位，以掩盖资本主义剥削的实质。所以马克思说：“这个三位一体的公式，把社会生产过程的一切秘密都包括在内了。”“在这个公式内，利润，资本主义生产方式所

① 马克思：《资本论》第3卷，人民出版社1966年版，第5页。

特有的表示特征的剩余价值形式，就幸运地被排除掉了。”①他把他的《政治经济学批判》大著题称为《资本论》，用第一卷讲资本的生产过程，第二卷讲资本的流通过程，第三卷讲资本主义生产总过程，这样，在一开始，就如实地把资本主义社会的经济的本质及其特点，再明白恰当不过地表达出来了。

其次，这个结构，不仅要揭露隐藏在三位一体公式里的秘密，并连带要把建立在这个公式上面的三分法结构，彻底推翻掉。为什么呢？三分法结构中的生产、流通与分配，究竟是生产什么，流通什么，分配什么呢？强调这个三分法结构的庸俗经济学者，从没有人明确提出这样的问题，更不用说解答这样的问题。他们总是一般地看待生产、流通、分配这些关系，而不肯触到它们的资本主义的特点与特质。事实上，三位一体公式既然目的在把资本主义的剥削本质隐蔽起来，建立在它上面的三分法结构，就已经注定了什么也不能说明。不错，人们似有理由指出，《资本论》三卷也分别是讲生产、流通与分配，那不也是采取三分法结构吗？但这是极其表面的看法。由于《资本论》是把资本做主题，就其最后目的说，资本所生产的是剩余价值，所流通的是剩余价值，所分配的也是剩余价值。正是由于马克思抓住了资本这个统治范畴，就不但明确规定了它所生产、流通和分配的是剩余价值，并还明确规定了，谁生产剩余价值，谁分配剩余价值。整个劳动阶级为整个资产阶级提供剩余劳动，提供剩余价值的现实，在这个简单结构中充分体现出来了。正是由于这个原因，劳动者所得的工资这个分配形态，就不会象资产阶级庸俗经济学三位一体公式那样，与资本家、地主所得的利润、地租并列起来。试想，劳动者不在直接生产过程提供剩余劳动——剩余价值，资本家、地主阶级就连什么也分配不到了。当我们一把这个本质关系揭露出来以后，庸俗经济学者一般在三分法结构下所讲到的一切，只能是徒有表面联系的纠缠不清的大杂拌。

最后，这个结构，还采取由本质到现象的说明形式，这又是与资产阶级经济学者惯于在三分法与三位一体公式下用现象掩盖本质的手法完全不同。《资本论》第三卷所讲的资本主义生产总过程，是把第一卷、第二卷分别讲到的资本的生产过程与流通过程的统一作为基础来进行的。也就

---

① 马克思：《资本论》第3卷，人民出版社1966年版，第955页。

是说，在资本主义生产总过程出现的各种经济关系、范畴和形式，都分别是由资本生产过程与流通过程讲到的那些抽象的本质的关系、范畴与形式的具体化和转化的结果。在这里，我们开始接触到我们在实际生活经验中比较熟悉的东西。剩余价值利润化，剩余价值率利润率化，不同利润率由于竞争而趋于平衡，商品价值转化为生产价格。分取利润的各种具体资本形态出现了，商人、企业主、银行家、地主登场了。这个“天下熙熙皆为利来，天下攘攘皆为利往”的现实世界，离开它的本质关系多一层曲折，因此，在认识上也就多一层翳障。资产阶级及其代言人，都不仅习惯于这个熙熙攘攘的世界，并乐于用这个世界反映在我们观念上的颠倒错乱现象，来模糊掩盖它的剥削关系。比如说罢，“利润形式上的剩余价值，不是与投在劳动上的、它由以发生的资本部分相关，而是与总资本相关。利润率的规定有它本身的各种规律；这各种规律，会在剩余价值率不变时，让利润率发生变化，甚至引起利润率的变化。这一切都会愈益蒙蔽剩余价值的真正性质，并从而隐蔽资本的现实机构。利润到平均利润的转化，价值到生产价格，到起调节作用的平均市场价格的转化，还更加是这样”[①]。所以，《资本论》的作者，在他的研究上，不能不采取由本质到现象的抽象分析方法，先在第一、二卷，特别是在第一卷中，暂时舍象去一切足以引起错觉的外部次要的影响，从本质上把资本主义的剥削关系揭露出来，然后再一步一步接近上面所讲到的一些转化了的现象形态，这样，后者的千变万化，都“万变不离其宗”地逃不脱前者的制约。资产阶级庸俗经济学者以及那些庸俗社会主义者，根本不懂得这种科学处理的深刻含义，胡说什么第三卷与第一卷、第二卷之间存在着矛盾。但如果说这是矛盾的话，那只能是现象形态与本质关系间的矛盾在理论上的反映。现象形态会直接地、自发地当作流行思维形态再生产出来；而本质关系则要科学来发现[②]。

总之，《资本论》的结构，自始就从上述三个方面，与资产阶级庸俗经济学的三分法结构和三位一体公式，表现了尖锐的对照和原则性的区别；自始就是在批判资产阶级经济学者那一套庸俗体系中建立起来的。不过

---

① 马克思：《资本论》第3卷，人民出版社1966年版，第973页。

② 参见马克思：《资本论》第1卷，人民出版社1963年版，第589页。

这里只能讲一个梗概，而它的全部的深刻含义，是要在严密的完备的科学体系中，才能充分显示出来的。

(三)历史、逻辑与科学体系

如果说，《资本论》的上述结构，只不过是它的理论展开所依据的粗线条，还必须在那个结构中，把资本主义的各种经济范畴、规律，分别依据它们在整个运动中的内在联系和作用，作着适当的处理，才能完成一个完整的科学体系，那末，马克思在《资本论》中所做的正是这样。按照历史唯物主义与辩证方法的要求，不仅是对资本主义经济整体，就是对其中任何一个构成分子，都必须依据一定的历史的逻辑的顺序，使其表现在辩证发展状态中。恩格斯曾就此点这样指示我们："……在事物及其相互关系不是当作固定的东西，而是当作可变的东西来理解的地方，它们的思想映象、概念，会同样发生变化和转形。我们不能把它们封闭在硬结的定义中，而是要就它们的历史形成过程或逻辑形成过程来阐明它们。"①由于马克思是在资本主义的各种经济关系与范畴的、历史的与逻辑的形成过程中阐明它们，因此《资本论》就把整个资本主义的生活史，活生生地表现在我们面前了。尽管这是我们在后面讲第一、第二、第三卷时要分别论到的，但在这里，我感到，在全面了解结构体系的必要限度内，似还有必要指出几个关键性论点，以补充上面的说明。

第一，在全三卷中，我们都知道，第一卷是处在一个特殊重要的地位。为什么这样呢？大家的讲法就很不一样。是因为资本的生产过程，在整个资本主义经济中，有特别重要的决定意义吗？是因为剩余价值生产秘密的揭露吗？是因为资本主义生产关系由发生、生存、发展以至死亡的辩证发展规律，全在这一卷被生动地揭露出来了吗？我认为都有道理，但在这一切方面的阶级分析，全是把资产阶级对劳动阶级的剥削为依据。劳动力买卖这个特殊流通形态，工资这个特殊的分配形态，分别当作资本生产的起点，当作资本生产得以完成的根本环节，放在讨论资本的生产过程方面来处理，这不但完全符合资本主义商品生产的实际，完全把恩格斯所

---

① 马克思：《资本论》第3卷，人民出版社1966年版，第XX页。

说的资本主义社会的资本与劳动的这个轴心关系明确显示出来了，并且也使体现在资本积累一般规律中的资本主义社会的辩证发展关系，显得是阶级力量对比关系的变化。而且，要不是在第一卷对劳动力的买卖，对工资，作了这样的科学的处理，第二卷就难于说是资本的或剩余价值的流通，第三卷也无从归结到剩余价值的分配了。

第二，第一卷的重要特点，在很大程度上，是和它所研究的方面，是属于资本主义经济的最主要和最基本的方面有关，但就整个理论体系来说，并没有因此丝毫减低第二卷、第三卷的重要性。因为第二卷讨论的流通过程，在第一卷只是假定了资本在流通领域内所经过的形态变化和物质变化，但未进一步考察它们。在第三卷讨论的总过程，在第一卷还未说明，因为第一卷只是从本质上研究了剩余价值生产或资本自行增殖的直接生产过程。资本的运动过程当作一个总体来看时所生的各种具体形式，即我们在实际经济生活中接触到的产业资本与商业资本、银行资本，乃至土地所有权等等构成的相互关系，第一卷还未在一个整体上来加以考察。没有第二卷、第三卷作为补充，第一卷就不能说是一部完全的著作。不仅如此，马克思在第二卷、第三卷中阐明的理论，有许多还是在资产阶级经济学者从未踏进的新领域，作出的崭新的贡献。我们大家都认识到第二卷的再生产理论的光辉创见。恩格斯对马克思在第三卷中把包罗万象、错综复杂的实际经济活动，条分缕析地找出它的各种基本运动规律，看为是一个惊人的成就，在某些方面，还叫第一卷感到失色。

第三，作为一个整体来看，我们还必须指出，《资本论》所研究的资本主义经济，从生产领域来看，是工业的，也是农业的，但马克思关于农业资本主义，除了在第一、第二卷的个别场合涉及以外，基本上是到第三卷讲地租那篇时，才开始论到。是不是可以说：除了地租那一篇，其余都是就工业资本主义立论，和农业资本主义无关呢？决不能这样机械地理解。农业资本主义对工业资本主义，无疑存在着一些不同的特点，但作为资本主义，它们的本质是相同的，它们的发展倾向也是相同的。因此，马克思在第一卷、第二卷讲资本的生产过程，讲资本的流通过程，乃至在第三卷前面三篇讲资本利润的平均化与下降规律时，一般是把那个资本理解为包括工业与农业的产业资本。把它们的一般的本质的共同点讲明了，再在总过程中，在允许农业工业资本利润平均化的较发展的资本主义基础上，就地租这个分配形态，来讲农业资本主义的特点。这样的叙述程序，不但避免了不必要的重复，也避免了割裂的危险。这是高度运用科学抽象法的结果。其实，在《资本论》全书中，到处都贯彻了这个方法，在论简单商品生产与资本主义商品生产时是如此，在论绝对剩余价值与相对剩余价值时是如此，在论简单再生产公式和扩大再生产公式时也是如此。都是先把它们的共同点交代清楚了，然后再在那个基础上论证其特征。

单就上面这几点来看，我们已不难理解，马克思在建立《资本论》的结构体系时，已经设想到了这许多方面的科学处理和安排。那不仅是把历史唯物主义，把辩证方法，作为指导的线索和依据，并且在不同场合，对不同体材，应用了各种不同的研究方式方法。恩格斯在一八六七年八月二十三日读完《资本论》第一卷排印的校样时，给马克思的信中说："我祝贺你，只是由于你把错综复杂的经济问题放在应有的地位和正确的联系之中，因此完满地使这些问题变得简单和相当清楚。我还祝贺你，实际上出色地叙述了劳动和资本的关系，这个问题在这里第一次得到充分而又互相联系的叙述。"[①]《资本论》第一卷是如此，第二卷、第三卷也是如此。如果说，马克思能把最复杂的东西，弄得最简单明了，是得力于他的完整严密的科学体系，那么，我们要更好地理解全书各卷的内容，首先对它的结构体系有一个初步的认识，是会有不少帮助的。

---

① 《恩格斯致马克思(1867 年 8 月 23 日)》。《马克思恩格斯全集》第 31 卷，人民出版社版，第 329 页。

四、《资本论》第一卷的系统理解

关于《资本论》的总结构，前面已简单提到。第一卷讲资本的生产过程，第二卷讲资本的流通过程，第三卷讲资本主义生产总过程。马克思为什么要采取这个研究体系和章法，这里且不忙解释，因为我打算把第一、第二、第三卷的内容分别加以系统考察之后，再回过头来作一个全面的综合说明。

第一卷包括七个篇目：第一篇“商品与货币”；第二篇“由货币到资本的转化”；第三篇“绝对剩余价值的生产”；第四篇“相对剩余价值的生产”；第五篇“绝对剩余价值与相对剩余价值的生产”；第六篇“工资”；第七篇“资本的积累过程”。在这七篇中，大体说来，首尾两篇，是讲资本的来龙去脉，讲它的来历和发展前途，中间五篇都是论述剩余价值的生产。工资这个分配形态，其所以放在这里说明，就因为资本所榨取的剩余价值，无非是来自劳动者在生产过程中，在劳动力价值以上，或在其转形的工资以上，为他们提供的无偿的剩余劳动。我们在后面将知道，劳动力这个经济范畴的发现，固然是解析资本主义经济实质的重要关键，而把由劳动力价值转形的工资这个分配形态，放在资本的直接生产过程方面来叙述，对于马克思主义政治经济学的科学体系的建立具有深刻的意义。

为了说明的便利，对于第一卷，我想把它概括为三个大项目来叙述：即由商品到货币与由货币到资本的转化，剩余价值的生产，剩余价值资本化。

(一)由商品到货币与由货币到资本的转化

1.由商品分析开始

在资本主义生产统治着的社会里，财富是由商品构成的。研究资本主义社会财富的形成，研究它的资本运动，必须由商品开始。不过，有一点要交代清楚，这里开头所讲的商品，还不是资本主义生产方式下的商品，不是当作“资本的生产物的商品”，而是当作“资本所由发生的前提的商品”。马克思指示我们：“商品，作为资产阶级财富的原素形式，曾经是我们的出发点，是资本产生的前提。另一方面，商品现在又表现为资本的产物。”[①]对于被看作资本的生产物的商品的分析，其所以要从非资本的生产物的商品即简单商品开始，除了表明资本主义商品生产形态本身，自始就是资本家的生产，是历史发展的产物，有必要从历史上探究其社会根源以外，还因为资产阶级经济学者从来就把小生产者的商品生产与资本家的商品生产混做一团。商品形态的历史发展过程，在他们是不存在的，或者是极其模糊的，所以，他们一直搞不清商品与货币与资本的本质区别和内在联系；商品拜物教、货币拜物教特别是资本拜物教，就被根深蒂固地形成了。从小生产者的简单商品分析开始，恰好就是要针对着这个错误看法，进行批判，一步一步地把商品——货币——资本拜物教的尘雾，一一加以澄清。

商品首先必须是一个能满足人们这种那种欲望的生产物的自然物体，必须是一个有这种那种效用的使用价值。但使用价值是存在于一切社会形态中的，一把柴刀，当作柴刀来用就是了；一块面包，当作面包来吃就是了，它并不因此就成为商品，就成为政治经济学的考察对象。它们只有在一定社会条件下，依一定方式发生交换关系，从而发生价值关系，致使它们这种使用价值同时成为交换价值的担当者，它才是商品的一个因素，才是属于政治经济学范围内的事。

因此，使生产物成为商品的决定因素，不是它的使用价值，而是它的价值或交换价值；以柴刀和面包为例来说，作为商品，不是由于它的割的效用或吃的效用，而是由于制成柴刀，制成面包，费了人们多少劳动，有多大的价值。柴刀或面包这个使用价值，总只是在它分别作为人们劳动的附着物，或价值的体化物的限内，才为我们所注意。然则附着在某种使用价值或商品体上的劳动，是怎样的劳动呢？“正如商品具有使用价值和交换价值的二重性一样，商品中包含的劳动也具有二重性：一方面，作为一定的生产活动，如织工的劳动、裁缝的劳动等等，是有用劳动；另一方面，作为人类劳动力的单纯支出，是凝结的抽象劳动。前者生产使用价值，后

---

① 马克思：《直接生产过程的结果》，人民出版社 1964 年版，第 5 页。

者生产交换价值，只有后者才能在量上作比较（熟练劳动和非熟练劳动的差别，复杂劳动和简单劳动的差别，证实了这一点）。

“因此，交换价值的实体是抽象劳动，交换价值的量是抽象劳动时间的长度。”①

可是，这由体现在商品中的抽象劳动所决定的价值，是怎样表现出来的？尽管每种商品，都有价值与使用价值二因素，它的价值却不能表现在自己的使用价值上，而必须表现在别个商品的使用价值上；只有在这种表现中，包含在两个不同商品中的具体劳动，才能作为抽象的人类劳动量显现出来，价值才表现为交换价值的形态。对一个商品来说，它的价值，才显示为相对的价值，或出现在相对价值形态上。当某一个商品与另一个商品偶然发生交换关系的时候，我们还只有简单的相对价值形态；当它和许多商品发生关系的时候，我们就有发展的或扩大的相对价值形态；当这个关系被倒转过来，使其他许多商品价值表现在它上面，把它当为一般等价物的时候，我们就有一般的相对价值形态。是不是一切商品都能承担起一般等价物的角色呢？在交换发展过程中，确曾有某一些商品曾经在某一历史时期，在一定地区范围内，扮演过这个角色，但是由于它们本身的自然性质不大适合作为一般等价物，结局都相率让位给一个特殊商品了。“这个特殊的商品，即一般等价形式与其自然形式结合在一起的商品，就是货币。”②价值形态的最高度发展，就是货币形态。

价值形态及其发展的分析，是每个资产阶级经济学者（包括最优秀的古典学者）都不曾接触到的。某商品的一定量等于另一商品的一定量，二十码麻布等于一件上衣，这个简单价值形态，隐藏着一切价值形态的秘密。不把这个秘密揭露出来，商品的相互交换，货币的产生，就只能看作是自然的带有神秘性的事情。这是一切拜物教的最深的根源。

2.商品在交换发展中分化出货币

商品究竟是怎样才进到交换的呢？很清楚，商品不能自己走到市场

---

① 恩格斯：《卡·马克思〈资本论〉第一卷提纲》。《马克思恩格斯全集》第16卷，人民出版社，第275页。

② 恩格斯：《卡·马克思〈资本论〉第一卷提纲》。《马克思恩格斯全集》第16卷，人民出版社，第277页。

上去进行交换。它进入市场,是按照它的监护人,按照它的所有者的意志或意欲行事的。所有者要在交换中放弃占有它的权利,无非是为了取得占有交换对方的商品的权利;无非是要把他自己不需要的商品,让给对方,而由对方取得他所需要的商品。更深进一层说,无非是想借此一方面取得对方的商品的使用价值,同时又实现自己的商品的价值。“一切商品,对于它们的所有者非使用价值,而对于它们的非所有者是使用价值。所以,凡是商品,都有换手的必要。但是这样换手,便形成商品的交换。商品的交换,让它们当作价值互相对待,并且把它们当作价值来实现。所以,商品在能当作使用价值实现之前,必须先当作价值实现。”[①]在这里,商品的交换,比如说,一吨铁和二盎斯金的价值相等,即使这种相等的比例关系,已经由习惯固定下来了,象是很自然的样子,那也绝不能说,是由这两个生产物本身的什么属性生出来的一种自然关系,而是商品所有者把他们的意志,把他们对自己的劳动生产物能换得多少别人的劳动生产物的关怀与计虑,附在商品上,让它们发生的社会经济关系。“在商品生产者的社会内,社会的生产关系一般是这样形成的:他们把他们的产品,当作商品,也就是当作价值,并且在这个物质形式上,把他们的私人劳动,当作等一的人类劳动来相互发生关系。”[②]从这里,我们已经看到,隐蔽在物与物的关系的背后的人与人的关系是怎么一回事了。但是商品拜物教的揭露,并不等于它的消除。那种拜物教既是由商品形态产生的,要人们在更高度的资本主义商品生产统治下,在万花筒似的商品交往关系中,看透隐藏在商品相对价值的现象运动背后的秘密,那是很难做到的。对商品如此,对货币还更多一层障碍。货币是由商品转化过来的。作为一种特殊商品,作为货币商品,它有不同于一般商品的特质,不了解它在交换中由一般商品分化出来的全过程,就要因黄金白银放射的光芒而更增大对于它的迷惑。

在前面,我们已由价值形态的分析,粗略知道货币形态是怎样发展过来的。在劳动生产物采取商品形态的瞬间,就要求特定商品采取货币形态。哪怕在二十码麻布等于一件上衣这个简单价值形态上,把麻布的相

---

① 马克思:《资本论》第1卷,人民出版社1963年版,第62页。

② 马克思:《资本论》第1卷,人民出版社1963年版,第55页。

对价值表现出来的上衣，已经在尽着等价物的功能。但因交换还是偶然地、极个别地存在，麻布与上衣的相对价值形态与等价形态的关系，还是处在胚胎状态。而在扩大的相对价值形态上，情形就不同了，表现麻布的相对价值的，除了上衣外，还有其他种种商品作为它的特殊等价物。在这场合，“对任何一个商品所有者来说，每一种其他的商品，既然都是当作他的商品的特殊等价物，所以他的商品也就对其他一切商品有一般等价物的意义。但是，因为一切商品所有者会做同样的事，所以还没有任何一种商品是一般等价物，商品也还没有一般的相对价值形态可以让它们当作价值来相等，并且当作价值量来互相比较。”①在这种情况下，交换中的困难是可以想象的。但是商品所有者会在交换实践中，逐渐认识到这种困难，逐渐趋向于把某一种商品较固定地充当一般等价物；最后，这种一般等价物就固定地由金银来担任了。因此，并不是金银的自然属性，天然地使它成为货币，而是商品交换者逐渐由实践认识到，具有某些便于充当一般等价物的自然条件的金或银，适于充作货币。“金银天然不是货币，但货币天然是金银。”②这个道理讲明白了，货币的拜物教就要消除许多了，人们会知道，金或银成为货币，乃是因为其他商品把它的价值全表现在它上面，而不是因为它原来就是货币，所以其他商品才把它们的价值表现在它上面。金银充当一般等价物，一切其他商品都用它来表现它们各自的价值，来衡量它们相互间的价值的比例关系，它会随着交换关系的发展，愈来愈要作为货币，愈加不是作为商品；它尽管还保持着商品的实质，但却从一般商品中分化出来了。

金或银作为货币，从一般商品中分化出来，促进了交换关系或商品流通的发展，另一方面，商品流通关系发展起来，又使货币具有一些新的功能。当一切商品都把它们的价值表现在货币上面的时候，这已说明，货币是当作价值尺度，把所有那些商品所具的价值，在观念上表现出来。说某商品值多少货币，另一商品值多少货币，这一定货币量，就是它们的价格。在这里，价格与价值是一致的，我们从货币内含有多少劳动量，多少劳动

① 马克思:《资本论》第 1 卷，人民出版社 1963 年版，第 63 页。

② 马克思:《政治经济学批判》。《马克思恩格斯全集》第 13 卷，人民出版社 1962 年版，第 145 页。

时间，就可以判定某某商品具有多大的价值了。但是，由于实际市况的变化，商品并不一定会完全按照其价值实现，这就存在着价格与价值差离的可能性。当金或银用它的一定量来表现其他商品的价值，来比较各商品的价值的时候，在技术上完全有必要用一确定的金量作为单位，更进一步把这个单位再分为若干整除部分，如一元这个单位可分为多少角、多少分，也可以合成 10 元、100 元等等。在这里，就是把货币作为价格的标度的了。作为价值尺度，它是以金本身的价值为前提，而价格标度，则是以一种金量去测度各种不同金量，与金的价值没有关系。不论是把金作为价值尺度，还是作为价格标度，都是为了便于商品实现价值，便于流通。流通包含有两个阶段：由商品到货币——卖；由货币到商品——买。货币把这两个阶段联合起来，把出卖商品所得的货币，拿去购买其他商品，这就显示了它的流通手段的功能。在全流通过程中，我们又看到两种运动，一是商品运动，一是货币运动，实际上，货币运动不过是商品运动的结果，从表面看来，总好象商品运动，是货币流通的结果。这种错觉，在货币流通量的规律表现，即在作为流通手段的必要货币量，是同一货币流通次数与商品价格总和之比这一表式上，已经看得明明白白了。货币的流通，只是反映商品流通过程。不过，由于有了货币，就可以获得一切和它交换的商品，人们对于商品的物质欲望无穷，他们对于货币的贮藏，表现了无限的强烈的要求。这一来，本来是要把货币用来作为获得满足任何欲望的商品的手段，现在却反把它看作目的本身了。这就使货币具有贮藏功能。不过，愈到现代，货币贮藏愈和以往具有不同的性质，如果说，过去是窖藏不用，现在则是要贮存备用。随着商品经济的发展，许多新的条件、新的要求发生了，商品的让渡，得在时间上与价格的实现分开，不一定要一手交钱一手交货了。货价不但可以延期偿付，还可以预付定金。货币的支付功能，在工薪、赋税、地租以及债务偿付等方面，愈来愈显得重要了。当货币把它活动范围越出国界的时候，它已经成为世界货币了。“世界货币的作用，是作为一般通用的支付手段，一般通用的购买手段和财富一般的绝对的社会体现物。”①在平衡国际贸易差额的场合，在必要时要以现金购买其他国家商品的场合，在作为维持世界市场流通的准备的基金的场

① 马克思：《资本论》第 1 卷，人民出版社 1963 年版，第 127 页。

合，我们就看到它的这种功能的发挥了。不过，在那里，所有用特定国家名义，刻画在它额面上的细致花纹和保证通用的文字，都一无用处；它必须以极具体的金银条块的自然形态，当作抽象人类劳动的直接的社会形态的具体物，来与广阔市场范围内的商品相对待。只有在这样的场合，货币才能作为抽象人类劳动的绝对的社会体现物，来最充分地发挥一般等价物的功能了。

当然，没有世界商业，没有世界市场，是谈不到世界货币的。而世界商业，世界市场，又是商品生产进到一个新的时代，进到资本主义的时代，才能出现的局面。

3.货币蛹化为资本

"商品流通是资本的出发点。商品生产和已经发展的商品流通，商业，是资本所由发生的历史前提。"①无论是从历史上看，还是从每天表现在我们眼前的经验事实看，货币总是资本的最初的现象形态。资本总是把货币作为它运动的起点。资产阶级经济学者，对于货币与资本，总是没有一个清晰的概念，就在于他们不知道或者没有明确意识到，怎样去区别当作货币的货币与当作资本的货币。由于"商品流通是资本的出发点"，货币与资本的区别，或当作货币的货币与当作资本的货币的区别，首先要看看商品流通有什么不同。有两种商品流通，一是为要买而卖的形态，拿商品去换得货币，再拿货币去购买所要的商品；一是为卖而买的形态，拿货币去购买商品，再拿商品去换取货币。所要达到的目的不同，性质就完全两样。货币在前一个流通形态上，是为了得到使用价值，而在后一个形态上，则是为要得到交换价值；或者一是为要得到异质的使用价值，一是为要得到异量的价值。如果说，卖出一物而又买回同一物，是毫无意义的事，以一定量货币出发，结果还是获得同量货币，同样是毫无意义的事。这就说明，货币在后一流通过程中的活动，就只能是为了增殖价值，在这里，它已不是作为货币，而是作为资本了。货币这样转化为资本，是在流通领域中出现的，那种流通形态，一开始就规定它是资本了。由流通形态来区别货币与资本，很容易给人一个印象，仿佛只有商业资本运动 G—

① 马克思：《资本论》第 1 卷，人民出版社 1963 年版，第 133 页。

W—G′，是最适合资本的公式的。但产业资本运动 $G—W\left\{\begin{matrix}A\\Pm\end{matrix}\right.\cdots P\cdots W'—G'$，也是由货币开始到更多的货币，生息资本运动 $G—G'$ 也是由货币开始到更多的货币，不过，前一个运动公式，把直接生产过程插进来了，后一个运动则是它缩简为一个没有媒介的结果。在这个意义上 $G—W—G'$，就成为一切资本形态的共同公式或资本的总公式。

可是，这个总公式，在它是由流通形态把货币转化为资本的限内，“和一切以前说明过的关于商品性质，关于价值性质，关于货币性质，关于流通性质的规律，都是矛盾的”①。劳动生产物采取商品形态，商品采取价值形态，乃至商品价值采取货币形态，总是要在价值形态上用一种商品作为等价物，把另一种商品或其他商品的相对价值表现出来，它们相互在表现形态上、在实际交换的流通形态上，都依照一个原则，以等价相对待。我们在上面讲到的为买而卖的流通形态上是如此，在为卖而买的流通形态上也如此。在前一个流通形态上，用一定量价值的商品换回同量价值的商品，而在后一个流通形态上，却是用一定量货币价值，换回来更多货币价值。如果说前者是合乎等价交换原则的、合理的，后者就是违反等价交换的、不合理的。这怎么说明呢？资产阶级经济学者一般是坚持等价交换原则的。在这个矛盾前面，他们提出了种种解释。讲得最起劲的，是价值其所以增加，是由于出卖时把价格提高了。这无异说，购买者吃亏了，出了大于价值的价格。可是，如我们在为卖而买的流通形态上所看到的，他在出卖以前，是要购买的。他以卖者的资格，欺骗了人家，占了便宜，就要以买者的资格，被人家所欺骗而赔本，结局，还是不能说明问题。由于供需的变动关系，确实存在着贱买贵卖乃至贵买贱卖的情形，但就一个国家的整个资本家阶级来说，他们全部的价值增殖物，或剩余价值，怎么能由自行欺骗而取得呢？依据等价交换，无从产生剩余价值，不依据等价交换，也不能产生剩余价值。这就说明，单在交换中，在商品流通中，是不能找到价值增殖的来源的。该从哪里去找它的来源呢？我们知道，商品的价值，受决定于生产它所费的劳动量，要增加价值，就得增加劳动，增加劳动，就是要在流通过程以外的，或在生产过程中进行的，是要在商品

① 马克思：《资本论》第1卷，人民出版社1963年版，第144页。

生产中进行的。所以，在 $G—W—G'$ 公式上，始点货币 100 元变成终点货币 120 元，这个价值增殖问题，显然不在表现其他商品的价值的货币本身发生了什么变化，而在货币所表现的商品的价值在生产中发生了变化。可是，如我们前面已经讲到的，一般商品不能通过贱买贵卖增殖其价值，在它们作为生产要素的限内，也不能不增加劳动而增殖其价值。结局，价值增殖或剩余价值的产生，只能期之于一种特殊商品，它是在等价交换基础上购买的，购买到手以后，却能在生产过程中榨取出较大于其购买价值的劳动。这个特殊商品就是劳动力。

很清楚，劳动力的使用，虽然是生产过程的事，但不通过流通过程，不对照着购买它付出的代价，就看不出劳动力的使用或消费，究竟是否增大了价值，或被榨出了多大的剩余劳动或剩余价值。剩余价值不在流通过程产生，又不能离开流通过程产生。离开劳动力的买卖，价值增殖就无法讲起了。然而，作为一个商品，劳动力毕竟是很特殊的。它只能在一定历史条件下，只能在它的所有者即劳动者从他的生产条件或生产资料——土地，游离出来了的条件下，只能在他的基本生产资料——土地，被剥夺的同时，连带把他从附着在土地上的人身隶属关系解放出来的条件下，他才能以自由得一无所有、一无牵挂的身分，走进劳动市场，把自己的劳动力，当作商品来出卖。在另一方面，创造出劳动力这种商品的过程，同时也是国内市场的形成过程，也是各种原始方式积累货币资产的过程。货币所有者要利用他们积累的货币资产，增殖更大的货币价值，有必要购买劳动力这种特殊商品；劳动力所有者被剥夺去了生产资料，走头无路，不得不把它的劳动力当作商品来出卖，他们就“不是冤家不聚头”地结成新的生产关系了。资本主义的商品生产开幕了。从此，简单商品愈来愈要为资本主义商品所代替。货币愈来愈显出要当作资本了。现在要进一步看货币所有者——资本家，是怎样在生产过程中，使用劳动力，把价值增殖起来的。

(二)剩余价值的生产

1.绝对剩余价值的生产

劳动力的买卖，是在流通领域内进行的，而劳动力的使用或消费，则是在生产领域内进行的，只有把这两方面结合起来看，才能找到从一定额垫付货币价值产生出更大价值或剩余价值的原因。$G—W\begin{cases}A\\Pm\end{cases}\cdots P\cdots W'—G'$ 这个把直接生产过程与流通过程结合起来的产业资本公式，就非常清楚地告诉了我们这一点。在马克思以前，资产阶级古典经济学者们确曾在有关的场合，接触到了剩余价值这个概念，但他们的讲法是不明确的，闪烁不定的，很不系统的，严格讲来，他们一般是把剩余价值的特殊形态，特别是利润形态，当作剩余价值本身。就上面的产业资本公式来说，就是直接把从 G' 里面可能实现的所得（利润及其派生形态）看作包含在 W' 里面的已经确定了的剩余价值。结果发生了很多错误。这在后面将还有谈到的机会。事实上在他们把握不住剩余价值本身的许多原因中，有一个很大的原因，是他们对剩余价值生产过程中的许多关键性问题，没有得到解决。

首先，他们没有分清劳动过程与价值增殖过程的区别。所谓劳动过程，一般地讲来，是一种有目的的产生使用价值，使自然物适合于满足人类需要的活动；它的一边，是人和他的劳动，另一边是自然和它的物材。这对于人类生活的各种社会形态都是适用的。可是，当我们进一步把劳动过程看作资本家消费劳动力的过程的时候，马上就呈现出两种特殊现象：一是资本家购买劳动力，劳动者的劳动力就是属于资本家的，他就在资本家的管制、监督下进行劳动；一是劳动生产物也是属于资本家，而不为直接生产劳动者所有。资本家从事生产，不只是要生产一个决定用来出卖的商品，而且还是要生产一个价值大于原垫付价值的商品，就是说，不仅要生产使用价值，还要生产价值，生产剩余价值。而他把购买来的劳动力，放在自己管制监督下劳动，这种支配权就足以保证他把劳动时间拉长到够产生一个剩余价值的限度。然而许多资产阶级经济学者惯于丢开资本家的商品生产的这种增殖价值过程的特质，而单把一般劳动过程拿来敷衍。而不知道，资本主义的商品生产过程，必须是这两个过程的统一。

其次，他们又没有把不变资本与可变资本加以区别。这一点特别重要。在劳动价值学说上，把具体劳动与抽象劳动区别开来，是一个非常重要的创见；而在以劳动价值学说为基础的剩余价值学说上，把不变资本与可变资本区别开来，是一个更重要的创见。不搞清这一点，剩余价值产生的过程总是无法说明的。有些古典经济学者确曾接触到这个问题，但他们始终局限在固定资本与流动资本的范畴里，因而他们的说明，就充满了矛盾。资本家从事生产，在购买劳动力之外，诚然还要购买生产资料，但在交换依照等价原则进行的限内，为购买生产资料投下去的垫付资本，无论如何，总只能取回同样多的价值；那些生产资料在生产过程中，不论是一次消费掉，或是多次消费掉，总只能把原价值保留移转到新生产品中，决不会增加，所以在这方面垫付下去的资本，只能说是不变资本。至于劳动力的购买，显然也要照劳动者所需生活资料的费用决定它的价值，虽然如我们在后面要讲到的，它经常被压低在这个价值以下。但如上面所说，劳动力的使用或消费，既然是在资本家的管制监督之下进行，资本家就能够把劳动时间延长，强使劳动者作出劳动力价值以上的劳动，使他所费于资本家的，和他为资本家提供的，是两个不同的价值量。于是，资本家垫付在购买劳动力方面的资本，就成为可以增加价值的可变资本。于是，在资本主义生产条件下的劳动过程，就具有价值增殖过程的特质。

只有明确了劳动过程与价值增殖过程的区别，不变资本与可变资本的区别，又明确了这两方面的联系，我们对于剩余价值如何产生，就有了一个比较清晰的观念。可是，对于剩余价值形态本身，却还有待于进一步分析。我们这里所说的资本家把购买来的劳动力，强使它在生产领域内拉长时间，作出劳动力价值以上的劳动，这样产生的剩余价值，就是所谓绝对剩余价值。绝对剩余价值显然是建立在劳动日长度的基础上。劳动日分成两部分，一是必要劳动时间，一是剩余劳动时间。必要劳动时间是由劳动力价值，是由劳动者为维持他的劳动力能继续使用所需的生活资料的费用所规定了的，剩余劳动时间则是一个可变数，它取决于资本家的贪欲和劳动者的反抗意志和力量。我们在这里看到了劳动者阶级和资本家阶级围绕着劳动日长度所展开的激烈的斗争。由于劳动者阶级的继续不断的长期反抗斗争，就使得资本家阶级终于同意标准劳动日的制定，就使得他们在已经取得的绝对剩余价值的基础上，把榨取的方向，转到革新劳动技术过程，改进社会劳动组织方面，即由绝对剩余价值转向相对剩余价值方面。

2.相对剩余价值的生产

相对剩余价值是剩余价值形态在绝对剩余价值基础上的一个发展，同时也是资本主义商品生产向前发展的必然结果。在这里，有必要先把剩余价值率与剩余价值量的关系，作一个交代，否则有关相对剩余价值的许多问题，是讲不明白的。资本家购买劳动力来进行生产，就因为他拥有生产资料，可是，生产资料价值是多还是少，都无非在生产品中，照样重现出来，在这种限度内，生产资料价值或不变资本价值，是多还是少，对于他的生产目的即价值增殖，简直是无关重要。因此，资本家对劳动者的剥削程度，就是看他对每个平均劳动力支给的价值，和每个劳动力依一定劳动日对他提供的剩余价值，成怎样的比例，这就是剩余价值率。依据这个理由，资本家要多榨取剩余价值，就只好多购买劳动力；改良技术，把资本多垫付到生产资料方面，不是和他增殖价值的目的背道而驰吗？但这只是问题的一方面。在另一方面，依低下技术条件而劳动的劳动者，在一定的劳动日内，为他自己生活的必要劳动部分，要占相当大的比重，也就是说，他为资本家提供的剩余劳动部分，就相对小了，从而，剩余价值也就有限了。反之，如果生产技术条件高，劳动生产率大，劳动者在一定劳动日内，可能为资本家提供的剩余劳动，从而剩余价值，就相对大了。生产技术条件的高低，乃表示投在生产资料上的资本在总资本中所占比例的大小，在这里，投在生产资料上的资本愈大，即投在可变资本上的资本相对愈小，所雇用的劳动者人数相对愈少了，剩余价值反而多了。这就是说，劳动者人数即使因此相对减了，从每个劳动者榨取的剩余价值却增大了。这是关于剩余价值率与剩余价值量的关系问题。马克思在论到它的时候，提出了三个有关的定律：第一是，所生产的剩余价值量，等于所垫付的可变资本量乘剩余价值率。在这里，所垫付的可变资本即使减了，“但剩余价值率按同比例提高了，所生产的剩余价值量就会仍旧不变。”①这就引出了第二个定律：“平均劳动日（按照自然，那总是小于 24 小时）的绝对限界，就是可变资本减少可以由剩余价值率提高而得到补偿，被剥削劳动者人数减少可以由劳动力剥削程度提高而得到补偿的绝对限界。”②第三，“如果剩余价值率或劳动力的剥削程度是已定的，劳动力的价值或必要劳

① 马克思：《资本论》第 1 卷，人民出版社 1963 年版，第 316 页。

② 马克思：《资本论》第 1 卷，人民出版社 1963 年版，第 318 页。

动时间的大小又是已定的,那就不说自明,可变资本越是大,所生产的价值的总量和剩余价值的总量也就越是大。”①依据这个定律,“如果劳动力的价值是已定的,劳动力的剥削程度是一样大的,不同各个资本所生产的价值的总量和剩余价值的总量,就和这各个资本的可变部分,即转化为活劳动力的部分的大小成正比例。”②

这几个定律向我们指明了一个事实:绝对剩余价值向着相对剩余价值的发展,虽曾为劳动者阶级长期围绕劳动日长度展开的激烈斗争所敦促,但那毕竟是资本主义商品生产发展的一个必然趋势。当资本家阶级感到极力用拉长劳动时间,来增加剩余价值剥削方式不能顺利进行的时候,他们很快就发觉,在已定的或法定的劳动日内,尽量压缩必要劳动部分,同样或更加可以达到增加剩余价值的目的。

马克思曾就绝对剩余价值生产移向相对剩余价值生产的过程,加以综合的说明:“在劳动日的一个定点上,劳动者不过已经为他的劳动力的价值生产了一个等价物。把劳动日延长到这点以上,并且让这种剩余劳动由资本占有,那就是绝对剩余价值的生产。那是资本主义体系的一般的基础,并且是相对剩余价值生产的出发点。相对剩余价值的生产,假定劳动日已经分成两部分:必要劳动和剩余劳动。为要延长剩余劳动,才用各种方法去缩短必要劳动,使工资的等价物可以在较少的时间内生产出来。绝对剩余价值的生产,不过把劳动日的长短当作关键问题;相对剩余价值的生产,却会彻底使劳动的技术过程和社会的组织发生革命。”③从这里,我们看到了近代工业由协作到手工制造业到大工业的转变过程的内在原因。在手工制造业中,生产方式的革命,还是从劳动力开始,而在大机械工业中,它才是从劳动工具开始。资本家用革新劳动技术组织来加强劳动力,不仅会由劳动生产力的提高,相应降低劳动生产力的价值;不仅会由机器的采用,加强了对劳动阶级的统治;同时还由于他们内部的激烈竞争,可以在某种新技术设备没有普遍采用之前,获有额外利润。这些,都是剩余价值的绝对形态移向相对形态的推动力。资本家阶级在进

---

① 马克思:《资本论》第1卷,人民出版社1963年版,第318页。

② 马克思:《资本论》第1卷,人民出版社1963年版,第319页。

③ 马克思:《资本论》第1卷,人民出版社1963年版,第550～551页。

行这种技术革新时，曾在社会方面，由都市到农村，引起巨大而深刻的社会机能的变化，而由是把资本主义生产方式的统治，全面确立起来。只有资本主义生产方式确立了它的支配地位的时候，相对剩余价值的生产，才能成为现实的。可是，由绝对剩余价值生产到相对剩余价值生产的这种转变，是就一般发展趋势谈的。并不能因此就作这样的结论，说资本主义商品生产，一进到采取相对剩余价值形态，就不再采取绝对剩余价值形态了。事实不是这样的。当资产阶级已由技术革命，加强资本对于劳动的统治；又由技术革命，造出机器驱逐劳动者的形势，并还由是造成劳动者内部竞争局面之后，为了榨取更大剩余价值，就更有可能在提高劳动生产率、加强劳动强度与延长劳动时间三者之间，任意抉择了。这就是说，尽管相对剩余价值的生产，是在绝对剩余价值生产基础上发展过来的，等到相对剩余价值生产立定脚跟，变成了一般的支配形态，造出了有利于加强资本统治的条件，唯利是图的资本家阶级又会在必要和可能的场合，以各种方式延长劳动时间，以与增进劳动生产力，加强劳动强度，相配合。

在各种工资形态上，我们将看到资产阶级所耍的形形色色的花招。

3.剩余价值由劳动力价格引起的量的变化与工资

不论是绝对剩余价值还是相对剩余价值，都是出自劳动者所生产的新价值或价值生产物。价值生产物包括两个部分，一是剩余价值，一是劳动力价值。剩余价值的现象形态，为资本家阶级的利润及其他派生所得，劳动力价值的现象形态，则为劳动者阶级所得的工资。从其本源来说，剩余价值，不论是多还是少，终归是对于劳动者的剩余劳动的无偿占有，这是已经明确了的。现在要讲的是，这个为资产阶级无偿占有的剩余价值部分，和代表劳动者必要劳动的劳动力价值部分，在价值生产物中的相互关系。这两者都有它的绝对界限，剩余价值不能少到资本家无利可图，也不能多到不让劳动者活下去。在这两极限间，就看资产阶级怎样发挥它的资本对劳动的支配权，和劳动者阶级怎样发挥它的组织力量和反抗斗争了。劳动阶级与资产阶级间，经常以这样或那样的方式展开着斗争，在经济的范围内，总是表现在利润与工资的分额上，而在实质上，则是看在整个价值生产物中，剩余价值与劳动力价值，各占怎样的比例。劳动力价值的变动，就是剩余价值向相反的方向变动。而有关劳动力价值变动的公式，就是在实质形态上探讨工资。马克思把工资放在剩余价值生产后面来研究,不但符合理论逻辑的要求,不但符合资本主义生产实际,并还是对于资产阶级经济学者们所谓三分法(生产、交换、分配)与三位一体公式(资本——利润,劳动——工资,土地——地租)构成的形而上学体系的彻底批判。如照那个形而上学的体系的做法,把工资这个分配形态,和利润、地租三足鼎立起来,不但就其来源说是背理的,劳动阶级为资产阶级创造剩余价值的整个现实关系,全被颠倒过来了。在我的理解上,把工资放在资本的生产过程来处理,是一个异常重要的创见,是构成马克思主义政治经济学体系的一个决定性的关键。

在讲绝对剩余价值与相对剩余价值的生产那一篇(第五篇)中,有一专章(第十五章)讨论劳动力价格和剩余价值的量的变化。马克思认为,那里所讲的规律,"可以由简单的变形,而转化为工资的规律。"[①]他并表示,那里所讲的,已经是在本质形态上说明工资。现在且看那些经过简单形态的变化就可转为工资的规律是指什么。他在这两个假定(一,商品依照它的价值售卖;二,劳动力价格有时升到它的价值以上,但从来不落在它的价值以下)的基础上,认为"劳动力价格和剩余价值的相对量,是由以下三件事情规定:(1)劳动日的长短或劳动的外延量;(2)劳动的标准强度或劳动的内含量,那要求在一定时间内有定量劳动支出;(3)最后是劳动生产力,为了生产力的原故,同量劳动,按照生产条件的发展程度,将会在同时间内提供不等量的产品。这三个因素显然能够有多种多样的组合,那或是一个因素不变,其他两个因素可变;或是两个因素不变,一个因素可变;最后,或是三个因素同时可变"[②]。所有这些变化,都要引起剩余价值与劳动力价值相互间的相反变化。马克思最先就其中劳动日大小和劳动强度不变,劳动生产力可变这个结合,示例性地提出了劳动力价值与剩余价值所由决定的三个规律:

"第一,不论劳动的生产率如何变化,从而,不论产品的量和单个商品的价格跟着如何变化,大小一定的劳动日总是体现为同量的价值产物。

"譬如一个 12 小时的劳动日的价值产物为 6 先令,虽然所产使用价值的总量会随劳动的生产力而变,但是 6 先令的价值总是分配在这个多

---

① 马克思:《资本论》第 1 卷,人民出版社 1963 年版,第 590 页。

② 马克思:《资本论》第 1 卷,人民出版社 1963 年版,第 561~562 页。

少不等的商品上面。

“第二,劳动力的价值和剩余价值按相反的方向发生变化。劳动生产力的变化,它的增进或减少,会依相反的方向,影响于劳动力的价值,并依相同的方向,影响于剩余价值。”①

以前例来说,12 小时的劳动日的价值生产物 6 先令为不变量,构成它的两部分的劳动力价值与剩余价值,就会是一方的增加他方的相应减少。劳动力价值的增或减,就是剩余价值的减或增。

“第三,剩余价值的增加或减少,总是劳动力价值相应减少或相应增加的结果,而决不是它的原因。”②这就是说,剩余价值的量的变化,是以一个由劳动生产力变化引起的劳动力价值运动为前提,劳动力的新的价值的限界,规定着剩余价值量的变化限界。

上面这三个规律,原是由李嘉图树立的,但是李嘉图丢开了劳动日的大小和劳动强度,而单就劳动生产力,来讲劳动价格变化引起剩余价值的量的变化;不仅如此,他所理解的剩余价值,并还不是剩余价值本身,而是它的具体表现形态——利润等等,这样就把本质与现象混在一起了③。对于劳动力价值的理解,尤其是如此。李嘉图及其他古典经济学者都没有把劳动力价值与其现象形态的工资明确区别开来,这就使他们的工资理论,留下了极严重的漏洞。

现在要看上述关于劳动力价值与剩余价值间的彼此相互变化的规律,通过怎样简单的形态变化,转化为工资的规律,或者,单从劳动力价值方面说,看劳动力价值或价格,怎样转化为工资。这里,我们且来考察一下古典经济学者们在这个问题上所碰到的矛盾。他们论到工资的时候,一直不能从“劳动的价值”、“劳动的价格”这种流行的术语中解脱出来。认为支付给一定劳动量的一定货币量,就是劳动的价格,就是劳动者的工资。工资又被看作是劳动的市场价格和劳动的必要价值或自然价格有区别,认为后者就是以一定货币来表示的劳动的价值。不管怎样,愈是主张劳动价值的人,仿佛愈有必要坚持“劳动的价格”这个概念。因为一切商

① 马克思:《资本论》第 1 卷,人民出版社 1963 年版,第 562 页。

② 马克思:《资本论》第 1 卷,人民出版社 1963 年版,第 564 页。

③ 参见马克思:《资本论》第 1 卷,人民出版社 1963 年版,第 566 页。

品的价值都由其生产所费的劳动量决定，作为一种商品，“劳动的价值”，当然也要由再生产它所支出的劳动量决定。结局，在理论上就要面对着商品的价值由劳动决定，劳动的价值还是由劳动决定这个不合理的循环论，而在现实上，更会因此把资本主义的性质从根本上否认掉，因为资本如果按照“劳动的价值”支付了，剩余价值就不可能存在了。不错，有的经济学者是用劳动的市场价格或工资，可以和劳动的价值有出入，或者，劳动的价值要小于其价值生产物这一类话来逃脱这个在理论上、在实际上都站不住脚的困境，但这样的解释，只能达到根本否认价值原则的结论。马克思认为，他们大错特错的地方，就在于他们“不加批判地从日常生活借用了‘劳动价格’这个范畴，然后问这种价格是如何决定”①。想通过劳动的偶然的市场价格引到它的价值。他们“所称的劳动价值，实际是劳动力的价值。劳动力存在于劳动者个人的身体内，它和它的功能（即劳动）不同，正如机器和机器的操作不同”②。劳动者作为商品来出卖的，资本家作为商品来购买的，只是劳动力，而不是劳动。

明确了这一切之后，就很容易说明，劳动力的价值或价格，是怎样表现在工资上面的。当我们讲劳动力的价值或价格的时候，总要联想到劳动者把他的劳动力交给资本家使用，产生了一个价值生产物，在其中，劳动力价值只是一部分，还有一部分是剩余价值，由劳动力价值和剩余价值，可以联想到必要劳动和剩余劳动。在这里，资本家对劳动者的剥削关系，是一目了然的。可是，一转到工资这种现象形态，它就把所有那些人剥削人的关系，都掩盖了。它就好象劳动的价值或价格表现的那样，仿佛所有的劳动，都被偿付了，等价交换的原则，通用于一切商品，也可无条件地通用于“劳动（力）”，“劳动（力）”的特殊性不存在了。马克思在结束他对这种庸俗见解的批判时说：“总之，‘劳动的价值和价格’或‘工资’是现象形式，而劳动力的价值和价格是表现在它上面的本质关系，是要互相区别的。我们以上关于一切现象形式和它们背后隐藏的基础所说的话，都适用于这里。前者将会直接地，自发地，当作流行的思维形式再生产出来；后者却只有用科学去发现。古典政治经济学近似地接触到了事物的

---

① 马克思：《资本论》第1卷，人民出版社1963年版，第584页。

② 马克思：《资本论》第1卷，人民出版社1963年版，第585页。

真正关系,但没有意识地把它定式下来。在它还是依附在资产阶级皮肤上面的时候,它是不能这样做的。”①

至于工资本身,又采取了种种形态,最一般的是计时工资形态与计件工资形态,还有两者混合的形态。一般地讲,尽管计件工资形态是在计时工资形态上发展过来的,但只要可能,资本家阶级总是会为了增进剥削的打算,对这几种形态加以巧妙的应用的。他们一方面按照计时工资形态,在一定大小的劳动日内的最大可能的作业标准,来确定计件工资;同时又按照计件工资形态,在劳动品质与强度方面自行强制达到的最高的要求,来确定计时工资。从这里我们可以看到:影响劳动力价格与剩余价值之间的量的变化的劳动生产力、劳动强度、劳动日的大小这三因素,在怎样为资产阶级所掌握和运用着;只要有机会,把劳动力价值压低在它的价值以下。他们是不会轻易放过的。到这里,我们已不难明了:在工资形态掩蔽下所显示的资本自行增殖的秘密,用亚当·斯密的话讲,乃在于它对劳动的支配权;而更深进一层,照马克思所说,“它还是对没有报酬的劳动的支配权”②。

所以,归根结底来看,剩余价值无非是资本支配劳动,支配无偿劳动的结果罢了。我们将在资本积累过程中更明白也更深刻地看到这个现实。

(三)剩余价值资本化

1.在简单再生产过程中看资本积累的条件

在前面我们所讲的,是商品货币如何转化为资本,以及资本如何产生剩余价值;《资本论》第一卷的最后一篇讲的是如何从剩余价值造出更多的资本,或剩余价值的资本化。剩余价值资本化,就是资本积累的问题。这个问题,本来在资本如何产生剩余价值,特别在绝对剩余价值形态推移到相对剩余价值形态的说明中,已经接触到了,但在那里,基本上是要探究剩余价值的来源,并论证剩余价值本身。至于关于剩余价值资本化,或

---

① 马克思:《资本论》第1卷,人民出版社1963年版,第589页。

② 马克思:《资本论》第1卷,人民出版社1963年版,第578页。

资本积累倾向的分析,那实际上就是要探讨资本主义究会因怎样的内在条件的制约,而必然发展并向何处发展。在探究剩余价值来源或它从何产生的时候,为了要在纯粹形态上把握它,一切足以混淆说明的、属于次要因素的东西,都暂时排除了。假定所生产的商品,是照价值售掉;假定垫付资本以上的余额部分,是全由生产的资本家占有。这样,由一般流通和分配上引起的种种复杂现象变化,就不致妨碍我们对于剩余价值的本质的认识了。同样的,在积累的分析上,也需要这样做。已由所生产的商品的售卖,实现剩余价值,获有一定货币所得,将所得的一部分,或较大部分再投资购买生产资料和劳动力,进行生产,就是剩余价值的资本化,就是资本主义的再生产过程,就是资本主义的扩大再生产过程。这种扩大再生产过程,显然多一些转折,更不能不通过流通分配乃至消费等等环节,而那些环节,还更容易掩盖积累的实质。所以,照样暂时舍象去一般流通分配关系,并就资本主义的简单再生产入手,是要更便于揭露资本积累的实质的。

我们已知道,"每一个社会生产过程,只要是在不断联系中,作为一个不断更新的流来看,便同时是再生产过程"①。"如果生产采取资本主义的形式,再生产就同样会采取资本主义的形式。"②资本家把劳动过程看作价值增殖过程的一个手段,把所获得的剩余价值,看作是由他的资本生出的所得。"要是这种收入不过充当资本家的消费基金,周期地取得,周期地消费掉,其他事情不变,我们就有了简单再生产。这种简单再生产虽然只是生产过程按同一规模的反复,但这样的反复继续,也会把某些新的性质刻印到过程上面去"③。然则,哪一些新的性质,从这里直接表现出来呢?

首先必须看到,作为资本主义的再生产过程,不断定期购买劳动力,是极关重要的。生产过程一开始就要劳动力,可是每次对于劳动力的给付,却是等待它已经发生作用,已经在商品中实现了它的价值和剩余价值以后,才实行的。这就说明,不断在工资形态上流回劳动者手中的东西,

① 马克思:《资本论》第1卷,人民出版社1963年版,第619页。

② 马克思:《资本论》第1卷,人民出版社1963年版,第619页。

③ 马克思:《资本论》第1卷,人民出版社1963年版,第620页。

无非是不断由劳动者自己再生产出来的生产物的一部分。由于资本家给付劳动者的是货币，是劳动生产物的转化形态，也就是由于生产物的商品形态，商品的货币形态，就把这种劳动者自己给付自己的实质掩盖了。奴隶制度下的奴隶，是自己吃自己劳动的生产物，封建制度下的农奴，也是由他自己的劳动，在为自己的那一部分土地上，获有他不断再生产的劳动基金，那都是一目了然的。独独资本家以货币的形态，给付劳动力，转了一个大弯，这样看来，就好象劳动者从资本家那里得到的，是从资本家荷包中掏出来的，不是他们自己的劳动生产物的一部分。事实上，谁只要不被商品货币关系所迷惑，他就会在资本主义简单再生产过程的单纯连续上，看到劳动基金是怎么回事。同时，也将会知道，那种单纯的反复连续，就在劳动者为资本家创造剩余价值方面也要引起变化。那就是，资本家把每次投资所得的剩余价值，全消费掉了，到了一定时期，他的投资总额，由不断获得的剩余价值中全部收回了。尽管这以后的投资额还是那么多，但那已经不是他最先垫付出来的资本了(且不忙讲这个资本是从哪里来的)，而是历次所得剩余价值的变形。“所以，把所有的积累完全撇开不说，生产过程的单纯继续或简单再生产，也必然会在一个或长或短的时期之后，把每一个资本转化为积累的资本，或资本化的剩余价值。”①

然而，我们从这里还会看到一些更基本的变化。资本主义的生产，如前已经讲到的，是把一方的资本所有者，即生产资料、生活资料的所有者，和另一方的完全同生产资料分离的劳动力所有者的存在，作为既定的基础，作为出发点的。这些出发点的事实，一经在简单再生产的单纯连续中，不断再生产出来，定型化了，永久化了，变为理所当然的了，它就要在两方当事人中间，造成一种象从外部加担在他们身上的义务和权力。“劳动者要不断把客观的财富，当作资本，当作一种站在他外面，统治他，榨取他的权力来生产。同时，资本家也要不断把劳动力，当作主观的富源，那种和它本身由以物质化，由以实现的对象和手段已经分离的，抽象的，仅只存在于劳动者身体中的东西来生产，简单地说，也就是要不断把劳动者当作工资雇佣劳动者来生产”②。其结果，劳动者对资本家的隶属，就因

① 马克思:《资本论》第1卷，人民出版社1963年版，第623～624页。

② 马克思:《资本论》第1卷，人民出版社1963年版，第624～625页。

他们愈益成为单纯为资本家生产剩余价值、生产财富的工资劳动者而强化起来。他们在资本家的心目中，已经是和资本家的其他生产资料，没有多大区别了。他们的个人的消费就被看成是载重家畜的饲料乃至润滑机器的油料，因而，那种消费需不需要、值不值得，就看它对生产资本家的价值和剩余价值，有没有效果。有效果，就是生产的，否则，就不是生产的。资产阶级就是用这种看法和态度，来看待工资问题的。由于资本家干脆把劳动者当作生产资料，他们就视为当然地对劳动者阶级行使所有权了。这由他们的种种宣传甚至种种立法措施，如不许有技术的熟练的劳动者移到国外去的做法，充分证实了。

一句话，资本家与劳动者结成的生产关系，就是在简单再生产过程的单纯延续中，也在不断强化、不断发展着。资本主义的简单再生产过程，是它的扩大再生产过程的起点，并且是当作扩大再生产过程中的构成因素。只有把简单再生产过程中的基本条件和关系弄清楚了，资本主义的扩大再生产过程中或剩余价值资本化的过程中的一些较复杂问题，就容易说明了。

2.剩余价值转化为资本

资本家把所生产的商品，拿到市场去实现价值，除了补偿生产资料的消耗，也除去给付劳动力的价格，余下的就是他的所得。这个所得，名义上是利润，实际上是剩余价值(虽然马克思有时也把它作为剩余价值中为资本家所消费的那一部分来理解)。他不把所得全部消费，而将其中一部分或大部分周期地再投到生产上，把原来的生产规模扩大了，那在实际上就是资本以累进的规模进行再生产，就是积累，也就是剩余价值资本化。

"为了要积累，人们必须把剩余产品一部分转化为资本。但是，如果不是借助于奇迹，人们总只能把那种能够在劳动过程中使用的物品(即生产资料)，或劳动者能够用来维持生活的物品(即生活资料)转化为资本。因此，年剩余劳动的一部分，必须被用来生产追加的生产资料和生活资料，让它们的产量，超出补偿垫付资本必要的数量，有一个余额。一句话，剩余价值能转化为资本，只是因为在剩余产品(它的价值就是剩余价值)中已经包含有一个新的资本的物质成分。"①可是要进行生产，单有这些

① 马克思:《资本论》第1卷，人民出版社1963年版，第636页。

物质成分是不行的，如果已经被使用的劳动力，不再能延长劳动时间或增强劳动强度，就必须追加劳动，追加劳动力，追加劳动者人数。这在资本主义制度下，是有很好的配合的。除了人口的自然增加外，不断由失去生产资料而游离出来的工资劳动者，就正好是要满足剩余价值不断资本化所提出来的需要。资本家只要“把工人阶级每年供给的各种年龄的追加劳动力，合并到已经包含在年产品中的追加生产资料中去，剩余价值到资本的转化就已经完成了。”①一次一次以累进的规模进行下去，由剩余价值产生更多的剩余价值。这就很容易给人一个印象，资产阶级及其观念代理人实际上也在这么设想，不把剩余价值全部消费掉而将其一部分或一大部分继续投资雇用更多的工资劳动者，倒象是做了一件好事。而且，一切都是依照所有权规律，依照等价交换规律进行的。资本家对自己的货币有所有权，劳动者对自己的劳动力也有所有权；资本家照现实的价值购买劳动力，劳动者按现实价值出卖劳动力。一切都象是公公道道的。可是，在现实上，凭买凭卖的所有权规律怎么到头来转变成了资本主义的占有规律呢？这道理，我们在前面已经看到了，资本家购买劳动力所给付的价值，和他利用劳动力创造的价值，自始就是一个不等的量。剩余价值就是这两者的余额，就是未给予等价而占取劳动者的东西。把这一部分价值拿来资本化，事实上就是把占有劳动者的东西，将其中的一部分拿来购买劳动力，“即使那是按照充分的价格进行，以等价交换等价，那也一样是征服者的老戏法。被征服者的商品是用他们自己的被人劫走的钱购买的”②。就因为这样，“资本家和劳动者间互相交换的关系，就不过成了一个在流通过程中出现的假象，不过成了一个形式，与内容本身无关，不过使它神秘化”③。而作为交换出发点的所有权，在资本家方面说，变成了无偿占有他人劳动成果的权利，而在劳动者方面说，就表现为占有自己劳动成果的不可能。在剩余价值资本化的过程中，资本家占有他人劳动成果愈多愈大，劳动者便愈要因为对资本的隶属变得愈无权利。

事实本来是非常明白的，但资产阶级经济学者却从这里提出一些极

① 马克思：《资本论》第1卷，人民出版社1963年版，第636页。

② 马克思：《资本论》第1卷，人民出版社1963年版，第638页。

③ 马克思：《资本论》第1卷，人民出版社1963年版，第639页。

荒谬的理论。一个理论，是把剩余价值资本化，只看为是剩余价值的可变资本化，好象追投劳动同时不要追投作为生产资料的不变资本，好象资本家即使是从劳动者那里占取了剩余价值，也还是用来雇佣劳动者。古典经济学者如亚当·斯密、李嘉图，都强调这个意见，这是由于认识不清；而庸俗经济学者，却从这里大做文章，仿佛资本家是为了劳动者有工可做，有工资可得，不断进行再投资。当然，就是一个再庸俗的经济学者，也不能否认：资本家扩大投资活动，是为了有利可图。在种种为资产阶级辩护的理论中，特别是英国西尼耳的"节欲论"，他认为资本家不把他的所得全部消费掉，节制欲望，只把其中一部分作为消费基金，而把另一部分作为积累基金。由使用积累基金所得的剩余生产物或其价值，就是对于他节欲行为的报偿。不错，在近代初期，资本家确曾因种种原因，敦促他们尽可能节制消费，把尽可能多的所得部分转化为资本，那不外为了满足自己的增殖价值或致富的欲望。事实上，资本主义生产的不断发展，需要对每一种企业上的投资不断有所增加；而商品生产者间的竞争，也逼着他们非不断增加投资，不断扩大企业规模，就不易增加所得，甚至不易存在下去。他们正是在这样的历史条件下，为积累而积累，为生产而生产的。古典学派经济学者，一方面把劳动阶级看为是生产剩余价值的机器，同时也严肃地、客观地、毫不客气地把资本家阶级看成是把这种剩余价值转化为资本的机器。他们这样严肃而客观地看待资本家的历史任务，是庸俗经济学者西尼耳所不能理解的。

资本主义一步一步向前发展，资本的积累愈来愈多了，资本家尽管过着他们若祖若父所意想不到的豪华生活，他们拿出来的资本化的剩余价值，仍有十百倍千万倍的增大。即使把剩余价值分为资本与所得的比率保持不变，积累的量，仍可因劳动力的剥削程度加强、劳动生产力的发展以及相伴而生的种种因素，而增大起来。关于劳动力的剥削程度，在讨论剩余价值的时候，为了说明的便利，一直是把工资看作是与劳动力的价值相等，实际上，它经常被压低在这个价值以下，从而，在一定限度内，把劳动者的必要基金，转化为资本积累的基金①。这例子，在工业上、采掘业上、农业上随时都可以看到，不依比例追加不变资本，却可依种种手法由

---

① 参见马克思：《资本论》第1卷，人民出版社1963年版，第658页。

增强劳动强度和延长劳动时间生出追加劳动，而增大剩余价值生产物。在这样的情形下，工资就大大降低在劳动力价值以下了。至于劳动生产力增加的结果，很明显，一定量价值，从而一定量剩余价值依以表现的生产物量，会相应增加。这在一方面，会在剩余价值分割为追加资本与所得的比率不变的情况下，资本家的消费也可以增加，而不致减少积累基金。同时在另一方面，实际工资决不会与劳动生产力依同比例增进，同一的可变资本，可以推动较多的劳动力、较多的劳动了。还有，劳动生产力的增进，就说明所用资本增大了。在这里，又造出了一个有利于积累增大的条件。即是，资本增大了，所用资本与所费资本间的差额会一同增大。“那就是，各种会在相当长期间内，在不断反复的生产过程中，用它的全部范围发生功能，或为某种有用效果的获得而服务的劳动手段，如象建筑物，机器，排水管，劳动家畜，各种装置，将会在价值总量和物质总量上增大起来。但它们是逐渐磨损的，一点一点丧失它们的价值，也只一点一点转移它们的价值到产品中去的。”①它们是全部被使用，但只一部分被消费的。在这种限内，“全部被使用但只部分被消费的程度越是大的时候，它们会按相同的比例，越是和各种自然力，水，蒸汽，空气，电气等等一样提供无偿的服务。当过去劳动为活的劳动所利用，被附与生气时，过去劳动这种无偿的服务也会随积累规模的增长而积累起来”②。总之，资本会在积累过程中，在不断增进科学技术发明利用的范围与程度中，把一切社会的与自然的力量，都合并在资本中，使其变成资本的生产力，变为资本积累的源泉。然而，就资本主义商品生产制度来说，这许多有利条件的发展，很快就会看到它的局限性，看到它的尽头。

3.资本主义积累的一般规律

前面已经讲到了资本的积累实际上是对于劳动者的无偿劳动积累。积累的增进或扩大规模的再生产，“也会以扩大的规模再生产资本关系，在一极端，再生产更多的或更大的资本家，在另一极端，再生产更多的工资雇佣劳动者”③。问题就发生在这里了。在积累过程中，如果不断再生

① 参见马克思：《资本论》第1卷，人民出版社1963年版，第667页。

② 马克思：《资本论》第1卷，人民出版社1963年版，第667～668页。

③ 马克思：《资本论》第1卷，人民出版社1963年版，第674～675页。

产出来的更多的工资劳动者，都有机会为资本家提供无偿劳动，提供剩余价值，也就因此又都能为资本家实现剩余价值，那当然是再好没有的事。而事实是，对于劳动力的需要，只有在资本有机构成不变的条件下，才会随积累一同增加。如果资本家一心想到：尽快地改进技术，可以获得额外利润的好处；把劳动生产率提高起来，同时还有加强劳动强度的好处，还有扩大自然利用范围的好处，还有挣得所用资本与所费资本间的差额的好处，他们就必然要努力提高资本有机构成，以较小的劳动量来推动更多的生产资料。结局，“资本技术构成上的这种变化，即生产资料的总量和让它活动起来的劳动力的总量相比而言的增大，会反映到资本的价值构成上面来，以致资本价值的不变部分牺牲它的可变部分而实行增加”①。这个倾向，在积累及伴随积累而生的积聚的进行中，在由竞争及信用中加强了的集中运动中，愈益表现得突出。由于积聚集中过程，不仅由资本提高有机构成，把可能吸收的工资劳动者人数相对减少了，同时并还因此促进中小企业加速破产，而由是制造出来了更多的待雇的工资劳动者。在这里，我们就看到了这样一个资本主义的人口规律：“资本主义积累会不断产生出，并且正好是比例于它的力量和数量，不断产生出一个相对的，超越于资本平均价值增殖需要，从而过剩或者过多的劳动人口。”②

不错，一个剩余劳动人口，是资本积累的结果，同时，一个摆在那里听候处分的产业后备军，又是资本积累的杠杆。各种形态（流动的、潜在的、停滞的）的过剩人口的存在，就是对于工资劳动者的极大压力，就是把他们的工资压到劳动力价值以下的有效手段。当代资产阶级经济学者提出了这样一个如意算盘的理论，说是失业人口保持在总劳动人口的百分之二至百分之三乃至百分之五甚至到百分之七的限度，是鼓励投资的一个有利的条件。遗憾的是，这个规律的作用，并不恰好达到资本家所一厢情愿的限度，而且过剩的劳动人口由积累不断引起的量变，往往要产生他们所意想不到的质变。正是由于过剩劳动人口或产业后备军累进增加，成为资本积累上的一个明显趋势：在一方面，穷乏、压迫、奴役、退化，榨取之量在不断增长着，而同时为资本主义生产过程所集中、统一、训练和组织

---

① 马克思：《资本论》第1卷，人民出版社1963年版，第684～685页。

② 马克思：《资本论》第1卷，人民出版社1963年版，第692页。

的劳动者阶级的反抗队伍，也不断增大，他们的阶级觉悟也不断提高。其结果，当生产资料的集中与劳动的社会化一发展到资本主义生产关系外壳不能相容之点，这个外壳就要破裂，资本主义制度的丧钟响起来了。剥夺者被剥夺了①。

4.所谓原始积累

在历史发展的顺序上，所谓原始积累，是先行于资本主义积累，而作为资本主义发生的历史前提出现的。不同的社会国家，或长的或短的原始积累阶段，形成它的资本的前史。马克思在讲过资本主义积累的一般规律之后来说明它，而不在这以前，不在叙述和它有密切联系的协作制造业的场合，或者不在叙述和它更有关系的由货币到资本转化的场合来说明它，应当说是有两个深刻的用意：第一是，把原始积累放在前面任何一个场合来讲，如果是作为一部经济史的论著，也许是有必要的，而作为一部经济学论著，却就必须在注意历史顺序的同时，更好考虑处理理论逻辑。把原始积累问题，放在货币到资本转化那里叙述，或是放在近代工业发展那里叙述，都是要破坏整个体系的。而且第二，要讲原始积累，先得知道什么是积累，什么是资本主义积累，在剩余价值来源、资本主义积累实质问题没有解决之前，不但在论述上还不曾提出原始积累这个经济范畴，就是过早提出来了，也说明不清楚。因为马克思指示我们，“关于人类生活形态的深思及科学分析，一般说来，总是按照与现实发展相反的道路进行。那总是从后面，从发展过程的完成结果开始。”②当把资本主义积累这个完成形态作了结论的时候，再回头来看看资产阶级所极力强调的生产发家的“光荣历史”是怎么一回事，那就不但论证有力，并且还是非常顺理成章的。马克思在后面论述到近代商业资本和借贷资本时，也是依照这个章法，分别把以往的独立商业资本和高利贷资本附带加以说明。

在论证资本积累，论证剩余价值资本化，就是把已经无偿占有劳动者的剩余劳动或其价值体化物进一步拿去占有更多剩余劳动、剩余价值的时候，资本家阶级或其代言人，在事实面前逼得无路可走，总是惯于捏造一些事实，如说他们祖先如何勤劳，如何第一次把不吃不穿挣得的基金，

---

① 参见马克思：《资本论》第1卷，人民出版社1963年版，第842页。

② 参见马克思：《资本论》第1卷，人民出版社1963年版，第51页。

投到生产事业上去等等来搪塞，但稍加分析，就会发现那都是站不住脚的。确实有的资产者，曾经是独立劳动者出身的，在他还是独立劳动者的时候，或许是相当勤俭节约的。但问题在于，靠他自己的劳动收入，并不能使他成为资本家。他之成为资本家，之所以能进行资本积累，完全是由剥削而来的。中国有句“人无横财不富”的谚语，从经济上讲，“横财”无非是以这种那种的方式占有或剥夺他人的劳动。不过，由于这种占有或剥夺往往是通过社会的行动来实行的，就在一定程度内，把参与占有和剥夺的个人肮脏行为掩盖了。

原始积累有种种方式，如土地占有制度，劳动强制制度，殖民制度，课税制度，保护制度……等等，“但所有这些方法全都利用国家的强力，利用社会积聚的有组织的暴力，温室般地助长从封建生产方式到资本主义生产方式的转化过程，缩短它的过渡期。暴力是每个孕育着一个新社会的旧社会的助产婆。它本身也是一种经济力。”①不过，这种作为经济力的暴力的行使，有的是具有决定的作用的。“在原始积累历史上一切在资本家阶级形成过程中起杠杆作用的变革，都是历史上划时代的事情；首先的一个要素就是，人民大众突然地并且强制地失去生活的资料，当作自由的、象鸟一样的无产者被投到劳动市场上来。农村的生产者即农民的土地的剥夺，是这全部过程的基础。”②很清楚，农村生产者，由土地分离，由他们取给于土地的生活资料分离，不仅造出了资本家所需要的工资劳动者，不仅为资本家创造了商品市场；不仅在这之前，由农民在各种税课，在商业和高利贷活动下的破产，为他们积累起了作为开业资金的货币财产；并还使农民以往使用的土地以外的生产资料，在一定程度上转化为他们运用那种资金的物质要素。如在农民手中为自力谋生所用的农具畜力，到了资本家手里，就成为剥削他人劳动的工具了。所以，“资本关系的创造过程，不外就是劳动者同他所有的劳动条件分离的过程。这个过程，一方面把社会的生活资料和生产资料转化为资本，另一方面则把直接生产者转化为工资雇佣劳动者。所以，所谓原始积累，不外就是生产者和生产

---

① 马克思：《资本论》第1卷，人民出版社1963年版，第828页。

② 马克思：《资本论》第1卷，人民出版社1963年版，第790页。

资料分离的历史过程”①。这种分离，就社会所有制方面讲，就只指着那种以自己的劳动为基础的私有制的解体。资本主义的以他人的劳动为基础的私有制，就是在前一种私有制解体过程中产生的，也就是把人民大众的土地、生活资料和劳动工具加以剥夺的基础上产生的。我们只有认清了这个历史过程，才能对资本家发家致富的“光荣历史”有一个正确评价，同时也才了解，由少数资产阶级暴发户，剥夺人民大众，是由于历史发展的必然，而现在广大无产阶级剥夺资产阶级，如我们前面讲到的，更是由于资本主义生产自身内在的规律的作用的结果。拥护财产私有制的资产阶级，不但忘记了他们祖先曾是怎样残酷无情地彻底破坏过另一种私有制，他们尤其没有意想到，在“现存社会里，私有财产对十分之九的成员来说已经被消灭了”②。私有财产对十分之一的人的存在，正是由于对十分之九的人已不存在。不管资产阶级及其代言人如何诡辩，资本主义积累的历史趋势，总是他们阻挡不了的。

(四)值得提起的若干问题

上面已经把《资本论》第一卷的内容，作了简单的叙述。我们由此初步知道，资本的全部生活史，或者说资本主义生产方式由发生、发展以至趋向灭亡的运动史，事实上，无非是资产阶级统治、压制、剥削工人阶级和工人阶级不断反抗、不断促使资产阶级改变剥削方式，以至最后造成剥夺者被剥夺的结局的历史。以资本与劳动关系为基础的资产阶级社会经济的辩证发展关系，由此清楚明白地表现在我们眼前了。但如我们在前面已经提到，资本主义的实际经济现象是非常错综复杂的，它不但不能直接把那个辩证发展关系显示出来，反而把它掩盖了；资产阶级经济学者的庸俗理论，还进一步把它曲解了。因此，对资本主义的辩证发展关系的揭露，或其现实运动规律的发现，就不只是要解析各种经济现象，还必须针对着资产阶级经济学者的各种庸俗理论及其错误的研究方法，进行批判；

---

① 马克思：《资本论》第1卷，人民出版社1963年版，第789页。

② 马克思和恩格斯：《共产党宣言》。《马克思恩格斯选集》第1卷，人民出版社1972年版，第267页。

看在批判分析中，怎样的科学处理，才能更好地在有力地驳倒那些错误理论系统的同时，从本质上把资本主义的辩证发展关系表达出来，把自己的科学理论体系建立起来。不认清这一点，我们对于这一卷的研究程序和一些关键问题，就会有些不易理解。

首先，这一卷讲的是资本的生产过程，并还是讲它的直接生产过程。为什么把研究的范围限得这样狭呢？就我们在上面提到的产业资本公式，即 $G—W\begin{cases}A\\ Pm\end{cases}\cdots P\cdots W'—G'$ 来说，只是集中讲到中间的环节，前后两个环节，由货币到商品的转化和商品到货币的转化，都只当作前提假定了，提到了，而没有进一步考察，因此，我们在日常经济生活中习见的价格变动关系或供需变动关系，也暂时存而不论。那就是假定所有的商品，都是按照价值买卖，假定生产所需的生产资料和劳动力，都能充分得到供给，假定所生产的商品，都会顺利销售出去。不但如此，在直接生产过程，我们当然还只能看到生产资本家或产业资本家，所有在直接生产过程创造的剩余价值，假定只是由他占有，暂且不问他和其他资产阶级间作如何的分配。因此，我们日常习见的那些分配形态，如利润、利息、地租等等，也被抽象去了。为什么要这样做呢？我们大家都知道一个道理，如马克思所说的“物理学者考察自然过程，就是要在它表现得最为精密准确并且最少受扰乱影响的地方进行考察；或是在可能的时候，在各种条件保证过程纯粹进行的地方进行实验”①。社会科学的研究，就不能这样做实验，“在经济形态的分析上，既不能用显微镜，也不能用化学反应剂。那必须用抽象力……。”②把一些有相互关系，但对所研究的对象说，还不是最必要的因素，暂时抽象去。不过，马克思研究直接生产过程，暂时不讨论流通关系和分配关系，还有一个道理，那就是因为他在这里所要发现的资本价值增殖的原因，或剩余价值的来源，正好为一般资产阶级经济学者用流通的现象、分配的现象所掩盖着。他们对于资本为什么会增殖，投下一定额资本价值为什么会收回更多的价值，或者是由贱买贵卖来解释，或者是由此盈彼亏来解释。针对他们这些错误的看法，马克思暂时排开这些流

① 马克思：《资本论》第1卷，人民出版社1963年版，第Ⅹ页。

② 马克思：《资本论》第1卷，人民出版社1963年版，第Ⅹ页。

通、分配现象，径直在直接生产过程去探索它的根源，就显然有重大的批判意义了。如我们在上面看到的，资本家把他购买来的劳动力，强使其在劳动过程作出劳动力价值或必要劳动以上的剩余劳动，强使其提供不给报酬的劳动，这就为剩余价值找到了真正的来源。这样，就使得劳动过程成为价值增殖过程了，使直接生产过程既是劳动过程，又是价值增殖过程，而成为两者的统一了。至于所增殖的价值，能否实现，或以何种程度实现，那种实现，有利于谁，不利于谁，那就要看市场的供销状况了。那已经不是剩余价值的生产问题，而是剩余价值的流通与分配的问题了。一个资本家即使把他所生产的商品堆在仓库里腐烂、亏本拍卖或者投到海里去，也并不能证明他在生产过程没有剥削劳动者，只不过表明他剥削所得的果实，没有实现罢了。

其次，这一卷只限于资本的直接生产过程的研究，为什么研究的结果能如上面指出的那样，把整个资本主义社会的经济运动，把它的辩证发展关系揭露出来呢？要说明这一点，必须明了，在科学研究上，愈是要把握一个社会的总的全面的发展倾向，就愈需要从它的本质的、主要的、基本的方面下手。我们已经知道，资本主义社会的最本质的经济关系，就是资本与劳动的关系，恩格斯把它叫作轴心的关系。资本的增殖价值的机能，是表现在对于剩余劳动的剥削上，是出现在直接生产过程中。就剩余价值的生产而论，不论是生产资料，还是劳动力，在这个过程以外，都还只是可能的生产因素，它们要在直接生产过程中，方才成为现实的生产因素。尽管在直接生产过程中，生产资料并不增殖价值，只有劳动力被要求作超过其价值以上的支出，因而增加了价值。可是，一定劳动力推动一定生产资料的量的比例关系的改变，就要发生剩余价值量与剩余价值率或剥削程度的改变。而这种改变，又是以生产技术构成、劳动组织与最必要的生产资本量的改变，作为前提。我们知道，剩余价值由绝对形态向相对形态的转变，就是由此产生的。由于相对剩余价值的榨取，是要求不断改进劳动技术组织过程，要求不断增加投资，于是把已经榨取得来的剩余价值，尽可能多地再投下去，或尽可能多地资本化，就成了一个无可变更的定律。同时，在包括不变资本与可变资本的总资本中，不变资本对可变资本的比例，相对地愈来愈大，或者反过来，可变资本对不变资本的比例，相对地愈来愈小，也成了一个无可改变的定律。从这里我们不但看到了劳动人口过剩的内情，看到了生产过程的内情，还看到生产社会化和劳动者被集中、被组织的现代集体主义的劳动，而由是出现的社会主义革命的前景。当然，整个资本主义的经济现象，比这里所指出的，无疑是要复杂得多、曲折得多的，但千头万绪，千变万化的关系和现象，最后都是要从那个直接生产过程找到说明。因为“它的决定的动机是剩余价值的生产”①。那是整个资本运动的轴心和它的一切表面变化所由发生的根源。既然剩余价值是资本主义的生命线，资本主义社会发生、发展以至灭亡的辩证发展关系的揭露，怎么能够不最先在创造剩余价值的直接生产过程中进行呢！这是马克思主义政治经济学在研究的方法论上，与一切庸俗经济理论截然不同的地方。

再次，这一卷所研究的，既然是资本的生产过程——直接生产过程，为什么开头第一篇讲商品与货币，接着第二篇，还是讲货币到资本的转化，直到第三篇，才正式讲直接生产过程呢？对于这个问题，可以从三个方面来说明。第一是历史的，表示资本所由发生，表示资本生产要经历一个社会的变革；第二是理论的，表示资本研究需要预先交代一些有关的基本概念范畴；第三是在批判的立场上，把简单商品生产与资本主义商品生产明确区别开，借以清除资产阶级经济学者混淆这两种生产方式，在剩余价值来源的认识上造成的混乱。第一点是非常明白的，资本是商品生产与商品流通发展到了一定的阶段才出现的，它最初又是表现在货币形态上。所以，把劳动生产物转变为商品，商品通过交换过程分化为商品与货币商品或货币，再由货币转化为资本的全过程，作一概述，我们就不仅对于资本的历史性，有一明确概念，同时还会由此理解到资本的社会特质，就是体现在劳动力买卖这一点上。劳动力的购买者，不自己劳动，而利用他人的劳动力来劳动，那说明他拥有相当的生产资料；劳动力的出卖者，不为自己劳动，那说明，他已和自己的生产资料分离了。生产资料与劳动力出卖者分离，和它在劳动力购买者手里集中，有破有立，是一个过程的两面。这个过程是逐渐发生的，但却要诉之于催生的暴力革命把它完成。现代的资产阶级革命，其实就是要在社会范围内成就这个经济上的变革。在市场上找不到现成的劳动力，资本就无从诞生了。第二点是属于理论

① 马克思：《资本论》第2卷，人民出版社1964年版，第377页。

上的要求，正是因为这一卷要暂时撇开流通关系，集中考察直接生产过程，而直接生产过程的研究，剩余价值的说明，又少不了要涉及一些最基本的概念，如商品、劳动、价值、货币等等，所以，在对商品货币发生发展的历史考察中，把这些基本概念，分别交代清楚了，就使得资本的直接生产过程的分析，能按照严密的逻辑顺序展开，而无须为这些概念的说明所中断。就第三点来说，那是有深刻批判的意义的。必须指出，上述那些概念范畴在第一篇、第二篇的交代，只限定在它们对一切商品经济有共同性的范围内。马克思把简单商品生产与资本主义商品生产作了严格的区别，表明在简单商品生产方式下的商品货币这些概念，一到资本主义商品生产社会，它们就要在作为资本运动中的一个环节的限内，附上资本的特质，而成为商品资本、货币资本，并且，它们的这种性质的改变，归根结底，还是由于劳动的性质改变了，原来只是形成商品价值的劳动，这时已经是创造包括有剩余价值在内的商品价值的劳动了。这样一来，资产阶级经济学者混同两种生产形态，动不动借口以简单商品生产不产生剩余价值，从而否认资本主义商品生产产生剩余价值的伎俩，就不攻自破了。总之，这一卷讲资本的生产过程，而必须在开头两篇讲商品货币以及货币转化为资本的关系，其着眼点都在讲资本，或者是讲资本发生史，或者是讲资本研究上所需要交代的各种有关的概念范畴，或者是讲非资本生产到资本生产的过渡。

还必须讲到，把工资这个分配形态放在生产过程考察，在习惯于传统讲法的人看来，简直是太意外了，太不可理解了。但仔细体会一下，就知道这不只是第一卷的重要关键，也是全三卷的重要关键，还是马克思主义政治经济学对于资产阶级政治经济学在方法论上，在理论体系上的一个彻底的革命的重要关键。我们已在前面讲《资本论》的结构与体系时提到了这个问题，但没有展开说明，看来是需要在这里进一步交代的。现在且先来看把工资安排在这一卷来考察，有什么重要意义。这一卷是考察资本的生产过程。资本的生产，就在它的价值增殖；价值其所以增殖，又在资本家购买劳动力所支付的价值与利用劳动力所创造的价值有一个差量，这个差量，就是资本家未给报酬而占有剩余劳动的结果。资本家如果按照他在直接生产过程利用劳动力所创造的全部价值，以工资名义付给劳动者，那个差量就不存在，剩余价值就不存在，资本就不成其为增殖价值的资本了。资产阶级经济学者把工资说成是劳动价值或劳动价格，以示全部劳动都给予了代价，那显然是一种欺骗。事实上，资本家只给付了抵偿劳动力价值所必要的必要劳动部分，这以上的剩余劳动部分，是被他无偿占有了。因此，很明白，不把工资这个范畴放在生产过程来说明，资本的产生，就无法说明了。我们再来看这一安排，对全三卷的安排有什么重要意义。由于工资这个分配形态，被当作资本生产过程的一个最必要的条件来处理了，第二卷讲资本的流通过程，就不需要再考虑劳动力买卖这种特殊流通，而便于在第一卷讨论过了的资本的生产的基础上，专门讲资本的流通，剩余价值的流通了；也就因此，第三卷在讲资本主义生产总过程中提出来的诸分配形态，就只会是剩余价值在资产阶级中间的分配了。只有这样，这整个体系，才符合于资产阶级社会的现实关系：由工人阶级的无偿劳动，创造出来的全部剩余价值，以各种分配形态以各种名义分归社会不劳而获的各阶层。正如恩格斯指出的："社会上一切不劳动的分子，都是依靠这种无酬劳动维持生活的。资本家阶级负担的国税和地方税，土地所有者的地租等等，都是由无酬劳动支付的。全部现存的社会制度，都是建立在这种无酬劳动之上的。"①我们如果按资产阶级经济学者采用的所谓三位一体公式，资本——利润，劳动——工资，土地——地租，将得出什么结果呢？那就只能说是各出一份力量，各得一份收入，谁也没有剥削谁。但事实完全不是这样。这个看来象是整齐的系统，只要把工资这个分配形态与利润、地租等等形态，从本质上区别开，显出一方面是被剥夺去生产资料，向他人提供剩余劳动、剩余价值的结果；另一方面是占有并利用生产资料榨取他人的剩余劳动、剩余价值的结果，它的欺骗性，就被彻底揭露出来了，它的整个体系就被瓦解了。

---

① 恩格斯：《卡·马克思〈资本论〉第一卷书评——为〈民主周报〉作》。《马克思恩格斯选集》第2卷，人民出版社1972年版，第272页。

五、《资本论》第二卷的系统理解

《资本论》第二卷，讨论资本的流通过程。

资本的流通过程，是作为资本的生产过程的补充来说明的，是就讨论资本的生产过程时，分别提到了，但没有深入考察的流通的有关问题，来进一步加以研究。所以，从总联系上讲，这一卷的讨论，是在前一卷讨论的基础上进行的。马克思告诉我们："在本书第一卷，资本主义生产过程，是当作个别过程和再生产过程来进行分析的。我们分析了剩余价值的生产和资本本身的生产。资本在流通领域内所经过的形态变化和物质变化被假定了，但未进一步加以考察。我们假定，一方面，资本家会按照产品的价值来售卖产品；另一方面，又会在流通领域找到过程重新开始或继续进行所必要的各种物质生产资料。我们在那里详细考察过的唯一的流通领域中的行为，只是作为资本主义生产基本条件的劳动力的买和卖。"① 这就是说，在第一卷，只是在讨论资本生产必要的限度内，论到了流通的行为。哪些是讨论生产过程必须涉及的流通行为呢？除了上述的劳动力买卖以外，在开始，还对于作为资本生产历史前提的商品货币及其流通关系，作了说明；在理解直接生产过程必要限度内，分别初步讲到了由货币到商品的流通和由商品到货币的流通。除此以外，就只是在有关的场合，作了这样或那样的假定，但都没有深入考察。那都是要留待这一卷来讨论的。

同时，在另一方面，我们必须注意到，虽然这一卷基本上是讨论流通过程，但有一些要在流通过程中，或者在流通过程已经讨论到的基础上，才好进行说明的有关生产再生产问题，却又必须在这里加以处理。比如，关于产业资本的形态变化、生产资本的循环周转，特别是关于积累与扩大再生产问题等等。从这里，可以看到，《资本论》结构的高度科学性，不仅

---

① 马克思：《资本论》第 2 卷，人民出版社 1964 年版，第 378～379 页。

在就资本主义商品生产的实质，区别了生产、流通、分配的主从关系，还就各种经济范畴在各别过程中的地位作用，作了适当的安排。

总之，这一卷的总的要求，是要说明所生产出来的剩余价值是如何依一定的流通过程来实现或者看它能否顺利实现。全卷共分三篇，第一篇讲资本形态变化及其循环，第二篇讲资本的周转，第三篇讲社会总资本的再生产与流通。由于资本的周转，无非是对资本循环在周转过程上予以考察，因此，第一、第二篇都是就个别资本运动立论的，而第三篇又是在第一、第二篇的基础上来讲社会总资本运动问题，所以，这里我把它分作两点来说明，即个别资本的循环与周转和社会总资本的再生产与流通。在把它们作过分析以后，然后再看其间存在着哪些值得注意的问题。

(一)个别资本的循环与周转

1.资本形态变化及其循环

在讲到资本的形态变化之前，须得交代几点：首先，这里所说的资本，是产业资本，并还是个别的产业资本；一个产业资本要达到它增殖价值的目的，必须投出一宗货币购买生产所需的生产资料与劳动力，进行生产，然后把产品拿到市场上去卖，收回较多于投下去的货币。任何一个产业资本的运动，都须经历买进、生产、卖出这几个阶段。资本在这几个阶段，采取了不同的形态，在每个形态上表现了不同的职能。开始是作为货币资本，把用货币买进的生产要素(生产资料与劳动力)拿来进行生产，在这个阶段，它已经由货币资本形态变形为生产资本形态了；产品一经完成，它又要变形为商品资本形态了，最后在市场实现为货币。在资本运动的连续意义上讲，它又将作为货币资本，开始另一个循环。从这里，我们知道，所谓货币资本、生产资本、商品资本，并不是什么独立的、固定在那里的什么资本，而只不过是产业资本在它全运动过程的各阶段，分别采取的不同职能和形态。它采取某个形态，就说明已放弃其他形态；在作为生产资本的时候，已经不是货币资本，只有放弃了生产资本形态，它才是商品资本。一个产业资本在连续运动中，无论采取哪个形态，把哪个形态做它的出发点，总归要从出发点再回到出发点，就是一个循环。于是我们有货币资本的循环，有生产资本的循环，有商品资本的循环，无论哪种循环，都有一个共同要求，就是增殖它们的价值。

讲到这里，就需要交代另一个问题。我们已经知道，简单的商品货币流通，不能增殖价值；就是货币资本、商品资本的流通，在等价交换的原则上，也只是单纯形态变化，不增殖价值。如在 $G—W\begin{cases}A\\Pm\end{cases}\cdots P\cdots W'—G'$ 这个一般的公式上，G—W 是按照等价交换，W′—G′也是按照等价交换，严格讲起来，货币不是资本，商品也不是资本，因为不能由它们的交换增殖价值。而在这里，货币其所以称为货币资本，商品其所以称为商品资本，就因为根据前面第一卷讲到了的，资本家在劳动过程中强制劳动者作出了劳动力价值以上的价值，而这要通过买进卖出的商品货币流通，才把那个增殖价值的任务完成；这就是说，增殖价值的关键，虽在于生产过程，但没有买与卖的流通过程作为条件，就无从表示价值在生产过程的增殖。在这种意义上，货币也好，商品也好，才都取得了资本的性质。可见所谓资本，不仅要在它的变形运动上去把握，还要在包含有劳动力买卖这个决定性环节在内的运动上去把握。正因为这样，尽管我们在第一卷已经很详尽地讨论了直接生产过程，但那基本上是从资本如何产生剩余价值这个角度讲的。在资本的整个运动中，生产过程和流通过程一样，是必须通过的阶段，而生产资本和货币资本、商品资本一样，是属于资本的一种变形，有它的特殊职能，需要从流通过程的角度来加以考察。

有了这几种认识，我们就可以进而分别讲到资本的三种变形，三个循环了。

先讲货币资本的循环。马克思在讲这种循环时，不但假定商品是依照价值售卖，并还假定那种售卖，是在不变的情形下进行；把循环中可以发生的价值变动丢开不讲①。货币资本的循环公式是：

$$G—W\cdots P\cdots W'—G'$$

由一定量货币开始，到以较多量的货币结束。价值增殖了。尽管任何循环都是如此，都是以价值增殖为决定的目的，但货币资本的循环公式把这点突出地表现出来了，所以，它是产业资本的一般表现。在这个循环上，分有三个阶段：先是货币资本到生产资本的转化，即 G—W；接着进入

① 参见马克思：《资本论》第2卷，人民出版社1964年版，第6页。

生产过程 P；再是由商品资本实现为货币，即 W′—G′。在第一个阶段，用货币购买的 W，是生产资料和劳动力，分别用公式表述出来，是 G—A，G—Pm，合起来就是 $G—W\begin{cases}A\\Pm\end{cases}$。

这“除了表示 G 所换成的商品总额有这种性质上的分割之外，还表示出了一种十分特别的数量关系”[1]。这就是说，$G—W\begin{cases}A\\Pm\end{cases}$ 不仅表示一种质量关系：一定额货币将要换成性质上互相适应的生产资料和劳动力。它还表示一种数量关系，即用在劳动力上面的货币部分和用在生产资料上面的货币部分的数量关系。这种数量关系自始就是由一定数劳动者超额支出的剩余劳动的总和决定。“生产资料的总量，必须够吸收那样多的劳动，必须够由那样多的劳动转化成产品。如果没有充分的生产资料，购买者本来有权支配的剩余劳动就会不能得到利用；他对于这种剩余劳动的支配权就会没有用处。但若现有生产资料竟然多于可用的劳动，它也就仍然没有和劳动达到饱和的状态，不会全部转化成产品。”[2]从这里已可以看到，在由货币资本到生产资本的转化上，在 $G—W\begin{cases}A\\Pm\end{cases}$ 公式上，*G—A* 与 *G—Pm*，是有本质区别的。也就是说，*G—A*“是一个具有特征性质的要素，因为它是货币形式上垫付的价值得以实际转化为资本，转化为生产剩余价值的价值的最重要的条件。G—Pm 所以必要，却不过为了要实现那个在 G—A 中购进的劳动量”[3]。

现在我们可以讲到这个循环的次一个阶段 P 了，在 P 的阶段上，是货币所有者把他购买的生产资料与劳动力结合在生产过程中来进行生产了，来生产地消费它们了。其详情，第一卷已讲得很清楚。这里只想讲明这一点：劳动力的买卖与生产资料的买卖，尽管都是买者与卖者的对立，但从社会方面来看，劳动力的所有者如果不和生产资料分离，他就不会把他的劳动力当作商品来出卖，生产资料的所有者，如果不能在劳动市场上

---

① 马克思：《资本论》第 2 卷，人民出版社 1964 年版，第 7 页。

② 马克思：《资本论》第 2 卷，人民出版社 1964 年版，第 8 页。

③ 马克思：《资本论》第 2 卷，人民出版社 1964 年版，第 10 页。

买到劳动力，他也就不会从商品市场上买进生产资料；劳动力与生产资料一方面要分离，一方面又要合并。就劳动者方面说，他们已经同自己的生产资料分离了，不同资本家的生产资料合并，就不能生存；就资本家方面说，劳动者既离开了生产资料不能生存，他就有条件榨取他们的剩余劳动。只有在社会规模的分离的基础上，合并才能社会规模地进行，由资本家阶级与劳动者阶级结成的生产关系才能发展。“生产资料在它为资本家所有时，就是在生产过程之外，也仍然是他的资本，劳动力却只有在生产过程之内，方才是个别一个资本的存在形式。如果劳动力只有在它的出卖者即工资雇佣劳动者手中才是商品，那么，它也只有在它的购买者手中，即暂时握有它的使用权的资本家手中，才变成资本。”①劳动力的所有者所处的这种不利的地位，就使得生产资料和劳动力这两个因素合并在生产过程中，在价值形成上，在剩余价值生产上，前者表现为不变资本，后者表现为可变资本。我们再讲到最后的 W′—G′阶段。由生产过程出来的商品 W′，已经成为把价值增殖了的资本价值的存在形态，它是商品资本，要实现它的价值和剩余价值，必须再转化为货币。在 W′—G′上，G′只是表现为运动的结果。“G′会在货币形式上把这个结果表现为已经实现的货币资本，并不是由于它是资本的货币形式，是货币资本，而是反过来，由于它是货币资本，是货币形式上的资本。”②这个区别是重要的。这就是说，这个循环的出发点 G，我们叫它是货币资本，事实上，只是用它执行购买和支付的货币的职能，只是资本形态上的货币；而循环终点 G′，我们也叫它是货币资本，它并不执行任何货币职能，不过是存在于货币形态上的资本罢了。讲到这里，我们可以把上述循环三阶段综合起来考察一下。全过程包括两个流通过程，一个生产过程。首尾两阶段的流通，为生产过程所中断了，但循环还是继续着。“在 G—W 和 W′一 G′这两个属于流通的形态变化中，每一次都是几个同样大的、同时存在的价值互相对立，互相代替。价值变化，完全是形态变化 P 即生产过程范围以内的事。所以，和流通单纯形式上的形态变化不同，生产过程表现为资本的现实的

① 马克思:《资本论》第 2 卷，人民出版社 1964 年版，第 19 页。

② 马克思:《资本论》第 2 卷，人民出版社 1964 年版，第 31 页。

形态变化。”[①]这个循环形态的最突出的特征，在它是从货币到货币，终点货币大于始点货币，把资本主义追求价值增殖的决定性目的和动机，全露骨地表现出来了；但同时，它也包含着一种欺骗，一种幻惑的性质，以为在终点从流通中取得的货币，大于在起点投入流通中的货币，只是由于流通中贱买贵卖的结果。近代初期的所谓货币主义，就是把这点作为基础。然而，一经与其他循环形态一并起来比较考察，这种幻惑性质，就显得全无根据了。

生产资本的公式，P…W′—G′—W…P，一开始，就表示了它是生产资本的周期的更新。在货币循环公式上，我们看到，两极的流通阶段，是把生产过程作为媒介，而在这个公式上，两个流通阶段，W′—G′—W，“只表现为周期更新、由更新而继续不断的再生产的媒介”[②]。再生产有简单再生产与扩大再生产两个形态。就简单再生产而论，始点的 P 与终点的 P，是相同的；就扩大再生产而论，终点就是 P′，大于始点的 P。这就说明，作为它们的中间媒介的两个流通阶段，有不同的变化。如果假定一切情形不变，又假定商品是依照它们的价值售卖，在简单再生产下，全部剩余价值供资本家个人消费。那么，“商品资本 W′一转化为货币，货币总额中代表资本价值的部分，就会在产业资本的循环中继续流通；另一部分，即已经转化为金的剩余价值，则加入一般的商品流通。那也是从资本家出发的货币流通，但它是进行在他那个个别的资本的流通之外”[③]。于是，这里和 W—G—W 资本流通并行的，有 w—g—w 简单的商品流通。不过后者 w—g 包含在 W′—G′的资本循环中，而 g—w 则在这个循环之外，即资本价值与剩余价值的流通，在 W′转化为 G′以后，就分开了。但不管是 W—G—W，还是它的补充的流通阶段 w—g—w，从一般的形态来考察，两者都是属于普通流通的系列。在积累及扩大再生产形态上，即在 P…P′上（为了说明的便利起见，假定全部剩余价值都资本化），那有几点值得注意的：第一，“P′所表示的，不是剩余价值已经生产出来，而是所生产的剩余价值已经资本化，资本已经积累；所以，与 P 不同，P′是由原有

① 马克思：《资本论》第 2 卷，人民出版社 1964 年版，第 33 页。
② 马克思：《资本论》第 2 卷，人民出版社 1964 年版，第 48 页。
③ 马克思：《资本论》第 2 卷，人民出版社 1964 年版，第 49 页。

的资本价值加这个运动中积累的资本的价值而成”[①]。其次，在 $W'—G'—W'\begin{cases}A\\Pm\end{cases}$ 阶段上，G'由所实现的货币价值（原资本价值和剩余价值）全部资本化，全部变成货币资本，购买 A 和 Pm，但要把 $A+Pm$ 理解为 $A'+P'm$，就会是错误的，“因为我们知道，在资本增大时，会有价值构成的变化结合在一起。在这种变化的进步中，Pm 的价值将会增大，A 的价值总是相对地减少，并且屡屡绝对地减少”[②]。第三，通过 $W'—G'$流通阶段，在 G'中实现了的剩余价值 g，能否立即再加入过程中的资本价值中去，与资本 G 结合在一起，以 G'的量加入循环过程，那要取决于种种情形：当作货币资本使用，显然需要具有这种营业所需要的最低限量，就全量在原有营业上作扩充之用，也要受到 P 的各种物质要素关系和价值比例的要求的限制。所以 g 在它的积累的数量，还没有达到满足这个要求的最低限量之前，只好暂时积累着，使它自身的机能，硬化在货币状态中[③]。

资本循环的第三个形态是商品资本循环，它的公式为 $W'—G'—W\cdots P\cdots W'$。如果再生产是以扩大规模进行，终点 W'就会较大于起点 W'，可用 W''来表示。这个形态的循环，自始就对它前面两个循环，显示了一些不同的特点。首先，开头的 W'，不只表现为其他两个的循环的结果，且表现为它们的前提；这个循环是由两个流通阶段 $W'—G'—W$ 开始，而在第一、第二循环上，则两个流通阶段，分别是在生产过程的两极或作为再生产的媒介；还有，在第一循环的开头是 G，第二循环的开头是 P，这个循环却必须以 W'而不是以 W 开头，这是因为前两循环，G 与 P，都以资本的价值的姿态出发，都要进一步发生机能，把循环更新，要生产剩余价值的资本价值，而第三循环，却不是以资本价值开始。所以 $W'—W'$这个“运动自始就是表现为产业资本的总和运动；它包括产品中补充替换生产资本的部分的运动，也包括产品中形成剩余产品的部分的运动（平均地说，后一个部分是部分地当作收入支出，部分地当作积累要素来用）。所以只

---

① 马克思：《资本论》第 2 卷，人民出版社 1964 年版，第 66 页。

② 马克思：《资本论》第 2 卷，人民出版社 1964 年版，第 68 页。

③ 参见马克思：《资本论》第 2 卷，人民出版社 1964 年版，第 69～70 页。

要剩余价值当作收入的支出已包含在这个循环中，个人的消费也就包含在这个循环中了"[①]。这样，在这个循环形态的理解上，就有必要把一个个别资本的形态变化和其他个别资本的形态变化的错综关系弄明白，把个别资本的形态变化和总生产物中决定用在个人消费上的部分的错综关系弄明白。这已不是个别产业资本运动的问题，而是社会总资本运动的问题了。那是我们要在后面详细说明的。

现在，我们可以进一步就上述三个形态的循环，来综合地加以考察了。三者最明显的共通点，都是以价值的增殖为决定性目的。为要不断增殖价值，任何一个循环，不但要不断改变它的资本形态，不断通过流通过程、生产过程，并还要和其他循环相并存在，互为条件，在质与量上有机配合地进行。"所以，产业资本的现实循环，在它的连续性上，不只是流通过程和生产过程的统一，而且是它的三个循环的统一。"[②]事实上，"现有资本的人小，规定着生产过程的范围；生产过程的范围，又规定着和生产过程一起发生功能的商品资本和货币资本的大小。但是，作为生产连续性的条件的并存性所以存在，又只是由于资本各部分会依次通过不同各个阶段的运动。并存性本身不过是继起性的结果。……继起性的每一次停顿，都会使并存性陷于混乱。一个阶段一度发生停顿，那就不但会使这个停滞的资本部分的总循环，并且会使这个资本全体的总循环发生或大或小的停滞"[③]。一个产业资本，在它不断变形的运动中，要通过生产领域与流通领域，"它留在生产领域的时间形成资本的生产时间，它留在流通领域的时间形成资本的流通时间。所以，资本通过它的循环的全部时间，等于生产时间和流通时间的总和"[④]。关于生产时间，后面还有谈到的机会，这里只就它和流通时间的关系上，简单提一提。严格地讲，留在生产领域的时间，和生产过程的时间，还有出入，而生产时间又和劳动时间不完全一样。马克思就生产资料参与一个商品生产物生产过程的时间，说生产过程的时间包括以次三个时间：一是生产资料在生产过程发生作用的时间；一是生产过程中断，从而包含在生产过程中的生产资料也中

---

① 马克思：《资本论》第 2 卷，人民出版社 1964 年版，第 87 页。

② 马克思：《资本论》第 2 卷，人民出版社 1964 年版，第 93 页。

③ 马克思：《资本论》第 2 卷，人民出版社 1964 年版，第 93～94 页。

④ 马克思：《资本论》第 2 卷，人民出版社 1964 年版，第 113 页。

断的休止时间;一是生产资料已作为生产过程的条件存在那里,已经代表生产资本但尚未加入生产过程的时间。[①] 而在生产过程本身,又由于自然的物理的原因,使它的劳动过程,从而劳动时间有发生中断的必要,这就说明生产时间大于劳动时间。由于生产资料不只在生产领域,还要在生产过程,不只在生产过程,还要在劳动过程在劳动时间内,才为劳动力所推动,并吸收劳动而生产价值,生产剩余价值,而在这以外的过程,即使是必要的,也不生产价值和剩余价值。所以,"生产时间和劳动时间愈是互相一致,一定生产资本在一定期间内的生产效率和价值增殖就会愈是大。因此,资本主义生产的趋势,是尽可能缩短生产时间在劳动时间以上的超过部分"[②]。至于存在于生产领域以外的流通过程,那是我们一再讲过的,无论是 $G—W$,还是 $W'—G'$,一般的讲,都属于纯粹形态的变化,都不生产商品,不增殖价值;资本总循环时间在流通阶段所经历的时间愈长,则在生产阶段的时间就相应愈短,它可能生产的价值、剩余价值,也相应愈少,并且,在流通时间内,在流通上的一切属于纯粹流通费用,都得从可能赚取到的剩余价值中扣除。

2.资本的周转

《资本论》第二卷第二篇讲资本的周转,那是继续前一篇资本的循环的基础上来展开说明的,还是就个别产业资本立论,并只是从流通的角度,来看生产资本怎样周转。"对资本家来说,他的资本的周转时间,就是他的资本必须垫付,以便增殖,并恢复它原有的形式的时间。"[③]生产资本包括两个部分,一是垫付在生产资料上,一是垫付在劳动力上,这两种资本形态,在第一卷,曾从增殖价值还是不增殖价值的角度,把前者称之为不变资本,把后者称之为可变资本。现在再从流通的角度出发,来看它们分别是怎样由垫付到恢复原有形式的,亦即是怎样周转的。"劳动力是按一定时间购买的。资本家一购买劳动力,并且把它合并到生产过程中去,它就会形成他的资本的一个部分,即资本的可变部分。它逐日在一定时间内发生作用。在这时间内,它不仅会把它一日的价值全部,并且会把一

① 参见马克思:《资本论》第2卷,人民出版社1964年版,第114页。

② 参见马克思:《资本论》第2卷,人民出版社1964年版,第116页。

③ 马克思:《资本论》第2卷,人民出版社1964年版,第155页。

个超过额作为剩余价值，加到产品中去；……当劳动力（比方说）按一星期购买并且发生作用之后，购买必须不断按习惯的期间更新。如果继续生产的循环要不致中断，它的价值的等价物（劳动力在功能期中加入到产品中去的，并且在产品流通中转化为货币的价值）就必须不断由货币再转化为劳动力，不断通过它的各个形式的完全的循环，那就是周转。”①

垫付在劳动力上的资本的周转是这样。垫付在生产资料方面的资本的周转呢？那就没有这样简单了。首先，生产资料本身就包括了各种性质不同的要素，不同的价值形成要素。有的是由辅助材料和原料构成的不变资本部分的价值，有的是由劳动手段构成的不变资本部分的价值。它们都是仅仅当作转移的价值，再现在产品的价值中。但转移的方式和步骤大不一样。辅助材料和原料只要在产品形成上全部消费尽，它们就会把它们的价值全部转移到产品中去。“这个价值会全部由产品而流通，而转化为货币，并由货币再转化为商品的生产要素。……所以，生产资本这各种要素会不断在实物形式上更新。”②但由劳动手段构成的资本部分的更新过程不是这样。它要由特别的流通，引起一种特别的周转。它会因磨损而在它的实物形式上丧失一部分价值。“因此，它的价值有了二重的存在。其中一部分是仍然系留在它的属于生产过程的使用形式或实物形式上，别一个部分则当作货币，从这个形式离开。在劳动手段的功能中，劳动手段仍然在它的实物形式上存在的价值部分会不断减少，其中转化为货币形式的价值部分则不断增加，一直到消耗干净的时候，然后它的全部价值都和它的尸体分开，完全变作货币。在这里，生产资本这个要素的周转，表示出了它的特征了。”③它要经历过多少次循环，才能把它垫付的货币资本完全恢复它原有的形式。

在这里，我们从流通的角度，看出了生产资本中的各要素的一种新的关系。垫付在劳动力上的可变资本，竟同垫付在生产资料中的辅助材料与原料这些不变资本要素，同样是把它们的价值一次就转移到产品中去，而与垫付在劳动手段这种不变资本要素上，要经过多次才能把它的价值

① 马克思：《资本论》第2卷，人民出版社1964年版，第164～165页。

② 马克思：《资本论》第2卷，人民出版社1964年版，第164页。

③ 马克思：《资本论》第2卷，人民出版社1964年版，第163页。

转移到产品中去，完全不同。马克思只是在这种意义上，才把前者称为流动资本，把后者称为固定资本。他说："就价值形成的关系说，不管劳动力和不变资本中不形成固定资本的部分是多么不同，它的价值的周转方法却和不变资本的这个部分相同，而与固定资本相反。使生产资本这两个成分——投在劳动力上面的价值部分和投在那种不形成固定资本的生产资料上面的价值部分——与固定资本对立，成为流动资本的，也就是它们周转上这种共同的性质。"①

可是在周转的意义上来确定固定资本与流动资本的区别，虽然暂时不要考虑价值增殖的问题，但这两种资本的构成比例不同，显然要直接影响周转的时间，周转时间又要影响到资本的垫付量，影响到不变资本量，影响到剩余价值的生产。所以马克思以这两种资本为中心，明确规定这一篇的任务。他说："在第二篇，循环是当作一种周期的现象，那就是当作周转来考察。由此，一方面指出了，资本不同各构成部分（固定资本和流动资本），是怎样在不同的时间，按不同的方式，完成各种形式的循环；另一方面又研究了劳动期间和流通期间的不同长度所由以规定的各种事情。由此指出了，循环期间及其构成部分的不同比率，对生产过程的范围和剩余价值年率会有怎样的影响。"②他由是把他的论点，集中在两个有关的理论问题上，一是固定资本与流动资本以及它们与不变资本和可变资本的相关理论问题，一是联系年剩余价值率的垫付可变资本与实际发生机能的可变资本的相关理论问题。

就第一个问题而论，马克思已就资本如何产生剩余价值，第一次发现了不变资本和可变资本这两个资本形态，而资产阶级经济学者就是在这方面最有成就的亚当·斯密、李嘉图，也是由固定资本与流动资本及其构成来说明这个问题。结果，就是用很大的篇幅来解析固定资本与流动资本的区别，怎么也找不出剩余价值的来源，因为一定的资本价值，一次移转也好，多次移转也好，总只有那么多价值移转到新产品中，不可能增加新价值。而且，正是由于他们不能在生产过程发现资本的不变形态与可变形态，就不可能在流通过程中明确把握资本的固定形态和流动形态，也

---

① 马克思：《资本论》第2卷，人民出版社1964年版，第165页。

② 马克思：《资本论》第2卷，人民出版社1964年版，第379页。

不了解，只有从流通的角度，才能看到这两者的不同的特质。在生产过程中，我们称为不变资本的生产资料，在流通过程加以考察，就看到它们是处在不同的地位，有不同的机能；我们这时并不要问它们在过程中是否变更价值，而只是要问它们以如何的速度转移价值。一次就把它的自然形态改变了，把价值移转了，我们就称它为流动资本，如原材料就是这样；要许多次才能移转价值，才能改变或消除它的自然使用形态，我们就称它为固定资本，如劳动手段等等就是这样。马克思说："资本价值固定在劳动手段上的部分，和任何别的部分一样要流通。……但这里考察的这个资本部分的流通是很特别的。首先的一点是，它并不是在它的使用形式上进行流通，它只流通它的价值，并且这种流通还是渐渐进行的，一部分一部分进行的，和从它那里转移到那当作商品来流通的产品中去的数量成比例。在它的全部功能时间内，它的价值总有一部分固定在它里面，和用它帮助生产的商品互相对立。就是由于这种特质，所以不变资本的这一部分取得了固定资本的形式。在生产过程中垫付的资本的其他一切物质构成部分，则与此相反，形成流动资本。"①就流动资本而论，我们在流通过程，只注意它的价值移转，而不要问及它的价值是否增殖，所以，在生产过程以可变资本姿态出现的劳动力，由于它和垫付资本中的其他物质成分，如原材料等一样，一举把价值移转到新生产物中，它就一样被归属在流动资本范畴。显然，它并不因为它是流动资本，就抹去了它对任何其他流动资本有不同的特质。马克思在论述的必要场合，又用可变流动资本这个名称，来使它与其他不变流动资本相区别。只有这样，才能明确在资本的周转中，可变资本的周转，该具有怎样决定性的意义。

到此我们接下去要联系到年剩余价值率来说明垫付可变资本与实际发生机能的可变资本相关问题了。在资本周转中，我们看到了固定资本周转对流动资本周转表现的不同特点，和流动资本中，不变流动资本与可变流动资本在周转中相同的一面，现在要讲到可变流动资本的特点以及它区分为垫付可变资本和实际发生作用的可变资本的原因了。我们知道，资本家以一定的货币价值购买的劳动力，在生产地消费中，会把它本身的价值移转到生产物中，同时就会把一个超额的价值即剩余价值加到

---

① 马克思：《资本论》第2卷，人民出版社1964年版，第157～158页。

生产物去，同它一起，经过流通两个阶段，而不断更新(假定全部剩余价值资本化的话)。这所生产的剩余价值对可变资本价值之比，就是剩余价值率，即马克思所说的现实的剩余价值率。周转如为一年，那也是年剩余价值率。但周转期如果不是一年，而是六个月，或者五周，或者说，一个资本A，每年周转十次(假定每次五周)，资本B，每年周转一次(五十周)，即使这两个资本的其他一切条件都相等，剩余价值率也相等，它们的年剩余价值率可以不等：在一年周转十次的资本A，年剩余价值率就为1000%，一年周转一次的资本B，年剩余价值率就为100%。为什么呢？为什么周转快了，剩余价值就有这么大的不同呢？资产阶级经济学者说剩余价值是产生于流通领域，不是很有道理么？非常坚决支持劳动价值学说的李嘉图，也在这点上(虽然他不是在剩余价值率上，而是在利润率上)被难住了。他甚至因此要对价值规律有所修正。马克思却认定这正好是价值规律的贯彻。他指示我们："生产剩余价值的，只是劳动过程中实际使用的资本。一切有关剩余价值的规律——所以，剩余价值率已定时，剩余价值量由可变资本相对量决定的规律也包括在内——都只适用于这种资本。"[①]反过来说，不是实际在劳动过程中使用的资本，即使垫付了，也不生产剩余价值。如以上所述A、B两资本为例，A的可变资本为500镑，B的可变资本为5000镑；A的500镑分摊到五周，每周100镑；B的5000镑分摊到50周，也是每周100镑，这就是说，被使用的实际在劳动过程中发生机能的可变资本是相等的，但垫付的可变资本全然不等。资本A五周垫付500镑，在第一周，仅100镑或500镑的$\frac{1}{5}$被使用；资本B五十周垫付5000镑，在第一周，实际仅使用100镑，第一个五周，只实际使用500镑或全资本的$\frac{1}{10}$，其余仅被垫付，不被使用。即是说："为一定期间而垫付的可变资本，要看它实际已经按什么程度参加其中由劳动过程占有的阶段，已经按什么程度在劳动过程中发生功能，而转化为所用的，实际发生功能和作用的可变资本。在这个时间里，可变资本的一部分垫付下去了，但是要到后来某一段时间被使用。对劳动过程来说，这个部分

① 马克思：《资本论》第2卷，人民出版社1964年版，第316页。

有是和没有一样，因此，在价值和剩余价值的形成上也没有什么影响。"[①]"但一切会使垫付可变资本和所用可变资本的比率发生差别的事情，总起来说，就是周转期间的差别（那或是由劳动期间的差别决定，或是由流通期间的差别决定，或是由二者的差别决定）。"[②]周转时间的差别，为什么能使垫付可变资本和实际使用可变资本之比发生差别呢？原因在于："资本的周转期间越是短——它在一年内更新再生产期间的间隔时间越是短——原来由资本家在货币形式上垫付的可变资本部分，就会越是快速地转化为劳动者为补偿这个可变资本而创造出的价值产物（此外还包括剩余价值）的货币形式，资本家必须从自有基金垫付货币的时间就会越是短，一般说来，和一定的生产规模比例而言，他垫付的资本就会越是少；在剩余价值率已定时，他在一年间榨出的剩余价值量也就按比例越是大，因为他可以按越是多的回数，用劳动者自己的价值产物的货币形式，来不断重新购买劳动者，并推动他的劳动。

"在生产的规模已定时，垫付的可变货币资本（还有流动资本一般）的绝对量，会比例于周转期间的缩短而减少，剩余价值年率则会增加。在垫付资本的量已定时，生产的规模就可比例于周转期间的缩短而增大。因此，在剩余价值率已定时，一个周转期间内生产的剩余价值的绝对量，将会在剩余价值年率因再生产期间缩短而增进的同时增加起来。总的说来，根据以上的研究，我们将会得到结论说，在劳动剥削程度相等时，为推动同量生产流动资本和同量劳动而必须垫付的货币资本，将会因周转期间有长短不等，而在数量上有极大的差别。"[③]

由此可见，资本的年剩余价值率，从而，它一年所造出的剩余价值量，因周转期间缩短而提高，而增大，决不是由于流通过程有什么神秘，而是由于周转期间缩短了，它就能更快地用劳动者所创造的剩余价值来资本化，来使垫付可变资本以更大的比例来实际发生增殖价值的机能。

然而，可变资本是总资本中的一个构成部分，尽管就资本主义商品生产说，它是一个有决定意义的部分。要加速可变资本的周转，同时要加速

① 马克思：《资本论》第2卷，人民出版社1964年版，第317页。
② 马克思：《资本论》第2卷，人民出版社1964年版，第317页。
③ 马克思：《资本论》第2卷，人民出版社1964年版，第333页。

总资本的周转，要使全部资本价值连同它的剩余价值，都迅速地通过循环各阶段，完成它的周转期。一个生产资本无论采取哪种变化形态，无论拘束在哪个阶段，都不仅妨碍它的总资本的周转，也要妨碍它的可变资本的周转和剩余价值的流通。而在现实上，资本通过任何一个阶段，都要遇到困难的。作为生产资本，它首先就要在固定资本上受到拘束。产业资本愈向前发展，它的固定资本的比重愈要加大，同时又要不断使它发生变革，使它在物理的生涯完毕以前，因有精神磨损，而有不断替换的必要。作为货币资本，特别是作为商品资本，都要在转化过程，遇到不易克服的障碍。在价值的补偿上，要出现适应资本积累的货币积累问题。在物质的更替上，要出现量与质的有机配合问题。

(二)社会总资本的再生产与流通

1.研究的对象及货币问题

关于这一篇的研究对象，马克思是这样说的："在第一篇和第二篇，我们考察的，总只是一个个别资本，总只是社会资本一个独立部分的运动"；"现在，我们就要把各个别资本当作社会总资本的构成部分来考察它们的流通过程(作为一个总体，那是再生产过程的一个形式)，也就是考察这个社会总资本的流通过程。"①第一篇、第二篇是研究个别资本运动，而这个第三篇则是研究把那些个别资本全部合起来的社会资本运动；前面两篇，是就生产与流通的统一来说明个别资本的循环与周转，在这一篇，却是要讲社会总资本的再生产与流通，因而，在讲个别资本的循环周转时，不妨假定不存在的问题，这里都要加以考察了。"各个别资本的循环本来是互相交错在一起的，它们互为前提，互为条件，并且恰好也就是在这种交错中，形成社会总资本的运动。"②我们知道，各个产业资本的循环，都要采取货币资本、生产资本、商品资本诸形态，连续通过各不同阶段，交错起来运动。一个个别产业资本的运动条件，是由其他个别资本运动作为其外部条件来加以保证；某一个别资本在运动中的买与卖的行为，是由其他个

① 马克思：《资本论》第2卷，人民出版社1964年版，第380页。

② 马克思：《资本论》第2卷，人民出版社1964年版，第380页。

别资本在运动过程中的买与卖的行为来补充。结局，在论及个别资本运动时，只是假定在观念上当作前提存在的东西，在论及社会资本运动时，就不能不认真地当作现实条件来要求了。比如说，一个棉纺企业生产的棉纱，将如何在市场上实现价值呢？将由谁来购买呢？这个棉纺企业所需要的生产资料、纺纱设备、棉花及其他辅助材料，将如何由市场上取得呢？或分别由谁供给呢？显然，在这里，不只是象在个别资本运动场合那样单单考虑价值补偿问题，还要考虑物质替换问题，要考虑整个社会的各种生产物，各种商品，当作使用价值来看，在数量质量上的相互适应问题。

马克思在这一篇开始的一章即第十八章绪论中，除了讲研究对象外，还讲到货币资本的作用。为什么要在这里交代货币的作用呢？因为接下去要讲的社会总资本中，货币资本不只是一个构成部分，并且构成总资本的各种要素，全要确定在货币形态上。“全部垫付的资本价值，那就是，资本的一切由商品构成的部分，劳动力，劳动手段，生产材料，都必须不断用货币购买，并且再购买。就个别资本说是如此，就社会资本说也是如此。”①在本卷第一篇，马克思详细论到了货币资本的循环，第二篇又从资本的周转过程，反复说明现实的资本积累，同时要求有相应的货币积累，而对货币的来源，则表明：“要转化为货币的追加商品，将会找到必要的货币量，因为另一方面，有追加的要转化为商品的金（和银）会不通过交换，而由生产本身直接投入到流通中去。”②而在这里，却要着重指明：(1)虽然资本的现实积累，需要有相应的货币积累，但并不能因此就认定，资本增殖价值的范围、生产的规模，是依照机能中的货币资本的范围来决定；在现实上，同量的货币资本，能有种种途径推动更大的生产资本，来发挥更大的作用。(2)社会的劳动与生产资料，每年必须有一部分被用来生产或购买金银，以补充铸币的磨损。这虽然会成为社会生产范围的相应缩减，但当作流通手段和货币贮藏的货币价值，会存在于社会并会当作世界货币来和他国交换借以扩大生产规模。凡属不适合在资本的再生产总运动中夹杂说明的货币问题，预先在这里交代了。

还有，把整个社会的资本运动作为问题，而就再生产与流通，考察它

---

① 马克思：《资本论》第2卷，人民出版社1964年版，第381页。

② 马克思：《资本论》第2卷，人民出版社1964年版，第368页。

的总过程，那就有必要把社会各阶级（这里仅就工人阶级与资本家阶级立论）的个人消费问题加入考虑。马克思说："这个总过程，既包含生产的消费（直接的生产过程）和作为媒介的形态变化（从物质方面考察，就是交换），也包含个人的消费和作为媒介的形态变化或交换。"①这就是说，考察社会总资本的再生产与流通的时候，不能不包括生产、分配、交换、消费的全过程。尽管资产阶级是只顾他们个人的资本活动，只顾自己发财致富，不管他人的死活，但在他所生产的商品，要当作社会商品，在市场上实现其价值的时候，也不能不关心这个问题。在近代初期，资产阶级经济学者曾对这个问题作过努力。如重农学派魁奈的有名的《经济表》，就是一例。亚当·斯密也曾试图在这方面有所说明，但资本主义经济的发展及商品货币关系的复杂化，倒把他弄糊涂了。此后关于商品价值的实现问题，曾引起许多不同的看法，但都没有把握问题的本质和基本关键。马克思在"前人对于这个问题的叙述说明"一章中，曾分别对他们作了批评。然后，再分别就简单再生产与扩大再生产，看社会产品要怎样才能依照价值补偿与物质更替的条件下来实现。

2.简单再生产公式

在运动之流上，在循环周转过程上去看生产，它就是再生产，就是简单再生产或扩大再生产；资本主义的再生产，事实上都是积累或扩大再生产。但扩大再生产，是把简单再生产作为它的一个部分，由简单再生产讲到扩大再生产，是便于说明问题的。马克思在第一卷第七篇讲资本的积累过程，在第二卷第一篇中，讲生产资本的循环，在同卷第二篇中，讲剩余价值的流通，都是分别就简单再生产与扩大再生产来加以阐述。但所有这方面的考察，都是从个别资本出发。所以，"只要假设，商品产物中代表资本价值的部分，将会在流通领域找到机会再转化为它的各种生产要素，……又只要假设，劳动者和资本家将会在市场上找到现成的商品，在它们上面支出工资和剩余价值。"②"但当我们进而考察社会总资本及其产品价值时，这种仅仅形式的说明方法，就是不够的了"③。社会总资本运动，

① 马克思：《资本论》第2卷，人民出版社1964年版，第378页。

② 马克思：《资本论》第2卷，人民出版社1964年版，第427～428页。

③ 马克思：《资本论》第2卷，人民出版社1964年版，第428页。

“不仅是价值补偿,并且也是物质补偿,所以要由社会产品各个价值成分的相互比率,也要由它们的使用价值,它们的物质形式受到限制。”[①]也正因为这样,社会总资本的循环周转,用货币资本的总循环公式 $G—W\cdots P\cdots W'—G'$ 是不成的,用生产资本的总循环公式,也是不合适的,而必须用商品资本的总循环公式 $W'—G'—W\cdots P\cdots W'$。为什么呢?因为前两者都是把资本运动作为起点和终点,而总资本运动一开始就要把前一周期或前一年度的社会产品,作为再生产条件,$W'—G'—W\cdots P\cdots W'$ 这个公式的起点 W',就恰好是前一周期或前一年度当作生产过程的结果而生出的社会产品。如以一年为周期,“年产品既包括社会产品中补偿替换资本的各部分(社会的再生产),也包括社会产品中那些要归入消费基金,由劳动者和资本家消费的部分”[②],“社会再生产的条件却正是要用这样的方法去认识:必须论证总产品 W' 每一个价值部分会变成什么”[③]。由是第一步就要把社会的总生产物,从而把社会的总生产,分成两大类:即生产资料与消费资料,生产资料的生产和消费资料的生产。属于生产资料生产部类的资本,和属于消费资料生产部类的资本,都是分解为不变资本和可变资本两个部分,而就物质方面考虑则可变资本是由活的劳动力自身构成,而不变资本则由生产资料构成。由上述两生产部类中任一部类生产出来的全部生产物的价值分为两部分:一部分代表在生产上消费掉的不变资本 C,另一部分是全年劳动创造的新价值,分别作为垫付可变资本的补偿物 V 及在这以上形成的超过额剩余价值 M。因此,象每个商品的价值会分解为 $C+V+M$ 一样,各部类年生产物的全部价值是分解为 $C+V+M$。由于这样的科学分析和分类,对社会资本运动中的各种经济条件,就找到了它们相互转变的共同因素和基础。

如用具体数字把它们的关系表达出来,而价值增殖的比例又都是 100%,那末,

① 马克思:《资本论》第 2 卷,人民出版社 1964 年版,第 428 页。

② 马克思:《资本论》第 2 卷,第 425 页。

③ 马克思:《资本论》第 2 卷,第 426 页。

Ⅰ　生产资料的生产

资　　　本……$4000c+1000v=5000$

商品生产物……$4000c+1000v+1000m=6000$

这个生产物,是存在于生产资料中的。

Ⅱ　消费资料的生产

资　　　本……$2000c+500v=2500$

商品生产物……$2000c+500v+500m=3000$

这个生产物,是存在于消费资料中的。

全年的生产物

Ⅰ　$4000c+1000v+1000m=6000$(生产资料)

Ⅱ　$2000c+500v+500m=3000$(消费资料)

总价值 $=9000$

现在且来看在简单再生产下,这两大部类,这全部商品生产物及其价值要怎样才能相互适应和实现。马克思向我们提出了这样一个公式:

Ⅰ$(v+m)=$Ⅱc

即Ⅰ部类供给Ⅱ部类以生产资料即不变资本2000,而由Ⅱ部类取得和它的可变资本1000与剩余价值1000相等的消费资料2000。这一来,Ⅰ部类剩下价值4000的生产资料,用作本部类的不变资本;Ⅱ部类剩下价值1000的消费资料,供本部类消费,所有两部类间的商品生产物,都按照价值实现了。这就是社会总资本运动在简单再生产条件下得以顺利进行的基本公式。

正是由于Ⅰ$(v+m)=$Ⅱc,我们又分别看到两个引申的公式,即

1.Ⅰ$(c+v+m)=$Ⅱ$c+$Ⅰc

由Ⅰ部类供给Ⅰ、Ⅱ两部类生产所需的全部生产资料;

2.Ⅱ$(c+v+m)=$Ⅱ$(v+m)+$Ⅰ$(v+m)$

由Ⅱ部类供给Ⅰ、Ⅱ两部类生活所需的全部消费资料。Ⅱ$(v+m)$中的v是工人阶级所得的来源,m是资本家阶级所得的来源;而在Ⅰ$(v+m)$中的v和m,则分别是这一部类的工人阶级与资本家阶级所得的来源。在简单再生产条件下,构成国民收入的Ⅰ和Ⅱ部类的所得,全部在当年消费掉,而Ⅱ部类的商品生产物即消费资料,恰好满足这个需要,结果,Ⅰ部类的生产资料,就全部为Ⅰ、Ⅱ部类的生产的消费所吸收,Ⅱ部类的消费资料,

就全部为Ⅰ、Ⅱ部类的个人的消费所吸收。即前面所说的,包括剩余价值的各个价值部分,都得到补偿,而其自然形态的物质要素,也得到更替。一切都进行得非常圆满。当然,以上的这些公式,是在一些假设下提出的,在现实的社会,除了工人阶级与资本家阶级以外,还有其他社会阶级阶层;且不说在生产资料中,有固定资本与流动资本的区别,在消费资料中,有必要消费资料与奢侈消费资料的区别。生产资料在Ⅰ部类资产阶级内部,消费资料在Ⅱ部类资产阶级内部,也还有交换、流通;特别是在资本主义基础上,就不可能没有积累,没有规模扩大的再生产;逐年的再生产,不可能没有变动。但这些并不妨碍我们作抽象的考察,因为"在有积累发生的地方,简单再生产也总是积累的一部分,可以就它本身进行考察,并且是积累的一个现实的因素"①。

我们现在可以在简单再生产基础上,就最基本的条件和表式,来考察积累和扩大再生产的进行。

3.积累与扩大再生产公式

既然简单再生产的实际条件,是Ⅰ、Ⅱ部类资本家阶级的所得,全当作所得消费掉,而在公式上表现为Ⅰ$(v+m)$与Ⅱc所体现的消费资料相交换,表现为Ⅰ$(v+m)=$Ⅱc。那末,要有所积累,要扩大再生产,Ⅰ$(v+m)$中的m就不能全部消费在消费资料上,而必须有一部分积累下来。积累多少呢?假定是一半吧,即把一半的剩余价值拿来扩大再生产;同时,在Ⅱ部类方面,为了积累或扩大再生产得以顺利进行,也不能不作相应的改变。

假设两大部类的生产如下表:

Ⅰ　4000c＋1000v＋1000m＝6000
Ⅱ　1500c＋ 750v＋ 750m ＝3000　} 总额＝9000

现在Ⅰ以500m进行积累,Ⅱ以150m进行积累,在资本构成不变的条件下,两部类的新组合就是这样:

Ⅰ　4400c＋1100v＋500m(消费基金)＝6000
Ⅱ　1600c＋ 800v＋600m(消费基金)＝3000
总计还是＝9000

Ⅰ部类原来的资本构成是4∶1,Ⅰ1000m用一半来积累,来资本化,

① 马克思:《资本论》第2卷,第428页。

依原来的构成比例，就使不变资本 4000 成为 4400，使可变资本1000成为 1100，消费基金 500。在Ⅱ部类，原来的不变资本 1500，就因此不能与Ⅰ部类(v＋m)即 1100＋500 相交换，必须也有所积累，从原来Ⅱm 的 750 的剩余价值中，积累下 100，作为不变资本，使 1500 成为 1600，恰好与Ⅰ部类(v＋m)＝1100＋500 相交换。由于Ⅱ部类资本构成的比例是 2∶1，所以，不变资本增加了 100，还得从Ⅱm 中再积累下 50，追加到可变资本方面去，于是Ⅱ部类的资本构成成为 1600＋800，其消费基金为 600。

结果，两部类的资本总额就是

Ⅰ　4400c ＋1100v ＝5500

Ⅱ　1600c ＋ 800v ＝2400

7900

现实的积累依这个基础进行，剩余价值率不变，到了下年终末，其结果将是：

Ⅰ　4400c＋1100v＋1100m ＝6600

Ⅱ　1600c＋ 800v＋ 800m ＝3200

9800

这样，依这个基础，在一切其他条件不变的情况下，继续扩大再生产，社会总生产物及体现在它上面的各个资本价值部分，就会在两大部类间相互适应平衡，而不断成就积累的任务。当然，马克思在这里的说明，是在作了许多假设的纯粹形态上进行的。马克思的分析，对于在资本主义基础上的简单再生产与扩大再生产如何才能实现的基本条件，已经第一次把它作了科学的规定。

(三)值得注意的若干问题

在把第二卷的内容作了上面这样的简单叙述之后，也还有一些在我们学习过程中会遇到的重要疑难之点，需要有所解释。

首先，我们都知道，第一卷所讲的资本的生产过程，是透过资本主义实际经济生活的表象，就直接生产过程的诸基本条件、基本关系，来分析揭露它的剥削本质——剩余价值的生产和剩余价值的资本化过程与规律。第二卷所讲的是流通过程，照一般的说法，买与卖的过程，是属于经济现象的范围，那末，第二卷是在进行本质的研究分析么？不能这样来理解。尽管对于生产过程来说，流通过程是第二位的，有那样的生产，才有那样的流通，资本主义的流通方式或交换方式，是适应资本主义的生产方式产生的，但正因为资本主义的生产在本质上是剩余价值的生产，它的流通，在本质上也是实现剩余价值的流通。《资本论》第二卷正好是要排除流通上的贱买贵卖、此盈彼亏的一些表面现象而揭露它在这一方面的本质关系。

其次，在这一卷考察资本的流通中，不但研究了生产资本的循环、周转，还特别着重地研究了再生产。就这一点说，也往往在我们学习当中，感到有些不很理解。事实上，这正好是马克思对资产阶级经济学者只知道从表象上把一切有关生产的事象放在生产项下、把一切有关流通的事象放在流通项下处理的形式主义的批判。他已在生产过程，就资本的生产或其价值增殖的必要的基本的条件，考察了劳动力买卖这种特殊的流通；在这里，他又从流通的角度，看资本的构成不同，看资本的周转的速度不同，看社会总资本生产物总商品及其各种价值部分的比例关系的相互适应的条件不同，如何影响其剩余价值的实现。这就是说，这里所要说明的，不是剩余价值如何生产，资本如何增殖，那在第一卷已经讲明白了，而宁是在第一卷的基础上，说明剩余价值如何才能缩短循环周转时间，更快地生产、更快地实现和再生产。生产资本中的固定资本与流动资本的构成比例不同，固定资本的各种要素的耐久力不等，流动资本中的不变成分与可变成分的差别，特别是可变资本中的垫付可变资本与实际发生作用的可变资本的相关比例不一样，都会在整个周转过程中发生不同的影响。就个别资本的流通说是如此，就社会总资本的流通来说也是如此。第二卷第三篇就是“要把各个别资本当作社会总资本的构成部分来考察它们的流通过程（作为一个总体，那是再生产过程的一个形式），也就是考察这个社会总资本的流通过程”①。所以我们要明白，这里所讲的简单再生产与扩大再生产过程，和第一卷第七篇讲到的简单再生产与扩大再生产，是从不同的角度去考察的。

再次，产业资本在流通过程中，在运动中，采取了货币资本、生产资

① 马克思：《资本论》第2卷，第380页。

本、商品资本三种变形，从而表现了三种不同的循环。在每一种循环中，又都分别包括了循环的各个阶段，表现为生产过程与流通过程的统一。马克思在考察进行中，大体上，第一篇从货币资本的循环出发，第二篇从生产资本的循环出发，第三篇从商品资本的循环出发。这里面包含了深刻的科学含义。产业资本运动的决定性动机与目的，是增殖价值，是赚钱，货币资本的循环的公式，$G—W\begin{cases}A\\Pm\end{cases}\cdots P\cdots W'—G'$，恰好把这个特征明确地、毫无隐饰地表现出来了，所以，它成为产业资本的一般公式。由于这个公式，一方面是产业资本在货币形态上的循环公式，同时又表现为产业资本的一般公式，在讲产业资本的各种变形及其循环时，从货币资本的循环出发，并以它为重点来说明三种循环的连续与并存的关系，是再恰当不过的。把资本的循环看作是周期的形态，看它要在多少次循环内才能完成一次周转，其关键就在生产资本方面，就在不变资本中的固定资本方面，固定资本的机能时间，是由它“加入生产过程的时候算起，到它完全用尽，消灭，必须用同种新物替换或再生产的时候为止”①。因此，第二篇讲资本的周转，就不适合用货币资本循环的公式，而必要从生产资本的循环公式出发。至于第三篇讲社会总资本的再生产与流通，要就商品资本的循环公式立论的理由，我们在前面已经说明了，因为讲社会总资本的再生产，就不但要考虑生产的消费，还要考虑个人的消费，不但要考虑价值的补偿，还要考虑物质的更替，不但要考虑本年度进行如何规模的再生产，还要考虑前一年度是否有足够的物质贮藏允许它们进行那种规模的再生产，所以，就已经增殖了价值的商品资本这个循环公式来展开说明，就成为顺理成章的事了。但必须指出，尽管三篇不同的对象，分别采取不同的研究出发点，但毕竟因为三个循环公式都是着眼在资本价值的增殖，所以三者的循环，被统一在产业资本运动中，分别表现为它的不同的侧面。

又再次，我们从资本运动或其循环周转中，时常看到发生在货币信用或商品流通上的限制与阻扰。不足的货币资本会限制它，过多的货币信用会扰乱它；商品资本不只会限制它的再生产规模，过剩的商品，同样会

① 马克思：《资本论》第2卷，第156页。

阻止它的再投资活动,但这些干扰会集中表现为周期性的危机,归根结底,都要在生产资本的膨胀与收缩上找到它的物质基础与社会的说明。为什么呢?我们已经知道,剩余价值由绝对形态转化为相对形态,要不断改革生产技术过程,要不断提高劳动生产力,而在各个个别资本相互依存而又相互排斥的条件下,大家一见有利可图,就不顾死活地竞相增加固定资本设备,扩大生产规模,这已经要形成固定设备投资过剩、生产过剩的局面,而恰好在不断改进生产技术过程,提高资本有机构成当中,又要相对减少可变资本,相对减少劳动力,增加失业人口,从而相对限制购买力,就形成了恩格斯所说的"生产力按几何级数增加时,市场的扩大至多不过按算术级数进行"①的局面。一种大衰退、大破坏刚要过去,下一度的衰退破坏的局面又会开始形成,于是一种类似疟疾性的危机,就周期地从资本主义的生理结构中不断迸发出来。

最后,我们由此可以看到,马克思依再生产公式来表述的资本主义的社会总资本运动过程,与其说是要由此从正面来说明它的可能顺利实现的条件,毋宁是从反面来证示它的不可能顺利实现的条件。建立在生产资料个人占有与生产品社会销售的矛盾的基础上的资本主义商品生产,就是在周期出现的恢复阶段乃至繁荣阶段,也并不曾消除大鱼吞小鱼的破产歇业状态,特别是不曾根绝劳动者失业状态,至多不过表明严重的脱节破坏程度有所缓和罢了。

这就表明,依再生产公式来表现的社会两大部类生产间的产品及其价值的实现条件,只有在生产资料公有、全社会生产在统一计划管理下,才有可能。马克思在这一卷的个别场合,已把这一点指示出来了。他认为资本主义的生产,是以商品过剩的危机作为控制器。"在资本主义社会,社会的理智总是要到事情过后才发生作用,所以能够并且必然会不断发生各种巨大的扰乱。"②他还说:"假若我们设想一个社会,那不是资本主义社会,而是共产主义社会,那么首先,货币资本将会完全消灭,由此引入的买和卖的假装也会消灭。问题就会简单还原为:社会必须预先计算好,能把多少劳动,多少生产资料,多少生活资料用在那种必然有较长期

① 马克思:《资本论》第1卷,人民出版社1963年版,第XXXⅢ页。

② 马克思:《资本论》第2卷,人民出版社1964年版,第334页。

间(一年或一年以上)不提供任何生产资料和生活资料,也不提供任何有用结果,但会从全年总生产中夺去很多劳动,很多生产资料,很多生活资料的事业部门,例如铁路的建筑,而不致有任何损害。”①他在讲到长期投资事业与短期投资事业的比例关系时指出,一个事业由投下资本到取得成果的劳动期间,是由劳动过程的物质条件决定,而不是由社会形态决定,即是说,在资本主义的社会和社会化的社会,是一样的,但在社会化的社会的基础上,我们就能够在分配劳动力与生产资料上,决定前一类的事业,依什么规模进行,才不致有害于后一类事业。② 所有这些指示,都说明,资本主义扩大再生产公式的实现条件,是在社会主义制度下才有现实性的。斯大林曾说:“马克思的再生产公式决不只限于反映资本主义生产的特点;它同时还包含有对于一切社会形态——特别是对于社会主义社会形态——发生效力的许多关于再生产的基本原理。马克思的再生产理论的这些基本原理,比如关于社会生产之分为生产资料的生产与消费资料的生产的原理;关于在扩大再生产下生产资料生产的增长占优先地位的原理;关于第一部类和第二部类之间的比例关系的原理;关于剩余产品是积累的唯一源泉的原理;关于社会基金的形成和用途的原理;关于积累是扩大再生产的唯一源泉的原理,——马克思的再生产理论的这一切基本原理,不仅对于资本主义社会形态是有效的,而且任何一个社会主义社会在计划国民经济时,不运用这些原理也是不行的。”③不但如此,马克思的资本主义的再生产理论,是在资本的循环与周转的前提下提出的,他的循环与周转中论到的关于流通时间与生产时间相互制约的理论,由劳动过程的物质条件决定的长期投资与短期投资的相互配合的理论,以及垫付可变资本与实际发生机能的可变资本的相关理论等等,对于我们的社会主义国民经济建设,不是也大有参考价值么?

---

① 马克思:《资本论》第2卷,人民出版社1964年版,第334页。

② 参见马克思:《资本论》第2卷,人民出版社1964年版,第385页。

③ 斯大林:《苏联社会主义经济问题》,人民出版社1971年版,第64页。

六、《资本论》第三卷的系统理解

《资本论》第三卷，也如第二卷一样，是由恩格斯根据马克思遗留下来的手稿整理出版的。它出版于一八九四年，比第二卷迟了 9 年，比第一卷迟了 28 年。距离马克思写好这个草稿的一八六五年，是整整 30 年了。这已够说明这部伟大著作，是多么难产。

当这一卷尚未问世的时候，资产阶级经济学界，在以“等着瞧”的态度，看马克思究将怎样完成他的资本剥削学说，有的人甚至怀疑诽谤：马克思、恩格斯一再预约的第三卷，是不是空头支票。等到第三卷出版了，他们中间的卑鄙狂妄之辈，竟说那可能是恩格斯临时写出来搪塞的，而别有用心地认为它没有把第一卷、第二卷的理论贯彻下来，甚至说，这个第三卷恰好是对前两卷的反论，其间存在着不可调和的矛盾。作为资产阶级经济学者，他们对于《资本论》这样一部揭露资本剥削本质、论证资本制度必然灭亡的论著，从阶级本能上抱着反感，是不难理解的，但他们那种受到了立场、观点、方法限制的“全部智慧”，要在理论体系上，把第三卷和第一、第二卷统一起来加以理解，却也是很难办到的。这个第三卷的内容，确实对前两卷表现了一些值得注意的不同的特点，如果我们对此没有初步理解，就会增加许多困难。那些特点是什么呢？

第一，前两卷所分析讨论的，是一些本质的东西，价值、剩余价值、劳动力价值、剩余价值率等等，都是我们看不见，感触不到的，而我们日常感触到的，则是象价格、利润、利润率等等经济现象。这个第三卷，主要就是把这些经济现象，作为讨论分析的内容。

第二，前两卷，由于要从资本主义制度的内在联系中去揭露它的剥削本质，所以必须就资本的生产过程和流通过程这些主要的、基本的方面下手，但把资本运动当作一个全体来看，不论是在资本的直接生产过程讲到的各种经济形态，还是它在流通过程讲到的各种经济形态，都只表现为总过程的特别的要素或局部的方面。也就是说，第三卷是在第一、第二两卷的基础上，从里到外，从本质到现象，从局部到全体，把整个资本主义运动总过程作为对象，来加以较全面的综合的研究。

现在且来看看马克思在第三卷，是怎样展开他的由本质到现象的科学的说明的。这个第三卷共分七篇，即第一篇“剩余价值到利润的转化和剩余价值率到利润率的转化”，第二篇“利润到平均利润的转化”，第三篇“利润率倾向下降的规律”，第四篇“商品资本和货币资本到商品经营资本和货币经营资本（商人资本）的转化”，第五篇“利润分为利息和企业利润的分割。生息资本”，第六篇“由剩余利润到地租的转化”，第七篇“各种收入和它们的源泉”。前三篇讲到利润作为整体来看所表现的各种基本规律，接下去三篇讲利润的各种具体形式，而最后一篇，乃是综合这一卷，乃至综合全三卷，说明整个资产阶级的全部收入，都是来自劳动阶级一个阶级所提供的剩余劳动。在下面，我们将就这三个方面来分别加以考察，最后再讲到其中值得注意的一些问题。

（一）有关剩余价值转化为利润及利润平均化和利润率倾向下降的规律

1.剩余价值到利润的转化和剩余价值率到利润率的转化

开头一篇所讲的，剩余价值转化为利润和剩余价值率转化为利润率，不只是在理论上是由本质到现象的转变的枢纽点，也是由第一卷、第二卷到第三卷的一个承上启下的枢纽点。我们在前两卷还只看到剩余价值、剩余价值率。剩余价值是怎样转化为利润，剩余价值率是怎样转化为利润率的呢？马克思是就成本价格与利润，利润率，利润率与剩余价值率的关系，资本周转对于利润率的影响，不变资本使用上的经济以及价格变动的影响各章，来分别说明的。他首先指出：商品的价值，包括三个组成部分，即不变资本、可变资本和剩余价值。在商品价值中，除去剩余价值，就是在生产上耗费的资本价值，也就是生产一个商品实际所费于资本家的价值，我们把它叫做成本价格。但商品自身所费的，比它所费于资本家的，是两个完全不同的量。“商品价值中由剩余价值构成的部分，无所费于资本家，因为它所费的，只是劳动者的没有报酬的劳动。”①资本家在生产过程中，尽管由于占有了无偿劳动，把价值增加了，但却以为“这个价值增加额是由这个用资本进行的生产过程生出来的，也就是，是由资本自身生出来的；……先说生产上所费的资本，那么剩余价值本来就象是同样由所费资本不同的各个价值要素，即那些由生产资料和劳动构成的价值要素发生，因为这些要素本来就会同样参加到成本价格的形成中去”②。当剩余价值象这样不被看作是可变资本的产儿，却被看作是垫付总资本的产儿，于是，在把垫付总资本看成是成本价格的同时，剩余价值就被看成是利润；于是，商品价值等于不变资本＋可变资本＋剩余价值，即 $W=c+v+m$ 这个公式，就变成了商品价值等于成本价格＋利润，即 $W=K+P$ 这个公式。成本价格 K，也还是等于 $c+v$。剩余价值也好，利润也好，同样是对于资本价值的增加额，不过，前者是表现为 $c+(v+m)$，后者却是表现为$(c+v)+P$，前者把剩余价值出自可变资本的关系明白显示出来，后者却把它完全掩盖了，从而，把资本主义的剥削关系弄得神秘化了。

事实上，从资本家的立场说，他所关心的，是垫付下去的资本，除资本价值得到补偿外，还有一个超过额，至于这个超过额是出自哪个资本价值成分(是不变资本还是可变资本)，它们的内在关系怎样，他是不能确切知道的，也是不想知道的。“他的利益，还正是要在这个确定关系和内部联系上盖上一层蓝色的烟雾。”③把超过额对可变资本之比，转化成为它对总资本之比，就是把剩余价值率转化成利润率。在这一转化中，我们看到：“按可变资本计算的剩余价值率，叫做剩余价值率；按总资本计算的剩余价值率，叫做利润率。它们是同一个数量的不同的计算方法，因为计算的标准不同，所以表示着同一个数量的不同的比率或关系。”④

由于剩余价值率是可变资本除剩余价值的结果，其公式是$\frac{m}{v}$，而利润率则是包括不变资本和可变资本的总资本(C)除剩余价值的结果，其公式是 $\frac{m}{C}$或$\frac{m}{c+v}$。利润率自始就比剩余价值率表现为更小得多的剥削程

---

① 马克思：《资本论》第 3 卷，人民出版社 1966 年版，第 6 页。

② 马克思：《资本论》第 3 卷，人民出版社 1966 年版，第 14～15 页。

③ 马克思：《资本论》第 3 卷，人民出版社 1966 年版，第 24 页。

④ 马克思：《资本论》第 3 卷，人民出版社 1966 年版，第 24 页。

度，这也是资产阶级学者，乐于用利润率来代替剩余价值率的一个重要原因。但由于一方面，利润是剩余价值的一个转化了的现象形态，它始终在受着剩余价值的限制，同时利润率，又是依总资本计算的结果，所以，利润率与剩余价值率间就表现了极其复杂的关系。利润率可以在剩余价值率提高或下降时，提高、下降或不变；也可以在剩余价值率不变时，提高或下降。因为利润率不仅取决于剩余价值率，还取决于资本的有机构成和资本的周转。

关于资本的周转对于利润率的影响，马克思指出，《资本论》第二卷第二篇关于剩余价值量得由资本周转的时间（生产时间与流通时间）的缩短而增加的说明，都可以适用到利润和利润率上来，虽然利润率只表示所生产的剩余价值对总资本的关系。在后面第八章“不同生产部门的资本的不同构成及由此引起的利润率的差异”中，他还对此作了较详细的说明。

由于利润率是就剩余价值对总资本的比例关系而言，总资本中的不变资本在使用上的经济，便成为提高利润率的一个方法。“象资本主义生产方式一方面促进了社会劳动生产力的发展一样，另一方面它也促进了不变资本使用上的经济。”①任何一种不变资本使用上的经济，归根到底，不外是使劳动者对于劳动条件之经济使用，或者说合理的节省地使用。在资本家与劳动者处在对立的社会关系下，资本家的经营技巧与合理打算，都无非是以牺牲劳动者为条件，“把劳动者的生命和健康的浪费，劳动者的生存条件的压缩，算在不变资本使用的经济中，并且把它当作利润率提高的手段来看”②。

上述的不变资本的经济使用原则，适用于其中的固定资本，也适用于其中的流动资本，适用于原料和辅助材料。但由于原料和固定资本不同，会全部加到生产物中去；还由于劳动生产力的增加，是用每一小时内制造一定生产物所需原料量的增加来表示。结果，原料的价格就比例于劳动生产力的发展，而在商品价值中愈益成为不断增加的部分，原料价格的变动，就愈来愈对利润率的变动，有了较大的影响。当原料价格涨落，而制造品价格不会依相同的比例涨落时，利润率的差别，就会明显表示出来。

---

① 马克思：《资本论》第3卷，人民出版社1966年版，第75页。

② 马克思：《资本论》第3卷，人民出版社1966年版，第76页。

当然，这不仅关系到剩余价值在资产阶级间的分配问题，还关系到谁占有或没有占有可提供原料的殖民地的问题。马克思由此说明了棉花价格波动和棉业危机的症结。

2.利润到平均利润的转化

这是在前一篇研究的结果上展开说明的。既然“在劳动剥削程度不变时，利润率会随不变资本各构成部分的价值变化或资本周转时间的变化而变化，所以由此自然会得到结论说，当其他事情不变，不过不同生产部门所用资本的周转时间有差别，或不同生产部门这些资本的有机构成部分的价值比率有差别时，同时并存的各不同生产部门的利润率就会有差别”①。如何把这不同各部门的不同利润率，均衡化为一般的利润率，并由此论证劳动价值理论与平均利润率的矛盾的统一，就是“利润到平均利润的转化”这一篇所要讨论的中心内容。这一篇包括：“不同生产部门的资本的不同构成及由此引起的利润率的差异”、“一般利润率(平均利润率)的形成及商品价值到生产价格的转化”、“一般利润率通过竞争而平均化。市场价格和市场价值。剩余利润”以及“工资一般变动所及于生产价格的影响”各章，其中着重地阐明了资本构成，平均利润，生产价格这一些基本范畴及其关系，而对于供给需要在价格形成方面的作用影响问题，也第一次作了科学的说明。

如上面指出的，劳动的剥削程度不变，利润率会因资本的有机构成的差别和资本周转时间上的差别，发生变化。在第一卷第七篇，马克思已就资本的有机构成有所说明了，这里更表示：“各资本的不同有机构成，并不是以它们的绝对量为转移。问题总只是，在每 100 中有多少是可变资本，有多少是不变资本。”②由于可变资本所推动的活劳动，总是比它作为资本投在工资上所包含的劳动更大，所以，就不同部门的资本构成来说，它们的“用百分数计算的资本——或等量的资本——是按不等比率分为不变资本和可变资本，会推动不是一样多的活的劳动，会创造不是一样多的剩余价值，也就是会创造不是一样多的利润，所以，利润率，那个正好是由

---

① 马克思：《资本论》第 3 卷，人民出版社 1966 年版，第 145 页。

② 马克思：《资本论》第 3 卷，人民出版社 1966 年版，第 150～151 页。

剩余价值对总资本用百分数计算求得的利润率，对它们来说也就不等了。"[①]如果不同构成的同量资本，有着不等的利润率，有不等的利润，那么，资本主义生产的全部体系就都会被破坏。如果不问构成如何，同量资本，都有均等的利润率，同样多的利润，那么，整个价值理论体系，就要因此受到破坏。现在看马克思是怎样解决劳动价值理论和平均利润率之间的矛盾的。

前面讲到，从资本家的角度看，商品所费于他的，只是成本价格，他不要问可变资本与不变资本的区别，"不管所生产的价值和剩余价值如何有差别，成本价格对不同部门投下的等量资本说总是一样。成本价格的这种均等性，形成不同投资的竞争的基础。并且，平均利润也就是通过这种竞争生出的"[②]。就各部门有不同构成的等量资本来说，由于可变资本在一个定量总资本中所占的百分率不同，等量资本就会推动极不相等的劳动量，占有极不相等的剩余劳动量或剩余价值量，因而，在各不同生产部门内支配的利润率，也极不相等。"这些不同的利润率，会由竞争，平均化为一个一般的利润率。所以，一般利润率不过是这一切不同利润率的平均。按这个一般利润率应归一定量资本(不管它有什么样的有机构成)的利润，就是平均利润。"[③]如把不同各生产部门的不同的利润率加以平均的结果(平均利润)，加入不同各生产部门的成本价格内，而由此形成的价格，就是生产价格。所以，相当于生产价格的商品价格，包含两个部分，一个部分是用来补偿商品生产上消费掉的资本价值部分的成本价格，它完全是由各不同生产部门在不变资本与可变资本上的支出额决定。"商品价格的另一个部分，即加入到成本价格中去的利润，却不是由这个定额资本在一定生产部门一定时间内生产的利润量决定，而是由每个所用资本当作总生产所用社会总资本的一个可除部分在一定时间内平均应得的利润量决定。"[④]马克思前面所讲的成本价格的等一性，是就这种意义上讲的，虽然他已明确指出，对各不同的生产部门的资本家来说，他要由出售商品收回的成本价格，只是按照所消费的资本价值，而不是按照所使用的

① 马克思：《资本论》第3卷，人民出版社1966年版，第151～152页。

② 马克思：《资本论》第3卷，人民出版社1966年版，第166页。

③ 马克思：《资本论》第3卷，人民出版社1966年版，第161页。

④ 马克思：《资本论》第3卷，人民出版社1966年版，第162页。

资本价值。

从这里,我们可以看到,商品的生产价格,是以一般利润率的存在为前提,而一般利润率又是由以下两个因素决定的:

"(1)是不同生产部门的资本的有机构成,也就是各个部门的不同的利润率;

(2)是社会总资本在不同各部门之间的分配,即每个特殊部门按特殊利润率投下的资本的相对量;也就是,每个特殊生产部门在社会总资本中吸收的比例部分。"①

为什么一般利润率不单是由各特殊生产部门的不同利润率所决定,同时还取决于各特殊生产部门资本在社会总资本中所占的相对量呢?因为总资本分配在特殊利润率高低不同的各生产部门的比例不同,当然要影响到一般利润率的大小。我们知道,"劳动社会生产力在每个特殊生产部门的特殊发展是程度上不同的,有的更高,有的更低,要看一定量劳动,从而一定数劳动者在一定劳动日内推动的生产资料量怎么大,也就是,要看推动一定量生产资料必需的劳动量怎么小而定"②。劳动生产力发展不同,投用在劳动力上和投用在生产资料上的资本比例就不一样,与社会平均资本比较,不变资本百分比较大的资本,称为高位构成资本;可变资本百分比较大的资本,称为低位构成资本;恰好与社会平均资本有同样构成的资本,称为平均构成资本。这各种不同构成的资本,有各种不同的利润率:在劳动剥削程度相等限内,高位构成资本的利润率,就比低位构成资本的利润率低,如果社会资本更多地集中在高位构成资本方面了,一般利润率显然就会偏低,反之,它更多地集中在低位构成资本方面了,一般利润率显然就会偏高。

我们还由此看到了,把各不同生产部门的特殊利润率加以平均,并以此平均数加入它们各别的成本价格,而形成的生产价格,在中位构成资本,大致与价值相等;在高位构成资本,生产价格高于价值;而在低位构成资本,则生产价格低于价值。这也就是说,在一般利润率形成以前,在生产价格形成以前,剩余价值与利润,在量上还是同一的,只不过剩余价值

① 马克思:《资本论》第3卷,人民出版社1966年版,第167页。

② 马克思:《资本论》第3卷,人民出版社1966年版,第168页。

率与利润率不同罢了，而在这以后，如果一个特殊生产部门实际生出的剩余价值，从而，实际生出的利润，与商品售卖价格中包含的利润相一致，那就只是偶然的了。“现在，按通例来说，利润和剩余价值已经是现实上不同的量，而不只就它们的比率说是这样。”①这是因为在依据生产价格售卖的价格中，包含的利润，已经不是原来的和剩余价值有联系的个别特殊利润，而是平均利润了。

不过，商品依据生产价格而出售，仍是在价值的基础上，在劳动的基础上进行的。商品的成本价格，它的价值，它的生产价格的区别，归根到底，无非是对于劳动的不同的关系的表现罢了。“商品成本价格所涉及的问题，不过是商品包含的有酬劳动的量；价值所涉及的问题，是其中包含的有酬劳动和无酬劳动的总量；生产价格所涉及的问题，则是有酬劳动加无酬劳动的一个对特殊生产部门说本来不是由它本身决定的量的总和。”②从这里，我们一方面看到了商品价值与生产价格的差别，同时也看到了，生产价格不同于价值的地方，只不过在于：商品价值中关于无酬劳动那一部分，即关于代表着无酬劳动的剩余价值部分，是由不同各特殊生产部门自身的资本决定；而在生产价格中，这一部分，却是由包括各不同特殊生产部门的资本的社会总资本决定。所以，当剩余价值通过上述均衡化过程，转化为平均利润，商品价值就转化为生产价格；就个别资本讲，它的生产物的价格（生产价格），是和价值背离了，利润和剩余价值背离了；但就社会总资本讲，因为其中有的资本属于中位构成，其生产价格与价值一致或接近一致，而在中位构成以上或以下的资本，又会分别因其生产价格高于价值或低于价值，而趋于平衡。结局，社会总生产价格与总价值一致，总利润与总剩余价值一致。我们由此清楚地看到，平均利润率并没有同劳动价值理论有什么矛盾，恰好相反，所有从表面现象和复杂转化过程中表现的矛盾，到头来都要在劳动价值理论基础上得到解决。资产阶级经济学者说马克思在第一卷中提出的劳动价值理论，到了第三卷讲平均利润率，全给自己否定了。这说明，他们那种停留在形式上的肤浅理解，多么难于接触到问题的实质与其内在联系中去啊！李嘉图虽然无力

① 马克思：《资本论》第3卷，人民出版社1966年版，第173页。

② 马克思：《资本论》第3卷，人民出版社1966年版，第170页。

克服这个矛盾，但他毕竟提出了这个矛盾，并试为解决这个矛盾作过一些努力，至于后来的庸俗经济学者，他们是连什么也说不上的。

在各不同生产部门的不同特殊利润率均衡化为一般利润率的过程中，竞争及和竞争密切相关的需要与供给的关系，在其间所发生的作用和影响，究竟是怎样，那是庸俗经济学者最感兴趣的地方，也是他们对劳动价值理论与平均利润率理论不能有统一理解的关键所在。马克思指出："在这里，真正困难的问题是：利润到一般利润率的平均化过程是怎么进行的，因为利润的平均化分明是一个结果，而不能是一个起点。"①它的起点是什么呢？是商品交换。是依照它生产所费的价值，或是不完全依照它生产所费的价值所进行的商品交换。依照它生产所费的价值，那一般是简单商品生产阶段的事，到了简单商品交换转变到资本主义商品生产阶段，商品就成为资本的生产物，其交换就不止于要补偿资本价值，还要实现一个价值超过额或剩余价值，或其转化形态利润。由于在资本较发展的阶段，作为资本家的商品所有者，大家都要求按照其生产所费的价值获得同样多或较多的利润，于是这个竞争场面，就使得它们只能按照所投资本在社会总资本中所占的比例，而获得一份相应的均等利润，或即前面讲到的平均利润。个别资本所费的资本价值加大家所投资本均衡分得的平均利润，就是生产价格，就是这个经济较发展阶段商品交换的依据。它不等于价值，但却是由竞争引起的价值的转化物。事实上，在我们说明这个转化过程时，还认定各不同生产部门不同资本构成，有同一的剥削程度或剩余价值率。这个同一的剥削程度或剩余价值率，已经是"把劳动者间的竞争，把劳动者会不断由一个生产部门转移到另一个生产部门，并由此引起平衡的事实假定作为前提"②。在这个前提下，在同一生产部门不同构成各资本间的竞争，开始总是以价值为中心，使其所生产的商品的价格，围绕着它上下波动，这就是所谓市场价值。"市场价值，一方面，要视为是一个部门所生产的商品的平均价值，另一方面，又要视为是按这个部门的平均条件进行生产，并且在该部门的产品中占有显著大量的商品的个别价值。只有在异常的组合下面，才会由那种在最不利条件或最有利

① 马克思：《资本论》第3卷，人民出版社1966年版，第181页。

② 马克思：《资本论》第3卷，人民出版社1966年版，第181页。

条件下生产的商品，来规定那种为市场价格形成变动中心的市场价值”①。由于同种商品，只有同一的价格，“个别价值在市场价值以下的商品，就会实现一个额外剩余价值或剩余利润，个别价值在市场价值以上的商品，却会让它们里面本来包含的剩余价值一部分不能实现”②。大家竞争使不利的地位变得有利，使有利的地位变得更有利，就成为一种必然的趋势。但在这当中，供给对需要的反应，又会使得决定市场价值的商品，有所改变，因而使它们的竞争活动，变得非常错综复杂。就一个生产部门来说，由竞争形成市场价值这个中心；就各不同生产部门来说，就是由竞争形成生产价格这个中心。马克思说：“竞争首先在一个部门内完成的，是由商品的各种不同的个别价值，形成一个相等的市场价值和市场价格。不同部门的资本的竞争，才引起生产价格，使不同部门的利润率均等起来。”③这里需要交代清楚的是，由竞争引起的供给与需要的变动，究竟和价值、市场价值、生产价格有怎样的影响。资产阶级经济学者在这个问题上，始终没有一个清晰的观念，因而发生一系列的混乱：“价格由需要和供给决定，同时需要和供给也由价格决定。这是一种混乱。除了这种混乱，又还要把这一点加进来：需要决定供给，反过来供给也决定需要，生产决定市场，并且市场也决定生产。”④象是循环无端，不可究诘。到了晚近，他们索性丢开因果关系论，而采取函数关系论，说不是什么决定什么，而是彼此同时相互决定。事实上，马克思早就对此做了科学的说明。他指出：首先，供给也好，需要也好，都是在价值基础上提出的；为了价值，为了剩余价值的资本主义商品生产，不独它的供给要有利可图，它的需要也是赚取利润的需要，商品买卖的价格，一直在和价值和成本价格作比较。其次，供需始终在受着价值或市场价值的调节，供需所调节的是价格与市场价格，而不是市场价值。市场价值的变动，总是取决于那些个别价值因生产条件、劳动时间的变动而有所改变。供需比例关系改变或竞争，总只是作为促使生产条件、劳动时间变动的外在条件而作用着。“在市场现有商

① 马克思：《资本论》第3卷，人民出版社1966年版，第185页。

② 马克思：《资本论》第3卷，人民出版社1966年版，第185页。

③ 马克思：《资本论》第3卷，人民出版社1966年版，第187页。

④ 马克思：《资本论》第3卷，人民出版社1966年版，第200页。

品的量和它的市场价值之间，没有什么必然的联系。”[①]最后，供需不平衡，使得商品不能按照价值或市场价值买卖；商品的价格与价值或市场价值一致或接近一致，就表明，供给与需要已大体上趋于一致，就表明，供给与需要不发生作用。

如果说供需不平衡，使价格对价值发生偏差，也同样是供需不平衡，使不同生产部门间的资本“会从利润率较低的部门撤出，转而投到有较高利润率的其他部门。由于这种不断的移出和移入，也就是，由于资本在不同部门之间的分配（这种分配要由利润率那里下降这里提高的情况而定）供给和需要将会形成这样一种比率，以致不同生产部门各有相等的平均利润，因而使价值转化为生产价格”[②]。

由是我们知道，什么是能由供需变动、由竞争说明的，什么是它们不能说明的。“竞争所没有告诉给我们的事情，正好是那个支配着生产运动的价值决定；而站在生产价格后面、最后决定生产价格的，就是价值。”[③]而它们可以说明的，不过是平均利润，是因工资变动引起生产价格的涨落，是市场价格变动。并且，最后都还要由价值的规定来说明。所以马克思就社会需要这一概念，来进一步予以科学的说明：“‘社会需要’或规定需要原则的东西，本质上要由不同阶级的相互关系和他们各自的经济地位来规定。如果一个一个列举出来，那首先就是由总剩余价值对工资的比率，其次是由剩余价值所分成的不同部分（利润，利息，地租，赋税等等）的比率来规定。并且这里所说，还再一次说明了，为什么在供求关系借以发生作用的基础得到说明以前，绝对没有什么能够由供求的关系来得到说明。”[④]

3.利润率倾向下降的规律

在第一卷第七篇和本卷前一篇，关于资本有机构成不断提高的原则的说明，事实上，已经提示了这个利润率倾向下降的规律。这一篇只包括三章，先讲利润率倾向下降的规律本身，其次讲作用相反的各种原因，最后讲这个规律的内部矛盾的展开。资本主义生产的性质，使得它的发展，

① 马克思：《资本论》第3卷，人民出版社1966年版，第195页。
② 马克思：《资本论》第3卷，人民出版社1966年版，第206页。
③ 马克思：《资本论》第3卷，人民出版社1966年版，第222页。
④ 马克思：《资本论》第3卷，人民出版社1966年版，第189页。

在各方面展开了错综复杂的矛盾，而那些矛盾现象，又只有依据它的本质关系，才能有所理解。

我们知道，剩余价值是来自总资本中的可变资本。它与可变资本之比，称为剩余价值率；它与包括不变资本与可变资本的总资本之比，称为利润率。如果一个社会的总资本的平均有机构成不断提高，即总资本中的不变资本对可变资本的比，逐渐提高，反过来说，其中可变资本对不变资本的比，逐渐降低，那么，即使劳动的剥削程度、剩余价值率不变，由于剩余价值因可变资本的相对减少而减少了，依总资本来计算的利润率，就必然降低。如果说，劳动的社会生产力的发展，在资本主义生产方式内，就是表现在一般资本有机构成的提高上，表现在总资本中的可变资本对不变资本的不断减少上，那就说明，剩余价值率不只是在它不变时，会表现为一个不断下降的一般利润率；就是在它增进时（即剥削程度增大时），也会表现为一个不断下降的一般利润率。由此可见："一般利润率愈益下降的趋势，不过是劳动社会生产力愈益发展这个事实在资本主义生产方式内一个特有的表现。"①不待说，一切资产阶级经济学者，都是非常关心利润问题的。愈是能从资本主义生产内在有机联系中看出这种趋势的人，就愈加对此表示不安。但是由于搞清这个问题，要明确认识不变资本与可变资本的区别；要明确认识剩余价值与利润的区别，利润一般和它的各种具体形式的区别，以及有机构成的差别等等，所以，就是象亚当·斯密、李嘉图那样的古典学者，由于他们对这些前提认识，只是作了一些摸索的尝试，当然不可能提出正确的说明。

他们是怎样去说明的呢？他们对于愈努力增加劳动生产力，会愈益降低利润率这一趋势，只是从利润率尽管降低，利润量却仍可增加这一事实，去求得安慰。且先看看这个事实是怎样表现着的："利润率愈益下降，或所占剩余劳动和活劳动所推动的物质化劳动的量相比而言相对减少的规律，并不排斥社会资本所推动所剥削的劳动的绝对量的增大，不排斥社会资本所占有的剩余劳动的绝对量的增大。这个规律也不排斥如下的事实：资本家个人支配下的资本，将会支配一个增加量的劳动，一个增加量

---

① 马克思：《资本论》第3卷，人民出版社1966年版，第229页。

的剩余劳动,甚至在它们所支配的劳动者的人数并不增加的时候,也是这样。"[①]这就是说,无论从社会资本方面讲,还是从个别资本方面讲,活劳动的减少,从而剩余劳动的减少,都是相对的,而不是绝对的。一定量的总资本中,可变资本对不变资本的比例相对地减少了,那不只说明,同量可变资本,能推动更大量的不变资本;还说明,不变资本的绝对量,有更大更多的增加,与它相适应的可变资本的绝对量,也有更大更多的增加,虽然在增加的比例上,后者是不如前者那样快、那样大的。因此,就一定量的资本说,尽管利润率会随可变资本对不变资本的相对减少,而累进地减少;就社会总资本讲,或就个别资本家所使用的总资本讲,由于它"所用的劳动者的人数,它所推动的劳动的绝对量,因此,它所吸收的剩余劳动的绝对量,因此,它所生产的剩余价值量,因此,它所生产的利润的绝对量,仍然能够增加并且累进地增加。"[②]而就资本主义生产的性质说,还必须累进地增加。利润率的累进地减少,和利润绝对量的累进增加,同是社会劳动生产力不断发展,社会平均资本有机构成不断提高的结果。这同一规律的二重表现的基础,是建立在这个事实上:在一定条件下,在资本有机构成提高,一方面会引起利润率降低,同时又会引起劳动人口过剩,而过剩的,从而是低廉的劳动力人口,又会由扩大生产规模所吸收的条件下,"所占有的剩余劳动量,从而所占有的剩余价值量将会增加,并且,在我们是说总资本时,或把个别资本当作总资本的单纯部分来看时,利润和剩余价值又是相同的量"[③]。这即是说,所占有的剩余劳动量的增加,就是利润量的增加。这就是这个规律的内在必然联系。如果只看到它的表面上的两个相互矛盾的现象,就一定要发生一些错觉。有的资产阶级经济学者以为这种二重表现其所以发生,就是出于资本家的精明打算。罗雪尔就认为,利润率这样下降,"是一种聪明的,人道的行为"。这样,利润率的下降好象是资本增加的结果,好象是资本家关于这件事所做的打算的结果——利润率较低时,他们赚到的利润量将会较大。马克思指出,这种看法,是由于对一般利润率缺乏理解,还由于对价格抱有一个糊涂观

① 马克思:《资本论》第3卷,人民出版社1966年版,第233页。
② 马克思:《资本论》第3卷,人民出版社1966年版,第235页。
③ 马克思:《资本论》第3卷,人民出版社1966年版,第237页。

念,以为“价格实际是因为有一个多少带有任意性质的利润量加到商品的现实价值中去而定”①。正因为这种关于价格的糊涂观念,是资本主义生产的内在规律,在竞争中的一种颠倒的表现,就似乎更把他们的那种主观决定客观规律的错觉加强了。而事实则是这样的:“因生产力发展而起的利润率下降,会陪伴有利润量的增加这样一个规律,也表现在这个事实上:资本所产商品的价格的下降,会陪伴有其中包含的并由商品售卖而实现的利润量的相对增加。”②很显然,劳动生产力发展了,资本有机构成相应提高了,较小量的劳动,就会推动较大量的生产资料。每一个商品或特定数量商品中所包含的不变的物化劳动减少了,所追加的活劳动也减少了,结果,价格降低了。新追加的活劳动虽然减少了,如果用增加绝对剩余价值和相对剩余价值的比例的方法,使得活劳动中的无酬劳动部分对有酬劳动部分之比有所增加,个别商品中包含的利润率,就还会增加(虽然这只限于无酬劳动部分的相对增加,能抵偿总追加劳动中无酬劳动绝对减少而有余的限度内,才是这样)。不过,就这个问题来说,还必须注意这件事:“在资本主义的生产中,不要把单个商品或某一期间的商品产物孤立起来,就它本身,当作单纯的商品来进行考察,而是要把它当作垫付资本的产物,就它和生产这个商品的总资本的关系来进行考察。”③个别商品因劳动生产力提高,降低其价格;因所包含的劳动减少了,有酬劳动与无酬劳动都减少了,其利润量也必然会减少,甚至在剩余价值率有一定提高的场合,也是如此。可是,就总生产物说,在任何场合,只要资本所使用的劳动人数和以前相等,剥削程度也相等,其利润量就不会降低到生产力未提高以前的利润量以下。这是因为个别生产物的利润量减少了,生产物的数量依比例增加起来了。可见利润量的相对增加,是以不变资本对可变资本相比的增大和所用总资本的增加为前提,而不带有任何任意性质。“商品价格下降但就这个便宜商品的已经增大的总量计算的利润量将会增加这一件事,实际不过是利润率下降但利润量同时增加这样一个规律的另一个样子的表现。”④

---

① 马克思:《资本论》第 3 卷,人民出版社 1966 年版,第 243 页。

② 马克思:《资本论》第 3 卷,人民出版社 1966 年版,第 244 页。

③ 马克思:《资本论》第 3 卷,人民出版社 1966 年版,第 247 页。

④ 马克思:《资本论》第 3 卷,人民出版社 1966 年版,第 250 页。

从实际状况看来，利润率的下降，似乎并没有完全和社会劳动生产力不断发展，社会平均有机构成不断提高相适应，以致这个规律，只表现为下降倾向的规律。其原因就在于有些作用相反的因素，在“同这个一般规律的作用相交错，并且把它抵消，使它只有倾向的性质”①。那些具有相反作用的原因是什么呢？首先当然要讲到劳动剥削程度的增进。在第一卷论述绝对剩余价值到相对剩余价值转变时，已把这种从外延上（延长劳动日）内延上（强度化劳动）增进劳动剥削程度的各种详细情况指出了。增进劳动剥削程度，就是提高剩余价值率，利润率的下降是会由此有所缓和的。马克思把生产相对剩余价值的方法，看为是利润率下降的秘密所在。因为这种方法，“一方面，使一定量劳动尽可能多地转化为剩余价值，另一方面，和垫付资本相比而言，又尽可能少地使用劳动一般”②。尽可能少地使用劳动，就要在总资本中减少可变资本对不变资本的比例，从而减少剩余价值，降低利润率；尽可能多地使一定量劳动转化为剩余价值，就要增进可变资本部分增殖价值的比例，提高剩余价值率，而由是缓和利润率的下降。使用妇女儿童劳动，增进剥削程度，以及利用特殊发明在普及化以前获得额外利润方法等等，都对利润率的下降，表现了一定的反作用。至于在竞争范围内，把工资压到劳动力价值以下的各种做法，当然会发生妨碍利润率下降的结果。就总资本中的不变资本说，无论是原料或固定资本，它的价值，都不会与其物质数量依同一比例增加。劳动生产力的发展，一定量劳动所推动的不变资本量，是更大更多的了，但所推动的不变资本要素的价值量，却是相对减少了。这种不变资本要素低廉化现象不断发生，也成为阻止利润率下降的原因之一。同时，由于劳动生产力的发展，由于资本有机构成的提高，而不断形成的相对过剩人口，不但会因过多的、过于低廉的劳动力的存在，延迟一些生产部门的机械化过程，或者使另一些生产部门，把它的重点，由不变资本占优势方面，移到可变资本占优势方面，虽然这都只能是总的发展趋势中的一些曲折的插曲，但显然会在阻止利润下降方面发生作用。以对外贸易而论，它在使不变资本要素低廉化，使一部分会转化为可变资本要素的生活资料低廉化的限

① 马克思：《资本论》第3卷，人民出版社1966年版，第251页。

② 马克思：《资本论》第3卷，人民出版社1966年版，第252页。

内,无疑会把利润率提高起来;但马克思在这里特别指出了,一个发达的国家同不发达的殖民地国家进行贸易,或在那里进行投资所获得并送回本国的较高利润率,"在没有垄断从中妨碍时,又为什么不会参加一般利润率的平均化,因此也不会相应地把一般利润率提高呢"①。此外,马克思还讲到了股份资本的增加对于利润率的影响。但当时的股份公司所经营的企业,如象铁道之类,还只提供比平均利润率还低的利润率,如果这种利润率也参加到均衡过程中来,那末,一般利润率就不是更高,而是更低了。

马克思在分别讲述了利润率倾向下降的规律和作用相反的各种原因之后,又综合起来,说明所有阻止利润率下降的做法,几乎都有进一步加强利润率下降的作用,这就是这个规律的内部矛盾的展开。正因这样,利润率就不仅是如上面第一篇讲到的,会不断把剩余价值率表现得更低,甚至一个增进的剩余价值率,也有一种趋势,要表现为一个下降的利润率。不断增进的剩余价值率,无非是说明积累的不断增加。但积累的加速增加和利润率的下降,"在二者都不过表现生产力发展的限度内,不过是同一个过程的不同表现。积累,在有大规模的劳动集中,因而有高位的资本构成同它在一起发生的时候,会加速利润率的下降。另一方面,利润率的下降又会加速资本的积聚,……加速资本的集中。所以,积累率虽然会跟利润率一同下降,但就总量来说,积累还是会由此加速"②。关于这个矛盾,马克思指出,只能由资本主义生产的特殊性质及其特殊的生产方法来说明。资本主义生产的直接目的是为了剩余价值,为了剥削剩余劳动,而它的直接剥削条件又和它的实现剥削成果的条件是分开的。"一个只受限制于社会的生产力,另一个却要受限制于不同生产部门的比例性和社会的消费力。但后者既非由绝对的生产力,也非由绝对的消费力决定,而是由那种建立在对抗性分配关系基础上的消费力决定。"③这种对抗性的分配关系,已经把广大劳动人民的消费力,限制在极窄狭的限度内了;而剩余价值资本化的积累冲动,和在竞争战中为了避免淘汰,要求不断改良

---

① 马克思:《资本论》第3卷,人民出版社1966年版,第258页。

② 马克思:《资本论》第3卷,人民出版社1966年版,第262～263页。

③ 马克思:《资本论》第3卷,人民出版社1966年版,第266页。

生产，扩大生产规模，也使资本家阶级的不断增加的消费力，受到一定的限制。我们由此看到了，利润率下降与积累增进的矛盾，剩余价值的生产条件与它的实现条件的矛盾，以及与此相伴发生的一系列的矛盾，归根到底，无非是资本主义社会生产关系与生产力之间的总矛盾，在这一方面或那一方面的不同的特殊的表现。对于这个总矛盾，马克思曾分别就生产扩大与价值增殖的冲突，就人口过剩时的资本过剩，以及就劳动生产力在不同生产部门的不同发展与竞争，来展开说明。他首先指出，劳动社会生产力的发展，自始就表现为是二重的："第一，是表示在各种已经生产出来的生产力的大小上，表示在新的生产借以进行的各种生产条件的价值范围和数量范围上，表示在已经积累的生产资本的绝对量上。第二，是表示在这一点上：同总资本相比而言，投在工资上面的资本部分相对地变得微小，也就是说，为定量资本的再生产和价值增殖所必要、为大量生产所必要的活的劳动相对地变得微小。"①从这里，已经明白显示了生产扩大与价值增殖的冲突。进一步"和所用劳动力相关而言，生产力的发展也是二重地表示着的：第一，是表示在剩余劳动的增加上，也就是说，表示在再生产劳动力所必要的必要劳动时间的缩短上。第二，是表示在推动一定量资本一般需用的劳动力的数量（即劳动者的人数）的减少上"②。这两方面的运动是相互联系，互为条件，作为同一规律的不同表现现象而发生的。就其对利润率的影响来说，劳动生产力的发展，把推动一定量资本一般需用的劳动力的量或劳动人数减少了，当然要相应减少剩余价值，从而降低利润率；同时由于同一的发展把再生产劳动力所必需的必要劳动时间缩短了，把剩余劳动时间增加了，即把剥削率增加了，剩余价值会相应增加，利润率因此有所提高。不过，要由剥削程度的提高来补偿劳动人数的减少，毕竟不能不受到自然的、生理的、社会的限制，"所以，它能够阻碍利润率的下降，但不能取消它"③。我们知道，随着资本主义生产方式的发展，随着劳动社会生产力的发展，利润率会下降，利润量却会因所使用的资本量的增加而增加。而在资本量增加的同时，现有资本会减少价值，

---

① 马克思：《资本论》第3卷，人民出版社1966年版，第268～269页。

② 马克思：《资本论》第3卷，人民出版社1966年版，第269页。

③ 马克思：《资本论》第3卷，人民出版社1966年版，第269页。

以致妨碍利润率下降，而由是使资本价值的积累，受到一种加速的刺激，同时又使可变资本对不变资本的比例的减少，进一步有所发展。结果，生产扩大与价值增殖间的冲突，就在空间上并行的或时间上继起的各种相互矛盾因素的作用下，周期地以这样那样的形式的危机暴发出来。那些矛盾的形成，一般地可以说是由于资本主义生产的目的和它达成目的所能采取的手段，具有不可调和的性质。它的生产目的，是要尽可能最大地增殖价值，同时为了达到那个目的，又是倾向于尽可能最大地发展生产力，而发展生产力，又必然要降低利润率，减少现有资本价值，使已经生产出来的各种生产要素，受到牺牲。现在资本价值的不断减少，现有劳动人口因可变资本对不变资本的相对减少，而显得过剩，就成为资本主义生产不断要克服的固有的限制；"但它用来克服这各种限制的手段，不过使这各种限制，按照一种新的更为激烈的程度摆在它的面前"①。为什么它只能在这个圈圈里打转呢？因为"资本主义生产的真正限制，是资本自身，是这个事实：资本和它的价值增殖，表现为生产的始点和终点，表现为生产的动机和目的；……建立在生产者大众被剥夺，陷于贫困这一个事实基础上的资本价值的保存和增殖，只能在一定的限制以内运动"②。

从这里，我们也可看到资本过剩时的人口过剩的内情。"所谓资本过多本质上总是指那种对利润率的下降没有利润量的增大可以作为补偿的资本——并且新形成的资本嫩芽，总是有这种情况——的过多，或是指这种过多，它在信用形式上把那种不能自己独立行动的资本交给大产业部门的指挥人去支配。"③前面讲到，由劳动生产力提高引起利润率下降，同时会因所使用的资本增加，而使利润量增加。如果利润量的增加，够补偿利润率的下降，资本就还会继续投用下去，否则就要成为过剩而不被使用。很显然，资本成为过剩，劳动人口也要相对过剩，资本与劳动人口"二者是发生在对立的二极上：一方面是失业的资本，另一方面是失业的劳动人口"④。这表明，资本也好，劳动人口也好，只有在它能够满足增殖剩余价值，提供利润的要求的条件下，才是生产的，有用的。而不能满足这个

---

① 马克思：《资本论》第3卷，人民出版社1966年版，第272页。

② 马克思：《资本论》第3卷，人民出版社1966年版，第272页。

③ 马克思：《资本论》第3卷，人民出版社1966年版，第273页。

④ 马克思：《资本论》第3卷，人民出版社1966年版，第273页。

要求的剩余资本,在现实上,是这样表现着的:"资本的一部分将会全部或部分地歇闲下来(因为它要增殖它的价值,就得把那种已经在功能中的资本从它的位置上挤出去),另一部分由于失业的或半失业的资本的压迫,也只好按较低的利润率来增殖它的价值。"①不论是已经在机能中的旧资本,还是追加资本,在价值减少过程中,会发生强烈的竞争战。是哪一部分挤上来,是哪一部分完全陷在休止状态中,那是由你死我活的竞争战来决定。资产阶级在相互间比较顺利的情况下表现的"阶级友爱",一临到这种关头,就拼命把困难、损失和牺牲,推给对方。资本的生产过剩,原包含着商品的生产过剩。"市场上现有商品的一部分,只是因为它的价格惊人缩小,也就是,因为它所代表的资本减值,方才能够完成它的流通过程和再生产过程。固定资本的各种要素,也会大小不等地按同样的方式发生减值。并且,因为一定的当作前提的价格关系本来是再生产过程的条件,所以,由于价格的一般下降,再生产过程就陷入停滞和混乱中了。这种停滞和混乱,将会削弱货币的支付手段功能,……破坏那种要在一定期限内实行的支付义务的连锁。而在那种和资本一同发展起来的信用制度因此崩溃时,更加尖锐起来,由此引起激烈的急性的危机,……。"②在这样情况下,商品的生产过剩,已经深刻地反映了资本的生产过剩(虽然那仍然不是绝对的,只不过是没有增殖价值功能的相对的过剩罢了)。价值价格关系的一般下降,把整个流通过程再生产过程给全面破坏了。这时,机器,工厂,原料……等等资材,能不能当作不变资本来吸收活劳动,要看竞争的情况决定,同时,劳动人口能不能当作可变资本来推动物化劳动,也要靠竞争状况决定。"生产的停滞,会使工人阶级的一部分歇闲,并由此使其中就业的部分,陷在这样一种情况中,以致他们只好让工资下降,甚至下降到平均以下。"③虽然过剩的资本,从破坏性的危机中,逐渐恢复它的增殖价值功能的时候,也是过剩的劳动人口,得到被使用的机会的时候,但在资本主义生产条件下,资本是否过剩决定于:它能否发生增殖价值的功能和劳动人口能否以较机器为低廉的条件被使用。这就表明,劳

---

① 马克思:《资本论》第3卷,人民出版社1966年版,第274页。

② 马克思:《资本论》第3卷,人民出版社1966年版,第277页。

③ 马克思:《资本论》第3卷,人民出版社1966年版,第278页。

动人口的相对过剩，是历史地决定的，尽管它在一定场合，同时反映着资本的生产过剩。资本的生产过剩，并不是所生产的生活资料与全部人口的消费相比而显得太多，也不是生产资料与劳动力相比而显得过多，它仅仅是为了把生产资料和生活资料，当作对劳动者进行剥削的手段，依照一定的利润率来发生功能，它们是周期地被生产得过多了。正如马克思所说："不是已经有过多的财富生产出来。而是已经有过多的财富，在它的资本主义的对抗性的形式上，周期地生产出来了。"①

最后还须指出，劳动生产力发展，同时引起利润率下降和利润量增加的规律，不只表现为生产扩大与价值增殖的冲突，不只表现为劳动人口过剩与资本过剩的矛盾，并且这些冲突与矛盾，在不同的生产部门，不同的生产领域间，还有极其不同的反应。在一些与各种自然条件有较密切联系的生产部门，例如在森林业，采矿业方面，劳动生产力增进时，它们的自然条件，往往依相同的比例，变得丰度更小；一般生产部门的"不变资本的流动部分，原料等等，按数量来说，会比例于劳动生产力而不断增加，固定资本，建筑物，机器，照明设备，取暖设备等等，却不是这样。机器虽然会在它的体量增大时绝对地说变得更贵，相对地说却会变得便宜"②。"关于在利润率下降上表示出来的不变资本和可变资本的比率，和劳动生产率发展时在个别商品及其价格上表示出来的同一个比率之间的差别"③，那在前面有关章节中，已经一再说明了；此外，我们还知道，劳动生产力发展了，"尽管投在工资上面的可变资本已经相对减少，劳动者的绝对人数仍然会增加这一件事，并不是在一切生产部门都会发生，也不是在一切生产部门都按相等的程度发生。在农业上面，活劳动要素的减少，便可以是绝对的"④。所有这些参差不齐的条件，会使各种资本在改进生产技术的竞争战，变得非常错综复杂，但下面这几点情况，却是非常明白的：(1)新的生产方法要证示它的生产率有现实的增进，必须减少商品价值，"因活劳动减少引起的价值减少，必须抵消一切的价值增加而有余"⑤。这就是

① 马克思：《资本论》第3卷，人民出版社1966年版，第282页。
② 马克思：《资本论》第3卷，人民出版社1966年版，第284页。
③ 马克思：《资本论》第3卷，人民出版社1966年版，第285页。
④ 马克思：《资本论》第3卷，人民出版社1966年版，第288页。
⑤ 马克思：《资本论》第3卷，人民出版社1966年版，第286页。

说,劳动生产率的增进,表现在商品价值的减少上,表现在商品中包含的总劳动的减少上,但要以总劳动中的活劳动的减少,超过物化劳动的增加为条件。如果活劳动减少了,但其中无酬劳动部分对有酬劳动部分的比例却增大,则剩余价值率还会有所提高。(2)资本家对于改进新生产方式,采用新发明,其所以感到兴趣,只是因为在所采用的发明没有普及以前,他会在生产价格乃至价值以上售卖商品,由此得到额外利润。这已把资本主义的局限性,全暴露出来了。结果,资本主义生产方式愈向前发展,就愈显得接近了它的可能极限;不论是就社会化了的庞大生产规模说也好,是就集中了愈多劳动人口的劳动组织形式说也好,还是就已经形成起来的跨越五大洲的世界市场说也好,都愈来愈和私有资本制不相容了。庞大的社会生产力是被唤起了,而狭隘的生产关系,却容纳不了它。——这是探讨利润率倾向下降的规律提出的结论,也可以看作是这一卷前三篇全面系统说明利润一般的总结。

接下去,就要讲由利润一般转化的各种具体形式了。

(二)有关企业利润、利息以及剩余利润转化为地租的说明

1.商业利润

这里是就商业资本或商人资本讲商业利润的。必须指出:前面讲剩余价值,讲利润一般时,主要是就产业资本立论,这里才开始把商业资本当作一个独立形式,来说明它的特殊的利润形式。马克思一再讲到,庸俗资产阶级经济学者几乎从来没有在这方面作过尝试性的考察,原因之一,是他们没有能力这样做;又一个原因,是他们力图把资本主义生产方式引起的商品资本形式与货币资本形式,以及进一步引起的商品经营形式与货币经营形式,说成是由生产过程本身必然会引起的一般形式,借以抹煞资本主义的特质①。就是近代经济学方面的"最好的代表,都直接把商业资本和产业资本混在一起,实际完全忽视了商业资本的表示特征的

① 参见马克思:《资本论》第3卷,人民出版社1966年版,第362页。

性质”①。

要把商人资本或商业资本从产业资本分开，必须弄清它们的联系。我们已知道产业资本的运动，要通过三个资本变形，即货币资本、生产资本、商品资本。由货币到商品的转化，和由商品到货币的转化，都有一系列工作或技术手续要完成；这个转化工作，分别要经历一定的时间，要付出一定的劳动和资本。这个工作全部或一部分，由产业资本家自己来做，他得垫出资本，并由此得到相应的利润。尽管在这种限度内，商业资本似乎没有从产业资本分出来，商业利润也没有从产业利润分出来，可是从资本能否增殖价值的功能上去看，它们毕竟是不能混同的。事实上，由于分工与市场关系的发展，产业资本家（即生产资本家）自始就感到由他们自己兼作商品货币的经营活动，不如把这些工作分出来，分别委托专人去担任，要对他们更有利些。结果就分出了专门经营商品的商品经营资本和专门经营货币的货币经营资本。两者都是商人资本或商业资本的亚种。

这种由商人掌握的商业资本与由产业资本家（生产资本家）掌握的资本的根本不同之点，就在于后者的功能在创造剩余价值，而前者的功能则不过是帮助剩余价值的实现。可是，功能尽管不同，在资本主义生产条件下，用来帮助剩余价值实现的资本，要求和创造剩余价值的同额资本，获有同样多的利润。因为商人可以把他的资本用在商业上，也同样可以用在产业上；商人不把他的资本用在商业上，产业资本家就需自己为流通垫付追加资本。因此，原来以产业资本家为代表通过产业资本的三种变形——货币资本、生产资本、商品资本——而创造并实现的剩余价值（就社会总资本讲就是利润），就要按照这种为流通而投下的资本比例，分割去剩余价值或利润一部分。由于商业资本原来就是不创造剩余价值的，就是不参加利润的生产而分取利润的，而“平均利润，从而一般利润率，首先必须当作不同生产部门的产业资本所实际生出的利润或剩余价值的平均化来说明”②。所以，它在流通中，通过流通赚取的利润，并不曾参加一般利润率的形成，却会把一般利润率压下。当作不同生产部门实际生产的利润或剩余价值的均衡来看的一个平均利润，或一般利润率，原来是较

① 马克思：《资本论》第3卷，人民出版社1966年版，第295页。

② 马克思：《资本论》第3卷，人民出版社1966年版，第315页。

高的，由于产业资本家必须借助于商人资本来实现他的剩余价值，他就不能不在生产价格以下把商品售给商人，后者再按生产价格把商品售给消费者，使商人由买价同卖价之间的差额，得到比例于他的垫付资本在总资本中所占有的部分的相应利润即商业利润，这一来，原来的一般利润率，就因商人资本参加进来，而被压低下来。马克思把这个称之为"因为有商人资本介入而补充起来的利润的平均化"①。这个平均利润率，就把直接从事剥削的资本家的利润率，表现得更小了。

资产阶级古典经济学者也认定流通过程为纯粹形式变化，不增殖价值，但他们不仅没有说明不创造剩余价值却必须参加剩余价值分配的过程，尤其完全没有触到当作资本来看的商人资本、当作资本家的商人是如何进行剥削的。马克思讲到了商人资本的构成，他指出了在购买费用和销售费用中，一些是不变资本成分，如事务所，簿记用纸张，通信邮票等等；还有可变资本成分，如对商业上的工资劳动者的垫付。"这全部费用都不是在商品使用价值的生产上发生的，而是在商品价值的实现上发生的；它们是纯粹的流通费用。它们不会加入到直接的生产过程中去，但会加入到流通过程中去，因此会加入到再生产的总过程中去。"②在它们中间，不变资本费用是容易交代的，"当这个成本要素是由流动资本构成时，它会全部当作追加的要素加入到商品的售卖价格中去；当这个成本要素是由固定资本构成时，它就会比例于固定资本的磨损，当作追加要素加入到商品的售卖价格中去"③。但在可变资本方面，问题就不简单了。只存在于流通过程中的这种可变资本，如何适用由生产上所费必要劳动决定商品价值的规律呢？在商人资本上，积累是怎样表现的呢？而在社会的现实再生产过程内，商人资本又是怎样发生功能的呢？所有这些问题，需要有所说明。如何进行说明，马克思给予了我们一个非常重要的指示："因为商人资本绝对不外是在流通过程中发生功能的产业资本一部分的独立化的形式，所以一切与此有关的问题，都必须用这个方法去解决。"④也就是说，考察商人的可变资本，必须把雇佣商业劳动者的商业事务所，

① 马克思：《资本论》第3卷，人民出版社1966年版，第318页。
② 马克思：《资本论》第3卷，人民出版社1966年版，第320页。
③ 马克思：《资本论》第3卷，人民出版社1966年版，第319页。
④ 马克思：《资本论》第3卷，人民出版社1966年版，第332页。

看作是产业资本的与工场有别的商业事务所。一个产业资本家，“必须有这种操作，以便卖掉那种处在商品资本形式上的产品，然后把由此得到的货币再转化为生产资料，并为整个过程实行计算”。因此，“就有雇用那种真正形成商业事务所的商业工资雇佣劳动者的必要”[①]。但由于这种雇佣，只是用在一个已经创造出来的价值的实现上，不会直接增加剩余价值，只有在减少实现剩余价值的费用的限度内，才有利于产业资本家。所以，产业资本家对于这种工资劳动者的看法，就和对于他在生产上使用的工资劳动者的看法，不是一个态度；对于前者，在剩余价值率不变的条件下，他认为雇佣人数越多越好，而对于后者，则认为雇佣人数愈少愈好。要怎样才好节省这种会限制利润率的垫付呢？当然最好是把他的业务的商业部分，交给商人，让商人去雇佣工资劳动者，集中经营，借此大大节省费用。商人支配下的商业事务所的工资劳动者，不直接生产剩余价值，“但他的劳动的价格是由他的劳动力的价值决定，所以是由他的劳动力的生产费用决定，而这个劳动力的应用，当作体力的一种发挥，一种支出，一种消耗，却和任何其他一个工资雇佣劳动者的情况一样，不为他的劳动力的价值所限制”[②]。因此，他有益于资本家的，是因为他在他完成那一部分没有报酬劳动的时候，使实现剩余价值的费用减少。商业工资劳动者，他所提供的无偿劳动，就象是商业资本家的利润的源泉。所以，对于产业资本说来，包括商业工资支出的全部流通费用，尽管成为破费，而对商业资本说来，投在流通费用上的支出，却是“一种生产的投资。所以，它所购买的商业劳动，对它来说，也是一种直接生产的劳动”[③]。

至于商业利润，如何受到商人资本周转的影响的问题，马克思在“商人资本的周转。价格”这一章(即第十八章)，就以次诸点加以解析：(1)商人资本的周转和产业资本的周转有何不同，它们的关系怎样？(2)商人资本的周转速度对商品价格，从而对商业利润，有什么影响？(3)商品价格是不是可以由商人随心所欲地自由决定，或只是听凭竞争去决定，而不受到价值——剩余价值关系的限制？第一点是容易说明的，“产业资本的周

---

① 马克思：《资本论》第3卷，人民出版社1966年版，第332页。

② 马克思：《资本论》第3卷，人民出版社1966年版，第333～334页。

③ 马克思：《资本论》第3卷，人民出版社1966年版，第335页。

转,是它的生产时间和流通时间的统一,所以包括着整个生产过程。与此相反,商人资本的周转,因为事实上不过是商品资本的一个独立分离的运动”①。这个商人资本或就这里所说的“商品经营资本的反复周转,永远不外表示购买和售卖的反复;产业资本的反复周转,却表示着总再生产过程(其中包括消费过程)的周期性和更新”②。但很显然,购买与售卖的反复,要受到生产和消费两方面的限制:“商人垫付的货币资本的流通速度,取决于:(1)生产过程更新和不同生产过程互相衔接的速度;(2)消费的速度。”③正是由于商人所垫付的货币资本的流通,与货币当作单纯的流通手段的流通,有本质的不同,它不能是单纯的买进卖出,在反复买卖与其价值额相当的商品资本中,要有一个价值加额,连同原来的货币资本额,流回到出发点。它的特征,就在于不断从流通中取出比原来投入流通中还多的货币。也就是说,这里存在着商人资本利润问题以及与利润有关的价格问题。在产业资本的周转上,我们已经知道,同额资本在一切条件相等的情况下,周转得快,就有更多的可变资本实际发生作用,就有更多的年剩余价值,从而有更多的利润。商人资本是不创造剩余价值的,它的利润,是取决于购买价格与出卖价格之差,这就给人们一个印象,好象商人的利润的大小,全由贱买贵卖或薄利多卖、高利少卖的经营技巧决定,没有什么限制。资产阶级庸俗经济学者们从这些表象发生了形形色色的幻想。其实“他的售卖价格本来有两个极限:一方面是商品的生产价格,那是他无力支配的;另一方面是平均利润率,那也是他无力支配的。他可以决定的唯一的事情,是他情愿用更贵的还是用更便宜的商品来做买卖;可是甚至在这件事情上面,他可以支配的资本量以及其他一些事情,也会有同样的发言权。所以,他会怎么办,完全要取决于资本主义生产方式的发展程度,而不是取决于商人的好恶”④。这就是说,对于商品的售卖价格来说,生产价格已经是一个被确定了的外部前提;对于商人资本,我们由上面的说明,已经知道平均利润率是一个已经给予的量,商人资本对于利润或剩余价值的创造,不直接发生作用,它不过会“比例于它在总资本

---

① 马克思:《资本论》第3卷,人民出版社1966年版,第336页。
② 马克思:《资本论》第3卷,人民出版社1966年版,第337页。
③ 马克思:《资本论》第3卷,人民出版社1966年版,第307页。
④ 马克思:《资本论》第3卷,人民出版社1966年版,第341页。

中所占的部分,从产业资本所生产的利润总量中,取得它份内应得的部分"[1]。这说明,商人资本的利润率,"一方面由产业资本所生产的利润量决定,另一方面由总商业资本的相对量,由总商业资本对生产过程和流通过程中垫付的资本总额的数量关系决定"[2]。而在事实上,这个商业资本总量对垫付在生产过程与流通过程的资本总额的数量关系,还要看资本主义生产方式的发展,达到了怎样的阶段。在它不发展的阶段,商人资本在社会总资本中所占的比例愈大,反之,则愈小,虽然绝对地说,它是愈来愈大了。这是因为"发展的资本主义生产方式,对商人资本说,将会发生二重的影响:同量商品将会由一个比较小量的实际发生功能的商人资本来周转;因为商人资本将会有更快的周转,作为基础的再生产过程将会有更大的速度,商人资本对产业资本的比率将会减小。另一方面,在资本主义生产方式的发展中,一切生产又都会变成商品生产,并且一切产品都会落到流通当事人手里"[3]。不过,这里得指出,商人资本在不同的商业部门,有不同的周转时间,在一年时间内,有不同的周转次数;就是在同一商业部门,在循环的不同阶段,周转也快慢不等。可是尽管如此,这并不会改变商人资本随着资本主义发展而有较迅速的周转这一总的趋势,也不会因此妨碍我们依据经验在不同商业部门间找到一个平均的周转次数。由于商人资本不创造剩余价值和利润,它的利润就不单是看周转的快慢或周转次数多少,而同时还要看所购买进来的商品,是以怎样的价格销售出去;要卖快一些,就得便宜一点,或者看行情,不妨迟点卖出,把售价提高一点。商人的正常交易,只能在这个范围内,展开竞争,无论如何,"一个定量商品资本的周转上获得的利润,同周转这个商品资本的货币资本的周转次数成反比例"[4]。如果周转得快,利润就多,那末,商人资本的利润就要大大超过产业资本利润,一般利润率的规律,就被完全破坏了。

我们以上关于商人资本的一个亚种——商品经营资本所讲的话,在一定程度上,适用于它的另一个亚种——货币经营资本。如果说,商品经营资本是产业资本把它在流通运动中的一部分操作,在商品资本形态上

① 马克思:《资本论》第3卷,人民出版社1966年版,第344页。
② 马克思:《资本论》第3卷,人民出版社1966年版,第344页。
③ 马克思:《资本论》第3卷,人民出版社1966年版,第345页。
④ 马克思:《资本论》第3卷,人民出版社1966年版,第349页。

独立出来，而货币经营资本，则是把它在流通运动中的另一部分操作，在货币资本形态上独立出来。只不过，前者是专为产业资本家操作，而后者则是同时为产业资本家与商业资本家操作。所有有关货币当作购买手段、支付手段、贮藏手段等等所从事的纯技术工作，以及由此所需要的劳动，都不创造价值，都是流通费用，最后都要由生产资本所创造的剩余价值来支付，或者作为那种剩余价值的一项扣除。货币经营业者不是作为产业资本家、商业资本家的雇员，而是作为与他们相同的资本家来分取那个剩余价值，他就和商业资本家一样，要有他自己的特殊的劳动者了。

从上面关于商人资本形态的两个亚种：商品经营资本与货币经营资本的说明，使我们清楚看到，资产阶级经济学者把商人资本和投在矿业、农业、畜牧业、制造业上的资本一样，当作产业资本来考察，该是如何悖理了。不讲一般的经济学者，连亚当·斯密和李嘉图，也力图把他们由产业资本家直接引出的价值形成，利润等等的原则，直接运用到商人资本，这就不仅认不清商业资本，而在商业资本与产业资本的联系的说明中，也把产业资本看错了。

其实，从历史上来考察，商业资本是先于资本主义生产方式而老早就存在的自由资本形式。由于它的存在，只需要有简单商品的和货币的流通作为条件。有一个相当长的时间，它就是在货币形态上，在生产圈外，作着促进交易的活动，从中取得利益。所以，即使是“在一切以前的生产方式内，商人资本却是表现为资本的最突出的功能”①。商人资本由独立于生产以外并支配着生产的活动，转变到受支配于生产，从属于产业，那是属于近代资本主义社会的事。马克思在这里指出了几个非常重要的原则：(1)“说资本作为商人资本有独立的和优势的发展，意思就是说生产还没有从属于资本，就是说资本还是在一个和资本格格不入、不以它为转移的社会生产形式的基础上发展。所以，商人资本的独立发展，是与社会的一般经济发展成反比例的”②，是与资本主义生产的发展程度成反比例的。

(2)“在资本主义社会以前的各个阶段中，商业支配着产业；在近代社

① 马克思：《资本论》第3卷，人民出版社1966年版，第365页。

② 马克思：《资本论》第3卷，人民出版社1966年版，第366～367页。

会，事情是正好反过来了。"①

当商业支配着生产，支配着产业时，产生了近代初期的重商主义学说。等到资本主义逐渐发展起来，考察流通过程的重商主义，就要为考察生产过程的古典政治经济学所代替了。

2.利润分为利息与企业利润

专讲企业利润与生息资本的这一篇，包括十六个章目。乍看起来，象是头绪纷纭，不易把握，但仔细探索体会，就知道各章大体上是按着相当严密的逻辑程序展开的。前四章由"生息资本"（第二十一章）到"资本关系在生息资本形式上的外表化"（第二十四章），一般地论述这种资本形态的特质，它和工商业资本的关系及其所生利息如何从利润中分割出来，然后再看它俨然脱离工商功能资本而独立化外表化的现象；这种独立化外表化，在生息资本的特殊形态银行信用上，有了充分的发展。紧接着就由"信用和虚拟资本"（第二十五章）到"银行资本的各个构成部分"（第二十九章），来说明信用的产生，信用在资本主义生产中的作用以及银行资本如何成为虚拟资本活动的中心；接下去的三章（由第三十到第三十二章），连续讲货币资本与现实资本，意在反复说明一切在生息资本形态上的货币资本同现实资本（即商品资本与生产资本）的关系；从它们的不同的积累规律中，发现前者如何以后者为牺牲，而到头仍不能不受到后者的制约。由于生息资本一般是以借贷的形式，表现为货币资本，资产阶级经济学者对于货币资本，就一直存在着不同的看法：有的只把它看成是流通手段，有的则特别强调其资本的功能，于是在英国就发生了所谓通货学派与银行学派。马克思在第二十六章、第二十八章中，分别就这两派的片面性理论进行了批判，而展开他的独创的货币学说。除了最后一章关于生息资本的历史论述外，自第三十三章"信用制度下的流通手段"以下，也都是就上述两派围绕着银行立法、银行实务的不同的论争而加以说明的。所以，为了论述的便利，下面就生息资本一般，银行资本，货币资本与现实资本的关系以及通货学派与银行学派这几个方面来概括说明。

关于生息资本的一般论述，首先在揭示作为借贷资本来使用的货币，它除了当作货币的使用价值外，还有一种当作资本来发生功能的使用价

① 马克思：《资本论》第3卷，人民出版社1966年版，第370页。

值。这后一使用价值，使它能由借者的生产地使用，把所增殖的价值的一部分，作为报酬，那就是利息。归根到底地说来，利息的来源，无非是剩余价值，是利润的一部分，正如前述的商业利润一样。但生息资本不但不同于流通过程内的商品资本，也不同于流通过程内的货币资本，从它和资本总运动的联系说，我们看到这样一个公式：

$$G—G—W\begin{cases}A\\Pm\end{cases}\cdots P\cdots W'—G'—G'$$

在这里，始点的G(货币)是贷者把它作为生息手段来用的货币资本，第二个G，是借者用来作为购买生产资料与劳动力，借以增殖价值的货币资本；后面前一个G'，是垫付资本价值的复归加剩余价值的实现，末了一个G'，是原本加利息。这个公式为我们指出了许多有深刻含义的问题：第一，这里作为借贷资本的货币资本，是二重地支出，二重地流回。$G—G$是“贷者和借者两方是把同一个货币额当作资本支出的。但它只有在后者手里，方才当作资本来发生功能”[①]。后面第一个G'，乃表明“它已经在再生产过程中流回到功能资本家手里，但归流还要重演一次，还要转移到贷者即货币资本家的手里”[②]，那就是最后一个G'。

第二，贷者即货币资本家贷给功能资本家或工商业资本家的G，是一宗可能的资本，后者把它拿来转为各种生产要素，生产并实现比原来资本价值更大的价值，其中包括由贷者借者共同占有的剩余价值或平均利润。在这种限度内，贷者给借者的，无非就是生产平均利润的能力。也就是说，“货币资本家在他把借贷资本的支配权交给产业资本家执掌的时间内，就把货币作为资本的使用价值——即生产平均利润的能力——让与给产业资本家了”[③]。

第三，货币资本家把资本的支配权，把它的生产平均利润的能力让给了产业资本家，是以分有那种实现了的剩余价值或平均利润为条件。尽管那种条件是由借贷当事人按照资本供需情况，按照通行的金融行情，当作法律事务，在法律形式上去规定的，但为一个资本家的使用而支付的额

① 马克思：《资本论》第3卷，人民出版社1966年版，第400页。
② 马克思：《资本论》第3卷，人民出版社1966年版，第389页。
③ 马克思：《资本论》第3卷，人民出版社1966年版，第398页。

数，总和使用这个资本所生的结果，保有一定的比率，即以货币计量的利息率。这个利息率的大小，一般是取决于总利润在贷者与借者间的分割比例[①]。

第四，由上面的说明，我们已经看到，把总利润的一部分转化为利息，是由于资本家分为货币资本家与产业资本家，而利息率的大小，则是由于这两类资本家间有竞争，货币资本家倾向于多要，产业资本家则倾向于少给，这是很明显的。问题在于总利润分为纯利润或企业利润与利息，原是一种量的分割，到头却表现为一种质的分割。原因是产业资本家对贷者支付的利息，表现为原利润中属于资本所有权自身部分，与此相反，属于产业资本家的利润部分，即企业利润，“好象完全是由他运用资本在再生产过程中完成的操作或功能生出，特别是由他当作产业企业家或商业企业家所完成的功能生出”[②]。其结果，尽管来自同一剩余价值的企业利润与利息，后者竟表现为资本所有权的单纯的结果，前者表现为仅仅用资本发生的功能的结果，这两者彼此相互独立化，硬化起来，就不但使得社会全部资本全体资本家阶级相应取得一种质的分割的性质；并且使得形成利息的利润部分，好象只是出自资本单纯所有权，出自资本自体，不是与产业资本和商业资本发生联系，而是与货币资本发生联系。

第五，“在再生产过程中，功能资本家作为别人所有的资本的代表，与工资雇佣劳动者相对立；货币资本家则以功能资本家为代表，而在劳动的剥削上参预进来。活动的资本家只有作为生产资料的代表，方才面对着劳动者来发挥功能，使他们为他的利益而劳动，或使生产资料当作资本来发挥功能。但是，面对着再生产过程内的资本功能和再生产过程外的单纯资本所有权的对立，这个事实就被人忘记掉了”[③]。不但如此，由于这种对立的存在，由于作为企业利润与利息来源的剩余价值，总归是资本自体由再生产过程引出来，还由于前面讲到，利息表现为资本所有权自体单纯的结果，企业利润则表现为功能资本家在工商企业上用那种资本来发生功能的单纯结果。这样，就不但利息不与工资劳动相对立，连企业利润

---

① 参见马克思：《资本论》第3卷，人民出版社1966年版，第406页。

② 马克思：《资本论》第3卷，人民出版社1966年版，第425页。

③ 马克思：《资本论》第3卷，人民出版社1966年版，第433页。

也不与工资劳动相对立，以致获得企业利润的产业资本家，就以非资本所有者的身份，只“表现为一个和资本独立无关的职员，一般地说也就是表现为劳动过程的一个简单的当事人，表现为一个劳动者，并且恰好是表现为一个工资雇佣劳动者”[1]。于是，把企业利润看作监督劳动的工资这样一种观念，就完成了。只是资本使用者，而非资本所有者的产业资本家，也就这样被去掉了他当作资本家的特性了。这一奇特的幻想，愈到后来，就愈成为辩护经济学的理论基础。这是我们在后面要讲到的。

第六，就在作为总利润的一部分的企业利润，被看作是劳动工资的同时，它的另一部分即利息，也由它自始就表现是资本自身所有权的单纯结果，并由于它的占有者不直接参加剥削，而更加向着脱离现实基础的外表化与独立化的形态发展。其结果，“在生息资本的场合，资本的运动被缩短了；作为媒介的过程被省略掉了”[2]。我们在开始看到的 $G—G—W\begin{cases}A\\Pm\end{cases}\cdots P\cdots W'—G'—G'$ 的公式，被缩短省略成为 G—G′。“在 G—G′中，我们有了资本的没有概念的形式，有了生产关系的最高程度的颠倒和物化：生息的形式，资本的简单形式，在其中，资本被认为是先于它本身的再生产过程的东西；货币或商品独立在再生产过程之外，已经有自行增殖价值的能力——资本的神秘化于是取得了它的最为显眼的形式。”[3]

生息资本由它完全的公式

$$G—G—W\begin{cases}A\\Pm\end{cases}\cdots P\cdots W'—G'—G'\text{，简化为 }G—G'\text{，}$$

已经使人看不清利息的来源了。又加上这种资本形态，在近代产业资本发生以前，已经和商业资本一同作为所谓洪水期前的资本形态而存在，这就更加深了人们的幻觉。马克思所以对于英国经济学者马希把利息看成是所借资本生产的利润的一部分[4]，给以有划时代意义的发现的评价，其原因就在这里。可是，事实的真相，尽管在十八世纪中叶，就由马希揭示

---

① 马克思：《资本论》第 3 卷，人民出版社 1966 年版，第 435 页。

② 马克思：《资本论》第 3 卷，人民出版社 1966 年版，第 449 页。

③ 马克思：《资本论》第 3 卷，人民出版社 1966 年版，第 448 页。

④ 参见马克思：《资本论》第 3 卷，人民出版社 1966 年版，第 428 页。

出来了,随着产业资本发展而逐渐发展起来的信用制度,特别是银行信用制度,却通过各种虚拟资本形态的活动,使人们对生息资本的本质的认识,又增添了不少障碍。接下去,我们将由生息资本一般,移向它的特殊发展形态的银行资本。

在《资本论》第一卷第三章,已经讲到了货币当作支付手段的功能;在第三卷第四篇第十九章又讲到货币在产业资本以及商品经营资本的流通过程中,通过各种纯技术的运动(如货币的支付、保管等),独立化为一种特殊的资本功能,即货币经营资本的功能。不过上面所讲的货币经营业,在纯粹形态上,是只和商品流通的一个要素的技术有关,没有涉及信用制度,尽管银行信用制度,在它的起源上,是和货币经营业有一定的联系的。随着商业及资本主义生产方式的发展,逐渐通行于生产者与商人间以及商人与商人间的商业信用,他们的相互垫付或汇票流通,乃一步一步地集中到银行方面。同时,货币经营业者一向为工商业者经营的货币业务,也逐渐由生息资本或货币资本管理的改进,使他们成为货币资本的实际贷者和借者中间的媒介人,而为货币经营业发展到银行业铺平了道路。这就表明,真正的银行信用,是以商业信用为基础,而一般的银行业务,又是原来的货币经营业的继续与发展。银行首先表现为借贷资本出纳的总汇。它所支配的借贷资本,一部分是来自工商业者作为准备基金保存的或他们在收支上收进的货币资本,一部分是由货币资本家存进来并委托它贷借出去的,还有一部分是由准备渐次消费的各种所得储存进来的;而它所给予的信用,则是采取汇票贴现,各种形态的垫付(以个人信用为基础的直接垫付,以有息证券、国债券、各种股票作抵押的银行垫付,特别是以提单、仓库及其他各种关于商品所有权合法证件作抵押的垫付),存款的透支等等来实行[①]。单就上面这种借入贷出的活动讲,一个银行,“一方面代表货币资本的集中,贷者的集中,另一方面又代表借者的集中”[②]。银行成了货币资本的总管理人。由这样统一发展起来的信用,就在资本主义生产中,从积极消极两方面来发生作用。从积极方面说,它对于产业各部门间的利润率的均衡化,对于立脚在整个资本主义生产上的均衡运

① 参见马克思:《资本论》第3卷,人民出版社1966年版,第461页。

② 马克思:《资本论》第3卷,人民出版社1966年版,第460页。

动，起了媒介的促进的作用；对于各种与货币有关的流通费用，被大大缩减了；商品的形态变化，资本的形态变化，从而再生产过程，加速了；那些需要不断在货币形态上存在的准备基金，也相应减少了；尤其是伴随着银行信用发展而出现的股份公司，使得以前只能由政府经营的大规模企业，已经可以采取公司的经营形式了，已经在以社会资本（即那些直接组成公司的个人的资本）的形态来与私人企业资本相对立了。在这当中，"信用又为资本家个人或以资本家资格出现的个人，提供在一定限界内绝对支配别人所有的资本、别人所有的财产，并由此支配别人的劳动的权利。对社会资本（不是自有资本）的支配权，使他取得了对社会劳动的支配权。因此，一个人实际拥有或公众认为他拥有的资本本身，不过还是信用上层建筑的基础。以上所述特别适用于大批发商业"①。在这里，我们已不难看到，信用制度在促进资本主义扩大生产规模和加速流通运动的同时，已经预示了它的反作用或消极破坏的影响。人们早就认识到，在信用的活动上，"一切便利营业的事情都会便利投机，在若干场合，营业和投机紧密结合在一起"②。事实上，"银行家资本的最大部分纯粹是虚拟的，是由债务要求权（汇票），国债券（它代表那种已经消灭的资本）和股票（对未来收益的要求权证）构成"③。银行资本就是靠了这些虚拟资本和很少部分代表现实价值的资本的保证，来反复进行贷款，抵押，贴现等等业务活动，更确切地说，就是来反复进行投机和欺诈活动。同时，与银行业打交道的大工商业者，特别在股份制度下，又都是这些资本的非所有者，他们不会象那些用自己私有的资本来发生功能的人，知道小心权衡他的业务的限界。结果，信用制度就表现为生产规模过度扩张，商业过度投机的主要支点，它变成了"把资本主义生产的发条——用剥削别人劳动的办法来发财致富——发展成为最纯粹最巨大的赌博欺骗制度"④，尽管每一次的过度的信用，以及由此引起的过度生产与过度商业投机，总是以破坏性的危机而告终，但经济情况一旦好转，这各方面的过度活动，重又在竞相追逐利得的要求下，开展起来。这已经成了一个常规。

① 参见马克思：《资本论》第3卷，人民出版社1966年版，第504～505页。

② 见马克思：《资本论》第3卷，人民出版社1966年版，第464～465页。

③ 马克思：《资本论》第3卷，人民出版社1966年版，第544页。

④ 马克思：《资本论》第3卷，人民出版社1966年版，第507页。

现在要进一步说明的问题是，狭义的货币资本，即在生息资本形态上的货币资本的积累，如果归根到底，不外是对于生产上的现实资本的要求权的积累，那么，这里就有两个问题被提出来：其一是，看前者的积累，究在何种程度指示资本的现实积累；其二是，看前者的缺少，又在何种程度指示现实资本的缺少，它与货币自身的缺少，流通手段的缺少是一致的么？在答复这些问题之前，需要进一步明确一下，货币资本与现实资本的真正含义。所谓现实资本，就是指着处在再生产过程不同阶段的商品资本与生产资本，即一般工商业资本，而这里的货币资本，并不是产业再生产过程中的货币资本，而是在生息资本意义上的货币资本。我们已经在前面讲过，作为生息资本或借贷资本的货币资本，在很大程度上是虚拟的、想象的资本。既然如此，这种虚拟的货币资本的积累，究与现实的商品资本与生产资本的积累，保持着怎样的关系呢？那大体可以从三个方面来说：首先，前者在一定程度上反映着后者；其次，前者与后者相独立，由银行信用的发展而自我扩大；还有就是前者以后者为牺牲。要说明这些关系，需要就银行信用发生前后的情况，加以比较考察。我们已经知道，银行信用是在商业信用的基础上发展起来的。商业信用是从事再生产的资本家相互给予信用，它依赖资本的归流，清算相互间的债务要求权，而且不排除清算差额的现金支付。这已说明，商业信用的范围，会与产业资本自身的范围一同扩大；这种信用的最高限，是产业资本的最充分使用，它的扩张，是以再生产的扩张为基础。只要归流迟滞，市场充塞，价格下降，以及巨额产品不能卖出，信用缺乏的现象，就会发生。在这种限度内，商业信用对于产业资本扩大或收缩的反映，是非常明显的。自银行信用参加进来以后，工商业者相互间的信用，就变得错综复杂，并还逐渐为前者所代替；一切欺诈投机活动就跟着出现了。到了这种场合，借贷资本的积累，就对产业资本的积累，显示为一个独立运动。我们由此就理解到，借贷货币资本上的积累，会在何种程度与现实资本的积累，即与再生产过程的扩大相一致的问题，要进一步看借贷资本是怎样由货币转化来的：是单纯由货币转化为借贷资本呢？还是由资本或所得转化为货币，再由货币转化为借贷资本呢？很显然，前一转化，是非常简单的，是可以依种种方式与现实资本运动相独立而大大积累起来的；后一种转化，即由资本或所得到货币，再到借贷资本的转化，包含有积极意义，它的积累，是现实资本积累的结果，是再生产各种要素增加的结果，但不论这两种转化及其积累过程如何不同，各种形态的借贷资本的要求权，最后总要取偿于现实资本所生产的剩余价值或利润，那还可以是以产业资本为牺牲而实行的；在产业资本循环的不同阶段，利息率往往竟能够高到把所有的利润完全吞并掉。在这里，我们看到了，随着资本主义生产与商业的发展，随着信用制度的发展，站在再生产圈外，与工商业资本家相对立的货币资本家、各种证券经纪人、银行业者阶级人数及其所控制的社会物质财富，也会大大增加起来。尽管他们对于剩余价值的剥削，是通过产业资本家来实行的，是第二次的，但是只要有可能，产业资本家总是会想尽办法，把他们从各种货币资本家那里受到的"盘剥"，转嫁到无产阶级身上。而且，由过度的信用引起的过度的生产和过度的商业，以及由此造成的危机与祸害，也主要要由无产阶级来承当。论到这里，我们已不难看到，马克思的货币资本理论，不但是完整的透辟的，并还沿着他的劳动价值学说——剩余价值学说的线索，而把它引到一个全新的境界。

但是必须指出，马克思在展开他的货币资本理论的说明时，一直在对于资产阶级经济学者有关的学说，特别是结合银行立法、银行业务，对于有名的通货学派与银行学派的学说，进行了非常生动而深入的批判分析。那可以看作是他在《政治经济学批判》中关于流通手段和货币学说的进一步阐述。

从资本主义在十八世纪开始它的新纪元以来，货币的问题，就一直在它不同的发展阶段，以不同的提法，成为资产阶级经济学者所关心着和争论着的问题。并由此产生了一些经济理论和政策上的不同派别。十六、十七世纪是重商主义——货币主义盛行的时期，当时国民生产的大部分，还是封建的，工农业产品还基本上没有变成商品。人们一般只把货币（贵金属）看为绝对财富。因为当时的资本主义活动，还只限于商业资本的流通活动，而获得货币——贵金属，就成为那种活动的目标。赚钱，是资本主义的本质，重商主义者素朴地，毫无保留地把这个本质给暴露出来了。

当古典经济学者把考察的对象，由流通方面转到生产方面，他们对于财富有不同的看法，对于货币的评价，大大地打了折扣；而对于重商主义者那样露骨地暴露资本主义本质，尤其感到不安而厌恶。他们把货币只看作是帮助商品流通的媒介，只是流通手段，因而认为，它不但不是商品生产的目的，并还认为流通手段太过充溢，只不过是对同量商品给予相应的多的估价。有名的休谟的货币流通的三原则，就是当作所谓通货学派的最早的教义而确定下来的。那三个原则是：(1)一国中商品价格决定于该国中存在的金银数量；(2)一国流通中的货币，代表着国内存在的一切商品；(3)如果商品增加，商品价格就降落，货币价值就高涨，如果货币增加，那末相反，商品的价格就高涨，货币的价值就降落[①]。他完全是从货币数量论出发，认为金银没有内在价值，不是商品，商品在进入流通以前，也没有价格——价值。商品价格的增高或降落，决定于流通中的货币的数量。

休谟的通货理论或货币数量理论，是十七、十八世纪贵金属大量流入，而物价不绝增高的反映。而在这方面作为休谟的继起者李嘉图所面对着的事实，却是纸币的贬值和商品价格的同时高涨，结果，李嘉图就有必要提出新的说明了。而他所坚持的商品价值决定于生产所费劳动时间的主张，也不容许他完全承袭休谟的货币数量理论。他认为："货币——金属货币——的价值是由其中物质化的劳动时间决定，不过要在货币的量和待要交换的商品的量和价格保持恰当比例的时候才是这样。要是货币量超过这个比例，它的价值就会下降，商品价格就会上涨，要是货币量下降到这个恰当比例以下，货币价值就会上涨，商品价格就会下降——假设其他一切事情仍旧不变。在第一个场合，有过剩的金的国家，将会把它的落在它的价值以下的金输出，并且把商品输入；在第二个场合，金就会流往金在它的价值以上被估价的国家，被人估价过低的商品则会由该国输往商品能够获得正常价格的别的市场去。"[②]这说明，货币(金属货币)并不象休谟所认定的那样，在加入流通过程以前无价值，而是它的原来价值，会在流通中遇到商品量有多有少，其价格有大有小，因而成为更小或更大的价值记号。由于流通的银行券，是可以兑现的，它的实际价值与名义价格是一致的，它就会分享金属货币的同一命运。以致由金和银行券构成的全部通货的价值，会同样受到引起金属货币价值变动的上述法则

① 参见马克思：《政治经济学批判》。《马克思恩格斯全集》第13卷，人民出版社版，第152页。

② 见马克思：《资本论》第3卷，人民出版社1966年版，第638页。

的支配。这里且不忙指出李嘉图这个关于通货理论的错误所在，先要说明的，是这个理论简直被所谓通货学派奉为经典，为他们用来与银行学派作斗争的理论武器。作为李嘉图的大弟子，且是大银行家的欧维斯坦一流人物，就是把这个理论拿来作为支持庇尔爵士一八四四年和一八四五年银行立法的基本原则。可以说一八四四年银行立法，不但是李嘉图通货学说的实践，并还是那个学说的考验。那个立法的主要内容是：全国的银行券发行，逐渐集中到英格兰银行；英格兰银行划分为一个发行部，一个银行部，以便相互监督；发行部发行的银行券，在1400万镑以下，以有价证券——其中最大部分为政府债券——为担保，这以上每发一镑的银行券，须有值一镑的金准备，即要有完全的担保；银行部为了信贷业务需要，要在1400万镑总额以上从发行部取得一镑银行券，就须拿出一镑与它交换的黄金。据说，这个作法，银行券的发行将受到限制，由通货过多过少引起的物价波动，就可以减少，商业循环的危机就可以防止。事实上，除了英格兰银行，由垄断控制发行，得到了大大提高利息率的好处以外，银行划分两个部分，使它不能机动适应客观需要，正好造成了加速加深危机的结果。一八四四年银行立法实行不久后的破产，不能不使人联想到李嘉图的通货理论的脆弱点。他按照休谟以来的传统，只把货币看成是流通手段；他把一国所有的黄金（一部分白银），都看成是铸币；他还以为适用于铸币的流通规律，完全适用于可以兑现的纸币，因而，过多的流通手段的减值，“不是纸币与金相比而言的减值，而是金和纸币合起来看的减值，是一国流通手段总量的减值”①。这就把流通手段以外的一切货币机能都抹煞了，把金的现存量与铸币的流通量混同了，把铸币流通规律与纸币流通规律混为一谈了。

李嘉图的通货学说的片面性，早就为反对他们的银行学派所责难，但由于他们走到另一个片面去了，始终没有能够在理论上提出有说服力的论点。银行学派的代表人物，是杜克和富拉吞等人。他们的代表意见，是把货币看成资本，把货币区别为流通手段与资本。认为，在商人与消费者间当作所得流通的是货币，而在商人与商人间作为支付工具的则是资本。输出的金，显然不是作为流通手段，而是作为支付手段，而是资本。他们

① 见马克思：《资本论》第3卷，人民出版社1966年版，第639页。

的这个不同于通货学派的看法，使得他们在实践上也有不同的主张。不论是杜克，还是其他银行学派人物，都把金输出看成非常值得忧虑的事，他们举出了许多由金输出招致危机的例子。在这一点上，他们简直是重商主义的信徒。但不输出金是不是要用它作为发行的准备呢？不是的，他们和通货学派相反，不认为发行要有充分准备；在他们看来，银行要受到限制的，不是在发行上，而是在信用上，只要没有过度的信用，就不致要求过度的发行。他们相信“任何一个银行都不能超过一定的由公众需要决定的数额来提高它的银行券的发行额”①。单就这方面讲，他们还象是比较言之成理的，可是作为他们的理论出发点的流通手段与资本的区别，却经不起推敲。他们不就货币与资本来考虑，而就货币的一种功能——流通手段与资本来考虑，而没有理解到，“把流通作为收入流通和作为资本流通之间的区别，转化为流通手段和资本之间的区别，是一种完全的颠倒”②。事实上，“当作支付手段的货币和当作购买手段（流通手段）的货币的区别，是一种属于货币本身的区别；不是货币和资本的区别”③。而且，货币并不因为它采取了资本形态，就改变了本身的这样那样的功能。当功能资本家把借来的货币，当作资本支出，去购买生产资料或支付工资时，人们并不能因为它已采取资本形态，就不再有购买手段支付手段的功能。从这里，我们看到银行学派关于资本的概念，是非常混乱的。他们不但没有把作为货币的货币和作为资本的货币区别开，也没有把用作功能资本的货币资本与作为生息资本的货币资本区别开。结果，就认为他们用作生息资本的货币资本，和商品资本生产资本是同一性质的东西。金的输出，作为他们的生息资本的资本输出，就被看成是资本的输出。马克思说：“象启蒙经济学顽固地企图使我们相信货币不是资本一样，这种银行家的经济学却顽固地认为货币事实上是最突出意义上的资本。”④这里所谓启蒙经济学，是指休谟一流人物的通货理论。

可是，这种看来象是不易调和的意见，一到危机来临的金融紧急关头，就不一样了，但这时改变主意的，不是银行学派，而是通货学派。“启

① 见马克思：《资本论》第3卷，人民出版社1966年版，第519页。

② 马克思：《资本论》第3卷，人民出版社1966年版，第512页。

③ 马克思：《资本论》第3卷，人民出版社1966年版，第513页。

④ 马克思：《资本论》第3卷，人民出版社1966年版，第537页。

蒙经济学在专门考察‘资本’的时候，曾以最大的轻蔑的心情来看待金和银，把它们看作资本事实上最不关紧要和最无用处的形式。但一讨论到银行制度，一切就都倒转过来了，金和银成了最突出意义上的资本”[①]。事实上，“杜克和欧维斯坦双方都承认，必须让现实财富忍受最大的牺牲，以便在紧急时期维持这个金属的基础。争论的中心不过是多一点还是少一点，不过是这种不可避免的事应该以更合理一点还是更不合理一点的办法去对付”[②]。这里所谓不可避免的事，就是指着“一旦信用发生动摇——并且这个阶段总是必然会在近代产业的周期中出现——一切现实财富就都会要求现实地、突然地转化为货币，转化为金和银”[③]。如果说在资本主义生产的基础上，由货币制度向信用制度发展，是一个必然的趋势，那么，只要还是在资本主义生产基础上，由信用制度帮同造成的周期危机，也就会不断突然地要使信用制度逆转到货币制度。不论是通货学派，还是银行学派，都不能就资本主义生产的特点，去理解货币制度与信用制度的本质及其转变过程，去分辨货币与资本的区别及形态的变化。他们要不在理论上留下许多漏洞和矛盾，当然是不可能的。

3.剩余利润转化为地租

马克思先在剩余利润转化为地租这一篇绪论中，就资本主义地租成立的前提条件，其本质及其产生的原因，作了概括的分析；接下去讲级差地租一般，然后分别就它的第一形态与第二形态，进行较详细的说明。这以后，才论到绝对地租，而以资本主义地租发生的历史过程作为结束。就全卷而论，关于地租这一篇，还是马克思已经完全写好了的[④]，虽然上述的研究程序：地租一般——级差地租——绝对地租，是由恩格斯根据马克思提示的，把原来的计划：地租一般——绝对地租——级差地租改变过来的结果。这种改变，可能是因为把绝对地租放在级差地租后面叙述，要更便于逻辑程序展开一些。

资本主义的发展过程，一般先在工业方面立定了脚跟，然后才逐渐扩展到农业方面的。而资本主义地租的成立，又必须在资本主义生产方式

① 马克思：《资本论》第3卷，人民出版社1966年版，第670页。

② 马克思：《资本论》第3卷，人民出版社1966年版，第670页。

③ 马克思：《资本论》第3卷，人民出版社1966年版，第671页。

④ 参见马克思：《资本论》第3卷，人民出版社1966年版，第Ⅷ页。

已经支配着农业。前面关于产业资本各方面的分析，虽然在农业上同样有它一定的妥当性，但一般仍是就工业立论的。农业对工业表现了它的很大的特点。地租就表现为“土地所有权在资本主义生产方式基础上的独立的独特的经济形式”①。所以，不对土地所有权的近代形态，不对资本投在农业上引起的生产关系和交换关系，予以分析考察，就显得是很不完全的。

资本主义地租是从资本主义生产方式已经支配着农业这个假设出发。这个假设意味着农业也和制造业一样，完全由资本家经营，还“包含着这个意思：它已经统治生产和资产阶级社会的一切部门，所以它的各种条件，如资本的自由竞争、资本由一个生产部门向其他生产部门转移的可能、均等的平均利润水准等等，都已经十分成熟”②。农业由资本家经营，说明他是从土地所有者那里租赁土地，雇佣劳动者来从事耕作。这个生产关系的形成又“把这件事当作前提：直接生产者从土地一个单纯附属物（在隶农、农奴、奴隶等形式上）的地位解放出来，另一方面又把人民群众土地的剥夺当作前提。在这个程度之内，土地所有权的垄断，本来就是资本主义生产方式的一个历史前提”③。而就农业方面说，那是使剥夺去土地的农村的劳动者隶属于一个为利润而经营农业的资本家的历史前提。由于土地所有权的独占，利用土地来经营农业的资本家就必须把雇佣工资劳动者所获得的剩余利润，作为地租转交给土地所有者。在这里，我们看到了，土地所有者并不直接剥削劳动者，他们是站在生产过程的圈外，通过农业资本家来进行剥削的。

当我们把资本主义地租理解为近代土地所有权独占的结果时，需要搞清一些混杂在地租概念中，从而混杂在土地所有权认识中的不纯要素。首先应指出的是，人们惯于把合并在土地中的资本即所谓土地资本的报酬，说成是地租。其实，为这种合并在土地中的资本成分（无论是属于暂时性的化学性的改良施肥，还是比较经久性的排水灌溉设备，填平及农业建筑物等等），由租地农业家支付给地主的地租的一部分，并不构成单为

① 马克思：《资本论》第3卷，人民出版社1966年版，第733页。
② 马克思：《资本论》第3卷，人民出版社1966年版，第721页。
③ 马克思：《资本论》第3卷，人民出版社1966年版，第724页。

土地本身的使用而支付的狭义的地租；其次，关于地租存在的合理性问题，在近代前期的资产阶级经济学论著中，有的人企图把地租说成是和利息一样的东西，借以证示地主与资本家间并没有不可调和的矛盾，有的人又反过来，由地租的存在来推论利息的正当。但是那种类比，对于上述狭义的地租的认识一点也没有帮助。要明确把握地租的实质，必须知道："土地所有权，和一切其他和一个确定生产方式相适应的所有权形式都一样，要由生产方式本身，也就是，要由各种由此生出的生产关系和交换关系具有历史的暂时的必然性这样一个事实，来说明它是正当的。"①这表明，近代的地租，一方面只是在资本主义生产方式内取得其合法存在的社会基础，但同时也由资本主义生产的立场证示了它是一个无用而有害的负担。此外，在地租是当作地主把地球的一片段租与别人，而由此每年获得一定额货币来表现的限内，它又在另一个形态上与利息混淆起来。"我们知道，怎么每一个定额的货币收入都可以资本化，那就是，都可以当作一个想象资本的利息来看。"②当作地租来支付的一定额货币，例如 200 镑，就被认为是年利 5 厘的 4000 镑资本的利息。这样，地租就资本化了，根本没有价值的土地，就取得了土地的价格的这个不合理的表现了。人们对于土地的购买价格，是高是低，就看要多少年的地租才能把它收回，如前例，以年租 200 镑来除土地价格 4000 镑，就表明全部收回土地价格，需要 20 年，或者说地价是 20 个购买年。可是，从理论上讲，地租的资本化，既是以地租为前提，就不能反过来由它自身的资本化来引出地租，并说明地租。地租本身是不能与地租对土地购买者所采取的利息形态相混同的。至于在资本主义生产方式本身尚不存在，或者尚不完全的地区，农民付给地主的租金，往往不仅吸去他自己作为工具的所有者的利润，还会吸去他在其他场合会获得的普通工资。就是在资本主义生产已很发达的国家，地主仍然不妨利用他在工业区的有利地位，向租赁他的小块土地搭架小屋庭园的工厂劳动者，榨取到与土地生产物不成比率的高额租金，但这都是可以当作例外来处理的，不在我们这里考察之列。

当我们已分别排除各种混杂要素，单就近代意义的狭义的地租来进

---

① 马克思:《资本论》第 3 卷，人民出版社 1966 年版，第 730～731 页。

② 马克思:《资本论》第 3 卷，人民出版社 1966 年版，第 731 页。

行分析时，又还有几个重要的错误论点需要避免。第一，不要因为不同历史时期的地租有它的共同性，而忽视了它的差别性。它的共同性是：不论地租采取何种形态，总归是土地所有权借以实现的经济形态，但建立在资本主义生产方式基础上的土地所有权，不但性质不同，它借以实现的过程也是大不相同的。因此第二，不要以为地租是剩余价值，是剩余劳动的生产物，只要把剩余价值和利润本身的一般存在条件解释清楚了，就已经把地租解释清楚了，事实上，地租是剩余价值或利润的一个特殊形态，对于剩余价值本身的条件的解释，并不就是对于地租的说明。最后第三，由于"地租的量完全不是由得地租的人的行为决定，而是由他完全没有参加、完全和他的行为无关的社会劳动的发展决定"①。我们很容易把一切生产部门及一切它们的生产物在商品生产的基础上的所共有的事情，当作地租（农业生产物一般）的特征来理解。即是说，农产品由生产所费劳动决定它的价值，并通过市场实现它的价值，它和工业品没有什么不同。在这里，看不出地租产生的过程及其特征。"地租的特征是：农业产品当作价值（商品）借以发展的条件和它们的价值借以实现的条件越是发展，土地所有权在这个它没有出一点力已经创造出来的价值中占有一个不断加大的部分的权力，也会跟着越是发展，因此剩余价值也会有一个不断加大的部分转化为地租。"②所有以上这些需要分别看待的论点，都是我们在进一步分析地租的各种具体形态（级差地租与绝对地租）时会得到充分论证的。

现在且先来研究级差地租。

马克思在分析级差地租的两种具体形态——第一形态和第二形态之前，曾就级差地租的一般概念，作了科学的例解和阐述。但他在这里不是从农业上入手，而宁是就工业上的例子展开说明，然后引到农业方面来的。不论是工业产品，还是农业产品，只要是在资本主义生产方式的基础上生产出来的，总是假定它们的平均售卖价格，是等于它们的生产价格，即"等于它们的成本要素（已经消费的不变资本和可变资本的价值）加一个按一般利润率决定，并且按垫付总资本（已经消费掉的和没有消费掉的

① 马克思：《资本论》第3卷，人民出版社1966年版，第747页。

② 马克思：《资本论》第3卷，人民出版社1966年版，第750页。

都包括在内)计算的利润"[①]。只有在这个前提下,才可以看到某种企业的资本为什么会产生剩余利润,那种剩余利润为什么能转化为地租,把商品价格的一部分移到那些站在生产圈外的土地所有者手中去。假设一国生产某类商品的工厂,有压倒的多数是由蒸汽机推动的,但有一个确定的少数,是由自然的瀑布来推动的。依靠瀑布水力推动的工厂产品的成本价格,当然要比依靠蒸汽机推动的工厂的产品的成本价格低。可是由于压倒的多数的工厂是使用蒸汽机动力,它们的产品的成本价格,从而,它们的个别生产价格,就成为调节市场的生产价格;他们这些工厂家能获得平均利润,那些利用自然力,以较低成本生产的厂家,就要获得平均利润以上的剩余利润。这个剩余利润,实即后者的个别生产价格与调节市场的一般生产价格间的差额。这个差额,这个剩余利润的产生,应归功于什么呢?很显然,那首先要讲到会减少生产成本的自然力,即瀑布的推动力,它不是由资本自身的生产过程形成,但却是使所投资本有较大生产力的一个条件。并且,它只存在于某一些地方,由于数量和条件的限制,它会在占有者手中形成一种独占,对它的利用者提出要求。结果,由利用这种被独占的自然力而产生的剩余利润,就要以地租的名义,由工厂经营者转移到自然力独占者手中。从这里我们看到,这样性质的地租,常常表现为一种级差地租。"因为它不会当作决定的因素加入到商品的一般生产价格中去,而是把这种生产价格当作前提。"[②]它是利用独占的自然力的资本的个别生产价格和该生产部门一般资本的一般生产价格间的差额。可见这种级差地租的发生,不是由所用资本和所占有劳动的生产力的绝对增加,而是由于投在一个生产部门内的个别资本,对那些不能享有这种例外的、自然创造的、有利的生产力条件的投资,表现为较大的丰度。所以,自然力只是剩余利润的基础,是剩余利润产生的条件,并不是它的来源。自然力的独占,或瀑布的所有权,对剩余利润的形成,没有任何关系;瀑布不为人所独占,那种剩余利润同样会产生。瀑布的独占权,只不过使既经产生的剩余利润,能由工厂主的手中移转到地主手中罢了。马克思象这样以工业方面的例子说明级差地租的性质及其产生的过程以后,接

---

① 马克思:《资本论》第3卷,人民出版社1966年版,第751页。

② 马克思:《资本论》第3卷,人民出版社1966年版,第758页。

着就归结到农业方面（至于建筑地基的地租、矿地租等等，马克思大体同意亚当·斯密提出的一切非农业土地的地租，都是由真正的农业地租规定的原则）来分析它的两个具体形态，即级差地租第一形态和第二形态。由于这两个级差地租形态，都曾由资产阶级古典经济学者李嘉图提出初步的见解，马克思的分析，主要是结合着对李嘉图的批判展开的。在李嘉图看来，地租就是级差地租，总是使用两个等量资本和劳动所得的产量间的差额[①]。马克思指出，如果补上在同面积的土地上的字句，他的这个命题，就是能够成立的[②]。李嘉图还表示：凡属使那个差额增加的原因，都会使地租提高；凡属使那个差额减少的原因，则会使地租降低。马克思又指出，只要是以级差地租为限，他的这个看法，也是对的。虽然对于那些使土地生产物增加或减少的原因中，除了土地丰度和位置以外，还要看赋税的分配，一国各地区的农业发展程度以及资本在租地农业家间的分配是否均衡。关于同量资本用在等面积，但丰度、位置不同土地上会生出不等结果的问题，马克思进一步指证了李嘉图的有关这方面的形而上学的看法。李嘉图认定，一国存在着各种不同丰度的土地，但它们进入耕作的顺序，是由优等土地到较劣等土地；由于耕作较劣等土地要费较大的生产费用，社会不断增大的需要，使得较劣等土地的农业经营，能得到平均利润，以致原来仅获得平均利润的土地，开始有剩余利润，开始提供地租，而已经提供地租的土地，进一步增加地租。这里包含着他的土地收入递减说的理论根据。马克思严厉批判了他这种在经验上在历史上都站不住脚的说法。他认为自然丰度不同土地的开发程序，是和它们所处的位置密切相关的。“级差地租这两个不同的原因，丰度和位置，能够按相反的方向发生作用。一块土地的位置可以是很好的，但丰度很差；相反的情形也是可能的。这件事情，因为可以为我们说明一国土地的开发，为什么可以由更优良的土地推进到更劣等的土地，也可以循相反的方向前进，所以是重要的。”[③]这不仅驳倒了李嘉图的由丰沃土地进到更不丰沃的土地的论点，同时也驳倒了反对李嘉图的其他资产阶级经济学者如加雷之流的由

① 参见马克思：《资本论》第3卷，人民出版社1966年版，第761页。

② 参见马克思：《资本论》第3卷，人民出版社1966年版，第761页。

③ 马克思：《资本论》第3卷，人民出版社1966年版，第763页。

贫瘠土地进到丰沃土地的论点。至于土地由继续追投资本而使地力逐渐变成不生产的说法,马克思是这样驳斥的:“当人们把这一点当作农业的一种特别的不利来看时,事情的真相是正好相反。因为土地本身在这里是当作生产工具来发生作用,所以在这里,各个连续投下的资本总有结果可得。”①设把土地进于耕作的程序抛开不讲,在一个以农业上的一定发展阶段为前提的资本主义国家,总存在着各种不同丰度(不同位置)的土地,投在同面积的那些种类土地上的同量资本和劳力,总会有不同的报酬,如果说,在资本主义生产条件下,假定不纳地租的最劣等土地的生产物,也不能不要求得到一个能补偿它的资本价值,还加上一个平均利润的市场价格。那么,它的生产价格,就要成为调节一般生产价格的市场价格。结果,所有其他各级较优土地的生产物,尽管它们的生产物生产所费,分别以不同的程度低于最劣等地生产物,但由于在资本主义生产方式的基础上,通过竞争来贯彻的市场价值规律的作用,由于同种商品的市场价格的同一性,就使得那些没有费去最劣等地生产物那么多费用的生产物,也获得同样的价格,于是在这里就生出了一个实际并不存在的虚假的社会价值。这说明,“社会以消费者资格对农业产品支付的过多的东西,这个对社会劳动时间在农业生产上的实现来说原来作为负数的东西,现在竟然对社会一部分人即地主来说成了正数了”②。由于这个虚假的社会价值,是在资本主义生产方式的基础上发生的,它就只能在资本主义生产方式消灭的瞬间,方才可以不致于使社会消费者,为土地生产物作这种过分的支出。在级差地租的变动上,马克思特别要我们注意各级土地在总面积中所占比例和资本在各级土地间的分配问题。他指出:“在不出地租的土地的丰度相等,从而生产价格相等,并且不同各级土地间的差额也相等时,地租总额对耕地总面积的比率,或对投在土地内的总资本的比率,不只是由每英亩的地租决定,也不只是由按资本计算的地租率决定,它还同样要由各级土地在总耕地面积中所占的比例数决定,那其实就是说,还要由所用总资本在不同各级土地之间的分配决定。”③这个精密分

① 马克思:《资本论》第3卷,人民出版社1966年版,第912页。
② 马克思:《资本论》第3卷,人民出版社1966年版,第776页。
③ 马克思:《资本论》第3卷,人民出版社1966年版,第782～783页。

析，也是在地租理论上最有成就的李嘉图所不曾接触到的。说到级差地租的第二形态，马克思也提出了一些崭新的见解。他认为从历史上来看，级差地租的第二形态，就是把第一形态作为前提，并是从第一形态的基础上发展过来的。因为资本主义的农业，一般是从旧有的生产方式出发，它必须在广大生产领域内为集中生产资料与劳动力转化创造出条件，然后始能在较狭窄范围内从事集约经营。级差地租第一形态是等量资本投在丰度不同的等面积土地上发生不同生产率的结果，第二形态是等量资本连续投在同一土地上发生不同生产率的结果；这种结果不等的各个等量资本，不论是相并投在同样大的各块土地上，还是连续投在同一块土地上，虽然都会形成剩余利润，虽然对于剩余利润形成的规律不发生影响，但对于剩余利润转化为地租，却会引起极大的差别。把等量资本连续投在同一块土地上，它就不只是在极狭窄的范围内进行，而且是在极有伸缩的限界内完成那种转化。租地农业家和地主围绕着租契有效期间所展开的斗争，就因为比较永久性的改良土地的效果，租期长会成为租地农业家的利益，租期短则会变成地主的额外收入。在这里由人工增进的土地的差额丰度，就要和它的自然丰度合而为一了。其实，这种情况不限于第二形态，在第一形态方面也会发生。它们两者在实际上是极其复杂地结合着。马克思曾就第二形态用图解详细说明了生产价格不变、下降或上升的三种不同情形，并还由最后一种情形，说明原来假定不发生地租的最劣等土地怎么也会发生地租。我们知道，不支付地租的最劣等地，是级差地租第一形态的基础。假定谷物需要增加了，如满足这个增加的需要，又只有几个途径可以采行：一是在仅次于最劣等地的纳租土地上连续作生产性低下的投资；一是在不纳地租土地上追加同样生产性低下的投资；一是在比不纳地租的最劣等土地还要差的土地上新投资。在这任一场合，要使投资成为可能，都要求所生产的谷物的市场价格，提高到一向起调节作用的生产价格以上。这一来，原来不纳地租的最劣等地，就能承担起地租了。这就是说，即使不把更劣等地拉进来耕作，也可以由最劣等地谷物起调节作用的生产价格和优等地上的低下生产率所提供的谷物的新的更高生产价格相比，有一个差额，而使它也发生地租。

事实上，在分析级差地租时，即使是以最劣等地不支付地租这个假定为出发点，这个假定是否正确，对于级差地租当作级差地租来发生作用，是全不相干的；最劣等地交付地租，也并不妨害级差地租规律的建立。级差地租成立的关键点，就在同量资本、劳动投在面积同而土壤力不同的土地上，所生产的谷物，有一个差额；如各级土地所生产的谷物，都为社会所需要，最劣等土地生产的谷物价格，就要够租地农业家补偿资本价值并加一个平均利润，就是说，由这种农业家的谷物的个别生产价格，起调节市场价格的作用，而处在调节的生产价格之下的土地所生产的谷物的个别生产价格，就会分别生出一个转化为地租的剩余利润。在这里，我们看到了，级差地租的产生，并不关系最劣等地有没有地租，如果最劣等地生产的谷物的价格，不只够补偿资本价值加平均利润，还要加上地租，就是说，调节市场价格的，不只是它的个别生产价格，还加上地租，那一来，"虽然土地产品的一般价格要在本质上起一个变化，不过级差地租规律并不会因此就失去作用"①。事实上，土地私有权的独占，即对于资本的土地所有权的限制，就是使剩余利润转化为地租的前提；在一个资本主义国家内，可以有不付地租而把资本投到土地上去的情形发生，那就无异是对于"土地所有权的废止，纵然不是法律上的废止，也是事实上的废止"②。如果有这种情形发生，那只能是带有偶然性的。现在的问题是：最劣等地的地租，不能发生于土地丰度上的差别，是不是土地生产物的价格，会象一种课税一样，要当作一个和生产物价值相独立的要素，加入它的生产物价格里面去呢？一般说来，商品价格是与它的价值不一致的。它可以在价值以下售卖，也可以在价值以上售卖。土地生产物在它们的生产价格以上售卖这个事实，还是没有证明它们是在它们的价值以上售卖。因为生产土地生产物的资本与生产工业品的资本相比，它的有机构成一般是较低的。它一般使用了较多的活劳动，在劳动剥削率相等时，将比社会平均资本的一个同样大的部分，会生产更多的剩余价值，更多的利润。因此，它的生产物的价值，就会在生产价格以上。"但是，农业产品的价值高在它们的生产价格以上这样一个单纯的事实本身，却无论如何不够说明这样一种不以不同土地的丰度差别或同一土地上各个连续投资的丰度差别为转移的地租，简单地说，也就是不够说明一种必须在概念上和级差地租

① 马克思：《资本论》第3卷，人民出版社1966年版，第874页。

② 马克思：《资本论》第3卷，人民出版社1966年版，第876页。

相区别、因此可以叫做绝对地租的地租。”[1]至于这个绝对地租，究是等于价值在生产价格以上的全部差额还只是等于其中一部分，那是要看供需状况和新加入耕作的土地范围而定。绝对地租既然是产生于农业生产物的价值在生产价格以上的超过额，是产生于农业资本构成低于社会资本构成这个事实，一旦有关农业方面的各种科学技术条件发展起来，使得农业资本构成一般地和工业资本相接近或超过工业资本，它的生产物的价值，就不会在一般生产价格以上有一个差额，在那样的情况下，绝对地租就要消灭。所以，在这里，我们看到了："虽然土地所有权能够把土地产品的价格提高到它的生产价格以上，但市场价格将会按多大的程度高于生产价格，接近于价值，农业上生产的在一定平均利润以上的剩余价值，又会按什么程度转化为地租，或按什么程度参加剩余价值到平均利润的一般平均化过程，那并不是取决于土地所有权，而是取决于一般的市场状况。”[2]取决于农业生产品当作价值，当作商品来发展的条件和它们实现价值的条件的发展。土地所有权，是通过一系列的商品生产交换过程，方才把农业上创造的剩余价值的一部分，转化为地租，转化为级差地租和绝对地租的。土地——地租，或土地所有权——地租这个公式，是一个无概念无内容的东西。正是因为这个公式，把一种自然或超自然的独占直接看为地租的来源，它就成了一种适用于一切历史时期的抽象。重农主义者开始把地租看成是剩余价值一般，但它们是从使用价值出发得出这个结果的。自亚当·斯密和李嘉图把地租放在价值范围内来考察，特别是李嘉图，他不认为地租是价值构成要素，而是农产物涨价的结果，那已经在地租的科学考察上前进了一步，但他们任何人都不曾科学地说明级差地租，更不曾接触到绝对地租。在妨碍他们的认识的许多困难中，首先要数到历史观点的缺乏。地租在最初采取了劳动形态，以后采取了实物形态，再后到近代采取了货币形态。“当初只是间或地，此后又多少在全国范围内进行的从产品地租到货币地租的转化，还要把商业、城市工业、商品生产一般和货币流通的显著发展假定作为前提。”[3]但货币地租在它的

---

① 马克思：《资本论》第 3 卷，人民出版社 1966 年版，第 888 页。
② 马克思：《资本论》第 3 卷，人民出版社 1966 年版，第 892 页。
③ 马克思：《资本论》第 3 卷，人民出版社 1966 年版，第 932 页。

纯粹形态上，还不代表利润以上的余额，它会把旧式农民的利润全吸收掉。只有社会的生产关系有了根本的改变，“资本主义租地农业家一旦置身于地主和实际从事劳动的农民之间，一切从旧有农村生产方式发生的关系就都会消灭。租地农业家成了这种农业劳动者的实际支配者，成了他们的剩余劳动的实际剥削者，地主却不过还和这种资本主义租地农业家发生直接关系，并且只和他发生单纯的货币关系和契约关系”①。到这时，地租性质才发生根本变化。“现在，他当作地租交给地主的，已经只是他用他的资本直接从农业劳动者身上榨出的剩余价值的一个剩余的部分。要交付给他多少，平均地说，是由资本在非农业生产部门提供的平均利润，和由此规定的非农业的生产价格，当作限界来决定。”②直到这里，我们才有了真正的资本主义的地租，包含了非常复杂的社会规定性，它当作平均利润以上的或个别资本在社会总资本所生产的剩余价值中所占的比例部分以上的超过额这个特点，使得对于它的研究，要处理极其广阔的媒介过程或中间环节。它是资产阶级古典经济学者无法解决的难题；而马克思的经济学说则作了精辟的阐述。

(三)各种所得和它们的来源

这是第三卷最后一篇的内容。它是紧接着上面各种具体分配形态来讲的，可以视为是这一卷的综合的结语。但作者在讲述各种所得的来源时，回顾到了第一卷、第二卷的最基本的内容，最后才归结到整个资本主义社会的生产关系，归结到由一个阶级的剩余劳动养活全社会其他一切阶级的那种阶级关系。所以，这一篇，又可以说是对全书的总结。

这一篇讲到：三位一体公式，关于生产过程的分析，竞争的假象，分配关系与生产关系，阶级。乍然一看，似乎是一些断简残篇，其内在联系，也不大容易把握。但恩格斯曾在编者序言中指出，这一篇的初稿是马克思完全写好了的，最后一章只开了一个头没有写下去，乃因马克思有一个写

① 马克思：《资本论》第3卷，人民出版社1966年版，第935页。

② 马克思：《资本论》第3卷，人民出版社1966年版，第935页。

作习惯,总希望在最后编好付印时,把最新的最现实的材料加进去[①]。讲到这几章的逻辑程序,大体上是这样展开的。"三位一体公式"是资产阶级经济学者间最流行的也最庸俗的分配理论;这个分配理论包含着社会生产过程的一切秘密,需要就包括各种分配形态的总生产过程予以揭露和分析;而在进行那种揭露与分析时,又必须根据竞争不可改变的基本事实,以消除由它所产生的各种颠倒错乱的假象。由是归结到分配关系受决定于生产关系;到这里,我们才深切了解,所谓近代社会的三大阶级(资本家阶级,劳动者阶级,地主阶级)分别依不同的所有者形式(资本的所有者,单纯劳力的所有者,土地所有者),获得不同所得(利润,工资,地租),在实质上究是怎么一回事。

在论到三位一体公式时,马克思首先就这个公式包含的三个分组,资本——利润,劳动——工资,土地——地租的来源,资本、劳动、土地三者的不同性质和没有共同点,来说明它们不可能成为综合在一起的命题;然后就它们的产物即利润(或利息)、工资、地租三者属于同一价值的范围,来论究资产阶级经济学者是通过怎样的认识过程,而达到这个最庸俗最荒谬的理解的。他告诉我们,这个公式把社会生产过程的一切秘密都包括在里面了,因为资本主义生产方式的特征,就是表现在剩余价值形态上,假使把这个公式中的第一个分组资本——利润,换成资本——利息,那就是我们在前面第五篇谈到的生息资本公式 $G—G'$,由货币到更多的货币,那末,剩余价值的痕迹,就被消灭得干干净净了。但首先要问,列在这个公式中的资本、劳动、土地这三个因素,究有什么共同点呢?资本不是任何物,而是一定的、社会的、属于一定历史社会形态的生产关系;劳动就它本身来看,一般地说,是并不存在的一个抽象,如说它是指着人的生产活动,它就不仅脱弃了一切社会形态和性质的规定性,并且只当作单纯的自然存在物与社会相独立;至于土地,它其实就是无机的自然自身,是地球的一个片段。所以,这"逐年可以利用的财富的各种所谓源泉,属于完全不同的领域,彼此间连一个最小的类似点也没有。它们相互之间的关系,和公证人手续费、胡萝卜和音乐相互之间的关系相象"[②]。如果说

① 参见马克思:《资本论》第3卷,人民出版社1966年版,第XIII页。

② 马克思:《资本论》第3卷,人民出版社1966年版,第955页。

资本是属于资本主义生产方式所特有的，劳动与土地则是现实劳动过程的两个要素，是为一切生产方式所共有的。就是把这个三位一体公式表现为资本——利息，工资雇佣劳动——劳动工资，土地所有权(与资本主义生产方式相适应的)——地租，那至多也只能使它在社会形态上一致起来，若把它们归属到价值的范围内来说明，就矛盾百出了。资本——利息，是一个消灭了一切中介的无概念无内容的不能理解的公式；劳动——工资(劳动的价格)，自始就是在价值概念上相矛盾的；土地(所有权)——地租，一眼看去，就知道是不合理的。一方是一个使用价值，一个物，他方则是一个确定的社会关系，剩余价值，土地怎样会创造它自己的生产物中的那个特殊的形成地租的价值部分呢？可是，"不管这些关系会在其他方面表现出怎样的不同，它们总有这样一个同点：资本逐年为资本家提供利润，土地逐年为地主提供地租，劳动力——在正常关系下，并且在它仍旧是可以使用的劳动力的时候——逐年为劳动者提供工资。……它们好象是一棵长生树或三棵长生树的可以逐年供人消费的果实，它们形成三个阶级的常年收入，即资本家、地主和劳动者的常年收入。这各种收入，是由功能资本家，当作剩余劳动的直接榨取者和劳动一般的使用者来进行分配的"①。尽管这种分配，是把年生产物的总价值当作前提，是把对象化的社会劳动作为前提。但在生产的代理人看来，资本、土地所有权和劳动，象是三个不同的互相独立的源泉；地租、利润、工资，就好象分别是由土地，由生产资料，由劳动在简单劳动过程所起的作用发生的。这显然是一种颠倒。"一切已经有商品生产和货币流通的社会形态，都不免有这种颠倒。但是，说到资本主义生产方式和资本(资本主义生产方式的统治的范畴，它的决定的生产关系)，这个荒唐的颠倒的世界就会更厉害得多地发展起来。当我们开始考察资本，就直接生产过程进行考察，把资本视为是剩余劳动的吸收器时，这种关系还是非常简单，现实的联系也会深刻地刻印在这个过程的担负者，资本家的心中，并且留在他们的意识中。关于劳动日限界的激烈斗争，有力地证明了这一点。……跟着相对剩余价值在真正的独特的资本主义生产方式中的发展——同时劳动的社会生产力也会发展——这各种生产力以及劳动在直接劳动过程中的社会联系，都

---

① 马克思:《资本论》第3卷，人民出版社1966年版，第964～965页。

好象由劳动转移到资本上面来了。因此，资本已经变成了一种非常神秘的东西，因为劳动所有的社会生产力，都好象不为劳动本身所有，而为资本所有，从资本自己的胎里生出。”[①]讲到这里，马克思接着就第二卷所讲的流通过程如何插进来，还就第三卷所讲的资本的均衡化过程，价值到生产价格的转化过程如何插进来，使得对象化的社会劳动，即社会总价值与各种所得间的关系，显得非常神秘、疏远、颠倒错乱不可理喻的情形作了说明。当企业利润采取工资形态，生息资本变成资本本身，地租成为土地这个自然要素的产物的时候，“资本主义生产方式的神秘化，社会关系的物化，物质生产关系和它的历史社会性质直接合而为一的现象是已经完成了”[②]。我们在这三位一体公式中，看到了资产阶级庸俗经济学的最集中的表现。对于这个被看成是相互独立而又颠倒错乱的世界，古典经济学曾从资产阶级社会的内部联系，去求得统一的理解。他们把利息还原为利润的一部分，把地租还原为平均利润以上的余额，让二者在剩余价值内合而为一，把流通过程当作单纯的形态变化来说明，最后并在直接生产过程内把商品的价值和剩余价值还原为劳动[③]。在这点上，古典经济学确实有伟大的功绩。但当作资产阶级经济学理论，它的说明，是不能不陷于不彻底、矛盾和半途而废的状况中的。马克思接着就通过社会总资本的生产物价值的分析，来指出它发生错误的关键所在。

“关于生产过程的分析”那一章，就是对于社会总资本的生产物价值进行分析。前面第二卷第三篇社会总资本的再生产与流通，原来也是讨论社会总资本的运动问题，但那里是从流通的角度出发，而这里则是从分配的角度出发；那里在论到各种价值成分时止于讲剩余价值，但尚不曾具体地说到剩余价值的转化形态——利润，尤其是没有涉及它的各种具体形态：企业利润，利息和地租。在这一卷前面既分别就这些问题作了交代，这里已经有必要把它们包括在社会总资本的生产物价值的分析中进一步予以说明。一个商品的价值，包括三个组成部分：不变资本价值，可变资本价值，剩余价值。其中，剩余价值又分为它的各种转化形态：平均

---

① 马克思：《资本论》第3卷，人民出版社1966年版，第971页。

② 马克思：《资本论》第3卷，人民出版社1966年版，第974～975页。

③ 参见马克思：《资本论》第3卷，人民出版社1966年版，第975页。

利润加地租或者企业利润加利息加地租。这就个别商品价值说是如此，就社会总资本的生产物的价值说，也是如此。但如我们在第二卷第三篇论及前人关于总再生产问题的看法时，曾指出所谓亚当·斯密教条的错误。那个教条只承认个别商品价值分解为不变资本加可变资本加剩余价值，至于社会总资本的生产物价值，则认为那是等于可变资本加剩余价值或工资加利润加地租。而不变资本，只不过是“商品价值的一个表面上的要素，将会在总的联系中消失”①。这个教条包含着并且会引出一系列的错误。并且，“自亚当·斯密以来一直贯穿在全部政治经济学中的错误，包含在分析中”②。社会总产品的价值，如果只表现为工资、利润加地租这三种所得之和，而没有不变资本价值因素包含在内，那无论从价值补偿来讲，还是由物质更替来讲，都是讲不通的，荒谬的。为什么会产生这种错误呢？马克思曾在第二卷第三篇有关场合予以批判分析，这里更结合所得问题，综合地讲到了这些原因：首先，那是由于不了解不变资本和可变资本的基本关系，不了解剩余价值的性质，从而也是不了解资本主义生产方式的全部基础。资本家对剩余价值，对剩余劳动的榨取，就是把不变资本要素或生产资料作为手段；他把货币资本多少用在生产资料上，多少用在劳动力上，就是看那种比例是否最大可能地榨取剩余劳动。怎么能够从商品的总价值中，把作为生产资料的不变资本要素除外呢？其次，那是由于不了解劳动的二重作用，不了解它在加入新价值时，怎样在新价值形态上保存旧价值，而不是把这个价值新生产出来。这一点，可能对于那个错误教条的产生，有着决定的意义。再次，那是由于没有从总资本运动的观点，去理解再生产过程的联系。在总资本的再生产运动中，不只要求各种价值成分得到补偿，并还要求各种价值成分所由体现的物质要素在自然形态上进行更替。从社会总产品价值中，排除掉不变资本价值，虽然象是省去了有关这一方面的补偿更替的麻烦，但那有什么实际意义呢？还有，总产品价值只分解为工资、利润加地租的错觉，无疑是受到了资本与所得的“暧昧关系”的影响。即这两个牢固的范畴的规定性会相互交换，并变更它们的位置。比如，资本产生所得，所得没有消费的部分，又成

---

① 马克思：《资本论》第3卷，人民出版社1966年版，第992页。

② 马克思：《资本论》第3卷，人民出版社1966年版，第982页。

为资本；又如，有的商品的生产，在一年内要通过一些不同阶段，毛线在一个阶段，形成不变资本的部分，毛织品则在另一个阶段，供个人消费，完全加在所得内；又如，在总再生产过程中，Ⅰ部类的资本家与劳动者的所得，在价值和物质两方面，补偿替换Ⅱ部类资本家的不变资本……。诸如此类的经验事实，会使得人们有这样印象：对一个人为所得的东西，对另一个人是资本，资本与所得的区别，从个别资本家观点看，只是相对的，而从总生产过程的观点看，则似乎会归于消灭。最后，由价值到生产价格的转化，由剩余价值到各种所得形态的转化，都在转化过程中插入一系列的中间环节，极容易使人忘记"商品的价值是基础。这个商品价值会分成各种特殊的成分，价值的这些成分会进一步发展成各种收入的形式，转化成不同生产要素的不同所有者对这些个别的价值成分的关系，并按一定的范畴和名义在这些所有者间进行分配的事实，一点也不会影响价值的决定和价值决定的规律本身"[①]。一个社会的总生产物或马克思所称的总收益，就是等于各种形成不变资本和可变资本的物质要素，加利润和地租借以表现的剩余生产物的物质要素。在总生产物价值中，除去垫付的并且在生产上消费掉的不变资本所借以补偿的价值部分，就是总所得，即工资加利润加地租。而在总所得中除去以可变资本名义支给劳动者的工资，剩下的才是属于资本家与地主的纯所得，即由剩余价值转化来的利润加地租；然而，对于总收益、总所得、纯所得的这种科学的区别和理解，在资产阶级经济学者是很难想通的。他们梦寐以求的，是剩余价值，即利润加地租，可是，在理论上，他们却自欺欺人地说政治经济学的目的，在增进所谓国富或国民所得（工资＋利润＋地租）。围绕着所得问题，在价值论上从而在分配上引起的种种混乱，有许多正是从这里出发的。由于他们不敢正视这个总所得与纯所得的本质关系，遂不惜为逃避困难，而在理论上大兜其圈子，最富有特征的表现，是一面认定商品价值分解为工资＋利润＋地租，一面又象不自觉其矛盾地认定工资＋利润＋地租构成商品价值。设把不变资本从商品价值中除去的错误做法放在一边，那就无异是说，价值是各种所得的来源，同时各种所得又是价值的来源。后面这种颠倒，被竞争的过程弄得非常复杂了，所以马克思接下去再从商品的价值是基础

① 马克思：《资本论》第3卷，人民出版社1966年版，第992～993页。

这个原则出发，来全面清理一下由竞争在其中所造成的假象与混乱。

在“竞争的假象”这一章中，马克思为商品价值到生产价格的转化，为剩余价值到各种所得形态的转化，按照现实的经济关系，设定了它们在转化过程中的不可逾越的科学限界，这就使一切假象与诡辩，没有逃避躲闪的余地。就社会总资本的生产物的价值，除去在转化中不发生影响的不变资本部分来说，其余价值部分转化为各种所得形态，受着下列一系列经济关系的制约。首先，就总价值(除去不变资本)分解为各种所得而论，马克思是这样指示我们的：“逐年由新加劳动新加入到生产资料或不变资本部分中去的价值，会分化并分解为不同的收入形式，即工资、利润和地租，但这种分化和分解不会改变价值本身的限界，不会改变那个分归这些不同范畴的价值总和；和这些部分的相互比例的变化不会改变它们的总和，不会改变这个已定的价值量一样。”[①]那就表明，分为工资、利润和地租的商品价值额，商品各价值部分的总和的绝对限界，是已经被确定了的；就个别的范畴(工资、利润或地租)自身说，它们的平均的和起调节作用的限界，也是已经被确定了的。再就剩余价值与工资的关系说，剩余价值的正常状态，自始就是以一个与劳动力价值相当的工资作为前提，“如果劳动者为再生产本人的工资价值而必须用去的劳动日部分，在他的工资的生理最低限度上有它的最后限界，那么，劳动日的另一个部分，即代表他的剩余劳动的部分，也即表示剩余价值的价值部分，就在劳动日的生理最高限度上，也就是，在劳动者在本人劳动力得以维持和再生产的情况下每日一般可以献出的劳动时间的总量上，有它的限界”[②]。而平均的工资，不过是在这个工资的物理的最低限界与劳动日的物理最高限界之间，由劳动者间，资本家间的竞争所形成并由它来调节一般工资的水平。“对每个国家来说，这个起调节作用的平均工资，在一定时期内都是一个定量。因此，其他各种收入全部的价值，就有了一个限界。”[③]剩余价值本身的限界，既以工资为基础，受到工资的制约，它分割成的两个部分，平均利润与地租，首先就受到剩余价值本身大小的制约；“平均利润加地租的总和，在

---

① 马克思：《资本论》第3卷，人民出版社1966年版，第1008页。

② 马克思：《资本论》第3卷，人民出版社1966年版，第1009页。

③ 马克思：《资本论》第3卷，人民出版社1966年版，第1009页。

它的正常形式上，也从来不能比总剩余价值大，虽然它可以比总剩余价值小"[1]。并且，"象新加的、一般会分解为收入的商品价值的分割，会在必要劳动和剩余劳动、工资和剩余价值的比率上，遇到一定的起调节作用的限界一样，剩余价值本身分为利润和地租的分割，也会在那些规定利润率平均化过程的规律上遇到限界。在利息和企业利润的分割上，平均利润本身就是二者合计的限界。它提供一个定额的价值由它们去分割，并且也只有这个能够由它们去分割"[2]。总起来说，商品价值（舍象去了不变资本）按照下面这样的序列分解下去：

商品价值
- 工资
- 剩余价值
  - 平均利润
    - 企业利润
    - 利息
  - 地租

都一层一层地有它的量的限界与规定，在由价值到生产价格，到它的分解为各种所得的转化中，由竞争引起的变动，引起的工资价值、利润率、地租率的变动，总只能在新创造的确定的商品价值所划定的限界内进行。尽管这些价值分解成的各种成分的确定的比例数，是偶然的，完全由竞争的关系决定[3]；尽管其中如地租在以独占价格为基础时，还会发生例外，但例外不会改变规律自身，不过使研究更为复杂[4]。事实上，"价值到生产价格的转化，没有取消利润的限界，它不过改变了它在社会资本由以构成的不同各个特殊资本之间的分配，比例于它们各自在这个总资本中所占的价值部分，而把它均等分配在它们之间。市场价格固然会提高到这个起调节作用的生产价格以上，或下降到它以下，但这些变动又会相互抵消。我们只要把一个相当长期间内的物价表拿来考察一下，把商品现实价值因劳动生产力变动而发生变化的情形和生产过程因自然事故或社会

① 马克思：《资本论》第3卷，人民出版社1966年版，第977页。
② 马克思：《资本论》第3卷，人民出版社1966年版，第1011～1012页。
③ 参见马克思：《资本论》第3卷，人民出版社1966年版，第1012页。
④ 参见马克思：《资本论》第3卷，人民出版社1966年版，第1004页。

事故而受到扰乱的情形抛在一边不说，我们看见(1)这各种差别的比较狭隘的限界，(2)这各种差别的互相均衡的规律性，就不免会觉得惊异”①。市场价格的变动，是和劳动工资、利润率、地租率的变动有密切关联的；这个完全受竞争支配的领域，从长期考察起来，其变动的差异既是那样狭，而其均衡规律性又是那样强，足见由竞争在各种所得分配方面引起的变动，只要肯从商品价值是基础这个原则出发，一切呈现在所得问题上的假象和错觉，是不难得到廓清的。

在所得问题或有关各种所得的分配问题的考察上，贯彻价值——剩余价值原理，一定要归结到分配关系从属于生产关系这个大命题。资本主义生产方式自始就以它具有这样两种特征来和一切其他的生产方式相区别：其一是，它不只是把它的生产物当作商品来生产，并当作资本生产物来生产；其二是，它是把剩余价值，当作直接的目的和决定的动机。这种商品生产的主体是资本家，他购买生产资料和劳动力，来生产商品，生产资本生产物，就是为了要由此来实现剩余价值。这样，所生产的商品的价值就包含生产资料价值或不变资本价值，劳动力价值或可变资本价值，再加剩余价值。由于剩余价值是资本家在生产过程中强制工资劳动者在劳动力价值以上支出劳动力的结果，分配的过程，就是二次的，先是年生产物价值分割为工资或劳动力价值与剩余价值，然后才是剩余价值分割为利润(企业利润和利息)和地租。这也正是马克思要在第一卷讲生产过程时讨论工资，而在第三卷讲资本主义生产总过程时讨论其他分配形态的一个重要原因。从这里我们也看到了，把各种所得形态不加区别地混同起来，其不可告人的目的，就在掩盖剥削的实质。事实上，逐年新加劳动新加入到生产资料中的价值在工资、利润、地租诸所得形态间进行分配以前，已经有表现在土地私有权与劳动手段占有权上的分配作为前提。这说明，资本主义的分配关系，是从属于生产关系并与生产关系紧密结合在一起的。资产阶级经济学者尽管一直都强调资本主义是合理的、自然的制度，说它的分配关系和生产关系一样是合理的、自然的。但等到各种残存的旧社会遗制，都被迅速发展起来的资本主义制度所代替和清除以后，资本主义制度本身的不合理、不自然的性质，才开始为他们中间的一

---

① 马克思：《资本论》第3卷，人民出版社1966年版，第1010页。

部分未完全失去“科学研究的良心”的经济学者所承认。但作为资产阶级的经济学者，他们的观点，总只能是片面的，认为资本主义制度不合理、不自然的地方，只限于分配方面，并且那种“更进一步的、更有批判性质的意识，承认分配关系的历史发展性质，不过同时更加固执地认为，生产关系本身有不变的、由人类本性生出的，从而与一切历史发展都独立无关的性质”[①]。其实，分配关系不过表示为生产关系的一个方面，“只把分配关系看作历史性的东西但不把生产关系也这样看的见解，从一方面说，只是一种对资产阶级经济学开始批判，但仍然摆不脱它的限制的见解”[②]。不能从生产关系来看分配关系，就不能正确地由商品价值关系来看各种所得的形态，结果，对于由工资劳动者、资本所有者、土地所有者形成的近代社会的三大阶级，就以为他们分别是以单纯劳动力、资本与土地，为他们的所得工资、利润和地租的来源。这一来，“当作这样的收入，它们不是和那种当作它们的源泉的商品价值相联系，而是和那些当作它们的源泉的特别的物质生产要素相联系”[③]。其结果，就使得人们在社会各阶级的所得的问题上，发生这样的错觉：“乍看起来，好象就是收入和收入源泉的同一性。三个大的社会集团，其中包括的成员，即形成这些集团的个人，分别依靠工资、利润和地租，也就是分别依靠他们的劳动力的利用，他们的资本的利用和他们的土地所有权的利用来生活。”[④]

这就是资产阶级经济学者心目中的资产阶级社会的阶级观。既然资本家阶级的所得是靠“资本的价值增殖”；地主阶级的所得，是靠“土地所有权的价值增殖”；劳动者阶级的所得，是靠“劳动力的价值增殖”，那就是谁也没有剥削谁，那就和整个资产阶级（包括资本家与地主）完全是由劳动者阶级的剩余劳动养活的马克思主义的剩余价值理论相反了。

（四）值得提起的若干问题

当我们就这一卷的结构及其主要内容作了上述的概括说明以后，觉

① 马克思：《资本论》第 3 卷，人民出版社 1966 年版，第 1031 页。
② 马克思：《资本论》第 3 卷，人民出版社 1966 年版，第 1037 页。
③ 马克思：《资本论》第 3 卷，人民出版社 1966 年版，第 993 页。
④ 马克思：《资本论》第 3 卷，人民出版社 1966 年版，第 1040 页。

得应当提起我们注意的，有这几个方面的问题：

首先，就第三卷对第一卷、第二卷的联系及其所表现的特点讲，我们惯常在说，那是由本质到现象，由我们不易把握察知的抽象形态到我们熟悉的可以意识到的具体现象形态。但是由本质到现象云云，是不能从字面来了解的，好象第三卷只是谈现象。完全不是这样的。我们在前两卷，只接触到价值、剩余价值、剩余价值率……这些抽象的概念范畴，举凡价格、利润、利润率、竞争、需要供给、企业利润、生息资本、地租等等经济关系及其规律表现，都是到第三卷才正式讨论到。马克思也说，“我们在这个第三卷将要说明的各种资本形式，和资本在社会表面上，在不同资本的相互行动中，在竞争中，在生产当事人自己的普通意识中所借以出现的形式，是一步一步地更加接近了。”①但开始讨论这些具体现象形态，并不是说他不再讲到它们的本质关系。恰好相反，马克思正是把前面已经分析过的本质关系，作为他进一步来研究这些具体现象形态的理论基础。在第一卷讲相对剩余价值概念的那一章，我们看到这样的文句：“资本的一般的必然的趋势，是要和那些趋势的现象形式相区别的。

“我们不要在这里考察，资本主义生产的内在规律如何表现为资本的外部运动，如何当作竞争的强制规律发生作用，并如何在资本家个人的意识中作为发动的动机，不过这自始就是非常明白的：象天体的显而易见的运动，只有那些已经认识天体的现实运动，即不能由感官直接认识的运动的人方才可以理解一样，关于竞争的科学分析，也只有在资本的内部性质已经被我们把握之后，方才是可能的。”②很显然，马克思在研究资本之一般的必然的趋势时不要考察的那些问题，即资本主义生产的内部规律如何表现为外部运动，如何当作竞争的强制规律发生作用的问题，却正好是第三卷所要讨论的，并且它们还只是在研究了资本主义生产的内部规律之后，才好讨论的。第三卷的每一个论点，每一个理论说明，都是把前两卷，特别是第一卷关于价值与剩余价值的基本理论作为依据。也就是说，都在“把可见的仅仅表面上的运动还原为内部的现实的运动”③；都在把

---

① 马克思：《资本论》第 3 卷，人民出版社 1966 年版，第 5 页。

② 马克思：《资本论》第 1 卷，人民出版社 1963 年版，第 333～334 页。

③ 马克思：《资本论》第 3 卷，人民出版社 1966 年版，第 348 页。

资本家个人意识中由竞争造成的颠倒错乱的观念，用价值与剩余价值设定的限界，来加以解析。竞争“必然会在这些人的头脑中，起一种完全颠倒的作用。但若已知价值和剩余价值的限界，要理解资本的竞争怎么会把价值转化为生产价格，再进一步转化为商业价格，并且把剩余价值转化为平均利润，那就容易了”[①]。在同卷第七篇“竞争的假象”那一章，马克思就是根据这个原则，来综合地概括地说明一切由竞争引起的假象。从这里，我们就知道，从本质到现象的含义，要比我们一般理解的深刻得多：一方面是透过现象去抓本质，一方面则是把现象还原到本质。只有在前面已经透过外表现象抓住了本质关系，才好在后面把外部运动还原到本质关系。这里存在着不能逾越的严密的逻辑程序。

其次，对于这一卷的结构，也有一些象是疑难之点，需要予以释明。比方说，第三篇讲到剩余价值利润化，利润平均化和利润率倾向下降的规律，着眼点都是利润，都还是产业资本所生产的剩余价值转化来的利润，也都还是把利润当作整体，即到这里为止，依旧没有讲到它的各种具体形态，如企业利润、利息等等。为什么要这样做？为什么不先分别论到它的各种具体形态之后，再回头来综述它作为一个整体所表现的一般趋势？还有，在利润分割为企业利润与利息之前就商人资本或商业资本的两个亚种：商品经营资本与货币经营资本，来说明商业利润，而在企业利润中，又包含有商业利润，这个章法和程序，也象颇费揣测。至于在最后一篇各种所得及它们的源泉中，又用生产过程的分析的章目，来考察劳动每年总生产物的价值，考察社会总资本的生产物的价值，这和第二卷第三篇所讲的社会总资本的再生产与流通，有什么联系呢？为什么《资本论》的作者没有象现在一般编政治经济学教科书的人所做的那样，索性把那一篇（第二卷第三篇）移到这一卷第七篇来讲呢？恩格斯不是表示过，要是他，他就会把第二卷第三篇的内容，保留到最后，保留到第三卷已经有初步钻研之后再讲吗？[②] 我想分别就这几个有关结构的问题，讲讲我的学习体会。关于前三篇专门讲产业利润问题，我们只要了解马克思、恩格斯批评资产

---

① 马克思：《资本论》第3卷，人民出版社1966年版，第349页。

② 参见：《恩格斯致维·阿德勒的信》。《马克思恩格斯书信选集》，人民出版社1962年版，第535页。

阶级经济学者,不曾把利润当作一个总体来论述,不曾把利润这个剩余价值的代表形态,与它的各种具体形态区别开来,就知道这个章法的重要意义。马克思由第一卷、第二卷的本质探索,到第三卷开始接触到现象形态,他并不是一下把所有的现象形态全盘托出,而是根据现实的逻辑的要求,一步一步前进的。恩格斯这样指示我们,到第三卷"将会知道,由剩余价值的广泛的理解,进而理解剩余价值如何转化为利润和地租,也就是,进而理解剩余价值如何在资本家阶级内部实行分配的规律,其中还有多少中间的环节必须要抓住"①。其间有些什么中间环节呢?最关重要的就是在讲到剩余价值利润化的时候,还不能直接转到各种具体分配形态,而必须有一个把利润作为一个整体来讲述它,如何平均化,如何由剩余价值到生产价格,然后才好再讲到利润率的一般趋势。只有这样,就不但廓清了资产阶级经济学者的把价值与生产价格,把剩余价值与利润,把利润一般与其各种具体形态搅在一起所引起的混乱;同时如象在第三篇利润率倾向下降的规律中所讲到的实际情况,也正好是第一卷第七篇资本主义积累的一般规律的具体化。不管总利润在资产阶级内部如何实行分配,它的榨取过程总要受到上述第三篇利润率倾向下降的规律的支配。因为资产阶级间的第二次分配,总是要从属于他们与劳动者阶级间的第一次分配的。至于接下去先讲商业利润,然后又讲利润分割为企业利润与利息的做法,那应该视为是高度严密逻辑程序的贯彻。他首先从商业利润入手,并不是认为获得商业利润的商业资本,比产业或生产资本还重要,而是因为由剩余价值转化过来的利润,自始就是作为产业资本的利润出现的。产业资本家得不到商业资本家的帮助,就不能获得他们之间由竞争形成的平均利润,所以,在等量资本要求等量利润的规律的支配下,他们必须让商业资本家从那个平均利润中也取得一个与其资本相应的分额。结果,原来产业上的平均利润,就因商业利润参加平均化过程而降低了。但产业资本也好,商业资本也好,都不能希望完全获有这个降低了的平均利润,因为它们用以从事工商企业的资本,不论是自备的,还是借入的,都不能不从它们的利润中,为这宗货币资本额,分出一个相应的部分作利息。所以,在商业资本利润以后,紧接着讲利润分割为企业利润和利

---

① 马克思:《资本论》第2卷,人民出版社1964年版,第XV页。

息，实在是再恰当再顺理成章不过了。至于第三卷第七篇讲总生产过程的分析与第二卷第三篇讲的社会总资本的再生产与流通的联系以及第二卷第三篇所讲的内容为什么不留在第三卷后面一起来说明的问题，我是这样来理解的：马克思在第一、二、三三卷的终篇，都归结到了再生产的论述，但在第一卷在资本积累过程中，讲规模扩大的资本主义生产过程，是从生产角度出发；在第二卷社会总资本的再生产与流通中，讲社会产品的价值在简单再生产与扩大再生产条件下的实现，是从流通角度出发；而第三卷在生产过程的分析中，讲劳动者在一年内创造的年生产物价值部分，表现在三种所得——工资、利润和地租——的常年价值额上，则是从分配的角度出发。在这三方面所研究的内容不同，所分别批判了的资产阶级经济学者的错误见解，也不一样。如果说，第二卷第三篇所讲的社会总资本运动，不妨在讲到了资本主义生产总过程中的各种具体资本运动形态以后，再作综合的叙述，那就不但在讲资本的流通过程时，只能论到个别资本的运动，不能使它和社会总资本的运动联系起来，而且在第二卷紧接着各种具体分配形态的考察之后，再把社会总资本的再生产与流通的内容插进去，那就难免要变更第三卷后半部的整个系统，而把有关流通过程与分配过程的问题放在一起来处理，恐怕那也是不无困难的。

再次，第三卷是就资本主义生产的总过程来说明剩余价值在资产阶级间的分配。为什么分配问题要在资本主义生产的总过程来说明呢？其中的道理，是不是说，第一卷、第二卷分别考察的剩余价值的生产与流通，需要运用抽象的分析法，暂时设定种种假设，作着本质的探讨，而分配则不适于这么做，必须在资本主义生产的总过程去考察呢？这样显然未说明问题。问题的关键所在，乃在资本主义社会的主体，是资产阶级，是各类资本家和地主，他们分别在工商业、农业、金融业方面从事这样那样的投资活动，他们相互进行着你死我活的竞争，就是要从社会总剩余价值中，从总利润中，攫取最大可能的分额，或者至少要挣得与其资本成比例的分额。他们不断把资本从不利的用途移到有利的用途，不断引起金融市场、劳动市场、商品市场的供需关系的不同反应和波动，而所有这些方面的实际活动，都包括在资本主义生产的总过程中。这就是马克思为什么要就资本主义生产的总过程来考察剩余价值的分配的现实原因。必须在这里附带地指出，由于资本主义生产总过程，是包罗万象的，尽管马克思自已也说在这个第三卷，不能是对于生产过程与流通过程的统一的广泛的考察，而宁是要发现并说明，“资本的运动过程当作一个总体来看时所生的各种具体形式”[①]。但就是这个被大大地限制了的考察范围，也是千头万绪，要发现、要说明的问题，要批判分析的论点，都是不胜枚举。从这一卷前三篇陆续提出来的并作了概括分析的各种范畴及其规律，已够我们钻研体会了；接下去三篇所处理的商业利润，利润分割为企业利润和利息以及地租，特别是关于后面两者，都是异常繁杂的问题，都要结合到工商业乃至农业的全面发展关系始能有所理解，并才能对于资产阶级经济学者在这些方面存在的片面的看法，予以批判和廓清。如果说，象第一卷那样，透过现象去抓资本主义的内在的本质关系，是困难的，那么，象第三卷这样，面对着资本主义运动的各种表象形象形态，而分别把它们还原到那种本质关系，那也是困难的，也许还是更困难的。恩格斯说这一卷把“最困难的问题，已经被说明被解释得好象简单的轻而易举的事了。”[②]他说它“是全书最后的带着王冠的部分，甚至会使第一卷感到失色”[③]。这无疑是因他深切感到马克思在这一卷里面妥善处理了政治经济学上的一些非常棘手的问题。

还须谈到的是，尽管恩格斯对这一卷给予了极高的评价，但我们一般读者的看法，似乎有些领会不到。有人这样提问过，第一卷已经把有关资本主义的社会经济形态的最基本的理论阐述了，那会成为我们钻研政治经济学和一般社会科学的基础；第二卷关于社会总资本运动，关于再生产公式的考察，对于我们正在进行的社会主义的计划经济，也无疑有提供启示与参考的极大的价值；至于第三卷的现实意义，似乎有些讲不来了。事实上，《资本论》是一个完整的学说，是一个严密的科学体系。从整体分割开来，强调其中某一部分对于我们有这样那样的用途，就不免失之片面了。比如说，不联系到第三卷就资本主义生产总过程讲到的那些资本现象形态，我们对于第一卷中的资本理论，显然会感到抽象；又比如，对于社

---

① 马克思:《资本论》第 3 卷，人民出版社 1966 年版，第 5 页。

② 《恩格斯给丹尼尔孙(1885 年 4 月 23 日)》。《资本论》第 3 卷，人民出版社 1953 年版，第 1209 页。

③ 《恩格斯给丹尼尔孙(1885 年 4 月 23 日)》。《资本论》第 3 卷，人民出版社 1953 年版，第 1209 页。

会主义计划经济的理论问题，决不能说，只有第二卷第三篇讲社会总资本的再生产部分才有参考价值。事实上，我们的论坛上，不正在辩论社会主义计划价格，究竟是以商品价值为依据，还是以商品的生产价格为依据么？社会主义社会不存在生产价格范畴，为什么不存在？不读第三卷第二篇，不了解商品价值转化为生产价格的经济条件，谁是谁非能够分辨得清么？当然，只要不从整体脱离开，就某些部分的理论，对我们有较大的现实意义，那也是讲得通的。我们已经知道，第三卷包罗了非常丰富的内容，其中就有许多特别适用于作为反对当代资产阶级庸俗经济学者与现代修正主义者、改良主义者抨击歪曲马克思经济学说的理论根据。他们从不同角度把马克思的经济学说或《资本论》，当作是只反映十九世纪中叶以前的资本主义经济现实的，是“过了时”的，从而加以否定。他们讲得最得意的论点，就是说马克思是处在自由资本主义时代，而在马克思逝世（一八八三年）以后，我们已进入垄断资本主义时代了。我们怎么可以拿自由资本主义时代的理论，硬套到垄断资本主义时代的现实上来呢？他们似乎一点也没有想到，社会科学—经济学的理论，就是要把社会经济的最基本的、最一般的发展规律发现和反映出来，而这种发现又必须是从所研究的资产阶级社会的内部联系中，发现出来的必然的规律贯彻着的基本倾向。十九世纪前期，资本主义已经在西欧许多国家发展成熟了，那就是说，它的内在的必然的发展倾向，已经可以由科学的研究来加以确定了。马克思在《资本论》第一卷第七篇“资本积累过程”中指出的资本主义积累的历史趋势，即最后“剥夺者被剥夺”的归宿，不正是这个发展倾向吗？如果说马克思在第一卷那里所讲的，太概括了一些，他在第三卷第三篇，已经把它进一步具体化了，特别是在第五篇讲“信用在资本主义生产中的作用”那一章，他就股份公司产生所出现的新局面，已经把自由资本主义转化到垄断资本主义的各种端绪，明确指出来了。且不讲恩格斯后来编订三卷时附加进去的有关自由竞争已在英国为独占所代替的按语[1]，马克思自己早已就股份公司出现引起的各个别资本直接结合起来的社会资本与私人资本的对立，社会性企业与私人的企业的对立，而指出了整个资本主义向着独占、向着金融资本统治发展的必然倾向。他对于

① 参见马克思：《资本论》第3卷，人民出版社1966年版，第503～504页。

由不变资本对可变资本以惊人比例发展所招致的资本股份化趋势说："这是资本主义生产方式在资本主义生产方式本身以内的扬弃，因而是一个会自行扬弃的矛盾，那显然只是作为一个过渡点，以便进入到一个新的生产形式中去。……它在一定部门内形成了垄断，因而要求国家的干涉。它再生产出了一种新的金融贵族，在发起人、创业人和徒有其名的董事的形式上，再生产出了一种新的寄生虫，并由公司的创立、股票的发行和股票的买卖，引出了一整个体系的欺骗和诈欺。"①他并还表示："股份制度并没有克服财富当作社会财富和当作私有财富的性质上的对立，却不过在一个新的形式上发展了它。"②事实上，列宁往后在《帝国主义是资本主义的最高阶段》中所指出的一些新现象，如生产集中与垄断、工业与银行资本相结合、资本输出……等等，已在《资本论》的第三卷中，已经在个别场合，当作必然要产生的萌芽状态提示出来了。这说明，《资本论》并不单纯是对于十九世纪前期或其中叶前后的资本主义经济状况的反映，而更重要的是它从那种经济状况的内部联系中，发现了此后发展的较具体过程及其必然归趋。从十九世纪末期以来的资本主义的现实经济生活，不完全证实了马克思在《资本论》中的预见吗？怎么说《资本论》过时了呢？

最后还必须讲到，由于马克思在《资本论》中，特别在第三卷中，论证资本主义由自由趋向独占或垄断的过渡趋势，是结合着对资产阶级庸俗经济学者单从表面现象观察事物的批判展开的。所以，他在那里，就不但指出了资本主义经济向何处去的问题，同时也预见到了资产阶级经济学进一步庸俗化的途径。那第一要讲到的，就是资本主义生产方式的发展，是以它的劳动生产力不断提高，是以它的资本构成中的不变资本对可变资本比例的不断增大为特征。这反映在资产阶级经济学者的脑子里，就会是这样："跟着相对剩余价值在真正的独特的资本主义生产方式中的发展——同时劳动的社会生产力也会发展——这各种生产力以及劳动在直接劳动过程中的社会联系，都好象由劳动转移到资本上面来了。因此，资本已经变成了一种非常神秘的东西，因为劳动所有的社会生产力，都好象

① 马克思：《资本论》第3卷，人民出版社1966年版，第504页。

② 马克思：《资本论》第3卷，人民出版社1966年版，第506页。

不为劳动本身所有，而为资本所有，从资本自己的胎里生出。”[①]当代资产阶级经济学者强调在十九世纪，特别是同世纪前期的生产条件中，劳动所占的比例，比资本为大，所以资本家剥削了劳动者；在二十世纪，资本在生产条件中所占的比例，比劳动为大，所以劳动者剥削了资本家。这种庸俗透顶的滥调，就是把上述的表面观察作为基础。但这里还有更离奇的引伸。既然资本自身有增殖价值的力量，所增殖的价值要归功于资本自身，要归功于资本所有权，那么，由剩余价值转为地租的东西，首先就是对这种资本所有权的支付，再才是对于运用这种资本的企业家的经营活动的功能的支付。这就是说，“利润的一部分现在要在一个形式上表现为一个自然为资本所有的果实，表现为利息；利润的别一个部分则在一个相反的形式上表现为资本的特有的果实，表现为企业利润。一个单纯表现为资本所有权的结果，另一个则单纯表现为用资本进行操作的结果，表现为资本参加过程或活动资本家发挥功能的结果”[②]。利润经过这样的质的分割，从它作为资本所有权的单纯结果这一方面来看，我们就有了由奥地利经济学派以至所谓北欧学派的专为金利生活者辩护的理论体系；从它作为用资本来发生功能的结果这一方面来看，我们又看到了在很大程度上继承奥地利学派衣钵的英国马歇尔教授的谬论了，他毫不觉得羞赧地宣告，资本家的利润不过是酬报他们管理经营的工资。“企业利润和监督工资或管理工资的混同，原来是由于利润在利息以上的余额和利息相对而言采取的对立的形式。但由于一种辩护的意图，不要把利润看为是剩余价值或无酬的劳动，但把它看为是资本家自己所做的劳动的工资，这种混乱更进一步发展了。”[③]其当然的结果是，资产阶级古典经济学者由劳动来说明价值，由价值论引出分配论的做法，被视为是不合实际情况了，因为利润中的一部分——利息——既然是由资本自身产生，另一部分企业利润，又被视为是资本家借资本来进行活动的机能的结果，这就不但否定了资产阶级与劳动阶级的分配，为第一次分配；资产阶级间的分配，为第二次分配，第二次分配从属于第一次分配的理论，并还根本否定了分配与

---

① 马克思：《资本论》第3卷，人民出版社1966年版，第971页。

② 马克思：《资本论》第3卷，人民出版社1966年版，第426页。

③ 马克思：《资本论》第3卷，人民出版社1966年版，第443页。

价值与剩余价值的联系，他们根本把价值看成可有可无的东西。比如晚近最露头角的凯恩斯一派的经济学，就在丢开价值理论而大谈其国民收入分配的学说，在他们的心目中，第一次的分配，倒反而是从属于第二次的分配。由英国费边学派以至凯恩斯，就力言劳动者所得的减少或失业状况的发生，就是由于地租利息收入者，把生产的重要成果吞食了。这是百分之百的庸俗现象论。马克思早就把他们这种病根指出来了："庸俗经济学所做的事情，实际不过是传教似地，拿这种生产的囿于资产阶级生产关系的代理人的观念来进行解释、系统化和辩护。所以，庸俗经济学对于各种经济关系的疏远的现象形态……会特别觉得熟悉，并且这各种经济关系的内部联系越是隐蔽，它们对它来说就会越加象是不说自明(虽然对普通人来说，它们本来也是容易理解的)，那是一点也不足为怪的。"[①]这是我们批判当代任何一派资产阶级经济学理论所必须认识的前提。因为所有那些流派的共同特征，就是丢开社会生产关系本质，去抓那些经济关系的疏远的现象形态。

① 马克思：《资本论》第3卷，人民出版社1966年版，第959页。

七、《资本论》三卷的综合系统理解

(一)贯串全书的红线,研究的对象与细胞

关于《资本论》研究的对象问题,我们已在前面讲过了。把第一、二、三卷的内容作了全面说明之后,再回头谈到它,就会更有意义了。对于这个问题,马克思自己并不曾象我们今天研究政治经济学那样,特地提出定义式的说明。他经常总是在事物的关系或运动中去加以表达。我们只能就全书研究的出发点、体系和散见于这里那里的一些有关的提示,去体会把握。就因为这样,在马克思主义政治经济学研究者间,即使对这个问题有大体一致的理解,说它所研究的,是资本主义的社会生产关系,但议论之间,也有主张是研究资本主义生产方式的,还有在生产方式中,认为对生产力和生产关系是同样重视的,甚至还有在表面上主张生产力与生产关系并重,而实际却把生产力看得更重要的。而且,任何一方面,也许都能在《资本论》及《政治经济学批判》中找到个别论点来支持自己的看法。这里不能从长讨论这个问题,但却值得提出这一点来考虑,就是从体现着马克思主义的观点方法的《资本论》体系来说,它的严格的研究对象,如列宁在《什么是"人民之友"以及他们如何攻击社会民主主义者?》那部名著中反复讲到的,只能是生产关系。马克思自己在《政治经济学批判》序言中,也较明确地提出了这一点。虽然他在《资本论》中,往往是连带生产方式讲到生产关系,如说:"一定的生产方式及与其相应的生产关系"[①],"……资本主义的生产方式——即一方面有资本家,另一方面有雇佣工人

① 马克思:《资本论》第1卷,人民出版社1963年版,第58页,注33。

存在的生产方式……”[①]，“和这种特殊的历史规定的生产方式相适应的生产关系”[②]……等等。社会生产关系的形成，总要把一定的物质条件或生产力作为它的历史前提；社会生产力的发展，总要受到一定生产关系的促进或妨碍，在这样的情况下，广义一点，当然可以说《资本论》是对于“资本主义生产方式的科学分析”[③]。但是，如果我们稍为回顾一下《资本论》中假定的社会主体和经济细胞，以及它严格规定的经济范畴和规律，就知道，它所研究的严格对象，只能是生产关系，或者，只能是通过资本主义的生产方式，来研究它的生产关系。因为不是这样，它就不可能有一个连贯全书的体系。

恩格斯在一篇评介《资本论》的论文中说：“资本和劳动的关系，是我们现代全部社会体系所依以旋转的轴心，这种关系在这里第一次作了科学的说明”[④]。这里所说的资本与劳动的关系，是资本家和劳动者构成的生产关系的另一个表现形式。马克思说，“资本家和工资雇佣劳动者，作为资本家和工资雇佣劳动者，也不过是资本和工资雇佣劳动的体现、人格化，是由社会生产过程刻印在个人身上的一定的社会性质，是这各种确定的社会生产关系的产物”[⑤]。资本和劳动的结合，资本家或其代理人，和劳动者最初相遇，就是资本的生命和生活的开始。“资本只能在那种地方发生，在那里，生产资料和生活资料的所有者在市场上遇见了自由的劳动者，那种出卖他本人的劳动力的人。这一个历史条件，包括着一部世界史。所以，资本自从它出现的时候起，就标志着社会生产过程的一个时期。”[⑥]等到资本开始它的生命和生活以后，它就由资本主义生产自身内在的规律的作用，使生产资料的集中与劳动的社会化，或生产力的提高达到一个与资本主义的外壳不能相容之处，而响起丧钟，使已经形成和发展的资本与劳动，资本家与劳动者的关系，根本瓦解，于是又开始一个更新

---

① 恩格斯：《卡·马克思〈资本论〉第一卷书评——为〈民主周报〉作》。《马克思恩格斯选集》第2卷，人民出版社1972年版，第275页。

② 马克思：《资本论》第3卷，人民出版社1966年版，第1031页。

③ 马克思：《资本论》第3卷，人民出版社1966年版，第1031页。

④ 恩格斯：《卡·马克思〈资本论〉第一卷书评——为〈民主周报〉作》。《马克思恩格斯选集》第2卷，人民出版社1972年版，第269页。

⑤ 马克思：《资本论》第3卷，人民出版社1966年版，第1033页。

⑥ 马克思：《资本论》第1卷，人民出版社1963年版，第160页。

的历史时期。《资本论》就是在研究这个资本主义或这个资本与劳动的关系的发生发展以及灭亡的总趋势。恩格斯说它是在“实际上出色地叙述了劳动和资本的关系,这个问题在这里第一次得到充分而又互相联系的叙述”[①]。由于《资本论》把这个资本与工资劳动的关系,作为研究对象,而揭露存在于这个关系中的资本对于无偿劳动的占有;证明“我们的银行家、商人、工厂主和大土地占有者的全部资本,不外是工人阶级的积累起来的无偿劳动!”[②]或者换一个表现方式,论证“在现代社会中工人并没有得到他的劳动产品的全部价值”[③]。这就象红线一样,从头到尾贯串在《资本论》全书中。至于劳动者得不到他的生产物的全部价值的原因,毫无疑问,是由于在这种生产关系中,是由资本家用他的资本来行使统治,是因为资本家在这种对抗关系中,处在主体的地位。正如同奴隶或领主贵族在奴隶制或封建制关系中所处的地位一样。但“资本家作为资本的人格化在直接生产过程中取得的权威,他作为生产指挥者和统治者的社会职能,和奴隶生产、农奴生产等基础上建立起来的权威,是本质上有别的。……执掌这种权威的人,只是作为那种和劳动相对立的劳动条件的人格化,而不是象在以前各种生产形式内一样,以政治的统治者或神权的统治者的资格来得到这种权威”[④]。他们与劳动者相互间的关系,是以劳动力的购买者和出卖者的对等姿态出现;这样,他们对劳动者的剥削,就比以往的奴隶主与领主对奴隶与农奴的剥削,采取了更掩蔽的交易形式;而且,他们不但和工资劳动者以商品买卖者的资格相对立,还在他们自己相互间也以商品生产者、商品买卖者的姿态相对立;后面这种发生于流通分配领域的对立,更把前面那种发生于直接生产过程的剥削实质掩盖了。马克思要在《资本论》第一卷,暂时舍象去一般的流通关系与分配关系,专从直接生产过程来揭露资本家对工资劳动者的无偿劳动或剩余价值的剥

---

① 《恩格斯致马克思(1867 年 8 月 23 日)》。《马克思恩格斯全集》第 31 卷,人民出版社版,第 329 页。

② 恩格斯:《卡·马克思〈资本论〉第一卷书评——为〈爱北斐特日报〉作》。《马克思恩格斯全集》第 16 卷,人民出版社 1964 年版,第 241 页。

③ 恩格斯:《卡·马克思〈资本论〉第一卷书评——为〈杜塞尔多夫日报〉作》。《马克思恩格斯全集》第 16 卷,人民出版社 1964 年版,第 244 页。

④ 马克思:《资本论》第 3 卷,人民出版社 1966 年版,第 1035 页。

削，而分别在第二卷、第三卷讲流通和分配，那并不单纯由于叙述方法上的便利，还更由于所研究对象的性质，决定了非采用这样的叙述顺序，就不易把问题的实质揭露出来。这是我们要在下面说明的。

正因为资本家的剥削，是采取非常隐蔽的形态，无论如何要通过商品的形式，要通过商品的生产及其买卖的流通过程，才能把所要榨取的无偿劳动实现出来。所以，马克思就商品生产者即资本家的生产企图说："第一，他要生产一个有交换价值的使用价值，一个决定用来售卖的物品，一个商品。第二，他还要生产一个商品，它的价值，比它生产上必要的各种商品，生产资料和劳动力的价值总和更大。他已经为这些商品，在商品市场上垫付了他的善良的货币。他不仅要生产一个使用价值，并且要生产一个商品，不仅要生产使用价值，并且要生产价值，又不仅要生产价值，并且要生产剩余价值。"[①]这样，包含剩余价值的商品，就不再是在自己劳动基础上生产的简单商品，而是在他人劳动基础上生产的资本生产物，而是最鲜明地体现着资本与劳动关系的资本主义经济的细胞形态了。

当然，我们这样讲资本主义的经济细胞——商品，讲体现在这种商品里面的生产关系，讲资本家对工资劳动者的强制和剥削，只是在说明《资本论》研究对象的必要限度内，简单交代一下，表明作者始终把他的着眼点放在资本与劳动这个资本主义制度的轴心上，放在资本家对劳动者的无偿劳动的占有这根线索上；正因此，他才能把体现着资本主义生产关系即包含着剩余价值的商品，当作资本生产物，当作资本主义经济的细胞形态来把握；并也因此表明：所有出现在《资本论》中的其他经济范畴乃至存在于它们之间的规律，都无非象商品那样，是资本主义社会生产关系的某个方面的表现。只有这样，《资本论》的体系，才能是资本主义经济的内在联系的正确反映，而其结构，才说得上为什么要作那样的布局安排。如果有谁要把《资本论》的严格研究对象摆歪了，或摆到资本主义生产关系以外去了，那末，全书就没有被一根红线贯串起来，完整的体系就无从建立起来了。

---

① 马克思：《资本论》第1卷，人民出版社1963年版，第181页。

(二)三卷总联系上的几个关键性的布局

我们知道,《资本论》实质上就是根据资本主义社会的现实关系,对资产阶级经济学作全面的批判,正因为它所批判的,不是任何个别经济学家的个别论点,而是他们的全部重要文献,同时,也不是就他们的文献来分别逐一考察,而是把它们放在一个最合理的或最能表现现实关系的体系中,让它们所有的不合理的论点,受到审察批判。因此,作者着手进行这种批判工作的时候,就不仅在确定研究对象、研究细胞方面,要打破资产阶级经济学说传统的想法,而在根据那个对象确定全书的总结构方面,尤需一反他们由三分法(生产、交换、分配)与三位一体公式(资本——利润,劳动——工资,土地——地租)所构成的不合理的虚假的体系。现在且先看马克思就《资本论》三卷内容所作的概括说明,然后再指出其中哪些是具有关键性的独创性的布局。

在《资本论》第二卷第三篇第十八章,马克思说:"在本书第一卷,资本主义生产过程,是当作个别过程和再生产过程来进行分析的。我们分析了剩余价值的生产和资本本身的生产。资本在流通领域内所经过的形态变化和物质变化被假定了,但未进一步加以考察。我们假定,一方面,资本家会按照产品的价值来售卖产品;另一方面,又会在流通领域找到过程重新开始或继续进行所必要的各种物质生产资料。我们在那里详细考察过的唯一的流通领域中的行为,只是作为资本主义生产基本条件的劳动力的买和卖。

在这个第二卷的第一篇,我们考察了资本在循环中所采取的不同的形式,和这种循环本身的各种形式。第一卷只考察劳动时间;现在,又有流通时间加进来了。

在第二篇,循环是当作一种周期的现象,那就是当作周转来考察。……

但在第一篇和第二篇,我们考察的,总只是一个个别资本,总只是社会资本一个独立部分的运动。……现在,我们就要把各个别资本当作社会总资本的构成部分来考察它们的流通过程(作为一个总体,那是再生产过程的一个形式），也就是考察这个社会总资本的流通过程。”[①]由于这是作者在第二卷最后一篇讲的，还只概括了第一卷和第二卷的内容。

在第三卷开始，马克思又就全书三卷分别作了概括的提示：“在第一卷，我们研究的，是资本主义生产过程本身当作直接生产过程考察时呈现的各种现象。在那里，一切由外部事情引起的次要影响，都还是撇开不说。但是，这个直接的生产过程并没有完结资本的生活过程。在现实世界里，它还要用流通过程来补足，而流通过程是第二卷研究的对象。第二卷，特别是其中把流通过程当作社会再生产过程的媒介来考察的第三篇，指出了资本主义生产过程，当作一个全体来考察，是生产过程和流通过程的统一。因此，在这个第三卷，我们所要做的，不能再是对这个统一的广泛的考察。在这一卷我们要找出和说明的，宁可说是资本的运动过程当作一个总体来看时所生的各种具体形式。资本在它们的现实运动中，本来也就是在这各种具体形式上互相对立。对这些具体形式来说，资本在直接生产过程中采取的形式和它在流通过程中采取的形式，都只当作特别的要素来表现。所以，我们在这个第三卷将要说明的各种资本形式，和资本在社会表面上，在不同资本的相互行动中，在竞争中，在生产当事人自己的普通意识中所借以出现的形式，是一步一步地更加接近了。”[②]

首先，三卷分别讲到的内容：第一卷讲资本的生产过程，第二卷讲资本的流通过程，第三卷讲在资本主义生产总过程中处理具体的分配形态，这在表面上似乎还保存了三分法的格局，但仔细分析一下，就知道，那是没有共同点的。第一卷所讲的生产过程，还只是直接生产过程，第二卷才把出现在直接生产过程前后两个流通阶段，连同从流通角度来看的生产阶段，一齐考察；最后再就社会生产总过程来考察各种资本的具体分配，这已经和资产阶级经济学者所采取的那种形式主义的三分法体裁，迥不相同。尤其重要的是，马克思所讲的生产、流通乃至分配，都是从资本出发，都是就剩余价值立论，那和资产阶级经济学者在国家名义下，用国民经济，用国民收入，来掩饰资产阶级剥削的做法，是正相反的。而且，正是由于流通上存在着买卖有贵贱，分配上存在着收入有多有少的表象，使那

① 马克思：《资本论》第2卷，人民出版社1964年版，第378～380页。

② 马克思：《资本论》第3卷，人民出版社1966年版，第5页。

些庸俗学者拿来作为剩余价值不能成立的借口，使古典派学者看作剩余价值难于说明的障碍，在第一卷只讲剩余价值的直接生产过程，而把一般的流通和分配，分别留在第二卷、第三卷去研究，那一开始就打中了要害。马克思自己也说，《资本论》这部书最大的优点，就在于讨论剩余价值时，把它的各种特殊形态，如利润利息地租等等丢开留到后面去处理，并说，“古典经济学总是把特殊形态和一般形态混淆起来，所以在这种经济学中对特殊形态的研究是乱七八糟的”①。恩格斯更把古典学者不能把剩余价值的一般形态，离开它的诸特殊形态来处理，看作是他们的病根，是不能全面理解资本主义经济的症结所在，他说，他们“从来没有超出利润和地租的流行概念，从来没有把产品中这个无酬的部分（马克思名之为剩余产品）当作一个全体，就它的整体来进行研究。因此，对于它的起源和性质，对于它的价值此后实行分配时按照来进行的各种规律，也从来没有得到明白的理解”②。当然，要把剩余价值的一般形态，放在直接生产过程去考察，而把它的诸特殊形态放在总过程去考察，那要牵涉到整个结构。我们接下去就要交代这一点。

第二，在第一卷，要处理的两个问题，其一是，把包含剩余价值的商品，和一般简单商品区别开；其二，把工资这个分配形态，看作是资本产生剩余价值的必要条件，使它和其他分配形态区别开。马克思正是这样做的。就前一点而论，资产阶级经济学者，在讨论商品价值从而讨论剩余价值的起源时，始终把简单商品生产与资本主义商品生产混作一团，而不了解资本主义商品生产，是在简单商品生产的基础上产生出来的，不了解只有简单商品生产发展到一定程度，发展到劳动力也当作商品来售卖的可能与必要的条件下，才有资本主义的商品生产。只有在这时，商品价值的形成过程，才转化为商品价值的增殖过程。只有在这时，商品才包含有剩余价值，才成为资本生产物，成为资本主义的经济细胞，才成为资本主义生产关系的体现物。所以，马克思在揭露剩余价值产生的秘密的第一卷，从简单商品生产讲到资本主义商品生产，并不只是讲资本主义的一般历

---

① 《马克思致恩格斯（1867 年 8 月 24 日）》。《马克思恩格斯全集》第 31 卷，人民出版社版，第 331 页。

② 马克思：《资本论》第 1 卷，人民出版社 1963 年版，第 XXXI 页。

史前提,而是要由此把当作资本生产物的商品的特质,和简单商品以及与它相联系的货币与商品流通的关系,全区别开来,使剩余价值的产生,不但不能从资本的流通与分配过程找到掩蔽,也不能在简单的商品货币关系中打埋伏。所以说"批判不能限于拿一个事实比较对照于观念,而是要拿一个事实比较对照于另一个事实"[①]。在这里,就充分表现了理论的不可争辩的力量。然而,尤其有重大意义的,是把工资形态,放在剩余价值产生的直接生产过程方面来考察,那无异把资本主义生产关系的对抗性提到了尖锐的顶点。剩余价值原来就是没有支付给劳动者的剩余劳动。多劳动多得工资、少劳动少得工资的表象,看来就象劳动力全被支付了,没有剥削,那和商品市价有高低、商品生产者经营有盈亏的表象,来叫人不相信有剥削,是同样或更加有烟幕性的。马克思把混淆剩余价值的流通和分配关系分隔开来,分别放在第二卷和第三卷讨论,再在这里,把掩蔽在工资形态下面的剩余劳动的榨取过程,当作是剩余价值生产过程来予以揭露,这就使任何辩护理论,再也没有躲闪的余地了。

第三,第二卷是在第一卷的基础上展开的,它的内容,也和第一卷的内容相照应:第一卷把资本的生产过程归结为是剩余价值的生产;第二卷把资本的流通过程,归结为是剩余价值的流通。所以,它和资产阶级经济学者紧接着生产一般诸要素的说明,再论到流通一般的诸要素,是完全两样的。事实上,马克思在这一方面,完全踏进了一个前人没有接触到的境界,不但所得的结论是崭新的,而且讨论的方式方法也是崭新的。但在这里,我只能谈一谈它在结构上为什么分那样两个步骤,即前面两篇讲个别资本运动,后面一篇讲社会总资本运动;并且那样做,和第一卷、第三卷有什么关系。第一卷,假定了资本在流通领域内所经过的形态变化和物质变化,又假定资本家在流通领域找到过程重新开始或继续进行所必要的各种物质生产资料,但这两点,是到第二卷才加以考察的。第二卷前两篇关于资本的循环和周转,就是着眼在考察前一点;第三篇关于社会总资本的再生产与流通,就是着眼在考察后一点。因为有关资本在流通领域内所经过的形态变化与物质变化问题,只要就社会总资本中的一个独立资本或个别资本的运动,就其所须具备的一般条件和所须通过的一般过程

---

① 马克思:《资本论》第1卷,人民出版社1963年版,第XXI页。

指点出来,加以说明就行了。而有关过程得以重新开始或继续进行所必要的各种物质的生产资料的预先安排问题,或者再生产上的物质更换问题,那就必须把个别资本运动当作社会总资本运动的一个构成部分,就它们在并存和连续中的各种相互补充的条件,或再生产必要的条件来进行考察。在这种限度内,讲个别资本运动,还只是作为讲商品价值在社会总资本中实现的准备步骤,这也许正是研究第二卷的人,特别重视再生产理论的一大原因。可是,如果我们因此忽视了马克思在资本循环和周转问题讨论中提出的许多关于剩余价值理论的创见,就很不妥当了。剩余价值只能在生产过程产生,只能由生产资本中的可变资本产生,这是在第一卷讲得非常明白了的;可是,在第二卷讲资本循环和周转的场合,他在反复说明剩余价值不能离开流通过程而产生,但不能由流通过程产生的理论之余,进一步论到,即使是在生产方面垫付下去的可变资本,也并不是全部都生产剩余价值,而只是其中在实际发生作用的部分,才生产剩余价值。这一来,就一举把相同剥削率的同额资本在同一年度内,因周转次数不同,而发生不同剩余价值率的问题解决了。任谁再也不能借口资本周转次数不同,可以产生不同剩余价值,而发生流通过程也能产生剩余价值的幻想了。这都是剩余价值学说上的极其重要的新发现。我们可以由此看到,第二卷讲资本的循环与周转的这一部分,和第一卷结合得非常密切,表明剩余价值只能在生产过程产生,但却又不能离开流通过程产生。至于他讲社会总资本运动,则是把流通过程作为社会再生产过程的媒介来考察,把流通与生产统一起来考察,看资本运动顺利进行,剩余价值顺利实现,应该在简单和扩大再生产上分别具有怎样的实现条件。那在资本主义的现实关系中,是可能的么?第三卷就要作出答案。

第四,讲到第三卷,恩格斯是这样提到它和第二卷的联系的。他说:"这个第二卷的光辉研究,以及这种研究在前人几乎没有走过的领域内得到的灿新的结果,不过是第三卷的内容的引言。这个第三卷,对资本主义基础上的社会再生产过程的马克思主义分析,将会展开最终的结论。"[①]然则作者是怎样展开他的马克思主义的说明的呢?从全书乃至这一卷的结构说来,他的说明,作了怎样的科学的布局呢?我们知道,这一卷是讲

① 马克思:《资本论》第2卷,人民出版社1964年版,第XXV页。

资本主义生产的总过程，前两卷分别讲到的直接生产过程和流通过程，对它来说，都显示为特殊的要素，这是一；这一卷所讲的总过程，就是日常呈现在我们眼前的实际现象，那包括资产阶级相互间你死我活地争取利得的活动，前两卷则基本上是从隐伏在它们背后的本质关系去进行分析，这是二；还有，许多从本质关系出发，暂时舍象去的因素，现在都要加入考虑了。这种由特殊到一般，由本质到现象，由简单到复杂的场面，怎样才好面面照顾到并前后联系起来加以考察呢？马克思把它分作两个部分，前三篇全面考察总过程，考察由剩余价值到利润化，由剩余价值率到利润率化、利润率平均化、一般利润率下降的过程，商品价值生产价格化的过程；接下去三篇，始分别讲到各种具体资本形态，看它们是怎样依照一般的资本运动规律而展开瓜分剩余价值——利润的活动。而在这样的资本主义商品生产的无政府状态下，不可能具有使商品价值顺利实现的条件，就是必然的结论了。恩格斯对于马克思这样处理第三卷作了极高的评价，他在一八九五年给丹尼尔孙的信中说："我现今在整理第三卷，那是全书最后的带着王冠的部分，甚至会使第一卷感到失色。……这个第三卷，是我从来读过的最可惊的东西。……最困难的问题，已经被说明被解释得好象简单的轻而易举的事了。全体系也取得了一个新的简单的容貌。"①

（三）体现在全书总结构中的经济范畴体系和辩证发展规律

当然，当我们说，马克思在确定贯串全书的红线和研究对象的时候，已经在考虑如何处理总结构和全面布局的问题，同样地，他就全书各卷分别作着上述那样的安排的时候，也一定把体现在那个结构中的各种经济范畴和规律缜密地考察过了，否则，那就说不上什么完密的理论体系了。事实上，一个学说体系是否健全，是否能系统地建立起来，就要看它对于所包含的各种经济范畴、规律，是否有正确的认识和适当的处理。特别需要提起的是，从历史唯物主义的观点出发，从辩证的逻辑出发，"它对每一

① 《恩格斯给丹尼尔孙(1885 年 4 月 23 日)》。《资本论》第 3 卷，人民出版社 1953 年版，第 1209 页。

个已经生成的形态，都是在运动的流中，从它的暂时经过的方面去理解”[①]。“在事物及其相互关系不是当作固定的东西，而是当作可变的东西来理解的地方，它们的思想映象、概念，会同样发生变化和转形。我们不能把它们封闭在硬结的定义中，而是要就它们的历史形成过程或逻辑形成过程来阐明它们。”[②]马克思和恩格斯在一切有关的场合，都指示我们：社会情况变了，旧的范畴术语，都要作新的解释，并还要提出新的术语，在一门有关的科学的术语上发生革命。所以恩格斯说：“这个理论既然把近代资本主义生产认为不过是人类经济史上一个过渡的阶段，所以，它会使用一些名词，和那些把它认为是不可消灭的最后的生产形式的著作家习常使用的名词不同，也就是理所当然了。”[③]他们还因此指出，那些立脚在形而上学观点上的古典经济学者的致命缺点之一，就是他们常为既有的传统的经济范畴所限制，使得所要说明的事象或问题，混淆不清。特别是关于带有关键性的剩余价值这个范畴，他们一直纠缠在地租、利润那些既往流行的特殊形态上面，而不能把它当作全体来予以分析。当然，这还只是他们关于经济范畴的错误理解的一个方面。事实上，作为一个体现现实关系的范畴，不仅要从发展的观点去看它的转化、转变，还要从全体的观点去看它在经济范畴的总的体系中是处在怎样的地位和发生怎样的作用，并且又还要在发展过程中去把握它对其他经济范畴的生动的联系，以及由此表现的各种经济规律。

当然，在这里，我们不是要就《资本论》中论到的一切范畴和规律，全面而详细地加以交代，而只能就其据以处理那些范畴和规律的原则，作示例性的说明。

在一切经济范畴或其所体现的生产关系中，马克思特别把资本突出出来，看为是“资本主义生产方式的统治的范畴，它的决定的生产关系”[④]。他对于资产阶级经济学的全面的批判，其所以把书名定为《资本论》，而在《资本论》中，分别用第一卷讲资本的生产过程，第二卷讲资本的流通过程，第三卷讲资本主义的生产总过程，就是从这点出发。而资本被

---

① 马克思：《资本论》第1卷，人民出版社1963年版，第XXIII页。
② 马克思：《资本论》第3卷，人民出版社1966年版，第XX页。
③ 马克思：《资本论》第1卷，人民出版社1963年版，第XXXI页。
④ 马克思：《资本论》第3卷，人民出版社1966年版，第971页。

看为统治的经济范畴，并不是任意安排，而是由资本主义经济的性质和它本身在那种经济生活中的地位和作用所决定的。“射人先射马，擒贼先擒王”，只有把资本这个统治的经济范畴或决定的生产关系的地位明确了，一切其他的范畴和关系，就分别在资本的活动中相应显出了它们所扮演的角色和作用。

作为资本，就在于它会自行增殖价值。一定量资本如何能把它的价值增殖起来呢？就在于商品生产者或资本家控制了生产资料，因而能够强制劳动力的所有者，使他们的劳动力在直接生产过程中作了劳动力价值以上的支出，提供了无偿的劳动，创造了剩余价值。在这种意义上，资本就是对于劳动的支配，就是对于无偿劳动的占有。但由于资本占有无偿劳动，是采取商品生产的形式，所以，解析劳动生产物如何采取商品形态，商品如何采取价值形态，价值如何采取货币形态，就不但作为进一步解析货币如何采取资本的形态的历史前提是必要的，在接下去说明资本如何积累发展转化也是必要的。因为资本主义商品生产形态，尽管和简单商品生产形态不同，毕竟还是商品生产；在资本主义商品生产形态下的商品货币及其他一切有关的经济范畴，尽管具有不同的性质，毕竟还是要把它们作为资本运动的内在关系和条件。马克思就简单商品生产下的商品分化为货币再转化为资本的分析，不但对这些范畴作了明确的规定，并还把它们的内在的辩证发展逻辑叙述出来了。这对于认识资本是有重大意义的。他曾指责资产阶级经济学者讲货币不从简单的范畴出发，以致认不清楚作为货币的货币与作为资本的货币的区别。他说：“这些著作家观察货币，不是首先从抽象的形式上，看货币怎样在简单商品流通内部发展和怎样从那正在经历发展过程的商品本身的关系中成长起来。因此，他们经常动摇于同商品对立的货币所具有的抽象的形式规定性和隐藏着象资本、收入等等更具体的关系的货币的规定性之间。”①由货币蛹化为资本，从流通形态上表现出来的，是以生产者自己劳动为基础的为买而卖，到生产者以他人劳动为基础的为卖而买。在这里，劳动力的买卖，成了资本所由形成的决定关键，商品生产者把所购买的劳动力连同生产资

---

① 马克思：《政治经济学批判》。《马克思恩格斯全集》第 13 卷，人民出版社 1964 年版，第 177 页。

料投入生产，就使原来的简单商品生产，变为资本主义的商品生产，就使原来的价值形成过程，变为价值增殖过程，就使原来的生产条件——生产资料与劳动力变为资本要素了。它们不仅由此取得了资本性质，并还分别表现为不变资本范畴与可变资本范畴。正是由于可变资本增殖价值，连不增殖价值但却有助于增殖价值的不变资本也被称为生产资本，连不增殖价值但却有助于价值实现的商品与货币，也被称为商品资本与货币资本。这一来，社会经济各方面都发生了变化，不但旧的经济范畴注入了新的内容和特质，还出现了新的经济范畴。原来作用在简单商品生产下的价值规律，也起着不同的作用，并发展到剩余价值规律了。在资本主义商品生产一步一步地向前发展的过程中，我们看到了，剩余价值已经以手工制造业逐渐推移到大工业为条件，而由绝对剩余价值形态转变为相对剩余价值形态了。资本积累、积聚、集中的加速进展，使得资本的技术构成、价值构成发生变化，而由是反映出有机构成的不断提高，在总资本中可变资本对不变资本的比例相对减少；劳动人口的相对过剩，就当作资本积累过程中的一个重要规律显现出来。由各种形态的失业者构成的庞大的产业后备军的形成，在一方面提供了资本加强榨取的杠杆和加速积累的有利条件，致使那些在业的劳动者也经常只能挣得劳动力价值以下的工资，但由此造成的生产过剩危机和劳资对立的社会危机，却把生产社会化和产品的个人占有的内在矛盾，充分暴露出来；把社会生产力炸破这种资本主义生产关系外壳的要求，明明白白地提到人们面前，叫那些被资本集中、组织、锻炼起来的强大的工人阶级看到他们有可能也有必要推翻资产阶级的统治，自己来利用那种社会化了的物质力量的前景。整个资本运动，在《资本论》中就是这样非常顺理成章地展开的。各种有关的基本经济范畴及其规律，也都分别在不同发展阶段，一环扣一环，一个推动一个地表现为那个运动的内部条件及其生动的有机联系。

就增殖价值的资本本质来说，第一卷着重把这个统治范畴及其有关的重要规律提出来了，但它的全部生命，并没有完全得到说明。第二卷、第三卷分别讲资本的流通过程和资本主义生产总过程，就是要把那些为了说明的便利，暂时摆在一边的范畴和规律，加入考虑。而那些范畴和规律，也是同样要按照它们的不同性质、不同作用，安排在流通过程和安排在包括生产过程与流通过程的总过程中的各种分配关系方面来处理的。

事实上,资本生产剩余价值,不是在流通过程进行,但又不能离开流通过程进行;资本所生产的剩余价值,不是由一个或一类资本家占有,而是由各种资本家共同瓜分。但从整个资本家统治的社会来看,剩余价值实现快也好慢也好,是顺利也好,是不怎么顺利或在这种那种场合遇到这样那样的障碍也好,或者,剩余价值是由赵、钱、孙、李分割也好,是由甲、乙、丙、丁分割也好,多得也好,少得也好,都不会改变资本的本质,不会改变资本运动的一般规律。但在理论上却不能不对它们一一有所交代,并且还是很不容易的交代。其困难所在,就是有关的许多范畴规律,也要和第一卷讲生产过程那样,并还要联系到第一卷所讲的,分别把它们适当而有机地表现出来。所以,在第二卷里面,马克思不仅就流通过程来安排各种属于流通的范畴,还连带处理那些应从流通的角度来考察的有关生产的范畴。比如在资本的循环与周转上,他提出产业资本的三个变形形态:货币资本、生产资本与商品资本,并就生产资本,分别它的固定资本形态与流动资本形态。流动资本一次就把它的价值全部转移到生产物中了,而固定资本则要多次才能把它的价值转移完毕。把能否增殖价值的可变资本与不变资本范畴,放在探究剩余价值来源的生产过程考察,而把能否迅速实现剩余价值的固定资本与流动资本范畴,放在流通过程考察。经过这样严密地确定它们这些范畴的科学规定性,就把资产阶级经济学者从来在这方面混淆纠缠不清的问题,一举而彻底地解决了。不错,流动资本中,还包括有可变资本部分,对于这点,马克思还就可变资本的周转过程,提出前面讲到的垫付可变资本与实际发生作用的可变资本的相关理论。所有这些范畴都是作为流通过程中的个别资本运动条件来考察的。由个别资本运动推移到社会总资本运动,他又就再生产公式考察了一系列的范畴及其相关的规律,两种形态的再生产,社会生产的两大部类,两大部类生产间的比例,消费与积累的关系等等。尽管资本主义社会的生产无政府状态,不可能保证再生产的顺利进行,但它的社会总资本运动和体现在那种运动中的各种范畴及其相互间的联系,却仍是现实的。

当我们的考察,由本质的,由比较单纯的形态,移到我们日常熟悉的复杂而具体的表象形态的时候,又有一系列和它相适应的范畴规律表现出来。在前面两卷,就资本生产过程与流通过程,作了详细说明的剩余价值,现在开始以利润的姿态出现了。可是,在讨论各种具体的利润形态以前，还有必要说明利润一般，又还有必要交代利润由剩余价值转化过来的一般过程。直到这里，我们才明了马克思为什么在考察了剩余价值生产过程以后，不直接转到剩余价值的诸分配形态，而必须是讨论它的流通过程的原因。在现实上，在理论逻辑上，剩余价值利润化，剩余价值率利润率化，是要在通过流通或在流通过程中进行的，具体地讲，是要在由商品资本向着货币资本的转化过程中实现的。一个资本家在直接生产过程中，不论榨取了多少剩余价值，那和他投下的可变资本相比，有多高的剩余价值率，但在实际能在何种程度实现，要看市场的供需状况，要看同类商品生产者竞争的状态而定；并且，一个资本家所关心的，与其说是剩余价值或和其可变资本相比的剩余价值率，宁是售价在成本以上的利润或和其总资本相比的利润率。在这里，本质的东西，反映到资本家的脑子里，就现象化了。因此，每个生产部门的企业主，在相互展开降低成本，改进生产技术组织，加强劳动榨取的竞争活动中，都会就市场的一般情况，看他投下的总资本(不单是可变资本)能够争取到多大的利得，并以此来衡量他是否继续投资，是否把资本移到更有利的生产部门，或投资多少的依据。这里，我们看到了，不同诸生产部门的不同的资本构成，引起了利润率的差异，由竞争形成了一般利润率或平均利润率，出现了平均利润以上的剩余利润，而作用于其中的商品价值及其规律，转化为生产价格和生产价格规律了。大家为了追求剩余利润所引起的资本有机构成不断提高的倾向，反过来造成了一般利润率不断下降的趋势。与社会总剩余价值相适应的总利润，在各种经营资本形态，在各类资产阶级之间，不论如何分配，这个局面是在事实上被规定了的，是由一系列的范畴体系和规律体现着的。至于马克思接下去就各种具体分配形态所作的各种说明，以及他在那种说明中对资产阶级的有关理论展开的批判，提出的新见解、新发现，无一不是按照事物的性质、具体条件及其相互间的联系，来确定它们的范畴，认识作用于它们之间的规律。

我们由此知道，《资本论》里面所讲到的一切经济范畴和规律，都是以资本主义经济生活为依据，都是以资本主义制度下各阶级成员间的现实生产关系为依据。尽管那种经济生活是复杂而多变化的，由于马克思明确地把握了研究对象，正确设定了让事物本身的内在联系及其发展趋向，得从本质到现象，从简单到复杂，从里到外地表达出来的科学结构，就使得所有的范畴和规律，都在总体中有它们的适当位置，而从这方面那方面来反映资本主义社会生产关系有机的总和。

(四)高度严密的科学性和强烈的阶级倾向性——历史唯物主义、政治经济学和社会主义

由上面的说明，已不难想到《资本论》的理论体系，是如何系统、完整和严密的了。但是要认识马克思对自己理论严肃要求的严密科学性，还有需要补充说明的地方。大家在学习《资本论》时，都会深切地感到，马克思在那里运用了许多不能或很少在资产阶级经济学著作中发现的词汇，如范畴、规律、过程、形态、机能等等，那对于我们初学的读者，可能要引起一些困惑。但只要我们初步领会了《资本论》的观点方法，就会认识到，那是《资本论》理论的高度严密科学性的具体表现。我们大家都能接受关于资本主义制度的发展观点，但在理论研究上，只承认它的整体的发展是不够的，必须把构成它那个整体的各个部分，它的每个细胞、每根脉络都在过程中、转化中，在不同形态上去把握去理解，否则谈不到什么严密了。但当我们这样肯定了《资本论》的严密的科学性的时候，又会有人对它的阶级倾向性发生问题，以下我们就要来说明这一点。

恩格斯曾表示：读过《资本论》的人，是否会有些感到美中不足，就是，他们对于马克思这位坚决站在工人阶级立场，并且是工人运动的导师，为工人阶级利益所写的书，竟是那样不厌周详精密地阐述资本主义经济的范畴、规律，而很少讲到社会主义。《资本论》第一卷出版后不久，恩格斯说："这本书会使某些读者很失望。在某些圈子内已经有好几年谈到它的出版了。书里毕竟应该揭示出真正社会主义的秘密学说和万应药方，而另一些读者在终于看到关于它出版的消息后，可能会以为他从这本书里会知道共产主义的千年王国看来到底是什么样子。谁期望得到这种愉快，谁就大错特错了。……马克思现在是，而且将来仍然是始终如一的革命家，并且在科学著作中没有人象他那样毫不掩盖自己的这些观点。可

是关于社会变革后将怎样，他只是最一般地谈到。”[①]当然，他还说马克思在讲到资本主义积累的历史趋势时，对于“社会革命的要求是足够清楚地提出来了”[②]。马克思是在十九世纪中叶前后写这部书的。那时资本主义还在向前发展，工人阶级的革命运动，还是处在比较分散的不发展的阶段。那时，工人阶级能够对他们的革命导师期待的，还不是革命后的社会主义是个什么样子，而只是资本主义向前发展是否有可能与必要转变到社会主义。马克思与一切资产阶级经济学者不同，在他们中间，连最优秀的理论家亚当·斯密、李嘉图也没有对“现代社会的未来发展做出了结论”[③]；他也完全和“那些只是倾向于虚饰的奇谈怪论的所谓社会主义者们”，如蒲鲁东、拉萨尔之流不同，他们所做的，不过是从表象上指责资本制度的阴暗面，“辱骂资本家”，而全没有理会到，资本主义的发展，究竟对于实现社会主义有何进步的意义。马克思一方面严肃批判了资产阶级经济学者对资本制度所抱的永恒观点，同时还更严厉地谴责了那些所谓“职业社会主义者”的廉价的空想。他认为这两者同样是非历史唯物主义的，同样是对于工人阶级革命运动有害的。工人阶级需要的，是符合于他们的社会实况，符合于他们的现实要求，指示他们的命运、力量与展望，并成为他们行动指南的科学论证。《资本论》就是这样一部科学论著。大家熟悉《资本论》里的这段话：

对马克思说来，只有一件事是重要的：那就是发现他从事研究的各种现象的规律。并且他认为重要的，不仅是在这各种现象具有一个完成形式，并保持一种可以在一定期间内看到的联系的时候支配着这各种现象的规律。对于他，比什么都重要的，是这各种现象的变化规律，它们的发展规律，那就是由一个形态过渡到另一个形态，由一种联系秩序过渡到另一种联系秩序的规律。这种规律一经发现，他就要详细研究这种规律在社会生活上由以表现的各种结果。……所以，马克思所殷切关怀的只是

① 恩格斯：《卡·马克思〈资本论〉第一卷书评——为〈杜塞尔多夫日报〉作》。《马克思恩格斯全集》第16卷，人民出版社1964年版，第243页。

② 恩格斯：《卡·马克思〈资本论〉第一卷书评——为〈杜塞尔多夫日报〉作》。《马克思恩格斯全集》第16卷，人民出版社1964年版，第243页。

③ 恩格斯：《卡·马克思〈资本论〉第一卷书评——为〈观察家报〉作》。《马克思恩格斯全集》第16卷，人民出版社1964年版，第255页。

一件事：那就是用严格的科学研究，证明社会关系上某些具有一定性质的秩序的必然性，并且把那些对他说来是当作出发点和根据点的事实，尽可能完善地指证出来。为了要达到这个目的，他只要证明现在的秩序有其必然性，同时另一种秩序也有其必然性，并且不管人们是否相信，不管人们是否意识到，前一种秩序总是不可避免地要推移到这另一种秩序中去。……马克思抱定这个目标，从这个观点去研究并且说明资本主义的经济制度时，他不过严密科学地，树立了每一种对经济生活进行的准确研究所必须具有的目标。……这样一种研究的科学价值，是在于阐明，一定社会有机体的发生，生存，发展，死亡，以及它由另一个高级社会有机体代替的事实，受着一些什么特殊的规律支配。马克思这部书实际上有这种价值。①

这一段话，使我们看到马克思是怎样看待资本主义制度，怎样驳斥资产阶级经济学者和所谓职业社会主义者的。对于后者，他叫他们认识资本主义秩序的必然性；对于前者，他叫他们认识资本主义这种有机体一定要为其他更高级社会有机体代替的必然性。只有根据历史唯物主义观点，就资本主义秩序的内在联系来揭露它的运动规律，才能显出它将为社会主义代替的必然前景。那种揭露愈彻底、愈客观、愈不把作者个人主观愿望渗进去，或者愈符合历史唯物主义精神，就愈能够把社会主义的展望更明确有力地当作一个无可避免的历史倾向显现出来。在这里，我们看到了，作者高度关怀工人阶级利益的强烈的倾向性，竟成为促使其理论具有高度严密科学性的动力与保证。革命的倾向性，不仅允许而且要求高度的科学性。倾向性与科学性统一了。但是，我们不能因此作出结论，说一切拥护资本主义制度，为资产阶级辩护的理论，也能把它们的倾向性与科学性统一起来。在资本主义前进阶段的经济学者，虽然站在资产阶级立场上，还可以在一定程度上，讲出一些真理，建立起古典经济学，但自此以后，他们就只有在辩护理论上，表现反革命与反科学的统一了。这里就显示了，立场观点方法对于科学理论的决定意义。只有代表最进步的工人阶级的利益，才能采取历史唯物主义的观点，也只有建立在历史唯物主义基础上的政治经济学，才能得出社会主义的结论。恩格斯在评述《资本

---

① 见马克思：《资本论》第1卷，人民出版社1963年版，第XX～XXII页。

论》时指出："大家多少知道的社会主义理论的基本原理归结为一点：在现代社会中工人并没有得到他的劳动产品的全部价值。这个原理象红线一样也贯串着所评论的这本书全部，只是在这里它比从前表述得远为明确，更彻底地贯彻到它的一切结论中，更紧密地与政治经济学的基本原理联系起来，或者更直接地同它们处于对立地位。著作的这一部分由于力图达到严格的科学性而比我们所知的一切先前的类似著作出色得多，并且可以看到，作者不仅仅是对自己的理论，而且对整个科学是抱着认真的态度的。"①

① 恩格斯：《卡·马克思〈资本论〉第一卷书评——为〈杜塞尔多夫日报〉作》。《马克思恩格斯全集》第16卷，人民出版社1964年版，第244页。

第二部分

八、《资本论》是一部关系人类历史命运的著作

《资本论》的重要性，把《资本论》看成一部关系人类历史命运的书，是谁都无法否认的。不讲马克思主义者，就是马克思主义的各种各色的敌人——资产阶级学者、改良主义者、修正主义者，也很难提出相反的看法。不然的话，他们为什么要那样集中力量，想尽办法来攻击、曲解《资本论》，并那样力图降低它的评价，削弱它的影响呢？

当然，关于《资本论》与人类历史命运的关系问题，站在否定它的立场上，是不可能有正确的认识的，就是站在肯定它的立场上，看法也不一定能完全一致。在这里，我想就以下这几个方面来说明它究竟是怎样成为关系人类历史命运的书的。

（一）由于《资本论》，作为研究人类社会历史的锁钥的唯物史观，就由科学的假设，变成了“放之四海而皆准”，运用到一切社会形态而有效的普遍真理

马克思的唯物史观的公式，是在《政治经济学批判》的序言中提出的。他在一八五九年出版这本书时，曾在致拉萨尔的信中表示这本书对社会关系提供了真实的科学的解释。《资本论》是作为《政治经济学批判》的继续和扩大而写出的。唯物史观的原则，在《资本论》中得到了全面而透彻的贯彻。唯物史观的几个基本原则，如物质生活资料的生产方式决定着

社会生活、政治生活及一切精神生活的全部过程；如生产关系或经济基础决定着上层建筑；如生产关系必须适合于生产力性质或一定生产力发展水平；如特定的生产关系一经建立起来，就通过它的上层建筑，从各个方面，采取各种措施，来促进生产力的发展，来巩固这一生产关系；如生产力发展起来，一感受到生产关系的束缚，就要由存在于那种生产关系中的阶级矛盾的发展，而引起革命，打破原有的生产关系，建立新的生产关系，并使原有的上层建筑或快或慢地趋于瓦解，由新的上层建筑所代替。列宁在《什么是"人民之友"以及他们如何攻击社会民主主义者?》这部有名论著中，曾反复说明：马克思在《资本论》中，从一切社会关系中划出经济关系，再从经济关系中划出生产关系，作为一切上层建筑的基础；又把特定的生产关系归结到一定生产力发展水平，这不仅正确地处理了各种社会现象的关系，指出了它们之间的关系的规律，并还不假借于社会生产关系以外、生产关系当事人以外的任何因素，说明了一个社会形态转移到另一个较高级的社会形态的必然规律。这一来，以往一切由上帝、超人、英雄……创造历史的胡说，第一次通过资本主义社会经济形态的科学分析而全部廓清了；而正确认识人类社会发展的历史科学，也第一次通过《资本论》而建立起来。恩格斯讲过，马克思有两大关于人类历史命运的发现：一是唯物史观，一是剩余价值学说。马克思正好是在《资本论》中全部应用唯物史观，才把资本主义社会的那个用一切社会表象和各种观念尘雾掩蔽着的特殊剥削形态，即剩余价值范畴发现出来。马克思和恩格斯的历史唯物主义哲学，是在十九世纪四十年代的各种论著中，特别是在《共产党宣言》中，就已开始尝试提出应用的。可是，把它概括成为一个明确的唯物史观公式，作为研究的出发点，却是初见于《政治经济学批判》序言。以后在论及政治经济学方法论时，用不同的表达方式，在《资本论》第二版跋中，更明确地予以确认。由于《资本论》运用这个原则、这个公式或方法，很成功地揭露出了以剩余价值为核心的整个资本主义经济运动规律，而由是把资本主义社会形态，由里到外，由基础到上层建筑，由发生、发展到没落的全部过程，给活生生地呈现出来。《资本论》不仅是一部伟大的政治经济学论著，还是一部伟大的历史科学论著；不但如此，列宁曾讲过：如果说马克思没有留下专门的辩证法，他的《资本论》就是一部活生生的辩证法；我们似乎也可以这么说，人们不时惋惜马克思没有遗留下关于唯物史观的专门论著，其实《资本论》就以极其丰富的内容、极其生动的形式，弥补了这个缺憾。用马克思自己的话来讲吧："资产阶级社会是历史上最发达的和最复杂的生产组织。因此，那些表现它的各种关系的范畴以及对于它的结构的理解，同时也能使我们透视一切已经覆灭的社会形式的结构和生产关系。"[①]毛主席指示我们说："当着马克思把资本主义社会这一切矛盾的特殊性解剖出来之后，同时也就更进一步地、更充分地、更完全地把一般阶级社会中这个生产力和生产关系的矛盾的普遍性阐发出来了。"[②]马克思对于未来社会也提供了一些科学的预见，在《资本论》及其他经典论著中关于社会主义、共产主义社会所作的一些重要指示，不正在我们建设社会主义、共产主义过程中，发生着极其光辉的指导作用吗？

这就是说，当《资本论》把唯物史观这个假设应用来研究资本主义社会形态，以后，我们对于整个人类社会的发展，不论是过去，还是将来，就有了一个据以探索了解其途径的锁钥。国内外的资产阶级的代言人，根本不懂得《资本论》是具有怎样一种性质的伟大著作，他们叫嚷《资本论》"过时"了，而事实告诉他们的，却是整个资本主义社会的统治阶级，还在感到《资本论》的麻烦呢！

(二)由于《资本论》，人类长期梦寐以求的社会主义，就由空想发展成为科学

在原始共产社会以后，人类在私有剥削制度下遭遇到贫穷困苦，以及由是而引起的战乱，总想出现一个大家好好安静过日子的理想社会。中国人老早以来就以非常向往的心情，传说着"大道之行，天下为公"的极乐世界；希腊古代哲学家柏拉图希望在奴隶制度基础上建立起"理想国"，那在很大程度上，可以说是对于原始共产社会的一种漫画式的憧憬。马克思、恩格斯在《共产党宣言》中，曾分别论述过欧洲的各种各色的社会主

---

① 马克思：《〈政治经济学批判〉导言》。《马克思恩格斯选集》第2卷，人民出版社1972年版，第108页。

② 毛泽东：《矛盾论》。《毛泽东选集》第1卷，人民出版社1968年横排本，第293页。

义:如"封建的社会主义","小资产阶级的社会主义","资产阶级的社会主义"……等等。但他们认为那都是一些反动的,或伪装进步的货色。其中最为他们赏识的,是"空想的社会主义"。属于这个空想的社会主义流派的,如圣西门、欧文、傅立叶,都分别对资本主义制度的这样那样的缺点,作了非常尖锐激烈的抨击。他们确实分别指出了资本主义的一些痛处,但因为还是处在资本主义的较不发展的阶段(十九世纪初),对于资本主义制度,并没有形成一个整体概念,在他们企图用来代替资本主义制度的改革方案中,虽然也显示出了一些对未来社会的构思,可是由于他们所理想的社会,是从主观愿望出发,难免要变成空想,显得是天真而不成熟。恩格斯说:"不成熟的理论,是和不成熟的资本主义生产状况、不成熟的阶级状况相适应的。解决社会问题的办法还隐藏在不发达的经济关系中,所以只有从头脑中产生出来。"①

社会主义要由空想发展成为科学,成为是社会发展客观必然规律在理论上的反映,"就其内容来说,首先是对统治于现代社会中的有产者和无产者之间、资本家和雇佣工人之间的阶级对立和统治于生产中的无政府状态这两个方面进行考察的结果"②。进行这样的观察,第一步就得彻底改变我们的历史观,改变我们对于社会变迁和政治变革的终极原因的看法。谁还要象空想社会主义那样,从人们头脑中,从人们对于所谓永恒真理和正义日益增进的理解中,即从哲学中,而不从经济中去找那种原因,他就永远也不会找到由资本主义发展到社会主义的道路。在十九世纪四十年代,马克思、恩格斯就开始试图从正在发展中的资本主义社会制度和经济条件本身,去探求变革那种社会制度所必要的手段。他们向全世界公开的《共产党宣言》,已说明他们已经很成功地找到了实现社会主义、共产主义的正确道路。但如果说,《宣言》在理论上还只是一个关于科学社会主义的全面而系统的非常明确的宣传提纲,而更完整更充实的资本主义必然要被社会主义所代替的理论体系,则是由《资本论》来完成的。全面体现着唯物史观原则的《资本论》,全面而系统地揭露出剩余价值的

① 恩格斯:《反杜林论》。《马克思恩格斯选集》第3卷,人民出版社1972年版,第299页。

② 恩格斯:《社会主义从空想到科学的发展》。《马克思恩格斯选集》第3卷,人民出版社1972年版,第404页。

秘密的《资本论》,从资本主义生产关系内部,发现了资本主义的经济运动规律,发现了资本主义由形成、发展,以至灭亡的必然发展规律;当资本主义制度的过渡性,暂时性,被《资本论》用无比丰富的材料,无比严密而完整的理论,系统地加以确证和判定时,社会主义才第一次完全脱离主观愿望的性质,完全脱离不易捉摸的空想性质,而发展成为非常落实的,可以根据具体社会经济条件和阶级对立关系加以说明和把握的科学体系。科学的社会主义理论体系,是必须建立在历史唯物主义基础之上的。这是马克思主义者的社会主义和以往一切以社会主义、共产主义名义提出的学说的根本区别的地方。并且,也只有依据唯物史观,才要求用《资本论》那样伟大的论著,来对资本主义社会生产关系作全面而周到的精密的剖析。

是的,人们也许不禁要问,事实上,不少国内外的资产阶级学者,就好象找到了《资本论》的什么缺点似的,在这样反问:

《资本论》是以资本主义的生产关系为研究对象,怎么能把它看作是社会主义的科学理论基础呢?

依据《资本论》,资本主义最发达的国家,就算是最有条件实现社会主义,而事实不是适得其反吗?

关于前一个疑问,我们似乎只用一句话就可予以解答:在社会主义还没有出现以前,历史向社会主义者提出的理论研究任务,是社会主义如何产生、在怎样的条件下产生。马克思在《资本论》中,就从资本主义生产关系内部,发现了它在不断发展着自我否定的条件,即辩证地促使社会主义必然产生的条件。从资本主义研究中竟得出了社会主义的结论,这当然是资产阶级学者们的形而上学的脑子所感到不易理解的事。

关于后一个疑问的发生,是由于他们把可能和现实混做一团了,把社会科学所研究的社会现象和自然科学所研究的自然现象混做一团了;以为资本主义最发达的国家,就必然最有条件实现社会主义,社会主义就应当在那里当作瓜熟蒂落的结果而早实现出来,但马克思主义者并不是这样看问题的。在资产阶级统治的社会中,要使存在于资本主义社会的有可能实现社会主义的条件变为现实,必须通过阶级斗争,而在这里,资产阶级和无产阶级的阶级力量对比,就有了决定的作用。而对于坚决要求实现社会主义的无产阶级来说,他们自身的阶级觉悟、阶级团结,就有了决定的作用。在这里，我们又看到了科学社会主义和空想社会主义间的又一个本质的区别：当空想社会主义者，把推翻资本制度的责任，毫不觉得惭愧地属望于他们自己这一类的有教养有知识的人的时候，马克思主义者却是把这个希望寄托在无产阶级身上。我们在《资本论》中，不仅看到了无产阶级的地位和命运，同时也看到了他们的力量。

(三)《资本论》是无产阶级长期的阶级斗争的经验的科学总结

马克思主义者和一切空想社会主义者不同，他们自始就看到了无产阶级的力量，自始就把革命事业的希望，寄托在无产阶级身上。但是，无产阶级并不是一开始就理解自己所担负的历史任务的。“无产阶级对于资本主义社会的认识，在其实践的初期——破坏机器和自发斗争时期，他们还只在感性认识的阶段，只认识资本主义各个现象的片面及其外部的联系。这时，他们还是一个所谓‘自在的阶级’。但是到了他们实践的第二个时期——有意识有组织的经济斗争和政治斗争的时期，由于实践，由于长期斗争的经验，经过马克思、恩格斯用科学的方法把这种种经验总结起来，产生了马克思主义的理论，用以教育无产阶级，这样就使无产阶级理解了资本主义社会的本质，理解了社会阶级的剥削关系，理解了无产阶级的历史任务，这时他们就变成了一个‘自为的阶级’。”①远在十九世纪四十年代初，马克思就在他的《黑格尔法哲学批判》导言中说：“德国人的解放就是人的解放。这个解放的头脑是哲学，它的心脏是无产阶级。”②他还说：“哲学把无产阶级当做自己的物质武器，同样地，无产阶级也把哲学当做自己的精神武器”③，这已清楚地说明了无产阶级必须用革命哲学，用理论来武装他们的头脑。理论一经掌握群众，就会变成物质的力量。然则理论要怎样才能掌握群众？他认为：“理论只要说服人，就能掌

① 毛泽东：《实践论》。《毛泽东选集》第1卷，人民出版社1968年横排本，第265页。

② 马克思：《〈黑格尔法哲学批判〉导言》。《马克思恩格斯选集》第1卷，人民出版社1972年版，第15页。

③ 马克思：《〈黑格尔法哲学批判〉导言》。《马克思恩格斯选集》第1卷，人民出版社1972年版，第15页。

握群众;而理论只要彻底,就能说服人。所谓彻底,就是抓住事物的根本。"[①]马克思以后的全部理论工作,就在努力抓住事物的根本,抓住社会的本质,抓住社会阶级的矛盾斗争的关系,俾能说服无产阶级,掌握群众,使其成为推翻资产阶级的物质力量。而马克思的《资本论》,就是为了实现这个愿望,就是他以毕生精力,甚至以他的生命献给无产阶级革命事业的具体表现。

恩格斯在《卡尔·马克思》一文中,开始就说:"第一个给社会主义、因而也给现代整个工人运动提供了科学基础的人——卡尔·马克思……"[②]他在这篇短文中接下去所讲的,基本上是说明马克思怎样通过《资本论》,给社会主义,给工人运动提供科学基础。他认为,在马克思使他自己的名字永垂于科学史上的许多重要发现中,有两点是最关重要的:第一点是他在世界历史观中所实现的变革,他论证了人类在原始共产社会以后的全部过去历史,都是阶级斗争的历史;在一切不同的和复杂的政治斗争中,中心问题始终是社会的这些或那些阶级争取社会上的统治,始终是旧的阶级要保持统治,而新兴的阶级要求获取统治;由于旧的阶级的统治,妨碍着社会的生产力的发展,新兴阶级的要求,符合于生产力的发展,结局,那种斗争,总是以后者取得最后胜利而告终。这个历史发展的一般规律的发现,对于站在统治地位的资产阶级该是多么沉重的打击,同时,对于正在争取着从资本主义统治下解放出来的无产阶级,又该是多么大的鼓励。当然,《资本论》的作者关于这个一般规律的发现,不是由古到今,顺着历史发展的道路来探索,而是从已经很发达的社会形态探索上去,也就是说,马克思是通过资本主义社会形态和生产关系的分析,为理解历史上一切社会形态提供线索,找到一般发展规律。恩格斯指出他的第二个重大发现,是在彻底弄清了资本主义社会的资本与劳动的关系,弄清了资本家阶级如何剥削无产阶级的关系,也就是说,弄清了剩余价值的关系,正因为把这个最复杂的、最隐蔽的剥削形态,即剩余价值形态弄清楚了,农奴制度的剥削形态,奴隶制度的剥削形态,就一目了然了;原始社

---

① 马克思:《〈黑格尔法哲学批判〉导言》。《马克思恩格斯选集》第1卷,人民出版社1972年版,第9页。

② 恩格斯:《卡尔·马克思》。《马克思恩格斯选集》第3卷,人民出版社1972年版,第34页。

会以后的历史，是剥削者阶级剥削被剥削者阶级的历史，是被剥削者阶级不断对剥削者阶级进行反抗的历史，也就一目了然了。真理总是在被压迫、被剥削者一边。把这个真理向全世界宣布出来，就武装了无产阶级，使他们能理直气壮地进行斗争。不错，在资本主义生产关系发生的那一瞬间起，真理就是在无产阶级一边了，但无产阶级要斗争取得胜利，还须在资本主义生产关系发展过程中，不断扩大自己的队伍，集中自己的力量，不断通过这样那样的斗争，获得经验，提高认识和阶级觉悟，使他们自己逐渐由自在的阶级变成为自为的阶级。使每个人都认识到个人的、各个厂矿方面的集体的利益，是和整个阶级利益连在一起的。马克思在《资本论》中，不仅非常明确有力地论证资产阶级在如何毫不留情地剥削无产阶级，使无产阶级日益贫困化，同时却也辩证地说明了，就在他们加强剥削榨取中，在加速资本积累、积聚和集中过程中，不仅扩大了无产阶级队伍，并还为无产阶级团结、组织、锻炼创造了条件。不仅论证了无产阶级反抗资产阶级的斗争如何有理，并还指示了他们对资产阶级进行反抗斗争如何有力。他使无产阶级在打倒资产阶级的斗争中，认识到自己的力量，抱定必胜的信心。

当然，当无产阶级威胁逐渐增加时，资产阶级为了维护其统治，是一点也不会放松警惕的。他们为了破坏工人的团结，不惜收买上层工贼，并且为了混淆是非、模糊阶级界线，又在马克思主义阵营内，收买大批的改良主义、修正主义分子，为他们帮腔。在这种情况下，无产阶级要取得斗争的胜利，就必须紧密团结在他们革命的先锋队，即真正代表他们利益的共产党的周围，在党的领导下，依据具体条件，依据阶级力量的消长变化，制定斗争策略和步骤，统一行动。在这里，斗争的胜利，就要取决于马克思主义的真理是否和工人阶级的革命运动结合起来；广大工人阶级的阶级觉悟程度和阶级组织领导力量，是否随着社会经济条件的发展和成熟，而日益提高加强起来。在当前这个帝国主义走向灭亡和社会主义走向胜利的新阶段，只要无产阶级政党遵循马克思主义原则，加强组织领导教育工作，对资产阶级一切反动势力，进行顽强斗争，积聚革命力量，准备在必要的时候用革命武装去夺取政权，就是资本主义经济发展程度差了一些，依旧可以象在帝俄那样，乃至象在半封建半殖民地的旧中国那样，实现社会主义；反之，在一些发达的资本主义国家，由于大部分工人的组织被掌握在一些右倾机会主义、改良主义者手中，无产阶级的运动，没有同马克思列宁主义相结合，即使实现社会主义的经济条件已经成熟了，依旧不能实现社会主义。资产阶级学者和修正主义者、改良主义者，不懂其中的辩证道理，就抓住这种事实，胡说什么《资本论》的预言不灵，他们似乎一点也没有想起，反对《资本论》中的辩证法的，反对《资本论》著者经常告诫无产阶级，不能等着实现社会主义，必须通过坚决的决死斗争才能实现社会主义的理论的，不正是他们这些家伙吗？论到这里，我们还不应忘记他们的又一个有关的谬论，那是说，象《资本论》这么巨大，这么艰深难懂的著作，怎么能和无产阶级发生关系呢？事实上，《资本论》中所讲的道理，恰好只有工人阶级最容易接受；而最感到格格不入的，倒反而是那些自认为有教养的资产阶级和他们的御用学者们，马克思曾经不止一次地谈到这个问题。

（四）《资本论》是对以往一切阶级社会思想的清算和总结，是革命与科学统一表现的典范，是工人阶级的光荣与骄傲的旗帜

大家都知道：《资本论》是马克思这位伟大学者和革命家的科学巨著。这部著作把贯彻在整个资本主义发生、成长以至没落过程中的对立斗争规律，原原本本地揭露出来，构成了历史唯物论的基础，显示为资本主义社会的“革命的代数学”或辩证法，而由是形成了科学社会主义的基本内容和必然结论。这也就是说，马克思主义的三个构成部分：哲学、政治经济学和科学社会主义，都很好地结合表现在《资本论》中了。就因为这个缘故，《资本论》就不仅表现为工人阶级的代表意识，对于资产阶级的思想，显得无比的优越和正确。《资本论》还是对于以往一切人类社会思想所作的全面性的总结。

在以往一切剥削阶级占统治的社会中，资产阶级社会无疑是最能容许社会生产力发展的，恰当地说，它是最善于剥削劳动人民的。它在一方面以剥削劳动人民所得的巨大财富，造成对劳动人民的物质压力，同时又利用那种财富，动员组织大批的知识分子，使他们在各个方面各个文化领域，编造出适合于剥削者利益的各种理论学说体系，而由是形成对于劳动

人民的精神压力。显然的，在那各种欺骗劳动人民并模糊其阶级意识的学说理论中，凡属以往各个社会为维持剥削制度所采取的观点和言论，都被搜罗吸收进去了。一切剥削阶级（特别是它们临到保守的没落阶段的时候）的思想体系的共同特征，就是唯心论的观点和形而上学的方法。资产阶级在这方面并没有什么特别。如其说它有优于封建贵族和奴隶主的地方，无非是由于它占有他人的劳动或从事剥削，不象后两者那样直截了当，而采取了比较掩蔽的形态；这种“暗偷”对“明抢”的区别，就使得资产阶级学者把资本主义描绘成公平合理的“自由而自然的制度”了（亚当·斯密在《国富论》中就这么说）。照他们的讲法，仿佛以前存在过的社会，都是达到资本主义社会的不同阶段，历史就发展到这里为止，不再前进了。正如同亚里士多德宣称奴隶和奴隶主的关系，有如男女关系那样自然一样，在资产阶级学者的学说里，工人阶级和资产阶级的关系，也是再自然不过的了。如此这般的似是而非的学说理论，都使工人阶级在思想上找不到出路，他们由此受到的精神压力，比之资产阶级的巨大财富所给予他们的物质压力，还要严重得多。为要使工人阶级从这种精神压力下解脱出来，明确认清他们自己的地位、自己的力量、自己的前途，就需要一种恰好和历来剥削阶级特别是资产阶级宣扬的教义相反的思想体系，即采取与唯心主义形而上学相反的辩证唯物主义世界观的思想体系，把剥削的真相揭露出来，把社会发展的规律揭示出来，把工人阶级有可能和必要起而推翻资产阶级统治的必然道理论证出来。整个马克思主义学说，无疑都是针对着这些方面，对于所有以往剥削者的理论进行批判，但依据物质生活的生产方式决定着社会生活、政治生活以及一般精神生活的过程的根本前提，就特别需要从经济制度方面去剖析剥削阶级的社会政治压制的基础。马克思的《资本论》就是为了成就这个历史任务而写出的。所以著者虽然指出它的主要目的是揭露资本主义运动规律，但不能单看为是一部政治经济学论著，它几乎把一切有关哲学、历史、社会、政治方面的基本概念和重要论点包摄在里面了；那虽然是就资产阶级社会立论的，但以往一切剥削阶级的社会意识形态，都在极广泛的范围内被连带论述到了，也都被连带给予以公平的历史评价了。《资本论》就这样成为一部社会科学大百科全书，同时也就是对于以往一切阶级社会思想的清算和总结。

任何剥削阶级的思想意识，归根结底都是要劳动人民忍受其剥削，所以，都是讲“压迫有理，剥削有理，造反无理”，而马克思主义正好要倒转过来。毛主席曾经指出：“马克思主义的道理千条万绪，归根结底，就是一句话：‘造反有理。’”[①]这个思想上的天翻地覆，在《共产党宣言》中，已经揭示出了一个轮廓，但直到具有不可抗辩的说服力量和具有无从躲闪的剖析力量的体大思精的《资本论》问世，整个资产阶级的思想学说体系的欺骗性和脆弱性，才第一次在马克思主义的科学真理前面暴露无遗了。如果说，资产阶级的政治权力统治，是到十月革命才开始被倾覆的，那末，他们的思想统治，却在《资本论》出现的十九世纪六十年代就已受到致命的摧毁，就已经在进步人们的思想上破产了。

《资本论》是这样一部关系人类历史命运，关系人类社会思想根本变革的著作，这种性质，就不仅说明了它必须贯彻着如何彻底的革命观点和方法，同时还说明了它必须保持如何严密完整的科学系统。这是革命与科学统一的典范。若从其发生的意义来讲，应当说是由于这样一种历史的必然，即后起的工人阶级的代表思想意识，如其不是具有这样无比的优越性，它就不可能战胜资产阶级思想。

---

① 《在延安各界庆祝斯大林六十寿辰大会上的讲话》(1939 年 12 月 21 日)，转引自 1966 年 8 月 26 日《人民日报》。

九、《资本论》是一部政治经济学典范，也是一部阶级学典范

《资本论》的问世，就一八六七年出版的第一卷讲，快一百年了。在这将近一百年中，无论在实践方面，还是在理论方面，它都经住了考验，同时它也一直在给人们以考验。《资本论》有一个最大特点，就是，这部作为革命行动指南写出来的书，它的阶级倾向性，是非常强烈的，同时，它也具有高度的科学性。正是因为全书自始至终表现了对于无产阶级事业的无限忠诚的革命倾向，才使得它在理论上有必要依据阶级斗争的现实要求，而尽可能全面完整地保证严格的科学性格。这种革命性与科学性统一的特点，表现在它对于资本主义社会各阶级的社会经济关系，作了非常严密的科学规定。所以，这一部作为经济科学典范来看的书，在实质上，同时还是一部无产阶级用来制定斗争策略的阶级学典范。这该怎么进一步去理解呢？

在阶级社会里，马克思忠于无产阶级的革命事业，就能写出《资本论》这样的科学论著。那末，同是以资本主义经济为研究对象的资产阶级经济学者，尽管他们同样非常忠实于资产阶级的利益，却怎么也研究不出什么科学的结论；而且，愈到后来，愈是坚持维护资产阶级的利益，就愈加要走向科学的经济学的反面。这是为什么呢？这是因为无产阶级是最革命的阶级，它的利益和客观真理是完全一致的。

将近一百年来的社会阶级斗争史和政治经济学发展史，非常有力地证明了，谁要是不把《资本论》看作是革命行动的指南，谁也就不会把它看作是科学理论研究的指南；谁离开了《资本论》所指示的阶级学说的基本原则有多么远，谁就离开了革命，离开了科学有多么远，或者他陷入资产阶级庸俗思想的泥潭有多么深。这还需要提出例证吗？

我们将在下面分别解答这几个问题。

(一)为什么《资本论》是无产阶级制定斗争策略的阶级学典范

有人早就在跟着资产阶级叫嚷,说什么《资本论》是讲的百余年以前的事,已经“过时”了。但马克思主义者却是这样回答他们的:在阶级社会彻底消灭以前,在最后的社会对抗关系消灭以前,《资本论》里面关于社会阶级特质,关于资本主义社会各阶级的关系,以及关于阶级发生、发展以迄消灭的各种基本原理,将永远成为无产阶级继续奋斗、继续制定他们斗争策略的阶级科学根据。

不错,《资本论》是一部经济理论著作。但在阶级社会里,政治经济学研究的社会生产关系,其实就是阶级关系,就资本主义社会来说,基本上是由资产阶级与无产阶级结成的关系。列宁指示我们:“所谓阶级,就是这样一些大的集团,这些集团在历史上一定社会生产体系中所处的地位不同,对生产资料的关系(这种关系大部分是在法律上明文规定了的)不同,在社会劳动组织中所起的作用不同,因而领得自己所支配的那份社会财富的方式和多寡也不同。所谓阶级,就是这样一些集团,由于它们在一定社会经济结构中所处的地位不同,其中一个集团能够占有另一个集团的劳动。”①资产阶级与无产阶级的关系,或者资产阶级对无产阶级的剥削关系,是由他们在整个生产体系中所处的地位决定的,是由他们一方面占有生产资料,但须依靠别人的劳动,始得增加收入,另一方面仅拥有自己的劳动力,却须依靠别人的生产资料始得维持生存的社会经济关系所决定的。事实上,这些经济条件与关系,不仅会决定各阶级间相互的地位、性质,也会决定不同阶级的固有性格、思想生活以及他们的政治态度。所以政治经济学在实质上,是规定各阶级的利害关系的科学,政治经济学的分析愈全面、深入,就表明它对各阶级间利害关系的规定性愈完备、明确。它在阶级斗争的意义上说,就愈能成为决定斗争方针与策略的科学根据。

我们知道,马克思写《资本论》,自始就是为了指示无产阶级斗争的方

---

① 列宁:《伟大的创举》。《列宁选集》第4卷,人民出版社1972年版,第10页。

向，要他们明确认识自己的被剥削的地位与命运，并极力提醒他们，他们不团结起来作决死的斗争，资产阶级是决不会自己放下屠刀，对他们大发善心的。《资本论》的作者认定，“资本和劳动的关系，是我们现代全部社会体系所依以旋转的轴心”[①]，《资本论》所要证明的是，“我们的银行家、商人、工厂主和大土地占有者的全部资本，不外是工人阶级的积累起来的无偿劳动！”[②]谁积累的无偿劳动愈多，谁的资本量就愈大，那么他利用属于社会的科学技术条件、利用自然力，乃至利用社会政治权力，以获得更多无偿劳动的可能性也就愈大。这些经济条件与经济关系的不断反复出现，就使得站在统治地位与剥削地位的资产阶级，都变成了唯利是图的经济人。马克思告诉我们，他在《资本论》里面“考察的人，都不过是经济范畴的人格化，是一定阶级关系和阶级利益的体现”[③]。一方面资本家是资本的人格化，另一方面资本是资本家的物化。要不断增殖、不断扩大始能存在的资本的要求，就成为资本家的要求，即所谓“资本家的心，就是资本的心”。在这种人心目中，没有真，没有善，没有美，只有利；在你死我活的斗争中，他们不仅对于受剥削的无产阶级没有任何怜惜，就是对于处在剥削地位的同行，也同样不会对他们表示任何爱顾。这种所谓“人性”，归根到底讲来，不过是由资本主义社会生产关系总和决定下来的，是对于占有他人劳动的单纯物质刺激的条件反射。

马克思除了以大量生动的事实，告诫无产阶级放弃幻想、坚持斗争外，同时也充分估计并说明了无产阶级在资本主义发展过程中，不但人数在不断增长，并且为资本主义生产过程的机构自身所训练、所联合、所组织起来的力量及其反抗情绪，也在不断增长[④]。

此外，如列宁指出的：“马克思的《共产党宣言》中有一段话表明，马克思怎样要求社会科学用客观态度去分析现代社会中每个阶级所处的地位，并且同对每个阶级的发展条件的分析结合起来。这段话就是：‘在当

---

① 恩格斯：《卡·马克思〈资本论〉第一卷书评——为〈民主周报〉作》。《马克思恩格斯选集》第2卷，人民出版社1972年版，第269页。

② 恩格斯：《卡·马克思〈资本论〉第一卷书评——为〈爱北斐特日报〉作》。《马克思恩格斯全集》第16卷，人民出版社1964年版，第241页。

③ 马克思：《资本论》第1卷，人民出版社1963年版，第Ⅻ页。

④ 参见马克思：《资本论》第1卷，人民出版社1963年版，第841～842页。

前同资产阶级对立的一切阶级中，只有无产阶级是真正革命的阶级。其余的阶级都随着大工业的发展而日趋没落和灭亡，无产阶级却是大工业本身的产物。中间等级，即小工业家、小商人、手工业者、农民，他们同资产阶级作斗争，都是为了维护他们这种中间等级的生存，以免于灭亡。所以，他们不是革命的，而是保守的。不仅如此，他们甚至是反动的，因为他们力图使历史的车轮倒转。如果说他们是革命的，那是鉴于他们行将转入无产阶级的队伍，这样，他们就不是维护他们目前的利益，而是维护他们将来的利益，他们就离开自己原来的立场，而站到无产阶级的立场上来。'"[①]

从马克思学说发展的过程来看，《资本论》原是根据《共产党宣言》中提出的阶级历史任务来写作的，因此列宁在上面引述的《共产党宣言》中那段话的含义，在《资本论》中就作了更严密的规定。《资本论》全书基本上是就资产阶级与无产阶级两个阶级，来论述它们在经济范围内的敌对关系与斗争过程。但是《资本论》也指出，处在它们中间的那些小工业家、小商人、农民，如果还是处在那种小本经营或小生产者的地位，他们就会充分表现出摇摆不定的二重性：一旦成为资本家，当然和资本家一鼻孔出气；不幸变成无产者，他才有接受无产阶级观点的可能。这就是说，社会各阶级的观点及其政治动向，基本上都由它们的经济关系与地位决定的。

《资本论》就资本主义社会的生产关系总和来严密分析各阶级的社会经济关系及地位，并详细说明社会经济一有发展变动，各阶级相互间的力量对比就会发生变化，并因相互间的利害关系而要引起不同的反应。它指出，资本主义愈向前发展，就愈接近死亡。这一切表明，《资本论》这部政治经济学论著，严格说来，无异是一部阶级学典范。它的强烈的阶级倾向，不但不影响它的科学性，倒恰好是在它的作者对于无产阶级革命事业的高度忠诚的激励下，才使得这部书具有无比深刻周到的科学价值。“它包含着充分的、并且非常充分的勇敢而大胆的新东西，所有这一切都是以完全科学的形式呈献出来的。……这里涉及的是系统的科学理论”[②]。

---

① 列宁：《卡尔·马克思》。《列宁选集》第2卷，人民出版社1972年版，第588页。

② 恩格斯：《卡·马克思〈资本论〉第一卷书评——为〈爱北斐特日报〉作》。《马克思恩格斯全集》第16卷，人民出版社1964年版，第242页。

但须指出,由于《资本论》是作为无产阶级的革命行动的指南写出来的,我们的研究显然只有在紧密结合当前革命斗争任务的前提下,才会深切感到它是我们进行科学理论研究的指南。

(二)资产阶级激烈攻击无产阶级的阶级学典范——《资本论》

《资本论》第一卷出版的当年,即一八六七年,恩格斯为《莱茵报》写了一篇书评,表示:"无论少数社会民主党议员之间有多大的分歧,我们还是可以肯定地说:这个政党的一切党团,都将欢迎这部书,把它看做自己理论的圣经,看做一个武库,他们将从这个武库中取得自己的最重要的论据。"[①]事实上在第二年第一国际的一次会议中,就按照恩格斯提议的精神,《资本论》被定为理论与行动准则的圣经。恩格斯就在一八八六年的英文本的序中,讲到《资本论》流行的情况:"在大陆方面,《资本论》经常被称为'工人阶级的圣经'。本书所得的结论,一天多似一天的,成了工人阶级伟大运动的基本原理;这不仅在德国和瑞士是这样,并且在法国,荷兰,比利时,美国,甚至在意大利和西班牙也是这样;随便在什么地方,工人阶级都一天多似一天的,承认这些结论是他们的状况和愿望的最适切的表现。这是每一个熟习工人运动的人都不会否认的。在英国,马克思的理论,此刻也在社会主义运动中发生着有力的影响;这种运动在'有教养的人'的队伍中传布,也不亚于在工人阶级的队伍中。"[②]

《资本论》在工人阶级中,乃至在"有教养的人"的队伍中流传起来,当然要引起资产阶级的恐惧与仇视。工人阶级承认《资本论》是他们状况和愿望的最适切的表现。他们的状况是什么呢?是被剥削、被侮辱与被损害;他们的愿望是什么呢?是要推翻这个剥削他们、侮辱他们、损害他们的资本主义制度。但这个结论,却是资产阶级所不能承认、不敢承认的。他们对于他们所统治的社会,是非常满意的。他们认为,不但他们满意,

① 恩格斯:《卡·马克思〈资本论〉第一卷书评——为〈莱茵报〉作》。《马克思恩格斯全集》第16卷,人民出版社1964年版,第236~237页。

② 马克思:《资本论》第1卷,人民出版社1963年版,第XXXII页。

受他们剥削凌辱的无产阶级，也应当满意。马克思曾以辛辣的讥讽的口吻就劳动力买卖的关系，来描述他们的自我满足和自欺欺人的看法。“劳动力的买卖是在流通领域或商品交换领域的范围内进行。这个领域，实际是天赋人权的真正乐园。在那里行使统治的，是自由、平等、所有权和边沁。自由！因为一种商品例如劳动力的买者和卖者，都只由他们的自由意志决定。他们是以自由人，权利平等的人的资格订结契约的。契约是最后结果，他们的意志就在那里取得共同的法律表现。平等！因为他们彼此都只以商品所有者的资格发生关系，以等价物交换等价物。所有权！因为他们各人都只处分自己所有的东西。边沁！因为双方都只顾自己的利益。使他们联系起来并且发生关系的唯一力量，是他们的私人利益，他们的特殊利益，他们的私利。并且，正好因为每一个人都只顾自己，每一个人都不顾别人，所以一切人都由事物的预定调和，或在万能的神的保佑下，只做那种相互有益，共同有用或全体有利的事情。”①

这段话，是表明资产阶级向封建领主贵族阶级发动斗争的时候提出的号召。在封建领主贵族的统治未被推翻以前，资产阶级把无产阶级，在过渡期间所受到的折磨和祸害的责任，全都推到封建势力者的身上，并还以此为借口，要无产阶级及社会其他的阶层，追随在他们之后，共同努力打倒共同的敌人。正是在这个期间，资产阶级经济学者，还在一定程度上注意分析客观经济现象，强调生产性的劳动，主张劳动价值学说，如亚当·斯密那样的古典经济学者，甚至还讲一讲无产阶级在与资产阶级打交道，讲买卖的场合，是处在不利的地位，会受到不利的影响。可是等到贵族领主的权力被推翻了，贫困、失业、不平等的现象依然存在，依然在对所谓自由、平等、自利利他、阶级调和与阶级合作以极大的讽刺的时候，无产阶级及其他受折磨的社会阶层的愤慨，就再也不能向其他什么阶级转嫁发泄了，结果临到十九世纪初期以后，无产阶级与资产阶级的正面冲突就白热化了。

各种攻击资本主义制度的社会主义流派，特别是空想社会主义派，就是在这个时期产生的。就从这个时期起，资产阶级为了巩固他们的统治，维护他们的剥削制度，对于任何可以利用来反对他的言论，都采取打击钳

---

① 马克思:《资本论》第1卷，人民出版社1963年版，第167页。

制的方法。就是对于他们自己的古典经济学也是如此。马克思对于他们当时对待科学真理的做法，讲了一段大家熟知的名言："法英二国的资产阶级，都已经夺得了政权。从此以往，无论从实际方面说，还是从理论方面说，阶级斗争都愈益采取公开的和威胁的形式。资产阶级经济科学的丧钟敲起来了。现在，问题已经不是这个理论还是那个理论合于真理，而是它于资本有益还是有害，便利还是不便利，违背警章还是不违背警章。不为私利的研究没有了，作为代替的是领取津贴的论难攻击；公正无私的科学研究没有了，作为代替的是辩护论者的歪心恶意。"①

马克思讲这段话是在一八七三年。这时无产阶级反对资产阶级的运动，已因国际把《资本论》作为指导原理，已因它与马克思主义更密切的结合，而更加蓬勃发展起来，给予资产阶级统治更大的威胁。在这种情况下，资产阶级会怎样看待《资本论》这部无产阶级的圣经呢？那是不言而喻的。正是在十九世纪的最后几十年中，各种反马克思主义、反《资本论》的论著，在西方各国轰开了。德国、奥国、法国、英国乃至美国的经济学界，都不约而同地在反对马克思主义经济学中，提出他们自己这样或那样的经济理论。他们的理论有一个共同的特点，就是连篇累牍的唯心主义的伪造。为什么是这样呢？因为对于同一社会经济事实，只有一种说法是真实的，或者说只有一个真理。他们的阶级利益，既不容许他们讲真话，结果留给他们的只是一条反对揭露真实的反科学的道路。他们所处的地位，使他们非常忌讳阶级、阶级斗争一类的名词术语，甚至早先讲得很自然的阶级合作，现在也感到不合适了，因为这毕竟承认了不同阶级关系的存在。目前在美帝国主义那里，不是有人在宣扬没有阶级的人人皆为资本家的社会吗？怕说阶级的结果，必然会使那些头脑里、骨髓里渗透了资本主义精神的人，连谈到资本主义，有时也感到难于启齿。如果他们也以科学的政治经济学的态度，突出地研究资本的关系，研究阶级的关系，那么，他们能够在这些方面做什么呢？他们能够打他们的雇主的耳光，去发现无产阶级贫困化的根据吗？不能。能在高利润与低工资之间找出合理的联系吗？不能。马克思早就预示了他们可能走的道路："经济学越是临近它的末日，越是陷入深处，并当作一个反对的体系来发展，在

① 马克思：《资本论》第1卷，人民出版社1963年版，第XVII页。

它面前，它自身的庸俗要素就越是独立出现。……经济学越是陷入深处，它就不仅越是表现为它的反对物，并且在它面前，它的反对物，还会在社会经济生活的现实对立性益益趋于发展时，益益表现出来。同时，庸俗经济学也就越是成为辩护的，并依照强蛮的方法，把包含着这种对立性的思想，支吾开去了。"①

这种把现实矛盾冲突说成是阶级协调、融和的做法，连资产阶级也感到只能制造出笑料，完全不能解决问题，他们是有理由不满意这些雇佣经济学家所做的工作的。《资本论》反不动，一味造谣撒谎行不通，该怎么办呢？资产阶级早就认为有另行雇佣新手的必要了。他们终于搜罗到了各种各色的待价而沽的知识帮办。

(三)抉去《资本论》的阶级学、阶级斗争学说的实质，仅把它看成是单纯经济理论，那是一切庸俗社会主义者玩弄的拿手好戏

当马克思的学说，当《资本论》提出的基本原理，一天一天地在实践中得到了证验，并且一天一天地在为广大的无产阶级所信服并爱戴的时候，任何资产阶级御用学者从正面发出的反对理论，是怎么也不能叫无产阶级接受的。在这种情况下，资产阶级需要从马克思主义者内部，从工人运动内部，去寻找那些能够为他们承办这种工作的"专家"。他们的称号是"以左右望而罔市利"的机会主义者、庸俗社会主义者，或者是修正主义者、改良主义者。他们有时象很同情工人阶级疾苦，当着工人阶级骂骂资本家；而更多的时候，是责难工人阶级要求过多过急，向资产阶级暗送秋波。关于这种人的社会阶级基础和思想根源，是说来话长的，这里只想谈一谈他们是怎样为资产阶级承担起反对马克思主义，特别是反对《资本论》的工作的。

他们这批人，与资产阶级经济学者不同的地方，就是他们比较熟悉马克思主义的文句，知道要为他们的"机会主义"专业服务，在马克思主义中，在《资本论》中，哪些方面是必需回避的，哪些方面是必需强调的。这

① 马克思：《剩余价值学说史》第3卷，三联书店1957年版，第566页。

批人，他们竟不约而同地对《资本论》采取了大抵相一致的策略。他们极力避开《资本论》的阶级分析的实质，抉去其中的辩证发展因素，而把它变成为一种单纯的普通的经济理论。为了达到为资产阶级所欣赏，又能诱惑无产阶级的目的，他们极力强调《资本论》中描述资本主义经济迅速发展所表现的进步性，同时却如伯恩施坦所表演的那样，不胜其惋惜地认为马克思不该在其论述中，采用那种容易引人陷入思想陷阱的辩证法。对于被看成《资本论》的核心的剩余价值规律，伯恩施坦又从改良主义者费边派那里学一套说法，说那是便于说明问题的设想或虚构。这样，关于揭露资本主义剥削的学说，就被否定得一干二净了。资产阶级不曾剥削无产阶级，或者无产阶级不曾为资产阶级所剥削，那末，伯恩施坦不是很有理由叫他的徒子徒孙们同他一样相信巴斯夏的阶级调和论吗？这一命题的必然引伸，一定会使他把蒲鲁东的以次教义当作座右箴言，那是说，劳资两大阶级的冲突，“将意味着一切东西的毁灭”。阶级剥削既然不存在，那末只有阶级融和与合作了，而在这种情况下，担心“两大阶级的冲突”，岂不是所谓“人道主义”的过分敏感罢了。对待这个问题，修正主义者、改良主义者已经同资产阶级经济学者一鼻孔出气了。所不同的，只不过他们表面上还强调《资本论》中某些经济理论的正确性，还使用了一些马克思主义的语言，而在用语方面，他们还是小心谨慎地不要碰到资本主义制度的“疮伤”。他们惯于用生产者、劳动人民一类词汇来代替无产阶级、雇佣工人阶级。列宁曾这样指出过：“马克思和恩格斯曾经同那些忘记了阶级差别而谈论一般的生产者、人民或劳动者的人作过无情的斗争。凡是稍微了解马克思和恩格斯著作的人，都不会忘记，他们在所有的著作中总是嘲笑那些谈论一般的生产者、人民、劳动者的人。一般的劳动者或一般的工作者是不存在的；或者是握有生产资料、全部心理和生活习惯都具有资本主义性质的小业主（他们也不可能是别的样子），或者是具有完全不同的心理，同资本家对抗、对立和斗争的大工业中的雇佣工人。”[①]列宁这段话，不只是对于《资本论》中严格规定劳资利害关系，劳资阶级不同地位、不同心理状态的重申，同时也明确刻划出了处在劳资两阶级间的小资产者及其代言人的精神面貌。

---

① 列宁：《俄共(布)第十次代表大会》。《列宁全集》第32卷，人民出版社版，第238页。

由于修正主义者和改良主义者满脑子资产阶级思想，他们对于和资本家阶级完全立在敌对的、矛盾的、斗争的地位的大工业中的雇佣工人，不感到兴趣，甚至还感到厌恶仇视，是一点也不稀罕的。可是被他们厌恶甚至仇视的工人阶级，并不因此就不存在；并不因为他们对《资本论》作了割裂曲解的欺瞒手术，就不会以与资产阶级进行坚决的敌对的顽强的斗争，来证实其存在。欺骗总是不能持久的。这是修正主义者、改良主义者的时代悲剧。他们对于资产阶级的"使用价值"，毕竟是比资产阶级庸俗经济学者，大不了多少的。

可是这里有一点必须指出，不论资产阶级庸俗经济学者，还是修正主义者、改良主义者，尽管他们都同样反对唯物史观，但是他们又认为，《资本论》建立在唯物史观的基础上，就应该承认它已经"过时"了，因为现在已经不是自由资本主义时代，而是垄断资本主义时代，是资本主义与社会主义并存的时代了。社会经济状态迅速在改变，为什么反映百年前现实的《资本论》，还是无产阶级斗争的指导原则或圣经呢？在这种限度内，坚持这样主张的马克思主义者，似乎变成了反唯物史观的人，而他们倒反而变成了唯物史观论者。该是多么有意思的颠倒啊！

马克思主义者所肯定的《资本论》对于当前社会的现实性，是指着什么呢？是说它的平均利润理论，不用引伸补充，就可适用于垄断利润方面吗？不是的。是说它的殖民地理论，不用发展充实，就可适用到帝国主义方面吗？不是的。所有这些个别具体方面的经济阐述，都是要受到时间、地点与条件的限制的；马克思主义的创建者绝对没有想要预先为他们的后继者解决这种实际问题，他们的后继者也绝不能这样期望于他们的先辈。他们的后继者应当向他们的先辈学习的，就我们这里的问题说，我们能够很好从《资本论》学习的，与其说是这些经济理论（尽管这些理论目前在很大程度上还是有它的妥当性的），宁不如说是作为这些理论基础的，关于劳动价值——剩余价值的基本理论，即前述关于规定阶级组织、阶级利益、阶级对抗性质的基本理论。如果说这些理论在资产阶级生产关系不存在的条件下，就要失去妥当性，那么，建立所有这些理论所采取的立场观点方法，特别如大家都熟知的马克思主义的世界观与方法论，就将是"放之四方而皆准，百世以俟圣人而不惑"的普遍真理了。马克思不但在撰写《资本论》时应用这种观点方法，而且还通过《资本论》的撰写，把这种观点方法建立在科学的基础上。

现在我们要问：唯物主义的观点与辩证方法，只适用于资本主义前期，不能适用于当代吗？在资本主义生产关系还存在的条件下，资本家的生产不是为利润，利润不是对于无产阶级的剥削吗？当前的垄断资本家阶级与广大的工人阶级已不是处在利害冲突的地位吗？资产阶级已不再想剥削无产阶级，已不再运用资本权势压制无产阶级吗？这在每日每时都能找到千条万条事实加以论证的问题，为什么修正主义者、改良主义者之流就轻易不去思索一下呢？不错，他们想到了，当前的资本主义与百年前的资本主义已不是完全一样了。可是他们却抹煞了，作为资本主义制度，从本质上，从阶级斗争上讲，它在今天和在百年以前不仅没有改变，而且阶级斗争是更加激烈了。修正主义者和改良主义者，一方面把体现在《资本论》中的世界观方法论以及各种基本理论全否定掉，仅承认某些便于他们歪曲地利用来为资本主义张目的经济理论有一定的价值，另一方面又把那些为他们所承认的经济理论，说成是“过时”了，只有历史的价值。这真是荒谬绝伦的逻辑！由此，我们能得出这样的结论：

第一，《资本论》所以成为经济科学典范，就因为它对社会各阶级的地位，他们的命运，他们的不可调和的对抗的关系，有了非常严密的科学规定，使它具有阶级学典范的特点。

第二，修正主义者、改良主义者之流无视《资本论》的阶级科学的特点，不把它看作阶级斗争的指南，就因为他们的出发点，不在于鼓励无产阶级向资产阶级斗争，而在于要求无产阶级对资产阶级屈服。

第三，因此，是否正确看待《资本论》的问题，那首先是是否忠实于无产阶级革命事业的考验，同时也是是否忠实于科学理论工作的考验。

(四)尾　　声

如果说，我们在这里还要有所补充的话，那就是，我们大可由此体会到：首先，我们学习马克思的《资本论》，学习马克思、恩格斯、列宁、斯大林的著作，学习毛泽东同志著作，究竟是要从其中注意些什么，学得一些什么，那是可以举一反三地得到一些新的理解的。其次，在阶级社会里，一切有关社会意识形态的著作，不问是关于经济的，政治法律的，伦理的或文学教育的，都是直接间接有关阶级利害关系的反映，都不可能不把作者的阶级倾向或隐或显地表现出来。我们"读其书，想见其为人"，不但可以大体了解他的阶级立场，还可以通过他关于阶级利害关系的说明或表达，而判断其研究造诣的广度与深度。最后，当前自称马克思主义的著作很多，其中有许多是鱼目混珠的东西，怎样鉴别真伪呢？列宁曾指示我们：关于马克思和马克思主义的著作极其浩繁。……基本上把作者分成三类：真正持马克思观点的马克思主义者、根本敌视马克思主义的资产阶级作家、似乎承认马克思主义的某些原理而实际上用资产阶级观点代替马克思主义的修正主义者。在列宁当时，这三种人中，根本敌视马克思主义的资产阶级作家，是比较容易辨识的；但到目前，他们也学修正主义者的手法，对马克思主义，不是全盘否定，而是肯定一些比较不重要的论点，加以支解割裂。但不论他们的遮眼手法如何高明，只要用阶级的观点，看他们是怎样理解并怎样评价《资本论》这一类经典著作，那是大体可以把他们的本来面目揭露出来的。

十、恩格斯在创作、捍卫和阐扬《资本论》方面所作的伟大贡献

(一)恩格斯是《资本论》创作全过程的直接参加者

首先必须指明一点,这里提到恩格斯是《资本论》创作全过程的直接参加者,不仅是要表明,恩格斯在这方面该有如何大的功绩,而且更重要的是由于恩格斯自始至终地直接参加《资本论》的创作过程,对《资本论》的整个体系及其内容,有了全面深刻的理解。因此,他在捍卫、阐扬《资本论》方面所作的种种努力,就特别值得我们看作学习《资本论》的方向和指南。列宁曾这样指出过:要正确评价马克思的观点,无疑须要熟悉他最亲密的同志和朋友恩格斯的著作。不了解恩格斯的全部著作,就不能了解马克思主义,就不能全面地阐述马克思主义。

谁都知道,《资本论》首先是对于资产阶级政治经济学的革命。资产阶级政治经济学,从十六世纪资本主义产生发展以来,经过几百年的积累,到十九世纪前期,已经形成了根深蒂固的传统和基础。要反对这个传统,并摧毁其基础,一开始就是一个非常艰巨的工作。那不但需要熟悉它的汗牛充栋的有关文献,并还需要完全站在无产阶级的立场,才好掌握揭露批判那些文献的革命观点和科学方法。马克思在进行这个批判工作之前,已经在理论研究上,在革命的世界观和方法论的确立上,都得到恩格斯的支持和协助。马克思曾在《政治经济学批判》序言中,把他和恩格斯奠定这个准备工作的基础所作出的共同努力,作了说明。马克思指出,自从恩格斯在《德法年鉴》上,发表了他的《政治经济学批判大纲》以后,“我同他不断通讯交换意见,他从另一条道路(参看他的《英国工人阶级状况》)得出同我一样的结果,当1845年春他也住在布鲁塞尔时,我们决定共同钻研我们的见解与德国哲学思想体系的见解之间的对立,实际上是

把我们从前的哲学信仰清算一下。……在我们当时从这方面或那方面向公众表达我们见解的各种著作中,我只提出我与恩格斯合著的《共产党宣言》和我自己发表的《关于自由贸易的演说》。我们见解中有决定意义的论点,在我的一八四七年出版的为反对蒲鲁东而写的著作《哲学的贫困》中第一次作了科学的、虽然只是论战性的表述。我用德文写的关于《雇佣劳动》一书,汇集了我在布鲁塞尔德意志工人协会上对于这个问题的讲演……"①。这段话,说明马克思在开始《资本论》的创作以前,已经和恩格斯不断就哲学、政治经济学和社会主义问题,反复共同商讨,并取得一致的看法。马克思担负起撰写政治经济学批判——《资本论》的执笔工作,早被视为是他们之间的一种分工。从他们关于政治经济学批判、关于《资本论》的通讯中,马克思不仅把所要撰写的著作的内容及其提纲的要点,提请恩格斯发表意见,并还就许多新的理论问题,要恩格斯说出他的看法。至于在马克思感到生疏,但却为恩格斯所特别熟悉的那些有关商务工作和工厂经营的技术计算问题,几乎全是由恩格斯对他提供材料。马克思习惯于以得到恩格斯的同意和赞许,为莫大的愉快和鼓励。在《资本论》第一卷已经写好付印以后,马克思还函告恩格斯:"请把你的要求、批评、问题等等都写到清样上。"②恩格斯确曾对其中表达说明不够通俗的地方,提出修改意见,对其中会给人以不明确印象的有疑难的地方,提出解释的要求,马克思都分别照办;对于后一点他还指出,依照他的辩证的叙述方法,有的论点,例如关于剩余价值的成立这样问题,要到第二卷、第三卷才能完全得到解答。在第一卷出版后的第二年即一八六八年八月,他又写信给恩格斯,把第二卷、第三卷内容的最一般线索,向恩格斯提出了③。这使得恩格斯在马克思逝世后承担起第二卷、第三卷的编辑工作,已经是胸有成竹了。但尽管如此,我们从第二卷编者序和第三卷编者序里面讲到的编辑工作进行的情况,就知道恩格斯在这方面所作的工作,

---

① 马克思:《政治经济学批判》序言。《马克思恩格斯选集》第 2 卷,人民出版社 1972 年版,第 83～84 页。

② 《马克思致恩格斯(1867 年 8 月 24 日)》。《马克思恩格斯全集》第 31 卷,人民出版社版,第 331 页。

③ 参见《马克思致恩格斯(1868 年 4 月 30 日)》。《马克思恩格斯通信集》第 4 卷,三联书店版,第 52～57 页。

是如何繁重艰巨了。马克思曾在校完第一卷最后一页清样时写信给恩格斯说："这一卷就完成了。其所以能够如此，我只有感谢你！没有你为我作的牺牲，我是决不可能完成这三卷书的巨大工作的。"[①]由于恩格斯对于完成《资本论》所作的贡献，由于他对《资本论》有最深刻的认识；又加上他是有名的能把最艰深的理论，表述得最明白晓畅的能手，所以，他在捍卫《资本论》，阐扬《资本论》方面所写出的许多论著，就成为我们学习研究《资本论》的最可靠的依据。

(二)《资本论》出版后在各方面引起的不同反应

在说明恩格斯在宣传、捍卫《资本论》所作的种种努力之前，需要就《资本论》(特别是其中的第一卷)出版后在各方面引起的反应指出一个轮廓。

《资本论》有高度的科学系统性，但同时却有强烈的阶级倾向性和战斗性。这种性质，已经大体决定了它出版以后，会在各社会阶级阶层间引起的不同反应了。

首先，正因为这是一部站在工人阶级立场，用唯物辩证方法，揭露资产阶级剥削秘密，论证资本主义灭亡前景，和对工人阶级提出正确斗争道路的书，在它出版的第二年即一八六八年，根据贝克尔的提议，国际的代表大会通过了一项决议案：把《资本论》作为"工人阶级的圣经"，推荐给各国社会主义者。这是保尔·拉法格在《忆马克思》一文中讲到的。他并说，此后，《资本论》已经成为各国社会主义者的教科书。所有社会主义者的报纸和工人的报纸都宣传他的学说。而在美国，在纽约的一次大罢工中，从《资本论》中摘录出的片段被印成传单，用来鼓励工人们坚持下去，并向他们证明他们的要求是正当的。《资本论》差不多在欧洲每一个国家都有译本。在欧洲或美洲，每当马克思学说的敌人企图驳倒他的原理的时候，马克思主义者立刻就会找到使他们开不得口的回答。《资本论》确

---

① 《马克思致恩格斯(1867 年 8 月 16 日)》。《马克思恩格斯全集》第 31 卷，人民出版社版，第 328～329 页。

实已经成为国际代表大会所说的"工人阶级的圣经"了。[①] 这和恩格斯一八六八年在《资本论》第一卷英文本的序中所讲到的情况，完全吻合。他说："在大陆方面，《资本论》经常被称为'工人阶级的圣经'。本书所得的结论，一天多似一天的，成了工人阶级伟大运动的基本原理；这不仅在德国和瑞士是这样，并且在法国，荷兰，比利时，美国，甚至在意大利和西班牙也是这样；随便在什么地方，工人阶级都一天多似一天的，承认这些结论是他们的状况和愿望的最适切的表现。"[②]

正因为《资本论》在工人阶级中，在社会主义者中，有这样好的强烈反应，它在资产阶级的社会科学界经济学界，就显然会是另一种遭遇。拉法格在《忆马克思》的论文中讲到了一般的情形，说马克思成为共产主义者，立场表现得比较突出，便立即被驱逐出德国，个人遭受侮辱和诽谤，他的著作也"完全无人注意"。他那写得非常出色的《拿破仑第三政变记》，他的《哲学的贫困》（对《贫困的哲学》的回答）和《政治经济学批判》也同样无人注意。但是第一国际的成立和《资本论》第一卷的出版终于粉碎了持续约十五年的沉默[③]。事实上，第一卷出版以后，恩格斯虽曾为它做了许多宣传工作，写了很多篇评介性的文章，仍没有引起资产阶级经济学界足够的重视。直到第二卷问世时，恩格斯还讲过这样的话："……德国的'学问界'，对于这个新出的第二卷，将会感到麻木，不能够去理解它，并且，只要对于后果有了合理的恐惧，他们也会不敢公开去批评它；官方经济学界对于这一卷将会有意地，保持谨慎的沉默，但第三卷总会强迫他们开口的。"[④]是的，在七十年代初，德国的庸俗经济学的饶舌家们，曾对《资本论》的文体及其说明方法，提出这样或那样的意见，这是曾由马克思批驳过的[⑤]。在同年代末，被马克思称之为蠢汉的瓦格纳教授，曾在所著《政治经济学教科书》（一八七九年）中，用他那把使用价值看为价值一般的观点，批评马克思的价值理论。马克思在一八八一——一八八二年写出《评阿

---

① 参见《回忆马克思恩格斯》，人民出版社 1957 年版，第 85 页。

② 马克思：《资本论》第 1 卷，人民出版社 1963 年版，第 XXXII 页。

③ 参见《回忆马克思恩格斯》，人民出版社 1957 年版，第 84～85 页。

④ 《恩格斯给丹尼尔孙(1885 年 11 月 13 日)》。《资本论》第 2 卷，人民出版社 1953 年版，第 678 页。

⑤ 参见马克思：《资本论》第 1 卷，人民出版社 1963 年版，第 XIX 页。

·瓦格纳的〈政治经济学教科书〉》一文予以反驳①。即使是这样不成话的消极的反应,在当时也是寥寥无几。《资本论》第一卷在英国、法国经济学界所受到的沉默待遇,并不比在德国更好一些。值得注意的,倒是它在当时比较落后的俄国的反应。马克思在第一卷第二版的跋中,就相当满意地指出,在一八七二年,即第一卷出版后五年,那里就出现了一个优秀的俄文译本,而在这以前的一八七一年,基辅大学经济学教授西伯尔,竟在所著《李嘉图的价值学说和资本学说》中,论证马克思"关于价值,货币和资本的学说,在基本特征上是斯密—李嘉图学说的必然继续。"就在《资本论》俄译本问世当年的四五月间,《圣彼得堡新闻》和彼得堡《欧洲通信》,分别对《资本论》的表述方法与研究方法,给予极高的评价;特别是后者的专门讨论《资本论》的方法的论文,竟使马克思感到作者完全能理解他的辩证方法的精神实质所在。为什么当时俄国资产阶级经济学界能有这样的成就和认识呢?是不是因为它比较落后,因而不曾象英法诸国那样形成一个自以为了不起的不许异端存在的神圣传统(而同样比较落后但却较俄国为先进的德国,则完全是对英法资产阶级经济学的抄袭)呢?也许更重要的原因,是它的社会阶级斗争,还主要是在封建势力与资产者阶级势力之间的角逐,而劳动者阶级与资产阶级间的斗争,还处在潜伏的阶段,因而揭露资本主义剥削实质的理论,还不妨得到一点研究的自由。

现在且来看看那些社会改良主义者之流,是怎样看待《资本论》的。他们一方面象是要替工人阶级立言,但同时却又不曾从资产阶级的观点解脱出来,以致形成形形色色的理论,对《资本论》表示了极不相同的看法。单就各种庸俗社会主义、共产主义风靡一时的德国而论,对于马克思的资本学说,就可分别为三种不同的反应。第一要指出的,是拉萨尔的看法。他虽然还来不及见到《资本论》的出版,可是对于马克思的其他的著作,特别是《政治经济学批判》,他是熟悉的,他不仅进行剽窃,并还就他自己的错误的观点,来加以歪曲,这使得马克思感到非常恼火。马克思指出:"拉萨尔经济著作中全部一般性的理论命题,例如关于资本的历史性质,关于生产关系和生产方式的联系等等,几乎逐字从我的著作剽窃,连

① 参见马克思:《评阿·瓦格纳的〈政治经济学教科书〉》。《马克思恩格斯全集》第19卷,人民出版社版,第396~429页。

我创造的名词在内,但未注明出处。"[①]反过来,另一个所谓国家社会主义者洛贝尔图,却一直在叫嚷着,说什么"我已经在我所写的《第三社会书简》中,和马克思在本质上一样,不过更简单得多、更明了得多,指出了资本家的剩余价值是从何处发生。"[②]"马克思对我进行了剽窃,没有提到我的名字。"[③]由于洛贝尔图自己讲得这样肯定,他的信徒们,就象煞有介事地明里暗里传开了,到了马克思死后,他们讲得更加起劲。恩格斯说:"这种攻击,当初不过是个别人的窃窃私议,现在,在马克思去世之后,却已经在德国讲坛社会主义者—国家社会主义者之流的手里,当作确定的事实喧闹起来,说马克思对洛贝尔图进行了剽窃。"[④]这就使得恩格斯不能不把它当作一种严重的事情,来彻底予以反击了。如何反击,这是我们将在下面讲到的。现在要提到《资本论》在德国社会改良主义者间受到的第三个类型的反应,那是来自臭名远扬的欧根·杜林。他对于马克思的《资本论》的攻击是非常全面的,从哲学到政治经济学,最后讲到社会主义。也象上述的拉萨尔、洛贝尔图一样,他的反对意见,也得到了许多人的应和,甚至在当时社会民主党内部也有。恩格斯指出:"这个新改宗者受到了一部分社会主义出版物的热诚欢迎,诚然,这种热诚只是对杜林先生的好意的表示,但同时也使人看出,这一部分党的出版物,正是估计到杜林的好意,才不加考察地也相信了杜林的学说。"[⑤]

在这里,我们当然还有理由讲到那些在积极的意义上,想对《资本论》的某一方面的重要理论提出科学说明的研究者,他们企图设法论证:"一个相等的平均利润率怎样能够,并且必须不但不损害价值规律,反而要在价值规律的基础上形成。"[⑥]这是使李嘉图学派解体的一个价值—资本理论上的难关,同时也是使洛贝尔图的剩余价值学说,再前进一步,就会遇到的不可克服的障碍。按照价值规律,总资本相同,其有机构成不同,它

---

① 马克思:《资本论》第1卷,人民出版社1963年版,第Ⅸ页,注1。

② 见马克思:《资本论》第2卷,人民出版社1964年版,第Ⅺ页。

③ 见马克思:《资本论》第2卷,人民出版社1964年版,第Ⅺ页。

④ 马克思:《资本论》第2卷,人民出版社1964年版,第Ⅹ页。

⑤ 恩格斯:《反杜林论》。《马克思恩格斯选集》第3卷,人民出版社1972年版,第45页。

⑥ 见马克思:《资本论》第3卷,人民出版社1966年版,第ⅩⅤ页。

的生产物将表现为不同的价值；按照平均利润率的规律，均等的资本量，要求同多的利润。这个矛盾将怎样统一呢？“向来的经济学，要么是强蛮把剩余价值和利润之间，剩余价值率和利润率之间的差别抽掉，以便能够把当作基础的价值决定保持下来，不然，就是在放弃价值决定的同时，也把科学方法的全部基础放弃，以便保持现象上那种引人注目的差别”①。那是分别指着李嘉图及其门徒说的。当时德国属于马克思派的两位经济学者，希密德和费尔曼，就曾就这个带有根本性的问题，认真作过一番努力，而有些接触到了解决问题的核心。还有一位自称为庸俗经济学者的柳居士，也提出了一种差强人意的说法。根据他那种说法，恩格斯认为，我们这里碰到的，“决不是那样一个普通的庸俗经济学者。……倒宁可说是一个伪装为庸俗经济学者的马克思主义者了”②。这三位经济学者的有关的经济理论，恩格斯在《资本论》第三卷编者序言中，分别作了批判性的比较说明。那对于全面理解马克思的剩余价值学说，有极其重要的意义。恩格斯在评介了他们的理论以后，还顺便提到了意大利人洛利亚和美国人斯蒂伯林关于这个问题的胡说和瞎猜；他最后结论说：“全部研究的结果再一次表明，甚至在这个问题上面，也只有马克思学派能够取得一些成就。”③

(三)恩格斯在宣传、捍卫《资本论》的斗争中，扩大和提高了我们对《资本论》的认识境界

《资本论》出版后在各方面引起的不同反应，都需要针对不同的对象，进行工作。恩格斯是最能把最复杂、最困难的问题，作出明白晓畅的说明的，所有他关于《资本论》的论著，都是寓阐扬于捍卫中的，我们读到那些论著，就会对《资本论》有一些新的体会，在无形中扩大提高了我们的认识境界。下面不妨就这几个方面的问题，来分别予以扼要的说明。

---

① 马克思：《资本论》第3卷，人民出版社1966年版，第174页。

② 马克思：《资本论》第3卷，人民出版社1966年版，第XXX页。

③ 马克思：《资本论》第3卷，人民出版社1966年版，第XXX页。

1.关于体现在《资本论》中的立场、观点与方法的密切联系问题

我们已经在前面讲到了《资本论》的阶级历史任务,同时也说明了《资本论》作者为完成那个阶级历史任务,在理论探讨时所运用的唯物史观与辩证方法。马克思在《政治经济学批判》序言中,在《资本论》第一卷初版序与第二版跋中,分别对此作过明确交代,并在全书中予以贯彻。恩格斯在这方面为我们进一步指示的,却是立场、观点、方法三者的密切联系。他在《卡尔·马克思〈政治经济学批判〉》那篇论文中,力言马克思进行这个艰巨的理论工作,是由党交给的斗争任务,而他能成就这个任务,乃在于“我们党有个很大的优点,就是有一个新的科学的世界观作为理论的基础”①。这个新的世界观,就是存在决定意识的唯物主义观点,就是社会存在决定社会意识的历史唯物主义观点。在这个历史唯物主义观点面前,一切历史的思想的传统,一切被视为神圣不可侵犯的政治权威和私有制度,都要感受到威胁。所以,恩格斯认为,这样的观点,只有要求打破一切阻碍社会前进的传统和权威的无产阶级,才能接受。“新的世界观不仅必然遭到资产阶级代表人物的反对,而且也必然遭到一群想靠自由、平等、博爱的符咒来翻转世界的法国社会主义者的反对。”②很显然,在采取这样一种新观点的同时,必然要清算以往逻辑思维上的纯粹思辨因素,把被包裹在黑格尔唯心主义逻辑学中的合理核心剥发出来,使唯物的辩证方法建立起来。恩格斯是这样说明观点与方法的密切联系的:“这个划时代的历史观是新的唯物主义观点的直接的理论前提,单单由于这种历史观,也就为逻辑方法提供了一个出发点。”“马克思对于政治经济学的批判就是以这个方法作基础的,这个方法的制定,在我们看来是一个其意义不亚于唯物主义基本观点的成果。”③这里,我们不但看到了,要在理论研究上采取那种观点方法,并不是研究者可以不站在无产阶级立场而任意决定的事;同时在另一方面,他如果不是在对于社会历史问题的认识上采取

---

① 恩格斯:《卡尔·马克思〈政治经济学批判〉》。《马克思恩格斯选集》第 2 卷,人民出版社 1972 年版,第 118 页。

② 恩格斯:《卡尔·马克思〈政治经济学批判〉》。《马克思恩格斯选集》第 2 卷,人民出版社 1972 年版,第 118 页。

③ 恩格斯:《卡尔·马克思〈政治经济学批判〉》。《马克思恩格斯选集》第 2 卷,人民出版社 1972 年版,第 121~122 页。

了正确的观点以及与此相适应的正确的方法，也决计无法站稳正确的立场，虽然一般讲来，立场问题是最有决定意义的出发点。

2.关于《资本论》是马克思主义三个组成部分统一的理论基础的问题

把哲学、政治经济学、科学社会主义看作是马克思主义的三个组成部分，是由列宁作了结论的；那和恩格斯从这三个方面展开对于杜林的批判，从而也从这三个方面积极展开对于马克思主义的阐述，是有密切关系的。人们早就认为，自从恩格斯的《反杜林论》出版以后，对马克思主义有了一个完整系统的阐述。但在事实上，恩格斯不仅最先从这三个方面来说明马克思主义的三个组成部分，并还最先明确指出，这三个组成部分统一的理论基础，是集中表现在《资本论》里面。按照马克思主义的世界观，特别是它的历史观，它对近代资产阶级社会的解析，不能不从经济方面入手，这是马克思自己在《政治经济学批判》序言中已经明确提到的。但恩格斯却根据《政治经济学批判》与《资本论》的性质，把这种研究引到社会主义的结论，为我们明确指出来了。他说："在科学上从来没有任何一个人认真地断定说，亚当·斯密和李嘉图已经对于现代社会的未来发展做出了结论。"[①]正因为用形而上学观点指导的资产阶级政治经济学，不可能就现代社会往何处去的问题，作任何一点说明，所以，"马克思打算以批判迄今存在过的全部政治经济学的形式，总结自己多年研究的结果，并以此为社会主义的意图，奠定直到现在为止无论傅立叶和蒲鲁东，亦无论拉萨尔，都不能为它奠定的科学基础"[②]。可见资产阶级古典经济学者和各种社会主义派，都不能从他们的任何论著中得出社会主义的结论，只有马克思在他的《资本论》中，把社会主义将会实现的经济条件与经济关系，作了科学的论证。"因此，社会主义现在已经不再被看做某个天才头脑的偶然发现，而被看做两个历史地产生的阶级无产阶级和资产阶级间斗争的必然产物。它的任务不再是想出一个尽可能完善的社会制度，而是研究必然产生这两个阶级及其相互斗争的那种历史的经济的过程；并在由此

---

① 恩格斯：《卡·马克思〈资本论〉第一卷书评——为〈观察家报〉作》。《马克思恩格斯全集》第16卷，人民出版社1964年版，第255页。

② 恩格斯：《卡·马克思〈资本论〉第一卷书评——为〈爱北斐特日报〉作》。《马克思恩格斯全集》第16卷，人民出版社1964年版，第242页。

造成的经济状况中找出解决冲突的手段。”[①]恩格斯曾概括马克思在科学上的伟大贡献，说他有两大发现，一是唯物史观，一是剩余价值学说；他并将此两者与社会主义关联起来，这样告诉我们：“这两个伟大的发现——唯物主义历史观和通过剩余价值揭破资本主义生产的秘密，都应当归功于马克思。由于这些发现，社会主义已经变成了科学，现在的问题首先是对这门科学的一切细节和联系作进一步的探讨。”[②]总之，马克思在《资本论》中，是应用唯物史观，揭露剩余价值的秘密，而由是引出社会主义的结论的。恩格斯极有见地把这种事实明确表达出来了，于是《资本论》便被看成是马克思主义三个组成部分的统一的理论基础。我们从这样的角度来学习研究《资本论》，就无疑比把它单纯看成经济学来学习来研究它，要更有意义得多。

3.关于《资本论》被视为是属于狭义政治经济学范围，同时又对广义政治经济学确立了初步的基础的问题

大家知道，最初明确把政治经济学区分为狭义政治经济学与广义政治经济学的是恩格斯。但恩格斯这么做，实际又是就马克思已经研究的结果，来加以概括和分类。马克思在《政治经济学批判》序言中，曾经提论到亚细亚的、古代的、封建的和现代资产阶级的生产方式，把它们作为社会经济形态演进的几个时代，同时又把资产阶级的生产关系，看作是社会生产过程的最后一个对抗形式[③]。对于这几个生产方式，他只是从资本主义这个最后的对抗形式着手。因为这不单是理论联系实际的问题，还因为根据马克思的指示、研究的程序，往往要循由最后发展的形态逆溯上去。可是尽管如此，由于马克思对于资产阶级社会的剖析，是把唯物史观作为指导线索，当他从历史上论述各种经济形态的发生、成长的演变过程时，总不能不涉及那各别经济形态在过去其他生产方式下，特别是在邻近资本主义生产方式的封建生产方式下的古旧形态。这一来，基本上是对

---

① 恩格斯：《社会主义从空想到科学的发展》。《马克思恩格斯选集》第3卷，人民出版社1972年版，第423页。

② 恩格斯：《反杜林论》。《马克思恩格斯选集》第3卷，人民出版社1972年版，第67页。

③ 参见马克思：《政治经济学批判》序言。《马克思恩格斯选集》第2卷，人民出版社1972年版，第83页。

于资产阶级社会生产关系的探讨，在一定范围内，竟把前资本主义社会的较简单经济关系及其活动规律，也被连带揭示出来了。恩格斯很看重这个科学研究的作用、成果及它的未来展望。他说："政治经济学作为一门研究人类各种社会进行生产和交换并相应地进行产品分配的条件和形式的科学，——这样广义的政治经济学尚有待于创造。到现在为止，我们所掌握的有关经济科学的东西，几乎只限于资本主义生产方式的发生和发展"。可是，为"要对资产阶级经济学全面地进行这样的批判，只知道资本主义的生产、交换和分配的形式是不够的。对于发生在这些形式之前的或者在比较不发达的国家内和这些形式同时并存的那些形式，同样必须加以研究和比较，至少是概括地加以研究和比较。到目前为止，总的说来，只有马克思进行过这种研究和比较，所以，到现在为止在资产阶级以前的理论经济学方面所确立的一切，我们也差不多完全应当归功于他的研究。"①应当说，马克思已为广义的政治经济学确立了初步的基础。我们在这里提出这个问题，就因为把政治经济学区分为广义狭义两个类型，那会大大帮助我们在学习过程中，驱除一切由形而上学观点方法所形成的超历史、超阶级的错觉。

4.关于把《资本论》的研究对象更明确地规定为资本与劳动的关系，资本家剥削雇佣劳动者的无偿劳动的关系的问题

关于《资本论》的研究对象，马克思在《政治经济学批判》序言中讲到唯物史观公式时，是交代得非常明白的，即它所研究的，是"人们在自己生活的社会生产中发生一定的、必然的、不以他们的意志为转移的关系，即同他们的物质生产力的一定发展阶段相适合的生产关系"②。但由于马克思在《资本论》个别场合，即有时是在说明问题，而不是在下定义的场合，又讲到是研究资本主义的生产关系与交换关系，或资本主义生产方式，这就给那些不看整个《资本论》精神实质，而只摘取个别词句的人一些口实，仿佛《资本论》的研究对象，只能是资本主义的生产方式，甚或把生产关系的研究，倒向生产力方面，这就大大违反了《资本论》作者的原意。

---

① 恩格斯：《反杜林论》。《马克思恩格斯选集》第3卷，人民出版社1972年版，第189～190页。

② 马克思：《政治经济学批判》序言。《马克思恩格斯选集》第2卷，人民出版社1972年版，第82页。

由此也可看到，恩格斯在为《资本论》第一卷出版后写的几篇宣传文章中，特别强调《资本论》就在研究资本与劳动的关系，就在研究资本家剥削劳动者的无偿劳动的关系，这就把生产关系进一步具体化了，使我们不能再把它的对象笼统地说是资本主义生产方式，或者更不妥当地说主要是生产力了。他在为《民主周报》作的一篇书评中说，“资本和劳动的关系，是我们现代全部社会体系所依以旋转的轴心”①。资本家利用他占有的生产资料，来强制劳动者在其劳动力价值以上支出劳动，这就是无偿劳动。他还告诉我们：“社会上一切不劳动的分子，都是依靠这种无酬劳动维持生活的。资本家阶级负担的国税和地方税，土地所有者的地租等等，都是由无酬劳动支付的。全部现存的社会制度，都是建立在这种无酬劳动之上的。”②原来整个资本主义制度，最后无非是要建立榨取无偿劳动的秩序。“这样一来，有产阶级的所谓现代社会制度中占支配地位的是公道、正义、权利平等、义务平等和利益普遍协调这一类虚伪的空话，就失去了最后的根据”③。恩格斯所讲的这些话，全都是根据《资本论》里面反复论到的事，他为了宣传阐扬，也为了驳斥资产阶级学者，而将其说得更全面、更深入、更加使得错误的论点毫无躲闪余地。

5.关于《资本论》的主题剩余价值学说，如何由正反两面有关学说的比较论证而益加明确的问题

《资本论》的主题或基本内容，就是研究剩余价值，就是研究剩余价值如何产生，如何流通，如何分配的问题。剩余价值其实就是上述无偿劳动或剩余劳动的价值形式。要把所生产的剩余价值，通过交换关系，分配到全社会各个不劳动的阶级阶层，是一个非常复杂的工作，从而，在研究上也是非常困难的工作。马克思的《资本论》三大卷（不算《剩余价值学说史》）就是在进行这个工作。尽管如恩格斯所说的，在这里，马克思已“把错综复杂的经济问题放在应有的地位和正确的联系之中，因此完满地使

---

① 恩格斯：《卡·马克思〈资本论〉第一卷书评——为〈民主周报〉作》。《马克思恩格斯选集》第2卷，人民出版社1972年版，第269页。

② 恩格斯：《卡·马克思〈资本论〉第一卷书评——为〈民主周报〉作》。《马克思恩格斯选集》第2卷，人民出版社1972年版，第272页。

③ 恩格斯：《卡尔·马克思》。《马克思恩格斯选集》第3卷，人民出版社1972年版，第44页。

这些问题变得简单和相当清楚”[①]。但第一卷出版后，洛贝尔图及其一伙，提出了马克思的剩余价值学说，是对他早已发现的学说的“不高明的抄袭”；第二卷出版以后，第三卷出版以前，前述几位德国经济学者柳居士、希密德、费尔曼，又从不同的角度来论证剩余价值利润化，价值向生产价格转化当中，该怎样说明在价值规律基础上成立均等的平均利润率的问题。前者根本没有搞清剩余价值学说的历史。恩格斯利用写第二卷编者序的机会，指出洛贝尔图自称的所谓发现（剩余价值从何发生），英国古典经济学者，特别是李嘉图，早在十九世纪初叶以前，就已经提出了；他并表示，洛贝尔图和那些古典经济学者一样，都不约而同地把不同的利润表现形态，当作利润整体，来把它看作是剩余价值的一般代表形态，或把它与剩余价值相混同。例如，洛贝尔图看待他所说的“租金”，就和李嘉图看待他所说的“利润”，和一位写《国民困难的原因及其救治》的小册子的作者看待他所说的“利息”完全一样。没有区别剩余价值、利润和利润的各种具体形态，不但会妨碍他们正确理解剩余价值所由产生的真正源泉，特别是会妨碍他们正确理解剩余价值到利润的转化和利润一般到各种具体形态的分割。马克思在《资本论》第一卷出版以后不久，一再写信告知恩格斯，说他的理论的最好的地方，就在于劳动的二重性，在于把剩余价值和它的各种特殊形态分开。所以对于后一点，恩格斯又利用写第三卷编者序的机会，就上述柳居士、希密德和费尔曼等人关于统一价值规律与平均利润率规律的说明，加以比较的考察。他们的努力，虽然分别从这一方面那一方面接触到了解决问题的核心，但把它同马克思自己在这一卷前两篇特别是第二篇的科学叙述加以对照，立即就看出了他们的片面性，就会发现他们根本没有意识到剩余价值与利润的区别，根本没有理解到一些需要插进去才能交代清楚的中间环节。所以，如果说，剩余价值学说的困难所在，首先是在它如何产生，其次是在它如何转化，那末，恩格斯在这两篇编者序中分别就有关问题的论述，对我们理解整个剩余价值学说，会有极大的益处。事实上，在第三卷出版以后，恩格斯还耽心价值规律与平均利润率的问题，会引起人们不正确的理解和争论，特别撰写好一篇“《资

---

① 《恩格斯致马克思(1867 年 8 月 23 日)》。《马克思恩格斯全集》第 31 卷，人民出版社版，第 329 页。

本论》第三卷的补充”，其中基本上是从社会经济的历史发展过程，来对这个问题作一更明白的交代。

总起来说，恩格斯在捍卫、在阐扬《资本论》方面所提出的上面那些看法，都是就马克思（在一定程度说正是他自己）已经在《资本论》中阐述过的理论和事实所作的新的概括和说明。由此，使我们加深了对《资本论》的系统性的认识，扩大和提高了我们对《资本论》内容的理解。当我们明确了《资本论》是站在无产阶级立场写出来的，并且还认识到了体现在《资本论》中立场、观点、方法三者的密切联系，那我们在学习《资本论》时，就会向自己提出立场、观点、方法问题，怎么能够期望站在非无产阶级立场，满脑子唯心主义形而上学观点与方法的人能读懂《资本论》呢？当我们把《资本论》当作统一马克思主义三大组成部分的理论基础来学习的时候，那就不但在哲学观点方法的应用上，在科学社会主义的现实理解上，会格外感到踏实，就是对于政治经济学本身的认识，也将进入一个融会贯通的境界。当我们在有关资本主义的狭义政治经济学以外，还承认有一个研究一切社会经济形态的广义政治经济学存在的时候，在这件事情本身，就是唯物史观的肯定，就是一切形而上学的自然主义的观点理论的否定。它将帮助我们理解《资本论》里面的每一个范畴概念的历史性格，并由是为理解更高级社会的有关经济范畴概念打下了基础。试想，当我们承认《资本论》是一个有高度严密组织的科学系统著作，但却把它的研究对象摆偏了，甚或根本摆得不对头了，那该会在理解上发生多大的差误啊！资产阶级经济学者愈到晚近，就愈加回避正视资本与劳动的关系，而有意地把研究目标转到生产力方面，转到技术管理和计算程序方面，转到所谓国民收入（三位一体的国民收入）方面，能说是偶然的吗？试想，当我们已经认识到，《资本论》所要研究的，归根到底，无非就是资本家与劳动者的关系，或者资本家对劳动者的无偿劳动或剩余价值的剥削关系，而这个核心或轴心关系，又不是孤立地自在地存在在那里，而有异常复杂的经济条件和现象，把它掩盖起来，并渗透在它里面，或从外面来加以制约的时候，我们就会知道，作为《资本论》主题的有关剩余价值所由产生并如何转化的学说，是要运用一切可能的便于理解的方式方法，才能搞得明白的。恩格斯在第二卷、第三卷编者序中，分别就剩余价值如何产生的问题，和剩余价值如何转化的问题，用历史的比较的考察方法，来加以阐述，难道说，他不是感到在理解这些问题上,特别有作此补充说明的必要吗?总之,无论从那一方面说,都使我们对于前面提到的列宁的话,感到特别亲切。即,不了解恩格斯的全部著作,就不能了解马克思主义,就不能全面地阐述马克思主义。列宁还就《资本论》这样说,奥地利社会民主党人阿德勒说得很对:恩格斯出版了《资本论》第二卷和第三卷,就是替马克思"建立了一座庄严宏伟的纪念碑,在这座纪念碑上,他无意中也把自己的名字不可磨灭地铭刻上去了。的确,这两卷《资本论》是马克思和恩格斯两人的著作"[①]。恩格斯不只是《资本论》的共同创作者,他还是在捍卫《资本论》或马克思主义政治经济学中,就上述的一些最基本的关键性问题的简明扼要的科学说明者。

---

① 列宁:《弗里德里希·恩格斯》。《列宁选集》第1卷,人民出版社1972年版,第92页。

第三部分

十一、毛泽东同志关于“要有目的地去研究马克思列宁主义的理论”的教导与《资本论》研究

(一)一个重大的原则问题

毛泽东同志在《改造我们的学习》那篇论著中,讲到了关于研究马克思列宁主义理论的两种正相对立的态度:一种是主观主义的态度,一种是马克思列宁主义的态度。对于前一种态度,他是这样说明的:“在这种态度下,就是抽象地无目的地去研究马克思列宁主义的理论。不是为了要解决中国革命的理论问题、策略问题而到马克思、恩格斯、列宁、斯大林那里找立场,找观点,找方法,而是为了单纯地学理论而去学理论。不是有的放矢,而是无的放矢。”[①]对于后一种态度,他是这样说明的:“在这种态度下,就是要有目的地去研究马克思列宁主义的理论,要使马克思列宁主义的理论和中国革命的实际运动结合起来,是为着解决中国革命的理论问题和策略问题而去从它找立场,找观点,找方法的。这种态度,就是有

① 毛泽东:《改造我们的学习》。《毛泽东选集》第3卷,人民出版社1968年横排本,第757页。

的放矢的态度。‘的’就是中国革命，‘矢’就是马克思列宁主义。”[①]我们对于马克思列宁主义理论的研究，要用后一种态度去反对前一种态度，是非常明白的。但怎样去反对，怎样去使理论与革命实际结合，特别是为什么为着解决中国革命的理论问题和策略问题而到马克思列宁主义的理论中去找立场，找观点，找方法？从马克思列宁主义的理论中去找立场、观点、方法的问题，就是把那种理论如何结合到我们革命实践的关键所在，也是要反对无目的地，抽象地，为研究理论而研究理论的态度的必由途径。其中还包含着在马克思的原则指导下，来发展马克思主义的这一真理。

本文打算先就马克思主义的普遍真理与体现在理论中的立场、观点、方法的统一问题，作一交代；接下去，就作为马克思主义的理论基础的《资本论》，来看它体现了怎样的立场、观点、方法，又看找到了其中的立场、观点、方法，究将怎样把它的理论，结合到我们革命的实践中去。还将说明，马克思主义理论的发展，在《资本论》出现以后，最先就是把体现在《资本论》中的立场、观点、方法，应用来研究新的社会经济问题，新的阶级斗争关系的理论的发展；而且在马克思主义的一般理论发展的同时，有关立场、观点、方法的原则，也一定会得到新的充实与发展。我相信，只要把这几点交代清楚了，那末研究、应用或把马克思列宁主义的理论结合到革命具体实践中去，为什么要找立场、观点、方法的问题，就将得到理解了；同时也就回答了如何才是有目的地研究《资本论》的问题。

(二)马克思主义的普遍真理与体现在理论中的立场、观点、方法的问题

在毛泽东同志的论著中，特别是在《改造我们的学习》这篇文章中，反复提到了普遍真理的问题。他在有的场合，还用“放之四海而皆准”的习用语词，来对普遍真理加以注解。乍然一看，仿佛“放之四海而皆准”的普遍真理，到哪里都好用上，理应不发生什么结合的问题，不发生什么发展

① 毛泽东：《改造我们的学习》。《毛泽东选集》第3卷，人民出版社1968年横排本，第759页。

理论的问题。教条主义者就是用形而上学的观点来看待马克思主义，把它看成僵死的东西。修正主义者正和他们相反，在他们看来，根本没有什么可以应用到不同历史条件下的普遍真理。马克思主义者一面反对教条主义，一面反对修正主义。他们所理解、所宣传、所坚持的普遍真理，是贯彻在一切学说理论中的基本原则，是我们判断一种学说理论是否正确，是否如实反映客观情况的准则。马克思主义的创建者——马克思、恩格斯，首先发现并在哲学社会科学，特别是在政治经济学中第一次确立了这些原则准则。那些原则准则是什么呢？是工人阶级的立场，是辩证唯物主义和历史唯物主义的世界观，是辩证方法以及根据那种世界观、方法论就阶级社会确立的带有普遍性的阶级斗争原理。它们的更概括的表现，就是革命者的立场、观点、方法。

任何一种理论的建立，都是有它的建立者的立场、观点、方法体现在其中的。一种理论是否正确，就看它的建立者是站在什么立场，看他怎样看待并处理他所研究的对象。一种不够正确或根本不正确的理论，也可能是看法不对头，也可能是处理的方法不正确，但更多的、更基本的还是立场有问题。我们不能希望站在封建贵族地主阶级立场的人，能对资本主义社会科学的创建或理解，会有什么成就；我们当然同样不能希望一个站在资产阶级立场的人，能对社会主义的科学理论的创建或理解，会有什么成就。这已说明，阶级立场不对头，它一开始就会妨碍人们采取或应用较正确的观点方法，去接近事实，去辨认较能反映事实的理论。但这显然不是说，观点方法不那么重要，事实上，所谓正确的、坚定的阶级立场，根本就不是脱离了对于周围的社会经济关系及其问题的认识，而独立自在地形成的；恰好相反，那是不断通过对于那些关系及其问题的判断处理，通过生产与斗争的实践，而逐渐表现出来，明确起来，坚定起来的。但是，作为阶级社会的人，阶级利害关系，阶级的立场，总是最先最能左右他的认识的出发点。我们满可以说，有哪样的立场，就有哪样的观点和方法。如果说，一切以往的剥削阶级，特别是资产阶级，最有利于采用形而上学的观点方法，那么，代表工人阶级利益的马克思主义者，他们就最适于采取彻底揭露现实剥削压迫关系及其运动规律的历史唯物主义观点与辩证方法。这就是所谓立场、观点与方法的统一。

(三)怎样理解研究《资本论》就要去找体现在《资本论》中的立场、观点、方法？它的立场、观点、方法，不是明明白白摆在那里，还需要认真去“找”吗？

为了进一步较具体地阐明上述的原则问题，我想，最好是就如何才是有目的地研究《资本论》这个问题来展开说明。因为《资本论》是马克思主义的理论基础，是一部标志着马克思主义创立的最重要的著作，它自始成为我们研究马克思主义理论，并从它来找立场、观点、方法，以便把理论结合到我们后来革命斗争运动中来的起点。也就是说，马克思主义的理论的发展，我们研究马克思以后的其他革命导师的著作或理论，总不免要从《资本论》去探索它的来源。

关于研究《资本论》，从《资本论》中找立场、观点、方法的问题，可能有人会认为那都是明明白白地摆在那里，用不着去找的。事实上不是连资产阶级学者也非难《资本论》的阶级倾向性太强、太唯物主义了，并且用杜林的话来说，又过于依赖那个辩证法的“拐杖”了吗？但问题并不那么简单。因为这不仅关系到所研究的论著本身的性质，还关系到研究者本身的阶级立场和认识水平。马克思在给库格曼的信中曾斥责资产阶级经济学者读了他的《资本论》竟惋惜其中没有专章讨论价值。列宁在《什么是“人民之友”以及他们如何攻击社会民主主义者？》一文中曾指斥米海洛夫斯基之流，说他读了《共产党宣言》，读了《资本论》，根本不知道从哪里去找唯物史观。并且我们知道，象杜林、米海洛夫斯基，还有伯恩施坦之流，他们几乎是一鼻孔出气地说马克思在《资本论》中的理论研究，都是按照黑格尔的否定之否定的公式展开的，不是从丰富的现实材料得出的符合那个公式的结论。如果是这样，那便连一点唯物主义的影子也没有，又还能谈到什么为工人阶级服务的立场呢？可见找立场、观点、方法的问题，不能看得简单，特别是要对一种理论著作的立场、观点、方法有统一的理解，那还只能期之于马克思主义者。各种各样的资产阶级学者，尽管他们本身渗透了资产阶级的实质，却为了见不得人的目的，始终讳言阶级立场，甚至还讳言观点，仿佛一讲到这些，就是对于自由研究科学的障碍。

事实上，一种理论在它的产生过程中，它的作者就是使用了大量丰富的材料，就是严肃认真地作了科学的阶级的分析，可是理论一形成为理论，人们就很不容易体会或联想到它的创建者在怎样的具体条件和要求下作出这个理论的全过程。尽管《资本论》里面的每一种理论都有大量的现实材料作为依据，并且马克思也尽可能把他所依据的材料，在理论展开的过程中将它引述出来。但必须知道，那所引述的，毕竟还只是经过审慎精密抽样的结果，而理论的逻辑的展开，还往往不容许太多的罗列材料，以免妨碍它的系统论述；不但如此，马克思曾反复讲到，社会科学的理论研究，一般还须依靠抽象力，也就是说，还不能不用一些假设的条件，舍象去次要的表象的因素，以便进行本质的分析。单就这几点来说，已经叫我们一般习惯有为学问而研究学问的旧传统或因袭惰性的人，对这部阶级性很强，同时理论性也很强的书，倾向于教条式的研究。还有值得注意之点，就是这部巨著，对于我们这些在时间上、空间上，特别是在社会性质上，多少有一定距离的研究者看来，也难免多少有一些隔膜之感。总之，《资本论》尽管是一部革命的书，一部革命指南的书，我们对它的研究，会采取主观主义的态度的可能性，并不一定比对其他论著更小，就某些方面说，甚或还要更大。怎样改变这个倾向呢？依照毛泽东同志指示的精神，就是要有目的地去研究《资本论》，带着一定政治任务去研究《资本论》，这才会鞭策我们把那种不良倾向改变过来。要完成一定的为了理论斗争或者为了理论建设的研究任务，就会促使我们对《资本论》研究的着重点，注意力，不是要把更多的时间用在它讲了些什么方面，而是把更多的时间研究它为什么那么讲，那么讲究竟根据什么，那么讲解决了当时的什么问题，特别是对于我们当前要解决的问题和要完成的任务，有怎样的联系，会提供怎样的启发和指导的作用。

（四）带着批判所谓新剥削论、新阶级调和论的政治任务来研究《资本论》，看我们该怎样去找立场、观点、方法

比方说罢，我们研究《资本论》，如果是带着这样的政治任务，或者是反对当代资产阶级经济学者，根据所谓资本生产力说提出来的新剥削论，或者是反对当代修正主义者根据所谓生产资料社会化说提出来的新阶级调和论，那就会和漫无目的地作着抽象的研究，大不相同。我们的注意

力，就会从对于《资本论》理论本身的泛泛的一般的钻研，转移到它的作者当时提出有关那种理论来讨论的阶级历史任务的问题，并会注意他用阶级的科学的分析所得到的结论，究竟对于今天历史条件还有什么约束力或妥当性的问题。

现在且来简单说明所谓新剥削论和新阶级调和论是怎么一回事。一九五八年，从美帝国主义那里发出了耸人听闻的《资本家宣言》（它的作者是凯尔索、阿德勒两位经济学博士），其中狂叫大喊，说是劳动者剥削了资本家。这真是天翻地覆的颠倒！他们有没有“根据”呢？有的。仿佛还是按照马克思的劳动价值学说引伸出来的。他们认定，马克思论证资本家剥削劳动者，在十九世纪后期以前的西欧特别是以英国为代表的资本主义国家，商品生产条件主要靠劳动力，而劳动者并没有从生产物中得到应得的分额，所以马克思的这种剥削论是可以成立的。可是在这以后，在生产条件中占重要地位的，已经是生产资料，不是劳动力，这不也可以从《资本论》中的资本有机构成不断提高的理论找到根据吗？可是尽管如此，在资本主义高度机械化或资本主义生产力高度发展的美国劳动者的工资，却不但不曾因此减少，倒反而增加了；这不明明是劳动者剥削了资本家吗？这可算是对剥削论的大翻案，而且这个大翻案的结果的新剥削论，还是把马克思主义的劳动价值学说作为“依据”。俨然象是从修正主义者那里学得了一套“欲抑先扬”的手法；为了相互学习、相互呼应，人们正还在以赞赏的情怀，把这类手法叫做“资产阶级经济学中的新倾向”或“新现象”。这里且不要讲它。我们再来说明一下，与这种新剥削论或反剥削论有密切联系的形形色色的阶级调和论。那些调和论者，无疑早有他们从资产阶级经济学者（巴斯夏之流），改良主义者（蒲鲁东之流）和修正主义者（伯恩施坦之流）那里传来的老传统，但晚近特别叫得起劲的阶级调和论，却特别把上述资本生产力说，在垄断资本条件下的生产资料集中化、社会化理论方面大做文章。他们和新剥削论者一样强调二十世纪，特别是第二次世界大战以后的资本主义，与这以前的资本主义比较起来，无论从量上讲还是从质上讲，都显得极不相同；他们认为这个看法，实际也和马克思的资本有机构成日益趋于高度化的理论，和他的生产资料集中化、社会化的理论，不相抵触。仿佛生产资料社会化就是生产关系社会化，社会经济条件变化了，阶级利害关系也变化了。如其说，以前是资本家剥削劳动者,把阶级利害关系冲突弄得尖锐化了;那么,现在资本家更依赖生产资料,更不依赖劳动力,他们对劳动者的剥削不仅是缓和了,减轻了,甚至还倒转过来受到了劳动者的剥削。在这样的情况下,资本主义已经大可通过政治法律的方式,“和平长入”社会主义,而资本家阶级与工人阶级间的斗争关系,自然会相应趋于调和或解消。这就是上述新剥削论以及与它密切联系的旧阶级调和论的新版的概略。

现在的问题是,我们如果带着批判这类反动理论的任务去研究《资本论》,将怎样展开我们的批判工作呢?对于这一类荒谬绝伦的理论,无疑要全面予以否定;但问题是如何去否定,根据什么来否定。如果把如何评判这样的荒谬理论,拿来请教马克思或就证于他的《资本论》,那首先要被提到的,就是人们提出这样的理论,究竟是为了谁,有利于谁,为谁所欢迎。因为马克思在进行资产阶级政治经济学批判时,就是要解决当时流行着的一些不利于工人阶级,以至妨碍工人阶级革命斗争的理论宣传。他把问题这样提出来:第一,工人阶级是不是象资产阶级及其代言人所说的那样,没有受资产阶级剥削呢?第二,就是剥削了,那是不是无可避免的命运呢?第三,要改变被剥削的命运,是不是要象各种社会改良主义者所说的那样,工人阶级不妨安分守己,听天由命地呆在一边,让他们去作广泛的博爱人道的宣传,以便促使资产阶级大发慈悲,放弃剥削呢?所有资产阶级经济学者的全部理论,到头来无非是要论证“剥削有理”;所有社会改良主义者的全部理论,到头来无非是要宣扬“斗争无用”。他们的理论于谁有利,为谁服务,是十分明白的。马克思站在工人阶级立场,维护工人阶级利益,以揭示资本主义社会的经济运动规律为目的写下了《资本论》这部巨著,全部《资本论》的着眼点,就是毛主席所高度概括的对反动派“造反有理”。用“造反有理”的精神和尺度,来测定一下所谓新剥削论与新阶级调和论,只不过表现它们分别是资本主义前期的资产阶级经济学者宣扬的“剥削有理论”和当时各种社会改良主义者叫嚷的“斗争无用论”在新历史条件下的更丑恶的翻版而已。

无疑,从阶级立场出发,是非常重要的。

我们在前面已经指出过,那些歪论,不是讲出了一些好象是根据马克思在《资本论》里讲过的理由吗?按照劳动价值学说——剩余价值学说,资本家剥削劳动者,是剥削活劳动;在垄断资本阶段,资本有机构成不断提高，不表示活劳动对生产资料（积累的劳动）愈来愈相对减少了吗？活劳动在生产条件中的比例降低了，可是劳动者从生产物中获得的分额，却不但没有减少，甚至还增加了，这不说明剥削在逐渐减轻，以至反过来剥削者在一定程度被剥削了吗？而由此联系到垄断资本条件下，生产资料的集中化、社会化，不也振振有词吗？其实，这都是极其荒谬的胡扯。根据《资本论》，投在生产资料上面的资本，属于不变资本，不变资本在生产过程中，只能保留和转移价值，不能增加价值。资本家为了追求利润，追求超额利润，把更多的资本投在生产资料上，只不过想由此使产品价值低廉化，使劳动力价值低廉化，从而改变整个劳动日中的有偿劳动与无偿劳动的比例，改变劳动力价值与剩余价值的比例，改变工资与利润的比例。假若总的活劳动的减少，不能由那种比例的改变（即活劳动中的无偿劳动的增加）得到补偿而有余，他就宁可不要把更多资本投到生产资料上去。何况资本有机构成的不断提高，只会更残酷地加强对劳动的剥削，只能发生机器驱逐劳动的后果，只有造成更大的失业后备军，而由是相应降低一般工资并引起工人阶级对资产阶级更不可调和的仇恨和更大规模的斗争。事实不是非常生动有力地证实了马克思的理论吗？事实上，马克思早就预见到资本有机构成不断提高的趋势，一定要引起资产阶级庸俗经济学者以资本生产力说代替劳动生产力说的错觉。他曾说：“跟着相对剩余价值在真正的独特的资本主义生产方式中的发展——同时劳动的社会生产力也会发展——这各种生产力以及劳动在直接劳动过程中的社会联系，都好象由劳动转移到资本上面来了。因此，资本已经变成了一种非常神秘的东西，因为劳动所有的社会生产力，都好象不为劳动本身所有，而为资本所有，从资本自己的胎里生出。”[①]当前各种各样的资本生产力理论，不正好说明这一点吗？新剥削论者、新阶级调和论者的论据，究在哪里呢？资本家相互间的拼死竞争，不是可能在某一定时期，把某一些部门的工资提高吗？资本家为了分化工人阶级，不是在以各种欺骗的方式方法收买大批工头工贼，把他们工资提高，从而同他们建立更密切的“友好”的关系吗？尽管诸如此类的做法，最后总会产生降低经常性的一般的工资后果，可是，上述的庸俗的经济学者与各种各样的机会主义者，却正是

① 马克思：《资本论》第3卷，人民出版社1966年版，第971页。

或者只是把这类暂时性的反常的事实拿来扩大宣传,并作为他们为资产阶级进行辩护的理论根据。

最后还应指出的是,从表面看来,资产阶级庸俗经济学者和各种机会主义者,似乎都强调"变",说什么社会经济情况变了,阶级关系不能不随着变,而反映这一切的思想学说,也不能不有所改变。如果我们今天还固执着马克思在前世纪的理论,那符合他的唯物史观和辩证逻辑吗?在这场合,他们倒象是唯物史观和辩证法的拥护者。可是只要把马克思的讲法和他们的讲法作一比较观察,立即就可以判明,他们所强调的变,是把资本主义永恒论作为核心的形而上学的量变。而马克思在《资本论》中当作研究结论提出来的,却是辩证法上的由量变积累到质变,是由资本主义到社会主义的必然转变,是要由残酷的阶级斗争来实现的革命突变。由于马克思的这个归结到科学社会主义的理论,是根据成熟的典型的资本主义国家的大量丰富材料研究出来的,而其特质特点,又是带有一般性的那些运动规律的理论表现,所以,在资本主义社会消灭以前,就成为适用于一切资本主义社会形态的普遍真理。从其发展过程来说,在资本主义由自由阶段到垄断阶段,资本主义由它"一统天下"到面对着社会主义作殊死斗争,虽然要分别表现出一些极不相同的现象形态,但作为资本主义,它总归要剥削、榨取劳动者,总归要由此引起《资本论》作者所描述的一系列的运动过程,而把贯彻在其中的不可抗拒的辩证规律表现出来。这就是顽固保守的资产阶级经济学者和善于临机应变的各种各样的机会主义者所面对着的无可奈何的现实。

由上面的说明,我们已不难看到,带着一定研究任务去研究《资本论》,它一开始就要把我们的注意力,吸引到这个理论所由形成的革命立场和观点方法方面去。只有从有关立场、观点、方法的视野,去研究,去比较考察理论,那个理论才有可能被我们所掌握并被有效地应用到我们所要解决的问题上来。在新的历史条件下出现的新的问题,如果能根据马克思主义的立场、观点、方法原则去解决,那就不仅是理论本身的发展,同时也是有关立场、观点、方法原则的丰富充实与发展。为什么呢?我们接下去就要讲到这一点。

(五)马克思主义的各种理论的发展,同时也是有关立场、观点、方法的原则的充实与发展。毛泽东同志在这方面的伟大贡献

当我们已经认识到,研究马克思主义的理论,研究《资本论》,如果结合一定的政治任务,去从它找立场、观点、方法,然后再把它应用到我们实践中来,从我们的实践中总结经验,发现新的规律与原则,作出新的埋论。这种理论,如象列宁的《帝国主义是资本主义的最高阶段》、《俄国资本主义的发展》,如象斯大林的《苏联社会主义经济问题》,如象毛泽东同志的《中国革命和中国共产党》、《新民主主义论》、《关于正确处理人民内部矛盾的问题》以及其他体现在社会主义经济思想领域和政策方面的理论,就是坚决贯彻马克思主义的有关革命立场、观点与方法原则而继续发展下来的。但是必须指出,当马克思主义的理论,不论在哪一方面有所发展的同时,也必须是有关它的立场、观点、方法原则的充实与发展。为什么呢?这里存在着非常本质的原因,先分别来讲,然后再把它们综合起来说。

第一,在一切社会科学部门中,政治经济学以及与它有极密切联系的社会经济发展史(或社会发展史)本身,自始就把规定阶级性质,划分阶级成分,确定阶级对立斗争及其力量对比的消长变化关系等等作为它的基本内容。列宁指示我们:“所谓阶级,就是这样一些大的集团,这些集团在历史上一定社会生产体系中所处的地位不同,对生产资料的关系(这种关系大部分是在法律上明文规定了的)不同,在社会劳动组织中所起的作用不同,因而领得自己所支配的那份社会财富的方式和多寡也不同。所谓阶级,就是这样一些集团,由于它们在一定社会经济结构中所处的地位不同,其中一个集团能够占有另一个集团的劳动。”[①]政治经济学研究的是生产关系,在阶级社会里也就是阶级关系。所以恩格斯反复讲到,《资本论》所要说明的,只是作为资本主义制度轴心的资本与劳动的关系,只是“我们的银行家、商人、工厂主和大土地占有者的全部资本,不外是工人阶

① 列宁:《伟大的创举》。《列宁选集》第4卷,人民出版社1972年版,第10页。

级的积累起来的无偿劳动!"[①]谁都承认,马克思在《资本论》中,对资本家剥削劳动者的关系所作的分析,是十分详尽、全面、深刻的,但即使如此,他毕竟只是指出了阶级的基本原理,只讲到了典型的资本主义社会的典型的阶级关系。而在资本主义最后阶段的阶级关系,在较不发达的资本主义社会的阶级关系,象在我们中国过去那样的半封建半殖民地社会的阶级关系,特别是社会主义国家的阶级关系,则需要他的后继者去继续努力了。这意味着体现经济关系中的阶级学说,要伴同政治经济学一同继续发展。

其次,就观点来说,马克思是把辩证唯物主义发展应用到社会生活方面的第一个人;他的《政治经济学批判》和《资本论》,正如他自己所说,是把唯物史观作为全书展开的导线。举凡包括在唯物史观中的各种命题,如存在决定意识,社会存在决定社会意识,物质生活的生产方式决定社会的、政治的及精神的生活的一般过程,物质生产方式中生产关系和生产力的辩证关系,或一度有着促进生产力发展作用的生产关系,到了束缚妨碍生产力发展时,就要导致社会革命等等,都在《资本论》中得到了全面的反映。也就因为这样,列宁才在他那部《什么是"人民之友"以及他们如何攻击社会民主主义者?》的著作中,反复说明,由于《资本论》,唯物史观变成为科学,即是说,上述的唯物史观的诸命题,或它作为一种科学所包括的各种原理原则,都被具体反映在《资本论》中了。为列宁所痛斥的米海洛夫斯基之流,读了《资本论》,不能发现在《资本论》中的唯物史观,诚如列宁所说,这不是马克思的过错。但这并不是说,有了《资本论》,就不再需要就唯物史观的各种原理原则以及它们在社会生活各方面的应用,作较全面较专门的研究著作。事实上,马克思逝世以后,所有的马克思主义的革命导师,几乎都分别结合所在社会阶级斗争的需要,在这门科学的这一方面或那一方面,相继作了非常重要的补充和发展。而按照它和阶级立场的关系来说,如果不是把所在社会的特定阶级关系,根据调查研究作过唯物主义的精密的分析,要想在斗争中站稳立场,也是很难办到的。

最后讲辩证方法的问题。就它和《资本论》的联系来说,有些和唯物

---

① 恩格斯:《卡·马克思〈资本论〉第一卷书评——为〈爱北斐特日报〉作》。《马克思恩格斯全集》第16卷,人民出版社1964年版,第241页。

史观相类似。《资本论》全面体现了唯物史观，但不曾就唯物史观这门科学本身作专门的论述。对于辩证法也是如此。列宁曾这样表示过，《资本论》的作者没有留下辩证法，但留下了活的辩证法——《资本论》。《资本论》的目的，原来就在揭露资本主义社会的经济运动规律，就在阐述它由发生、发展以至灭亡的全过程。这全过程都表现为它自身内在条件的“自己运动”，表现为必然规律贯彻的辩证发展关系。这就是说，有了《资本论》，我们就懂得了，在现实的社会经济关系中，辩证的发展运动规律是怎样贯彻的；特别是，我们由此了解到了，要用怎样的研究方法，才好把那种辩证法的发展运动规律如实地表达出来。但马克思毕竟没有留下辩证法，他曾计划过写这样一部书，而没有实现。事实上，他就是把这样的书写成了，也不能说他的后继者为了研究他们的所在社会新的经济关系，新的阶级关系或新的阶级斗争关系，而再无需要就那种方法原则作任何新的补充。

总之，在马克思主义者看来，立场、观点、方法的原则问题，是和体现着特定的立场、观点、方法的各种社会科学理论一样，要随着社会经济关系与阶级关系的发展，而不断去解决，去丰富充实它的内容。《资本论》在这每一个方面所作的伟大贡献，不仅在于它最先提出了有关的最基本原则，不仅在于它对那些原则的应用，作了永远值得我们效法的榜样；还在于，甚至特别在于，它在实际上不但容许而且要求那些原则，能被继续发展下去。列宁指示我们，马克思主义的灵魂，就在具体地分析具体的情况，那就表明，它在任何方面的科学理论的发展，同时不能不是有关阶级斗争学说，有关唯物史观与辩证方法的原则的充实与发展。这就是为什么在《资本论》出现以后，在《资本论》为了分析资本主义的社会阶级关系，首先创建了并正确运用了唯物史观与辩证方法的原则以后，列宁、斯大林以及毛泽东同志等，都要为了正确分析他们所在社会的不同于马克思当时的阶级关系，建立新的历史条件下的阶级斗争理论与策略，同时还不能不分别对辩证唯物主义观点与方法的原则，作新的补充和阐述。这里只就毛泽东同志的论著作一简单例解。

由《毛泽东选集》显示的整个毛泽东思想或其理论的突出特点，就是和斗争密切联系着，充分地体现了阶级斗争学说的实质。毛泽东同志的那些论著，不但全是在战斗环境中写成，并还是为了在中国半封建半殖民地的复杂社会阶级关系下解决谁战胜谁，把谁当作敌人，把谁当作朋友的问题而写成的。中国过去的那个半封建半殖民地社会，不但和马克思在《资本论》中作为研究对象的典型资本主义社会大不相同；就是和列宁在《俄国资本主义的发展》中，在《帝国主义是资本主义的最高阶段》中分别作为研究对象的较落后资本主义社会和最后阶段的资本主义社会，也颇不一样。工人阶级要在那样的社会经济条件下领导革命斗争，首先就要因为它的太不发达的，又加上国内国外因素交织起来而变得异常复杂的阶级关系，而把辨认谁是敌人、谁是朋友，在不同的斗争阶段，应该联合谁、打倒谁的问题，看作革命的首要问题，并且看作是关系到经济、政治、军事、文化、民族以及对内对外政策等方面的根本问题。毛泽东同志的著作，就充分反映了这种情况。我们有理由把《毛泽东选集》第一篇《中国社会各阶级的分析》看作是全书的总脉络，看作是中国新民主主义革命斗争各方面和各历史时期的指南针。甚至在新民主主义革命成功以后，这个阶级分析的精神，还一脉相承地继续体现在《论人民民主专政》、《关于正确处理人民内部矛盾的问题》等文献中，也体现在当前论证社会主义社会还存在着阶级、阶级矛盾与阶级斗争的历史阶段的各种文献中。这任一方面的研究分析，都是在马克思列宁主义的指导下进行的，但却显然不是从马克思列宁主义的理论中，去找现成的答案。就是在研究分析中贯彻并应用马克思主义的哲学观点、方法方面，也不容许完全照抄现成公式。毛泽东同志其所以在唯物主义观点方面，以实践论作为论题；在辩证法方面，其所以以矛盾论作为论题，是和他当时研究中国社会复杂的阶级关系的要求，是有密切联系的。每个革命导师在认识论上都是非常重视实践的，都是把实践提到第一的地位的；但用实践论来突出表现唯物主义认识论，却就不能不说把认识论引入了一个新的境界。在这里，脱离现实的教条主义，一开始就要受到抨击；在“强调理论对于实践的依赖关系，理论的基础是实践，又转过来为实践服务”①的认识论面前，它再也没有回避躲闪的余地了。每个革命导师在方法论上都是非常重视矛盾的，都是把矛盾规律提到应有的高度的；但以矛盾论来突出地表现辩证方法论，却也不能不说是把方法论引入了一个新的境界。在这里，主张阶级调和的修正

---

① 毛泽东：《实践论》。《毛泽东选集》第1卷，人民出版社1968年横排本，第261页。

主义，一开始就要受到严厉谴责；在“矛盾的斗争贯串于过程的始终”、“矛盾的斗争无所不在”[①]的真理面前，它再也无从施其诡辩的伎俩了。毛泽东同志在《实践论》、《矛盾论》和《关于正确处理人民内部矛盾的问题》等著作中所作的论证与说明，清楚地指出了，对于研究分析中国这种复杂社会阶级关系及其斗争的理论与策略问题，特别需要强调实践对认识的重大意义，强调由感性认识到理性认识再到革命实践的能动飞跃的重大意义；也特别需要就矛盾的各种性质，就主要矛盾和主要的矛盾方面，就矛盾各方面的统一性和斗争性，就敌我矛盾和人民内部矛盾这两类不同性质的矛盾，作严格的区别。

总之，马克思主义的理论结合本国的情况，应用到本国革命与建设实践中来，它就不只是充实乃至发展了那个理论本身，同时也要相应充实发展研究分析所借以进行的有关立场、观点、方法的原则。

马克思主义就是沿着这个正确的道路发展过来的，并也还是要沿着这个正确道路发展下去的。

① 毛泽东：《矛盾论》。《毛泽东选集》第1卷，人民出版社1968年横排本，第307页。

十二、《资本论》的学与用

(一)《资本论》的学

谈到《资本论》的学习,大家都希望能有一个很好的学习方法和经验。我谈这个问题,并不是说我有了很好的经验,而是说,我学了一段时间,在学的过程中,有了一些感受,有了一些体会,现在谈出来,供大家学习时的参考。

大家普遍感到读《资本论》困难,困难究竟在哪里呢?人们会不约而同地指出两点:一是部头大,全书有两百多万字,部头大需要时间多,而且消化不容易;二是内容深奥难懂。是不是这样呢?我看不完全是这样。这部书,是大的,但有的书比它更大哩,如中国的经史子集之类,都是部头很大的,我们并没有被它们吓倒。至于说内容深奥,那是“见仁见智”的问题,也许有一些理由,但不能一概而论。马克思曾就第一卷说:“除了论价值形态的那一节,人们不能非难本书,说它难于理解。当然,我原假定,读者是一个愿意学一点新的东西的人,所以他会自己动一动脑筋。”[①]我们今天所说的困难,恐怕和独立思考有关。我的经验也是这样,如果读了一些有关的书,又能独立思考,那就是不难懂的,何况《资本论》这部书,逻辑严密,条理清晰,每提一个论点,都有大量的材料和例解来证验说明它哩。恩格斯还在《资本论》第一卷尚未出版之前的一八六七年八月二十三日写信给马克思说:“只是由于你把错综复杂的经济问题放在应有的地位和正确的联系之中,因此完满地使这些问题变得简单和相当清楚。……实际上出色地叙述了劳动和资本的关系,这个问题在这里第一次得到充分而

① 马克思:《资本论》第1卷,人民出版社1963年版,第Ⅹ页。

又互相联系的叙述。”[①]而当《资本论》这部书印出来以后，马克思对于德国资产阶级学者提出的非难作了这样的反驳：“德国庸俗经济学的油嘴滑舌的空谈家，攻击我的著作的文体和叙述方法。关于《资本论》文字上的缺点，任何人也不比我自己更为痛切地感觉到。不过，为了这班大人先生们和他们的读者们的好处和快意起见，我且在这里引述一个英国人和一个俄国人的意见如下。对我的观点完全抱敌对态度的《星期六评论》，关于德文本第一版却说，叙述方法‘把一个最枯燥无味的经济问题也说得有一种特别风味’。1872 年 4 月 20 日的《圣彼得堡新闻》也说：‘除了少数特别专门的部分，叙述的特色是一般读者容易理解，明白，并且非常生动，虽说研究的对象需要有高度的科学水平。就这点说，作者……和大多数德国学者大不相同。……那些学者用非常晦涩，非常枯燥乏味的语言来写书，以致要把普通人的头砸破。’”[②]所以，如果说《资本论》的学习上的困难，在于部头大，深奥，那是太一般的笼统的讲法，还没有讲出真正困难所在。那么，真正困难是在哪里呢？我的体会有以下几方面。

第一，学习《资本论》需要有丰富的广泛的经济知识，历史基础知识以及文学和哲学知识。我们都很清楚，《资本论》所引用的经济材料、经济史材料是非常丰富的，它不只是一部经济学的书、经济史的书、经济思想史的书，并且还是一部哲学的书、历史的书。列宁就曾说它是一部活的辩证法。所以学习起来是需要有关这些方面的一定的基础知识的，先就历史知识方面举个例子来说吧。第一卷初版序中有这样一句话：“象十八世纪美国的独立战争，为欧洲中等阶级鸣起了警钟一样，十九世纪美国的南北战争，又为欧洲工人阶级鸣起了警钟。”[③]这就是说，美国的独立战争对西欧特别是法国的资产阶级大革命影响很大；美国解放黑奴的南北战争对欧洲工人阶级革命（巴黎公社）影响很大。如果我们不了解美国独立战争、南北战争、法国资产阶级革命和巴黎公社，以及这些重大历史事件的产生过程，它们分别发生影响的经过，我们即使在字面上有些了解，到底不懂得它讲的什么。还有，这部书讨论的基础，是十八世纪末十九世纪中

① 《恩格斯致马克思（1867 年 8 月 23 日）》。《马克思恩格斯全集》第 31 卷，人民出版社版，第 329 页。

② 马克思：《资本论》第 1 卷，人民出版社 1963 年版，第 XIX 页，注 2。

③ 马克思：《资本论》第 1 卷，人民出版社 1963 年版，第 XI 页。

叶前后的西欧社会经济情况，特别是英国资本主义发展的情况，如果我们不对这些有所了解，学起来就有困难。例如读者不时提问到第一卷初版序中的一句话："波西亚斯戴起一顶隐身的帽子，以便追寻巨魔。我们却把隐身的帽子紧紧遮着耳目，以便否认巨魔的存在。"[①]这句话不懂出典，也大体可以了解它的意思。但如果知道希腊神话中波西亚斯杀魔鬼的故事，那就不但可以领会马克思的"别有风趣"的文体，且能感到体现在它那种高度艺术表达形式中的口诛笔伐的力量。又如在第一篇第一章讲商品的时候，他说："商品的价值，和瞿克莱夫人不同的地方，就在于我们不知道哪里方才可以找到它。"[②]表示"价值"是从实际经济生活中可以体会得到，但怎么也不能具体把握的一种社会过程的真实而合理的抽象。莎士比亚的剧本《亨利第四》中的一个角色——瞿克莱夫人，被别人骂为是一个水獭，"既不是鱼又不是肉，是一件不可捉摸的东西。"马克思在这里从反面来表示不可捉摸的瞿克莱夫人毕竟在那里，价值就不同了，它本身不包含任何一个自然物质的原子。这也是要知道这个剧本的内容，才能加深对价值本身的认识的。

就哲学方面而论，《资本论》各篇章都有有关资产阶级哲学的批判，但问题还不在这里。整部《资本论》不但是在唯物史观的指导下写成的，全面体现了唯物辩证法的精神实质，并还由是论证了唯物史观的科学假定。因此，对马克思主义哲学，对辩证唯物主义与历史唯物主义的基础知识，没有一些初步了解，就不但要大大增加系统把握全书结构的困难，甚至对于任何一个有关历史辩证发展问题的叙述，都要感到不易理解。别的不讲，《资本论》第一卷初版序和二版跋中讲政治经济学的历史任务和社会限制，特别是以德国为例，论证它不但在资本主义未发展起来的时候，不能有资产阶级的古典政治经济学，就是后来资本主义已经发展起来了，也不能有资产阶级的古典政治经济学。为什么呢？这关系到政治经济学与资本主义经济的辩证发展关系问题，关系到经济基础与上层建筑的问题，不懂辩证法，不懂唯物史观，是弄不清其中的道理的。

至于《资本论》作为一部政治经济学论著来学习，所需要的关于经济

---

① 马克思：《资本论》第1卷，人民出版社1963年版，第Ⅺ页。

② 马克思：《资本论》第1卷，人民出版社1963年版，第19页。

理论与历史的知识，那是非常明白的，为了说明便利，我打算留待接下去讲第二种困难时来交代。

所有上面这些例解，说明较广泛的文化的历史的知识的要求，构成了我们学习《资本论》的第一个困难。

第二个困难，就是理论联系实际上所感到的困难。理论联系实际有两层意思：一是理论研究要结合到我们当前的政治任务，这是属于方向性的问题；一是所研究的理论必须回到理论所由抽象出来的现实情况中去，才能有较正确的理解，这是属于方法论的问题。这里所讲的，是属于后一方面的问题。就我们中国读者说来，《资本论》里面所讲的，主要是十八世纪末十九世纪前期的英国资本主义经济现象，这是我们所不熟悉的，因为我们中国没有存在过发展较成熟的资本主义或者说资本主义成分很小。我们在现代，直到解放为止，一直是处在半封建半殖民地的阶段。在欧洲人看来是很容易懂的，而我们却不懂，因为我们不熟悉，我们没有在真正的资本主义经济环境中生活过。在资本主义社会，司空见惯的东西，我们学起来就象很费解。甚至一些极其具体的感性的经济现象，如象工厂法、交易所、企业经营管理过程乃至若干年一度的危机之类，我们接触到它，只仿佛是这么一回事，却很不易深透进去。无论如何，我国资本主义太不发达或当前根本不存在资本主义经济现实这一历史条件，不能不说是我们从理论联系实际这一角度来学习《资本论》所不免要遇到的障碍。

最后讲到第三个困难，和前面两个困难比较起来，这个困难应当说是较大的。那就是，马克思在《资本论》中所提出的经济理论，是和我们一般人的常识相反的，是和我们日常思维方法格格不入的，或者有的是我们意想不到的；而他得出来的那些经济理论所用的思维方法，也是我们所不很习惯或很不习惯的。比如说，一件上衣等于20码麻布，或说一件上衣值多少钱，这在我们大家看来，好象这是用不着去想的，但马克思却把它看成是研究商品，研究那个看不见摸不到的“价值”所必须了解的出发点。再看，《资本论》是研究资本的，但全书似乎不曾对资本下过定义，他只是在说明问题时，讲到资本是一种社会生产关系，是一种支配劳动的社会权力。这都是和我们的通常想法联系不起来的，所以学起来会使我们一时摸不着头脑。资产阶级学者说，资本是将本图利的本钱，是工厂、工具。甚至连古典经济学家亚当·斯密也说：“在一般资产中用以获取利得的那一部分就是资本。”近代的庸俗经济学家柏姆·巴维克说:“资本是各种以生利为目的的财货。”一般都说投资就是将本图利。这些都很符合我们的常识,都象是从我们经济生活的经验习惯得出来的定义。马克思严厉批判了这些说法,说这些似是而非的论调,根本不能说明问题。为什么呢?他认为,资本是资本主义制度下的特定经济范畴;它的作用,就在增殖价值。工厂、工具以及其他资财本身,并不就是资本,因为它们并不能增殖价值,它们只有和劳动力结合起来,由劳动力的使用,使价值有所增殖,才能成为资本。货币是不是资本呢?购买劳动力的货币是不是资本呢?把它孤立起来看也不是资本,只有它一方面购买劳动力,同时又购买吸收劳动的生产资料,发生了增殖价值的机能,它才成为资本——货币资本。不论是货币,是生产资料,还是劳动力,分别来看,都不是什么资本,只有在一定社会经济条件下,在一定的生产关系下,创造价值,或者是帮助增殖价值,才具有资本的实质和意义。这是资产阶级学者(即使是古典经济学者)想不到、想不通,也说不明白的。因此,马克思说资本是一种社会生产关系,就货币资本而论,说它是资产者利用它来支配劳动的一种社会权力,这就再清楚明白不过了。又如,资产阶级经济学者经常说资本——利润,劳动——工资,土地——地租。这个三位一体的公式,是平等、自由、公道的表现,是神圣不可侵犯的,是天经地义的。资本家由投资得利润,工人由劳动得工资,地主由土地得地租,看去象是合理的,但一用马克思主义的观点方法加以分析,立即就显得极不合理了:土地、资本与劳动是三种不同性质的东西,前两者的所得,是出自对第三者的剥削;前两者是不劳而获的,而第三者则是劳而没有得到应得的报酬。对于这个包藏了一切剥削秘密的公式,资产阶级经济学者一直当作真理来宣传,我们一般也象在依据经验事实,当作教条来接受。因此,我们学习《资本论》,就不能不在每一个经济概念,每一个论点上,和我们自己原来的有关的常识经验或教条作斗争。这就是马克思为什么说要学懂《资本论》,需要读者愿意接受一点新东西,能独立思考。

上面讲的就是我们学习《资本论》会感到的三种困难。这三种困难中哪一种困难最大呢?我以为是最后一种。为什么呢?第一种困难是说要有一定的文化知识、历史基础知识、哲学知识等,这些可以慢慢地学,甚至可以从《资本论》中去学。《资本论》本身就是一个知识宝库,可以提供我们许多正确的知识。《资本论》的某些较容易了解的部分的学习，就可以帮助我们理解其中比较难懂的部分。马克思曾指示我们在学习《资本论》时，不妨先读劳动日那一章，然后再读有关价值形态的那一部分，也就是这个意思。第二种困难讲到的我们不熟悉的东西，那也不是不易克服的，我们可以通过间接的方式去了解去体会。比如我们要学习古代历史，中世纪历史，不也很难吗？但我们可以通过各种方式和工具，间接地去求得理解。事实上，《资本论》中最感到难学的价值形态部分，还不是以发展了的资本主义经济为背景，而是以我们比较熟悉的小商品生产为背景的呢！至于第三种困难，它对前面两种困难，具有不同的特质。大家想想看，一般资产阶级学者，文化历史基础知识可能是相当丰富的，他们又是生活在资本主义社会里，但为什么他们竟对于资本主义经济的理解，那样庸俗肤浅呢，他们对马克思主义的认识，为什么那样隔膜呢？例如列宁在《什么是"人民之友"以及他们如何攻击社会民主主义者?》中批判过米海洛夫斯基，说他读了《资本论》，但不懂得《资本论》中有唯物史观，这并不是知识的限制，而是关系到立场观点和方法的问题。而和俄国米海洛夫斯基无独有偶的，是一位德国的经济学者，尽管《资本论》全书都贯串着价值论的说明，他却惋惜《资本论》作者没有专章讨论价值。为什么呢？这是因为他所理解的价值和《资本论》中讲的价值不是一个东西。我也遇到过这样的事情，我在某大学任教时，曾有一个有些名气的经济学教授，教完了《资本论》第一卷以后对我说，他还没弄清楚价值和劳动究竟有怎样的关系。应该怎么说呢？能说这不是笑话吗？其实，马克思在《资本论》中所讲的道理，马克思、恩格斯都说西欧特别是德国工人阶级就可以接受；马克思并把工人阶级广泛接受他的看法，看作是对于他写作《资本论》的最大报酬。可见，由不同立场，用不同观点方法所引起的障碍，才是最大的障碍；虽然我们并不因此就说其他困难不值得注意。

现在困难是提出来了，但如何去克服这些困难呢？以下谈我个人的几点体会。

首先，学一本著作，特别是象《资本论》这样的大著，必须明确它的主题，明确它所要解决的中心问题。读一本书，不论它是文学、哲学或是经济学的书，总是要先明确一下它的主题所在，它讲些什么，它是如何提出问题并解决问题的。愈是对于大部头的论著，愈需要先摸一下这个底，同时愈是有价值的科学论著，它的主题，它的中心思想也愈加明确。比如说，列宁的《唯物主义和经验批判主义》，就是要解决物质第一性、精神第二性的关系问题；列宁的《俄国资本主义的发展》，就是要解决俄国国内市场形成的问题。《资本论》呢？它的中心任务，是要解决资本家如何剥削劳动者或剩余价值如何产生和实现的问题。我们在现在看来，好象这个问题是很容易了解的。真是这样吗？如果大家真的懂了，为什么我们又感到《资本论》难学呢？

在奴隶社会里，奴隶主占有奴隶的劳动，这看得很清楚。在封建社会里，领主地主占有农奴的劳动，在时间上空间上也不难看出。在资本主义社会怎样呢？资本家说他没有剥削工人，他是凭公平买卖，工人劳动得了工资，而资本家的利润是使用资本的报酬、管理企业的报酬，或者是贱买贵卖的差额，哪里有什么剥削？在资本主义前期，尽管有些古典经济学者指出了资本家的利润和地主的地租，是从劳动生产物分割出来的，但是他们讲得不深不透；等到后来，作为资产阶级的经济学者，他们再也不敢讲这个问题，并还要拼命替资产阶级辩护了。他们用这样或那样的理由，用表面的现象和经验的常识，来为资本主义制度掩饰，为它的永恒的存在祝福。这个剥削问题不弄明白，不从各方面加以系统的论证，就要使工人阶级斗争的正义性受到怀疑，使他们的斗争的勇气和信心受到妨害。事实上，资产阶级也正是利用这些欺骗的宣传，从精神上从思想意识上去瓦解工人阶级的斗争意志，并妨害他们的团结。在十九世纪前期，这无疑是一个最关重要的根本问题，即使到了现在，也并没有失去它的现实性。当代资产阶级经济学者，不还在以各种新的方式和手法宣传资本家没有剥削吗？为了工人阶级的革命事业，马克思几乎是用他毕生的精力，彻底搞透这个问题。我们要好好为灭资兴无的革命事业服务，难道不应当好好学习《资本论》，把这个根本问题弄透吗？

其次，当我们已经明确了《资本论》研究的主题或中心问题以后，就要进而了解马克思是怎样进行分析这个涉及到一切经济生活方面的问题了。资本家对劳动者的剥削，是属于分配方面的问题，同时又是关系到交换方面的问题，但资本家究竟如何对劳动者进行剥削，却基本上是要在直接生产过程才能得到理解的。正因为这是一个涉及到各方面的复杂的问题，资产阶级学者就惯于用流通方面、分配方面的一些表面现象，来掩盖资本主义制度的剥削本质。说什么一切商品都是等价交换，劳动力也是一种商品，它的买卖，也是在等价交换的基础上进行的；又说，同是资本家，有的经营成功，有的经营失败，如果认为成功是剥削工人的结果，那末失败赔了本该怎么说呢？马克思却正好要论证，劳动力这个商品，即使资本家购买时是依据等价原则，他在直接生产过程中使用它、消费它，却破坏了那个原则，使劳动者在生产中创造的价值超过了他在交换上取得的价值；并且，资本家即使在生产中榨取到的额外价值，没有在交换上得到实现，甚至还亏了本，那只不过是他们资本家相互间分配额外价值的比例有了变化，丝毫也没有改变他对工人的剥削关系的实质。为了要揭露这个秘密，马克思就依据生产是经济中的决定环节的原则，并采取科学的抽象方法，先撇开容易引起混淆的流通关系和分配关系，光在直接生产过程中找出剥削的根源，发现剩余价值的秘密，然后再分别讲到实质上是流通剩余价值的流通关系，和实质上是瓜分剩余价值的分配关系。我们如果初步了解了《资本论》的这个严密的布局，并初步了解了这样的新布局或总结构的重大的科学意义，就会感到对于了解《资本论》的全貌，有了一个线索和途径，就会明了第一卷、第二卷、第三卷各自在完成全面分析资本主义这个剥削制度中所担当的任务。读完第一卷，一定要求续读第二卷、第三卷。当我们学习第一卷的时候，也象初步了解全书一样，只要开头了解它的内容和结构（体现了资本主义商品生产由小商品生产基础上逐渐转变过来的辩证发展关系：由劳动生产物到商品，到货币，到资本的转化；由资本产生剩余价值到剩余价值资本化，以至由资本的积聚集中而归结到资本的最后被剥夺——这样的结构），就会感到它的“引人入胜”的科学的魅力。第二卷、第三卷的内容虽不象第一卷那样一竿子插到底，非常辩证地一个环节紧扣着一个环节，但读者只要学习第一卷有了一定的心得，一定也会感到第二卷、第三卷的严密的逻辑程序和精辟的说服力量。恩格斯甚至说，第三卷是他从来读过的书中的最可惊的东西，有的地方，第一卷对它还有逊色。如果说有谁感到第一卷好学，并认为他真已有了心得，应当说，他已突破了学习第二卷、第三卷的难关。

总之，《资本论》的学习，是有困难的，有知识基础上的困难，有联系实际上的困难，尤其是有立场、观点、方法或思想意识上的困难。所有这些困难，在很大程度上就可以由，还必须由学习《资本论》本身得到解决。

《资本论》可以大大丰富我们的文化历史知识,《资本论》可以教导我们怎样联系实际,《资本论》尤其会使我们在学习过程中熟悉并习惯马克思主义的语言和思想方法。就最后一点而论,《资本论》的学习过程,应当理解为是我们在思想上的灭资兴无的过程。

(二)《资本论》的用

毛泽东同志曾指示我们:"读书是学习,使用也是学习,而且是更重要的学习。"[①]一般地讲,学习就是为了使用。使用不只是对于学习的效果的检证,并还是对于学习效果的巩固与提高。在这里,使用、应用和运用,有相同的含义,我们概称之为用。

讲到《资本论》的用,似乎要说明这几点:用它的什么?怎么用?用它来做什么?大家仿佛都清楚,学以致用,用它来为革命服务,用它来解决理论问题,解决实际问题,也用它来解决我们的思想问题。但是,用它的什么问题,如没有比较明确的认识,不仅怎么用的问题难得弄明白,就是这个看起来非常清楚的用它来做什么的问题,也要成为问题了。事实不正是这样么?

《资本论》所研究的,是西欧特别是英国的十九世纪五十年代以前的资本主义发展情况。第一卷的出版,离今天近一百年了,在这段时期中,世界变化很大,资本主义从自由阶段发展到垄断的资本主义,即帝国主义阶段,而《资本论》基本上则是把自由资本主义经济作为研究对象,因此,资产阶级学者和现代修正主义、改良主义者都异口同声地说,《资本论》已经"过时"了。很清楚,马克思主义的三大组成部分——哲学、政治经济学和科学社会主义——在《资本论》中都有综合的表现,如果说《资本论》已经过时,那就无异说马克思主义过时了。是不是这样呢?马克思用唯物史观作为指导,研究资本主义经济运动规律,建立了以剩余价值理论为基础的革命的政治经济学体系;他并在那里指出了资本主义的发展过程,也是工人阶级被集中、被锻炼、被组织起来,成为剥夺剥夺者,推翻资本主义

---

① 毛泽东:《中国革命战争的战略问题》。《毛泽东选集》第1卷,人民出版社1968年横排本,第165页。

制度的革命力量的过程。这一点，是一切空想社会主义者所看不到的，因此，他们的理论都是空想的。马克思从资本主义发展过程中看出它在为转向更高级社会创造物质条件，同时又看出它的内在的革命力量，这就为科学的社会主义作了结论。我们是在这个限度内，说历史唯物主义或唯物史观、政治经济学和科学社会主义，是马克思主义整个不可分割的组成部分。我们也是在这个限度内，说马克思主义的三大组成部分体现在《资本论》中。前述资产阶级学者、修正主义者、改良主义者，宣扬马克思主义过时，就是妄图否认马克思主义的客观真理。而我们说马克思主义是放之四海而皆准的真理。马克思主义者经常说，社会经济基础变了，上层建筑也跟着变；时代变了，理论也随着改变。现在又说马克思主义是放之四海而皆准的真理，不是很象讲不通吗？马克思主义者所讲的普遍真理指的是马克思主义的观点方法，它的世界观和方法论，它的哲学、政治经济学和社会主义的基本原则。这一点要牢记着。《资本论》中的基本理论，即剩余价值理论是不是普遍真理呢？剩余价值在社会主义、共产主义社会中是不存在的；但只要有人剥削人的资本主义生产关系存在，这个学说就反映了它的实质。剩余价值理论对资本主义社会来说是普遍真理。虽然，在剩余价值基本理论中，还有一些较具体的个别论点，它将随着资本主义从自由阶段推移到垄断阶段的具体情况的改变，可能变得不完全适用或者很不适用，如平均利润规律，如经济周期表现形式等等，即使在原则上还有很大的妥当性，应用起来，就不能不加一些限制或说明。所有这些——马克思主义的观点方法，基本经济理论，和个别论点——资产阶级经济学者把它们混在一起，不加区别，这是由于他们缺乏这种分析的理解力，同时也因为这样做，更便于反对马克思主义。可是我们在学习并应用《资本论》的时候，却必须把它们分别清楚。

对于《资本论》的运用，在认识上，我们作了如上的简单交代。现在似可进而谈到用它的什么，并怎样来用的问题了。我们一般学习《资本论》，往往比较注意它的基本经济理论，而比较不注意它的观点方法。事实上，在我们目前这个帝国主义走向灭亡，社会主义走向胜利的新阶段，对于反帝斗争，反垄断资本斗争，反改良主义、修正主义斗争，固然在很大程度上，还有必要把《资本论》中的基本经济理论作为武器，但更重要的，还是应用体现在《资本论》中的观点方法，来研究当代资本主义的经济规律，来研究我们社会主义社会的经济规律。当然，马克思主义的观点方法，它的唯物主义和辩证法，是贯彻在一切马克思主义的经典著作中的，但一切马克思主义者都承认，《资本论》是全面贯彻着唯物史观和辩证法的典范。我认为，我们学习应用《资本论》，首先就要认真体会马克思是怎样运用唯物史观，来辩证地揭露资本主义的经济运动的规律的。我在这里谈到这一点，也就是解答我们提出的怎样应用《资本论》，怎样应用它的观点方法和基本理论的问题。

资产阶级学者们习惯于从人类一般的情况来谈，什么人类的欲望需要之类；就是那些古典的资产阶级经济学者，也喜欢就所谓人类的自利本性出发，把出现于资本主义社会的特殊经济现象及其原则、规律，硬套到一切时代、一切地方，结果，原始社会猎人渔人猎兽捕鱼所用的简单工具，就被看成是和现代资产阶级剥削无偿劳动所用的生产资料没有什么本质区别的东西了。而且，正是由于资产阶级经济学者在不同程度上采取了这样的形而上学的观点方法，他们在讨论分析经济问题的时候，也就不可避免地要把许多其他社会因素拉进来打混。结果，就连什么问题也说不明白，交代不清楚。他们其所以惯于把一些经验事实、表面现象，糅杂在理论分析中，原因就在于没有一个正确的观点和方法作为指导。马克思批判他们，革政治经济学的命，也正好是从这里下手。关于马克思怎样在《资本论》中运用唯物史观这个问题，马克思自己和恩格斯都讲得不少，他们曾分别就《政治经济学批判》这本名著，反复讲到它的观点方法，但对《资本论》的观点方法，谈得更明确具体的，却还是列宁。列宁在他的那部经典名著《什么是"人民之友"以及他们如何攻击社会民主主义者?》中，曾反复说明《资本论》作者揭露并阐述资本主义社会的经济运动的规律，列宁认为，《资本论》一开始就把它的研究对象，限于现代资产阶级的社会经济组织；专以社会成员间的生产关系为限，把一切社会关系，归结于生产关系，把生产关系归结于生产力的高度；他说："马克思一次也没有利用这些生产关系以外的什么因素来说明问题"①；各种经济概念、范畴，都被看作是那种资本主义生产关系之个别侧面的理论表现。资本主义生产关系

---

① 列宁：《什么是"人民之友"以及他们如何攻击社会民主主义者?》。《列宁选集》第1卷，人民出版社1972年版，第9页。

不但决定了它们的存在，决定了它们的性质，决定了它们相互间的地位和可能发生的作用；并且，生产关系随着生产力的发展而有所改变，也要在这一切方面引起相应的变化。这就是为什么，即使是同一个经济概念或范畴，出现在前资本社会的，和出现在资本社会的，并不是一样的内容和性质；就是在资本主义社会的不同发展阶段，也不能一视同仁。唯物史观所要做的，无非是在社会经济发展过程中来考察各种经济现象，来分析各种经济问题，并来辩证地论证其必然的发展倾向。《资本论》全书就是按照这样的章法写出来的。我们学习《资本论》，最要紧的也就是要学习《资本论》作者运用他的正确的观点和方法论的做法，来试图研究处理我们所面临到的各种经济问题。当然，我们这样说，并不是说，包括在《资本论》中的基本经济理论，除了用以正确的认识资本主义制度的本质和它的必然趋向灭亡的归宿以外，对于当代资本主义的研究，特别是对于我们社会主义经济的研究，已经没有太大的帮助了。如果我们真是这样设想，那就很不正确，并且也说明我们对于《资本论》的认识，还大有问题。

我们已经知道，《资本论》中的基本经济理论，是关于剩余价值的理论。《资本论》作者在说明剩余价值的产生及其消灭过程时，不仅连带论到了一些关于前资本主义社会经济的原理，关于社会主义经济的基本原则，并还就一切社会经济形态的共同因素，一切商品生产的共同因素，在原则上作了一些重要提示，和正确的科学说明。这对于我们理解和探讨当前经济问题，是有着非常重要的意义的。举例来说罢，如关于货币理论，《资本论》中所讲的货币基本上是就贵金属或金银币立论的，由金银硬币到纸币，由兑换纸币到不兑换纸币，由资本主义性质的纸币到社会主义性质的纸币，有一序列的关系和中间环节要处理，要交代清楚。如果径直用《资本论》中的货币理论来硬套到我们当前的货币问题上来，当然是格格不入的。硬币有硬币的流通规律，纸币又有它的特殊流通的规律，马克思就曾责难李嘉图没有把这两者区别开。同是纸币，资本主义国家的纸币和社会主义国家的纸币，也不一样。为什么呢？资本主义国家和社会主义国家的性质根本不同，对于流通纸币的发行额，和对于发行纸币的保证准备，资本主义国家要经常公布，但在我们社会主义国家就不一定要公布。如美国规定 1 盎斯黄金等于 35 美元，并对于纸币的发行额规定了一定比例的黄金外汇的保证准备，黄金外流到一定点，就要发生所谓美元危机。这是为什么呢？就因为在资本主义国家，社会财富为私人所有，国家在发行货币上的职能，只不过是为了便利私人财富或商品的流通，因此，它没有足够的保证准备，就不能叫纸币的持有者不发生疑虑。反之，在社会主义社会，所有的社会财富，它的消费资料和生产资料，都可以为它的纸币发行起保证作用。事实上，不只是研究货币问题，就是研究资本主义经济危机问题、人口问题、国民收入问题……等等，丢开了马克思在《资本论》中有关的最基本的理论的分析，那不仅不易讲得明透深入，而且还是错误的。

很显然的，当我们已经多少知道如何应用《资本论》的观点方法，如何应用《资本论》的基本理论来解决我们所面对着的问题的时候，我们的思想意识，思想方法，也无疑在相应发生变化。在这种限度内，很可以说，我们学习并应用《资本论》的过程，同时也是我们在思想上的灭资兴无过程。

而且，我们在上面所讲的，怎么样应用《资本论》的观点方法和基本理论，并不是说，我们学到一定程度，学到已有所得的某一阶段，才有条件这么做，事实上，我们学习的整个过程，也是应用的过程。学与用是一个不断反复的统一的过程。我们对于所学的每一个概念、范畴、规律，都联系到它的实际，那其实就是在用，就是在独立思考，就是最有效的学。

十三、关于《资本论》对于资本主义垄断阶段，是否还有现实性的问题

（一）《资本论》过时了吗？

马克思的《资本论》是在十九世纪后期问世的。由于《资本论》把资本主义制度的剥削本质、内在矛盾及其辩证发展规律彻底揭露出来了；同时由于那种揭露，使得工人阶级非常清楚地看到了他们自己的命运、地位、力量和前途，所以，它的第一卷在一八六七年出版后不久，便被当时的第一国际决议通过为"工人阶级的圣经"，成为工人阶级革命斗争运动的指南书。《资本论》使资产阶级终生会感到它的麻烦。而他们最感到麻烦的地方，更在于《资本论》的论据，是建立在资产阶级自己经济实践的基础上，是讲的"关于阁下的故事"，又加上是经过了严密地科学论证了的真理，他们既无从反对，也反对不了。所以，《资本论》问世以后，有不短的一段时间，他们对付的战术，是保持沉默，以示"不足道也"。到了十九世纪末，他们象是突然被一个"新发现"提醒了，说《资本论》是从唯物主义出发，从客观事实出发；客观事实改变了，《资本论》不就"过时"了吗？也就是说，《资本论》既然是以十九世纪中叶前后的自由资本主义经济为研究分析对象，到了十九世纪末，特别是在这以后，已经是垄断资本主义占统治地位了，事过境迁，人们怎么还要《资本论》，还要把它看作是"工人阶级的圣经"，或他们的革命指南书呢？这个反对马克思主义，反对《资本论》的"大发现"，愈到晚近，当然就更加叫嚷得起劲。但是，认真思考一下，就会产生这样的疑问：

为什么这些资产阶级学者要这么关心工人阶级的革命运动，怕这种运动，为"过了时的"学说思想所指导呢？

为什么这些宣扬资本主义制度永恒的形而上学的说教者，倒反而这

么热衷于强调"唯物主义历史观"呢?

这里不打算讨论他们的这些自相矛盾的错误论点,只想讲一讲马克思关于资本主义由自由阶段到垄断阶段转变的若干基本原则、规律,然后再说明一下,为什么还在自由资本主义阶段时,马克思就能把那些转变的原则、规律揭示出来?只要把这些道理讲明了,他们的那些自欺欺人的胡说,就不攻自破了。

(二)在《资本论》中,提示的由资本主义自由阶段推移到垄断阶段的原理

关于资本主义由自由阶段到垄断阶段的转变,那虽然差不多是到马克思去世的时候(一八八三年)才开始表现一些端绪,但马克思在这以前,即撰写《资本论》的十九世纪六十年代时,从资产阶级社会经济结构的分析中,已把那种转变的必然性、规律及其诸特征表现,向我们明确指出来了。

大体上他是沿着以次的线索展开说明的:

首先,由于资本主义商品生产,实质上就是剩余价值的生产。剩余价值是出自剩余劳动,资本家榨取剩余价值、剩余劳动的贪欲是无限的,当它受到自然生理限制和社会限制,不能一味由延长劳动日得到满足的时候,他们就竞相努力在一定劳动日中,尽可能缩短必要劳动部分,由是相对地增加剩余劳动部分。其办法是尽量提高劳动生产率,使劳动者所消费的商品低廉化,使劳动者人数相对过剩化,从而使劳动力的价值价格低廉化。这就要求变革劳动技术过程和社会生产组织。马克思在这里指出了这样一条真理:

"绝对剩余价值的生产,不过把劳动日的长短当作关键问题;相对剩余价值的生产,却会彻底使劳动的技术过程和社会的组织发生革命。"①

可是变革劳动技术和社会生产组织,在原有的资本规模上是办不到的。在大家相互竞争的条件下,其间就存在着一个资本集中或"资本吸收资本的规律"。

---

① 马克思:《资本论》第1卷,人民出版社1963年版,第551页。

“竞争战是以商品的低廉化来进行。其他事情不变，商品的低廉取决于劳动的生产率，劳动的生产率又取决于生产的规模。所以，较大的资本会打击较小的资本。并且我们知道，随资本主义生产方式的发展，一个资本按标准条件从事营业时所需的最低限量将会加大。”①

这个趋势的发展，就由集中、由扩大经营规模而引起的积累，进一步鼓励集中：

“集中使产业资本家能够扩大他们的操作规模，所以补充了积累的作用。不管操作规模的扩大是积累的结果还是集中的结果，也不管集中是用强暴的方法实行合并……还是通过设立股份公司这样一条平坦的道路，将已经形成或正在形成中的许多资本溶合起来，经济作用总是一样的。产业规模日益增进的扩大，到处都是作为出发点，以便使多数人的总体劳动，得以具有更为包括一切的组织，使他们的物质原动力，得以有更为广阔的发展，那就是，使各自分立，按习惯经营的生产过程，得以愈益转化为实行社会结合，并且按科学方法处理的生产过程。”②

由股份公司体现的集中发展的局面一经形成，于是就出现了马克思所说明的在资本主义商品生产上的三个大变化：

“(1)有了生产规模和企业规模的惊人的扩大，那对个别资本说是不可能有的。同时，以前由政府经营的企业，现在也变成了公司的企业。

“(2)建立在一种社会的生产方式的基础上，并以生产资料和劳动力的社会集中作为前提的资本，在这里直接取得了社会资本(即那些直接组成公司的个人的资本)的形式，而与私人资本相对立。它的企业也当作社会企业，而与私人企业相对立。这是资本作为私人所有的资本在资本主义生产方式本身限界以内的扬弃。

“(3)实际担负职责的资本家，转化为单纯的经理人，别人所有的资本的管理人了，资本所有者则转化为单纯的所有者，单纯的货币资本家。……资本所有权已经和它在现实再生产过程中的功能完全分离，象那种加在经理人身上的职能已经和资本的所有权完全分离一样。因此，利润

① 马克思：《资本论》第1卷，人民出版社1963年版，第688页。

② 马克思：《资本论》第1卷，人民出版社1963年版，第690页。

……也就干脆表现为别人剩余劳动的占有”[①]。

所有马克思在将近一百年前从理论分析上指出的这些倾向，正是我们当前所看到的垄断资本统治下的现实。不但如此，他还在资本主义生产方式内的这种自己扬弃过程中，看出了信用在其间发生的异乎寻常的助长的作用。

“把股份制度……撇开不说，信用又为资本家个人或以资本家资格出现的个人，提供在一定限界内绝对支配别人所有的资本、别人所有的财产，并由此支配别人的劳动的权利。对社会资本（不是自有资本）的支配权，使他取得了对社会劳动的支配权。因此，一个人实际拥有或公众认为他拥有的资本本身，不过还是信用上层建筑的基础。”[②]

信用发展的结果，金融资本出现了。

信用制度“起初只是偷偷摸摸地当作积累的卑躬屈节的助手，通过许多不可看见的线索，把大量或小量分散在社会表面的货币资源，牵引到资本家个人或结合的资本家手中来。但不旋踵间，它就变成了竞争战上一个新的可怕的武器，最后还变成了资本集中上一个惊人庞大的社会机构。”[③]

“信用制度的发展和货币贷借业务在大银行手中的异常集中，本来必然会把借贷资本的积累，当作一个和现实积累不同的形式来加速它。所以，借贷资本的这种迅速发展，是现实积累的结果。因为，它是再生产过程发展的结果，并且为这种货币资本家形成积累源泉的利润，也不过是再生产资本家所榨出的剩余价值的一种扣除（它同时还是别人储蓄利息的一部分的占有）。这种借贷资本，同时也会牺牲产业资本家和商业资本家来进行积累。”[④]

这种资产阶级内部的现实关系的变化和新的矛盾，已经显示了一个金融寡头统治对于其他阶级的欺骗与掠夺的前景：

“它再生产出了一种新的金融贵族，在发起人、创业人和徒有其名的董事的形式上，再生产出了一种新的寄生虫，并由公司的创立、股票的发

---

① 马克思：《资本论》第 3 卷，人民出版社 1966 年版，第 501～502 页。

② 马克思：《资本论》第 3 卷，人民出版社 1966 年版，第 504 页。

③ 马克思：《资本论》第 1 卷，人民出版社 1963 年版，第 689 页。

④ 马克思：《资本论》第 3 卷，人民出版社 1966 年版，第 584 页。

行和股票的买卖，引出了一整个体系的欺骗和诈欺。"①

由于一切在利息形态上的货币资本不管采取怎样的买空卖空的特别运动方式，并怎样迅速地增大其虚拟的倍数，但它当作资本所有权来要求的收入，最后终归要出自现实机能资本所剥削并实现的剩余价值。那种收入增大，对于工人阶级的剥削无疑是在不断增强。可是，由竞争由信用加速扩大起来的大股份公司大托拉斯的大规模的生产力，就要因此受到限制。生产力以几何级数增加时，市场的扩大至多不过依算术级数进行。周期性的经济危机，就由此显示出来了。于是我们又从这里看到了一个新的经济现象。它们国内的产业只能容纳一部分加速积累起来的财富了。

"这就是说，在不给等价就从英国劳动者那里偷窃横取并且逐年增长的剩余产品中，有较大的一个部分不是在英国本国，而是在外国转化为资本。"②

在英国如此，在其他资本主义发展国家也是如此。要为过剩商品找出路，就得使商品低廉化，使商品生产大规模化，股份公司化，托拉斯化；要为过剩资本找出路，就得确保已有的殖民地并争夺新殖民地。随着社会经济组织及其要求的变化，国家的机能也改变了。它愈来愈显得与其说是为整个资产阶级服务，就宁不如说是为资产阶级中的垄断资本服务了。

以上是资本主义由自由阶段转变为垄断阶段的全过程。马克思在将近一百年前指出的一些支配着那种转变的基本原则，没有任何一点失却了它的现实意义。

(三)资本主义的垄断阶段，只改变了剥削的形式，没有改变剥削的实质及由此必然发生的剥夺者被剥夺的趋势

马克思写的《资本论》，确是在自由资本主义盛极一时的时期，所有体

① 马克思:《资本论》第 3 卷，人民出版社 1966 年版，第 504 页。

② 马克思:《资本论》第 1 卷，人民出版社 1963 年版，第 672 页。

现着垄断资本本质特征的那些经济现象，如生产集中、股份公司、金融寡头统治、资本输出、国际资本联合组织、殖民地争夺与瓜分等等，在当时有的还只露出一些苗头，有的甚至还隐而未发。但经济科学理论的研究，如果是采取唯物主义的现实观点，如果深入到资产阶级社会的内部联系，它就会把握这个社会的各种经济发展动态或趋势，而由是发现出支配着它们的一些基本原则和规律。马克思的唯物主义历史观和辩证方法，使他能见微知著地把那些还只露出一些苗头或端绪的迹象，看作是资本主义内在矛盾发展的必然倾向。后来，列宁的《帝国主义是资本主义的最高阶段》，正是根据马克思在《资本论》中所指出的基本原则和规律，结合他的时代的垄断资本主义发展的现实，而加以充实发展的结果。事实上，马克思在《资本论》中，还不只是提示了自由资本主义向垄断资本主义转变的原则和规律，他还进一步透过未来的垄断资本的展望，而把资本主义向着社会主义变革的可能性与必然性，揭示出来了：

“……和这种集中或多数资本家为少数资本家剥夺的现象联在一起，有规模愈益加大的劳动过程的协作形式，科学在工艺上的自觉的应用，土地的计划利用，劳动手段变为只能共同利用的劳动手段，一切生产资料当作互相结合的社会劳动的生产资料使用时生出的节约，一切民族在世界市场网中形成的密切联系，从而，资本主义制度的国际性质，跟着发展起来。把这个转化过程所有的利益横加掠夺，并实行垄断的资本大王的人数在不断减少，穷乏、压迫、奴役、退步、剥削的总量，则跟着在增加；但是，人数不断增长，为资本主义生产过程的机构自身所训练、所联合、所组织起来的工人阶级的愤激反抗，也跟着在增长。资本垄断，成了这种和它一起，并且在它下面繁花盛开起来的生产方式的桎梏。生产资料的集中和劳动的社会化，达到了同它们的资本主义外壳不能相容的地步。这个外壳会被炸开。资本主义私有制的丧钟响起来了。剥夺者被剥夺了。”①

这一段话，是《资本论》第一卷研究的结论，我们把这个结论，拿来对照一下这个第一卷刊行以来将近一百年的资本主义世界的变迁变革的现实，不是大可证示工人阶级把马克思主义，把《资本论》作为他们革命斗争运动的指南，是做对了吗？马克思主义的政治经济学或《资本论》，就它在

① 马克思：《资本论》第1卷，人民出版社1963年版，第841～842页。

其中运用的观点与方法来说，是一切历史时代可以适用的普遍真理；就它运用那个观点方法所得出的基本经济理论来说，对于今天的整个资本主义世界，也还是完全可以兑现的普遍真理。因为它用那种观点方法所研究的，是资本主义的基本事实、基本关系、基本原理。它是从资本主义的私有制出发，是从资本主义商品生产出发，是从资产阶级凭借所占有的生产资料，榨取剩余价值，剥削工人阶级的阶级关系出发。这些基本事实、基本关系没有改变，而基于这些事实关系得出的价值——剩余价值理论、分配理论、剥削理论、危机理论、资本积累的一般规律理论，就不会因为资本所有制的某些形式改变、资本经营的形式改变、资本家剥削榨取的花样的改变、资产阶级相互间争权夺利的方式方法的改变，而改变它的社会本质和社会发展趋势及其规律。唯物主义历史观，是要在社会不断革命论与革命发展阶段论的统一的认识基础上去理解的。在一方面，社会存在改变，社会思想意识也不能不有所改变，物质生活的生产方式，决定着社会的政治的以及一般精神生活的过程，另一方面，一个社会的基本生产关系没有改变，有关它的基本理论与规律，就还是正确有效的。这是用马克思主义的世界观与方法论得出来的真理，这是那些充满着庸俗的形而上学的思想意识的资产阶级经济学者、社会学者、历史学者的头脑，永远也识不透、想不通，也不愿意想通的真理。

十四、当代资产阶级经济学者对《资本论》表示的新姿态

资产阶级政治经济学,是有强烈的阶级倾向性的。它对于站在无产阶级立场的马克思主义政治经济学,对于马克思的《资本论》,长期以来,都采取漠视、仇视和恶毒攻击的态度。这是符合历史发展规律的,因为愈来愈走向没落和死亡的阶级,它就愈加惧怕真理,愈加仇视真理。可是现在西方一些资产阶级庸俗经济学者,竟一反他们先辈经济学者的顽固态度,对《资本论》,对马克思主义政治经济学,突然开始感到兴趣,表示和解和一定程度的"尊重",甚至有人提出要向马克思"学习"。这到底是怎么一回事呢?

资产阶级经济学者对于马克思主义表示的这种态度,决不是一种什么好的倾向,而是他们反对马克思主义政治经济学的极恶毒的手法。晚近西方资产阶级庸俗经济学者中采取以赞赏的姿态来反对马克思主义新手法的,一部分是资产阶级经济学者,一部分是那些实质上也是资产阶级经济学者,但却打着改良主义旗帜的人。下面且分别提出两个典型,看他们为什么对《资本论》表现了那种新态度。

(一)罗宾逊在《论马克思主义经济学》中的新姿态

乔安·罗宾逊是英国凯恩斯派的重要人物。从表面上看来,罗宾逊象是要在资产阶级经济学与马克思主义经济学之间树立桥梁,或鼓吹从《资本论》中吸取有营养的"要素"来滋补现代资产阶级经济学的贫血症,但在骨子里,她却对马克思主义政治经济学任意歪曲。她和一般资产阶级庸俗经济学者、改良主义者不同的地方,只不过是为了适应马克思主义取得了决定性胜利的时代,学了一套修正主义者反对马克思主义的手法罢了。

乔安·罗宾逊在一九四一年出版了一本《论马克思主义经济学》的小册子。在这本书的前言中她指出:“这篇论文的目的,是要把马克思的《资本论》的经济分析来同现在的学院派教义相比较。”①什么是学院派呢?她大体指的是由马歇尔到凯恩斯这些英国的教授们,实际上讲的是凯恩斯,即是要把马克思的经济分析拿来同凯恩斯的经济学相比。我国在解放前不久的经济学论坛上,曾一度被人们宣扬过的马克思与凯恩斯的“结合”,就是由罗宾逊这篇论文引起的。罗宾逊不无惋惜地说:“直到最近,马克思常被学院派以轻蔑的沉默来对待,只有在偶尔的嘲弄的脚注中才打破沉默。”②不过,她认为,现代经济生活的发展,使人们改变了以往的成见,“他们对于作为资本主义主要批判者的马克思的态度,不象往常那样确定不移了。我认为,他们得向他学习很多东西……”“同时,我相信现代的学院派经济学对马克思主义者也有些贡献”③。对于马克思主义派与学院派需要相互补充,相互学习的地方,她提出了有效需求这个理论,作为例子,表明“在对有效需求的分析——就业论——中,现代经济学为资本主义运动规律的研究提供了一个基础,这一规律是马克思本人提示过但未加以充分发展的”④。这也就是说,现代经济学,即凯恩斯的经济学,“用现代分析的更为准确和细致的方法,来重新考虑马克思的论点”⑤。这不是分明主张由马克思提出但未发展的论点,由凯恩斯用“更为准确和细致的方法”予以完成了吗?凯恩斯在这一方面还发展了马克思的经济分析哩!很显然,她是要由此证明凯恩斯比马克思“优越”,或拿马克思陪衬出凯恩斯的“伟大”。用这样一个迂回曲折的方法来反对马克思主义,当然比一味轻蔑沉默的老手法,要巧妙得多。但只要有一点马克思主义知识的人,就立即会发现她的这种讲法,完全是对马克思主义经济理论的任意曲解与大胆妄为的捏造。谁都知道,马克思的全部经济学说,是以他的劳动价值理论为基础。罗宾逊自己及她所推崇的凯恩斯,自始就是把他们的庸俗经济学,建立在支离破碎的价格论上;她同凯恩斯一

① 乔安·罗宾逊:《论马克思主义经济学》,商务印书馆1962年版,前言。

② 乔安·罗宾逊:《论马克思主义经济学》,商务印书馆1962年版,前言。

③ 乔安·罗宾逊:《论马克思主义经济学》,商务印书馆1962年版,前言。

④ 乔安·罗宾逊:《论马克思主义经济学》,商务印书馆1962年版,前言。

⑤ 乔安·罗宾逊:《论马克思主义经济学》,商务印书馆1962年版,前言。

样，极端仇视劳动价值论，所不同的是，凯恩斯一直不敢正面触到这个理论，而罗宾逊则满以为自己是有造诣的马克思主义经济学研究者，因而就不妨对劳动价值论大肆攻击。在她看来，劳动价值论简直是一种说教，一个充满了矛盾的教条。就是把它抛在一边，也无碍于剥削学说、危机学说、利润率下降学说，以及“消费不足”学说等等的说明。用她的话说，就是“马克思议论中的任何一个有实质的论点都不是以劳动价值论为依据的”①，就是马克思“用价值观念来表达的各重要概念，如不用这种观念，无有不能更好地表达的”②。我们需要严厉地驳斥这几个完全错误的论点。

劳动价值论纯粹是一个教条吗？不，不是教条，而是科学。罗宾逊认为，马克思在《资本论》第一卷讲劳动价值论的时候，把一些现实的条件都抽象去了，使得这个理论，纯然是建立在假定上，直到第三卷才回到现实中来，所以，论述那个劳动价值论，只好从第三卷论到第一卷。她象一点也没有理解马克思所说的，研究政治经济学，需要采用抽象法，要作一些假定，以便排除来自流通过程和分配过程的一些次要的扰乱因素，才好把剩余价值的来源，从生产过程探索出来。等到把剩余价值来源探索出来了，然后再一步一步地把原来被舍象去的因素加以考虑。她不但全不了解马克思所应用的科学方法，也全不了解他的整个体系。

劳动价值论充满了矛盾吗？不，这里并无矛盾，这种所谓矛盾，是罗宾逊自己造出来的。罗宾逊和其他许多庸俗资产阶级经济学者一样，认定《资本论》第一卷所讲的价值论，被它的第三卷的生产价格论否定了；第一卷假定价格与价值一致，需要与供给一致，第三卷却在说明它们的不一致。罗宾逊在《论马克思主义经济学》第三章中特别着重指出了：马克思一面认定生产商品所费的社会必要劳动量决定它的价值，后来又承认需求也影响价值。除非有对商品的需求，否则商品就体现不了价值，而且如果某种商品生产过剩了，体现在这种商品中的部分劳动，就证明是在满足社会需要上所不必要的。然而，马克思所讲的，是受供需支配的价格，是否与价值一致的问题，是价格能否把全部价值都实现出来的问题；作为一

① 乔安·罗宾逊：《论马克思主义经济学》，商务印书馆1962年版，第3章。

② 乔安·罗宾逊：《论马克思主义经济学》，商务印书馆1962年版，第3章。

个外在条件,需求只对价值的实现发生影响,并不决定价值本身。这和社会必要劳动决定价值这个原则,并无矛盾。

不借助于价值观念,不要劳动价值论,也不妨碍马克思把他的剥削学说、利润学说、危机学说等等表达出来吗?这无疑是一个极其荒谬可笑的庸俗见解,但却是资产阶级庸俗经济学者的共同信条。十九世纪七十年代以后,资产阶级经济学界,全是奉行奥地利学派的主观价值学说,用来反对马克思主义者的劳动价值论。但愈到后来,这个支离破碎的主观价值学说,连资产阶级经济学者也愈益感到它毫无用处,于是就听到“价值无用论”的呼声,就看到干脆用价格论代替价值论的做法。他们单从表面现象来看供需对于价格的影响,不问根本原因是什么,不问内在的运动规律是什么,那当然再省事没有,但同时也把科学分析抛到九霄云外了。罗宾逊认为不要劳动价值论,也可以建立马克思的各种经济学说,就因为她自己及其同辈、先辈、后辈经济学者,都是些庸俗价格论者,都是按照这种章法行事,也都分别写出了大小部头经济学的书,因而认为马克思也可以这样做。但马克思的《资本论》自始就认定资本主义社会的生产物当作商品的性质,和商品当作资本生产物的性质,引起全部的价值决定及全部生产由价值来调节的结果。由竞争、由供需状况,在工资、利润、地租间引起的相对量的变动,不会改变那个分归这些不同范畴的价值总和。所有在《资本论》中论述到的一切经济范畴及其关系,全都贯彻了“商品价值是基础”这个原则。对于马克思说来,劳动价值论,不是可有可无的,而是对商品、货币、资本、工资、利润、地租等等设定运动限界的基础。

罗宾逊否定劳动价值论的目的,是为了把他们的资产阶级庸俗经济学与马克思主义经济学调和起来,混淆起来。罗宾逊认为由她所“发现”的不完全竞争概念[①],和马克思的剥削论相当。她说:“现代的不完全竞争论,虽然在形式上完全不同于马克思的剥削论,同它却颇为近似。”[②]这真是牛头不对马嘴的胡扯。她还说,马克思的危机理论,包括三个内容,一是失业劳动后备军理论,二是利润率下降理论,三是资本货物工业和消

① 罗宾逊在30年代初,出版《不完全竞争经济学》,系从市场的不完全来说明垄断,为垄断资本辩护。

② 乔安·罗宾逊:《论马克思主义经济学》,商务印书馆1962年版,第1章。

费品工业的关系的理论(按:即指生产资料生产和消费资料生产的关系的理论)。而他们学院派的危机论在很多点上,“接近于”马克思讲到的第三个内容,并与其第一个内容“也略有近似之处”[①]。为什么呢?如象凯恩斯论危机,他就讲到失业问题,也讲到有效需求问题。她以为,马克思从生产资料生产与消费资料生产看出的不平衡,和不断增大的社会生产力所受到的劳动者的贫困所规定的极限,正是凯恩斯所强调而为马尔萨斯所“发明”的消费不足论。在这里,马克思竟被说成是他严厉批判过的消费不足论者马尔萨斯的信徒了。这是对马克思的莫大歪曲和污蔑。

(二)斯特拉彻在《现代资本主义》中的新姿态

斯特拉彻曾经以马克思主义经济学研究者的姿态,写过一些经济学论著。自从在第二次世界大战期间充当了英国工党政府的内阁大臣以后,他的机会主义的尾巴,就翘得很高了。在一九五六年他出了一部《现代资本主义》的经济论著。这部著作,虽题名为《现代资本主义》,但里面所讲的,实质上是要借现代资本主义来论证马克思的《资本论》或马克思主义经济学,如何为这个现代资本主义所推翻,如何成了“过时”的东西,同时论证凯恩斯的经济学如何对现代资本主义有现实性和创见性。他的立论手法和他所极力推崇的罗宾逊的手法差不多。他有时对马克思主义经济学表示一些恭维意见,无非是要用来衬托凯恩斯的“伟大”,或模糊读者的视听罢了。他在该书第一章讲到他的研究方法和目的时说:“我在若干章节中采用的陈述方法,目的就是把一些研究资本主义制度的著名经济学家的分析,不仅拿来和事实上已经揭露的现实比较,而且还拿来和马克思或他的继承者的分析相比较。”[②]也就是说,通过对于现代资本主义的分析,看谁的理论不对,谁的理论对。

斯特拉彻在他的现代资本主义论著中,也和罗宾逊一样,对马克思主义讲了一些“恭维”的话。他说:“马克思主义是一个不可分割的整体,一件无缝的外衣,当我们单独考虑它的经济方面时——虽在表达它时不得

① 乔安·罗宾逊:《论马克思主义经济学》,商务印书馆1962年版,第1章。

② 斯特拉彻:《现代资本主义》,上海人民出版社1960年版,第1章。

不从某一部分开始，我们就破坏了这个整体。但是我们决不应该忘记，马克思永远企图超越经济学而在我们面前呈现人类社会怎样在各方面运行的宏大全景。”[①]“如果我们拿现在根据经验而得知的马克思所达到的深入观察的程度，来同其他任何一位社会学家的造诣比较一下，我们将会对他充满尊敬。”[②]但是，斯特拉彻认为这正是马克思主义经济理论的危险所在。因此他在紧接着前面那段“好话”之后马上说：“一百年来的发展指出他的企图除了极粗略的初步近似论而外，并未成功亦不可能成功，而这些近似论如果不加批评地应用，势必引起巨大的错误。”[③]

斯特拉彻认为，对马克思主义的批判，如从经济学方面开始，就得从劳动价值论开始。因为“价值概念在历史上和理论上，都拦在经济思想的门口”[④]。“劳动价值论今天首先被认为是马克思体系的基础。”[⑤]马克思把劳动价值论发展成为剩余价值论，即利润从何而来的学说，积累的学说，资本的学说；同时，在劳动价值论里，又包含着劳动力价值仅够维持劳动者生存的“工资生活费论”，由此引伸到相对绝对贫困化论，危机论，终而招致资本主义制度灭亡论。斯特拉彻要人们不要拒不承认马克思分析资本主义比经济学家们有巨大的进步[⑥]；说他对许多经济问题，都提出了独特答案。如果说，“经济学家们已经研究了每个独立的资本主义生产者之间的关系。但马克思深入工厂，研究了工厂内的隐蔽的交换过程。这是工人的劳动力同占有者支配的生活资料交换过程。马克思使我们的注意力集中于这个特殊的交换行为，这是他的无上的成就。”[⑦]然而，这都不是正面的文章。而他真正要说的，却在这里：整个马克思主义，与其说是科学体系，不如说是一种方法[⑧]，要“使用马克思的那种包罗万象的方法，是带有莫大危险性的”[⑨]。为什么呢？斯特拉彻反复指出：作为马克思主

① 斯特拉彻：《现代资本主义》，上海人民出版社 1960 年版，第 7 章。
② 斯特拉彻：《现代资本主义》，上海人民出版社 1960 年版，第 1 章。
③ 斯特拉彻：《现代资本主义》，上海人民出版社 1960 年版，第 7 章。
④ 斯特拉彻：《现代资本主义》，上海人民出版社 1960 年版，第 3 章。
⑤ 斯特拉彻：《现代资本主义》，上海人民出版社 1960 年版，第 3 章。
⑥ 斯特拉彻：《现代资本主义》，上海人民出版社 1960 年版，第 5 章。
⑦ 斯特拉彻：《现代资本主义》，上海人民出版社 1960 年版，第 5 章。
⑧ 斯特拉彻：《现代资本主义》，上海人民出版社 1960 年版，第 1 章。
⑨ 斯特拉彻：《现代资本主义》，上海人民出版社 1960 年版，第 1 章。

义经济学基础的劳动价值论，虽然被“巧妙地”用来说明国民产额在社会各阶级间的分配，在这种意义上，不失为一个“有收获的假设”①，但在他看来，第一，以社会必要劳动时间作为价值单位，势将无法表明劳动生产率的变化；无法解释不增加劳动者人数或劳动时间，却可大大增加产额的事实。他不但和罗宾逊一样把价值和使用价值混做一谈，并按照马歇尔的庸俗看法，认为“价值不但由社会必要劳动时间的人——时决定，而且由资本的当前的报酬水平决定”②。其次，劳动价值论一般都把工资生活费论作为它的重要内容，以为劳动者总只能获得等于或低于劳动力价值的工资，他认为这是马克思对国民产品在社会各阶级间分配的说明中的重大缺点，也是马克思的无产阶级相对绝对贫困化学说不符合事实的根本原因。一般资产阶级庸俗经济学者都反对绝对贫困化的理论，但对相对贫困化的理论却很少反驳。这位工党经济理论家竟连相对贫困化也不肯承认了。他说：“在过去一百年的全部过程中，英国并无‘相对贫困化’(美国的数字也大致相似)。工人生活水平不但加了倍，而且他们在国民收入中所占的份额也没有下降。”③其所以如此，他以为是由于工会的压力，和不断通过议会政治施行了有利于工人阶级的再分配的社会财政措施的结果。斯特拉彻所讲的工人阶级，不是指在资本主义制度下的，包括经常有成千上万、成百万成千万失业者在内的工人阶级整体，而是指帝国主义国家的在业工人，特别是其中被大资本家收买的工头、工人贵族、官僚阶层；而据此，斯特拉彻竟别有用心地作出结论，说马克思用劳动价值论来巧妙地说明国民总产品在社会各阶级间的分配，对于劳动力在生产中占有极重要地位的十八世纪、十九世纪前期，尚有一定的妥当性，到了生产资料在生产中愈来愈占有重要地位的十九世纪后期，特别是二十世纪，那已经行不通了。他说马克思只看到资本家阶级为了榨取更多利润，从而要尽可能把工人的工资压低到仅够生存的限度这一方面，并把它看作是一个无可改变的规律，但事实上却不过是一个可以改变的倾向。④这就是说，马克思严重地低估了工会、国会、工党政府所作的抵销各种经

---

① 斯特拉彻：《现代资本主义》，上海人民出版社1960年版，第3章。
② 斯特拉彻：《现代资本主义》，上海人民出版社1960年版，第4章。
③ 斯特拉彻：《现代资本主义》，上海人民出版社1960年版，第8章。
④ 斯特拉彻：《现代资本主义》，上海人民出版社1960年版，第5章及第6章。

济固有倾向的努力[①]。所以，从今天看来，马克思主义几乎是一种完全错误的学说，很少接触到或者根本没有接触到现实[②]。可是，斯特拉彻毕竟知道马克思主义是驳不倒的，他说："尽管我们可以指出马克思主义经常不能恰当地解释事态的真正发展，但除非有一更现实、更灵活而同样包罗万象的人类社会科学来超越它和概括它，否则它不会失掉它的吸引力。低于这一水准的科学是不中用的。目前唯一能够最后满足我们要求的东西，是不但在经济方面而且在其他方面解释社会之间真正的相互关系，至少足以提出粗略的预言以及根据这些预言而采取的控制措施。"[③]然则资产阶级社会是否已经出现了这个"高水准"并可以对付并抵销马克思主义的包罗万象的体系呢？斯特拉彻对此答复得非常含糊，但他在这本书中，却反复表明，他自己以及他所崇拜的凯恩斯、罗宾逊，还有奥地利学派"后起之秀"的熊彼得，都在致力于建立一个象马克思主义那样的，包括经济学但不限于经济学的社会科学体系，来与马克思主义相对抗。他言外暗示，只有凯恩斯"提出粗略的预言以及根据这些预言而采取的控制措施"。他说："凯恩斯一生致力于发展了我们现在生活的资本主义的新的、最后阶段学说的一个完整的方面。"[④]"其整个精神和着重之点违背了这一时期任何其他正统学派经济学家的著作"[⑤]；"凯恩斯所做的首要事情，是站在(至少在某种程度上)这个制度外面，以便观察它的全貌"[⑥]。其所得的结果，照他借熊彼得的话说，就是"惊人的判断"，有启发性的"先见"，即"说这个制度并非自行调整，就是说它需要使它发挥作用的某些当局的自觉控制"[⑦]。而在"自觉控制"中采取的象举债兴办事业、增税、由国家创造投资消费条件等等，便被斯特拉彻说成是凯恩斯所作的"和平转变的技术"的"贡献"。事实上，凯恩斯的贡献只不过是他对于垄断资本的贡献，只不过是他对于社会民主党人的理论的贡献。

---

① 斯特拉彻：《现代资本主义》，上海人民出版社 1960 年版，第 11 章。
② 斯特拉彻：《现代资本主义》，上海人民出版社 1960 年版，第 1 章。
③ 斯特拉彻：《现代资本主义》，上海人民出版社 1960 年版，第 7 章。
④ 斯特拉彻：《现代资本主义》，上海人民出版社 1960 年版，第 4 章。
⑤ 斯特拉彻：《现代资本主义》，上海人民出版社 1960 年版，第 4 章。
⑥ 斯特拉彻：《现代资本主义》，上海人民出版社 1960 年版，第 4 章。
⑦ 斯特拉彻：《现代资本主义》，上海人民出版社 1960 年版，第 12 章。

(三)他们不是向《资本论》学习,而是向修正主义学习

从上述两个典型例子中,我们已不难明了,不论是庸俗资产阶级经济学者,还是和他们已经愈来愈没有什么差别的工党经济理论家,他们对《资本论》体系或马克思主义经济学表现的"和解"的或伸出接近之手的新姿态,拆穿说,却不外是一种欺骗宣传伎俩的表演。货色虽然不大一样,表演的手法则愈来愈形成了一个模型。他们一般都一反其过去先辈对待马克思主义的顽固态度,象不惜"很慷慨地"给予马克思本人或他的理论研究方向和研究精神,以高度的评价,说他如何在人类社会发展上揭示了伟大宏图或远景,如何打开了人们的眼界,如何值得人们向他学习。但一讲到马克思如何具有这种胸襟抱负,却不但不把它与马克思的无产阶级立场,以及那种立场所允许所要求的辩证唯物主义观点和唯物辩证方法联系起来,反认为马克思的无产阶级立场,马克思主义的唯物主义观点,特别是他使用的唯物辩证法,把他提出来的社会宏图远景,弄得极不明朗,以致完全脱离现实了。为什么呢?在他们看来,马克思根据唯物史观,把他的整个体系建立在经济学基础上,又把他的经济学建立在劳动价值论的基础上,劳动价值论站不住脚,就要使他的整个体系发生问题。他们正是从这点出发,来在经济学上,在劳动价值论上,找马克思的岔子,想借此来摧毁整个马克思主义的基础。他们反对劳动价值论的论点,说来说去,又无非是指责那个理论本身,只强调社会因素,丢开了自然因素;只强调价值,丢开了使用价值;特别是只强调劳动的生产性,丢开了资本的生产性。他们全都认为,从十九世纪后期,特别是从二十世纪以来,生产上的最重要的因素,已经不是劳动,而是资本;劳动价值说,已经要让位给"资本价值说"了。劳动者在这个时期,尽管在生产上所作的贡献较少,所得到的报酬却较多,如果说马克思在这以前用劳动价值论说明国民生产在社会各阶级间的分配,还不失为巧妙的方法,"有收获的假设";但到了目前这个历史时期,他由那种劳动价值论引出的劳动者绝对相对贫困化理论、周期危机理论,以至资本主义必然要为社会主义所代替的理论,就要成为完全脱离实际的空想了。

我们仔细予以考察,就知道他们的表演手法和立论要点,几乎全是从

前世纪末期的老修正主义者伯恩施坦那里学来的(其中特别是斯特拉彻的《现代资本主义》,简直是伯恩施坦的《社会主义的前提和社会民主党的任务》一书的扩大翻版)。所不同的,除了他们不是以马克思主义的修正主义的姿态出现,还不太熟悉马克思主义语言,还免不了要用他们的庸俗词汇来代替马克思主义语言而外,他们所处的时代,已和伯恩施坦的时代大不相同了。随着社会主义革命和建设的胜利,随着资本主义总危机的加深与发展,马克思学说不论在论证资本主义必然灭亡方面,还是在论证社会主义必然胜利方面,都成为资产阶级统治及其整个社会意识形态(特别是政治经济学领域)的严重威胁。在这种情况下,资产阶级庸俗经济学者和工党经济理论家,迫于形势,一反其先辈轻蔑扼杀《资本论》或马克思主义经济学的态度,而效颦修正主义者,在不着边际的赞许中,阉割去马克思理论的实质;同时还就赞许的论点,如社会总体,如发展过程,如周期危机,如"消费不足"等等,表示马克思只提出了一些"端绪",其发展和集大成,就有赖于凯恩斯。这也就是说,三十年代以后的庸俗经济学者和工党经济理论家,在他们对于马克思主义表示的新姿态中,还隐藏着一个借此抬举凯恩斯,以便更彻底地摧毁马克思主义经济学基础的企图。罗宾逊的《论马克思主义经济学》于一九四一年发表后,我们在第二年就看到熊彼得用同样章法写出了载在其《资本主义、社会主义与民主主义》中的《马克思学说》(这篇论文后来收入其一九五一年出版的《从马克思到凯恩斯十大经济学家》中)。斯特拉彻于一九五六年出版的《现代资本主义》,除了题材、论旨一般模仿伯恩施坦的《社会主义的前提和社会民主党的任务》外,还和罗宾逊、熊彼得一样,把凯恩斯吹嘘到肉麻的程度。到了一九五八年,我们又读到了从大西洋彼岸的美国由署名凯尔索和阿德勒合写的《资本家宣言》。一翻阅其章法与论旨,谁都能看出他们受到了斯特拉彻的《现代资本主义》多深的影响。真想不到在二十世纪五十年代,他们居然明目张胆地要拿《资本家宣言》来同百余年前的《共产党宣言》相对抗;又居然在大肆宣扬凯恩斯之余,也不肯错过机会,对马克思讲一些恭维赞赏的话。这究竟是时代进步,各色的经济学家,都未免有些"左倾"了呢?还是革命形势逼人,使得各方面的马克思主义的阶级敌人,要反对它就有采取更隐蔽更曲折的欺骗手法的必要呢?这在马克思主义者原是非常容易辨别的。怎样辨别呢?两种世界观、两条道路就是供我们辨别的试金石。真正的马克思主义者，必须把那些站在资产阶级立场上，披上马克思主义的外衣，用混淆两种世界观，调合两条道路的手法，来反对马克思主义的实质，来规避革命的斗争，来叫人们接受“发展了”马克思主义“要素”的凯恩斯主义，来为垄断资本主义祝福的一切庸俗经济学家们、社会改良主义经济理论家们的荒唐高论，在全世界革命人民的面前，进行彻底的揭露和批判，撕毁他们的假面具。

十五、我国政治经济学战线上所谓生产价格派与价值派间的理论斗争

(一)所谓生产价格派与价值派的分歧实质上是非马克思主义观点和马克思主义观点的对立

经济学战线上也同哲学上、史学上、文学艺术上一样,严重地存在着两个世界观两条道路的斗争。近几年来,这个斗争一直在持续着,一直在从问题的这个方面或那个方面展开论争;论争的发展,才逐渐把原来讲得有些含蓄的论点,逐渐明朗起来。比方说,关于社会主义企业的利润问题,原先在有些人的言论中,是把它"包裹"在经济效果的词汇中来强调着,后来始情不自禁地从马克思的《资本论》中去找理论根据,由强调利润到强调平均利润以至强调生产价格,这才叫人明确无误地看到那是离开马克思主义观点愈来愈远了。

当强调生产价格的人,对旁人把他们称为生产价格派,表示"名我固当",或表示相当愉快接受的时候,却又似反唇相讥地把反对他们的人,称作"原始"价值论者或价值派。他们表面上论争的问题,是社会主义产品的价格的制订,究是以价值为基础,还是以它的生产价格为基础,但在实质上却体现了比这严重得多的含义。在主张以价值为基础的人看来,社会主义社会根本不存在什么生产价格,它的产品的价格的制订,当然是根据它的价值,或部门社会价值或市场价值。而在主张以生产价格为制订产品价格根据的人看来,所有这些价值名色,都是属于"原始性"的价值,只是经济不发达的简单商品生产条件下的产物。一旦不发达的简单商品生产经济,变成了"社会化的大规模经济",如象在发展了的资本主义阶段那样,各部门间的分工交往变得密切复杂了。这时,形成商品价格的基础的,就不是那种只关系到部门内部的价值或原始形态的价值,而是那种关

系到各部门间的生产价格或由原始价值转形的或“发展了的”价值形态。由于社会主义经济，不复是简单的商品经济，而同样是社会化的大规模经济，商品价格的制订，不能以“原始价值”为基础，而必须以生产价格为基础，便被认为是逻辑上无可争辩的必然结论了。在这种限度内，在主张生产价格的人看来，仿佛他们也是强调“价值”的，不过不是强调“原始价值”，而是强调转形了的“发展了的”价值，或生产价格。这样，生产价格论与价值论间的论争，便被他们看成只是“发展了的”价值论与原始价值论间的论争。仿佛谁要是不能否认社会主义经济是和资本主义经济一样，实行了社会化的大规模经济的形式，谁就得放弃他的“原始价值论”，而站到“发展了的”价值论或生产价格论方面来。这里且不忙指明生产价格对于社会主义经济，是怎样一种格格不入的东西，也不忙指明生产价格派在生产价格这个概念上作了多少随心所欲的解释，而先想略略回顾一下，这种论争在我国经济学论坛上出现的各种有关问题讨论中的不同反映。

首先比方说，关于价值的决定的问题吧，人们在争论着，马克思对商品的价值的决定，曾提出两种看法：先说它是指着社会为生产一种商品所平均支出的劳动量，后来又说它是指着社会在需要范围内为生产一种商品所需支出的劳动量。有人说，前者是基本的，后者是派生的；有人说，前者是就简单商品生产立论的，后者则是就发展了的资本主义商品立论的。但我们这里要着重指出的是，讲到社会主义社会的商品价值决定问题，生产价格论者无疑是强调第二种含义的社会必要劳动量，而把第一含义的社会必要劳动量，看为是只有所谓“原始价值论者”才会坚持的论点。关于劳动生产率究竟是按总产值计算，还是按净产值计算的问题，在对利润从而对资本特别感到兴趣的生产价格论者，当然会认为劳动生产率应按总产值计算，而不赞成用净产值计算，虽然主张用总产值计算的人，并不一定就是生产价格论者。在分配领域内，这种倾向性似乎更表现得明显些。比如按劳分配的“劳动”，究是指它的成果呢，还是指它的数量质量？生产价格论者显然会对前者有更大的兴趣，同时在价值论者方面看来，则只有所耗费劳动的数量质量，才是按劳分配的可靠标准。在价格中，原包含种种因素，其中利润这个因素，是由工资赢利率来确定，由成本赢利率来确定，还是由资金赢利率来确定呢？如果说价值论者倾向于用工资赢利率来确定利润，生产价格论者就必然会顽固主张用资金赢利率来确定利润。事实上，以部门平均成本加按社会平均资金利润率计算的利润额，就相当于资本主义条件下的生产价格。讲到级差地租，由于级差地租是以平均利润和生产价格作为它成立的前提，所以，关于社会主义产品价格中应不应包含级差地租的问题，在根本否认生产价格的价值论者看来，这是不成为问题的，可是生产价格论者却无论如何必须作出肯定的反应。然而最使生产价格论者感到难于畅所欲言，而又非从正面明确陈述自己观点不可的尖锐问题，却是在各种经济核算指标中，利润这个指标应摆在怎样的地位，是被看作各种计划指标中的一个指标，还是被看作一个综合的中心指标？换一个表现方式，就是让利润计划从属于整个国民经济计划，抑还是叫国民经济计划从属于利润计划？把问题提到这样的尖锐程度，我们的生产价格论者，是不能无所踌躇的，但这却又是他们坚持生产价格论被逼着要作出明确回答的问题。此外，如关于固定资产折旧的问题，关于社会主义货币——人民币的性质与职能问题，等等，从价值论出发，有一个答案，从生产价格论出发，会有另一个答案。

我在这里其所以要简单回顾一下我们经济学论坛上近年来展开讨论的诸如这类问题，是企图借此说明这几点意思：第一，经济学论坛上讨论的许多问题，从表面上看，象是分门别类的，不相关联的，但仔细考察起来，却是有其内在密切联系的。因为价值论是马克思主义政治经济学的基础，不论在外观上离开这个基础多远的经济问题，到头总会在价值论上找到说明。对于价值论本身有不同的看法，当然会对那些经济问题作出不同的答案；但讨论的过程是复杂而曲折的，我们决不能因此就把参加那些问题的讨论的人，都分别塞进价值派或生产价格派的框框里面。第二，由于主张生产价格论的人，在研究出发点上，是把生产价格作为强调利润的理论依据，这就不能不使他们在论争中采取迂回曲折、旁敲侧击的战术，因而使反对他们的人，也不好把论争的关键问题和盘托出。人们很久看不透经济学战线上的理论斗争的内情，原因就在这里。第三，由于主张生产价格论的人，对于有关问题的讨论，都把生产价格作为盾牌或立论张本，而生产价格这个范畴，又恰好是最能体现资本主义经济本质的东西，和社会主义经济格格不入。结果论争的纠缠不清，从表面看来，是生产价格论与价值论之争，而实质上是资本主义经济与社会主义经济分野之争，也是非马克思主义观点与马克思主义观点之争。在这种意义上，恐怕不赞同或极力反对生产价格论者把社会主义经济与资本主义经济混淆起来、“合二而一”的做法的人，都要成为他们所谓的价值派了。

(二)包含着平均利润的生产价格，体现了资本主义经济的基本特质，它是资产阶级法权的最充分的表现

生产价格论者极力主张，马克思分析资本主义经济所发现的生产价格这个范畴，同样适用于社会主义经济。他们这样主张的理由，似乎是说商品、价值、价值规律、货币等等范畴，不也是适用于资本主义经济，同样适用于社会主义经济吗？这无疑是首先需要明确交代的问题。社会主义社会是刚刚从资本主义社会中产生出来的。资本主义社会中存在的经济范畴和规律，到了社会主义社会，有一些已经失去作用了，有一些则还延续下来。我们可以把在资本主义生产方式下发生作用的各种经济范畴、规律分成几个类型：一是那些与资本主义本质密切联系，随着资本主义制度消灭而丧失其存在依据的范畴和规律，凡属和剩余价值有密切联系的剩余劳动、剩余时间、必要劳动、必要时间、劳动力价值、剩余价值规律、平均利润、生产价格及其规律、剩余利润及地租规律、竞争与无政府状态的规律、危机等等，都属于这个类型；一是那些与一切社会形态的经济生活相联系而采取了普遍的一般的共同形式的经济范畴和规律，如劳动过程、劳动力、生产、生产力、生产关系、生产力与生产关系的规律等等；一是那些与商品生产密切联系着，由于社会主义特殊商品生产形态的存在，而还保持有一般通行于资本主义社会的形式或外壳的经济范畴和规律，如商品、价值、货币、价格、工资、企业利润、成本、利息、贸易、银行、国民收入、价值规律、供需规律、货币流通规律等等。上述的分类，我认为可用以批驳生产价格论者任意混淆各种不同性质的范畴的错误做法。在与剩余价值有密切联系的各种经济范畴中，最能体现资本主义经济特质的，就是平均利润，就是生产价格，这是要进一步交代清楚的。

关于生产价格，反对生产价格论的人，已经从很多方面提出了他们的批评意见，再也无须重复了。我只想讲明一个问题：为什么在资本主义的一切经济范畴中，要以生产价格、平均利润这个范畴，最能体现资本主义经济的特质，从而，只有它才是资产阶级法权的最充分的表现呢？我们知

道，商品要按照提供平均利润的生产价格来交换，而不按照它的价值来交换，含糊笼统一点说，是资本主义经济发展的必然结果，而实质上，却是资本的社会权力，或资本支配劳动的权力，有同多的资本要求支配同多的劳动的社会权力，在资本主义经济发展条件下的贯彻。从私有生产关系出现以来，即从一部分人靠剥削其他大部分人的劳动生活以来，在剥削阶级内部，就存在着这种支配劳动的平等社会权力要求，只不过因为前资本主义社会经济条件的限制，这种法权关系，直到资本主义生产方式的发展阶段，才得到充分表现罢了。恩格斯曾就早期商业独占公司，讲过这样有深刻含义的话："在这里，我们第一次碰着了利润和利润率。商人试图有意识地，有意要使这个利润率，对一切参加者成为均等的。……利润率对他们全体来说是均等的。对大贸易公司来说，利润会按缴入资本的比例进行分配，和马尔克权利会按田份的比例来进行分配，矿山利益会按山份的比例来进行分配一样，是当然之理。所以，在它完全发展以后本来是资本主义生产最后结果之一的均等的利润率，在这里，在它的最简单形式上，却证明是资本的历史出发点之一……"[①]既然均等的利润率，在它的简单形态上是作为资本主义的一个历史出发点，而在"资本主义生产方式的较高阶段"，才得到完全的发展。那就表明，形成生产价格的平均利润，虽然是在所谓"社会化的大规模经济"条件下出现的，但却并不是象生产价格论者所说的那样：只要是社会化大规模经济，就会产生生产价格和平均利润；由于社会主义社会具有社会化大规模经济类型，所以社会主义经济必然产生生产价格和平均利润。这显然是和恩格斯的上述论旨完全相反的，同时也和马克思所发现并详细论述过的生产价格与平均利润的产生过程，背道而驰的。

资本主义商品生产的特质，就在它不只生产商品、生产价值，而是生产剩余价值，生产包括剩余价值在内的资本生产物。也就是说，资本主义的商品的价值，除了不变资本价值、可变资本价值外，还包括剩余价值。商品按照价值售卖，就不仅已经耗费的不变资本和可变资本价值得到补偿，剩余价值也得到实现。但问题就在这里产生了。同量的资本，其不变

---

① 恩格斯：《〈资本论〉第三卷的补充》。《资本论》第3卷，人民出版社1966年版，第1057～1058页。

资本与可变资本的比例可以不等，即有机构成可以不等。由于剩余价值的创造，只和可变资本有关，不变资本则不过转移和保存其原有价值，于是，在剩余价值率相等的条件下，一个等量资本包含的可变资本较大，或其有机构成较低，其剩余价值就较多，反之，其有机构成较高，其剩余价值就较少。尽管剩余价值的多少，是由等量总资本中的可变资本不等所使然，但这是根据科学研究得出的结论，是马克思主义的价值学说——剩余价值学说论证的结果。在资本家的意识中，根本没有想到不变资本与可变资本的这种实质的区别。他投下一宗资本，不管其有机构成如何，总会按照他的资本家的本能，要求至少获得其他资本家的等量资本所能实现的同量剩余价值或利润。于是他们之间就发生竞争。他们的竞争，先是在部门内部进行，接着就进行于各部门间。由是把各种不同的利润率，均衡为一般的利润率。各种投资竞争的基础，是包括不变资本与可变资本的成本价格的等一性。在资本家看来，成本价格 100 镑是分割为 $80c+20v$，还是分割为 $20c+80v$，终归是 100 镑。不管这个 100 镑与另一个 100 镑所生产的价值与剩余价值如何不等，只要成本价格相等，他就要求同多的利润。平均利润就是由这种竞争成立的。其结果，商品的交换，就不是按照不变资本＋可变资本＋剩余价值，即不是按照它们的价值，而是按照成本价格＋平均利润，即按照生产价格。

以上是生产价格产生的简单过程。我们由此确实知道，商品依照生产价格来交换，要求资本主义发展到一定的高度，要求资本主义商品生产在整个国民生产中占有支配的地位，要求分工与劳动资本市场有密切的有机联系，用我们生产价格论者的讲法，就是要求具有“社会化的大规模经济类型”。但所有这些方面的经济条件与经济关系，都无从说明所有的资本家或整个资产阶级，为什么都不约而同地要对他们投下的同量资本，要求同多的利润，不这样，整个资本主义经济就要解体？为什么是这样呢？我们的生产价格论者，似乎都很谨慎地不肯触到这个资本主义制度的要害或者它的伤疤。但我们却必须把这点指出来。我们都知道，资本主义制度是一个剥削制度，但这个剥削制度与历史上其他剥削制度（如奴隶制度、农奴制度）具有一个不同的特点。奴隶制度或农奴制度下的被剥削者奴隶或农奴，是分别人身隶属于个别的奴隶主或农奴主，他们是完全没有自由，或仅只有极其有限的自由；而资本主义制度下的工资劳动者却取得了可以在不同资本家间出卖其劳动力的自由。他确实不专属于一个资本家,但在另一方面,却变成了任何一个资本家都可以剥削的对象,并且任何一个资本家也正是这样看待他们的。整个劳动者阶级对整个资产阶级是无偿劳动的提供者。资本家因为有了生产资料,他就取得了迫使劳动者在劳动力价值以上提供额外劳动即无偿劳动的权力。尽管从本源的意义来说,整个资产阶级的全部财富都不外是无偿劳动的积累;可是就其社会作用来说,不但每一分资本化的积累,都要成为进一步榨取无偿劳动的手段和权力,并且为了实现资产阶级的平等法权,那样的每一分相等的积累或资本,还要求在全社会范围内的无偿劳动或剩余价值总额中,获有一个相等的分额。马克思用极其深刻的讽刺语调,把这叫做“资产阶级的共产主义”。这里面就体现了商品价值为什么要转化为生产价格的内情。我们把价值、成本价格、生产价格的区别指出来,问题的实质就大见分晓了。“商品成本价格所涉及的问题,不过是商品包含的有酬劳动的量;价值所涉及的问题,是其中包含的有酬劳动和无酬劳动的总量;生产价格所涉及的问题,则是有酬劳动加无酬劳动的一个对特殊生产部门说本来不是由它本身决定的量的总和。”①成本价格是要资本家拿出代价的,不变资本和可变资本,都属于有偿劳动;资本家付出代价,是为榨取不付代价的劳动,所以这样生产的商品的价值,就包含有偿劳动和无偿劳动。但我们前面讲到,成本价格相等,其中包含的不变资本与可变资本的比例,或资本构成,可以不等,其所生产的剩余价值或所提供的无偿劳动可以不等。如果依照商品价值来交换,等量资本会得到不等的无偿劳动,这将破坏资产阶级的平等法权,破坏他们共同占有劳动阶级无偿劳动的社会权力;而依照商品的生产价格来交换,则由于生产价格,是关于有偿劳动加无偿劳动一个不以特殊生产部门自身为转移而决定的量的总和,是成本价格加平均利润,这就会使资产阶级的平等法权,他们的资本的社会权力,完全得到确认。这也说明了:“每个资本家,和每个特殊生产部门的一切资本家全体一样,所以会直接关心于资本全体对劳动者阶级全体的剥削和剥削程度,并非仅仅是由于一般的阶级同情,而且也是由于直接的经济利害关系,因为假设一切其他的事情(包括全部垫付不变资本的价

① 马克思:《资本论》第3卷,人民出版社1966年版,第170页。

值在内)都是已知数,平均利润率就是取决于全部资本对全部劳动的剥削程度。"①

讲到这里,我们理应可以明确无误地说,在资本主义经济范畴中,要以平均利润、生产价格最能体现资本主义制度的剥削特点,最能说明资本全体对于劳动者阶级全体共同占有,从而对于他们提供的剩余价值共同瓜分的阶级实质。

(三)把生产价格范畴引进社会主义经济中,必然会倾向于用资产阶级的各种庸俗论点,造成曲解和有害于社会主义经济的不良后果

既然平均利润、生产价格有上述的社会特点和阶级内容,它只能是资本主义这种剥削制度下的特有经济范畴。我们的生产价格论者要把这种经济范畴引进社会主义经济中,究有什么理论根据呢?他们除了强调说,不是有许多资本主义的经济范畴概念,被大家应用到社会主义经济中来么?为什么对于平均利润、生产价格要另眼相觑呢?在他们看来,并不是他们要把这种范畴强行塞进社会主义经济中来,而是社会主义现实经济本身,把它的规律作用,即把平均利润与生产价格的规律作用,也象在资本主义经济中那样,当作基本的动力,从各个方面"发作"出来。唯一不同的地方,似乎只在后者是出于自发的,而在前者,即在社会主义方面,则在作着有意识的计划的运用。由于他们这样理解平均利润与生产价格在社会主义经济中的作用,要自圆其说,就不惜模糊社会主义与资本主义的界线,袭用资产阶级及其代言人的各种有关的庸俗论点,来为他们的主张辩解。那可归结到三个方面来予以说明。

首先,如许多人所已经论到的是,生产价格论的出发点,是资产阶级的生产力论,而不是马克思主义的生产关系论。

每个主张生产价格论的人,都讲到了社会主义经济中的生产价格,不仅在物质生产条件或生产力方面有它的客观存在依据,并且在社会形态或生产关系方面也有它的客观存在依据。可是讲来讲去,却只是强调"生

① 马克思:《资本论》第3卷,人民出版社1966年版,第207页。

产价格是在社会化大规模经济条件下产生的”。他们先“分析社会主义经济中物质技术条件对生产价格形成的制约作用”，又“分析社会主义社会化大生产对生产价格形成的制约作用”，然后综合起来说，“在社会主义经济中，物质技术条件和社会化大生产在生产过程中的作用(这里既包括生产力的因素，也包括某些生产关系的因素，如社会化大生产所体现的部门之间和企业之间的活动交换关系)都要求在价格形成上得到体现”。怎样才算得到体现呢？他们认为，“在生产价格中，按全社会的资金总额来分摊全社会的剩余产品价值总额，即在产品成本基础上再加按总资金计算的平均利润，从而具体地承认了社会资金对产品生产的社会劳动消耗的高低和对各部门的剩余产品率的大小所发生的影响。”从这样的说明中，我们对社会主义经济中存在着生产价格的必然性问题，只能得到一些模糊不清的概念。第一，所谓“社会化大生产所体现的部门之间与企业之间的活动交换关系”云云，虽然不能不说是“生产关系的因素”，但这样来理解社会主义生产关系，似乎一点也显不出对资本主义生产关系的不同特质，因为在资本主义制度下，也同样存在着“部门之间与企业之间的活动交换关系”。尽管他们感到了此种缺陷，接着指出了“社会主义生产关系的其他方面”，如“生产资料公有制决定了社会主义生产的直接目的是为了满足社会及其成员的不断增长的需要”，可是，不知道为什么原因，他们强调生产价格的客观必然性，不是从这个“生产关系的其他方面”引出来，只是从“社会化大生产所体现的部门之间与企业之间的活动交换关系”引出来，这就使人摸不着头脑；第二，说物质技术条件和社会化大生产在生产过程中的“作用”，都要求在价格形成上得到“体现”，这是什么意思呢？他们把话讲得这样含糊，这并不是一个单纯用词妥不妥当的问题，而是他们丢开了价值，丢开了消耗的劳动，而一味强调占用资金的结果。由于占用资金只有一部分消耗了，他们就含糊其词用上什么什么的“作用”。作用是无从量化的，那将怎样在价格中得到体现呢？第三，他们终于指出了，上述的“作用”，只要“在生产价格中，按照社会资金总额来分摊全社会的剩余产品价值总额，即在产品成本基础上再加按照总资金计算的平均利润”，就算得到体现了。照此说法，仿佛生产价格的形成，是一个计算的手续问题，用社会总资金去除社会的剩余产品价值总额，再把由此所得的平均利润，加上成本价格，就非常“准确地”得出了他们所要的生产价格。

可是，这样得出的生产价格，能够说是在社会主义经济中，有它的客观存在的必然性吗？只要简单回顾一下我们上面分析过的资本主义制度下的生产价格产生过程，谁都会明了，在一个没有私有制，没有无政府状态的竞争，没有谁要求在资产阶级平等法权基础上对他的等量资本，提供等量利润的社会条件下，怎么会出现要具备这一切条件才能产生的平均利润、生产价格呢？主张生产价格论的人，如果能更多从生产关系方面去考虑这个问题，而不是更多从生产力或经济表面现象去考虑这个问题，我想他们是不会这样坚持这种实际并不存在的虚拟概念的。

其次，他们以事实上并不存在的生产价格来代替价值，实际就无异接受了晚近资产阶级经济学者强调的价值无用论。

主张生产价格论的人，一方面把价值说成是简单商品生产条件下的"原始形态"的价值，或所谓部门价值，同时又把生产价格解释为"发展了的"价值，为超在部门价值以上的"社会价值"。他们对价值，对生产价格，作着随心所欲的解释，意在强调社会主义经济中，只能有生产价格，不复存在着价值。他们的根据是什么呢？就在前面已经指出的，社会主义经济是社会化的大规模经济，各生产部门间的分工与联系，使得部门价值不能不为超部门的社会价值或生产价格所代替。但事实上，生产价格并不是什么"发展了的"或超在部门价值以上的什么"社会价值"，而是资本主义制度下的"特产"，它在价值规律与平均利润规律的作用下，背离开价值，而成为价值的转化形态。在社会主义社会，由于根本不存在着私有的剥削关系，它的社会分工即使再深化，它的经济规模即使再扩大，也并不会因此就要使它的社会产品的价值转化为生产价格。生产价格论者反复强调社会主义社会产品价格只能根据生产价格，不能根据价值，仿佛有两大理由：一是所谓原始形态的价值，只是对同一部门的产品有妥当性的部门价值，而无从把各部门之间的价值关系反映出来；一是原始形态的价值，只能反映生产一种产品所已消耗的劳动，而不能使那种在生产上已经投入，但尚未消耗的占用资金部分得到体现。这都是说来话长的，但不妨简单指出其谬误。就前一点说，社会有各种行业的生产部门，即使在简单商品生产的条件下，行业的分工，也是存在的。每一个行业的产品价值，都由其生产时所消耗的社会必要劳动量决定；赖有这个基础，各行业间的产品交换，就逐渐由长期的暗中摸索较量，分别形成一种接近于彼此都不吃亏的比价。多少谷物，换多少棉花，换多少铁……；自金属货币出现以后，货币就在实际上成了决定的价值尺度，而价值由劳动时间决定，遂不再明白地在商品交换的表面上表现出来了。社会经济的发展，各种行业的生产部门的加多，新劳动条件的不断形成，新产品的不断出现，虽然象是大大地增加了较量各种产品交换比价的繁复过程，但在理论上与实践上，都不会因此改变劳动是商品价值的基础这个原则。我们的生产价格论者认定马克思主义的价值理论，只是部门价值的理论，显然是一个大大的曲解。而这种曲解，还由他们强调生产价格的另一个理由，即硬要把未消耗的占用资金部分塞进价值的决定中去，而变得更加荒谬了。不错，他们所说的价值，不是上述的部门价值，而是他们所谓"社会价值"，即生产价格，但按照马克思的生产价格理论，也并不能把未消耗的占用资金部分塞进生产价格里面去。前面引过的马克思的那段话，即："商品成本价格所涉及的问题，不过是商品包含的有酬劳动的量；价值所涉及的问题，是其中包含的有酬劳动和无酬劳动的总量；生产价格所涉及的问题，则是有酬劳动加无酬劳动的一个对特殊生产部门说本来不是由它本身决定的量的总和。"①这说明，生产价格与价值所不同的，只是无偿劳动那一部分，就价值说，它包含了特定部门所提供的无偿劳动量；就生产价格说，它却只是包含各部门共同提供的无偿劳动量的一个平均摊分额；至于在生产上已经投下而尚未消耗的占用资金部分，不论是就价值说，还是就生产价格说，都不曾把它包含在里面。"如果一个资本家是按商品的生产价格来售卖他的商品，他就会比例于他在生产上所费的资本的价值得回一宗货币，并比例于他的垫付资本（单纯当作社会总资本的一个可除部分）取得一个利润。"②只有这样，我们从社会来看，才能得出总生产价格量等于总价值量，总利润量等于总剩余价值量的结论；只有这样，我们才会看到，"商品的总价值规定着总剩余价值，总剩余价值然后又规定着平均利润和一般利润率的水平……所以，价值规律规定着生产价格"③；也只有这样，我们才能说明，"正好是那个支配着生产运动的价值决定；而站在生产价

---

① 马克思：《资本论》第3卷，人民出版社1966年版，第170页。

② 马克思：《资本论》第3卷，人民出版社1966年版，第162页。

③ 马克思：《资本论》第3卷，人民出版社1966年版，第187页。

格后面、最后决定生产价格的，就是价值”[①]。如果按照生产价格论者所主张的那样，生产价格象同价值没有什么联系，因而，不妨把没有在生产上消费的资本的价值量，塞进生产价格中去，然后再把这个完全与马克思的生产价格理论相背驰的生产价格范畴，塞进社会主义经济中，作为确定社会主义产品定价，经济核算，赢利分配以至合理投资的可靠基础。事实上，丢开了价值，丢开了价值所体现的劳动，第一步就把这一切的基础破坏了。对他们这种生产价格论最表示欢迎的，我想只有晚近最庸俗也最时兴的资产阶级的经济学者，他们声称马克思主义的劳动价值学说，只适合于手工劳动占优势的十九世纪初期以前，在此以后，机器生产逐渐占重要地位，所以，这个学说也就变得没有用处了。

又其次，生产价格论者强调的占用资金补偿原则，实则是把社会劳动生产力理解为资本生产力的庸俗资本理论的一个变种。

很清楚，生产价格论者要把在生产上未消费的资本的价值，塞进生产价格中，并从而大大强调什么占有资金补偿原则，无非说明他们考察并制订产品价格的出发点，不是劳动，而是资本，不是社会劳动的消耗，而是社会资金的消耗，甚至不仅是消耗了的资金部分，他们还更殷切关心未消耗的占用部分。他们不是明白指出，“社会主义产品，是社会资金发生的经济效益的具体表现”吗？他们讲社会资金，就是要把占用资金的作用估计在内，也就是要把物质技术条件的作用估计在内。他们不是毫不含糊地说，“价格直接以价值为基础，意味着不考虑物质技术条件、资金占用量因素在生产过程中的作用”吗？他们不是非常耽心，“在按价值制定价格的情况下，在不同生产部门之间，物质技术条件对社会经济发展的作用，将不能在经济上得到承认”吗？他们的这种思想认识产生的过程，马克思早已就资本有机构成提高，相对剩余价值增长而在资产阶级经济学者意识中引起的反应，而特意预示出来了。他说：“跟着相对剩余价值在真正的独特的资本主义生产方式中的发展——同时劳动的社会生产力也会发展——这各种生产力以及劳动在直接劳动过程中的社会联系，都好象由劳动转移到资本上面来了。因此，资本已经变成了一种非常神秘的东西，因为劳动所有的社会生产力，都好象不为劳动本身所有，而为资本所有，

① 马克思：《资本论》第3卷，人民出版社1966年版，第222页。

从资本自己的胎里生出。……在这个领域内，价值生产借以进行的原始的关系，就被完全推到后面去了。”[①]这段话对于我们的生产价格论者，也许是太有意义了。他们象是资本拜物教论者，一心只注意到耀眼的物质技术条件，庞大的资本装置，怕人们忽视了它们的积极作用，怕那些作用在价格中得不到反映，而一点也没有想到，这同时正是劳动全部的社会生产力的发展，而且要使那些作用明确而恰如其分地得到承认和反映，也只有看有多少劳动消耗或体现在多大分量的使用价值中。除了劳动(物化劳动和活劳动)，除了体现劳动的价值，再也没有能把它们的什么作用或经济效果衡量出来的标准了。事实上，把劳动社会生产力理解为资本生产力，必然会把活劳动所生产的剩余产品价值，看为是活劳动与物化劳动的共同产物，即是认定不变资本与可变资本两个因素，都生产利润，也即是把商品价值的 $c+(v+m)$ 公式，变成为 $(c+v)+m$ 公式。这一来，就从根本上违背了马克思主义的基本原理。用这公式去看资本主义，看利润的来源，就看不清楚了，剥削关系的实质，就也无从探索了。虽然社会主义社会已不同于资本主义社会，但由于社会主义社会还存在着商品货币关系，就有必要根据价值关系，来说明我们的社会主义的利润，是出自活劳动所创造的剩余产品价值。我们的生产价格论者，似乎不怎么关心活劳动所创造的价值是否在价格中得到承认，却非常耽心物化劳动，甚至不曾在生产上消耗的占用资金的作用，没有被如实反映出来。他们极力强调利润要按照各部门占用资金的多少来分配，至于各部门这样实现的利润和它实际的劳动消耗有多大的距离，他们是不要理会的。为什么有这样的不大正常的心理呢？那只能有一种解释，就是因为他们太热衷于利润了。他们力图提高利润在社会主义经济中的地位，并使它成为左右社会主义经济发展的动力。凡属他们认为可以利用来为这个目的服务的言论，不论如何庸俗荒谬，都不惜编组在他们的生产价格论中。这就是他们的生产价格论变成那样不伦不类的混杂物的根本原因了。

从此可以看到，主张生产价格论的人的理论线索，是由强调利润，到强调平均利润，再进而强调包括平均利润的生产价格，并把生产价格作为他们的利润中心论的掩护和靠山，而没有认真考虑到平均利润、生产价格

---

① 马克思:《资本论》第 3 卷，人民出版社 1966 年版，第 971～972 页。

这种范畴，是资本主义生产关系的特征表现，要把它塞进社会主义经济的框框里，就是混淆资本主义与社会主义的界线，同时也就因此不能不在理论斗争的展开中，逐渐抛弃马克思主义的观点，抛弃马克思主义的生产关系论、劳动价值论、社会劳动生产力论，而走向曲解误解社会主义的庸俗道路。很显然，这对社会主义的理论与实践，都是有不良影响的。

十六、决不能从《资本论》里面去找利润是社会主义生产的目的的理论根据

从一九六一年起，我国国民经济依据党的调整、巩固、充实、提高的方针，进行全面调整。当调整工作刚刚开始，各方面出现了各种对策和建议。其中要求社会主义企业以利润指标为中心指标的主张，也由窃窃私议，进而在论坛上抛头露面了。有的人力言“经济核算指标体系的中心指标，就是利润指标”。认为以这个指标为纲，就可以促进企业完成其它各项指标，全面完成国家计划。有的人却没有爽爽快快地把论点讲出来，而是转弯抹角地去找论据，特别是从《资本论》去找那种主张的理论根据。这是可能的吗？这样做，究竟是对于《资本论》的尊重，还是对于它的误解或曲解呢？我在下面，只打算在这个范围内讲讲我的看法。

（一）为需要也为利润的“平行两可”论，是马克思主义的语言吗？

在利润问题的讨论中，始终存在着这样一种矛盾的现象。哪怕是非常强烈地强调利润的人，怎么也不肯承认他们是利润追求论者；怎么也不肯承认，他们是把追求利润作为社会主义生产的目的。可是，他们关于利润的全部说明，却又在明确无误地证明这一点。为什么会出现这种情况呢？因为利润与资本主义的关系太密切了，追求利润与向往资本主义已经被理解为是同一含义了；特别是马克思用他的巨著《资本论》就这一点作了精辟的科学论证，就更使得人们要在社会主义制度下强调利润，不能不感到有些难于启齿。马克思反复论证：资本主义生产的绝对的决定的动机，是增殖价值，是赚钱，是追求利润。“象自然据说惧怕真空一样，资本惧怕没有利润或利润过于微小的情况。一有适当的利润，资本就会非

常胆壮起来。只要有10%的利润,它就会到处被人使用;有20%,就会活泼起来;有50%,就会引起积极的冒险;有100%,就会使人不顾一切法律;有300%,就会使人不怕犯罪,甚至不怕绞首的危险。"[①]资本主义社会的每一个企业,都在把追求利润当作他们的经济活动的决定的目的,这是由这种社会的剥削本质规定了的。整个资本家阶级在把整个无产阶级提供的无酬劳动或剩余价值作为竞相瓜分的对象,而利润不过是那种无酬劳动或剩余价值的现象形态罢了。无怪人们一谈到利润,就联想到剥削利润的工具——资本,就联想到资本主义制度了。

惟其资本主义生产,是如此确定无疑地以追求利润为目的,要说在本质上与资本主义社会正相反对的社会主义社会的生产,也是以追求利润为目的,那就很难自圆其说了。结果,在我们论坛上出现的利润论者,在讲到社会主义生产的目的时,就不是从正面说明问题,而是采取一种迂回的手法。先且看他们是怎样区别社会主义生产与资本主义生产的目的的:

"资本主义的生产,就其自体来说,是不问所生产的商品是何种使用价值的,它所追求的是利润,而不是为了消费和社会需要的满足。这是事实。……然而另一方面,也还必须看到,'如果它所生产的商品不满足一种社会需要,就是无目的的。'

"社会主义生产的目的是为了满足社会需要。这是事实。然而在从使用价值上满足社会需要的同时,也还要取得一定数量的利润,而利润也是为了满足社会需要的。"

这个讲法,从一方面看,象是叫我们认识两种不同社会制度的生产目的的区别;从另一方面看,又更象是叫我们认识它们生产的目的,有区别,也有一致的地方:资本主义生产的目的,是为了追求利润,也为了满足社会需要;社会主义生产的目的,是为了满足社会需要,也为了利润。换一个表现方式,就是说,两种社会的生产,都是为了满足社会需要与利润,只不过是着重点有所不同。一种绝对的本质的区别,被轻易掉换成相对的数量的差异。这样模棱两可的笔法,决不是马克思主义的语言,决不是要提醒人们划清社会主义生产目的与资本主义生产目的的界线,反而是有

① 见马克思:《资本论》第1卷,人民出版社1963年版,第839页,注250。

意地要人们模糊那个界线。严格说来，如其肯定社会主义生产的目的，是为了有计划地满足社会需要，满足社会消费的需要，也满足社会生产的需要，那末，争取更多的积累或利润，就只能是第二义的，就只能看作是有助于满足那些需要的一种手段，而决不能把它同满足社会需要并列为社会主义生产的目的。反过来，资本主义生产的目的，怎么也不能把它为了利润和为了满足社会需要，相提并论。资本家所生产的商品，要对购买者成为这样那样的有用的使用价值，只不过是因为，不这样就不能达到他追求利润的目的。一个社会的生产目的，关系到它的整个国民经济的运动方向和发展速度，而这些又是取决于特定社会的阶级关系。如果把这两种社会制度的生产目的，说成是为了社会需要，也为了利润，那就要在社会生产实践上，迷失方向。就我们社会主义社会来讲，如果我们近年的国民经济调整工作，在要求有计划地满足社会消费需要与生产需要的同时，还把哪个部门、哪些企业是否有利，或是否有大利可图的打算，也同样优先考虑，那首先在把“工业或其它部门的工作，转移到以农业为基础的轨道上来”，就要遇到难于克服的障碍。因为与农业相对地讲来，较少受到自然条件限制和影响的工业，特别是轻工业，是较为有利可图的。为了全面的长远的打算，把社会很大一部分人力、物力、财力，从工业转移到农业方面，这在唯利是图的资本主义社会，就是不能设想的。

也许我们强调利润的人会争辩说，他们并不曾明白讲到，社会主义社会生产的目的，是为了社会需要，也为了利润，把两者等量齐观。但在事实上，他们实际所主张的，还比这里所说的，走得更远。

(二)社会主义的利润与资本主义的利润，归根到底说来，“是同一的”吗？

关于这点，他们是引用马克思在《资本论》中的文句，来加以说明的。他们所引的是这样两段：“如果我们把工资和剩余价值、必要劳动和剩余劳动的独特的资本主义性质去掉，留下来的，就再也不是这各种形式，而只是它们的为一切社会生产方式所共有的基础。”[①]“把任何一种社会生

---

① 马克思：《资本论》第 3 卷，人民出版社 1966 年版，第 1029 页。

产……假定作为前提,我们都能区分出劳动的两个部分,一个部分的产品直接由生产者及其家属用在个人的消费上,另一个部分——那总是剩余劳动——的产品总是用来满足一般的社会的需要,而不问这个剩余产品是怎么分配,也不问是谁当作这种社会需要的代表来尽他的职责。……所以,不同分配方式的同一性,总是归结到这样一点:如果我们把它们的区别性和特殊形式抽象掉,单只把它们的和区别性相反的同一性记在心里,它们就是同一的。"[①]据此,他们认为,"显然,这个原理不仅对利润是适用的,对生产价格也是适用的。"

上述两段话的前一段,是马克思在《资本论》第三卷论述"竞争的假象"那一章谈到的。资产阶级经济学者总爱把资本主义的分配关系,把利润、工资、地租三种分配形态,说成是"每一种生产方式的自然关系";马克思表示,这是一种假象,虽然把工资和剩余价值……的资本主义性质抽象掉,它的一般基础,是一切社会化的生产方式所共有的;即把劳动生产物中,归到个人消费的部分作为工资,其余则用以满足社会需要。后一段引文,是在紧接着"竞争的假象",讲"分配关系与生产关系"那一章论到的。章法也和前一段相同。马克思指出:"按照普通的见解来看,这些分配关系好象就是自然的关系,好象这些关系本来就是由一切社会生产的性质,由人类生产本身的各种规律生出。"[②]虽然我们把它们的区别性与特殊形态抽掉,还原到最后的一般基础,它们也就是同一的,也即是把劳动生产物中,归到个人及其家属消费的部分作为工资,其余则用其他的名义满足一般社会需要。可见马克思讲这两段话的着眼点,都是在批判资产阶级经济学者们把一些不同历史时期的不同性质的范畴,看作是永恒的自然关系,而其唯一的根据,又不过是因为把那些范畴还原到一般的基础,表现出某种共同点。马克思的说明,原是非常明确的,他的出发点是强调区别。从反面把它们还原到一般的基础所指出的一致的地方,只是一个陪衬。而我们强调利润的人,却断章取义,反其道而行之,以"求同存异"的精神,来强调它们的一致性,并含糊笼统地说:"这个原理,不仅对利润是适用的,对生产价格也是适用的。"怎样适用呢?是不是就利润,就生产价

① 马克思:《资本论》第3卷,人民出版社1966年版,第1030～1031页。

② 马克思:《资本论》第3卷,人民出版社1966年版,第1030页。

格，抽去它们的资本主义性质，也抽去它们的社会主义性质，说它们的最后的一般基础是同一的呢？经过这样那样的抽象，剩下来的将是什么呢？当我们看到，他们把资本主义社会的生产价格范畴，完全适用到社会主义经济中，就不难理解，他们是要把资本主义社会的利润范畴，也完全适用到社会主义经济中。尽管他们分别在这样那样的场合，也讲到了社会主义的利润和资本主义的利润有何本质的不同；可是，他们的整个理论系统，却不是要论证它们的本质区别，而是要强调它们的一致性和共同点。

还有与此相类似的论点，值得在这里提到的就是，他们甚至对社会主义经济中的利润与剩余产品价值，也认为那与资本主义经济中的利润与剩余价值一样，是表示两种不同的关系，一样可以用两个不同的公式，来表示它们在商品（或产品）价值构成中的不同地位。就资本主义经济而论，他们引了马克思这样的话："剩余价值，作为垫付总资本这样一种观念上的产物，便取得了利润这样一个转化形式。"[①]接着说，

在这种情况下，利润是反映资本家的经济关系的。因此，商品价值构成可以用两个公式来表示：当我们要表示m是由垫支在劳动力上的资本价值v的转化而产生的增加额时，用c+(v+m)这个公式；而当表示在生产前有一个资本总额，而在生产后有一个价值增加额时，用(c+v)+m这个公式。这两个公式是各自表示不同的经济关系的。……在社会主义经济中，剩余产品价值和利润究竟是不是一个经济范畴。"他们认为这"是有联系而又有区别的两个经济范畴，它们是从不同的侧面反映不同的社会主义生产关系的。就是说，剩余产品价值是反映劳动者个人和企业（或集体生产单位）、国家之间的分配关系的；而利润则是反映剩余劳动在社会与部门之间、部门与部门之间的分配关系的。这两种不同的经济关系，应该用两个经济范畴来反映。所以，社会主义的产品价值构成也要用两个公式来表示：当计量垫支工资基金和剩余产品价值的关系时，用c+(v+m)这个公式；而当计量垫支资金总额和剩余产品价值的关系时，用(c+v)+m这个公式。

这些讲法，这里不用深入分析，我只想先指出这几点：第一，在资本主

① 马克思：《资本论》第3卷，人民出版社1966年版，第16页。

义生产方式下，利润与剩余价值这两个不同范畴所反映的是不同的经济关系；从价值的生产或增殖的角度看来，它们是不是分别反映着现象与本质、假象与真实的关系呢？他们所引的马克思的话无非是要表明，利润从资本家方面看来是剩余价值的一种虚伪的假象。剩余价值本来是由垫付在劳动力上的资本价值转化的产物，却被资本家看作是由垫付总资本的产物。结果，利润便神秘化了。我们能够把这两个范畴等量齐观吗？第二，由于利润对剩余价值有这样一种神秘化的非常暧昧的关系，分别表示它们在商品价值构成中的关系的公式(c＋v)＋m 和 c＋(v＋m)，也相应变得有了实质上的差别了。如果说，c＋(v＋m)指示着现实运动，(c＋v)＋m 恰好是要在这个公式中，把可变资本产生剩余价值这个现实运动，用垫付总资本产生的剩余价值的假象掩盖起来。这是在论述利润与剩余价值的关系时，必须指明出来的，而我们强调利润的人，却似有意地把这一点略过不提。为什么呢？第三，因为他们在把资本主义生产方式下的有关利润与剩余价值这两个范畴及其公式，完全套用到社会主义经济中来，如果把发生在资本主义生产方式下的利润对剩余价值的神秘关系和盘托出，就难免有些讲不过去。马克思曾说："……利润原来和剩余价值是一回事，不过是处在一个神秘化的形式上，并且这个神秘化的形式还必然会从资本主义生产方式生出。因为不变资本和可变资本的区别在成本价格这样一个虚有其表的形成上已经辨认不出，所以那个在生产过程中发生的价值变化就只好把它的起源由可变资本部分转移到总资本上面来。因为在一极上劳动力的价格会表现在工资这个转化形式上，所以在对极上剩余价值也要表现在利润这个转化形式上。"[①]问题是交待得再清楚没有了，在我们社会主义的生产方式下，是否还存在、还允许垫付总资本产生利润这个事实，是否还用得着(c＋v)＋m 这个产品价值构成的公式呢？从谁的观点或角度看来，我们社会的那个表示剩余产品价值的m，是由垫付总资本(c＋v)共同增殖出来的呢？

① 马克思:《资本论》第 3 卷，人民出版社 1966 年版，第 16 页。

(三)在社会主义制度下,也是同多的资金要求同多的利润,因而形成了生产价格吗?

对于上面提到的这些问题,我们强调利润的人,都不能有明确的说明,或者,说起来总是非常别扭的。看下面这一段话吧!

> 资本是剥削剩余价值的价值,社会主义社会已经消灭了资本剥削。据此,说社会主义产品不是资本的生产物,无疑是完全正确的。但是另一方面,我们必须看到,社会主义社会也还存在着为社会谋福利的“资金”这个经济范畴。资金是什么呢?它不过是垫支于社会再生产的那部分利润,……实际上,社会主义社会再生产的进行,从来是首先把固定资金、流动物质资金和工资基金垫支出去……既然没有相应的垫支资金,就不可能进行相应的生产,而生产的规模和效率,又和资金的多少及其如何使用分不开,那么,在这个意义上,我们不说,社会主义产品是社会资金的生产物,但是,是否可以说,社会主义产品是社会主义社会资金所发生的经济效益的具体表现呢?

说社会主义社会进行生产,要有一定的资金,那是容易明白的;但说“社会主义产品是社会主义社会资金所发生的经济效果的具体表现”,却就有些叫人摸不着头脑。为什么要讲得这样含蓄呢?他们接下去表明,假使直接说社会主义产品是社会资金的产物,就会被人误认为“价值是由活劳动和物化劳动共同创造的”,那是违反马克思的只有活劳动才创造价值的原则的。可是在另一方面,如我在上面已经讲到的,他们又是极力主张(c+v)+m 这个价值构成公式也适用于社会主义社会,似乎一点也没有感到那正好是用公式来表述对于那个价值生产原则的违反。为什么会发生这种矛盾呢?就因为他们太强调社会资金在社会主义生产中的作用了,生怕单提出活劳动创造剩余产品价值或利润,就要降低物质技术条件或资金占用量的评价,或使物质技术条件或资金占用量的作用“得不到承认”。在他们看来,“物质技术条件,表现在价值形式上,就是产品的资金占用量,或单位产品的资金占用系数。一般说来,物质技术条件的好坏同单位产品资金占用量的大小成正比。”为了要使得物质技术条件或资金占用量的作用得到承认,他们特地把生产价格这个范畴,引进社会主义经济中来，并还认为这是一个了不起的"发现"。关于生产价格这个范畴，我曾作过较本质的阐述[①]，认为那是最能体现资本主义生产关系的基本特质的东西，在社会主义经济中，根本不可能存在着这样一个范畴所反映的现实。在这里，我只想就他们为此喋喋不休的几个论点，提出我的疑问：

第一，为什么物质技术条件或资金占用量，只有对其产品按照生产价格定价，才得到承认，按价值定价就得不到承认呢？

强调利润，强调生产价格的人，非常耽心按照价值来定产品的价格，有忽视物质技术条件或其价值形式的资金占用量的作用的危险。我不明白他们这种耽心有多大的根据。在把价值作为问题的时候，诚然只要考虑产品生产所费的劳动，而不一定要去过问它生产所使用的物质技术条件，或社会资金，但如有必要问到这些方面的时候，那也并不是不能由此得到理解。马克思不是曾就资本的有机构成，这样告诉过我们吗？"由资本技术构成决定，并且反映着这种构成的资本价值构成，叫做资本的有机构成。"[②]可是，在这里，他们又提出另一个难题了，仿佛在同一生产部门内，尚可按价值来规定产品价格，如果在不同生产部门之间，如在工农业间，单根据价值，就不可能把物质技术条件或资金占用量的作用反映出来，甚或引起相反的反映。他们反复引用这个例子，说是"在按照价值对各种产品进行评价的条件下……比方说，如果因为农业的技术构成较低，农产品的劳动消费较高而规定较高的价格；工业的技术构成较高，工业品的劳动消费较低而规定较低的价格。这样一来，就可能出现农业用不着改进技术也可以获得大量利润，工业则由于利润少而不能满足自己扩大再生产的需要的不合理现象。"这个"不合理的现象"，事实上存不存在呢？人们不是在议论着，对比工业品价格，农产品价格一般是较低一些了吗？为什么事实竟和他们的顾虑相反呢？当人们规定不同生产部门产品价格的时候，并不会单纯就技术构成有高有低，因而引起产品价值有低有高这一个方面着眼。他们还会考虑到，有机构成高的生产部门，由于它的劳动生产率提高了，劳动加强了，在单位产品中的活劳动虽然少了，从而所包含的价值少了，但在同一时间生产的产品数量却增多了；还会考虑到，技

---

① 见本书"我国政治经济学战线上所谓生产价格派与价值派间的理论斗争"一文。

② 马克思：《资本论》第 3 卷，人民出版社 1966 年版，第 147 页。

术构成不等,其周转时间不等,其在一定期间所生产的价值与剩余产品价值可以大大不等。工业生产部门的技术构成一般高过农业生产部门的技术构成,由于前者不大受自然条件的限制,周转时间较快,它在一定期间内,比方说,在一年内可以周转四五次,而农业部门生产只能周转一、二次,那末,通算起来,它的等量资金一年所生产的价值与剩余产品价值,还可能较后者一年生产的为多,这不也是在承认"物质技术条件的经济效果"或作用吗?是的,这样考虑起来,确是不很简单,幸喜这件事由长期经济生活的经验,由每日每时市场利害关系的较量,在各类产品间形成了(并不断形成)一种可供我们参考的比价,我们因此在考虑根据价值来规定各类产品的价格时,就用不着替它们从头到尾去算细账。可见,耽心根据价值规定产品价格,会使物质技术条件作出的贡献得不到重视的顾虑,全是多余的。事实上,他们其所以这样不信任"商品价值是基础"这个原则,无非是要用这个做借口,好拿出便于强调社会资金、便于强调利润的生产价格。现在且看他们是怎样从社会主义经济中"制造出"生产价格这个范畴来的。

第二,在资本主义社会,到底是按生产价格定价,来保证不同部门的等量资金获得等量利润,还是客观存在着等量资金获得等量利润这个倾向,才按生产价格定价?

我们已经知道,资本主义经济中的生产价格这个范畴,是在这样的社会经济条件和经济关系下产生的:资产阶级社会从事商品生产的每一份等量资本,都依据它支配劳动、剥削劳动的平等法权,要求获得等量利润;即使资本的有机构成不等,等量资本中的不变资本与可变资本的比例不等,从而在其所生产的商品中包含的剩余价值不等、利润不等,它依然要提出这个要求,并且通过竞争,力求在商品的售价中实现这个要求。其结果,各不同构成的资本的不同利润率,便均衡化为一般利润率、平均利润率。构成竞争基础的成本价格(不变资本+可变资本),加上依这种平均利润率形成的平均利润,就成为生产价格。资本主义商品不以价值定价,却以生产价格定价,就是依据这种客观事实逻辑。从这里我们看到了:资本主义社会生产关系,资本对劳动支配与剥削的平等法权,等量资本要求等量利润、平均利润、生产价格……是资产阶级社会反映在经济上的一连串的血肉相关的生理现象,是"行乎其所不得不行"地自发地表演着的,它不可能在社会主义生产关系下找到任何存在的依据。这是一点。还有,在各种范畴出现的逻辑程序中,是等量资本获得等量利润的要求,使得各部门的不同利润率平均化,于是有平均利润,于是有生产价格,而不是我们主张生产价格论的人所任意构思的那样,以生产价格为价格的基础,来保证等量资金获得等量利润,恰好把事物的逻辑顺序颠倒过来了。这又是一点。事实上,商品售价不依据价值,而依据生产价格,那是马克思就资本主义商品生产与流通的客观运行事实,加以科学说明的结果;而我们主张生产价格论的人,却不管我们社会主义社会,有无客观事实的根据,硬要"自觉地利用生产价格",把依据生产价格来制定价格,当作实行保证等量资金获得等量利润的经济政策手段,结果,他们又面对着自己制造出来的另一个矛盾。

第三,在社会主义社会,究竟是企业单位要求等量资金获得等量利润,抑还是国家制定价格部门,要求企业单位对他们的等量资金,提供出等量利润?

在这个问题上,主张生产价格论的人,在不同的论争场合,有种种不同的讲法。当他们强调物质技术条件或其价值形式的资金占用量的作用,怕这些作用在产品估价中得不到承认或受不到重视的时候,就大讲特讲企业单位的等量资金,必须获得等量利润;否则物质技术水平愈高、技术构成愈高,其产品中所包含的活劳动愈少、剩余产品价值愈小,根据价值来规定的价格就愈低,因而就有妨碍技术改进、鼓励落后的不合理的现象。但这只是一个方面,虽然是他们强调得特别起劲的一个方面。当他们回答占用资金多,如按照占用资金量来给予其产品的评价,会不会鼓励各企业单位一味追求高价的技术设备而又不去充分利用的诘难的时候,他们的调子就大大改变了,不是说要使企业单位的等量资金获得等量利润,而是说企业单位的每一分等量资金必须提供等量利润。对企业单位说,前者是拿进去,后者是拿出来;对国家主管单位说,前者是要使企业单位的利润得到保证,后者是要使国家由企业单位提供的利润得到保证。不过,强调生产价格论的人,在强调按生产价格定价来保证利润的时候,又更多的是要保证企业单位获得的利润,而不是要保证企业单位向国家提供的利润。他们有时这样讲,有时又那样讲,仿佛怎么讲都可以。事实上,在我们社会主义社会经济中,根本就不存在均等的利润或平均利润这个由竞争形成的倾向。所有在等量资金、等量利润上面做的文章,说什么要"自觉地利用生产价格",来达到什么目的云云,都是无中生有的空话。

总的说来,强调生产价格论,说穿了,无非是想利用这个包含有平均利润概念在内的马克思主义经济学范畴,来为强调利润作掩护。但马克思主义经济学或《资本论》的强烈阶级性和严密科学性,决不容许从它里面找到有助于这种企图的任何理论根据。

十七、关于应用《资本论》体系来研究政治经济学社会主义部分的问题

(一)

这是不难想到的,自从社会主义经济形态出现以后,更确切地说,自从肯定社会主义经济形态也有它的客观经济发展规律,也有必要对它的生产关系总和,对它的各种规律、范畴进行全面而系统的研究的时期以来,是否可能应用《资本论》体系来研究政治经济学社会主义部分的问题,就已经在实际上一再被经济学家们所提起并认真考虑过了。我们能够设想,任何一个企图用马克思主义的观点、方法来探究政治经济学社会主义部分的人,当他考虑到研究应从哪里着手,应包括哪些内容,并应把哪些内容安排在怎样的体系中的时候,他能不请教《资本论》吗?能不反复琢磨《资本论》的结构,以便从那里找到一些正确途径或有益的启示吗?应当说,我们现在可以看到的所有关于社会主义经济形态的理论研究,不论是一般的讲稿、教科书或者有关其中那一方面的专论,都在不同程度上请教过《资本论》。事实上,象《资本论》这样一部研究资本主义经济形态的经典著作,特别是体现在《资本论》中的完整而严密的体系及其科学方法,对于我们研究社会主义经济形态,该会有多大的示范作用和影响啊!应用《资本论》体系来研究政治经济学社会主义部分的问题的含义,并不是在于我们能否应用或曾否应用它来对社会主义经济进行研究,而是在于怎样应用它来进行研究,特别是怎样理解它的体系及其方法论,作为指导思想来进行研究。当有人强调,《资本论》所研究的对象是资本主义经济形态,对于社会主义经济形态,因为性质不同,研究起来就不大可能希望从《资本论》体系得到何等帮助的时候,一个相反的看法,从另一极表现出来了。在我国经济学论坛上曾出现过一种论调,他们反复说明:研究社会

主义经济，也应当象《资本论》从商品入手那样，从社会产品入手，先考虑生产过程，而把流通放到后面去研究。他们最后作着结论性的解释说：

> 同志们一眼就会看出来，我们这里的考虑同《资本论》的逻辑结构基本上是一样的。也许仅仅为了这个就会受到批评，指责这是生搬硬套。但是我们认为：研究的对象虽有不同，方法却只能是一个。《资本论》的分篇法固然是适合于对资本主义经济的研究的，并且在这个意义上是特殊的，但是不能否认其中也包含了一般的东西。
>
> 问题不在于是否和《资本论》的逻辑结构雷同。如果说，不能仅仅根据雷同这一点就说这样的考虑是好的，那末同样也不能仅仅根据这一点就说它是坏的。问题还在于分析本身是怎样的。如果在相同的形式下能够作出对不同的具体事物的具体分析，那末形式的相同又有何妨碍呢？

象这样的讲法，符合马克思主义的科学精神吗？即使他们提出了一些值得考虑的有一定创建性的意见，可是如果把《资本论》的体系单纯理解为是一种分篇法，应用那个体系，就是采用那个分篇法，就是采用那个"相同的形式"，那能说不是生搬硬套吗？要知道，《资本论》体系之所以具有高度的科学的严密完整性，与其说是由于它的卷篇章节的安排的逻辑系统，由于它由资本的生产过程、资本的流通过程论述到资本主义生产的总过程的顺理成章，毋宁说是由于它在那样的章法中，把资本的生活史，把资本主义经济的辩证发展规律，把它的每个经济概念和范畴在总的生产关系中的相互关系、地位和作用以及它们分别在全面发展过程中的推移转变，都依据现实状况，作了最合理的表现。恩格斯认为，……马克思……探究一切经济范畴的辩证的发展，把它们的发展动因和制约着这些动因的因素联系起来，并建立起一座完整的经济科学的理论大厦。这座大厦的各个部分都是相互支撑、相辅相成的。[①] 这也就是说，《资本论》这座经济科学的理论大厦，是建立在辩证唯物主义和历史唯物主义基础上的。我们知道，马克思在酝酿写作过程中，曾多次改变《资本论》的体系，那是为什么呢？那显然是由于依据辩证唯物主义和历史唯物主义的要求，看怎样才便于更好地把所要研究的对象的全体及各组成部分的辩证

① 参见《回忆马克思恩格斯》，人民出版社 1957 年版，第 92 页。

发展关系，确切而周密地表达出来。可见《资本论》的作者所重视的是实质与内容，而他最后选定的现在这样的《资本论》体系，也只是由于这个体系最能达到作者写这部书的目的，即“揭露近代社会的经济运动规律”[①]，即深刻而周到地阐述近代资本主义经济的发生发展及其趋向灭亡的自然过程。我们只要稍加仔细地体会一下《资本论》的全书结构，就知道作者对于那个体系，并不太拘泥于形式上的顺理成章。比如他把近代资本主义发展的三个阶段——协作、手工制造业、大工业——放在相对剩余价值那一篇中间来说明，把所谓原始积累放在资本积累过程那一篇的后面来说明，并还把社会总资本的再生产放在第三卷资本主义生产总过程前面来说明，都象很不合我们习惯的形式逻辑的顺序。但无论如何，我们是不能单从形式上来领会《资本论》体系的深刻意义的。在马克思主义的理解上，一种学说或一部科学论著的体系，意味着对所研究对象之辩证唯物主义的认识论和方法论的统一的系统概括。

（二）

当然，如何应用《资本论》体系及其观点方法来研究社会主义经济，是一个大问题，我们不可能在这里全面阐述它。我们对于那一些最一般的原则，如研究对象的客观规律性原则、历史原则、矛盾发展原则，乃至在经济现象中的生产第一性原则等等，只好当作为大家所公认的原则，来加以肯定；而只就那些有分歧，因而在具体应用时发生了不同看法和做法的若干问题，提出来加以讨论。就我接触到，并且也在我国论坛上以这样那样的方式提出过乃至目前还在议论着的问题，有下面这一些：

第一，关于研究必须从实际出发，同时也必须把实际提高到理论的问题

从实际出发，是马克思主义理论的根本问题，是马克思学说体系，是《资本论》体系如何形成的出发点问题，也当然是我们目前研究社会主义经济首先要认清的问题。但从实际出发，显然不能停止在实际上，而是要把所研究对象的现实材料详加分析，提高到理论，找出作为我们行动指南

① 马克思：《资本论》第1卷，人民出版社1963年版，第Ⅻ页。

的规律。我们都知道,马克思研究资本主义经济,就是从大量的有关材料出发。他教导我们“研究必须详细地占有材料,分析它的不同的发展形态,并探寻出这各种形态的内部联系”①。他由是发现了,在资本主义社会的“劳动产品的商品形态或商品的价值形态,就是经济的细胞形态”②。从这个作为资本主义经济形态的细胞的商品的分析入手,逐步阐明商品的货币形态,货币的资本形态及资本依着生产、交换、竞争、分配的一系列运动过程而表现出积累集中乃至被扬弃的总倾向,这就是作者所要揭露的近代社会的经济的运动规律。他在揭露这种运动规律的过程中,不仅都根据了大量的有关现实材料,并且还就已有的资产阶级学说与各种有关的社会主义流派的学说,作了详尽而严格的检查与批判,这样就使理论紧密联系实际,实际和理论密切结合,而成为高度严密的完整的科学体系的范例。有一位对《资本论》的方法论作了正确的描述的经济学者说:“对马克思说来,只有一件事是重要的:那就是发现他从事研究的各种现象的规律。……对于他,比什么都重要的,是这各种现象的变化规律,它们的发展规律,那就是由一个形态过渡到另一个形态,由一种联系秩序过渡到另一种联系秩序的规律。”③所以依据《资本论》这个科学体系,从实际出发,并不是笼统地、不分主次地把一切经济现象都在观念上再现出来,而是要透过五花八门的现象,去探究其本质的因果规律关系,并把它所论到的一切事实,一切经济关系、经济范畴和规律,都辩证地理解为都是处在运动中或过渡推移中。唯物辩证法“对每一个已经生成的形态,都是在运动的流中,从它的暂时经过的方面去理解”④。试想,不从实际出发,不根据大量的现实材料,我们能把客观辩证发展规律如实地表达出来吗?可是,如果占有了材料,如果不能从材料中去发现那些存在的发展的规律,也很难说是理论研究。《资本论》是从丰富的现实材料中研究出高度的科学理论的体系,尽管它是就资本主义经济形态立论的,它所依据的方法原则,对于我们研究社会主义经济形态,是完全适用的。

第二,关于研究对象是生产关系还是生产力的问题

---

① 马克思:《资本论》第1卷,人民出版社1963年版,第XXII页。
② 马克思:《资本论》第1卷,人民出版社1963年版,第X页。
③ 见马克思:《资本论》第1卷,人民出版社1963年版,第XX页。
④ 马克思:《资本论》第1卷,人民出版社1963年版,第XXIII页。

这个问题看来是不需要多加说明的，但事实上已在被人们以这样那样的方式议论着。有人问，马克思、恩格斯、列宁、斯大林这些导师们，不时讲政治经济学的研究对象是生产关系，为什么有时候又说是生产方式呢？而在目前，有的经济学者还认定，甚至在实际论证，我们研究社会主义经济，要更多注意生产力，虽然他们没有明说要相对更少地注意生产关系。马克思关于政治经济学的研究对象问题，早在《哲学的贫困》这部著作中，初步提到了。他认定政治经济学所研究的经济范畴，“只不过是生产方面社会关系的理论表现，即其抽象”[①]。他当时并认为生产诸关系并不是固定的，“随着新生产力的获得，人们改变自己的生产方式，随着生产方式即保证自己生活的方式的改变，人们也就会改变自己的一切社会关系”[②]。这个崭新的论点，往后在《〈政治经济学批判〉导言》中，还有所发挥，而在《政治经济学批判》序言中则被明确地规定在有名的唯物史观的公式中，而成为《资本论》研究的一贯的线索。可是尽管如此，把政治经济学这门科学所研究的对象，更明确地确定为是生产关系的，却是列宁。列宁在《什么是“人民之友”以及他们如何攻击社会民主主义者?》那一光辉论著中曾反复论到此点。他说，《资本论》这个理论，“它仅限于分析现代资产阶级制度和研究资本主义社会组织的发展趋势，如此而已”[③]。“这个分析仅限于社会成员间的生产关系。马克思一次也没有利用这些生产关系以外的什么因素来说明问题。”[④]这样就明确了政治经济学的研究对象，只能是生产关系。然则马克思、恩格斯为什么说政治经济学是研究近代资本主义生产方式及与其相适应的交换方式呢？仔细分析一下就知道，列宁和马克思所讲的，并没有什么实质的区别，只不过把范围限得较严格罢了。一定的生产关系，总是把一定的物质生产条件或生产力作为它的前提的，这也就是列宁所说的“只有把社会关系归结于生产关系，把

---

① 马克思：《哲学的贫困》。《马克思恩格斯全集》第4卷，人民出版社版，第143页。

② 马克思：《哲学的贫困》。《马克思恩格斯全集》第4卷，人民出版社版，第144页。

③ 列宁：《什么是“人民之友”以及他们如何攻击社会民主主义者?》。《列宁选集》第1卷，人民出版社1972年版，第50页。

④ 列宁：《什么是“人民之友”以及他们如何攻击社会民主主义者?》。《列宁选集》第1卷，人民出版社1972年版，第9页。

生产关系归结于生产力的高度"[①]。我们讲生产关系，已经把一定生产力作为它的现实前提，我们讲生产方式，只不过是结合一定社会生产力来说明生产关系，一方面表明生产关系也并不是离开生产力的社会物质条件而存在发展的，同时也表明生产力只是在特定的生产关系下才有可能发展的。但是无论如何，即使把社会生产方式作为政治经济学的研究对象，它的侧重点，也只能是生产关系，在论到生产力的场合，总是看那种生产关系具有怎样的社会物质生产条件或生产力作为它的基础；总是看生产关系究竟对那种生产力是在发生促进作用，还是在发生阻碍作用；总是看生产力一旦发展起来了，生产关系该会有怎样的相应的变化。而不是倒过来，把生产力作为研究的主体或重心，那样一来，具有强烈的阶级性的政治经济学就要成为一门技术或技艺学了。在国内的论坛上，正在讨论这个问题，有人说，到了社会主义社会，人的作用变得重要了，劳动力的作用变得重要了，从而，生产力的作用变得重要了，是不是政治经济学因此要改变它的性质，要更多地研究生产力呢？但是如果我们的问题，是在如何才能更好更有效地发挥人的积极性，更快更有效地发展生产力，那仍旧要在生产关系方面着眼，而不是离开社会生产关系，在生产力本身内部去做"格物致知"的工夫。在政治经济学的研究上，不正确地看待生产关系与生产力的关系，以为社会主义生产关系一经建立起来了，就再用不着什么改革或发展，因而就不妨把政治经济学的研究对象，转向或偏向生产力，那显然是对政治经济学的性质及其研究的方法论的曲解。那么一来，经济上的各种关系、范畴和规律，都不值得费多大的气力去研究，只要改进技术、解决构成生产力的劳动力与生产资料之间的什么矛盾，就万事大吉了。然则技术要在怎样的社会经济条件下才能改进，劳动力怎么会同生产资料发生矛盾，如果真有那矛盾的话，怎样才得解决呢？事实上，不管是在资本主义制度下，还是在社会主义制度下，生产力每向前发展一步，不但要求生产关系有所改变，同时也表明是生产关系已有所改变的结果。这只要我们稍微领会一下《资本论》体系，领会一下列宁对于《资本论》的研究对象的科学说明，就可以得到理解的。我们知道，没有好好正视政治经济学的对象

---

① 列宁：《什么是"人民之友"以及他们如何攻击社会民主主义者?》。《列宁选集》第1卷，人民出版社1972年版，第8页。

的研究，那不单是关系研究结构的问题，还是更关系到研究方向与历史任务的问题啊！在社会主义社会，我们决没有理由舍象去政治经济学的强烈的阶级性与政治性，而把它变成一门技术性的科学。

第三，关于研究结构上是采用四分法、三分法、二分法还是一条鞭法的问题

当然，这是更直接联系到研究体系的问题。我们即使明确认识到了研究社会主义经济必须从实际出发，必须从生产关系入手，但如果在研究和叙述上采用了形式主义的形而上学的方法论的程序，那也肯定不能达到预期的目的。前面讲到，有人主张研究社会主义经济，完全采用所谓《资本论》的"分篇法"，也有人倡议用所谓四分法（生产、交换、分配、消费），按照四个独立部分的原则来建立社会主义政治经济学体系。我们知道，马克思也确曾论述到生产、交换、分配与消费四个部分，但他的立论要旨，并不是在强调采用这样的研究程序，而宁是在批判那些资产阶级经济学者不分主从地、互相独立地，用形式主义的罗列方式来研究经济学。

有时，这种四分法被除掉消费部分或交换部分而成为三分法体裁，更分别嵌配上马克思所谓三位一体公式，即资本——利润，劳动——工资，土地——地租公式的时候，它的不合理程度，就更加严重了。不错，我所接触到的青年同志曾经这样提问过：马克思在《资本论》中不也大体是采用生产、交换、分配这个三分法吗？第一卷讲资本的生产过程，第二卷讲资本的流通过程，第三卷所讲的是资本主义生产的总过程，而分配诸形态则包括在这里面。形式上确象是采用三分法，但稍加分析，就知道马克思分三卷讲这三个方面的问题，和资产阶级经济学者们的做法，完全不是一回事。他在第一卷讲生产过程时，是为了说明的便利，暂时把剩余价值的流通乃至分配舍弃了，等到在直接生产过程中找到了剩余价值产生的原因，然后再讲到流通，最后更在生产与流通统一的基础上，在总过程中讲到分配。但是，马克思在从直接生产过程发现剩余价值来源的必要限度内，还讲到了商品与货币的流通关系，还讲到了工资分配形态；他讲资本的流通过程，着重地说明了生产资本在循环与周转中的重要地位，而他最后讲资本主义生产总过程，又在必要场合涉及了有关生产与流通的问题。尤其重要的是，马克思所讲的生产、流通、分配的对象是什么呢？它并不象资产阶级学者所含糊笼统地强调的"国民经济"，而只是剩余价值啊！

足见我们纷纷议论的研究社会主义经济是否可以采用《资本论》的三分法体系云云，实在太从形式上考虑问题了。

又有这样一种看法，说马克思主义者即使不主张采用三分法的结构，他们除了生产以外，似乎更着重流通，着重交换，往往把交换与生产并提。马克思曾说："我要在本书研究的，是资本主义生产方式及与其相应的生产关系和交换关系。"[①]后来恩格斯在《反杜林论》中也表明："政治经济学，从最广的意义上说，是研究人类社会中支配物质生活资料的生产和交换的规律的科学。"[②]可是，他说，"到现在为止，我们所掌握的有关经济科学的东西，几乎只限于资本主义生产方式的发生和发展：它……把资本主义生产方式和相应的交换形式二者的规律从正面，即从促进一般的社会目的的方面来加以阐述"[③]。既然马克思主义的导师这样看重生产与交换，为什么有人却说政治经济学是研究人类社会各个发展阶段上社会的物质资料生产与分配的规律的科学呢？我认为在政治经济学的研究还是把资本主义商品经济作为对象的时候，更多地强调交换形态，是有必要而且符合事实的；到了我们目前把政治经济学重心移到了社会主义经济方面，对比交换来说，更多地强调分配也有必要，也是符合事实的。在资本主义制度下，分配是通过交换来实行，而在我们社会主义制度下，尽管商品生产还有重要地位，但交换基本上是为分配服务，是作为分配的补助手段的。无论是把交换与生产并提，还是把分配与生产并提，都是在把一定的生产方式、社会生产过程，作为前提的条件来讲的，而且就是在特定生产方式或社会生产过程的前提下，也不是把交换或分配与生产等量齐观来看待，而是把后者作为前者的决定因素来看待的。马克思曾在《资本论》第三卷末尾这样指示我们："所谓分配关系，和生产过程的已经历史规定的特殊社会形式，及人类在人类生活再生产过程内加入的关系是互相适应的，并且是由此生出的。这种分配关系的历史性质，就是生产关系的历史性质。分配关系不过表示生产关系的一面而已。资本主义的分配，也和各种由其他生产方式生出的分配形式有区别。并且每一种分配形

---

① 马克思：《资本论》第1卷，人民出版社1963年版，第Ⅹ页。

② 恩格斯：《反杜林论》。《马克思恩格斯选集》第3卷，人民出版社1972年版，第186页。

③ 恩格斯：《反杜林论》。《马克思恩格斯选集》第3卷，人民出版社1972年版，第189页。

式,都会和它由以生出并且互相适应的生产形式一同消灭。”①

所以,我们要把社会主义经济安排在怎样的结构下进行研究的问题,采用四分法是不能接受的,三分法也很值得研究。在第一部分讲生产过程,第二部分讲分配过程,而把流通和消费放在第三部分总再生产过程来叙述,这样是不是比较符合社会主义经济的实际情况呢?但不论怎么分法,社会主义生产方式或社会主义生产过程总是要作为整个经济活动的一条大动脉而把各个部分贯串起来的。在这种意义上,我们就说社会主义生产方式或其发展的全过程,是研究社会主义经济的一条鞭的结构,那也是符合《资本论》体系的精神的。

第四,关于研究内容方面的各种经济范畴、规律的沿用与新发现的问题

社会主义社会是刚刚从资本主义社会中产生出来的。资本主义社会中存在的经济范畴和规律,到了社会主义,有一些已经失去作用了,有一些则还延续下来。另外,社会主义新的经济条件与新的生产关系又会产生一些新的经济范畴和规律。在资本主义生产方式下发生作用的各种经济范畴、规律可以分成几个类型:一是那些与资本主义本质密切联系,随着资本主义制度消灭而丧失其存在依据的范畴和规律,凡属和剩余价值有密切联系的剩余劳动、剩余时间、必要劳动、必要时间、劳动力价值、剩余价值规律、平均利润、生产价格及其规律、剩余利润及地租规律、竞争与无政府状态的规律、危机等等,属于这个类型;一是那些与一切社会形态的经济生活相联系而采取了普遍的一般的共同形式的经济范畴和规律,如象劳动过程、劳动力、生产、生产力、生产关系、生产力与生产关系的规律等等;一是那些与商品生产密切联系着,由于社会主义特殊商品生产形态的存在,而还保持有一般通行于资本主义社会的形式或外壳的经济范畴和规律,如商品、价值、货币、价格、工资、企业利润、成本、利息、贸易、银行、国民收入、价值规律、供需规律、货币流通规律等等。这三个类型的经济范畴和规律,除了第一类型外,其他两个类型均沿用于我们社会主义经济教材或教科书中。我们知道,有一些即使是同一个名称的经济范畴或规律,在不同的社会形态,不仅性质不同,作用不同,同时在整个研究的体系中所处的地位也不同。例如地租在封建社会是剩余劳动的一般形态,

① 马克思:《资本论》第3卷,人民出版社1966年版,第1037页。

到了资本主义社会，利润才是剩余劳动（即剩余价值）的一般形态；又如价值和价值规律在资本主义经济中，是处在神经中枢的地位，到了社会主义社会，它就只能是处在从属的地位了。《资本论》体系就是按照这样的原则来安排它的各种经济关系、各种经济范畴与规律的，而我们也正是要从这里来领会《资本论》体系的精神，并应用它来指导我们对于社会主义各种经济范畴和规律的研究的程序。在社会主义制度下，除了上面谈到的，有必要沿用一些属于各种社会经济形态共同的范畴和规律，并保留一些和商品生产有关的范畴和规律外，还有那些随着社会主义经济条件出现而产生，且和社会主义本质有密切联系的经济范畴和规律，如象计划经济、全民所有制和集体所有制、劳动竞赛、按劳分配、经济核算、平衡表、计划价格、高速度发展……等等，都是属于这一类。现在的问题是，我们对于社会主义经济作着科学的研究分析，仅能限于这些现成的具体的现象形态吗？如果我们仔细回顾一下，在《资本论》出现以前，资产阶级经济学者原已就资本主义经济形态提出并论述了许许多多的经济概念、范畴、规律，但马克思认为那远没有把这种社会经济形态的重要内容和本质揭露出来，表达出来。他不仅再分析说明了已有的形态，还提出了一系列的经济范畴和规律，如为大家所熟知的生产力、生产关系和它们的发展规律，如劳动的二重性：具体劳动和抽象劳动，价值实体和价值量，为买而卖的流通形态和为卖而买的流通形态，区别于劳动的劳动力，不变资本和可变资本，不同于劳动过程的价值形成过程和价值增殖过程，绝对剩余价值和相对剩余价值，劳动力价值和价格，资本的积累、积聚和集中，资本的循环和周转，简单再生产和扩大再生产，生产资料生产和消费资料生产，市场价值和生产价格，货币经营资本和商品经营资本，级差地租以外的绝对地租，以及它们的规律，等等。它们都活生生地存在并作用于资本主义现实经济中，而成为整个资本主义辩证发展中的各个有机的环节。正是由于马克思把所有这些环节因素以及它们的转变形态，都分别发现出来，并分别安排在适当场合来加以论述，这才有《资本论》这个完整而周密的科学的体系。从这里我们不难想到，人们迄今对于我们已有的政治经济学关于社会主义部分的讲稿、教科书乃至某些专门论著，其所以仍感到不够深刻系统，其中一个重要原因，也许是由于我们对于社会主义经济的理解，还大大地受着已有的或已呈现在我们面前的那些现象的束缚，因而就不能有新的发现，因而就不能抓住连贯着社会主义经济运动的整个经纹脉络，把它原原本本地表达出来；或者就不能象《资本论》那样，把资本主义经济从里到外，从低级到高级，从抽象到具体地和盘托出。有一位专攻经济学的同志告诉我：如果我们研究社会主义经济也象研究资本主义经济从商品开始那样，从产品开始，而把生产产品的劳动，区分为为个人的必要劳动和为社会的必要劳动，而把由资本主义向社会主义过渡看成是由剩余劳动（剩余价值）向社会必要劳动（社会必要价值）的转化，把由社会主义到共产主义的转变看成是由个人必要劳动全面向着社会必要劳动的转化，是否讲得通呢？这个讲法，可能还要有一序列的说明，还需要从现实经济生活中发现出一序列的范畴、规律，才能确实断定它是否正确，但做这样的设想，是非常必要的。如果我们较深入地领会《资本论》体系中为马克思所发现并系统说明的那一系列的经济范畴和规律，我们将会从我们社会主义经济现实运动中，找到一些迄今尚未被注意到的新的经济形态和新的因果规律关系。

最后，关于在研究上正确处理经济与政治或基础与上层建筑关系的问题

这在实质上是关系到国家政权乃至党的领导在社会主义经济中的职能或作用的问题。我们知道，任何一种社会经济制度，都要在与其相适应的一定政权关系、法律秩序下建立起来，并也还要有与其相适应的一定思想意识来维护其存在，促使其巩固发展的。也就因为这个缘故，经济和政治的关系，是紧密结合着的，在经济学头上要戴起“政治”的帽子。可是，在我们论坛上出现了这样一个议论，似乎我们社会主义社会的阶级剥削关系已经不存在了，用政治法律手段来确保经济发展的要求，已经不存在了，或快要不存在了，从而经济学就已经大可以摘掉“政治”的帽子了①。事实恰好和这个说法相反。党的八届十中全会指出：“在无产阶级革命和无产阶级专政的整个历史时期，在由资本主义过渡到共产主义的整个历史时期（这个时期需要几十年，甚至更多的时间）存在着无产阶级和资产阶级之间的阶级斗争，存在着社会主义和资本主义这两条道路的斗争。”②我们社会

① 见平心：《关于生产力性质几个问题的发言》。《学术月刊》1960年4月号，第35页。

② 《中国共产党第八届中央委员会第十次全体会议公报》。《红旗》1962年第19期，第4页。

主义经济建设每走向前一步，都可能遇到这样那样的社会思想障碍，都可能遭受到这样那样的破坏活动。这就必须加强党的领导，加强国家政权的力量，加强政治思想的宣传教育，一句话，就是要加强经济活动的政治工作和思想工作。就我们这里所讨论的问题来说，就是要在社会主义经济研究当中，尽可能联系到政治和其他上层建筑的关系。可是，作为经济科学来说，又是不可能把其他社会因素关系糅杂在一起的。它既要密切联系到政治，又不能过多地讲政治；既要密切联系到其他上层建筑，又不能过多地讲其他各种社会思想意识形态；正如同生产关系又要密切联系生产力、联系生产技术来说明，但又只能在适当范围内联系起来加以说明一样，这个恰如其分的限度和分寸，是一个带有原则性的问题，偏到纯经济方面是错误的，偏到以政治代替了经济范畴和规律性的科学阐述，也不一定是妥当的。在这里，我们仍需要好好地从《资本论》体系中学习。谁都很清楚，《资本论》是一个充满了强烈的阶级性和战斗性的科学体系，资产阶级学者责难它简直是一部阐述政治信条的教科书。马克思自己表示“本书的最终目的，是揭露近代社会的经济运动规律”[①]。他是怎样揭露这个经济运动的规律呢？列宁讲得好，《资本论》这个理论是“从社会生活的各种领域中划分出经济领域来，从一切社会关系中划分出生产关系来，并把它当做决定其余一切关系的基本的原始的关系”[②]。他还说，“这个分析仅限于社会成员间的生产关系。马克思一次也没有利用这些生产关系以外的什么因素来说明问题”[③]。可是在另一方面，列宁又这样指示我们：“《资本论》所以大受欢迎，是由于‘德国经济学家’的这一著作把整个资本主义社会形态作为活生生的东西向读者表明出来，将它的生活习惯，将它的生产关系所固有的阶级对抗的具体社会表现，将维护资产阶级统治的资产阶级政治上层建筑，将资产阶级的自由平等之类的思想，将资产阶级的家庭关系都和盘托

① 马克思：《资本论》第1卷，人民出版社1963年版，第Ⅻ页。

② 列宁：《什么是“人民之友”以及他们如何攻击社会民主主义者？》。《列宁选集》第1卷，人民出版社1972年版，第6页。

③ 列宁：《什么是“人民之友”以及他们如何攻击社会民主主义者？》。《列宁选集》第1卷，人民出版社1972年版，第9页。

出。”[①]这是怎么一回事呢？这个分析专以社会组织成员间的生产关系为限，没有用什么超出这些生产关系的因素来说明问题，同时又把所有资本主义经济基础的上层建筑，和盘托出，这不是有矛盾吗？不是的。马克思在阐述资本主义社会的经济运动规律时，全是就资产阶级与工人阶级结成的生产关系，以及从各个不同侧面体现出那种生产关系的经济范畴和规律，在全面而发展的过程中来展开说明。所有国家政权、法律制度、政治思想斗争乃至社会风俗习惯的作用，都只在适当而必要的场所指点出来或暗示出来，表示所有由上层建筑形成的资产阶级的统治，都分别在社会经济运动的背后，加强资本的统治，加强对工人阶级的奴役、折磨与愚弄，而由是形成一个榨取无偿劳动的天罗地网。可是，就在资本统治强化深入的过程中，在资本积累、积聚和集中的过程中，却辩证地造出了它的对立面，造出了阶级力量的消长变化的新局面，造出了剥夺者被剥夺的新倾向。这一切都说明“资本主义生产的自然规律，引起社会的对抗”，它“是这各种以铁的必然性发生作用并且贯彻下去的趋势”。[②] 工人阶级就是在这种社会经济的规律作用和发展趋势中，看到了他们的斗争运动的胜利前景，而《资本论》体系也就是这样成为高度科学性和革命性相结合的典范。我们所研究的社会主义经济，无疑对资本主义经济表现了许多不同的特点，但当我们在研究过程中，处理经济与政治的关系，处理经济基础与上层建筑的关系时，仍大有必要体会《资本论》体系所提供的榜样。

当然，我在上面所提到的几个方面的看法，是限定在应用《资本论》体系来研究政治经济学社会主义部分这个范围内，同时也是限定在我们经济学界已经直接、间接讨论到了的一些问题，虽然这些方面的问题，都是非常重要的，但还远不能把我们应当如何研究社会主义政治经济学这个一般命题的内容都包括进去。而且，所有我在这里就中国经济学论坛上讨论政治经济学社会主义部分所提出的若干问题的看法，即使值得提出来作为研究社会主义政治经济学的参考，并加以商讨，仍远不足以概括我们在从事这种研究时可能从《资本论》体系中吸收的全部教益。

---

① 列宁：《什么是“人民之友”以及他们如何攻击社会民主主义者?》。《列宁选集》第1卷，人民出版社1972年版，第9页。

② 马克思：《资本论》第1卷，人民出版社1963年版，第Ⅹ页。

关于学习《资本论》的几个问题

·王 亚 南·

关于学习
《资本论》的
几个问题

福建人民出版社

原书封面

关于学习《资本论》的几个问题
王 亚 南
福建人民出版社出版
（福州得贵巷27号）
福建省新华书店发行
福建省三明市印刷厂印刷
开本850×1168毫米 1/32 2 15/16印张 67千字
1980年11月第1版
1980年11月第1次印刷
印数：1—3,750
书号：3173·267 定价：0.30元

原书版权页

前 言

《关于学习〈资本论〉的几个问题》[①]，是王亚南同志于一九六二年十月在江西省南昌讲学的记录稿。作者生前曾打算对它作适当的修改，然后送交有关出版单位。但由于作者忙于其他工作，这个愿望未能实现。现在我们把这份记录稿整理出版，也可以说是实现作者的一个宿愿。

本书分为七个部分，虽然部分标题与作者的另一本遗著《〈资本论〉研究》雷同，但是与《〈资本论〉研究》相比较，本书具有两个特点：第一，篇幅虽然不大，但对《资本论》产生的时代背景，研究的对象和方法，结构与体系，第一、二、三卷的要点，以及学习与应用的途径，分别作了系统、扼要的介绍；第二，由于是讲学的记录稿，词句比较口语化，深入浅出，通俗易懂。因此，出版这本书，对于我们学习和研究《资本论》，是有帮助的。此外，作者在讲学过程中，就当时的经济理论和实际经济工作中存在的问题，提出的一些看法，至今仍有一定的参考价值。

为了尽量保留原稿的面目，在整理过程中，只删去了一些重复的语句，并对某些字句作了修订。如有不当之处，敬希读者指正。

厦门大学经济系
王洛林
1980年2月

---

① 本书是王亚南先生1962年在江西讲学的记录稿，在讲学中王亚南先生采用了不同版本的《资本论》等著作的引文均没有标明出处。为保持著作的历史原貌，我们在编辑过程中仅核对引文是否准确。——编者注

一、《资本论》的时代背景与阶级历史任务

马克思是在什么样的历史条件下写这部书的？他为什么要写这部书？这部书解决了什么问题？是怎样解决的？对于这些问题的了解，可以帮助我们理解这部书的内容。如果对这些问题弄不清楚，要真学懂这部书就非常困难。同志们都知道，我们今天学习《资本论》，不是为纯理论的研究，而是把它当作一个手段，来了解我们社会的情况，来解决我们当前的问题。纯理论的研究，为理论而理论的学习，那是与马克思主义相违背的。我们应该学习《资本论》的作者在当时历史条件下，是怎样提出问题和怎样研究问题的。我们还应该根据《资本论》作者的研究精神，看我们今天产生什么问题，如何解决这些问题。这是我们学习《资本论》的目的和要求。

一部书的重要性，首先要看它提出来讨论的问题，是否是当时最关重要的根本问题。更重要的要看它对于所提出的问题，是否作出科学的解决；所得出的结论，有利于哪个阶级。这部《资本论》为什么很重要呢？这是因为这部书所提出的问题是当代社会最根本的问题，这部书解决和处理问题，是用最科学的方法，这部书所得出的结论是代表人类最进步的阶级的利益，即工人阶级的利益。

（一）《资本论》产生的年代

《资本论》产生在十九世纪中叶前后，就它的第一卷、第二卷、第三卷的写作来讲，马克思是在十九世纪四十年代中期开始，经过十九世纪五十年代、六十年代、七十年代，一直到八十年代初期。我们知道，《资本论》第一卷于一八六七年出版。在第一卷出版的时候，《资本论》的第二卷、第三卷的草稿就差不多完成了。在《资本论》第一卷出版的前两年，即一八六五年，马克思曾就其中的重要论点，用《价值、价格与利润》（一作《工资、价

格和利润》)的讲题作过报告(这是在马克思逝世后,从遗稿中发现的)。在这以前的一八五九年,就出版了《政治经济学批判》。我们知道,《政治经济学批判》是当作《资本论》的初篇,而《资本论》是当作《政治经济学批判》的续篇。再以前,在一八四七年,还写过一本《雇佣劳动与资本》的小册子。这本《雇佣劳动与资本》讲的是资本与劳动的对立关系;《资本论》里面也是讲这个东西。《雇佣劳动与资本》这本书,事实上应理解为是讲"工资劳动与资本"。所以,如果以《雇佣劳动与资本》作为《资本论》写作的开始,那么,《资本论》的写作时间是在一八四七年以前。就是说,由《雇佣劳动与资本》的写成,到《资本论》第一卷出版为止,前后经过了二十多年。《资本论》第二卷、第三卷是在马克思逝世后,由恩格斯整理草稿,分别于一八八五年、一八九四年出版。原来《资本论》的第三卷,马克思计划为《剩余价值学说史》。《剩余价值学说史》的三卷,是在恩格斯逝世后由考茨基整理,分别于一九〇四年、一九〇五年和一九一〇年出版。《剩余价值学说史》放在《资本论》后面,也是《资本论》的构成部分。如果把《剩余价值学说史》的写作时间算在一起,那么,从一八四七年出版《雇佣劳动与资本》,到一九一九年出版《剩余价值学说史》最后一卷,一共经历了半个多世纪(共 63 年)。马克思写作《资本论》,前后经过了几十年,一直继续到他临终。所以《资本论》的写作,是马克思的终生事业。这里把《资本论》的写作和出版年代谈谈,就是要明确《资本论》产生于十九世纪中叶前后。这是我们在学习《资本论》的时候一定要把握的历史观念。社会科学是历史的东西,著作的时代背景一定要搞清楚。不懂得《资本论》产生的年代,就看不懂《资本论》,就连《资本论》的初版序、二版跋,也都会看不懂。

(二)西欧英、法、德三国当时的具体历史情况

1.三国的具体历史情况

马克思是德国人,但他的《资本论》,却是把英国的社会经济发展情况,作为考察研究的对象。为什么马克思要把英国作为背景来写《资本论》,而不是德国呢?这是因为科学研究要有条件。它要研究比较成熟的形态,才能揭示其发展规律。当一事物还没有成熟,反映这事物的范畴,

它的规律和法则,都还没有充分表现出来或者还没有形成,那研究起来就有困难。我们知道,《资本论》论的是资本,研究的是资本主义经济。当时英国是资本主义最发达的国家,所以英国具备了《资本论》研究的条件。马克思自己讲过,英国当时所具备的条件是:第一,英国是当时资本主义发展最成熟的;第二,由于英国的资本主义发展最成熟,所以英国的经济资料、思想资料、学说史的资料、现实的统计资料都非常丰富,别的国家就不行。研究一个问题不是什么东西都重起炉灶。马克思和恩格斯都讲过,研究一个东西,要把所研究的对象,要把过去前人已经有的属于你的研究对象的知识利用起来。自己凭空想是想不出来的。人家几千年的东西很多,你一个人坐在家里去想,是想不出来的,就是想出来一些,也是有限得很。所以,马克思在参加当时工人运动的同时,还用了 25 年时间,在大英博物馆研究英国的大量材料。

法国的资产阶级革命,要比英国晚。英国的资产阶级革命产生于十七世纪四十年代,法国的资产阶级革命产生于十八世纪八十年代。这就是说,英国的资产阶级革命比法国早 140 年。但是,法国的资产阶级革命搞得彻底,英国是不彻底的。英国由于资产阶级革命不彻底,社会上保留了很多旧的东西。法国由于资产阶级革命彻底,所以资本主义经济发展很快。

德国呢?德国的资产阶级革命产生于十九世纪四十年代,比英国要迟两百年,比法国迟 60 年。直到一八七〇年,德国还是个许多小国分立的国家,它的北部很多国土是丹麦的,它的东部很多国土是奥国的,它的南部很多国土是法国的。经过一八六四年的普丹、一八六六年的普奥、一八七〇年的普法战争,德国才慢慢地统一起来。但是在统一之前,以普鲁士为中心的局面已经慢慢形成。所以在十九世纪三十年代初期,德国就已经有了关税同盟,这个关税同盟是国内的许多小国联合起来的。这个历史条件不了解,对于了解这个国家是很困难的。

2.资本主义商品经济的发展和劳动阶级势力的抬头

资本主义的生产是商品生产。发展资本主义商品生产,就是发展工厂生产。工厂生产要劳动者。劳动者在工厂的数量不断增多,劳动者的阶级势力就愈来愈大。这是不以人们意志为转移的客观规律。资产阶级是不想发展劳动阶级势力的。但是,发展商品生产,发展工厂生产,又要有大批的劳动者。这就非发展劳动阶级势力不行。于是，劳动阶级的势力就抬起头来。

3.阶级斗争

资本主义社会阶级斗争分为两个阶段。前一阶段是工商资产阶级对封建贵族的斗争。资本主义是在封建基础上发展起来的。当资本主义经济还未充分发展起来、封建势力还很大的时候，商人、工业家要发展资本，封建贵族处处限制他们，因为政权掌握在封建贵族手里。所以，资产阶级在近代初期，在相当长的时间里，有的国家有200多年，有的国家有250多年，一直是跟封建贵族斗争。后一阶段是资本主义发展起来以后，工人阶级对资产阶级的斗争。这个转折的时间是在十九世纪初。资产阶级在开始时要反对地主。因为地主要地租，地租提高了，粮食的价钱贵了，工人的生活费用也就提高了。工人生活费用提高了，工人不愿意，资本家也不愿意。因为工人生活费用提高了，工人的工资就要提高。所以在这种情况下，资产阶级就利用工人的不满情绪来反对地主，给工人一些利益。给工人什么利益呢？一个很重要的利益就是给工人罢工权。英国首先把这种权利给了工人阶级。资产阶级把罢工权利给了工人，把工人发动组织起来反对封建贵族，那它要打倒封建贵族就容易了。工人阶级的力量就是这样组织起来的。但是，工人不仅反对封建贵族，而且反对资本家。以后封建贵族的力量慢慢地消失了，最主要的是反对资本家。所以，反对封建贵族的斗争，是工人阶级反对资产阶级的斗争的信号。英国的资本主义发展较早，工人阶级和资产阶级的矛盾首先暴露，在一八三一年、一八三六年、一八四六年这一段时间里，工人运动规模很大。当时工人的斗争要求是10小时工作制，因为那时有的工厂工作时间有12小时、13小时、16小时、18小时，工人要求缩短到10小时。这个阶级斗争从根本上来说，是工人阶级反对资产阶级的斗争。

工人阶级反对资产阶级的斗争的信号，在英国，是一八三一年、一八三六年、一八四六年的工人运动；在法国，是一八三一年里昂丝织厂的工人运动；在德国，是一八四四年西里西亚纺织工人运动。里昂工人运动不仅是罢工，还把里昂占领了3天。这对资产阶级社会是一个非常大的震动。一八四四年德国西里西亚纺织工人运动，吸收了英法工人阶级斗争的经验。德国原来资本主义发展很落后，但它一旦走上了资本主义道路以后，发展速度是很快的，它利用先进国家的经验，少走了很多弯路，它的工厂一开始就采用世界上最新设备。但是，资本家利用人家的经验，工人阶级也利用人家的经验。所以德国的工人阶级很进步，很先进。比如工人阶级的政党，就首先出现在德国。

总之，不管是英国也好，法国也好，德国也好，还是其他国家也好，阶级斗争的问题已被提到议事日程上来了。但是，当时工人对斗争的方向、后果的认识，还是非常模糊的。工人虽然要为自己的根本利益作斗争，但是究竟什么是他们的根本利益？什么是他们的眼前利益？这在当时工人是不明白的。工人阶级还处在一种半自觉的思想状态中，就是说，工人阶级还是个自在阶级，而不是自为阶级。但是，要使工人意识到自己阶级的共同利益、共同命运、共同前途，自觉地、有组织地对资产阶级进行经济斗争和政治斗争，首先要扫除工人思想上的障碍，提高工人的阶级觉悟。

(三)工人阶级斗争的思想障碍

工人阶级斗争的思想障碍来自两个方面：一个方面是资产阶级政治经济学；另一个方面是空想社会主义。当时工人阶级的思想既受到资产阶级政治经济学的蒙蔽，也受到了空想社会主义的蒙蔽。非彻底批判资产阶级政治经济学，非彻底批判空想社会主义，就不能够对工人阶级的斗争指明方向。

资产阶级政治经济学也有科学的东西和合理的东西。资产阶级在它前一个时期，即在十九世纪以前，是反对封建贵族，在十九世纪以后是反对工人。在资产阶级反对封建贵族的时候，它站在进步的、反封建的立场。这时工人阶级的斗争还没有起来。因此，资产阶级还讲些科学的真理的东西。所以，这个时候有古典经济学的存在。

古典经济学承认资产阶级和工人阶级之间的阶级矛盾、利益冲突。但是，古典经济学者一方面认为这个冲突是无可避免的，另一方面又认为工人阶级不能起来革命。这就是说，人类社会存在一天，工人阶级和资产阶级就存在一天，那么，工人阶级同资产阶级的矛盾、利害冲突也就要这样继续下去。这是古典经济学的讲法。

另外，还有一个庸俗经济学，它是在工人阶级斗争已经起来的时候出现的。它专门帮助资本家讲话，不问真理，不讲科学，所以说是庸俗的。庸俗经济学一个是不承认有剥削；另一个是不承认阶级矛盾、阶级斗争，说阶级之间是和谐的，阶级利益是一致的。庸俗经济学者说工厂倒闭了，那么资本家不赚钱，工人也就没有饭吃，在这一点上工人阶级同资产阶级的利益不是一致的吗？对庸俗经济学者的这种说法，我们要加以驳斥。在资产阶级政治经济学里头，庸俗的，即认为资本家没有剥削的、阶级利益可以调和的思想占了很大比重，尤其是在近代初期。工人由于受到庸俗经济学的影响，斗争的情绪不高。因此，庸俗政治经济学是工人阶级斗争的一个主要思想障碍。

工人阶级斗争的另一个障碍，是空想社会主义和小资产阶级浪漫主义。空想社会主义是空想的、人道的、恩赐的（欧文不大一样），小资产阶级浪漫主义是向后转。空想社会主义者在当时很有影响。他们也确实讲了很多重要的东西——对未来的事情。他们认为资本主义不是永恒的东西，认为资本主义制度应该推翻。但是，他们对如何推翻资产阶级的统治，有很多奇谈怪论。例如，他们说，如果各个资本家道德修养都提高了，就不会再去剥削工人了。所以他们认为宣传道德对于改变社会制度有很大好处。这当然是空想。还有小资产阶级浪漫主义者，他们说资本主义制度要不得，要推翻。但用什么来代替它呢？他们说还是搞小资产阶级那一套，小店铺、小农场、小合作社，不要搞大的。这是一种倒退的、反动的主张。对于资本主义社会，马克思讲过，它有坏的一面，也有进步的一面，这就是，它的生产力高。小资产阶级浪漫主义者只看到资本主义社会坏的一面，不承认资本主义社会还有进步的一面。

不管是空想社会主义者，还是小资产阶级浪漫主义者，他们有一个想法是相同的，那就是不承认工人阶级是社会变革的动力。相信工人阶级能够取得政权，相信工人能够管理国家，这是非常不容易的。不但古典经济学者、空想社会主义者、小资产阶级浪漫主义者不相信，那时的工人也不相信。我们说工人自己能够取得政权、能够管理国家，那只有受了马克思主义洗礼的工人，才会有这种信念。现在我们普遍有了这样的认识，但在解放以前恐怕也不可能这样想。不可能这样想的很大一个原因，是没有马克思主义的辩证的观点，这样就不可能从资本主义社会的发展过程中来看工人阶级同资产阶级的关系。有了马克思主义的唯物辩证法，就能看到工人阶级的力量是一步一步地发展，它和资产阶级的势力消长的关系一天一天在变化，就能看到工人阶级的前途、工人阶级的力量。

（四）《资本论》的阶级历史任务

1.揭露资本主义制度的剥削本质

说明资本主义制度的成长，它的内在矛盾的发展，是被组织、被集中、被锻炼的工人阶级的力量的壮大；论证由资产阶级统治的社会要被由工人阶级统治的社会所代替。

资本家不承认他们有剥削，别的人也跟着资本家这样讲。很多人不是资本家也认为资本家没有剥削，这是由于他们看不出资本家的剥削。奴隶主剥削奴隶，是很清楚的，农奴主剥削农奴，也是很清楚的，资本家剥削工人，就不容易看出来。因此，对资本主义剥削制度本质的揭露，是一个非常严肃的任务。

资本主义制度的成长，它的内在矛盾的发展，是被组织、被集中、被锻炼的工人阶级的力量的壮大。只有在资本主义生产关系内部，看到工人阶级的力量的增加、集中和它集体精神的锻炼，才能论证资产阶级统治的社会必然要为工人阶级统治的社会所代替。总之，在十九世纪中叶前后，揭露资本主义制度的剥削本质，说明资本主义社会的内在矛盾，证明资产阶级统治的社会要为工人阶级统治的社会所代替，已是一个最重要、最根本的问题。马克思写作《资本论》，就是为了完成这个阶级历史任务。

2.教育工人认识到本阶级的命运、前途、力量

如果通过《资本论》的宣传和教育，使工人认识到自己的命运——一个被剥削者的命运，认识到被剥削者可以起来推翻剥削者，而且具有推翻剥削者的力量，那么，《资本论》的理论就可以变成强大的物质力量。

3.《资本论》被定为“工人阶级的圣经”

在《资本论》第一卷出版的第二年，即一八六八年，第一国际开了个会，会上通过一条，把《资本论》定为“工人阶级的圣经”，也就是把《资本论》作为工人阶级斗争的指南书。就是从这个时候起，马克思主义和工人阶级革命运动开始结合起来；也就是从这个时候起，资产阶级开始动员它的全部力量，来反对马克思主义。

二、《资本论》研究的对象与方法

前面我们讲了《资本论》产生的时代背景和它所承担的阶级历史任务。明确了它的阶级历史任务、它的重要性,《资本论》研究的对象与方法的问题,就摆在我们面前了。马克思从哪里着手写《资本论》呢?他怎样来处理资产阶级社会所提供的材料呢?这就是《资本论》研究的对象与方法的问题。

把什么作为《资本论》研究的对象呢?如果笼统地讲资本主义经济就是它的研究对象,这也没有错。你不研究资本主义经济又研究什么呢?但又不很对。因为没有抓住核心、要点。而没有抓住核心和要点,没有抓住对象,则研究的方法问题就大了。毛主席讲,不同质的对象要有不同质的方法来处理(这是《矛盾论》上讲的)。所以,研究资本主义经济是研究笼统的东西,还是研究最本质的东西,所采用的方法显然是不一样的。

(一)《资本论》研究的对象与方法的关系

决定什么是研究的对象,是属于方法论的范围,而研究对象的性质又决定研究应采取的方法。不同质的矛盾,要用不同质的方法去解决。对象与方法的关系就是这样一个关系。比如,我们是笼统的把人类社会作为经济学的研究对象,还是把人类社会中的一个阶段来作为经济学的研究对象?资产阶级经济学者是把人类社会作为研究对象的。马克思则不同,他是从人类社会中间抽出一个社会来研究的。所以,决定研究对象是属于方法论问题。方法论就是方法原理,就是这个对象摆在这里,你从哪里下手去研究。比如,我们的研究是把对象扩大一点还是缩小一点?是从历史的全过程去研究呢?还是从历史的个别阶段去研究呢?确定对象范围是方法论问题。但是,另外一方面,对象的性质又决定研究应采取的方法。这是第一点,对象与方法的关系。第二点,《资本论》研究的对象是什么呢？是资本主义社会的生产关系。第三点，《资本论》研究的基本方法，是唯物主义的辩证方法。

《资本论》出版至今已有100年左右，为什么现在还要讨论它的研究对象与方法呢？这是因为，现在的马克思主义论坛上，国内国外都在讨论这个问题。所以我们今天讲它的对象、方法的时候，就有必要把关于这方面的不同意见作个交待。

(二)《资本论》研究的对象是资本主义社会的生产关系

《资本论》研究的对象，就是资本主义社会的生产关系。它研究不研究这个关系以外的关系呢？研究的。但是，它把资本主义社会的生产关系当作研究的核心。马克思所讲的资本主义社会的生产关系，并不是一般所说的在生产上结成的关系，尤其不是资产阶级经济学者在他们的经济著作中论生产或论技术所谈到的那种关系，而是在资产阶级统治、支配下，以所生产所交换的劳动生产物为媒介，而由资产阶级与劳动阶级构成的社会关系。所以，《资本论》研究资本主义社会生产关系以外的东西，那就不叫做生产关系，而是叫做生产关系的总和。马克思也常常讲，生产诸关系，不是一个关系。例如在农奴制的封建社会，它有一个基本的生产关系，那就是农奴主跟农奴结合的关系。在这个关系外，还有其他一些关系，有买卖关系，有雇佣关系，有借贷关系，等等。在资本主义社会，资本主义的雇佣关系占了第一位，雇佣关系成为资本主义社会的基本生产关系。但在资本主义社会，资本家雇佣劳动者生产出来的东西要卖出去，生产上需要的东西要买进来。因此，没有买卖关系也就没有资本主义。在资本主义社会还有借贷关系，这个关系也很重要。资本家投资并不是自己荷包里有10000块钱就投资10000块钱，他自己荷包里也许只有1000块钱，但他还是投资10000块钱或者20000块钱。钱不够怎么办？向银行借，所以没有借贷关系，也就没有资本主义。同样地，没有租佃关系，也没有资本主义。资本家的工厂、矿山等，有很多都是租借来的。可见，在资本主义社会，买卖关系、借贷关系、租佃关系都是同时发生作用的。但是它有一个核心，那就是资产阶级和劳动阶级的雇佣关系。因为资本家生产的目的是为了榨取剩余价值，而只有劳动者在资本主义生产过程中才能生产出剩余价值;买卖关系、借贷关系、租佃关系是不能产生出剩余价值的。因此,在资本主义社会生产诸关系里头,最重要的最基本的关系就是雇佣关系,是资本家和劳动者的关系。要研究这个最基本的关系,但可以把它扩大一点,叫做生产诸关系,或者把所有的经济现象都包括在里头,叫做生产关系总和。

1.马克思、恩格斯、列宁关于《资本论》研究对象的讲法

马克思在几个地方讲,《资本论》是揭露现代社会经济运动的规律,有的地方说它是研究资本主义生产方式及其相适应的生产关系和交换关系,还有的地方说它是研究资产阶级社会的生产关系(那是《政治经济学批判》上讲的)。揭露资本主义社会的经济运动规律,就是揭露资本主义社会的经济是怎样运动的。请同志们想一下,资本主义社会的经济是怎样运动呢?是什么运动呢?资本主义社会经济一个最重要的东西是什么呢?是资本,是资本运动。资本运动是这部《资本论》的主题,所以它才叫《资本论》嘛,论资本嘛。论资本的什么呢?论资本的运动,论资本的发展,论资本的消灭。

研究资本主义的生产方式及与其相适应的生产关系和交换关系,就是与生产方式相适应的生产条件与交换条件。生产方式包括两个东西,一个是生产力,一个是生产关系。那同马克思讲的《资本论》研究的对象是资本主义生产关系,是不是相矛盾呢?研究资本主义的生产方式比研究生产关系的范围大。在这里我们先把问题提出来,下面还要加以说明。

恩格斯在政治经济学研究对象方面提出了两点。第一点,政治经济学从最广义上说,是研究人类社会中支配物质生活资料的生产与交换的法则。第二点,政治经济学是研究人类各种社会进行生产和交换并相应地进行产品分配的条件与形式。这都是《反杜林论》上讲的,都是从广义上来讲政治经济学研究的对象。

列宁在《什么是"人民之友"以及他们如何攻击社会民主主义者?》这本书上,把经济关系归结到生产关系,把生产关系归结到生产力的高度。他说,过去的资产阶级经济学者仅仅就经济现象来解释经济现象,只有马克思的《资本论》,才把经济关系归结到生产关系,把生产关系归结到生产力的高度。这样一来就有科学根据了,从一般社会关系中取出经济关系,从经济关系中又取出生产关系,作为最基础的关系来研究。

上面经典作家讲的政治经济学的研究对象，都是指研究生产关系。我们看到他们讲交换也好，讲生产也好，讲分配也好，都是生产关系，是生产诸关系之和。

2.当前在这方面发生的争论

当前的争论大体可分为三派：一个是生产方式派，一个是生产力派，一个是生产关系派。

大家从我上面所谈的可以知道，《资本论》研究的对象，是资本主义社会的生产关系。我认为生产关系说得通。今年三月我在中国人民大学讲课，我写的文章《〈资本论〉的综合系统理解》，就是讲生产关系。从生产关系出发，才能有一个系统的《资本论》。从生产力出发就不可能。

关于生产方式派的看法，解放初期就有人提出来，目前又有人讲，认为离开了生产力不能讲生产关系，认为政治经济学的研究对象，应该是生产方式。

生产力派很热闹，从苏联移到中国。苏联《政治经济学教科书》讲生产力，各个部分都在讲。例如，什么是社会主义农业？它说社会主义的农业要使农业生产基本上采用机器，机器生产占支配地位，这样的农业才是社会主义的农业。为什么要采用机器来生产呢？因为机器生产力高一些。但它没有讲清楚为什么美国的农业生产力高得多，根据它的这种说法，我国的农业生产力低就不是社会主义的了。

3.为什么会发生这种争论

现在我们讲为什么会发生这种争论。这种争论是有背景的。我体会有以下三点：

A.起源于社会主义社会生产关系建立的特殊性

所谓社会主义社会生产关系建立的特殊性，是相对于资本主义讲的，是指不同于资本主义表现的特殊性。这个特殊性表现在哪一面呢？有人(当然不包括我)认为，社会主义社会的生产关系的建立是一次成功的，好象是一建立就完成了，没有发展。这种看法的根据是什么呢？他们认为社会主义社会没有阶级，社会主义社会没有革命，社会主义社会没有斗争。毛主席所说的恰恰相反。毛主席说社会主义社会有矛盾，有斗争，要革命。苏联《政治经济学教科书》的社会主义部分，就说生产关系不要丝毫改变就可以到达社会主义和共产主义。所以，苏联《政治经济学教科书》提到集体农业是固定的,永久的,好象集体农业就可以进到共产主义。这里面还是有拜物教。资本主义社会的拜物教就是:本来社会的一切变化、发展和运动都体现着人与人的关系,基本上是劳动者与资本家的关系,是资本剥削劳动的关系,但是这个关系却被物与物的关系所掩盖,被商品运动的关系所掩盖。马克思讲:这个物所以运动,所以变化,所以由商品变成货币,又由货币变成商品,是为了什么呢?是为了剥削劳动。把这个剥削的关系掩盖起来,变成物与物的运动,人的剥削关系被物与物的关系所掩盖。社会主义社会就没有掩盖。我们没有这个剥削关系。那么是不是我们社会主义社会里就没有拜物教呢?所谓拜物教,就是说对个别关系看不清楚,认识不清楚,就产生错觉。那么现在我们对社会主义生产关系是不是看得很清楚,是不是不产生错觉呢?不见得。我们对社会主义社会的生产关系的认识,在目前还带有一些盲目性,也就是还没有抓到规律性。由于存在盲目性,所以对某些事物的认识就会产生错觉,就会产生拜物教。比如说,我们有一段时间对农民估计过高,所以就要改变三级所有制,以大队为基础(即基本核算单位)。现在通过的"六十条",又改变了这种做法。这说明我们对于社会主义社会的生产关系还看得不很清楚,不很透彻,还有盲目性。不仅仅对于所有制方面的认识,就是对于分配、对于交换方面的认识,也是一样,问题还很多。这都说明我们还没有摸清楚社会主义社会的生产关系,没有摸准客观经济规律。但有的同志不是这样看的。他们根据社会主义社会的生产关系的建立的特殊性,就以为生产关系的建立是一次完成,没有拜物教,不需要怎么研究,所以,研究的对象不要摆在生产关系上面,而要研究生产力。这是第一点。

B.起源于社会主义社会对于发展社会生产力的迫切要求

这里面有一点要说明的,就是资本主义社会也是要发展社会生产力的,但它是以能否赚钱为前提的。社会主义社会不是这样,它在任何场合都要求高速度发展社会生产力。社会主义社会的生产目的,决定它对发展社会生产力有迫切要求。有的同志根据这种情况,就认为应该把政治经济学研究的重点由生产关系方面转移到生产力方面。生产力派虽然没有把这个话明确地讲出来,但实际上是这个思想在指导。

C.起源于《资本论》的作者往往把生产力与生产关系并提,并把这两者的辩证关系看作是社会前进的动力有人认为,《资本论》的作者往往把生产力与生产关系并提,并把两者的辩证关系看作是社会前进的动力,这不就是说生产方式吗?其实,这是一种错觉。第一,把结合生产力讲生产关系,看作是把两者同等看待。从政治经济学的对象讲,它是讲生产关系的,但是讲到生产关系建筑在什么基础上时,这样才讲生产力。这并不是把生产力和政治经济学的研究对象等同看待。现在按照生产力派的提法,它不是结合生产力来讲生产关系,而是结合生产关系来讲生产力。这样就把主次颠倒了。这是一种错觉。第二,不了解政治经济学在促进生产力发展方面会产生怎样的作用,也不清楚《资本论》是在怎样的场合下讲生产力的。同志们都知道,我们研究生产关系,是不是要发展生产力呢?很清楚,要的。我们研究生产关系,研究什么呢?研究我们今天的生产、交换、分配等方面的关系,是不是妨碍着生产力的发展,要怎样才能发展生产力。我们就是研究这个东西。因为这个缘故,《资本论》有很多地方讲到生产力。我在《资本论》索引上翻了一下,有一百一十个地方讲到生产力。讲什么生产力,是怎么讲的?马克思讲生产力高,单位商品里所包含的劳动就少了,它的价值就降低了,他是讲这个东西。他不是讲劳动力怎样和技术配合,自然科学跟人力怎样配合,才能提高生产力水平。他不是研究这个东西。显然,从技术方面来研究生产力的提高问题,那是工艺学的事情,是农艺学的事情,而不是政治经济学的事情。政治经济学就是研究生产、分配、交换种种关系,甚至研究消费跟积累的比例关系,怎么样才能发展生产力,怎么样就会妨碍生产力的发展。

总之,经济学家可以而且不妨大大地从技术观点去研究生产力,但不要因此改变政治经济学的研究对象,因为这会产生两种弊病:

①支离了政治经济学的科学研究;

②忽视了政治经济学在促进生产力发展方面的根本任务。

我们今天在座的同志,有的是搞实际工作的,有的是搞理论工作的,不管搞哪一方面工作的,都要为发展生产力出力。这我是赞成的。但是有一点,不要把政治经济学的研究对象搞错了。政治经济学的根本任务是,在所有制、生产、分配、交换等关系方面来很好地研究如何促进生产力的发展。你如果说现在的政治经济学的研究对象是生产力,那就会把政治经济学的根本任务丢开。这是很有害的,这很容易使我们偏向技术方面去。当然,技术方面的问题也要研究,因为技术很重要,技术管理组织非常重要。但是,把政治经济学的研究对象转移到技术方面去,就会忽视社会生产关系这个方面。

上面讲的是《资本论》的研究对象。现在论坛上的讨论还不仅仅是《资本论》的研究对象,而是政治经济学的研究对象。生产关系与生产力有密切联系,这是肯定的。社会主义社会要发展社会生产力,这要从各个方面来研究,更应该从政治经济学的角度来研究。任何一个经济学者都要促进工农业科学技术的发展;我们的报纸、杂志应该宣传如何发展生产力。但是,这些同政治经济学的研究对象、《资本论》的研究对象是两个问题,不是一个问题,这也是必须搞清楚的。《资本论》的研究对象、政治经济学的研究对象,还是生产关系,还是从生产关系来研究如何促进生产力的发展。不然,政治经济学的根本任务就不能完成。

(三)《资本论》研究的基本方法是唯物主义的辩证方法

1.对《资本论》的研究对象持有不同的看法,对《资本论》的研究方法也就有不同的看法

《资本论》研究的基本方法是辩证唯物主义的方法。我在前面讲到了对象与方法的关系。对象不同,性质不同,矛盾不同,解决矛盾的方法也就不同。如果研究的对象产生了问题,那么,研究的方法也就不能不产生问题。

现在国内外学者对于《资本论》的研究方法,看法也各有不同。资产阶级的我们暂且不讲,我们只讲马克思主义研究者所提出的不同看法。从目前来看,有两种看法:一种说是抽象分析法,一种说是由抽象上升到具体的辩证方法。这里先要弄清楚什么是抽象分析法,什么是由抽象上升到具体的辩证方法。

A.抽象分析法。抽象分析法简单地叫抽象法,又叫分析法。资产阶级经济学者认为:政治经济学是研究如何满足人类欲望的要求。他们认为生产是为了消费,交换也是为了消费。这一点对不对呢?看起来好象是对的,其实是似是而非的。其错误就在于含糊笼统,掩盖了各个不同社会的特点、性质。比如,资本主义的生产,就不是为了消费,资本家生产和

销售产品,目的是为了赚钱,如果赚不到钱,或者卖不出去,他宁愿把东西投到海里去。这样看起来,所谓满足欲望,就不是为了满足消费的欲望,而是为了满足赚钱的欲望。不赚钱就不生产,这是资本主义生产的特点。说生产是为了满足人类的欲望,这种说法掩盖了资本主义生产的剥削本质。马克思的政治经济学,不是笼统地讲人类社会。从历史发展的一般进程来看,没有原始社会就没有奴隶社会,没有奴隶社会就没有封建社会,没有封建社会就没有资本主义社会。如果对人类社会不加分析,不加区别,那么人类社会这个名词,就是非常含糊的、非常不科学的。马克思所进行的科学分析,是暂时把原始社会、奴隶社会、封建社会撇开,专门抽出资本主义社会来研究,单单讲资本主义社会。把其他东西抽掉,这就是抽象分析法。再进一步,讲资本主义社会也不是笼统地讲资本主义的经济关系,因为资本主义的经济关系也很复杂。列宁说,资本主义社会非常复杂,我们就是用七十三部《资本论》,也不能把它全部表达出来。但是我们要表达的是最基本的东西,最本质的东西。所以把其他的经济关系抛开,而把生产关系拿出来分析,生产关系在这里是最基本的东西。没有劳动者与资本家的关系,就不可能有资本主义社会的商品交换关系、买卖关系、借贷关系等其他经济关系。这也叫抽象分析法。再一点,资本主义社会的经济现象很多,有很多经济范畴,比如商品、货币、资本、利润、地租、工资等等。其中表现资本主义制度剥削本质的经济范畴,是资本。《资本论》就是讲资本。把资本范畴在生产关系中突出来,这也是抽象分析法。商品不是一个笼统的东西,它包括两个因素,一个是价值,一个是使用价值。我们研究的是价值,而不是使用价值。但是,价值在什么地方呢?茶杯、扩音器、电灯的价值在什么地方呢?它们的价值是分别附着在这些东西上面的。就是说,价值是附着在使用价值上的,离开了使用价值,价值就不存在了。尽管如此,我们研究的还是价值,而不是使用价值。马克思在《资本论》中,对每一个范畴、每一个概念、每一个规律都是区别得非常清楚。科学的首要任务就是要区别,没有区别就没有科学。比如数学的微分、积分,就是区别,现在搞的原子、粒子、量子也是如此。愈区别愈细、愈精密。含糊笼统,就没有科学。但是当代的资产阶级经济学者,恰好就是要把经济范畴、概念含糊笼统起来,因为如果加以区别,就容易暴露资本主义制度的剥削本质。所以抽象分析法,是科学的方法,是《资本论》研究的重要方法，但不是基本的方法。我们不能因为它很重要，就说它是基本的方法。说它是基本的方法，是不对的。为什么不对，下面再讲。

B.还有一个，是由抽象上升到具体的辩证方法。同志们看了《资本论》，特别是《政治经济学批判》，对这个研究方法就会认识清楚。《〈政治经济学批判〉导言》里面有一部分专门讲政治经济学的研究方法，讲到由抽象上升到具体这个方法。究竟什么叫由抽象上升到具体的辩证的方法呢？举个例子，比如说劳动。劳动是什么呢？劳动是一个概念，劳动也是一个抽象，是我们把裁缝的劳动、木匠的劳动、制陶瓷器的劳动、做卷烟的劳动等等的共同点抽出来，而得出劳动这个概念。什么是共同的东西呢？就是一定的劳动者，使用一定的工具，在一定的劳动对象上进行工作，这种行为，就是劳动。这就是共同点。这种把共同点归纳出来的办法就叫抽象，得出的抽象的概念，是从具体中来的。这是一面。

再一面，由抽象上升到具体。这里讲的具体同前面讲的具体是不一样的。列宁说过，凡是真理都是具体的。这个格言我们要记得。我们对很多东西，不能具体化，就是对概念没有弄懂，没有联系实际，仅仅是书本上的概念。联系实际就具体了，就容易懂了。比如劳动，从原始社会的打渔、打猎的劳动，到社会主义社会的工业上、农业上的劳动，都是劳动，这是讲一般的劳动。但是，每个社会的劳动都不同，原始社会与奴隶社会的劳动，是不一样的。我们讲一定的劳动者，用一定的劳动工具，在一定的劳动对象上工作，这叫劳动。但是，我们要问，这个劳动者是什么样的劳动者？工具是什么样的工具？对象是什么样的对象？劳动工具和劳动对象都是属于谁的？劳动者自己又是属于谁的？他们是怎样进行劳动呢？劳动过程是怎样的？劳动条件是怎样的？所有这些，奴隶社会与原始社会不同，封建社会与奴隶社会也不同，到了资本主义社会，情况就更不同了。在封建社会，劳动者还有自己的劳动工具，把自己生产出来的东西拿一半给地主；到了资本主义社会，劳动者什么都没有了，生产工具、劳动对象都是资本家的，劳动生产物也是资本家的。还有，奴隶社会与封建社会是闭塞的，它的经济是自然经济，劳动者消费的是自己生产的一部分东西。到了资本主义社会，就不是这样，劳动者生产出来的东西，劳动者用来生产的东西，比如原料、工具，都同世界上很远很远的地方有着交换关系。生产的东西不仅仅是本国人消费，还拿到外国去消费。可见，劳动这个概念包括的内容、劳动的条件、劳动的对象、劳动的产品以及劳动者本身,联系到各方面的条件,是非常复杂的。同是一个劳动,不仅资本主义社会和以前的社会不同,就是资本主义社会的各个阶段也是不同的。资本主义开始时的劳动概念,和垄断时期的劳动概念,含义就有不同,因为条件不同,后者的内容更加复杂了。所以马克思写作《资本论》用的是唯物史观。我们知道,社会是一步一步地向前发展的,是由简单到复杂的。《资本论》第一卷开头讲的商品,与后面讲的商品,不是一个东西;开始是简单的商品,到了以后,是资本主义的商品,是复杂的商品。这种概念上的发展,是与客观历史实际相适应的。而只有和客观条件相适应、与客观历史实际相联系的概念,才是有内容、有血有肉的,不是含糊笼统的东西。所以我们说,《资本论》是一部很精密的著作,它把资本主义社会的产生、发展及其死亡的全过程都讲了出来。如果说,整个资本主义经济是由简单向复杂发展的,每一个概念、范畴,也是这样发展的,那么《资本论》的论述,就是由简单的范畴到复杂的范畴的发展。马克思用的方法,是随历史的发展,一步步由抽象上升到具体的,这个具体是复杂关系的统一。我们把这个具体的东西掌握了,对这个东西才懂得透彻。不然,就会模模糊糊的。现在我们学习政治经济学,就有许多概念没有搞清楚,甚至连劳动这个概念都没有搞清楚。一个概念没有搞清楚,几个概念合起来的理论,又怎么能搞得清楚呢?当然是搞不清楚的。由抽象到具体的方法,是《资本论》研究的一个重要方法。马克思的政治经济学,是建立在唯物史观的基础上,它的概念,它的理论说明,都是按照客观具体条件来考察的。所以,这个由抽象到具体的方法,在《政治经济学批判》中,应用的范围也很广。这个方法也很重要。但是,尽管如此,它还不是《资本论》研究的基本方法。

2.马克思和恩格斯对《资本论》的研究方法,分别提到了种种的方法

A.由抽象上升到具体的方法

这是马克思自己讲的。早在一八四七年出版的《哲学的贫困》中,马克思在批判蒲鲁东时就讲到这个方法。后来在《〈政治经济学批判〉导言》中,也讲到这个方法。

B.历史的方法与逻辑的方法

这是恩格斯提出来的。马克思写了《政治经济学批判》以后,恩格斯

写了一篇文章，介绍马克思的这本书，叫《卡尔·马克思的〈政治经济学批判〉》。在这篇文章中提出了历史的方法与逻辑的方法。历史的方法，就是一步一步地跟随着社会历史条件的发展而发展的。逻辑的方法，就是讲必然发展的逻辑的程序。逻辑是以历史为基础的。逻辑的东西整个说来是和历史的东西相符合的。所以我们说，逻辑的方法也是历史的方法。但是，逻辑的方法决不是简单扼要地重复历史的发展过程的方法，它撇开了历史发展过程中一切偶然因素和非本质的因素，抓住了具有决定意义的、最根本的规律的历史的东西。正因为逻辑的方法起到了历史的方法所不能起到的作用，所以，恩格斯说，“逻辑的研究方式是唯一适用的方式”。

C.抽象分析法

这是上面讲了的。马克思在《资本论》初版序言中说，他分析资本主义是从“细胞”分析起的。他说，几千年来，商品这个东西就存在，但是没有人分析它，我现在来分析，所以叫分析法。对于社会的分析，不能象自然科学那样，不能象化学、医学那样，用反应剂、解剖刀，只能用抽象的方法。比如讲资本主义社会时，将奴隶社会、封建社会撇开，将资本主义社会抽出来研究；讲资本主义经济关系的时候，把资本抽出来，而把其他的暂时摆开。这就是抽象的方法。

D.研究的方法和说明的方法

《资本论》第一卷第二版跋中还提出了研究的方法和说明的方法。

E.辩证的方法

这个方法是在《资本论》第一卷第二版跋中提出来的。

现在看起来有五种方法，都是马克思、恩格斯讲的。这些方法究竟哪一种是主要的、基本的方法，哪些是次要的、从属的方法呢？《资本论》研究的基本方法，就是辩证逻辑与辩证方法。

3.辩证逻辑与辩证方法——同一名称，有四种用法

辩证逻辑是对形式逻辑讲的。形式逻辑也讲区别，讲分析，但与辩证逻辑不同。我们平时讲辩证法，只有一个名词，实际上应用有四个名词。由原始社会到奴隶社会，由奴隶社会到封建社会，由封建社会到资本主义社会，由资本主义社会到社会主义社会这是历史的东西，也是辩证的东西。为什么呢？辩证的意思就是内部的发展、内部的运动。由原始社会

过渡到奴隶社会，这是一个历史的发展过程，是由特定的历史条件决定的。原始社会一定要过渡到奴隶社会。比如，原来对在战争中捉来的人要杀掉，后来不杀了，留作奴隶，叫他搞生产。以后奴隶起来斗争，不好好劳动，奴隶主阶级感到非常麻烦，于是干脆分一块土地给奴隶，让他自己去劳动，收割的时候拿一部分交给奴隶主，这样奴隶社会就慢慢过渡到封建社会。所以，封建社会是奴隶制社会内部矛盾发展的产物。同样地，资本主义社会也是封建社会内在矛盾发展的结果。总之，社会发展有其内在的规律，逻辑的发展规律。我们把这个叫做社会发展的辩证法。这是第一种用法。

现在讲第二种用法。上面讲过，社会是一步一步地辩证发展的。但是，很多人是不这样看的。有的人看不出来，有的人的看法是形而上学的，有的人说封建社会不合理，要改革，可是又认为资本主义社会是合理的，不要再改革了。这些人的认识都有一个共同的特点，就是不承认社会经济是客观地辩证地发展的。马克思主义者则认为社会经济是客观的辩证的发展关系。我们把这种看问题的方法，叫做认识论上的辩证法。为什么叫做认识论上的辩证法呢？这是因为，客观是辩证的发展关系，这是一件事；我们也认为它是辩证的发展关系，这又是一件事。这两者是相符的，但却是不相同的。所以后者叫做认识论上的辩证法。我们平时都叫做辩证法。

好了，你认为客观是辩证的发展关系，但你在研究时是把它当作在变来研究，还是当作不变来研究呢？是当作量变来研究，还是当作质变来研究呢？我们要用辩证的方法来研究它。而这就是方法论上的辩证法。辩证法的要求，就是普遍联系。是辩证的就有联系，就有矛盾，经过斗争就要发展。发展不是一下子的，而是由量变到质变的过程。所以，对立的东西可以转化为统一。如果我们把客观看作是辩证的发展关系，那我们的方法就要知道它是相互依存，相互联系；就要知道它是逐步发展的，是由量变到质变的；就要知道它是对立统一的。我们用这样的方法来进行研究，就是运用了普遍联系、发展、量变质变、对立统一这样一个原则。这个研究方法就是辩证的方法。我们平时也叫辩证法。这是第三种用法。

还有第四种用法，是从研究的结果来讲的。我们的认识是辩证的，又用辩证的方法去进行研究，研究出来的结果，得出的结论，也是辩证的。

例如，马克思用辩证的方法对资本主义社会进行了研究，写出了《资本论》，《资本论》把整个资本主义社会由产生、成长、发展到死亡的过程，全部清楚地表达出来了，所以列宁说《资本论》是活的辩证法。

这样讲，就有四种辩证法。那就是：客观的存在，辩证的认识，辩证的研究方法，得出辩证的结果。这四个东西都叫辩证法。

现在我们来看看马克思的《资本论》的基本方法。马克思的基本方法是辩证的方法，因为他认为客观存在的发展是辩证的发展，他的认识也是辩证的，他的唯物史观是按照辩证逻辑发展的，所以他的方法是辩证的方法，他肯定资本主义社会是辩证的发展的。

4.为了把资本主义社会商品经济的辩证发展关系表达出来，在运用辩证的方法的同时，还需要采用一些具体的方法

具体的方法是什么呢？那就是抽象分析法，分析了还要综合，还有研究的方法、说明的方法、历史的方法、逻辑的方法。这种历史的方法，逻辑的方法，事实上就是由抽象上升到具体的辩证方法。所有这些方法，都是具体的方法，而不是《资本论》研究的基本方法。

有的人把抽象的方法，把由抽象上升到具体的方法，当作《资本论》研究的基本方法，是把依不同场合，处理不同问题的具体方法，来代替基本的辩证方法。

我们从上面所讲的可以看出，要讲《资本论》的研究对象和方法究竟是什么？有一个很重要的事实摆在那里，那就是《资本论》本身的结构与体系，表示了它的研究对象是资本主义社会的生产关系，它的研究的基本方法是唯物主义的辩证方法。《资本论》第一卷讲的商品、货币、资本、剩余价值，都是讲生产关系，后面所讲的资本运动的一般规律，都是讲生产关系，没有讲生产力。《资本论》的分析，由商品发展到货币，由货币发展到资本，由资本产生出剩余价值，由剩余价值再转化为资本，这都说明它们之间的关系是辩证的关系。这个辩证关系，是用辩证的方法处理的结果。所以，《资本论》本身说明，它的研究对象是资本主义社会的生产关系，它的研究方法是唯物主义的辩证方法。

三、《资本论》的结构与体系

(一)资产阶级政治经济学与马克思主义政治经济学

马克思主义政治经济学,是在批判资产阶级政治经济学的基础上建立起来的。现在有些人对马克思主义政治经济学与资产阶级政治经济学的关系还搞不清楚。今天谈《资本论》的结构与体系,要把这个问题搞清楚。

1.一个对象,一门科学

一门科学,对于它所研究的对象的表达,只能有一种讲法是对的,不能说两种讲法都是对的。比如我们前面讲过,价值与使用价值的关系是:价值体现在使用价值上。你不能反过来说,使用价值体现在价值上。因为那样讲不是真理。一门科学研究的对象只有一个,真理也只有一个。资产阶级经济学者把资本主义社会当作研究的对象,马克思主义者也把资本主义社会当作研究对象,对象是一个,真理也只有一个,不能有两个。

2.资产阶级政治经济学的两种类型

一种是古典经济学,它具有科学的成分;一种是庸俗经济学,它是反科学的。我们说:资产阶级政治经济学是资本家阶级的政治经济学,马克思主义政治经济学是工人阶级的政治经济学,这是从社会的阶级观点来讲的。那就是说,马克思主义的政治经济学,是工人阶级阶级利益的理论表现;资产阶级政治经济学,是维护资产阶级阶级利益的。从科学上来讲,不能说马克思主义的政治经济学是丢开过去一切的东西,自己另起炉灶搞起来的。政治经济学是资产阶级经济学者,尤其是早期的资产阶级经济学者所研究的学科。我们前面讲了,当资产阶级站在反封建的进步的立场的时候,工人阶级还没有起来斗争的时候,资产阶级经济学者讲了许多真话。例如,劳动价值学说是他们先讲的,甚至阶级斗争的学说也是他们先讲的。当时资产阶级要对付封建贵族、对付封建制度，所以就要说明社会财富是怎样来的。社会财富是靠劳动创造的，他们肯定了这一点。那时的劳动者就是农奴。封建贵族要把农奴置于他们奴役、剥削之下，资产阶级要从封建贵族统治下将劳动者解放出来，好让它剥削。所以，这个时候资产阶级同封建贵族的斗争，表现在争夺剥削对象的斗争。但是尽管如此，资产阶级的这种做法毕竟是进步的。所以资产阶级学者在这个时候还能研究出一点科学的东西来。他们认为商品要等价交换，公平交易，要使劳动者能够得到最低工资；强调劳动创造价值，等等。因为这个缘故，所以马克思的政治经济学就把资产阶级学者的一些进步的、合理的、有科学价值的东西批判地继承过来，并加以发展和完善；把不合理的、非科学的东西去掉。

资产阶级政治经济学中，有一种庸俗经济学，那是反科学的、调和的、反动的。比如，资产阶级阶级调和论者说，资本家靠劳动者，劳动者不也靠资本家吗？他们甚至说，资本家不开工厂，劳动者就要饿死，资本家靠劳动者，没有劳动者靠资本家那样严重，所以要搞阶级调和，不要搞阶级斗争。这个论调，可以欺骗那些还不觉悟的工人和农民。马克思坚决地批判了这种庸俗的、反科学的、反动的论调。

3.《资本论》就是政治经济学批判

《资本论》的副标题叫做《政治经济学批判》。这就是说，对于古典经济学取其精华，去其糟粕。不但马克思的政治经济学是这样，马克思主义的其他两个组成部分也是这样。马克思批判地继承了黑格尔、费尔巴哈正确的东西，建立了他的唯物主义辩证法。对于空想社会主义好的东西，经过马克思之手，就变成了他的科学社会主义。《资本论》作为政治经济学批判的结果，产生了马克思主义的政治经济学。所以，马克思主义的政治经济学，是在批判古典经济学的基础上建立和发展起来的一门科学。德国有名的共产主义者李卜克内西说，政治经济学只有一个，不是有好几个。这就是说，有的尽管也叫政治经济学，但实际上是假的、非科学的、庸俗的东西。只有马克思的政治经济学是最全面的、最正确的科学，它包含了资产阶级政治经济学正确的东西。

(二)批判资产阶级政治经济学从哪里下手?

马克思批判资产阶级政治经济学是从哪里下手的呢?他是怎样用辩证法来研究、处理资本主义的经济呢?

第一,不是枝枝节节地批判某个资产阶级经济学者的个别理论。现在我们批判资产阶级政治经济学,往往局限于个别资产阶级经济学者的个别论点。马克思不是这样。他在《资本论》的每一章、每一节,都在批判资产阶级政治经济学,而不是仅仅批判某一个资产阶级经济学者的个别论点。为什么呢?因为马克思要建立一门科学的政治经济学。要建立科学的政治经济学,最重要的要从政治经济学研究的方法上入手。资本主义社会出现之后,是在发展的,而且是在向否定它的方向发展的,但资产阶级经济学者却说资本主义社会要一直存在下去,而且只有量变,没有质变。这个研究方法不对头。

第二,从整体出发,就资本主义社会的性质,来确定研究它的基本的生产关系,就这个生产关系来把握它的统治的经济范畴——资本,抓住资本这个基本的经济范畴,来剖析资本主义社会的生产关系。这样做,具有“擒贼先擒王”的深刻含义。

资本主义社会的生产,是商品生产,是生产剩余价值的商品生产。这就是资本主义社会的性质。所以要从资本主义社会的这种性质来确定它的基本的生产关系,来把握这个生产关系的经济范畴。《资本论》上有很多经济概念、经济范畴,如商品、货币、资本、剩余价值、利润、平均利润、生产价格等等。这些都是生产关系。但这里有一个占统治地位的东西,那就是资本。从前我在北方一个学校教书,有人说:《资本论》说资本是生产关系,价值也是生产关系,利润也是生产关系,地租也是生产关系,那么究竟什么是生产关系呢?他就不懂得:资本是资本主义社会经济中间最集中表现的经济范畴,马克思叫它是这个社会的统治范畴;商品也是它的范畴,这是细胞范畴;价值也是它的范畴。马克思说所有这些经济范畴,都是对于整个资本主义社会生产关系的某一个侧面的反映。它们从各个侧面来表现总的生产关系。马克思在许多经济范畴中间,找出资本这个最突出的东西来研究,所以叫《资本论》。那里面还研究价值、利润、工资等等，为什么不说价值论，或是利润论，或是工资论呢？因为资本是个头子，整个资本主义社会的经济运动，都是资本运动。找出资本这个头子，就叫做“擒贼先擒王”。把握资本主义社会的生产诸关系中最本质的、最基础的、最突出的、占统治地位的东西，这就是马克思主义的方法。零零碎碎，枝枝节节，抓到芝麻、丢掉西瓜，那不是马克思主义的方法。

(三)《资本论》的结构与体系

现在的《资本论》分为三卷。第一卷是马克思在世时出版的，第二卷、第三卷都是在马克思逝世后由恩格斯整理出版的。马克思原来计划的不是这样的三卷，而是另外的三卷。第一卷还是现在的第一卷；第二卷分为两本，现在的第二卷是原来计划的上半本，第三卷是原来计划的下半本；第三卷是讨论经济学说史的，就是后来由考茨基整理出版的《剩余价值学说史》。我们今天专门讲现在的三卷本《资本论》的结构与体系，《剩余价值学说史》这一部分就不讲了。

1.《资本论》的结构与体系

第一卷是讲资本的生产过程。第二卷讲资本的流通过程。第三卷讲资本主义生产的总过程。下面简单地介绍一下《资本论》的结构与体系。

A.资本的生产过程(从直接生产过程看剩余价值是怎样产生的)。

资本的生产过程，实际是讲直接生产过程。所谓直接生产过程，就是劳动力跟生产资料的结合，在生产过程中间，增加了价值。再生产过程留在第二卷讲。马克思所以要先讲资本的生产过程，是因为他要讲明资本的实质。什么叫资本？资本是能产生剩余价值的价值。资本家投下 100 块钱，以后变为 120 块或 150 块。这增加的 20 块、50 块钱是从哪里来的？是买的时候买得便宜，还是卖的时候卖得贵了呢？都不是的。它是在直接生产过程中增加的。资本家投资买生产资料和劳动力，经过生产，就是在劳动力与生产资料结合起来的直接生产过程中间，增加了价值。这增加的部分，就是剩余价值。所以，《资本论》第一卷是从直接生产过程来考察剩余价值是怎样产生的。知道什么是剩余价值，才能知道什么是资本。没有剩余价值，就没有资本。资本是靠剥削雇佣工人而带来剩余价值的价值。庸俗经济学说，资本是生产工具。生产工具是什么呢？是机器或者是其他东西。常识告诉我们，工厂里的会计算成本，算机器折旧，假如一部机器是10000块钱，又假如它能用10年，那每年折旧就是10000块钱的1/10，这部机器是不会增加价值的。原料、辅助材料也是一样，都是不会增加价值的。所以我们说，讲资本是生产工具是讲不通的。在资本主义生产方式下，只有劳动力和生产资料结合起来，并发生价值增殖的，才是资本。有的资本家会说："我蚀了本，那不能算剥削吧？"马克思说，蚀了本也是剥削。为什么呢？因为资本家购买劳动力后，已经在生产过程中榨取了劳动力。资本家把生产出来的东西拿到市场上去卖，人家要不要，那与在生产过程中榨取劳动力没有关系。榨取劳动力是生产过程的事。

B.资本的流通过程（看所生产的剩余价值是怎样实现的）。

从流通过程看剩余价值，那就是看剩余价值是怎样实现的。比如，资本家投资100元，生产出150元的东西，那就是榨取了50元的剩余价值。但这50元的剩余价值，要等到把东西卖了之后才能实现，也就是要通过买卖商品才能实现。《资本论》上讲的买和卖，对于这个资本家来讲是卖，而对另一个资本家来讲则是买，买、卖是联系的。

C.资本主义生产的总过程（看整个资产阶级在生产并实现剩余价值当中，怎样通过"你死我活"的竞争，来瓜分那个剩余价值的）。

《资本论》第一卷、第二卷讲的是利润背后的事，是从本质上分析资本、剩余价值的。但资本家不讲剩余价值，甚至资产阶级经济学者也不知道剩余价值，他们只讲利润；马克思讲了利润的来源，揭露了剩余价值的秘密。在封建社会，农奴用一半时间为领主劳动，这个榨取是很清楚的。在奴隶社会，奴隶完全为奴隶主劳动，这个榨取也是非常清楚的。在资本主义社会，资本家对工人的榨取则不是一眼就能看清楚的。为什么呢？因为劳动者不是奴隶，也不是农奴，而是工资劳动者，资本家把工钱给他，而且，给的钱多他多劳动，给的钱少他少劳动。这种买卖关系使人看不清楚资本家对工人的剥削。马克思的剩余价值学说，不是讲剩余价值的现象，而是讲它的本质。马克思是先抓住剩余价值的本质，再看资本家怎样在生产过程中剥削了剩余价值。剩余价值生产出来并实现之后，才转化为利润。但资本家只讲利润，他不管利润背后的事情。

但是，讲了剩余价值的本质后，不回到它的现象上来还不行。分析了利润是剩余价值的转化形式，讲利润来源于剩余价值，但不讲利润不行。所以，第三卷就回到利润上来。这也是由抽象上升到具体的方法。第一卷只讲一个资本家，没有讲商业资本家、借贷资本家和地主，好象资本主义是一个合股公司。事实上不是如此。资本主义社会有千百万个资本家，他们一天到晚在那里"你死我活"地争夺。所以，第三卷就讲资本主义生产的总过程。从资本主义生产的总过程中，我们可以看到很多资本家，看到整个资产阶级在生产与实现剩余价值的过程中是怎样瓜分剩余价值的。

现在我们看：①资本的生产过程；②资本的流通过程；③资本主义生产的总过程。这是《资本论》三卷本的结构与体系。这个结构与体系说明了什么呢？

2.《资本论》的结构与体系是对于资产阶级政治经济学的彻底革命

前面讲过，在资产阶级政治经济学中，有古典经济学，还有庸俗经济学。那么，马克思的政治经济学与古典经济学有什么联系呢？与庸俗经济学又有什么不同呢？

大家知道，马克思的政治经济学，也是讲生产、分配、交换的，古典经济学也是讲这些的。马克思的政治经济学是在一定范围内继承了古典经济学的精华，舍去其糟粕。因为，社会首先是生产，而不是分配和交换，没有生产，就没有交换，就没有分配，这是很清楚的。但是，从十九世纪后期到二十世纪的资产阶级政治经济学，它加了一个东西——消费，并且把消费放在生产的前面。这是资产阶级政治经济学的结构。其理由是，不要消费，生产做什么？而消费是什么呢？是为了满足人类消费的欲望。因为要满足人类消费的欲望，所以要生产。因此，它把消费摆在第一，把生产摆在第二，再讲流通、分配。资产阶级经济学者认为这个结构与体系革了政治经济学的命。实际上它是为了掩盖资本主义社会的剥削关系。

马克思的政治经济学的体系与庸俗经济学的体系，没有相同点，这是很清楚的。庸俗经济学是丢开社会的特点、本质来讲消费的。资本主义社会的生产，劳动者是为了得到工资，以维持生活；资本家是为了赚钱，并不是为了自己消费，满足什么欲望。资本家赚不到钱就不生产。庸俗经济学的"满足消费欲望论"，就是为了掩盖资本主义社会的剥削本质。

但是，古典经济学把生产放在前面，再讲分配、交换，马克思的政治经济学跟它有什么不同呢？我们知道，马克思在政治经济学上的革命，不仅是对于庸俗的，更重要的是对于古典的。古典经济学者所讲的生产、分配、交换，是资本主义社会国民经济的生产、分配、交换。马克思所讲的生产、分配、交换，是剩余价值的生产、流通、分配。因为资本主义的生产、分配、交换不是为了别的，而是为了攫取剩余价值。资产阶级政治经济学以国民经济的生产、分配、交换来混淆剩余价值的生产、流通、分配。马克思的政治经济学在这个体系上把它区别开。

我们进一步看看劳动者在资本主义社会处在什么样的地位，资本家给工人的工资是在什么情况下给的。在资本主义社会里，劳动者是什么呢？是为资本家生产剩余价值的机器。资本家对劳动者并不比对他的家畜、机器更爱护。如果使用机器对他更有利，他就把劳动者一脚踢开；如果使用劳动者更有利，他就不用机器。所以，在社会生产总产品有两个指标：一个是总收入；一个是纯收入。纯收入就是剩余价值，就是各个资本家分配的利润。劳动者的收入是什么呢？是资本家可变资本的支出。资产阶级经济学者在这点上总是闹不清楚，他们把劳动者的收入放在整个国民收入里。而事实上劳动者的收入是资本家可变资本的支出。所以，马克思不是把资本家得利润、地主得地租、工人得工资这三个摆在一起。这是资产阶级经济学者的摆法。马克思把工资摆在什么地方呢？摆在直接生产过程里。马克思把剩余价值的生产、分配、流通，与资本主义国民经济的生产、分配、流通完全区别开来。所以，《资本论》在结构与体系上是对资产阶级政治经济学的一个革命。

四、《资本论》第一卷的要点

第一卷是《资本论》最基本的一卷。整个辩证唯物主义和历史唯物主义的原理，完全、清楚地体现在第一卷。《资本论》总的精神是在第一卷，然而没有第二卷、第三卷作补充，也是不完全的。

《资本论》第一卷有九百多页。这里只讲一下它的整个轮廓，讲一下它的基本观点。

(一)这一卷分为七篇

《资本论》第一卷共有7篇。为了便于说明，把它们列出来：

第一篇，商品与货币；

第二篇，由货币到资本的转化；

第三篇，绝对剩余价值的生产；

第四篇，相对剩余价值的生产；

第五篇，绝对剩余价值与相对剩余价值的生产；

第六篇，工资；

第七篇，资本的积累过程。

“商品与货币”和“由货币到资本的转化”这两篇，讲资本的产生。《资本论》就是论资本，讲的是资本。但是，资本不是从天上掉下来的。这就要从它的产生、发展讲起。这是因为：一方面，唯物史观要求这样处理；另一面，是为了了解一些问题。比方说，商品是劳动生产物，没有经过劳动的东西，就不是商品。有了商品才能有买卖。劳动生产物变为商品，有一个很关键的问题，那就是商品的买卖是为了满足需要。因此，商品必须具有使用价值。使用价值是使劳动生产物变为商品的一个条件，没有这个条件就不能交换，不能发生买卖关系。但买卖的比价不能根据使用价值来定。决定商品价值大小的关键在于生产这个商品花费了多少劳动。这是要搞清楚的第一个问题。

第二个要搞清楚的问题是：商品的价值是由生产它所花费的社会必要劳动时间所决定的。许多单位同时生产茶杯、生产电灯、生产桌子，但是各个单位的生产条件是不一样的，生产条件好的，所花费的劳动时间就少一些，生产条件差的，所花费的劳动时间就多一些。那么，是不是那个单位生产所花费的劳动时间多一些，它的产品的价值就大一些，那个单位生产所花费的劳动时间少一些，它的产品的价值就小一些呢？不是的。如果是这样，那么懒惰的人，生产出来的东西的价值反而大，而勤劳的人，生产出来的产品的价值反而小。很多单位同时生产茶杯、电灯、桌子，但决定它们价值量的不是个别劳动时间，而是社会必要劳动时间。而社会必要劳动时间，是指在现有的社会正常的生产条件下，在社会的平均熟练程度和劳动强度下，生产某种商品所耗费的劳动时间。决定商品价值量的是社会必要劳动时间，这是我们学习劳动价值学说所必须了解的最重要的一个问题。

商品转化为货币也是一个关键问题。货币是一种媒介。货币本身也是商品，如金子、银子。正因为货币本身也是商品，所以才能与其他商品进行交换，作为交换的尺度。货币这种特殊商品成为一切商品价值的等价物，是经过长期的历史发展形成的。商品生产发展到一定阶段，要求解决交换中存在的困难，才产生货币。这就是商品经济客观发展的逻辑。

第二篇是“由货币到资本的转化”。货币怎样变成资本呢？货币转化为资本，也是商品生产和商品流通发展到一定程度的结果。贸易，是资本产生的历史前提。由商品到货币的转化是比较容易的，而由货币转化为资本就很不容易，它要有许多条件。如我们和资本家的袋子里都有钱，我们袋子里的钱肯定不是资本，而资本家袋子里的钱用于自己消费的也不是资本，只有用来购买生产资料和劳动力，进行资本主义生产的钱才是资本。大家知道，资本主义的商品生产是建立在雇佣劳动的基础上的。因此，发展资本主义商品生产要解决两个问题。第一个是必须剥夺劳动者的生产条件，不剥夺劳动者的生产条件，劳动者就不会出卖自己的劳动力。第二个是劳动力的自由买卖。劳动者被迫把自己的劳动力作为商品出卖给资本家，资本家给劳动者货币（工资），这样货币就变为资本了。所以，由货币转化为资本是一件不容易的事情。货币转化为资本的关键是劳动力成为商品。

第三篇是“绝对剩余价值的生产”。资本家付出购买生产资料的费用和购买劳动力的费用(这两种费用加起来就是生产费用,即成本价格),生产以后,不仅收回了生产费用,而且还有一个余额。这个余额就是剩余价值。剩余价值有绝对剩余价值和相对剩余价值两种。绝对剩余价值,就是通过延长劳动时间来榨取工人的剩余价值。

第四篇是“相对剩余价值的生产”。资本家把工人劳动的时间拉得愈长,榨取的绝对剩余价值量就愈大。但这样工人要起来斗争。个别工人逃跑还可以对付,工人的集体斗争,破坏机器,就不容易镇压了。因此,经过工人的长期斗争,劳动条件改善了,劳动时间也缩短了。我们知道,工人一天的劳动分为两个部分,一部分是必要劳动,一部分是剩余劳动。劳动时间缩短了,必要劳动时间与剩余劳动时间的比例也就变化了,剩余劳动时间小了而必要劳动时间大了。必要劳动时间是维持劳动者生存的。为了使必要劳动时间减少,就必须降低劳动力的价值。因此,资本家就不断采用最新机器,改良技术,降低单位劳动产品的价值。这样,就可以降低劳动者的生活费用,减少必要劳动时间,相对延长剩余劳动时间,榨取更多的剩余价值。在这种情况下,绝对剩余价值生产就过渡到相对剩余价值生产。由绝对剩余价值生产过渡到相对剩余价值生产的关键就是改良技术,过渡的过程就是改良技术的过程。马克思说,资本主义生产开始是简单协作,然后是手工工场,最后是机器大工业。在大工业生产时期,相对剩余价值的生产是主要的,而在手工工场生产时期,绝对剩余价值的生产是主要的。

第五篇是“绝对剩余价值和相对剩余价值的生产”。前面二篇讲了绝对剩余价值的生产和相对剩余价值的生产,但都是把它们分开来独立进行考察的。这一篇则是在前二篇研究的基础上,把绝对剩余价值生产和相对剩余价值生产结合起来讲,作为统一的资本主义生产来考察,从质和量的两个方面来讲它们的共同性、相互关系以及剩余价值量的变化规律。这一篇共有三章,头一章着重从质的方面来研究绝对剩余价值生产和相对剩余价值生产的共同性和相互关系,后面两章着重从量的方面来研究剩余价值量的变化规律和剩余价值率的计算公式。马克思在这一篇里更加深刻地揭露了资本主义生产就是剩余价值生产的本质,揭露了资产阶级对工人阶级的剥削关系。马克思指出："一切剩余价值，不论它后来在利润、利息、地租等等哪种特殊形式上结晶起来，实质上都是无酬劳动时间的物化。资本自行增殖的秘密归结为资本对别人的一定数量的无酬劳动的支配权。"

第六篇是"工资"。相对剩余价值和绝对剩余价值的问题，与工人的劳动报酬的问题，有密切的关系。如果劳动报酬和劳动力创造的价值相等，那就没有剩余价值了。资本家说，工人的工资是劳动的价值或劳动的价格，马克思说这是欺骗。所谓劳动的价格，就是讲所有的劳动都付给了报酬。如果工资是劳动价格，那就没有剩余价值，就没有剥削了。事实上工资是劳动力价值的货币表现(即劳动力价格)。工人把劳动力出卖给资本家后，资本家就强迫工人劳动 10 小时、12 小时，但是他购买劳动力的费用只要 8 小时就可以弥补，多余的 2 小时、4 小时的劳动，资本家并没有付出代价。工人的这一部分劳动(剩余劳动)，就是剩余价值的来源。所以马克思说，工资是劳动力价值或价格的转化形式。从表面上看，好象工人多劳动就多得，少劳动就少得。但从实际上看，无论工人劳动多少，首先都要替资本家白劳动一部分时间，在这个基础上才是多劳多得，少劳少得。这当然是一个不平等。这个不平等就是阶级的不平等。我们要废除资本主义制度，就是要废除这个阶级的不平等。

第七篇是"资本的积累过程"。资本家赚钱做什么？就是为了增加投资，在资本积累的过程中，改良技术，加快资本周转，不断提高劳动生产率，以便在"你死我活"的竞争中立于不败之地。竞争的结果，产生两个现象：一个是大鱼吃小鱼，使资本不断集中；另一个是劳动的人口过剩了。由于资本的大量集中，技术的提高，资本有机构成的提高，所需要的劳动力就减少了，这样就产生了相对人口过剩的现象。

马尔萨斯人口论说：人口是按几何级数 1、2、4、8……增长的，而社会生活资料是按算术级数 1、2、3、4……增长的，这样当然人口就多了，人口多过于生活资料。他说人有两种性格，一种是吃，一种是性。正如我国的孟子早就说过的，食、色，性也(即食欲和性欲二者是人之天性)。他们都把社会条件丢开不讲，单讲一般的自然现象。马克思是把人口问题放在资本积累的过程中来处理的。因为这个问题是社会现象，而不是自然现象。马尔萨斯的"人口论"之所以是反动的，就是因为它的目的是为了掩盖资本主义制度的剥削本质。

那么是不是不应该提高机械化水平呢？不是的。社会应当随着生产力的提高，随着社会产品的丰富，相应减少劳动者的劳动时间。在社会主义社会就是这样处理的。如果生产力到了很发达的程度，那么劳动者每天只要劳动一二小时就可以了。可是在资本主义社会条件下，不可能这样做，因此存在着大量的产业后备军。现在美国一年到头保持着500万的产业后备军，这是一个很大的负担。那么是不是可以将美国的工人的劳动时间减少一半呢？这是不可能的，因为资本家要求更多的利润。资本积累的结果，使劳动者更加集中，更加贫困化，从而促进了劳动者的斗争、劳动者的团结、劳动者觉悟的提高。就是说，资产阶级的残酷剥削逼着无产阶级终将要走革命的道路。《资本论》第一卷就是这样，从资本主义的产生讲到无产阶级的革命。

(二)三个重要组成部分

《资本论》第一卷有三个重要组成部分。明白了这一点，学习的时候就有了更清楚的轮廓。

第一部分是讲商品和在商品交换中产生货币，货币又如何变成资本，讲资本从哪里来的。

第二部分是讲资本如何产生剩余价值。在这里，“不变资本和可变资本”这一章，非常重要，一定要搞清楚。

第三部分是讲剩余价值怎样转化为资本，也就是资本往何处去。这一卷的第一、二篇是讲商品与货币如何变成资本。第三、四、五、六篇是讲资本如何产生剩余价值。第七篇是讲资本往何处去。

从第一卷的轮廓和内容中，我们可以看到，马克思所用的基本方法是辩证法。把资本主义社会的发展过程看作是一个辩证的发展过程，这是认识论上的辩证法，这是马克思的一个创造。马克思首先将辩证法应用到社会，应用到资本主义社会。《资本论》说明，资本主义社会的发展，也跟自然界辩证的发展一样，也有普遍的联系，也有自己的运动规律，也有从量变到质变的发展，也有对立统一的发展。说明资本主义社会的发展是辩证的发展，这个结论完全符合于资本主义社会的现实。如由商品转化为货币，货币转化为资本，资本的积累，等等，所有这些都是符合资本主义社会的实际情况的。

(三)两个重要的假定

马克思在第一卷中，在提出剩余价值是怎样产生的时候，他有两个假定：

第一，商品按照它的价值买卖或顺利地实现价值；

第二，所实现的商品价值中的剩余价值，都由一种资本家，即产业资本家所占有(在第一卷中，我们所看到的只有一种资本家，即产业资本家)。

现在讲第一个假定：商品按照它的价值买卖或顺利地实现价值。商品的价值量大小，要看生产它时花费了多少劳动。但是，商品的价值能否实现，到了市场上能不能卖掉，是没有保证的。商品到了市场上，如果需要得多，它的价格就高一些；需要得少，它的价格就低一些；没人需要，就根本卖不出去，它的价值就不能实现。因此，商品不一定按照它的价值出卖，按照它的价值出卖的事是很少的，它的价格要受到市场上供求关系的影响。

劳动者在生产过程中就生产了剩余价值，资本家就榨取了剩余价值。商品卖得出去是榨取了剩余价值，卖不出去还是榨取了剩余价值。就资本家全体来看，商品卖价高了，剩余价值没有增多，卖价低了，剩余价值没有减少，卖不出去，并不是没有剩余价值。总之，不能把剩余价值的生产与商品价值能否实现混在一块，否则，剩余价值就搞不清楚了。所以，马克思在提出剩余价值是怎样产生的时候，他假定商品都是按照它的价值出卖的，假定商品包含多少剩余价值，就实现多少剩余价值。

现在讲第二个假定：所实现的商品价值中的剩余价值，都由一种资本家，即产业资本家所占有。马克思在《资本论》第一卷里只讲到一种资本家，就是产业资本家。工业资本家和农业资本家，都叫产业资本家。另外，还有商业资本家、银行资本家、高利贷资本家等等，这几种资本家在第二卷、第三卷会讲到。马克思在第一卷里假定，剩余价值由总的一种资本家榨取。这是一个最深刻、最有效的方法。我们首先肯定，资本家是榨取了工人的剩余价值,但由产业资本家作代表来榨取工人的剩余价值。榨取以后怎样分赃是后面的事情。资本家之间要互相竞争、互相排挤那是第二步的事情。我们首先要搞清楚的是整个资本家阶级榨取了工人的剩余价值。

(四)这一卷有几个值得注意的关键论点

1.小商品生产与资本主义商品生产的区别

《资本论》的任务首先是揭露剩余价值的本质。资产阶级经济学者用种种的论点,从各方面来混淆小商品生产和资本主义商品生产的概念,掩盖资本主义的剥削本质。马克思则把这两者区别开来。马克思说,小商品生产是为买而卖。出卖自己的生产品是为了换回自己所需要的东西。目的是为了自己消费,满足自己的需要,而不是为了榨取利润。这是小商品生产的特点。资本主义的商品生产的特点是为卖而买。资本家的生产目的不是为了自己消费,而是为了榨取利润。小商品生产是简单的商品生产,而资本主义商品生产是复杂的商品生产。我们要批判资产阶级经济学者混淆这两种商品生产的论点,揭露他们掩盖资本家剥削剩余价值的本质。

2.在直接生产过程中发现剩余价值的秘密

剩余价值的秘密在什么地方呢?资本家购买生产资料和劳动力付出了资本,这是很明显的,可以看得出的。但是,生产资料经过劳动者生产之后,价值增大了,原来资本家垫付的资本是100元,商品卖出去后却得到200元,这个增加的100元,这个增加的价值,就是资本家榨取工人的剩余价值。劳动者的劳动力价值,劳动者只要劳动4个小时就可以偿还,但是资本家强制劳动者劳动8个小时,这多余的4个小时就是剩余价值的来源。这是可以计算出来的。但是,过去资产阶级经济学者一直搞不清楚,主要原因是他们把流通过程和生产过程混在一起。马克思说,剩余价值是在生产过程中产生的,不是在流通过程中产生的,但是又不能离开流通过程。离开了流通,就不知道究竟有多少剩余价值。没有流通就不会有生产。

3.从整个社会来看,个别资本家在流通中的贱买贵卖,在分配上的此

盈彼亏,不能改变剩余价值的本质

马克思在第一卷还不讲分配,而是假定只有一种资本家榨取了工人的剩余价值。这样做是为了发现剩余价值的实质。但是资产阶级经济学者,恰恰相反,他们总是把生产与分配混在一起。他们对于资本为什么会增殖价值,对于投下一定额资本价值为什么会收回更多的价值,或者由贱买贵卖来解释,或者由此盈彼亏来解释。其实,从个别资本家来看,情况好象是这样的,但从整个社会来看,就根本不是这么回事了。因为,从整个社会来看,在流通过程中,这个资本家赚了钱,那个资本家就亏了钱,社会的总价值、总收入在流通过程中并没有变化。马克思在《资本论》第一卷中,先只讲产业资本家,不讲商业资本家等等;先只讲资本的直接生产过程,不讲流通和分配,假定流通和分配不存在。这样,剩余价值的来源就揭露出来了,资产阶级经济学者用流通、分配来掩盖剩余价值来源的观点就不能成立了。这是马克思的很重要的抽象分析法。

4.工资这种分配形态被放在直接生产过程处理

这点更重要。工资,本来是个分配问题。资本家所得,工人所得,就是分配形态。资产阶级政治经济学的体系一般是生产、分配、交换。它认为资本、土地和劳动是生产的三要素,所以在分配上就有三种收入,就是资本家得利润、地主得地租、工人得工资。马克思说工资这种分配形态是资本家没有给足工人的劳动代价,所以工资这种分配形态应该放在直接生产过程处理。这是马克思在政治经济学上的一个重大革命,把资产阶级经济学者的形而上学的那一套完全推翻了。资产阶级经济学者把工人、地主、资本家同等看待,把工资、地租、利润同等看待,把劳动力和生产资料同等看待,这是完全讲不通的。工人出卖劳动力得工资,资本家占有生产资料不劳动而得到利润,地主占有土地而坐享地租,是三个完全不同的东西,不能同等看待。马克思把工资和由剩余价值转化而来的利润、地租等完全区别开来,以后在第三卷讲分配是整个资产阶级瓜分工人阶级创造的剩余价值,这是政治经济学的一个重大革命。

5.资本原始积累的描述,完全拆穿了资本家是“勤俭起家”的谎言

资产阶级经济学者说,他们承认现在的资本主义生产是剥削,但是又说资本家在开始时是劳动者,是“勤俭起家”的。有没有劳动者变成资本家的呢?我们说也有的,尽管人数不多。但是,问题不在于原来是不是劳

动者，而在于是不是用人家的劳动力来为自己生产。在旧社会有一句话，叫“人无横财不富”。资本家从开始时就是剥削的。光靠自己的劳动怎么能够发财致富呢？马克思以英国为例，说明资本家是怎样富起来的，如靠国家的帮助、国家的津贴，靠海盗式地对殖民地的掠夺等等。我国上海许多资本家的发家史也说明，他们剥削起家的手段是非常肮脏的。所以，资本家是“勤俭起家”的论点是站不住脚的。

(五)整个第一卷把资本主义社会经济运动规律，完全揭示出来

《资本论》第一卷，把资本主义社会的经济运动规律，把它的产生、成长到死亡的辩证发展逻辑，完全揭露出来。在这里，第二卷、第三卷更显得是第一卷的补充与完成。

第一卷把资本主义社会怎样产生，怎样发展以及它的内在矛盾怎样否定自己的过程完全揭露无遗。这一卷讲的这个过程，就是科学的社会主义。资本主义社会的辩证发展过程，就是资本主义制度如何灭亡，社会主义制度如何产生的过程。社会主义就是从资本主义的灭亡中产生出来的。资本一步一步地集中，一方面促进社会生产力的高度发展；另一方面，在把全社会的劳动者都变成无产阶级的同时，又不让他们劳动，没有所得。这就在无形中创造了最终否定自己的条件。否定资本主义的过程，就是产生社会主义的过程。《资本论》的结论就是社会主义，不过不是社会主义建设，而是社会主义的产生。就是剥夺者被剥夺。

第一卷把资本主义社会的辩证发展关系表达出来了，但是还不完全，还没有讲到流通和分配，这留在后面两卷讲。

五、《资本论》第二卷的要点

现在讲《资本论》第二卷的要点。第一卷是讲资本的生产过程，第二卷是讲资本的流通过程。这样划分不是绝对的，但又是必要的、基本的。

流通的关系，流通的运动，都是在第二卷讲，但并不是第一卷没有讲流通。同样，在第二卷讲流通，也并不是绝对不讲生产，有的地方也讲生产，再生产是在这一卷里讲的。第一卷第一篇讲的是商品与货币。商品就是用来交换的劳动产品。货币就是充当流通媒介的特殊商品。货币与商品的流通，也就是讲流通。但第一卷讲的流通有两种形式：一种是小商品生产形式，它是为买而卖，目的是为了取得使用价值；一种是资本主义商品生产形式，它是为卖而买，目的不是为了消费，而是为了赚钱。第一卷还有的地方讲了流通，如劳动力商品的买卖。劳动力的买卖也是流通性质。可见，第一卷讲生产过程，并不是完全没有讲流通过程。不过，基本的流通过程的说明是在第二卷。讲流通过程、买卖关系，讲得这样清楚的只有马克思；资产阶级经济学者讲了 200 多年，还没有讲清楚这个问题。

(一)这一卷共有三篇

第一篇讲资本形态变化及其循环。

首先要把什么是资本的问题搞清楚。资本，是就价值来讲的。资本是一种价值，即能够自行增殖价值的价值。这就意味着，它不仅是一种阶级关系，而且是一种运动。资本本身就是一定的价值。我们常常说的资本额，就是指资本的一定数量。说多少资本，是包含多少价值，如 20 万、30 万，这是就它的现象讲的。本质上指的是什么？以后讲。我们的一般说法，资本就是一定的价值。这个资本在第一卷上讲的，只有一种产业资本家，其他的资本家都不讲。商业资本家不讲，银行资本家也不讲。第二卷第一篇讲的资本的形态变化及其循环，指的是产业资本，并且是个别的产业资本。这一点也要搞清楚。

那么产业资本是怎样运动的，它的形态是怎样变化的呢？比如说，工业资本家要投资，首先要有一批货币资本。这货币资本是从哪里来的现在不讲，那是第三卷要讲的问题。当工业资本家手上的资本还未拿到市场上去购买生产资料和劳动力时，这时他手上的资本叫货币资本。这是产业资本的第一个形态。

工业资本家用货币资本把生产资料（如工厂、原料、工具、机器）和劳动力都买来了，货币资本就不存在了，货币资本的形态就被否定了。现在的资本就是生产资本。就是说资本价值，由货币资本的形态变成了生产资本的形态。这是产业资本的第二个形态。

但是生产的结果是怎样的呢？工业资本家用购买来的劳动力去推动生产资料，从事生产，生产出来的是商品（其中包含着剩余价值）。这时候，产业资本的价值，由生产资本的形态变成了商品资本的形态。这是产业资本的第三个形态。

以上是产业资本变化的三种形态。当然产业资本的运动不会终止，这在后面还会讲到。

从产业资本的三个形态变化，我们可以看到，一个产业资本，在它不断变形的运动中，要通过生产领域和流通领域。产业资本的运动过程经过三个变形，而且总是这样一直变下去。一个产业资本在连续运动中，无论采取哪个形态，以哪个形态作为它的出发点，总归要从出发点再回到出发点，就是一次循环。比如，由货币资本到生产资本，再到商品资本，再回到货币资本，这就是货币资本的一次循环。这是资本的循环。

第二篇讲资本周转。

什么叫资本周转？资本周转和资本循环有什么关系？资本的循环，不是当作孤立的行为，而是当作周期性的过程时，叫做资本周转。资本周转的时间，是由资本的生产时间和资本的流通时间之和决定的。因此，资本周转时间，包含着总资本价值从一个循环周期到下一个循环周期的间隔时间，包含着资本生活过程的周期性。可见，资本周转是以资本循环作为基础的。资本循环一中断，资本也就周转不了。

资本周转中间有很多问题，往往会发生循环中断的情况。如拿货币资本去投资，货币买不到东西，就是中断；或者是买不到原料，买不到机器，买不到劳动力；或者是买到了机器、原料，却买不到劳动力；或者是买到了劳动力，安装了机器，却找不到原料。发生这些情况，循环就中断了。那么这个钱堆积在那里，就会吃亏。在生产过程中间也有问题。生产过程也包括很多东西，生产过程也不完全是在那里劳动的，有时是停止的。如农业上，种棉花，种稻子，劳动一下子，停止一个时期，再劳动一下子，又停止一个时期。农业生产过程并不是全部在那里劳动，也有中断，中断的时间太长，就影响赚钱，资本就积压在那里。到了商品资本，问题更大。商品要卖出去，才能赚钱。商品卖不出去，循环就要中断，商品积压在仓库。美国在第二次世界大战结束之后，把大量物资抛到海里去。为什么？因为不把它抛到海里去，装运回去由码头搬到仓库是要钱的，在仓库堆放也要很多钱，长期堆放在仓库里不行，还要处理，这样，就不如把东西抛到海里去还要合算一点。如果商品卖不出去，资本循环就要中断，工厂就要关门，资本家就要垮台。

如果是仅仅谈个别资本运动，个别资本周转、流通，是这样，但是把社会总资本联系起来，就不一样了。从个别资本来看，我需要的原料，你可以卖，我生产的商品，你可以买去。但是你能不能买呢？为了预防到了时间卖不出去，资产阶级也有一套解决的办法。比如，采用预订的办法，我生产的东西有单位要，你要我才生产，生产之后出了厂，马上就上船，一下子卖出去，就得到货币，资本的价值就实现了。这是说个别资本家之间的相互关系，总是想办法衔接起来，能够卖得出去，也能够买得进来，这样，资本循环就快了，资本周转就快了。

第三篇讲社会总资本的再生产与流通。

讲个别资本时，有没有原料买，商品卖得出去卖不出去，卖给谁，这些问题却没有讨论。但到了讲社会总资本的时候，就要讨论。如果个别资本家之间的相互关系衔接不好，社会总资本就不能正常运动。从整个社会来讲，资本家有几千个、几万个，资本量是很大的，社会总资本与生产品再生产问题，就更加复杂了。要把社会所有的资本家之间的关系恰好都相互衔接好，这个很不容易。这个问题只是提出来，下面还要讲到。

(二)两个重要组成部分

《资本论》第二卷的三篇,实际上是分成两个组成部分:

1.个别资本的循环与周转(个别资本运动);

2.社会总资本的再生产与流通(社会总资本的运动)。

在资本主义社会,生产是私人的事情,每个生产者,每个生产单位,都有各自的生产计划,各打各的算盘。资本的运动就是在这相互交错的情况下进行的。这里要提到两点,第一点是第一卷所讲的资本运动,是讲资本的产生、成长、发展到死亡的过程,这是历史发展的必然趋势。第二卷所讲的资本运动与第一卷所讲的不矛盾,第一卷讲的货币资本,或者是绝对剩余价值转到相对剩余价值,或者是资本的扩大,或者是资本的有机构成的提高,这些运动,是在流通的基础上进行的,没有资本循环和周转是不能进行的。所以,资本运动,从生产角度看,是怎样的一种运动;从流通角度看,又是怎样运动,这两个运动是各有特点的,并不是矛盾的。第二点,资产阶级经济学者,对于个别资本循环和周转,讲得不完全。讲社会总资本的再生产与流通,除一二个资产阶级经济学者外,只有这部《资本论》。比如说,从一个年度来看,今年生产出多少东西来,除留下消费之外,其余的作为积累,到第二年,再把这些东西全部投资下去。那么第二年投资下去的是什么东西呢?是货币和物资。劳动力跟生产资料要配合,原料、生产工具等生产资料都要相适应。这个问题,资产阶级经济学者不肯讲,也讲不了,因为在资本主义社会不可能做到,这只有在社会主义社会才搞得起来。在资本主义社会,一个资本家的资产有多少,是不轻易告诉别人的,资本主义社会有法律保障,除了他告诉你,你不能去查,不能去揭露他的秘密。资本主义生产计划,只有个人的账,没有社会的总账。今年度生产了多少产品,这些产品到明年有多少再投下去,这些产品怎样衔接,怎样适应,怎样平衡,资本家对这个问题是一向不考虑的,也不可能考虑。所以,对马克思所讲的社会总资本的再生产与流通,斯大林讲了许多原则,都是社会主义社会可以应用的。

因为这个缘故,大家都很重视第二卷第三篇的学习。但是,如果对这一卷的前面两篇,没有很好地研究,对后面一篇的研究是空的,因为社会总资本的再生产与流通，是建立在个别资本的循环与周转基础上的。当然，就我们社会主义社会来讲，生产单位是个体少了，大部分是集体的和全民的。但是，集体的也好，全民的也好，还是个别的，比个体稍微集中起来而已。所以，如果不把个别资金循环和周转搞清楚，那对社会总资金的再生产与流通就搞不清楚。所以我的体会，如果说第二卷第三篇对我们社会主义经济再生产具有很大的指导作用，那么，这一卷的第一篇、第二篇同样具有重大作用，因为离开了第一篇和第二篇，第三篇是很难理解的。

把马克思的再生产理论应用到我们的社会主义建设中来，要解决的一个重大的问题，就是流通的问题。流通问题没有解决好，对工、农业生产影响很大。在资本主义社会，生产资本变成商品资本后，如果商品卖不出去，那是有关资本家生死存亡的问题。因为这样资本家不仅赚不了钱，还要赔本钱。在社会主义社会，生产的目的不是为了利润，但对利润认识不足也会产生消极作用。因为赔点本钱，积压一点资金，就个别企业来讲没有什么关系，就整个社会来讲，关系就非常大。如果这个单位不赚钱，那个单位又亏本……整个社会怎么办？本来社会主义社会生产出来的东西，应该马上运到别的地方去，或者是作为别的工厂的原料，或者是作为别的工厂的劳动资料，而且是按计划平衡的。但是，如果互相不衔接，那么社会主义制度比资本主义制度的优越性就不容易表现出来。这里有一个问题，就是生产力不发展的国家，生产力水平很低的国家，它的分配、流通系统的机构组织是不可能很健全的，这是因为分配、流通机构组织不是一下子可以组织起来的。比如说，那个地方的消费，那个地方的分配，那个地方的交换，差一点，差一个什么东西？资本家为了赚钱，它会慢慢地把空子弥补起来。所以，资本主义社会那一套机构组织，我们不能比。毛主席老早就讲过，要向资产阶级学点东西。资本主义的东西，它有好的一面。社会主义的计划优越性，很大的程度，表现在分配、流通系统里。压缩集团购买力、清理仓库，这些工作从一定侧面表现了社会主义制度的优越性，在资本主义社会是不可能做到的。但清理仓库，压缩了社会集团购买力之后，生产的物资怎样流通、怎样分配，还不是那么简单。如果这一省、那一省，这一县、那一县，在很大程度上表现为一个自然经济现象，互相封锁，全国物资不能调动，还象什么社会主义。所以统一调拨物资，全国一盘棋,计划经济非常必要。关键问题,在于流通过程。假使在流通过程发生障碍,或者没有原料,或者并不是没有原料,而是农产品收购得慢一点,很多工厂就要停下来,这个影响是不得了的。我们要一方面摸索自己的经验,一方面学习外国先进的东西,把我们分配、流通领域里的工作做好。

(三)这一卷有几个值得注意的关键论点

1.流通过程不增加价值,不论是由货币到商品的运动,还是由商品到货币的运动,都是纯粹的形态变化

资产阶级古典经济学有一个很大的功劳,就是指出流通过程不增加价值,只是形态变化,由货币到商品,由商品到货币,买也好,卖也好,只是形态变化。这个话是在等价交换原则上说的。比如说,我们拿货币去买商品,货币本身也是商品,具有一定的价值,在等价原则上,换得一定的商品。拿商品换货币也是一样。如果在等价交换原则基础上的交换,是不发生价值增殖的。在欧洲资本主义初期,有一个重商主义。重商主义者说,你如果买得少,卖得多,就是好的。买少卖多之间有个差额,人家要把金银给你。但古典经济学者反对他们这种说法,说你买得少,拿出的货币也就少,卖得多,拿出去的商品也就多,商品价值与货币价值一样,你占了什么便宜呢?并没有占便宜;说占便宜是假的。古典经济学说,流通过程不会增加价值,只是形态变化。这个原则也适用于我们社会主义社会的流通过程。这就提出一个问题:既然买卖不增加价值,那么买卖早一点、迟一点,是不是关系不大了?不是的。

2.简单商品与货币流通,变成商品资本与货币资本流通,取决于生产资本

我们知道,流通过程是不会增加价值的。简单商品与货币流通之所以变成商品资本与货币资本流通,完全取决于生产资本。第一卷第一篇所讲的商品与货币,都是简单的商品与简单的货币。只有资本主义社会的商品与货币,才叫商品资本与货币资本。为什么把资本主义社会的商品与货币叫做商品资本、货币资本?原因就是,我们讲货币资本是讲投资开始,讲商品资本是讲投资后得到的商品,这中间有个生产过程,这个生

产过程是剩余价值生产过程。因为中间这个生产过程的生产资本是增殖了价值的，所以前面的简单商品流通变成了资本流通，后面的简单商品流通也变成了资本流通。现在流通的不是别的东西，而是资本价值。另外，简单商品生产是小生产者用自己的工具、自己的劳动进行生产的，生产出来的东西有多余的才拿到市场上去卖。在这种情况下，流通的当然不是资本。因为小生产者在生产过程没有榨取别人的劳动力，所以不会增加价值。资本主义生产过程是榨取了别人的劳动力，才增加了价值。因为生产资本增殖了价值，所以资本家卖出去的不是普通的商品，而是已经包含了增殖了价值的商品，所以叫商品资本。资本家买进商品不是为了自己消费，而是为了榨取剩余价值，所以用来购买商品的货币也就变成了货币资本。从这点看来，资本这个概念，要从运动上才看得出来。资本家购买劳动力，拿货币出来投资，这个情节本身就包含增加价值的意思。资本家与小商品生产者不同，资本家手头的货币，一投资就变成了货币资本，生产出来的商品不是单纯的商品，而是包含了剩余价值的商品，所以变成了商品资本。因此，简单商品与货币流通变成了商品资本与货币资本流通。

在这里还要讲一件事情，第一卷讲货币变成资本，是由于购买劳动力。购买劳动力这个资本是可变资本。为什么叫可变资本？因为用 100 元买进劳动力，生产的结果变成 120 元，所以叫可变资本。购买生产资料的是不变资本。为什么叫不变资本？因为用 100 万元买工厂，这工厂是不会增加价值的。这 100 万元资本的价值是慢慢地转移到商品价值中去的。假设十次转移完，每次就只占 10%；100 次转移完，每次就只占 1%。这 100 万元的资本是不会增加价值的。那么，既然不变资本没有增加价值，为什么又叫资本呢？这是因为，如果没有不变资本，可变资本就失去作用；只有劳动力，没有生产资料，是不能进行生产的。只有当劳动者同生产资料结合起来的时候，才能使劳动者在生产过程中生产出剩余价值，才能使资本增殖价值。因此，生产资料也就变成了资本，叫做不变资本。

我们说流通只是纯粹形态变化，不增加价值，那么是不是说流通关系不大？我们说增加价值靠生产过程，那么是不是说只要把生产过程搞好就行了？不是的。

3.产业资本的三种形态变化——货币资本形态、生产资本形态、商品

资本形态，它们的循环与周转的连续性，它们的相互依存与相互制约

不增加价值的流通，对于生产过程的价值增殖有很大的关系。产业资本有三种形态变化，即：货币资本形态；生产资本形态；商品资本形态。离开这三种形态变化，就没有产业资本。产业资本存在于这三种形态之中，要么采取货币资本形态，要么采取生产资本形态，要么采取商品资本形态。又不是货币资本形态，又不是生产资本形态，又不是商品资本形态，就没有产业资本了。所以，产业资本这个名称，就说明三种资本形态的循环和周转的连续性。由货币资本到生产资本，或由商品资本到货币资本，或由生产资本到商品资本，是连续的。更重要的是，产业资本的三种形态变化是相互依存、相互制约的。流通过程虽然不会增加价值，却对生产过程的价值增殖有重大影响，就是在于产业资本的三种形态变化的相互制约性，相互依存性。就是说，卖不出去不能生产，买不进来也不能生产。买不到生产资料、劳动力不能生产，生产的商品卖不出去也不能生产。因为它们是相互制约的，所以要从运动来看流通过程。没有流通过程，也就没有生产过程，单纯搞好生产过程的想法是不对的。

4.在增殖价值的生产过程中，我们看到的生产资本是不变资本与可变资本；在实现价值的流通过程中，我们看到的生产资本，是固定资本和流动资本。可变资本包括在流动资本中

从生产角度看，生产资本里头包括两个因素：物的因素是工厂、机器、原材料等；人的因素是劳动力。在增殖价值的直接生产过程中，我们看到的生产资本是不变资本和可变资本。在实现价值的流通过程中，我们看到的是固定资本和流动资本。从生产过程中看，那一种资本增殖价值，那一种资本转移价值，在此基础上，再来看流通过程，是否还是那个东西。从流通过程看，价值是一次转移，还是多次转移，即是流动资本还是固定资本。机器、厂房、工具，都是固定资本。固定资本要经过好多次数、好多年才能把价值全部转移过去。原料、燃料、辅助材料，都是流动资本，它们是一次就把价值全部转移过去。在这个范围内，可变资本（用来购买劳动力的资本）也是流动资本，从流通过程来看，它也是流动的。因为在消费劳动力的一次生产过程中，生产出来的东西，劳动力已经把其价值再生产出来了。所以，从不同角度看，资本有各种区别，这种区别关系很大。资产阶级经济学者，没有一个人搞清楚这个区别，他们总是把不变资本同固

定资本扯在一块。马克思把流通过程和生产过程分开，再看生产过程的资本是怎样的性质，流通过程的资本又是怎样的性质。如果混在一块，就没办法研究。

5.整个资本周转的时间，包括生产时间和流通时间

加速资本积累，不但要尽可能缩短流通过程的时间，减少流通费用，而且要尽可能缩短生产过程的时间，不断更新固定资本，加速流动资本中的可变资本周转，同量预付可变资本就可以生产更多的剩余价值。因此，资本周转愈快，愈能加速自己的积累。如一个企业一年周转三次，另一个企业一年周转一次，它们的资本的积累就不一样。资本周转得快，积累就快；资本周转得慢，积累就慢。所以，资本家为了加速资本积累，就从两个方面努力：一个是尽可能缩短流通时间；一个是尽可能缩短生产时间。要尽快地买到生产资料、劳动力，尽快地把商品卖掉。如果在流通过程中，把买的时间耽搁了，把卖的时间又耽搁了，流通时间拉长了，就会积压资本。还有，流通的时间拉长了，货卖不出去，生产又要继续，就要借一笔货币资本来买原料。这样，对货币资本的需要量就更大了。所以，买卖虽然不增加价值，但买卖约束着生产过程。只有尽可能缩短流通时间，尽量减少流通费用，才能维持生产的正常进行。

为了缩短资本周转的时间，不但要加快流通过程，还要加快生产过程。资本主义国家现在所搞的“合理化”，就是使它的生产技术更好，更完善，使一切东西更快地生产出来。有几个国家的工人在与“合理化”作斗争。如日本的煤矿资本家搞“合理化”，使煤矿的生产技术更加机械化，工人大力反对。为什么工人要大力反对？因为“合理化”了，资本家就要解雇一批工人，工人又要失业。社会主义国家的工人欢迎技术改革，因为技术改革可以减少劳动时间，减轻劳动强度，提高劳动生产率，缩短生产过程时间，为国家创造更多财富。

6.固定资本周转与经济危机

马克思指出：固定资本周转是资本主义经济产生危机的物质基础。马克思当时用了这些名词：资本的停滞，资本的相当活跃，资本的异常激动，危机。资本主义经济就是这样运动的。我们从反对资本主义的立场讲，叫危机，资产阶级却抓住循环中的另外一点——繁荣，叫做景气。观点不同，看法也不同。这个危机有四个阶段：停滞，慢慢活跃，很繁荣，危

机。资产阶级回避危机这个名词,老找繁荣这个名词。现在美国、日本有许多机关都在研究危机这个东西,但他们不叫“危机研究所”,而叫“景气研究所”。研究什么?研究危机是怎样产生的。资产阶级研究这个东西,当然很困难。资产阶级不肯承认私有制度是产生经济危机的根源,仅仅是从技术角度看问题,所以不能解决经济危机的问题。

7.个别资本与社会总资本运动的联系与区别

社会总资本运动是在个别资本运动的基础上进行的。但是社会总资本运动与个别资本运动是不同的。

个别资本的运动是从货币资本与生产资本的循环出发,社会总资本运动必须从商品资本的循环出发。为什么社会总资本运动必须从商品资本的循环出发,因为在这个运动中,不但要求与商品的价值补偿相适应,还要求与它们的物质形态更替相适应。比如说,我们现在的再生产,每年国家都有计划,如准备投资多少,工业投资多少,农业投资多少,这是从价值出发来讲的,从货币资金循环出发来讲的。但是这还不够。假如,假定在工业上投资100万元,在农业上投资50万元,还要从物质形态上来讲,工业、农业的生产资料从哪里来。就是说,不仅仅要有多少资金投下去,还要求投下去的货币价值有实在的物资相适应、相配合。农业生产上要的东西,与工业生产要的东西又有不同。所以,仅仅从货币资本的循环出发,不能讲社会总资本运动。马克思讲社会总资本运动中间很重要的一点,就是再生产不仅是价值问题,而且要解决物资问题。

8.社会两大部类的生产(生产资料与消费资料的生产)

上面讲到社会总资本运动要解决物资问题。马克思把社会上千百万种物资分成两大类,一类是生产资料,一类是消费资料。这是最高度的科学概括。当然有些消费资料也可以用作生产资料,如粮食是消费资料,当作种子消费时却是生产资料。社会总产品分为两大类,那么社会生产也就分为两大类,即生产资料生产和消费资料生产。两大类的生产,每年都要求平衡。

9.在简单再生产公式上要求两大部类的生产相适应,要求第一部类的全部生产资料与第一部类、第二部类的生产资料相适应,要求第二部类的全部消费资料与全国国民收入相适应

10.在简单再生产公式上展开的扩大再生产公式

马克思提出的简单再生产公式是假定今年生产出来的东西，有多余的全部消费掉，明年是在同样规模上进行生产。这种生产叫简单再生产。如果今年赚的钱，不全部消费掉，而是把其中一部分拿出来投资，用于再生产，这就叫做扩大再生产。马克思指出，如果在简单再生产上能够做到平衡，两个部类的生产相适应，那么扩大再生产的问题就容易解决。

11.即将在第三卷看到的资本主义的无政府生产状态，不可能解决资本主义的致命的矛盾

在资本主义社会，有千百万个独立生产者，生产处于无政府状态。在这个条件下，要使价值消耗相互补偿、相互符合，要使物资更替相符合，这是不可能的。因为资本主义社会生产的社会性和生产资料私人占有制相矛盾。根本矛盾就在这里，生产不是为了需要，而是为了谋利。在这种情况下，生产就很容易和消费脱离，与消费不相适应。资本主义社会的广大消费者是劳动人民。工人阶级要为资本家做两件事：一件是为资本家生产剩余价值；一件是为资本家消费商品，使资本家实现剩余价值。这两者是相矛盾的。因为工人为资本家生产的剩余价值多，资本家剥削工人就多，工人为资本家实现剩余价值的能力就小。工人阶级要为资产阶级生产剩余价值，还要为资产阶级实现剩余价值，这个矛盾是资本主义社会不可能解决的。

六、《资本论》第三卷的要点

《资本论》第一卷出版后，隔了 18 年，第二卷才出版。第二卷出版后，又隔了 9 年，第三卷才出版。在第一卷出版后，马克思讲，关于资本流通与分配的问题，以后再讲。资产阶级经济学者说，这是假话，出了第一卷就没有了。等到过了 18 年，出了第二卷，他们又有一个讲法：只有第二卷，没有第三卷。等到第三卷出来后，他们又有意见。《资本论》第一卷影响很大，第一国际把它定为“工人阶级的圣经”，成为工人革命斗争运动的指南书。所以，资产阶级及其学者反对《资本论》，这是不奇怪的。从认识上讲，他们也确确实实不懂。马克思这种抽象的分析的方法，把分配与流通先摆开，集中研究资本的生产过程，这是资产阶级学者所无法理解的。

下面讲第三卷的要点。

（一）这一卷的分篇

这一卷共分为 7 篇。

第一篇：“剩余价值转化为利润和剩余价值率转化为利润率”。

马克思在第一卷里讲了剩余价值的榨取，就是资本家购买劳动力，用强制的手段，监督、使用劳动力，使劳动者在生产过程中不仅支出他的劳动力的价值，还为资本家生产出剩余价值。这是从本质上讲的，从背后、内部来分析的。而现象上看却不是这样，现象上是利润。从内部条件来分析，资本主义生产包括二个因素：一个是生产资料；一个是劳动力。而生产资料本身不会增加价值，这是我们一再讲过的；能增加价值的，是劳动力。这是从资本主义生产过程内部来分析的。马克思在分析的时候，有二个假设：一个假设是商品按照它的价值出卖；一个假设是生产所得的剩余价值全部归一种资本家——产业资本家所有。但是假设要回到现实中来。第三卷就是回到了现实中来。资本主义社会的现实是：商品既不是按照价值出卖，剩余价值也不是一种资本家独占。

那么，回到资本主义社会的现实要从哪个地方开始呢？在资本主义社会，资本家生产的目的是为了获得剩余价值。因此，回到现实中来要从剩余价值的分析开始。所以，第三卷第一篇就讲剩余价值转化为利润和剩余价值率转化为利润率的问题。什么是“率”呢？假设资本家用100元来购买劳动力，如果他所得的剩余价值也是100元，那么，剩余价值率就是100%；如果所得到的剩余价值是50元，那么，剩余价值率就是50%。剩余价值率是这样计算的。而利润率却不是这样计算的，它是用总资本来计算的。把购买生产资料的资本（不变资本）和购买劳动力的资本（可变资本）加起来就是总资本。把剩余价值与总资本去比，这样得出来就是利润率。至于剩余价值如何转化为利润，下面再讲。

第二篇：“利润到平均利润的转化”。

什么是利润到平均利润的转化呢？我们知道，在各个部门之间，在一个部门内部，由于生产条件不同，它们的利润是不一样的，就是说，是有高有低的。但社会上的竞争总是要求有平均利润的，这就是利润平均化。随着资本有机构成的提高，平均利润是倾向于下降的。这是一个法则。

第三篇：“利润率倾向下降的法则”。

第四篇：“商品资本和货币资本转化为商品经营资本和货币经营资本（商人资本）”。

前面讲的是产业资本、生产资本。第四篇讲商品资本和货币资本。专门从事商品资本经营活动的，叫商品经营资本；专门从事货币资本经营活动的，叫货币经营资本。

第五篇：“利润分为利息与企业利润。生息资本”。

在这一篇里，马克思说明了利润是如何分为利息与企业利润的，并且特别讲了生息资本。

第六篇：“剩余利润转化为地租”。

第七篇：“各种所得和它们的源泉”。

所谓各种所得，就是指利润、利息、地租等等。这些所得的来源，都是剩余价值。这些都是从总的来说的。

现在我们把这一卷的内容分成三个组成部分来讲。

(二)三个重要组成部分

1.这一卷的前三篇是从资产阶级占有全部剩余价值这个总的前提出发,讲剩余价值利润化,利润平均化后一般利润率趋于下降的法则。这还是从总的来讲的。

2.下面三篇(四、五、六篇)是讲利润(剩余价值的利润形态)在各种资产阶级之间的分割的具体形态。

3.最后一篇是谈阶级。这一篇不仅是这一卷的总结,而且是《资本论》三卷的总结。但马克思没有把它写完,只讲了几句就没有讲下去了。

(三)这一卷值得注意的几个关键论点

1.在前两卷研究资本的生产与流通的基础上,由本质到现象逐渐接近了资本主义社会的现实情况

这一点是很重要的,否则,我们就不知道第三卷讲些什么。

有人打比方,说第三卷是"千川万河汇龙门",就是说从生产到流通到分配都汇合起来,研究资本主义生产总过程,这里有生产,也有分配,也有流通。所以,第三卷所讲的就是我们经常接触到的资本主义社会的现象。第三卷的分析是从本质回到现象上来,而不是从资本主义生产的本质、从它的内部来分析来的。从本质、从内部来分析,第一卷是这样做的,第二卷有一部分也是这样做的,所以叫抽象分析法。但抽象分析后,必须回到现象中来,第三卷就是回到现象中来。

2.资本关系由本质到现象的转化,是以剩余价值利润化,剩余价值率利润率化为起点

"剩余价值当作垫支总资本这样的观念的产儿,便是利润"。剩余价值对可变资本之比,便是剩余价值率;对总资本之比,便是利润率。"资本各部分表现为超过价值(利润)的源泉,资本关系就神秘化了。"这一点要搞清楚,我们多说明一下。

我们先讲前面已经说过的工资。工资是一个现象。就是说,它表示多劳多得,不劳不得。那不是和我们社会主义差不多吗?所以,以前资本

家说：我们是一切平买平卖，你出卖劳动力，我给你钱；你多劳动，我多给钱；你少劳动，我少给钱。但这只是一个现象，实际上工资这个东西掩盖了资本家的剥削本质。因为资本家购买的是劳动力，而不是工人的劳动。资本家支付工资，付出了一定的代价，从这点来讲，似乎是公平的，和买其他东西一样，是等价交换的。但是，我们知道，劳动者把自己的劳动力出卖以后，劳动这个权利就交给资本家了。本来劳动者只要替资本家劳动 5 小时或 6 小时，就可以生产出他的劳动力价值来。但资本家利用他们的法权，强制工人劳动 8 小时或 10 小时以上，那剩下的三四个小时，就是为资本家白白劳动，这就是剩余价值的来源。所以，工资从表面上来看，是平等的东西，而实际上它掩盖了剥削关系。这一点是马克思主义政治经济学上最重要的一点。

而我们现在讲的是利润，那么，利润是什么东西呢？剩余价值是怎样转化为利润的呢？对这一个问题，不仅资本家不知道，就是资产阶级经济学者也不十分注意这个问题。资本家投资没有别的目的，就是为了赚钱，投下多少资本，就要赚多少钱，这在资本主义社会是很现实的事情。所以，资本家脑子里没有什么不变资本和可变资本的概念，他对工厂的机器、原材料和劳动力都是平等看待的。比如说，资本家投资 100 元，要赚 10 元钱，他就把这 10 元平等地摊到 100 元投资上。资本家就是这样算账的。但是，这个赚的钱是从哪里来的呢？我们知道，生产资料是不会增加价值的，只有劳动力才能生产剩余价值。所以，从内部分析，剩余价值只与可变资本发生关系，投下可变资本多，剩余价值也就多，投下可变资本少，剩余价值也就少。但是，资本家不管什么剩余价值不剩余价值，他要的是利润。于是，这中间就发生两个问题：①剩余价值率是大于利润率的。因为一个是与一部分资本比的，一个是与总资本比的。剩余价值率是剩余价值和一部分资本（可变资本）比而得出的，所以就大；利润率是剩余价值和总资本比而得出的，所以就小。比如资本家投下 100 元资本，其中 50％是可变资本，50％是不变资本，如果剩余价值率是 100％，那么，投下的 50 元可变资本就能获得 50 元剩余价值，这是 100％的榨取。但是利润率却不是如此，它把剩余价值与总资本比，结果，本来是 100％的榨取，而用利润率来计算，却只是 50％的榨取，榨取率就小多了。所以，这里面包含着资本家欺骗的阴谋。这是一个问题，但还不是一个最重要的问题。②最重要的问题，是把剥削关系掩盖了。好象每一种资本都能生产出剩余价值，不变资本也能生产剩余价值，这样就完全把剥削关系掩盖了。所以，资本关系由本质到现象的转化，是以剩余价值利润化和剩余价值率利润率化为起点的。马克思说："剩余价值当作垫支总资本这样的观念的产儿，便是利润"，"资本各部分表现为超过价值（利润）的源泉，资本关系就神秘化了"。这是研究资本的一个中心问题。如果剩余价值的来源不是可变资本，而是资本的每一部分，比如说投在工厂设备上、原材料上的资本，也能够生产出比它原来更大的价值来，那么，资本就神秘化了，鬼也不懂了。可是，现在英国资产阶级经济学者硬说，投到工厂设备上、原材料上的每一个资本都能生产出新的价值来，甚至说，增加剩余价值的就是生产资料。但大家都清楚，生产资料是不会增加价值的，如果工厂设备是 100 万元的价值，可以用 10 年，每年折旧率就是 10%，那么，10 年后就可以全部转移掉它的价值，100 万元还是回到 100 万元上来。原材料也是这样，不会增加价值。那么，靠什么增加价值呢？无非是劳动力。

3.资本存在着各种不同构成，存在着各种不同的周转速度，存在着各种不同的利润率；同量资本要求同样多的利润，利润转化为平均利润，价值法则转化为生产价格法则

资本存在着各种不同构成。在总资本中，劳动力占多大比重，生产资料占多大比重，就是资本有机构成。中国的农业生产，主要靠劳动力，机械化水平很低。解放前国民党有个统计，农业资本假设是 100，其中 96% 是劳动力，4% 是生产资料。这个资本有机构成就很低。资本有机构成低，是指在总资本中，不变资本占的比重很小。资本有机构成高，是指在总资本中劳动力占的比重小，不变资本占的比重大，机械化程度高。在剩余价值率一定的条件下，或者在剩余价值率提高的比例赶不上可变资本减少的比例的情况下，资本有机构成越高，总资本里面包含的可变资本就越少，剩余价值也就越少。资本有机构成有高有低，就表示着劳动力有多有少，可变资本有多有少，剩余价值有多有少，利润也就有多有少。

资本有机构成不同，资本周转的速度也就不同。拥有大机器的资本要很多年才周转一次，而构成低的资本，很快就能周转一次。资本周转的速度与利润的大小是有密切联系的。由于资本有机构成不同，就存在着各种不同的利润率。但这在自由的资本主义社会是不允许的。不允许一

种资本赚很多的钱，而另一种资本赚很少的钱。那么，怎样办呢？就是资本家拼命地竞争，把资本投向有利的方向和部门。这就是同样资本要有同样的利润，这就是资产阶级的平均法权。竞争的结果，利润就有趋于平均的倾向，或者是20%，或者是30%，在这个幅度内上下波动。这就是利润平均化。在这种情况下，资本家考虑两件事情：一件是计算自己产品的成本是多少，一件是平均利润。这就是资本家在一定时期内的奋斗目标。那么，如果说是每个资本家都把成本与平均利润作为他们努力的起点，成本与平均利润就变成资本主义社会价格的基础。资本主义社会起作用的，从起点讲是价值规律，但实际上是生产价格规律。因为利润平均化，使价值规律变成了生产价格规律。在资本主义社会的商业中，普遍发生作用的不是价值规律，而是生产价格规律。因为这个时候，商品的价格，不是成本加剩余价值，而是成本加平均利润。就是说，剩余价值转化为利润，而利润又化为平均利润。这个平均利润，在一定时期是有一定水平的。但是，随着资本主义社会向前发展，这个平均利润是趋向于下降的。下面就来说明这个问题。

4.一般利润率趋于下降的法则以及阻止利润率下降的各种措施

一般利润率下降是什么道理呢？这是因为在资本主义社会采用先进技术的资本家先赚很多钱，利润高了，别的资本家看了也设法采用新技术，于是等到大家都采用了新技术时，利润率也就平均了，这样整个社会的利润率由于有机构成的提高而下降了。资本家个人之间的竞争使整个社会利润率下降了，是不是以后就没有利润了？也不是的。因为，愈是大规模地采用新技术的生产，产品的生产量就愈大，尽管个别商品的利润少，但总利润还是增多了。因此，机械化水平提高的结果，利润率下降了，但利润量没有减少，反而增多了。同时，机械化水平提高的结果，对于工人阶级有两个影响：一是在职的工人的劳动强度增大了；二是劳动者失业增多了。由于社会上许多劳动者在等待就业，资本家就有借口来压低工人的工资，劳动力就便宜了，资本家就可以获得更多的利润。所以，资本家有各种办法来阻止利润率的下降。

5.商业资本的特点与商业利润

现在讲商业资本，说明商业资本的特点与商业利润。

产业资本与商业资本的关系，在历史上有很多变化。比如在落后的社会里，是商业支配着产业。我国解放前的情况也是这样，大部分人把钱投在商业上。国民党一九三四年的全国财政预算是16亿元，其中用于商业的比用于生产的要大六七倍。为什么呢？因为在产业不发达的国家里，是商业支配着产业，而不是产业支配着商业。到了资本主义社会，产业发达了，就把商业变成配合它的部门，商业被产业所控制，如果商业部门要调皮，产业资本家就自己来干，把商品压价来卖或提价来卖。所以，在这种情况下，商业资本是为产业资本服务的。

6.借贷资本运动的特质和利润分割为利息与企业利润

借贷资本，也叫货币经营资本或银行资本。资本家每次资本循环都有现金收入，就将它存入银行，银行也为产业服务，把钱借给产业资本家。一个产业资本家把钱存进银行，另一个产业资本家又从银行借出去。这样，我们就可以看到资本主义社会资本的全貌：不仅有产业资本，而且有商业资本、借贷资本。在落后的社会里，高利贷是支配着生产的。在资本主义社会，产业资本却支配着银行资本。到了帝国主义时代，银行资本与产业资本结合在一起，就变成了金融资本，这时候，金融资本支配着产业资本。所谓利润分割为利息与企业利润，就是银行资本家把钱借给产业资本家，产业资本家赚了钱，要分一部分给银行资本家，作为利息。

7.资本主义土地所有制与农业剩余利润转化为地租

马克思在这一卷的前面五篇，主要是或者基本是就工业上讲的。马克思是忽视了农业吗？不是的。因为资本主义社会发展是由工业到农业的，当时工业发展比较成熟，而科学研究是要从成熟的形态出发。其次，工业受自然条件限制少，而农业就不同。所以，这一卷前面五篇基本上是就工业讲的，到了第六篇才着重讲农业。但是，前五篇所讲的一些原理还是可以应用于农业的，不过要附加一些条件而已。

第六篇里有这样一个问题，即资本主义土地所有制是什么？资本主义土地所有制，是土地可以自由买卖，土地也成为一种商品，但是是一种特殊的商品，它只有价格，没有价值。这点要搞清楚。

农业生产需要一些自然条件，如需要水分、空气、阳光等，这些都是不要代价的，只有土地要代价。结果，农业企业生产出来的东西，地主（占有土地的资本家）就坐享其一份。如果土地和阳光、空气、水分一样是不需要代价的，如果地主不拿地租，那么，农业企业的利润，就全部归租佃农业资本家占有。因此，资本主义国家的资本家阶级反对地主。他们反对地主是为了减少一个人来瓜分剩余价值。但是他们又不敢直接反对地主所有权，因为资本家有资本所有权，地主就会说他也应该有土地所有权，要尊重资本所有权，就要尊重所有的人的所有权。所以，他们反对地主，又不敢直接提出反对地主的土地所有权。

现在讲农业超额利润转化为地租。资本有机构成高，利润就低；有机构成低，利润就高。工业与农业比较，农业的有机构成比工业低，因而农业的利润就高些。因此，农业不仅有利润，还有超额利润，但这个超额利润不能归农业资本家所得，而归土地所有者所得，这就是农业超额利润转化为地租。

8.利润本身及其各种具体形态尽管实质上都是以剩余价值为来源，但却分别作了歪曲颠倒的表现，这和前面讲到的工资形态结合起来，形成三位一体（资本—利润，劳动—工资，土地—地租），就把资本主义生产关系完全偶象化、神秘化了

这一点是全书的总结。利润本身及其各种具体形态，是指什么？就是指利润、利息、商业利润及地租。利润本身是从剩余价值来的，剩余价值来自于总资本中的可变资本。剩余价值率是剩余价值与可变资本比，不是与总资本比，若与总资本比，就变成了利润率。剩余价值转化为利润就把资本关系神秘化了。利息是更奇怪的东西，它本来与生产没有关系，是站在生产外边的。地租好象是从土地来的，没有土地就没有地租，其实土地只是一个条件，生产剩余价值的是劳动力，而不是土地。如果说地租是从土地来的，就完全歪曲了地租的实质。这与前面讲到的工资结合起来，就形成了所谓三位一体的公式（资本—利润，劳动—工资，土地—地租），这样就把资本主义生产关系完全偶象化（产生拜物教），神秘化了（难于揭露）。马克思批判庸俗经济学体系时，有许多地方都讲到这一点。我们一些人平时也习惯地认为劳动得工资，土地得地租，资本得利润。事实上，资本（包括一切资本）得利润的说法，是完全不对的，只有可变资本才能得利润。马克思抓住这一点，揭露资本主义社会的剥削本质——榨取剩余价值。而资本家就是极力掩盖这一点。我们如果不从本质上揭露他们，就不能证明他们的社会制度是不合理的，就得不出推翻资本主义社会

制度的结论。马克思首先要做的一件事，就是揭露资本主义社会的剥削本质。如果认为剥削是自然的，那么工人阶级也就没有什么推翻资本主义制度的战斗任务了。

七、学习与应用《资本论》的途径

上面所讲的是第一卷、第二卷、第三卷的重点和轮廓，这样介绍一下，可以使学习《资本论》的同志更明确些，没有学过《资本论》的同志，也能知道《资本论》是怎么回事。

下面讲学习与应用《资本论》的途径。

（一）《资本论》这部书具有的几个特点

1.以往人类社会经济思想的批判的总结

列宁指出，以往人类社会的经济思想，差不多没有一点不经过马克思检查和批判的。批判什么？批判资本，批判关于资本的学说，批判资产阶级政治经济学。为什么说是批判以往人类社会的经济思想呢？人类有较系统的经济思想，是从奴隶社会开始的。人类的文化、思想差不多都是从奴隶社会开始的。从奴隶社会到封建社会，到资本主义社会，这三个社会虽然不同，但有一个共同点，都是私有制的剥削社会。资本主义社会是剥削社会中最进步的一个社会，它吸收了人类社会以往的东西，用来为它服务。资本主义社会集以往人类社会思想之大成，因此，批判资本主义社会的经济思想，也就是对以往人类社会经济思想的清算。

《资本论》的核心是讲经济思想，因为经济是其他东西的基础。

所以《资本论》这部书是以往人类社会经济思想的批判的总结。

2.马克思主义的立场、观点、方法的严密结合与生动体现

马克思的立场是代表工人阶级的，他的立场、观点、方法是严密结合的。一个人的立场、观点、方法要通过实践、通过工作来体现的。虽然我们在学习工人阶级的立场、观点、方法，但是要真正掌握它们，不是一件容易的事情。即使你是站在工人阶级的立场，也不能说就有了唯物主义的世界观。马克思主义的立场，是工人阶级的立场，是为工人阶级解决问题

的，这就不能用唯心论和形而上学的观点来说明问题，而只能采取辩证唯物主义的观点。站在工人阶级立场上，有了辩证唯物主义的观点，就不怕革命、不怕暴露矛盾，就敢于揭露资本主义社会的剥削本质。但观点与方法又是有联系的，有什么样的观点，就有什么样的方法。唯物主义的观点，把事物看成是发展变化的，发展是由量变到质变的，等等，这就要求要有辩证的方法。所以，马克思采用辩证唯物主义的观点和方法来写《资本论》是必然的，《资本论》是马克思主义的立场、观点、方法三者的严密结合和生动体现。我们虽然有满腔的学习、工作热情，但对于事物的看法，却不一定有工人阶级的立场和唯物辩证法，即使有工人阶级的立场，也不一定有唯物观点和辩证方法，这要通过实践和时间来考验的，而不是概念上知道就有了的。这就要求我们在学习和革命、建设实践中，慢慢地锻炼和改进，逐渐做到。《资本论》给我们提供了一个具体的典范。

3.马克思主义的三个组成部分(哲学、政治经济学、科学社会主义)的统一表现

首先是哲学，它包括三个东西：唯物论、辩证法、唯物史观。唯物主义，就是认定物质是第一性的，思维是第二性的。但过去所有唯物主义者(包括一些欧洲伟大的唯物主义者)，都只着重于自然方面，社会究竟如何，他们都说不清楚，并且回避这方面的问题。达尔文是个很著名的唯物论者，他写了《物种起源》，对唯物论有贡献，马克思祝贺他。但当问到他对宗教如何看法时，他却回避说：不谈这些。只有到了马克思，才正确地说明社会。所以恩格斯说，马克思有两大发现：一个是唯物史观；一个是用唯物史观来说明剩余价值。因为《资本论》是以马克思主义唯物史观、辩证方法研究资本所得出的结论，所以《资本论》是马克思主义三个组成部分的统一表现。

4.《资本论》是一部关系人类社会变革、人类历史命运的指南书

这个评价一点也没有夸大，实际情况就是如此。毛主席说，马克思研究出了资本主义社会生产关系的变革，其他社会形态的生产关系的变革也可以这样去研究了。

(二)学习这部书是困难的,但也有容易的地方

1.困难所在:

A.体大思精,不易读通,不易连贯,不易消化。《资本论》这部书有3000多页,加上《剩余价值学说史》1000多页,共4000多页,又不是讲一个思想,而且讲得那样细致,每个部分、每个理论又差不多都是创见,所以不容易读懂,也不容易记。

B.要有相当的哲学、历史、文学,特别是政治经济学的基础知识。在这方面欧洲人比我们多一些有利的条件,他们一般的社会文化水平高一些,对资本主义社会的知识也比我们多,同时他们国家之间的地理、习惯也更接近。没有这方面的知识是学不通的,因为事情总是有一定时间、地点的。文学知识也要。《资本论》里面引用了不少希腊神话、莎士比亚著作里的话。

C.要对十九世纪中叶以前的资产阶级政治经济学(特别是对古典经济学)有一定程度的了解。因为这部书的批判对象是它,如果对被批判的对象一点知识也没有,那是不行的。

D.《资本论》的研究对象是资本主义社会的生产关系,这对于我们缺乏资本主义社会感性知识的人来说,更多了一层困难。例如交易所,我们知道的就不多,中国解放前只有上海有,而其他资本主义社会则到处都有。不过,这是可以克服的。我们在立场、观点、方法这方面的条件是有利的,这些是资产阶级学者所不可能有的。

E.最困难的是《资本论》具有高度严密的科学论证,几乎每个理论、每个论点、每个范畴、每个概念,都和存在于我们一般人脑子中有关的流行思想,或一般常识相抵触,特别是与那些资产阶级的庸俗见解相抵触。我们一般人的脑子里总还存在一些资产阶级庸俗的经济思想,一些模糊观念。而马克思讲的在我们脑子里是没有的。这样,在学习过程中思想上就要发生斗争。我的体会是:学习《资本论》的过程,是一个改造思想的过程。

2.容易的地方:

A.概念明确。资产阶级政治经济学的概念,都是含含糊糊的,而马

克思的《资本论》的概念却都是非常明确的，只要好好地钻研一下，就能够懂。

B.《资本论》这部书，不但理论逻辑层次分明，而且作为出发点的每个论点，都要经过充分论证。例如马克思把商品讲清楚了，再讲货币，把货币讲清楚了，再去讲资本。总而言之，不弄清前面一个论点，他是不轻易前进的。

C.每个论点，或者是举出了确切的例证，或者是从大量的材料中总结出来，这都大大有助于我们对《资本论》的理解。比如生产率高，价值就低；生产率低，价值就高，生产率与价值成反比例。马克思在讲这个原理时，就举了一个裁缝做衣服的例子，使我们容易懂。他的理论都有大量的材料来加以说明。

D.全书系统严密完整。

E.高度的热情体现在严密的体系中，其理论的光芒，处处引人入胜，欲罢不能。这部书一环扣一环，讲了绝对剩余价值就讲相对剩余价值，讲了相对剩余价值再讲绝对剩余价值和相对剩余价值，使你看了上面就要接着看下面是怎样讲的，不愿释手。

3.只有克服学习中的困难，始能慢慢地体会到《资本论》容易理解的地方。然而只要我们能在学习中克服困难，《资本论》是可以学懂的，是能够理解的。

(三)学习的途径

怎样学习《资本论》？这个问题，应有许多不同的答案。学习者的要求不一样，因此，学习的途径也就不可能只有一个。

1.学习者的不同要求

学习者大致是两种人：一种是理论工作者；一种是经济建设的实际工作者。

A.理论工作者：理论工作者大致可分为三类。一类是专门研究《资本论》或研究经济学说史的。经济学说史，也就是政治经济学历史，它包括《资本论》和《资本论》以前的经济学说，也包括《资本论》以后的经济学说。关于《资本论》以前的经济学说，马克思已作了结论；《资本论》以后的经济学说，由列宁、斯大林直到毛主席作了理论上的发展。现在专门研究《资本论》或政治经济学说史的人数不多。再一类是中学、大学的政治经济学教师。当政治经济学教师的人，想读好《资本论》是好的。但由于时间关系，他们与专门研究《资本论》的理论工作者应有不同的学习要求。第三类是不专门搞政治经济学的理论工作者，他们有的是搞哲学的，有的是搞历史、党史的，他们的学习要求也应与专门研究《资本论》者有所不同。

B.经济建设的实际工作者：经济建设的实际工作者不一定是搞理论工作的，但对理论学习有兴趣，对经典著作、对《资本论》的学习有要求。在经济建设的实际工作者中，也会有不同的学习要求。

要根据学习者的要求和他们的基础，来考虑采取哪种学习的形式、学习的方法。

2.学习的途径

学习《资本论》的途径有如下几种：

A.自有关的一般入门书到《资本论》，或者是在读《资本论》的同时参考入门书。有关的入门书很多，大致可以分为三类：一类是马克思、恩格斯、列宁有关介绍《资本论》的著作。马克思在写《资本论》之前写了一些书，一本是《雇佣劳动与资本》，这本书讲的是资本与劳动的关系。再一本是《工资、价格和利润》。还有一本是《政治经济学批判》。先看看这些书，再去读《资本论》，很有好处。

特别要读的是恩格斯介绍《资本论》的几本书。一本是《卡尔·马克思〈政治经济学批判〉》，这本书是要读的；再一本是《卡尔·马克思〈资本论〉第一卷提纲》，读了这个《提纲》，再读《资本论》就容易得多；还有，恩格斯写了一篇《〈资本论〉第三卷的补充》，放在《资本论》第三卷的后面，作为附录。恩格斯还有几篇推荐、介绍《资本论》的文章，对学习《资本论》都有帮助。

列宁也有介绍《资本论》的书，但他不是专写一本书来介绍的。他写了《马克思主义的三个来源和三个组成部分》，对政治经济学介绍得非常好。这本书从哲学讲起，讲到政治经济学，再讲到科学社会主义。另外一本是《什么是“人民之友”以及他们如何攻击社会民主主义者？》。书中是讲唯物论的，但也讲了《资本论》的内容。

读了上述马克思、恩格斯、列宁著作中有关介绍《资本论》的书，对学习《资本论》会有很大的帮助。

第二类入门书，就是苏联的《政治经济学教科书》，其中资本主义部分差不多就是解释《资本论》的，可作参考。还有一九五四年出版的政治经济学十六个分册，它把商品、货币、利润等分作专题介绍。它的好处是，举了许多例子来说明，联系实际比较好，基本上可作参考读物。

第三类入门书有两种，一种是无产阶级学者写的介绍《资本论》的书。还有一种是现在编写的通俗解释本，如日本人写的《〈资本论〉解说讲座》。这类书不少，要全部读完有困难。总之，先把入门书读了再读《资本论》，或者是在读《资本论》的同时读入门书。

B.或者是循序渐进的阅读，或者是由总结构的轮廓理解入手，再循序阅读。这部书不是一下子可以读完的，所以学习时要先了解全书的总轮廓。如果不了解全书的总轮廓，攻读过程中就会遇到困难。这是我学习《资本论》的一个体会。

C.或者是读一般入门书，了解全书的总轮廓，再结合所研究、处理的经济理论与实际问题，学习《资本论》的有关部分。如研究地租的，就把《资本论》中有关地租的章节翻一下。搞商业工作的人，便把有关商业利润部分看一看。采用这种方法时，需要强调的是要先了解全书的总轮廓。如果对全书总轮廓不了解，就很容易出现断章取义的毛病，那是很危险的。

D.还可以在循序渐进的阅读过程中，每一章或每一节读完时，都参读入门书的有关章节。比如读完价值，就把入门书中有关价值的章节拿来读，把价值这个概念弄清楚。这是一种很有效的读书方法。

以上讲了学习《资本论》的四种途径，可能不止这四种，也许还有第五种第六种。

(四)最有效的学习，是在一定理解基础上的应用

学习就是为了应用，应用是最有效的学习。但对理论的应用，要建立在对理论理解的基础上。如果还没有理解清楚，就无从用起，就不能应用。如我们讲等价交换，就需要理解马克思的剩余价值学说，才能说明和

处理当前有关等价交换的问题。

1.理论上的应用(用来作为展开理论批判的根据)

对某一个理论会有许多不同的讲法,特别是资产阶级学者和修正主义者,都有一套讲法,我们必须根据马克思主义的理论来批判它。批判是一种很好的学习。例如,前几年,美国的资产阶级学者说美国没有经济危机,美国是例外,叫做“例外论”。又如,前几年德国的经济发展很快,资产阶级学者就提出,马克思的危机理论现在不适用了。在这种情况下,就要进行理论研究,进行批判。这既是理论研究问题,又是理论在实践上的应用。

2.实践上的应用(用来作为解决我们社会面临着的实际经济问题的根据)

社会主义社会存在着很多实际的经济问题,我们要以什么样的理论来作为解决、处理它们的根据呢?马克思讲的是资本主义社会的事情,而我们要解决的是社会主义社会建设中的问题,这就需要我们对马克思主义的理论进行分析和研究。经过我们分析和研究后,对于马克思主义的理论的理解就深入了。这样,我们就可以在理论的研究中找到解决实际的经济问题的理论根据。

(五)应用《资本论》来批判当代资产阶级经济学和修正主义“理论”,来处理我们社会主义经济问题,有一个前提认识需要交待清楚

《资本论》的应用有两个方面:一方面是批判资产阶级政治经济学观点和修正主义的“理论”;另一方面是处理社会主义社会的经济问题。无论是理论上的应用,还是实践上的应用,有一个前提认识需要交待清楚。有什么前提认识呢?

1.《资本论》是否“过时”了?这个问题很重要,要搞清楚

《资本论》讲的至少是100年前的事情,而且讲的是资本主义社会的事情。按照唯物史观,不同时期有不同的理论,为什么在100年前写的书现在还有用呢?《资本论》讲的是前期资本主义的事情,为什么对垄断资本主义还有用呢?《资本论》讲的是资本主义社会的东西,为什么对社会

主义社会还有用呢？这不是不符合马克思主义的唯物史观吗？弄清这个问题很有现实意义。现代修正主义者，特别是社会改良派，说马克思主义“过时”了。他们说马克思主义“过时”了，也就说《资本论》“过时”了，因为马克思主义包括三个组成部分，《资本论》是马克思主义的政治经济学。现在世界上的社会改良派，从理论上反对阶级斗争，反对辩证法，反对马克思《资本论》中的辩证法。他们说，马克思关于阶级斗争的学说是在十九世纪讲的，在十九世纪有阶级斗争，而现在是二十世纪，阶级“调和”了，如果再讲阶级斗争，那就是胡说。马克思主义者坚决反对资产阶级社会改良派的这种说法。《资本论》问世虽有100年左右，但它没有过时，所以，对马克思主义是否“过时”，《资本论》是否“过时”这个问题，必须搞清楚。这是学习和应用《资本论》的前提，是很有现实意义的。

2.怎样用唯物史观来解释什么是“马克思主义的普遍真理”

A.从应用的角度来看《资本论》对我们的指导意义，有四个方面：一个是基本理论；另一个是包括在基本理论中的个别论点；再一个是研究理论时所采用的观点与方法；第四个是实际应用那种观点、方法的科学门径。

基本理论方面。大约有四个：一个是劳动价值理论；另一个是剩余价值理论，它是建立在劳动价值理论基础上的；再一个是根据剩余价值来分配的分配学说，它是建立在劳动价值理论和剩余价值理论基础上的；第四个是阶级斗争学说，它是建立在剩余价值学说和分配学说的基础上的。

包括在基本理论中的个别论点方面。一种理论，有许多组成部分，包括许多个小论点，但个别小论点与总的理论要分开。如关于劳动价值学说，在我们社会主义国家没有剩余价值，剩余价值学说所包括的几个论点，在我们社会中变了，或者说是变形了。但劳动价值理论是正确的，只是个别论点在新的条件下失效了。又如关于经济危机理论，资本主义经济危机，过去差不多是每10年左右发生一次，从一八二五年英国爆发第一次周期性经济危机以后总是这样，一直到第一次世界大战以后发生第一次总危机，危机的周期才有了变化。但马克思关于资本主义经济危机的理论还是正确的，只是危机的表现形式，由于历史条件不同，有些变化。所以，要把个别论点同总的理论区别开来。

研究理论时所采用的观点、方法方面。马克思所采用的观点是唯物主义的观点，方法是辩证的方法。这里不多加解释。

实际应用那些观点、方法的科学门径方面。这一方面很重要。我们前面讲到马克思的世界观方法论是正确的，但运用马克思主义的观点、方法来研究政治经济学应从哪里入手？门径是什么？怎样研究？这是很重要的问题。比如马克思研究资本主义社会的生产关系，抓住了资本这个统治资本主义社会的经济范畴，就抓住了资本主义最基本的东西。我们的理论研究，也要抓住基本的东西。这就是应用马克思主义的观点、方法的一个科学门径。

B.只要资本主义社会的基本生产关系存在一天，《资本论》中的基本理论，如劳动价值理论、剩余价值理论，以及建立在劳动价值理论和剩余价值理论上的分配理论等等，就是绝对真理，虽然资本主义已从自由竞争阶段推移到垄断阶段，对平均利润、生产价格、绝对贫困化、危机等理论，因具体社会历史条件不同而需要在应用上作一些限制或新的说明。这就是说，有些个别论点，到了资本主义垄断阶段，由于历史条件的变化，它们也有了某些改变，不承认这点是不现实的。如资本主义经济危机，现在与十九世纪对比，它的表现形式就有些改变。现在资产阶级用各种方法来对付危机，但不能消除危机。我们要承认危机的表现形式有些改变。如果承认了这点就是修正主义，那是不对的，那是教条主义。如无产阶级的绝对贫困与相对贫困问题，相对贫困，大家都承认，资本主义愈发展，资产阶级就愈富，相对之下无产阶级就愈穷。但绝对贫困，是否现在的工人阶级比十八世纪、十九世纪更穷呢？这就需要分析。从十九世纪下半期以来，由于工人的反对斗争，工人阶级的生活状况有所变化，这是一方面；另一方面，由于资本家之间的竞争，收买技术熟练的工人；再一方面，就是资产阶级收买工人贵族。所以，有些工人失业了，确实是“穷光蛋”，但不是所有在职工人的生活都是一天比一天贫困，一天比一天差。但是，就是有些工人或一部分工人的生活条件有所改变，也不能改变资本主义的剥削制度。我的意见是：由于十九世纪下半期以来的具体条件变了，有些工人的生活条件有所改变，可以这样讲。关于无产阶级贫困化问题，在剩余价值学说中是属于个别论点，不是基本理论。由于历史的具体条件变了，个别论点是可以改变的。

C.各种不同社会的商品经济形态，有它相区别的一面，也有它共同的一面。所以，只要我们社会主义社会还存在着商品经济，有关商品经济的一般经济法则，就仍有一定的妥当性，虽然应用起来，必须加一些中项说明。我们的社会存在着商品生产，劳动价值学说对我们社会的商品生产仍然有效。

D.任何社会的经济形态，都得用马克思主义的观点、方法去研究，特别是要学习马克思在《资本论》中运用的那种观点、方法的科学门径。马克思在《资本论》中应用的观点与方法，也是属于普遍真理的范畴。因为，任何社会都是辩证的发展过程。资本主义社会是整个人类社会中辩证发展的一个阶段，社会主义社会和共产主义社会也是人类社会中辩证发展的两个不同阶段。所以，无论研究哪一个社会形态，都要应用唯物主义的辩证方法。

3.马克思主义革命导师应用《资本论》的基本理论、观点和方法来研究所在社会经济问题的光辉典范

A.列宁的伟大著作《帝国主义是资本主义的最高阶段》（以下简称《帝国主义论》），是关于资本主义发展到帝国主义阶段的一部政治经济学，是垄断资本主义时期的政治经济学。马克思的《资本论》讲的是资本主义自由竞争时期的政治经济学。《帝国主义论》是研究十九世纪末的资本主义的政治经济学。在十九世纪末期，在马克思逝世后，资本主义发展到垄断阶段，出现了新的情况。列宁根据《资本论》的观点、方法和它的基本理论，详细地论述了帝国主义的特征。如在《帝国主义是资本主义的最高阶段》中，讲到资本的集中，讲到工业资本和银行资本相结合变为金融资本，讲到从商品输出到资本输出，再讲到殖民地的分割和世界被瓜分。这些，在《资本论》讲到资本积累和银行资本时已经接触到，但是不很明确。在《资本论》中，对于银行资本，马克思讲的内容是：在自由资本主义的时候，银行资本是配合产业资本，是为产业资本服务的，是受产业资本支配的，也就是说，银行资本不能操纵产业资本。到了垄断资本主义以后，情况就不同了，由于资本有机构成的提高，机械化程度的加强，工厂规模的扩大，资本家的投资也随之加大，资本家之间的相互竞争也加剧了。竞争，虽然在本质上是提高对工人阶级的剥削程度，但在某个场合，资本家之间的竞争也是很厉害的，甚至是“你死我活”的。为了竞争，资本家就拼命地扩张资本，依靠银行贷款，银行资本与产业资本结合起来，变成了

金融资本。这是资本主义社会发展的必然产物，是不以哪一个人的意志为转移的。到了社会主义时期，列宁也写了很多本书，讲到商品、货币等等。列宁认为，只要商品存在就要有货币。在社会主义时期要有商品和货币，但它们与资本主义的商品和货币不同。资本主义经济是资本家的商品经济，而社会主义经济就不是资本主义的商品经济，但商品生产的某些范畴、某些规律，在一定情况下还是适用的。

B.到了斯大林时候，他写出了《苏联社会主义经济问题》一书，那是很具体地而不是抽象地论述了社会主义社会的商品、货币等问题。他用马克思主义的观点和方法，把马克思关于资本主义的理论应用到社会主义社会，对社会主义社会的商品等范畴加以说明。

C.毛主席把马克思《资本论》的立场、观点和方法，应用到半殖民地、半封建的旧中国，来解决中国社会的实际问题。如毛主席的《中国社会各阶级的分析》一文，是伟大的马克思主义的著作。马克思在《资本论》中肯定了工人阶级是社会变革的动力，毛主席在《中国社会各阶级的分析》中也肯定了这一点。毛主席并分析了哪些是买办资产阶级，哪些是民族资产阶级，哪些是工人阶级，指出革命的动力应是工人阶级，等等。这样的分析方法，是马克思主义的方法，是唯物主义的辩证方法。

以上所讲的都是革命导师运用《资本论》的基本理论、观点和方法的光辉典范。他们的方法，都是值得我们学习的。

关于马克思的《资本论》

马克思与《资本论》*

——纪念马克思逝世七十周年

一

伟大的革命导师卡尔·马克思逝世七十年了。

在这七十年的后一半时期中,人类历史发生了根本的变化:在世界很大一部分领域内,实现了马克思在《资本论》中所作的结论:“剥夺者被剥夺”了。这个变化,是马克思所殷切期待的,是马克思所确切预料到了的,是马克思由他的巨著《资本论》所科学论证得十分肯定的。并且,这个变化,又是高举着马克思主义的旗帜,用马克思在他的《资本论》中阐发的真理的宣传号召和流血斗争所促成的。如其说,这个变化,标志着人类历史的新纪元,标志着旧世界与新世界的历史境界的分野,那么,在那个分野境界耸立着的高瞻远瞩的巨像,就是伟大的革命导师马克思,而在他的手里,把握着放射万丈真理光芒的、关系人类历史命运的《资本论》。

二

当我们论到马克思以他的巨著《资本论》解释世界并改造世界的伟大贡献的时候,显然没有忽视另一位伟大革命导师恩格斯在这方面的功绩。他不但是《资本论》创作的积极支持者,是《资本论》第二卷、第三卷遗稿的整理者、完成者、负责出版者,同时还是《资本论》中所阐述的真理的保卫者、宣扬者。事实上,恩格斯就是整个马克思主义的两位创建人之一。

由马克思、恩格斯创建的马克思主义,包括有哲学、政治经济学、社会

---

* 本文原载于《新建设》1953 年第 3 期。——编者注

主义三个部分。从表面上看来,《资本论》只是代表政治经济学那一部分,而且只是马克思许多著作中的一种。但虽如此,《资本论》却显然是马克思主义所由建立的基石。马克思遗留给我们的最完备、最精密、最深刻的经济学说,固无疑是表现在他的《资本论》中,他的唯物主义世界观,唯物的辩证的历史观,他的科学社会主义,都在《资本论》中有了极全面的应用和极精到的发挥。《资本论》并不单是一部马克思主义的经济学经典,同时还可视为哲学的和社会主义的经典。从马克思主义的观点来说,它的三个构成部分,是不可分割的。

据恩格斯的说法,在科学的研究上,马克思有两大发现:一是唯物史观,一是剩余价值学说。① 剩余价值这个特定的社会经济范畴,显然只是要根据唯物史观才能发现的;有了唯物史观和剩余价值的认识,社会主义才变为科学。② 所以,马克思虽然明确地指出了《资本论》这部著作的最终目的,是揭露资本主义社会的经济的运动法则③,可是他在进行那种揭发当中,却极生动地把客观经济事物的发展过程及其规律性,都原原本本地表达出来,而构成一幅活生生的唯物史观的图画;同时就在这图画中,把社会主义的必然性和可能性,甚至把社会主义——共产主义的形象,也极鲜明地描绘出来了。

事实上,马克思用200万言所写成的《资本论》这部巨著,是要阐扬两个相关联的真理:其一是,资产阶级是怎样变富了的,无产阶级是怎样变穷了的;又其一是阶级是怎样发生的,又将是怎样消灭的。对前一个真理,马克思是就剩余价值的如何产生、实现和分配来说明的;对后一真理,他又是在剩余价值的连续再产生、再实现和再分配中,在资本主义的生产力和生产关系的发展过程中看出无产阶级大翻身、夺取政权和消灭阶级的必然性和可能条件来说明的。马克思和恩格斯在他们的前期著作中、在《雇佣劳动与资本》,特别是在《共产党宣言》中,原已在基本上把这些道理讲得相当明白了,但因为这不仅是关系资产阶级和无产阶级进行斗争的死活问题,同时还是关系人类历史命运的问题;不仅要针对着资本主义

---

① 吴黎平译:《反杜林论》,三联书店版,第19页。

② 吴黎平译:《反杜林论》,三联书店版,第19页。

③ 《资本论》第1卷,原著者初版序。

在经济上的剥削体制进行分析，同时还得对于遮掩那种剥削的思想体系进行批判；所以，一个以资本主义为主要对象而同时关涉到一切私有制度的全面的、深刻的、非常详尽的科学研究，就被当作一项最迫切的历史任务而提出来了。在《资本论》中，马克思是从以下两方面来完成这个历史任务的：

首先，所谓阶级社会，用列宁的话来说，就是一部分人占有其他人的劳动的社会。[①] 奴隶主占有奴隶的劳动，是非常明白的；封建领主把农奴的劳动截然地分成两个部分，而占有农奴维持自己生存以上的剩余劳动部分，那也比较容易明白。只有资产阶级占有无产阶级的劳动或剥削其剩余劳动这一点，因为无产阶级的必要劳动那一部分，由于取得了工资作为代价，于是，这一部分的代价，就掩盖了剩余劳动那一部分之被无偿占有或被剥削，这样，资产阶级及其御用学者，就无耻地认定资本主义制度是“平等自由”、“公平合理”的，谁富了，成了资本家；谁穷了，成了无产者，不是由于命运，就是由于有没有能力，并且说这和制度本身是没有关系的。人道主义者、空想社会主义者、小资产阶级的浪漫主义者曾在各种不同的立场上对吃人的资本主义制度提出抗议，可是，因为他们全都没有从私有制社会的阶级关系去分析资本主义的本质，没有找到资本主义发展的客观规律，单凭自己的想像和主观的愿望，结局，就不可能使他们的理论具有何等说服力量。马克思一开始就把资产阶级与无产阶级结成的生产关系，看作他研究分析的对象和出发点。在这种生产关系下，由于资产阶级掌握着生产资料，直接生产的劳动者，必须像农奴依靠领主的土地一样地依靠那些生产资料，尽管一般商品的买卖是依据等价交换的原则，但劳动力这种特殊商品被出卖于资本家，却是依据不等价交换的原则。资本家利用劳动力所生产的价值，比较他购买劳动力所付给的价值，是一个不同的量，劳动者被迫把他维持自己生存以上的剩余劳动部分，都作为资本家的剩余劳动量或剩余价值量了。资产阶级就是经由这样曲折的方式来向无产阶级进行剥削的。可是，资产阶级占有劳动的方式虽然曲折，他们和奴隶主、农奴主占有奴隶、农奴的劳动，却同样是由于掌握了致人死命的生产资料的独占权，同样是由于利用了保护生产资料所有者的政治

① 参见《马克思列宁主义的阶级和阶级斗争理论》，第 7 页。

权力，同样是强制地迫使直接生产者提供出他们的剩余劳动。所不同的，在奴隶社会或封建社会里，剥削者是直截了当地把剩余劳动占有，而在资本主义社会，则是偷偷摸摸地通过交换，使剩余劳动采取剩余价值的形态。剩余价值形态被发现出来，资产阶级这个吸血鬼的假面具就被揭下来了，使人们知道：资本主义再也不是什么“合理”“公平”的值得永恒保持下来的制度，恰好相反，那是更加贪得无厌的杀人不见血的剥削制度，而在它本身，就在它进行剥削过程中，在剩余价值资本化的过程中，在资本积累的过程中，已经创造出了否定它自己的前提条件了。

其次，当马克思在《资本论》中，这样地揭露了剩余价值，从而揭露了资本主义的本质的时候，他同样也指示我们：剥削一经采取剩余价值形态，一方面表示社会生产力有极迅速的提高，和商品生产在国内乃至国际范围内更带有社会的性质；另一方面表示，作为资产阶级社会的对立物而出现的劳动阶级，将不可避免地要随着资本主义生产力和生产关系的发展而发展壮大起来。这两方面的变化，是按照资本主义社会经济的自发规律，按照资本积累的规律，平行地运动着和开展着。可是在结局，前一方面的发展愈来愈显示资本主义制度的内在矛盾，即生产的社会性与私人的占有形式之间的矛盾的扩大和加深，愈益显示它在为一个新的能容许生产力无限扩展的社会制度创造条件；后一方面的发展又说明，劳动力不绝为机械所驱逐，小生产不绝为大生产所吞没，因而愈来愈益招致更多破产失业的人口或产业预备军的形成，更加促使在业工人工资收入的减少和造成失业的威胁。当资产阶级社会占有绝大多数的劳动人民一经认清了资本主义制度的不合理，认清了他们穷困的根源，认清了他们自己的力量的时候，剥夺者被剥夺的革命场面就要演出了，社会主义就要出现了，最后的也是最顽强有力的阶级统治就要消灭了。所以，我们说马克思在《资本论》中从理论上向国际工人阶级提出了革命实践的号召。

三

马克思曾作过这样一种预言：“资产阶级终生会想到我的麻烦。”[①]他

① 郭大力译：《〈资本论〉通讯集》，第1页。

的预言早经实现了。然而，资产阶级的那种感觉，是由于工人阶级接受了马克思主义，接受了《资本论》的真理逐渐团结壮大起来而日益趋于尖锐的。和以往一切剥削制度比较，资本主义的经济政治社会组织，是更加强大有力的。为它服务的整个思想系统，也相应地具有更大的欺骗力量。在十九世纪五十年代前后的西欧，特别是在英国正好是资本主义向上发展的阶段（虽然那也正是工人阶级逐渐显示出团结力量的时候），马克思同他亲密的战友恩格斯发表一系列的反对资产阶级及其思想体系的论著，其中包括惊天动地般的人类解放大宪章——《共产党宣言》；到了一八六七年，《资本论》第一卷问世了。尽管这部以血与火的文字披露出资产阶级掠夺榨取实例的文献，主要是取材于老牌的资本主义英国，而其理论批判，也主要是针对着英国经济学派，同时，当时也还只有英国资产阶级较能理解这部著作的决定影响，但他们对待的方法，却是假装镇静，并采行了抹煞闷死的方策（虽然，同时也并不放松在出版、发行、宣传介绍方面，给以种种阻碍，那曾由恩格斯在当时企图扩大《资本论》影响所遭遇到的困难而反映得十分明白的）。

可是，就在英国资产阶级采行这种抹煞闷死方策、故示镇静的当时，大陆上的资产阶级及其御用学者们，早已由三四十年代英法诸国工人阶级的初期斗争行动中，感到神魂不安了①，他们没有英国资产阶级那样“羽翼已丰”的“本钱”和“修养”，就以种种色色庸俗透顶的议论从四方八面来对着马克思主义狂吠了。在四十年代末和五十年代初，一个高唱阶级利益一致理论的经济学派在法国出现了。这个以法国巴斯夏为首的小学派（巴斯夏的谬论还是由美国加雷那里偷袭过来），很快就在劳资对立尖锐化的事实面前破产了，这道符咒不灵了。另外两个派别就接替了它的任务，那就是德国的历史学派和奥国的维也纳学派或主观价值学派。前一个学派，是把资产阶级的国家，看作“超阶级的”机构，用它来调整资产阶级与无产阶级间的利益冲突，也就是干脆叫无产阶级好好忍受资产阶级的榨取。这个学派尽管在理论上比上述所谓经济调和学派还要荒唐无稽，但后来愈接近帝国主义金融寡头垄断时期，却愈被当作一种“奇货”

---

① 1831年法国里昂曾发生第一次工人暴动，曾一度占领里昂市；1834—1846年英国第一次的工人运动和宪章运动，达到很广泛的规模。

竞销起来。一切法西斯的统治者都不约而同地把这种反马克思主义的超阶级的国家理论，作为维护其血腥统治的依据。可是，在资产阶级的经济学界，却认为这样不能对付马克思的阶级斗争学说，特别是对付他在《资本论》中展开的剥削学说或剩余价值学说，于是论证资本家阶级对劳动者完全没有剥削的限界效用价值理论出现了。这个学派的头目庞巴威克写出了《剥削论批判》，还写出了《资本肯定论》，论证利润（他称作利息）并不是产自劳动，而是出于资本，他把一切论点建立在主观的心理状态上，不但不讳饰其主观主义，反把主观主义当作特点来宣扬，好像要从“主观上”来赶跑客观的铁一般的剥削事实似的。沉溺到了深渊的没落阶级，哪怕是一根野草，也看作救命圈抓着不放。在十九世纪七十年代以后，这种胡说八道的说教，竟在欧美资产阶级经济论坛和讲坛上传扬起来。道理是不难明白的，不管怎样下流贱薄的货色，只要是反对马克思的，只要是反对《资本论》中的剩余价值学说的，资产阶级就一定会感到兴趣的。可是，坚持真理的工人阶级是绝对也不会接受这套反乎他们经验的邪说的。反对马克思主义的阶级利益说破产了，主张以所谓超阶级的国家来调和劳资利害关系的历史学派理论不中用了，硬说资产阶级对无产阶级没有剥削的奥地利学派的谬论，只能在资产阶级方面有“主观价值”了，资产阶级确实感到马克思的“麻烦”了，正当这个时候，第二国际的右翼社会党人打着马克思主义的旗帜，跑出来为资产阶级报效了。

“巴黎公社”失败以后，资产阶级曾经历了一个比较和平发展的时期；从形式上的普选运动预期可以得到一些“甜头”的马克思主义的叛徒们，就用支解马克思主义的手法，来把马克思主义修正到资产阶级认为“正中下怀”的程度。与一切资产阶级学者不同，他们是从假装赞成马克思的《资本论》中的理论分析出发的。马克思在《资本论》中肯定资本主义提高生产力、发展生产关系，是为社会主义准备条件，他们就抓住这一点，认为当这些条件还准备得不充分的时候，用考茨基的滥调①说，当生产力还未好好发展起来，工人阶级还未壮大，他们还没有足够的人数通过国会选举等方式学好管理国家的本领的时候，强调阶级斗争，强调夺取政权，就等于破坏那些准备条件。从这个认识里，就显然包含有这样一个结论：资本

① 参见《列宁主义问题》，第31～32页。

主义应当和平成长到社会主义，于是，阶级斗争就被根本否定了。就因为这个缘故，以修正主义大师自命的伯恩斯坦，就宣称马克思的经济理论中包含的辩证法是神秘的，也就无异说，充分体现着资本主义制度中的矛盾对立斗争的革命因素，是神秘的，是应当修正的。这批工人阶级的叛徒——右翼社会党徒们、第二国际的理论家们，就是这样为了满足他们个人的罪恶企图，明目张胆地举着马克思主义的旗帜，来歪曲马克思主义，来欺骗工人阶级。资产阶级极廉价地雇得了这样一些为他们利益祝福的鼓手，当然是非常满意的，但他们是否就因此高枕无忧了呢？绝对没有。更大的麻烦在等着他们啊！

四

就在第二国际政客们、各国的右翼社会党徒们兴高采烈地干着歪曲马克思主义、欺骗工人阶级的罪恶勾当的时候，无产阶级革命的导师列宁步上革命政治舞台了。诚如斯大林所指明的，列宁不仅是一个马克思主义的大革命实践者，同时还是一个卓越的马克思主义革命理论家，针对着帝俄及西欧各国的反动哲学界、经济学界，他全面地展开了捍卫马克思主义的理论斗争。特别是对于马克思的《资本论》，他认为那是工人阶级的圣经，是武装工人阶级头脑的取之不尽、用之不竭的知识的源泉。大体说来，他从以下三个方面分别肯定了、应用了、发展了《资本论》所提示的普遍真理：

首先，与伯恩斯坦之流的叛徒们完全相反，列宁自始就认定《资本论》的颠扑不破的真理性，就在他所采取的方法，恰好把资本主义社会内在的矛盾对立关系，把资本主义经济中不绝产生矛盾、克服矛盾和扩大矛盾的辩证发展运动，按照其本身的推移演变顺序，如实地表达出来。这种透澈的、活生生的辩证逻辑完全是唯物主义的，没有渗入一点工人阶级的主观的愿望或爱憎，可是，它把工人阶级依照不可抗拒的辩证逻辑必然要起而代替资产阶级才能解决资本主义基本社会矛盾的客观规律指证出来，这当然不能不激起资产阶级的仇恨和恐惧了。《资本论》的伟大处，就在它是科学和革命统一的典范。列宁不但能彻底认识到这一点，并且把它进一步加以发挥和应用了。

其次，为了贯彻《资本论》中的基本原理及其革命实践精神，列宁从两方面继续和扩大了《资本论》的科学研究范围。如其说《帝国主义论》展开了资本主义没落阶段的研究，那么，《俄国资本主义的发展》就大体加深了并丰富了资本主义发生阶段的研究。通过列宁，马克思主义的政治经济学、马克思的《资本论》，更加焕发着真理的光芒了。资本主义发展到帝国主义阶段，资产阶级为了解决商品生产过剩矛盾在国内及国际间所采取的垄断组织形式，就把矛盾扩大到了不易再在资本主义基础上得到解决的程度，同时也就在这种变化当中，列宁天才地发现出了工人阶级可以在比较落后的资本主义国家实现革命的途径。

最后，和教条主义的考茨基之流完全相反，列宁虽然接受《资本论》中所提示的资本主义发展生产力和扩大其生产关系，是为社会主义创造条件的理论，但他并不把它当作教条，以为资本主义发展得不够充分，就不能进行社会主义革命了。恰好相反，在帝国主义已把世界联结成一个统一市场，并以各种国际经济组织使许多国家民族相互结成依存关系的情形下，工人阶级夺取政权的斗争，已经具有世界革命的性质(同时反革命亦具有世界的性质)，就不一定要在资本主义较发达从而其抵抗力较强的国家进行，倒很便于在那种资本主义比较不发达，从而其抵抗力亦比较薄弱的国家进行。在这种认识下，列宁把西欧的革命舞台，由德意志推到了俄罗斯，因为根据他所分析的俄国资本主义的一些特殊性，恰好可以看作是帝国主义的脆弱的一环，可以首先取得社会主义革命的胜利。[①] 在列宁、斯大林的领导下，马克思主义—列宁主义的旗帜飘扬在俄国大地上了，使人类历史发生根本变化的十月革命，就是这样依据着、发展着、贯彻着马克思在《资本论》中所揭示的由资本主义到社会主义的辩证逻辑而实现的。人类史由此写下了一个新的篇章，而《资本论》就是它的具有高度科学预见性的导论。

五

事实上，马克思主义的真理，马克思特别深刻表现在《资本论》中的真

---

① 参见《列宁文选》第1卷，第46～47页。

理，并不仅限于应用在资本主义制度的灭亡方面，也还应用在社会主义的建设方面；而且，并不限于应用在比较不发达的资本主义社会，又还应用于半封建半殖民地社会。由马克思、恩格斯开辟的人类解放的道路，由列宁、斯大林、毛泽东这些革命导师们依据他们自己所处历史时代的具体条件，在革命实践中发展了马克思主义，就使得条条道路可以通到共产主义了。

苏维埃政权建立起来以后的若干年间，由于长期战争和动乱的大摧毁，也由于帝俄时代的资本主义的脆弱基础，列宁就依据马克思在《资本论》中提示的社会主义必须在资本主义准备的物质基础上建立起来的原理，断然实行容许资本主义因素有某种程度的发展的新经济政策。同时，他又在关系社会主义建设方面，细心研究运用马克思的再生产理论。在他的有关市场问题的论文中，他把与劳动生产率的增长、国民经济各部门的商品性的增长相联系的社会分工的增长情形加以分析，使得经济计划所依据的再生产平衡的内容具体化起来。[①] 斯大林也非常重视马克思的再生产公式对于计划经济、对于国民经济平衡表的原则上的启示。在开始计划化的年月里，他经常运用再生产理论提出有关国民经济计划的重要指示；就是到了由社会主义向着共产主义过渡的现阶段，尽管有一些像雅罗申柯之流的经济学家，还宣称马克思的以资本主义经济为研究对象的再生产公式，如何失了时效，但斯大林已严厉地予以驳斥，力言再生产公式中所包含的基本原理，就是到了共产主义社会也还能适当地应用。[②] 事实上，斯大林的经典著作《苏联社会主义经济问题》，根本就是沿着《资本论》、《帝国主义论》的理论线索一脉相承下来的。它是马克思列宁主义政治经济学的新发展。

如其说，列宁、斯大林结合俄国革命和建设的具体情况，发展了马克思主义；毛泽东主席就是结合中国革命和建设的具体情况，发展了马克思主义。依据列宁创建的在帝国主义时代可以在比较落后的资本主义国家首先实现社会主义的理论，依据列宁、斯大林提示的社会主义苏联出现以后，在比较更落后的半封建半殖民地国家，有了苏联的支助，也可经过较

---

① 参见《计划经济论文选》第3辑，第111页。

② 参见斯大林著：《苏联社会主义经济问题》，第71～74页。

曲折的道路提前得到解放的理论，我们的伟大领袖毛主席创立了在帝国主义统治下的半个世界可以适用的新民主主义革命学说。自他在一九二六年发表的《中国社会各阶级的分析》以来，这个从半封建半殖民地的中国社会各阶级的经济地位、特点、相互关系及其发展趋势出发所确立的革命路线，在三十年的革命斗争过程中，已证实了它的完全正确性；它把马克思主义的工人阶级领导权的理论、工农联盟理论，有条件地容许资本主义发展的理论，极其生动地融会贯通起来，成为马克思列宁主义理论武库中的典范文献之一。依靠这个武器，我们把国内的封建买办及帝国主义势力全部肃清了；依靠这个武器，我们的新民主主义经济建设已经有了巨大的成就，并且加速地为过渡到社会主义创造条件了。当全世界的人民特别是在帝国主义统治下的全亚洲人民，以惊异的眼光，注视着我们这被长期压迫糟蹋的古老国家，在毛泽东旗帜下觉醒过来、站立起来、成长起来的时候，马克思、恩格斯、列宁、斯大林的人类解放的号召，马克思在《资本论》中论证得非常确定的人类解放的可能与必然的科学预见，就很快被他们视为自己解脱灾难的福音了。

六

七十年过去了，十月革命把这七十年等分成两半。在前一半时期里，资产阶级还在横行阔步地忙着以奴役掠夺的方式征服世界分割世界；在后一半时期里，景况大不相同了，它已在极迅速地经历着崩解没落的过程，因而失掉了自信，益发感到了马克思的“麻烦”。《资本论》这颗炸弹，已经落到俄国资产阶级的头上了[①]，结果，一切国家的资产阶级都惊惶起来。特别是在那些外强中干的法西斯国家，如像在第二次世界大战前的德、意、日诸国，谈马克思，读《资本论》，是悬为厉禁、罪在不赦的。而在今日的美国，是更进一步法西斯化了，不但禁读马克思、恩格斯、列宁、斯大林的著作，就连达尔文的学说，也看成亵渎上帝了。当中世纪末期僧侣贵族用火刑、用一切残酷迫害手段对付科学、对付启蒙学者的时候，那已表

① 当马克思完成了他的《资本论》第一卷的时候，曾表示：这颗炸弹对于资产阶级的头脑来说，是从来也没有碰到过的。

示他们是如何惧怕真理。美帝国主义者把它宣扬了很长一个时期的“科学自由”的假面具揭下来，露出一副青面獠牙的凶相，那是为了什么呢？那不已说明它整个社会的矛盾对立达到了爆裂的顶点，已经处在“剥夺者被剥夺”的前夜，从而正在实践着马克思在《资本论》中所论证的辩证逻辑么？

今天，马克思主义的真理之光已普照着大地，全世界正到处响着剥削阶级的丧钟，我们应当以如何感激崇敬的心情，以如何坚决走向社会主义——共产主义的斗争意志，来纪念这位伟大革命导师——马克思的逝世七十周年啊！

学习《资本论》的一些体会*

一、《资本论》是对以往一切阶级社会思想的清算和总结，是革命与科学统一表现的典范，是工人阶级的光荣与骄傲的旗帜

我们人类的社会生活，正在经历着一种伟大的根本的变革。这种变革的最高指导原理，就是马克思主义。而马克思的经典著作《资本论》，则被视为是马克思主义的奠基石。所以，不论是要明确我们这个伟大时代的变革方向，还是要确定我们个人参加在那种变革中的斗争目标，学习《资本论》该有如何重大的意义，那是不难理解的。

大家都知道：《资本论》是马克思不朽的创作，是这位伟大学者和革命家科学著作的极峰，这部著作把贯彻在整个资本主义发生、成长以至没落过程中的对立斗争规律，原原本本地揭露出来，构成了历史唯物论的基础，显示为资本家社会的"革命的代数学"或辩证法，而由是形成了科学社会主义的基本内容和必然结论。这也就是说，马克思主义的三个构成部分：哲学、政治经济学和社会主义，都很好的结合表现在《资本论》中了。就因为这个缘故，《资本论》就不仅表现是后来居上的工人阶级的代表意识，对于资产阶级的思想，显得无比的优越和正确，它并可视为是对于以往一切人类社会思想所作的全面性的总结。

在以往一切阶级社会中，资产阶级社会无疑是最能容许社会生产力发展的，恰当地说，它是最善于剥削劳动人民的。它在一方面以剥削劳动人民所得的巨大财富，造成对劳动人民的物质压力，同时又利用那种财

* 本文原载于《光明日报》1953年6月10日，并收录王亚南《政治经济学论文选集》，福建人民出版社1957年版。本文根据《政治经济学论文选集》排版。——编者注

富，动员组织大批的精神劳动者，使他们在各个方面各个文化领域，编造出适合于剥削者利益的各种理论学说体系，而由是形成对于劳动人民的精神压力。显然的，在那各种欺骗劳动人民并模糊其阶级意识的学说理论中，凡属以往各阶级社会为维持其剥削制度所采取的观点和言论，都被搜罗吸收进去了。一切剥削阶级（特别是它们临到保守的没落阶段的时候）的思想体系的共同特征，就是唯心论的观点和形而上学的方法。资产阶级在这方面并没有什么特别，如其说它有优于封建贵族和奴隶主的地方，无非是由于它占有旁人的劳动或从事剥削，不象后两者那样直截了当，而采取了比较掩蔽的形态；这种“暗偷”对“明抢”的区别，就使得资产阶级学者把资本主义描绘成公平合理的“自由而自然的制度”了（亚当·斯密在他的大著《国富论》中就这么说）。照他们的讲法，仿佛以前存在过的社会，都是达到资本主义社会的不同阶级，历史就发展到这里为止，不再前进了。正如同亚里士多德宣称奴隶和奴隶主的关系，有如男女关系那样自然一样，在资产阶级学者心目中的学说里，工人阶级和资产阶级的关系，也是再自然不过的了。如此这般的似是而非的学说理论，都使工人阶级在思想上找不到出路，他们由此受到的精神压力，比之资产阶级的巨大财富所给予他们的物质压力，还要严重得多。为要使工人阶级从这种精神压力下解脱出来，明确认清他们自己的地位，自己的力量，自己的前途，就需要一种恰好和历来剥削阶级特别是资产阶级宣扬的教义相反的思想体系，即采取与唯心主义形而上学相反的辩证唯物论世界观的思想体系，把剥削的真相揭露出来，把社会发展的规律揭示出来，把工人阶级有可能和必要起而推翻资产阶级统治的必然道理论证出来，整个马克思主义学说，无疑都是针对着这些方面，对于所有以往剥削者的理论进行批判，但依据“物质生活的生产方式决定着社会生活、政治生活以及一般精神生活的过程”的根本前提，就特别需要从经济制度方面去剖析剥削阶级的社会政治压制的基础。马克思的《资本论》就是为了成就这个历史任务而写出的。所以著者虽然指出它的主要目的是揭露资本主义运动规律，但不能单看为是一部政治经济学论著，它几乎把一切有关哲学、历史、社会、政治方面的基本概念和重要论点包摄在里面了；那虽然是就资产阶级社会立论的，但以往一切剥削阶级的社会意识形态，都在极广泛的范围内被连带论述到了，也都被连带给予公平的历史评价了。《资本论》就这样简直成为一部社会科学大百科全书，同时也就是对于以往一切阶级社会思想的清算和总结。

任何剥削阶级的思想意识，归根结底都是要劳动人民忍受其剥削，所以，都是讲“服从有理”，而马克思主义正好要倒转过来，如毛主席所天才表示地那样，是讲“造反有理”①。这个思想上的天翻地复，在《共产党宣言》中，已经揭示出了一个轮廓，但直到具有不可抗辩的说服力量和具有无从躲闪的剖析力量的体大思精的《资本论》问世，整个资产阶级的思想学说体系的欺瞒性和脆弱性，才第一次在马克思主义的科学真理前面暴露无遗了。如其说，资产阶级的政治权力统治，是到十月革命的当时才开始被倾复的，他们的思想统治，却在《资本论》出现的十九世纪六十年代就已受到致命的摧毁，就已经在进步人们的科学良心上破产了。

《资本论》是这样一部关系人类历史命运，关系人类社会思想根本变革的著作，这种性质，就不仅说明了它必须贯彻着如何彻底的革命观点和方法，同时还说明了它必须保持如何严密完整的科学系统。这是革命与科学统一的典范，是现代人类智慧在广度与深度上可能达到的极限，若从其发生的意义来讲，应当说是由于这样一种历史的必然，即后起的工人阶级的代表思想意识，如其不是具有这样无比的优越性，它就不可能战胜资产阶级的思想。

二、《资本论》是把革命的科学方法——辩证法作为其确定研究对象和研究程序的基础

在十九世纪三十年代以后，西欧英法各国工人阶级，已经用各种对抗资产阶级的运动方式，向革命导师们提出了他们的要求，那要求包含着揭露资本主义的剥削本质及其在发展过程中走向灭亡的必然命运。在这以前的小资产阶级的浪漫主义者和空想社会主义者们，当他们发现资本主义一方面积累起了巨大财富，同时却又在以极大的规模和速度造成惊人的社会贫困的事实的时候，确曾提出了不少诉之于理性和良心的抗议性的批评，但因为他们所采取的观点和方法，依旧是从资产阶级那里来的，

① 毛泽东：《在延安各界庆祝斯大林六十寿辰大会上的讲话》。

那就不但不能发现资本主义不合理的本质究在什么地方，自更无从理解：资产阶级在加速发展其物质财富和政治权势的过程中，同时也在加速增大其对立物——工人阶级的社会力量，因而，也在加速增大工人阶级推翻其统治的可能性。结局，他们的许多高论，就不但不能加强工人阶级斗争的信心，反而在他们思想上引起了混乱。马克思和他的亲密战友恩格斯在一八四八年公刊的《共产党宣言》中，第一次明确坚定地把社会变革的诸基本原则和规律揭示出来成为工人阶级斗争的指南和精神武器。那许多关系社会变革的原则和规律，后来在《资本论》中得到了最完备最严密的科学规定。

《资本论》被视为是马克思在一八五九年刊行的《政治经济学批判》的扩大加深研究的继续。他在《批判》的“序言”中所提出的有名的唯物史观公式，显然是《资本论》所依据的研究方法的唯物论的基础。事实上，马克思于一八五七年着手写作《批判》时，曾计划开头写一篇关于经济学方法的导论，后来那个计划虽然抛弃了，导论没有完成，但由考茨基收附在一九〇七年版本中的未完成稿，仍旧为我们提示了《资本论》揭露资本主义剥削本质及其灭亡的必然命运所采用的革命的科学方法，把那些方法扼要指明出来，对于我们学习《资本论》，应该是有不少帮助的。

首先必须指出的是，马克思所确认的政治经济学研究的对象，就是形成资产者社会经济结构的生产诸关系。资产者社会的生产关系，也正如同其他社会的生产关系一样，自始就带有这样一种性质，它只求与社会当前存在的物质生产力相适应，而并不随参组在它里面的人们的意志为转移，它是整个社会上层建筑如法律关系政治形态以及与其相适应的思想意识等等的现实基础，同时又利用那种种上层建筑，从各方面来保障推进或发展原有生产力，因而反过来扩展或改变它那既存的生产诸关系自身。从这当中反映出来的生产关系适应生产力性质的规律，是作用于整个社会（我们这里讲资产阶级社会）中的一切其他经济规律的依据。在这个乃至在这许多经济规律作用下，不论是资产阶级也好，是工人阶级也好，也不论是他们整个阶级或者个人也好，都不可能按照自己的意志行事，认识了这些规律，他们就可自觉地作有利于自己的运用，不认识这些规律，就只好一直在被动地盲目地象机器一样地受其支配。在这个社会扮演着主导角色的资产阶级尽管对于经济利害的计较打算格外热中，但那却更使他们利令智昏，不能好好认识经济规律，因而使他们的经济行为带有更大的盲目性，用马克思的天才表述：就是资本家完全听命于资本运动，资本的心，就是资本家的心；资本家物化了，反过来，资本人化了。这样的社会关系及其演变过程，就这样显示为客观存在的自然史过程。马克思不仅这样确定了政治经济学——《资本论》所研究的对象，为资产者社会的生产关系，并还把这种社会生产关系的不受人们意志左右的客观性质指出来，作为其进行科学分析的出发点。

其次必须指出的是，马克思确如上面这样确定了政治经济学或《资本论》研究的对象及其性质以后，接着要关联到的，就是研究分析应从何着手并应按照怎样的程序去进行的问题。他在《批判》的那个未完成的导论中，曾就资产阶级经济学界当时通行的生产、分配、交换、消费四分主义作过深刻批判，特别指斥了以生产行为的主体的人口来开始分析的错误。他说："假如我们把人口所依存着的阶级除开，人口就只是一个抽象；又如我们不把阶级所依存着的各种因素例如雇佣劳动资本等等认识明白，阶级就只是空文。而雇佣劳动与资本是以交换分工价格等为前提，离开雇佣劳动，离开价值、货币、价格，根本就无资本可言。"①从这段话里，我们已经不难明了马克思在写《政治经济学批判》的当时，就把他后来写作《资本论》的程序确定了，因为"物有本末，事有终始"，从最单纯的商品价值开始，依次论述到包含较复杂的范畴，是资产阶级社会的各种错综复杂经济事象自身呈现的必然顺序。不过他特别郑重的提醒我们，无论研究什么经济范畴，随时都不要忘记了资产者社会这个主体，对于这个主体，它们只不过是某一些侧面的表现，劳动也好，商品也好，货币也好……它们是在资产者社会以前就存在过的，但在资产者社会，就附加上了这个社会特殊的烙印，显示出了不同的性质和内容。资产者社会的最显著特征，就是作为这个社会的主体的资产者所进行的任何经济活动，无论是工农业，还是商业、金融业，非带回比原投资额为大的货币额，换言之，非获有赢利，非增殖价值，就没有意义。在资产者的人生观里，没有真，没有善，也没有美，只有利。资产者社会定于一尊的神，事实上不是基督，而是财神；但为他们创造财富的，又并不是他们所崇敬的财神，却是他们所轻蔑作贱的工

---

① 参照《批判》郭译本导论第25页。

资劳动者。资产阶级及其代言人，半由愚昧半装糊涂地一直不肯把每天呈现在他们眼前千万次的千真万确的事实指证出来，最后还是留待马克思当作一个公开的秘密来揭露。马克思依照前面提到的各种经济范畴显示的由单纯进到复繁，由本质进到现象的顺序，首先探究价值是怎样增殖的，其次再探究增殖的价值或剩余价值是怎样实现的，最后再说明整个资产阶级世界对于全社会所生产出的剩余价值是怎样在他们之间瓜分的，他分别就资本的生产过程，资本的流通过程，资本主义的生产总过程来进行分析。马克思的整个经济学说，其所以归结为剩余价值学说，那是由资产阶级社会的特质所规定了的，是不能不如此的。

最后还必须指出的是，马克思在揭露剩余价值的秘密在探究剩余价值产生实现以至分配的过程中，其实他同时已把整个资本主义的运动规律，把资产者社会由发生成长以至走向灭亡的辩证发展过程全揭示出来了。不久以前，我还听到一位“经济学者”半带嘲谑地这样说，马克思主义的剩余价值学说，就是指着资本家叫劳动者比方工作 12 小时，而只付给他们相当于 6 小时的工资，其余 6 小时就是他剥削所得的剩余价值。他言外以为当作一个学说，未免太简单了。事实讲穿了，本来也就是这么简单，马克思其所以要用 200 万言的《资本论》去说明它，那就不仅是因为这个简单事实，一直被蒙在资产阶级学者们的各种各色的观念论的尘雾里面，同时也实在是因为这个简单事实，使资产者社会对其他一切社会显示了本质的区别，资产者社会的每一经济关系或反映它的每一经济范畴，都贯串着这个简单事实在里面，没有这个简单事实，别说不可能有这样那样的庸俗经济学者，就连他们所依存的资产者社会也不可能存在了。比方说罢，社会怎么会在一方面有叫作资本家的购买劳动力的人出现，在另一方面又那么凑巧地有叫作劳动者的出卖劳动力的人出现呢？“公平交易”“童叟无欺”，资本家凭了什么叫劳动者为他工作 12 小时而只给他 6 小时的代价，劳动者又为什么为资本家工作 12 小时而肯接受 6 小时的代价呢？他们的买卖是依着怎样的交换原则进行的呢？剥削了劳动者的剩余价值的资本家，为什么有的人赚钱，有的人有时不免赔本？直接购买并使用劳动力的资本家剥削了剩余价值，站在生产圈外的商业资本家银行资本家，他们难道没有剥削么？他们是怎样剥削的呢？……这一序列的问题，都是说明那个简单事实必须交代清楚的。马克思不仅依照上述的剩余价值生产，实现乃至瓜分的顺序，非常详尽周密而又系统地交代了那些问题，他并还进而明确阐明了：那个简单事实千百万次地在资产者社会的不断反复，并不象钟摆来回于两极间那样单纯没有变化，事实上，它时时刻刻在引起社会深刻的变化，而由是表现为辩证的发展过程。购买劳动力来剥削剩余价值一经成为一个社会现象，就表示有大批的农民及小手工业者从他们原来的生产地位游离出来。同时也表示有大批的工场老板商人乃至地主改用这种新方式来猎取剩余价值。这两方面显然都要引起内部的竞争；资本家间的竞争，是靠加强劳动提高技术、发展生产力，以包含较少量劳动或价值的商品，竞胜同辈的生产力较低而消耗劳动较多价值较大的商品；竞争展开的结果，是剩余价值被强制着资本化，是生产力不断提高，是较小本经营较低级生产单位不能支持，是脱离原来生产岗位变成“自由得一无所有”的工资劳动者愈来愈多，是资本愈积累，机械化愈普遍展丌，就愈使一方面增多过剩劳动人口，另一方面增多过剩商品；那就是失业，是破产，是恐慌，是资产者社会的生产关系，吃不消在它里面发育胀大起来的生产力，是在生产关系适应其生产力性质的规律的作用下，愈来愈多的被剥削者逼着不得不起而反抗，一直引出“剥夺者被剥夺”的革命场面。就是这同一的为我们“经济学者”觉得太简单的事实，在近代初期，它叫资产阶级爬上历史舞台，而到当代，又叫资产阶级从历史舞台上跌倒下去。

三、《资本论》学习起来是比较困难的，困难究竟在哪里？但是不是也有比较容易的地方？

如其我们对于《资本论》的性质，其研究方法及其结构，有了初步的理解，那在学习当中，是有不少便利的。学习《资本论》这样一部体大思精的著作，谁都知道，相当的社会科学基础知识是非常必要的，但最大的格格不入的难关，却实在于阶级成见。在解放后不久，一位被誉称为经济理论家的大学教授告诉我，他选定《资本论》作为“经济名著”课程的教本，选课虽只一个学生，但他仍费了不少工力，经过半年把第一卷教学完了之后，那个学生及他自己，依旧弄不清价值和劳动的关系。我对他的谈话，一点也不感到惊讶。多少年被资产阶级的限界效用价值学说及其整个唯心思想方法弄得糊里糊涂的头脑，要去理解工人阶级的伟大经典著作——《资本论》，他原有的全部思想意识，无疑是要分途或协同提出“抗议”的。慢说价值与劳动的关系，就是其他任何一个比较容易了解的马克思主义的经济范畴，只要通过资产阶级的那一套不清不楚的概念比照一下或断章取义歪曲比较一下，就会完全走样的。我有理由这样说，学习《资本论》对于一个文化知识较差但没有受到资产阶级经济理论（特别是现代主观主义经济理论）毒害的人，比之一个文化知识水平较高，但却被那些理论浸染透了的人，是要容易得多的。但这不等于说，没有直接钻研过资产阶级经济理论，学习《资本论》就没有困难。根据我自己及许多朋友学习《资本论》的经验，这部大著比较不容易理解的地方，大体是在以次这几个方面。

首先，马克思研究分析事物的方法，是透过现象去揭发它的本质，或者是在任何一种具体经济事象后面，去发现它的社会的抽象性或社会关系。当那种本质或社会的抽象性被发现出来之后，再回到现象，回到具体经济事象，由是，经过马克思所研究分析的任何经济范畴，要就是为一般人的知识或思想方法所不易接触到或理解到的抽象形态，如象抽象劳动，价值，剩余价值等等，或者尽管是非常具体，如象货币、资本、人口等等，但因为它们背后的社会关系全被揭露出来了，因而包含有许多为我们表面观察所不易察知的复杂的诸般社会规定。所以，当《资本论》第三卷还未公刊，剩余价值利润化的过程还未阐明的时候，资产阶级经济学界，都认定马克思的抽象分析，不合实际，并且指出在价值规律和平均利润率之间存在有不可克服的矛盾，等到《资本论》第三卷问世了，只在他们头脑中存在的那种矛盾，由马克思依据事实，依据经济关系中相互依存联系加以科学地解决了，他们的简单脑袋，又装不进去剩余价值利润化利润平均化过程中所包含的许多复杂的实际规定。在他们看来，《资本论》第一卷太抽象了，第三卷又太事实了。其实，假使把阶级成见丢开不讲，我们经常的思想方法，极容易和庸俗经济学者的看法一致，那就是把经济事象看得简单了；对于它的抽象本质的分析，固然很不习惯，对于其具体复杂规定的理解，也极其困难，而马克思就资本主义经济诸范畴所作的深刻剖析，却正好要求我们克服这两方面的庸俗偏向。

其次，由于马克思的研究分析方法，具有上面那个使我们感到困难的特点，那就不能不连带引起我们学习上另一个麻烦，那就是我们一般很习惯于庸俗经济学的作法，以简单定义为满足，并在简单定义下，把科学和常识的说明揉混成杂拌。马克思对于任何经济关系或经济范畴的说法，坚决反对简单定义化和常识化，他认为事物及其关系，在不断变动转形中，不能封入硬结的定义中，而必须在历史的论理的形成过程中去加以理解①。科学是必须和止于反映表象的常识区别开的。凡属经过马克思分析说明了的经济范畴，都体现着非我们凭常识臆测所能体会到的极深刻的社会意义。比如对于商品、货币、资本这一些经济范畴，我们平常是看得极其简单的，商品就是买卖的对象，货币就是买卖借以进行的媒介物，资本就是用以图利的本钱，它们象是生来就具有充当如此这般职能并相互区别不能转化的自然性质；资产阶级学者是以天赋人权来解说资产阶级的统治，同时又是以天定秩序来解说资本主义的经济关系。商品拜物教和货币拜物教就是从这里产生的。生产商品的劳动所特有的社会性质，一直把他们都弄糊涂了；马克思就从这里去揭露隐藏在商品生产社会的全部秘密，他由此阐明了生产物如何成为商品，特定商品如何变形为货币，货币如何成为增殖价值的资本的根本道理，可是马克思无论讲到哪里，我们的习惯了的庸俗看法，就要在哪里表示抗拒：就商品来说，把劳动和劳动力区别开，认定劳动力才是劳动者和资本家当作特殊商品买卖的对象，那在我们的常识已经是很费解的；劳动力既被看作商品，为什么不是和其他商品一样按照等价原则交换呢？明明劳动3小时比劳动2小时所得报酬为多，为什么说工资不是“劳动的价格”呢？就货币来说，既然纸币也同金银币一样可以当作一般等价物通行，为什么说它必须具有劳动价值物——商品的实质？用作货币的货币和用作资本的货币的区别，我们怎么也不能一下想通；而货币要用它去购买活劳动才算是资本，更是意想不到的。最后说到资本，如其认定购买劳动力的部分，才能增殖，才算资本，为什么购买生产资料的部分也通称为资本呢？商业资本银行资本不是同生产劳动没有直接关联么？所有这些关系事物内部相互区别又相互联系的问题，尽管马克思都作了非常详尽透彻的科学分析，而我们在学习马克思主义政治经济学的时候，仍不能一下想得过来；诚如马克思自己

① 《资本论》第3卷，编者序，第10页。

所说的,“在科学上面是没有平坦的大路可走的”啊。[①]

此外,还必须指出一种困难情形,那就是,马克思所研究分析的任何一个经济范畴,不仅详尽无遗地讲到了它的发展转变的全过程,还讲到了它在每一阶段的各方面的种种关系。但是,关于人类生活形态的考察及科学分析,一般是与人类生活形态的现实发展,循由相反的道路[②],即是说,它是从发展过程的完成结果开始的。那所谓“完成的结果”,显然是最发展的形态,是最令人目炫神迷的现象形态,也是我们在生活上比较熟悉的形态,由这种形态探究到非常本质的而又为我们日常思想生活所不易达到的最原初的最单纯的形态,如马克思在分析价值形态时所表示的,那是“资产阶级经济学者从未尝试过的”[③];在最单纯的价值形态中,去探索隐在发展的价值形态一般的价值形态乃至最发达的价值形态或货币形态里面的秘密,他自己也认为是最困难的[④]。但不克服这种困难,我们在货币形态乃至商品形态上所表现的拜物思想,就根本无法清除,而结局,剩余价值的谜,也无从索解。经济形态的研究分析虽不能用显微镜,不能用化学反应药,而必须用抽象力,但是运用抽象分析法,却又必须如物理学者要在自然过程表现得最充分最不受他物影响的地方,去进行考察试验一样,非在错综复杂的经济关系中,依据它的各种重要环节,一步一步地作出舍象的假定不可。比如,象隐蔽在各种经济现象形态后面的剩余价值这个范畴,它转化为利润的过程,是要通过错综曲折的途径的,所以,马克思在分析剩余价值如何产生的场合,“必须把它的特殊形态如利润、利息、地租等丢开”[⑤],必须假定每个商品生产者都稳得到他由雇佣劳动所创造的剩余价值;而在分析剩余价值如何实现如何瓜分的场合,又先假定工业资本家相互竞取在他们大家生产的剩余价值总量中的分额,而把商业资本家、银行资本家参加进来分赃的说明摆在后面,直等到工商业上的利润来源被明确解析清楚了,然后再讲到地租这个较特殊的形态,讲到工农业上的利润的平均化过程。这样高度运用抽象力来对资本主义经济现

① 见《资本论》法文译本序与跋。

② 马克思:《资本论》第1卷中译本,第36页。

③ 《资本论》第3卷中译本,第13页。

④ 《资本论》第3卷中译本,第14页。

⑤ 《〈资本论〉通信集》中译本,第10页。

象作着周密的分析，显然是最科学的，但我们学习起来，如没有仔细地一丝也不怠忽地注意到它在每个不同阶段不同环节上所作的前提假定，就极易在思想上引起前后不相联结的混乱，许多学习政治经济学的人所提出来的问题，已经把这点反映得十分清楚了。

可是学习《资本论》尽管有这许多困难，马克思自己却是这样指示我们的："除价值形态那一部分外，这部书决不能说是怎样难解"[①]，在他给摩里斯·拉·霞特先生的信中，也表示了同样的见解："我所应用但还未在经济问题上使用过的分析方法，使最初数章的阅读最难。"[②]可见资本论第一篇特别是其中第一章，阅读起来最感困难，连马克思自己也是承认的。而我们没有好好习惯马克思所使用的，从来没有人用过的分析方法，那也增大了开头难的程度。不过据我的体会，要把资产者社会的整个经济运动，从里到外，从本质到现象，从发生到没落，详尽周密地在观念上如实反映出来，实在也没有更简易的途径，而我们从全书中清楚明白地显示出的以次诸特点，确能大大缓和我们学习起来所感到的难处。

第一个可以指出的特点是：在200万言的巨著中，你不能发现一个暧昧的不明确的概念，和带有任何片面性的说明。读过了《资本论》，初步理解了马克思所作过科学规定的经济范畴，你就会清楚；连古典经济学者讲明了一部分事实的经济理论，也是一些含糊不清的杂拌，而庸俗学者们把观念主义和常识揉合的高见更不必谈了。当然，在习惯了观念主义和常识的人看来，教学完了第一卷《资本论》，还弄不清价值与劳动的关系，那应怪谁呢？假如说要真正理解资本主义经济的原则和规律的话，通过《资本论》，至少要比通过资产阶级学者的经济学的著作容易多了。

再说第二个特点罢，马克思深入到资产者社会内部去揭发其本质的理论说明，即使是我们非辩证的思想方法所不习惯的，不能不感到领会的困难，可是他所提论到的每一原则或理论，或者是先由丰富的事例引述出来，或者是紧跟在丰富的事例后面加以概括；不能一下子领会原则，不妨先把原则所依据的事例研究一番。对于《资本论》第1卷的学习，马克思

---

① 马克思：《资本论》第1卷原著的初版序。

② 马克思：《资本论》第1卷法文译本序与跋。编者注：详见马克思《资本论》第1卷，读书出版社1938.8.31沪初版，第10页，"原著者第二版跋"。

曾要库格曼的夫人先读"劳动日"、"合作分工和机械"那几章，然后读论"原始蓄积"那一章[①]，如有必要，我觉得对每一章节，都不妨参用这个学习顺序。何况马克思曾明白指示我们，对于资产者经济学的"批判的职务，不是拿事实和观念来比较对照，却是拿事实和事实来比较对照"呢。[②]

还有一个帮助我们理解的大特点，就是大家所公认的《资本论》的科学系统性和完整性。马克思不仅从复杂的资本主义经济关系中，找出它内在的必然联系和必然的推移发展顺序，他并且依最适当的方法，尽可能的按照那种联系和推移发展的顺序，把它在观念上再现出来。凡属对马克思主义经济学有了初步认识的人，只要把《资本论》第 3 卷的目录全面作一检察，他就不难理解到《资本论》各卷各篇各章节间显示的严密系统，不但符合理论的逻辑程序，并也符合于事实的逻辑程序。考茨基、博洽德之流企图歪曲《资本论》研究结果所作的窜改尝试，一开始就显得破绽百出了。如其说一个著作组织系统的完整和严密，对于读者有莫大的便利，我们在这一方面是应特别感谢马克思的。

最后我还应指出这样一个特点来，《资本论》是当作革命行动的指南写出来的，《资本论》把贯彻在资产者社会的资本运动的铁的必然性的趋势，即由它的不得不发生以至不得不灭亡的必然趋势揭露出来，使我们在阅读它的过程中，象是由真理的火炬照耀着前进。读到马克思用血与火的文字描述的资本蓄积过程，我们实在不能抑制愤怒的情绪，但一读到资本主义发展过程中显出的"生产的物质发展，就和它的社会形态发生冲突"[③]的必然性，显出的"剥夺者被剥夺"的前景，我们又不期然而极度兴奋。在马克思笔下，资本主义社会就好象是但丁所描写的人类由苦行达到天国的炼狱。当"天国"在望时，《资本论》已不只用科学真理向导我们，并还用革命热情陶冶我们；而在全人类社会快要照着《资本论》的启示实现为"天国"的今天，这部帮助我们人类超渡苦海、诞登自由彼岸的工人阶级的圣经，实在不仅是作为我们革命的手段，并已成为我们精神生活的需要。学习它，看看已不是一件繁难的劳动，而渐变为一种享受了。

---

① 《马恩通信集》中译本，第 12 页。

② 马克思：《资本论》第 1 卷原著者序言中译本，第 10 页。

③ 马克思：《资本论》第 3 卷中译本，第 759 页。

四、结语

然而根据我们当前学习马克思主义理论的一般情况，我还愿简单补述以次几点结论性的意见，借供大家阅读《资本论》的参考。

第一，作为马克思主义的奠基石的《资本论》，它所研究的对象，虽然主要是资产者社会的生产关系或经济关系，但它却是把资产者社会放在全人类历史过程中来加以分析，因而是把资产者的社会的发展运动，看作人类社会辩证法全程的一个部分。即是说，它通过资产者社会的物质生活和精神生活，尚论到了全人类各历史时期，甚至提示了就是到了共产主义社会也还能适用的许多基本原则。当我们国家正在毛泽东思想领导下，大踏步地向着社会主义前进的今天，不论是为了加速建设步伐，还是为了反帝及肃清资产阶级思想影响的斗争，马克思、恩格斯、列宁、斯大林主义理论的学习，已经不是当作加担在我们身上的一种责任，而是作为被我们热烈要求的一种权利。在这种气氛中，在理论水平不断提高的情况下，《资本论》显然愈来愈要成为我们的必读经典。

第二，象《资本论》这样一部清算总结了以往人类社会思想而同时又密切结合了马克思主义三个构成部分——哲学、政治经济学、社会主义——的巨著，在直接阅读之前，当然需要一些入门准备，对于非作专门研究的一般读者来说，即使无须修习马克思主义的三个来源——古典哲学、古典经济学和空想社会主义的文献，可是如果单把入门研究限定在政治经济学方面，那显然是不够的。依照我的体会，如其我们要想习得《资本论》的基本精神——即它作为革命行动指南的基本精神，不对辩证法和历史唯物论有相当的理解，那就不但会增大我们学习上的困难，且不免要把我们的学习引到学究式的岔路上去。

第三，我们今日对《资本论》的学习具有热烈要求和相当条件的人，其中一部分就是在文化教育机关的知识分子。旧日半封建半殖民地社会的落后产业状况，对于以资产者社会生产关系为分析对象的《资本论》的学习，就缺乏感性知识一面讲是不利的，就我们在那种落后产业基础上不易滋生起歪曲马克思主义的社会民主党思想意识一面讲却是有利的。可是，旧中国贫乏的学术思想界，曾经是没落资产阶级的各种庸俗社会经济学说的温床。那些学术同常识结合起来，就要成为科学的大敌。我认为学习马克思主义理论，学习《资本论》，没有无保留的一面倒的思想，那就极容易使《资本论》的观点庸俗化。例子是多到举不胜举的。这在今天也许还是特别值得我们注意反省的地方。

《资本论》的产生、其性质、其结构及其研究方法*

一、引言

《资本论》,是代表工人阶级的基本利益而出现的,但却关系着人类的历史命运和整个世界的改造。

我们这个时代,已经处在伟大的社会变革中,已经处在由资本主义社会向着社会主义社会转变过程中。这种大变革或大转变,不但不同于以往政治史上的改朝换代,也不同于社会发展史上的,如像由封建制代替奴隶制或资本制代替封建制那样的革故鼎新,而是要对那个几乎占据着整个文明史的剥削压迫制度,从根彻底予以铲除。由封建制代替奴隶制,只是改变了剥削压迫的形式,并没有否定压迫剥削本身,同样,由资本制代替封建制,也只是改变了压迫剥削形式,而没有否定剥削本身;倒是压迫剥削愈来愈采取掩蔽的形式,压迫剥削的本质就愈来愈变得模糊。就存在有社会阶级对抗的社会来说,资本主义社会经济制度是最进步的,也是最发达的,因而,在压迫者剥削者方面,就把这一点拿来强调它的合理,强调它的永生的权利,可是,正因为它是最进步的最发达的压迫剥削制度,正因为这种制度把社会生产力大大发展起来,把被压迫被剥削阶级即无产阶级的力量编组集结起来,因而使他们的阶级觉悟通过斗争实践和宣传教育逐渐提高起来,这就有可能使得这种最进步的阶级剥削制度不仅要按照社会史的发展规律,为更高级的社会主义制度所代替,并要作为一种最后剥削制度向着真正的平等自由的人类社会推移。马克思早在十九世纪四十年代初期,就认定无产阶级的解放就是意味着人类的解放,他并

---

* 本文原载于《厦门大学学报》(社会科学版)1956 年第 2 期。——编者注

说："人的解放，它的心脏是无产阶级，它的头脑是哲学。"[①]当马克思这样肯定了无产阶级的自我解放即是人类解放的历史任务以后，他就着手研究给无产阶级以武装头脑的哲学，给他们以斗争的信心与力量的阶级学说，马克思主义就是这样产生的，而无产阶级的革命运动，即在我们这个时代的由资本主义社会向着社会主义社会推移的大变革，就是这样把马克思主义作为指导原则的。在马克思底指导无产阶级革命运动的全部理论中，在确证和通用上最为深刻、全面而精密的，是如列宁所说的，要算他的经济学说[②]，而他的经济学说的基石，就是被看作无产阶级的圣经《资本论》。

《资本论》既然担当有这样伟大的变革的历史使命，它的产生，就是很不平凡的，就是一个在思想上的彻底的大革命，也就是说它要对以往流行于一切阶级社会特别是资产阶级社会的传统思想学说，全面予以大翻案的总结。马克思是怎样完成这个伟大的思想工作的呢？这要就《资本论》的产生，它的性质，它的研究方法和结构这几方面来分别概括予以说明；仔细分析起来，也就是要从《资本论》这个伟大著作中明确体现的立场、观点和方法论诸方面来加以系统的解述。

二、《资本论》是代表无产阶级的基本利益而产生的

马克思写作《资本论》，开始于十九世纪五十年代，《政治经济学批判》出版于一八五九年；当作《批判》续编的《资本论》的第一卷出版于一八六七年，第二卷、第三卷则系在马克思死后，由他的亲密友人和忠实同志恩格斯编好遗稿分别于一八八五年和一八九四年问世。由写作到全部出版，前后几历半世纪的时间，恩格斯始终是这个伟大的难产工作的全力支持者和协助者。

决定《资本论》难产的最初的也是最根本的因素，应当说是有关立场的问题，把解放无产阶级，因而解放人类的历史任务，属望于无产阶级自

---

① 参见马克思：《黑格尔法律哲学批判》序言，人民出版社版，第 22 页。

② 见列宁："卡尔·马克思"，《论马克思恩格斯及马克思主义》，莫斯科中文版，第 27 页。

身，这在一开始，就要对一切传统的因袭的思想，采取非常坚决的革命立场。如果不是在斗争实践中认清了无产阶级的力量；不是在科学研究上，发见了资产阶级经济学者乃至小资产阶级的空想社会主义者关于社会经济发展的错误认识，也就不可能站稳这个立场。如其说马克思是在十九世纪四十年代就采取这个立场的，那么我们有理由把四十年代看作是《资本论》写作的酝酿准备期。

十九世纪四十年代前后，可以说是西欧资产阶级社会正经历着饱满发展的前进的阶段，同时，也恰好是这个社会在以极大的规模和极快的速度来创造发展它的致命的对立物——无产阶级的时期。无产阶级对资产阶级的斗争，愈来愈益采取了公开的形式。在资本主义经济发展较早，劳动阶级远在一八二四年就已取得了集会结社自由的英国，一八三一年就在选举法改正运动中出现了奥文派领导组织的“全国劳动者阶级同盟”，一八三六年又由“伦敦劳动者同盟”积极展开废除选举财产限制的普选运动，这个运动以和平请愿始，和平请愿失败，就诉之于全国总罢工，在各地引起骚扰，警察军队到处和群众发生冲突。资产阶级原来是想利用劳动者阶级的组织力量，好从保守的封建地主阶级争取政治权力，但劳动者阶级一经组织发动起来，就把他们自己的要求带到运动中去，而往往大大地超越了资产阶级所希望实现的限界。当英国资产阶级为了对付贵族地主阶级在政治上的压倒势力，致不惜利用无产阶级，并帮助他们获得集会结社的自由，而结局弄得大伤脑筋的时候，而在顽固地不肯给予无产阶级以那种自由的法国统治者，却并没有证明他们做得聪明。一八三一年法国里昂的丝业工人起义了，这个城市被工人们占领了许多天。对于这个事件，法国大资产阶级右翼的机关报《辩论报》(Journae Dls Debats)极敏感也极明确地第一次把资产阶级和无产阶级斗争的现实赤裸裸地揭露出来了：

“里昂起义已经显示出了一个重要秘密：就是社会上已经发生了有资产的阶级和没有资产的阶级的斗争。

商工业社会和其他社会一样，有它的创伤，这个创伤就是工人；有这个永远在增长、永远在匮乏中的劳动人口，社会就没有平静可言……

试比较一下城市里面的贸易和产业阶级的数目和工人阶级的数

目，你就会为了它的不平均而大吓一跳——一对一百。

工人阶级随时在生活不安的状态下要求一种改变，这是现代社会的危机。”①

这个从法国资产阶级口里讲出的“现代社会的危机”或“商工业社会的创伤”在落后的德国一开始现代化，就很快地表现出来。一八四四年作为德国资产阶级和无产阶级的第一次阶级战斗而出现的西里西亚的纺织工人起义了，马克思极其重视这次起义的重大意义，他非常坚决地指出：“……无产阶级立即非常肯定地、尖锐地、毫不客气地、庄严地、大声疾呼地宣称它是同私有制社会相对抗的。”②在前一年即一八四三年刊行的《黑格尔法律哲学批判》序言中，提出了“人的解放，……它的心脏是无产阶级”的看法，所以他异常兴奋地看到这样的斗争场面，认为“……没有革命，就没有社会主义。社会主义需要这种政治行动，因为它需要摧毁和消灭旧东西”③。无产阶级诉之于直接行动的革命斗争实践，不仅向革命导师们表示了他们的力量，同时并还增强了革命导师们对于他们的信赖。恩格斯是直接间接参加了英国工人阶级的宪章运动的，他非常关心英国的工人生活，他在一八四五年写成的《英国工人阶级状况》中，最后表示了这样的结论性的意见，他说：“穷人反对富人的战斗，今天已在个别地间接地进行着，在英国，那将导向一般的、全面的、直接的行动。要和平解决，不成了。阶级差别愈悬殊，敌对的精神就愈加要贯彻在工人们脑中，加深他们的怨愤；个别的游击式的袭击，会集中表现为重大的战斗和示威，一个小的冲突，很快就会扩展为雪崩的运动。全国都发出‘不战斗就没有出路’的吼声，那时富豪们就是能够注意到，也来不及了。”④马克思是非常重视恩格斯的这种著作的，他同恩格斯在一八四七年底合草的《共产党宣言》，已显然把他们对于无产阶级的认识和期望，更明确更系统地表达出来了：在一方面，他们认为，“无产阶级是现代社会中最下层的阶级，它若

① 参见伦第著：《现代世界民主运动史纲》（中文本），三联书店版，第92～93页。

② 马克思对《普鲁士工人、普鲁士国王和社会改革》一文的短评，转引自依·普列依斯：《马克思恩格斯的伟大革命道路的开始》，《学习译丛》1955年第6号，第93页。

③ 马克思对《普鲁士工人、普鲁士国王和社会改革》一文的短评，转引自依·普列依斯：《马克思恩格斯的伟大革命道路的开始》，《学习译丛》1955年第6号，第93页。

④ 见恩格斯：《英国工人阶级状况》，1952年柏林狄兹版，第356～357页。

不把压在它头上而由组成正式社会的那些阶层所构成的全部上层建筑物抛出九霄云外,便不能伸腰,便不能抬头”①。同时,“资产者阶级生存和统治的基本条件,是财富积累在私人手中,是资本的形成和增殖。资本的生存条件,是雇佣劳动制,雇佣劳动制是全靠工人们自相竞争来支持的。但资产阶级不由地造成而又无力抵抗的工业进步,却使工人们经过互相联合达到革命团结代替了他们因相互竞争引起的分散状态。于是,随着大工业的发展,资产阶级所借以生产并占有产品的基础本身也就从脚下抽去了。它所生产的首先是它自己的掘墓人”②。其结局就是:“资产阶级的灭亡和无产阶级的胜利同样是不可避免的。”③即社会主义是无可避免的。马克思在五十年代之初,已经是明确地站在工人阶级立场,并抱着实现社会主义的充分信念而开始其《资本论》的写作的。

不过论到这里,我们需要着重说明一下当时存在于哲学上社会主义思想上及政治经济学上的各种学说对于马克思的《资本论》的产生,所给予的巨大影响。

十九世纪上半期特别是在三十年代四十年代那个时期,资本主义在英国、法国乃至西欧其他一些国家,都以飞快的速度向前发展,社会阶级间引起了深刻的分化。而在较迟走上资本主义旅途的德国,无产阶级抬头了,封建贵族阶级却并没有倒下去,于是在阶级消长变化中,造成一种非常错综复杂的局面。在这种狂飙急变的情形下,一切传统的想法和看法,都不能维持了:形而上学的观点站不住脚,平等自由博爱的理性王国兑不了现。因而就在无产阶级逐渐由社会最底层爬升起来的同时,在各种社会意识中,在学说争鸣当中,已经为他们准备了或贮备了一些虽然是不完备的不成熟的但不少是有利于打破传统成见的进步思想因素。马克思就是呼吸在这样的思想生活的气氛中。我们由他的思想观点的急速转变,也不难理解当时进步思想学说给予他的刺激和影响。他在科学研究的过程中,是由法律、历史、哲学再转到政治经济学方面的,是由青年黑格尔派,转变为费尔巴哈的学徒,再变成辩证唯物主义者的。当他由青年黑

---

① 见《马克思恩格斯文选》两卷集,莫斯科中文版第1卷,第26页。

② 见《马克思恩格斯文选》两卷集,莫斯科中文版第1卷,第20~21页。

③ 见《马克思恩格斯文选》两卷集,莫斯科中文版第1卷,第21页。

格尔派变成费尔巴哈学徒，变成无神论者唯物主义者的时候，他就回过头来批判青年黑格尔派鲍威尔兄弟，说他们把历史的创造者期之于所谓“批判的人物”，而把群众看为是惰性的阻碍“批判的人物”创造历史的东西，是完全错误的；他认为创造历史，实现社会主义的，正好要依靠无产阶级群众的力量。这是马克思表述在《神圣家族》那部早期论著中的意见，那已表明他这时的进步思想，是先从传统哲学上解放出来的结果。虽然当时流行的各种社会主义学说早就给予了这个热心于社会改革的青年哲学家以深刻影响。恩格斯在他的《社会主义从空想到科学的发展》中讲过：“现代社会主义，按其内容说来，首先是，一方面，对于那统治于现代社会中的有产者和无产者间，资本家和雇佣劳动者间的阶级对立的认识底结果，另一方面，对于那支配于生产中的无政府状态的认识底结果。可是，按其理论形式说来，现代社会主义最初出现，只表示为是十八世纪法国的伟大的启蒙学者们所提出的原则的继续和似乎是更彻底的发展。现代社会主义，正如任何学说一样，应得首先从在它之前已经积累了的思想资料出发，虽然它在物质的经济事实中有着深刻的根源。”[①]不错，马克思的社会主义思想，在前述《共产党宣言》中，已经从物质的经济的事实中去探索它的深刻的根源，但要就无产阶级必然胜利，资产阶级必然灭亡的结论加以科学论证，那就非把资本主义经济制度，或有关资本主义经济制度的大量思想材料历史材料，加以缜密周到地研究它不可。而这也正是马克思由哲学、社会主义转向政治经济学方面的原因。他在一八五〇年开始经济学研究工作的时候，曾表示在英国做这个工作有莫大的便利：英国是资本主义的典型所在。“伦敦是便于研究资产阶级社会的良好观察所”；“大英博物馆里收集有关于政治经济学历史方面的巨量资料”[②]，马克思费了一个世纪的四分之一的时间，钻研这些材料，批判其错误，吸收其健全而合理的成分，建立起他底以剩余价值学说为核心的政治经济学体系。这就是说，剩余价值学说是沿着英国古典经济学的劳动价值理论发展过来的。所以列宁说：“马克思以前的古典政治经济学，是在资本主义最发达

① 恩格斯：《社会主义从空想到科学的发展》中译本，解放社版，第 46 页。

② 见《政治经济学批判》序言，《马克思、恩格斯文选》两卷集，莫斯科中文版第 1 卷，第 343 页。

的英国形成的。亚当·斯密和大卫·李嘉图考察经济制度时奠定了劳动价值论的初步基础，马克思继续了他们两个人的事业。他严整地论证并一贯发展了这一理论。”①当马克思在政治经济学上进行这种批判分析工作的时候，显然是由于他在哲学上，已经由批判吸收了黑格尔辩证法的合理核心，赞承了费尔巴哈唯物主义哲学中的健全部分，而由是建立起了辩证唯物主义观点，这使得他把辩证唯物主义应用到人类社会生活方面，因而在政治经济学研究上采取辩证唯物主义的历史观点。至于空想社会主义者们，咒骂资本主义制度，分别提出各种各样消灭代替资本主义制度的理想图案，在天真的幻想中，确实夹杂有不少可供启发的天才预见成分。在把资本主义看作残酷的剥削制度，并否认其合理存在的限内，马克思和恩格斯一点也没有低估那些空想社会主义者们的重要影响。这就是说，作为无产阶级这个先进阶级的理论，马克思主义应该看作是一切思想遗产中底先进成分的赞承者和继续者，“马克思的全部天才，正在于他回答了人类先进思想所已提出的种种问题。他的学说是直接继承那些伟大的哲学家、政治经济学家和社会主义者底学说而产生”②。这一点，在马克思的《资本论》中，格外表现得明显。凡属前人在哲学、政治经济学、社会主义方面有所益助于无产阶级解放任务的基本论点乃至一鳞片爪的零星见解，几乎都可在《资本论》中找到它的适当地位。像亚里士多德、威廉·配第、魁奈、黑格尔、圣西门、欧文、亚当·斯密、大卫·李嘉图、浩斯金、汤姆普生，往往是用一定的敬意来称呼的。“马克思主义没有丝毫与‘宗派主义’相像的东西，它绝对不是一种什么离开世界文明发展大道而产生出来的偏狭顽固的学说”③，这基本是由于它所服务的阶级，即无产阶级，正是从人类文明的历史发展大道上产生出来，并负担有自我解放并进而解放全人类的历史任务的缘故。

由上面的说明，我们知道，马克思在正式开始写作《资本论》的五十年

---

① 见列宁：《马克思主义底三个来源与三个组成部分》，《列宁文选》两卷集，莫斯科中文版第1卷，第72页。

② 见列宁：《马克思主义底三个来源与三个组成部分》，《列宁文选》两卷集，莫斯科中文版第1卷，第69页。

③ 见列宁：《马克思主义底三个来源与三个组成部分》，《列宁文选》两卷集，莫斯科中文版第1卷，第69页。

代以前，就已经确立了他的无产阶级的立场；即写作过程中，他不但从未怠忽他所担任的国际工人阶级运动的组织领导工作，并且一直是把那种写作，看作是在思想上鼓舞教育工人阶级的革命具体实践。所以当他听到工人阶级从他的《资本论》受到了教育的时候，他就喜不自胜地认为那是对于他的劳作的巨大报酬，正惟其他始终坚持着这个立场，他就有可能从现代哲学、政治经济学及社会主义思想中，批判驳斥其为资产阶级辩护的不合理的错误的部分；而将其有利于工人阶级的健全的合理的部分吸收出来，由是建立他自己底揭露现代资本主义的发展规律的经济理论体系。因此，在论及《资本论》产生过程的时候，我们是有必要把马克思底代表无产阶级利益的阶级立场问题，作为最有决定意义的关键，而首先予以考察的。

三、无产阶级的世界观根本改变了政治经济学的内容和性质

显然的，由《资本论》导来的政治经济学上的革命，单从阶级立场上去说明是不够的。由资产阶级转到无产阶级的立场，只不过是标志着那个革命的起点。

无产阶级和资产阶级、小资产阶级有一个根本不同的地方，就在于它的社会地位社会条件，允许它，并要求它采取唯物主义的世界观。为什么呢？就因为它是无产阶级，就因为它本来就一无所有，不怕从彻底的革命斗争中丧失什么，也不会要求在革命胜利后有什么特殊权利；它所处的被压迫与被剥削的地位，它所被赋予的自我解放并进而解放人类的历史任务，都在本质上要求按照事物的本来面目，按照事物相互间的必然因果关系，按照社会的自然发展过程，不掺假，不含糊，不掩饰，实事求是地把客观存在的事实表达出来，反映出来，这就是唯物主义的认识论或反映论，或者唯物主义的世界观。在把哲学看作社会阶级斗争的有效武器的限内，如其说无产阶级需要这样彻底的唯物主义哲学或世界观，那同时也说明那些企图继续保存并巩固其剥削特权的资产阶级乃至小资产阶级为什么总是多方宣扬着各种不同程度的唯心主义，到了没落阶段，甚至乞怜于神秘的信仰主义或僧侣主义了。有这样的社会阶级，就要求采取那样的

哲学观点指导下，对于同一社会现象或者同一资本主义经济制度，可以产生性质完全不同的研究成果。马克思的《资本论》，就是以不同立场、不同观点，来对于资产阶级的政治经济学进行批判的结果。

马克思在一八四四年夏天，已因前述西里西亚纺织工人起义的影响，完全站在革命无产阶级立场，他就在这个时候写作的《经济学哲学手稿》中，已经"认为要直接依据费尔巴哈在哲学上的发现，来研究政治经济学的问题"[①]；他并"第一次在哲学上把人们在劳动过程中，把人们在资本主义生产中的实在关系，当做自己分析的对象，并以无产阶级的阶级观点，来考察那些关系"[②]。接着在一八四五年的《神圣的家族》中，在一八四七年的《哲学之贫困》中，特别在一八四八年的《共产党宣言》中，他用无产阶级的观点来研究考察现代社会经济关系的方向，已经逐渐明确下来了；他后来在《政治经济学批判》序言中提出的唯物史观公式，应当理解为是沿着这个研究方向发展而达到完全成熟的结果：

> "人们在自己生活的社会中，参与一定的、必然的、不依他们本身意志为转移的关系，即与他们当时物质生产力发展程度相适应的生产关系。这些生产关系的总和就组成社会的经济结构，即法律的和政治的上层建筑所借以树立起来而且有一定的社会意识形态与其相适应的那个现实基础。物质生活的生产方式决定着社会生活、政治生活以及一般精神生活的过程。并不是人们的意识决定人们的生存，恰好相反，是人们的生存决定人们的意识。社会的物质生产力发展到一定阶段时，便和它们向来在其中发展的那些现存的生产关系，或不过是现存生产关系在法律上表现的财产关系发生矛盾。于是这些关系便由生产力发展的形式变成了束缚生产力的桎梏。那时社会革命就到来了。"[③]

这一段唯物史观的经典表现，应当说是《资本论》写作所依据的总路线；其中每一个基本论点，都在《资本论》中有了极明确的反映，把无产阶

---

① 乌·卡尔普申：《马克思1844年在经济学哲学手稿中对唯物主义辩证法的研究》，见《学习译丛》1955年第9号，第85页。

② 乌·卡尔普申：《马克思1844年在经济学哲学手稿中对唯物主义辩证法的研究》，见《学习译丛》1955年第9号，第89页。

③ 《政治经济学批判》序言，人民出版社版，第2～3页。

级世界观即唯物主义应用到社会生活方面，首先就要求在纷繁复杂的社会现象网中，找出区划主要现象和次要现象的客观准绳。在马克思主义出现以前，把各种社会生活作为研究对象的社会学，就始终是在各种社会因素的因果关系上兜圈子，有的把政治法律因素看得重要，有的把大人物的个人力量看得重要，有的把思想因素看得重要，甚至有的把气候、土壤、地势一类自然条件拿来作为最有决定一切的因素……这样，就恰好达到社会历史发展没有什么规律可循的结果。马克思第一次系统地把这个问题解决了，他在整个社会现象中，找出了区别主从关系的标准。用列宁的话，就是“从社会生活各部门中，分划出经济部门，从一切社会关系中，分划出生产关系，作为一切社会的始初关系”①。“把‘生产关系’划出来作为社会结构，就使人有可能把主观主义者所认为不可用到社会科学上的重复律，应用到这些关系上来。”②“把一切社会关系归结于生产关系，把生产关系归结为生产力高度”③，生产力发展到一定阶段，便和一向在其中发展的那些生产关系发生冲突，而由是引起社会革命，这正好是如恩格斯所说的：“当我们把我们的唯物主义的论点加以进一步的发挥，并进一步应用于现代生活时，一个伟大革命——一切时代中最伟大的革命——的前景，就立即呈现于我们的面前。”④把资本主义社会经济制度作为对象，对于它的发展以及最后由革命导致灭亡而为更高级的社会组织所代替的全过程，马克思都是根据这个制度、这种生产关系中已经出现或已经萌芽存在的事实，用严密的科学研究，来证明其推移运动秩序的必然性，证明其发展的必然规律。他的分析研究，严格限定在这个社会成员间的生产关系方面，“在解说问题时，非属于生产关系的其他因素，甚至于没有提到。这样做法，马克思可以使我们看到，商品经济发展，怎样转化为资本主义经济，而创造出敌对的阶级——现在生产关系的范围以内——资

① 见列宁：《什么是“人民之友”以及他们如何攻击社会民主党人》，《列宁文选》两卷集，1949年莫斯科中文版第1卷，第96页。

② 见列宁：《什么是“人民之友”以及他们如何攻击社会民主党人》，《列宁文选》两卷集，1949年莫斯科中文版第1卷，第98页。

③ 见列宁：《什么是“人民之友”以及他们如何攻击社会民主党人》，《列宁文选》两卷集，1949年莫斯科中文版第1卷，第98页。

④ 恩格斯：《论卡尔·马克思著〈政治经济学批判〉一书》，见《马克思恩格斯文选》两卷集，莫斯科中文版第1卷，第346页。

产阶级与无产阶级来，它怎样发展了社会劳动的生产率，它怎样由此引进一个因素，一个和资本主义组织本身的基础立于不可调和地位的矛盾的因素”①。他“一次也没有借用什么超出这些生产关系的因素来说明问题”②。这种严格的实事求是的科学研究精神，就使得《资本论》成为历史唯物主义的科学典范，具有无可争辩的说服力。先进的无产阶级不但由这个先进理论证示了真理是在他们一边，并还证示了他们并不是像资产学者③所想像的那样，站在“历史圈外”“文化圈外”而恰好是要以更高度的科学文化武装了的头脑来改变历史。

然而，在政治经济学的研究上，在资本主义经济制度的研究上，坚持唯物主义观点，特别是由于坚持唯物主义观点，而引出了这样变革的结论即从根改变历史，使那些被踩在社会底层的广大劳动群众超升到社会上层，站在统治者的地位，那就不但要遭受活着的资产学者的反对，并还要和所有过去强调资本主义制度为最合理的、最适合人性的资产学者的理论相抵触；更进一步，甚且还要和那些哪怕是反对资本主义制度的空想社会主义者们的见解相抵触，恩格斯在《论卡尔·马克思著〈政治经济学批判〉一书》中这样讲过：“新的世界观，必然要不仅遭到资产阶级的代表们的抵抗，并且遭到大群想用自由平等博爱的符咒来翻转世界的法国社会主义者的抵抗。”④就由于以往有关社会经济制度，有关资本主义经济制度的文献，差不多都是用不同程度的唯心主义观点考察的结果，所以，“即令只要在一个单独的历史事例上发挥唯物主义的历史观点，也是一种需要多年静心研究的科学工作，因为很明显，在这里讲空话是无济于事的，这样的任务，只有依靠大量的、经过批判审查了的、完全领会了的历史材

---

① 见列宁：《什么是“人民之友”以及他们如何攻击社会民主党人》，《列宁文选》两卷集，1949 年莫斯科中文版第 1 卷，第 89 页。

② 见列宁：《什么是“人民之友”以及他们如何攻击社会民主党人》，《列宁文选》两卷集，1949 年莫斯科中文版第 1 卷，第 89 页。

③ 德国反动哲学家施本格勒认为工人阶级是微末不足道的，站在历史之外、文化之外。（参见《简明哲学辞典》，人民出版社版中译本，第 139 页）事实上施本格勒这个说法，不过是把资产阶级及其学者们轻蔑劳动人民的态度，露骨地表达出来罢了。

④ 恩格斯：《论卡尔·马克思著〈政治经济学批判〉一书》，见《马克思恩格斯文选》两卷集，莫斯科中文版第 1 卷，第 347 页。

料，才可解决”①。同时，我们又知道，任何一个单独的历史事例，任何一个关系个别经济范畴或规律的理论说明，都不是孤立的，都是作为用这种那种唯心主义观点所组成的什么体系中的构成分，它牵涉到某个体系整体；甚至本质地牵涉到抱有同一立场观点的资产阶级经济学界，结局，这个科学研究工作，就不能只是对于政治经济学的个别论点、个别章节的简单批判，也不能只是对于某些论争的经济问题的个别审查。恩格斯论述《政治经济学批判》的话，显然是完全适用于《资本论》的，他说：“这部著作一开头就建立在这样的基础上，即系统地综括全部经济科学的复杂构成，在联系中阐明资产阶级生产和资产阶级交换的法则。经济学家既然无非是对于这些规律的解释者与辩护者，那末，这种阐明同时也就是对全部经济学文献的批判。”②

必须指明，马克思在政治经济学批判上采取唯物主义的历史观点，显然不能单把他们的批判范围，限定在经济方面，事实上，《资本论》已为马克思主义的基础与上层建筑的学说，提供了极全面极生动的科学典范。单就他所分析批判的政治经济学本身说罢，在《资本论》初版序、第二版跋那两篇文字里，他也已非常明确地就英国、德国的资本主义经济发展程度来解述它们的经济理论可能达到的水平，同时并还就这两个国家的资本主义经济发展的历史社会条件，分别说明英国到了十九世纪三十年代，已不允许它在政治经济学上继续作科学的研究，而在政治经济发展上落后于英国、法国，但却反映着英、法的政治经济情况的变革而提出了辩证哲学的德国，则只能另辟一个途径，以无产阶级的经济学来代替为资本服务的经济学了。事实上，不仅政治经济学这种社会意识形态，其他的一般精神生活，莫不取决于社会物质生活的生产条件，同时又给予那种生产条件以作用和影响。所不同的，只是政治经济学所直接研究的对象——社会经济关系或其在法律上表现的财产关系，更密切地关系到各社会阶级的利益，更本质地得到社会政治生活，因而在讨论当中，就不免要更多地涉及它的各种上层建筑。所以，在《资本论》中，对于资本主义各个发展阶段

① 恩格斯：《论卡尔·马克思著〈政治经济学批判〉一书》，见《马克思恩格斯文选》两卷集，莫斯科中文版第1卷，第347页。

② 恩格斯：《论卡尔·马克思著〈政治经济学批判〉一书》，见《马克思恩格斯文选》两卷集，莫斯科中文版第1卷，第348页。

上的社会政治法律制度的变迁，社会生活的改变，各种学说思想意识的相应变化，差不多都有异常周到而深刻的分析，这就使得它简直成了一部社会百科全书，而无异“把整个资本主义社会形态作为活生生的东西表明给读者看，将它的风俗习惯，将它的生产关系所固有的阶级对抗底具体社会表现，将它的保护资本家阶级统治权的资产阶级政治上层建筑物，将它的资产阶级的自由平等以及其他等等观点，将它的资产阶级的家庭关系，都全盘托出”①。

可是，当我们指出《资本论》充分体现着唯物史观的基本精神，而把整个资产阶级社会形象给我们全面分析刻画的时候，切不要忘记了，马克思关于资产阶级社会的风俗习惯、阶级对抗现象、政治法律上层建筑、观念形态以及家庭关系等等，都是把它们看作那个社会在各特定历史阶段的生产力和生产关系发展变化在各方面的反映。只有这样，才使得那些建立在狭隘的形而上学观点上的资产阶级经济学说，完全经不起马克思依着全面发展观点所展开的批判，无产阶级在二十世纪初期才开始对资产阶级取得革命斗争的胜利，但远在十九世纪中叶，无产阶级的政治经济学，已早把资产阶级的政治经济学彻底击败了。

四、建立在唯物主义辩证法基础上的总结构和研究方法

事实上，当我们说《资本论》在政治经济学上引起了革命的时候，那并不是单从立场观点方面立论，同时也涉及了它的研究方法和依一定方法所安排的总体结构。哲学上的认识论和方法论是统一的。从形而上学的观点去看问题，和从辩证发展的观点去看问题，那就不但所看出来的问题的内容和性质不同，同时也说明它们分别在“看”的过程中，已在应用着和各自立场、观点相适合的方法。不过，在说明的便利上，是不能不分开来讲的。

我在前面已经提到了马克思主义的三个来源说问题；在政治经济学上，马克思论证了并一贯发展了亚当·斯密和大卫·李嘉图的劳动价值

---

① 列宁：《什么是“人民之友”以及他们如何攻击社会民主党人》，《列宁文选》两卷集，莫斯科中文版第1卷，第99页。

理论。可是,马克思接触到英国的经济理论,是在他批判吸收了德国古典哲学的合理核心以后,是他把黑格尔的辩证法依费尔巴哈的唯物主义来加以改造以后,因此,“作为马克思主义经济学说的思想来源的资产阶级政治经济学,对于马克思在研究新方法问题时的直接帮助是很少的。当马克思着手研究资产阶级经济学家的理论时,他不仅批判了黑格尔的辩证方法,而且还开始从唯物主义的立场改造这一方法。因此,资产阶级经济学家的形而上学方法论对于马克思是格格不入的”①。不仅如此,马克思对于资产阶级的政治经济学的批判,一开始就抓到了它的自然主义的形而上学的弱点,远在一八四七年,他就在《哲学之贫困》一书中,指责蒲鲁东跟在资产阶级经济学者后面,把资本主义的生产和生产关系永久化,他说:“经济学者把资产阶级的生产关系、分工、信用,货币等等看为固定的,不变的,永久的范畴。”②他在那里面批判经济学者们说:“经济学家有一种特征的研究方法。在他们看来,只有两种制度,人为的和自然的。封建制度是人为的、资产阶级的制度是自然的。……因为现存的关系——资产阶级的生产关系是自然的。……所以,这种关系本身,就是与时间的影响无关的自然的规律。”③一八五九年马克思在《政治经济学批判》序言中开始提出了有名的唯物史观公式,那在原则上,应当理解为是马克思主义政治经济学的方法论,或者政治经济学方法论的哲学基础。如像前面讲到的,他“从社会生活各部门中分划出经济部门;从各种社会关系中分划出生产关系,作为一切社会关系的始初关系”,作为政治经济学的研究对象,所有存在于特定社会的各种经济范畴都被视为是那个社会生产关系的个别方面的反映或抽象。当社会生产关系随着社会生产力的发展变化而改变了的时候,所有附着于这种关系而存在的一切经济范畴,都将随着发生变化。结局,没有一件永远不变的东西了。资产阶级社会生产关系连带它的一切“心爱的”附着物利润、利息、地租等等,都处在待变或正在变化的状态中。这个提法,一开始就叫自然主义的形而上学没有站脚的余地。那很显然不单是观点问题,同时还是方法论问题。所以恩格斯

---

① 乌·卡尔普申:《马克思1844年在经济学哲学手稿中对唯物主义辩证法的研究》,见《学习译丛》1955年9月号,第88页。

② 马克思:《哲学之贫困》中译本,解放社版,第145页。

③ 马克思:《哲学之贫困》中译本,解放社版,第145页。

在《论卡尔·马克思〈政治经济学批判〉一书》中说："作为马克思政治经济学批判基础的方法的确定，在我们看来其意义的重大不亚于唯物主义的基础观点。"①

研究分析一个社会形态，把它看为永久不变时所用的方法和把它看为是一直处在变动状态中，并且正在创造条件为其他社会形态所代替时所用的方法，显然绝不一样；对于各种经济范畴和原则的叙述，应把它们安排在怎样的顺序中呢？依照前者，当然最好是分别把它们位置在一看就是出于自然的天定的无可更易的那种体系中；资产阶级的经济学者就是这样做的，不过他们因所处的历史阶段不同，做法也并不完全一样。大约处在资本主义前进阶段的古典学者，如像亚当·斯密、大卫·李嘉图，由于他们为了向封建的残余势力或制度，或者重商主义措施，争取资本主义商品经济所需要的自由竞争，同时威胁着资本主义生存的无产阶级的力量又还未十分发展显露出来，因此，他们就比较能够无所顾忌地从资本主义生产关系内部去发现它的各种经济范畴的相互联系；由亚当·斯密比较系统地说明了的劳动价值理论，和大卫·李嘉图在劳动价值理论基础上展开的关于利润、工资、地租诸形态的相互对立的分配学说，都不容许他们把他们用以说明的系统，完全放在形而上学的固定框格里。所以，亚当·斯密的大著《国富论》的论述次第，虽然叫我们看来，不很合经济学的体裁；李嘉图的大著《经济学及赋税之原理》更像是一些独立论文的杂凑，可是，比起以后庸俗经济学者们用生产、分配、交换、消费四分法和资本——利润、劳动——工资、土地——地租三位一体公式和所构成的完全形式主义的系统，却是更便于说明一些真理的。自然，亚当·斯密和李嘉图把资本主义制度说成是出于人类天性，合乎人类天性，并把他们研究出发点的个人，臆造成像鲁滨逊那样的单独的独立的猎人和渔人，都受到了马克思的严厉批评，可是在他们所处的时代，还没有必要使他们在经济学方法论上虚构一些掩蔽阶级矛盾的系统，而这是愈到后来才愈做得到家的。

马克思在一八五七年写成但未曾即时发表的《政治经济学批判》导论

---

① 恩格斯：《论卡尔·马克思著〈政治经济学批判〉一书》，见《马克思恩格斯文选》两卷集，莫斯科中文版第1卷，第352页。

中,曾批评了一般资产阶级经济学者传统袭用的经济学体裁并还专节讨论了经济学的方法。很显然,在这一方面,即在展开对于资产阶级经济学的批判当中,建立起他自己的以唯物主义辩证法为基础的正确方法和系统的。与资产阶级经济学者把资本主义社会看作不再变了的自然秩序恰好相反,马克思在四十年代就认识到了资本主义社会和它所由转变过来的封建社会一样,正在辩证地创造否定它自己的条件。问题乃在于用什么方式方法才能把这个过程,把资本主义经济发生发展以至灭亡的规律揭露出来。这止是马克思在《资本论》中所应用的方法原理。但因为这和形而上学的观点方法相抵触,所以,马克思自己也说,《资本论》的方法,不常为人理解。[①] 可是毕竟有理解得连他自己也认为很好,把他的方法的辩证唯物论的基础作了适切说明的:

> "在马克思,只有一件事是重要的,那就是发现他从事研究的现象的法则。他认为重要的,不仅是在各种现象具有一个完成形态,并保持一种可以在一定期间看到的联系的限度内支配着这各种现象的法则。对于他,更重要的,是现象之变化的法则,发展的法则由一形态到他一形态,由一种联系的次序,到另一种联系的次序的推移的法则。这种法则一经由他发现,他就要详细研究这个法则在社会生活上表现出来的各种结果。……所以,马克思只关心一件事:那就是由严密的科学研究,证明社会关系上一定秩序的必然性,并对于当作出发点和根据点的各种事实,尽可能予以完全的确认。为达到这个目的,他只要证明现在的秩序有其必然性,同时又证明别一种秩序也有其必然性;不管人是否相信,不管人是否意识到,现存的秩序,总是必须推移到这个别一种秩序去的。马克思把社会的运动,看为是一个自然史的过程;支配它的法则,不仅和人的意志,意识和意图是独立的,却宁说是决定人的意志,意识和意图的。……意识要素在文化史上的位置既然如此低,那就不说自明,以文化为对象的批判,不能以意识的任何一个形态或结果来做基础。这就是说,能作为这种批判的出发点的,不是观念,只是外部的现象。批判的范围,不限于拿事实和观念来比较对照,却是拿一个事实和别的事实来比较对照。在

① 马克思:《资本论》第1卷第二版跋,人民出版社版,第13页。

这种批判上，唯一重要的，是两种事实必须尽可能同受正确的研究；是这两种事实，必须现实地，在互相对待的意义上，成为不同的发展要素。但最重要的，是要同样正确地研究各种秩序的序列，各个发展阶段依以出现的次序与联结。有人说，经济生活的一般法则是永远同一的；适用于现在，适用于过去，都是一样的。但这正是马克思否定的。依他说，抽象的法则是不存在的。……依照他的意见，正好相反，每一个历史时期，都有它自己的法则。……生命通过一定的发展时期，由一阶段向他一阶段推移时，它就开始要由别一些法则去支配。总之，经济生活表现了一种现象，与生物学其他领域内的发展史颇相类似。……旧经济学家以经济法则比于物理学法则或化学法则时，是把经济法则的性质误解了。……更深刻地把现象分析一下，就知道诸种社会有机体，是和诸种动植物有机体一样，彼此有根本的区别。……并且，同一个现象，也因各种有机体的全部构造不相同，因它们的个别器官有差别，因这各种器官是在不同的条件下发生作用等等原故，须受支配于完全不同的法则。例如，马克思就否认人口法则是任何时任何地都相同的。反过来，他是主张，各发展阶段有各自的人口法则。……生产力的发展不同，社会关系与支配社会关系的法则也不同。马克思把这个目标放在面前，从这个见地去研究它并且说明资本主义的经济制度时，他不过要严密科学地，把经济生活每一种正确研究所必须有的这个目标，树立起来。……这样一种研究的科学价值，是在于说明，一定社会有机体的发生，生存，发展，死灭，以及它由别一个更高级的社会有机体来代替的事实，是受着怎样一些特殊的法则支配。马克思这部书实际上有这种价值。”①

对于这样一篇专门讨论《资本论》方法的文字，马克思非常满意地表示：“这位作者如此正确地描写了我的现实的研究方法，而在考察这个方法在我手上的应用时，又如此好意地描写了它，它所描写的，不是辩证法又还是什么呢？”②这和资产阶级学者们所应用的那一套，该是如何本质地不同啊！

---

① 马克思：《资本论》第1卷第二版跋，人民出版社版，第14～16页。

② 马克思：《资本论》第1卷第二版跋，人民出版社版，第16～17页。

由杰姆斯·穆勒通俗化李嘉图学说而开始应用的所谓四分主义(由生产到分配,再到交换消费)在形式上像是非常整齐,但它的体系是支离的,说明的程序是混乱的。一个社会的总生产物,以如何的方式,如何的比例,分配在各成员之间;他们以如何的方式行使交换,以及消费的一般条件及在全生产物中所占比重如何,均是取决于当前的生产形态;把生产和其他三项经济行为平列出来,那不独不成体统,且没有显出重心。而且,现实的经济活动,并不是显分畛域的生产了再分配,接着再交换,最后始归于消费;一把生产过程看作是再生产过程,它的生产资料,就是交换分配过来的结果,同时,生产还是一直由消费支持着进行的,劳动手段的消费,劳动力的消费,乃至劳动者对于生活资料的消费,通是作为生产上的作用来说明的。四分法已够机械了,再在这个四平八稳的框格里,把所谓三位一体的公式:资本——利润,劳动——工资,土地——地租分别硬塞进去,如像许多资产阶级经济学者所做的那样,那就更加破碎支离百出了。这个由亚当·斯密讲价值来源,讲国民收入时提出的三列式,是属于斯密学说中最庸俗的一面,但往后的庸俗学者就恰好看中了这个,分别把它们安排在四分里面,在生产项下,配上资本、土地、劳动三因素;在分配项下,配上利润、地租、工资三因素;在交换项下,配上这些所得的交互流通,而最后在消费项下由那些所得者各各享受他们生产分配交换来的果实。这同四时运会成岁,一样自然,一样出于各修各得。可是,只要我们稍微点破一下,就知道其中包含有不少不可告人的隐事。把三列式这样配称起来,无非要表示有资本即要求利润,有土地即要求地租,那和有劳动即要求工资,是一样的合理!把资本权、地权与劳动权同等看待,不是极平等、极公平了么?但土地、资本和劳动,究竟把什么作为它们的共同点呢?土地是自然物,资本就它的价值关系来说也好,就它的物质或使用价值的关系来说也好,通是以物为媒介的人与人的社会关系,而劳动,则是一个看作生产活动的社会机能,在其本身,且是一个抽象。这三者的性质,确实看不出有什么共同点,也许说,这个列式上三组的后三项:地租、利润和工资都是作为社会各阶级——地主阶级、资本家阶级、工人阶级的所得或收入,因而就使前三项取得了都是所得的来源这一个同点。但问题就在这里发生了:为什么有的收入如劳动者的收入,要靠劳动者自身的生产活动才能得到;有的收入,如资本家的收入,不用自己操劳,或只行使监督职权就能得到，最后，有的收入，如地主的收入，他不但不用直接作生产活动，且无须操监督的烦劳，只要法律确定地球的一片段为他所私有，他就大可游乐在千百里外，而消费他人在那块土地上生产的果实。这三个不同性质的收入，理应不能“一视同仁”。而且不幸的是：这三个收入的来源，虽然被经济学者分划得非常清楚，但溯其本源，却又不外是出自一定劳动，推动一定资本，在一定土地上所生产的价值生产物。这价值生产物，先分割为工资与剩余价值，剩余价值再分割为利润与地租。由一个阶级生产包括剩余价值在内的全部价值，由其他阶级分有全部剩余价值的剥削与被剥削的关系，就被这三位一体的公式，给掩盖住了。所以马克思认为“三位一体的公式，把社会生产过程的一切秘密都包括在内”，而且如果像后来许多庸俗经济学者所做的那样，把资本——利润那一组偷换成资本——利息的话，“资本主义生产方式所特有的特征的剩余价值形态，就幸运地被排除了”[①]。

当资产阶级学者用这样的公式和手法，企图把剥削的实质掩盖着的时候，马克思为了揭露出资产阶级社会所特有的剥削形式，即剩余价值形态，当然有必要先把那个编排得均整好看的西洋景——四分法，三位一体公式——彻底拆穿，并且，就从这个在资产阶级看来，正是他们社会的“美点”同时又是他们社会的“创伤”或痛处下手，来展开他的研究。他发现，资产阶级社会和其他剥削社会的本质区别，就在它的剥削，不是采取自然劳动形态，不是采取实物形态，而是采取非常掩蔽的通过劳动力买卖和使用来实现的剩余价值形态。因此，这个社会的生产，就和其他社会的生产的目的不同，它所注意的，不是自然物形态的使用价值，而是剩余价值；剩余价值是要通过流通过程来实现的，通过市场关系来实现的。而分配的特点，从社会的观点来讲，则是把资产阶级榨取劳动阶级的全部剩余价值，在他们内部依照马克思所谑称的“资本主义的共产主义”方式，凭着这个社会所赋予他们每个人的平等自由竞争权，用一切可能采取的提高生产效率降低成本的手段，来压伏其竞争者，来拼取最大可能的份额。这就是资产阶级社会的经济活动的最本质的内容。这样的经济内容，是不能依生产一般的原则，依单纯的流通过程，依最表象的分配条件来说明的。

---

① 马克思：《资本论》第 3 卷，人民出版社版中译版第三版，第 1065 页。

马克思在《政治经济学批判》序言中，就表示："我照着这个次序来研究资本主义制度：资本、土地所有权、雇佣劳动；国家、对外贸易、世界市场。"[①]他从资本着手，就是要从这里去抓住资本主义经济的本质，在《资本论》中他用资本的生产过程，资本的流通过程，资本主义生产的总过程这个崭新的体系，来展开他对于资本主义经济的分析，大体上虽然像是分别依次阐明了剩余价值的生产、剩余价值的实现、剩余价值的分配过程，但他和资产阶级经济学者所采用三分法（生产、交换、分配）四分法没有一点相同，这就因为不但是所研究分析的内容或重点完全两样，而由不同内容或重点所要求阐述的逻辑程序或技术安排也是大有区别的。马克思曾分别在《政治经济学批判》导论和前述《资本论》第一卷第二版跋有关地方，相当详细地论到了他的方法，并给予我们这样一些方法论的启示：

首先，属于研究程序安排的技术性的方法，必须遵守或服从这个最高原则，就是不论自然现象社会现象，都是辩证发展着的，因而，我们在研究上对于这任何一方面的各种原理范畴的本末先后次序的安排，都必须最便于或至少是不妨碍那种辩证发展关系的揭露。因为就社会现象来说罢，这样一种研究的科学价值，就是在于说明，一定社会的有机体的发生、生存、发展、灭亡以及它由别一个更高级的有机体来代替的事实，是受着怎样一些特殊规律的支配。

其次，自然现象和社会现象，毕竟有它的非常不同的特点。虽然它们都需要或便于在"表现在最精确的形态且不受干扰影响的地方去考察，如可能，还在各种条件保证过程正常进行的地方做实验"[②]去做调查研究工作。马克思就是这样把英国这个资本主义发展较充分的处所来进行他的研究，但他教导我们，毕竟"在经济形态分析上，既不能用显微镜，也不能用化学反应药，那必须用抽象力来代替二者"[③]。

又其次，和自然现象比较起来，社会现象、社会经济形态是有较大的变化的。社会形态"由一阶段向他一阶段推移时，它就开始要由别一些法则去支配"[④]。同时，同一经济范畴在不同社会经济形态中的地位和作

---

① 马克思：《政治经济学批判》第3卷，人民出版社版中译版，第1页。

② 马克思：《资本论》，人民出版社版中译版初版序，第3页。

③ 马克思：《资本论》，人民出版社版中译版初版序，第2页。

④ 马克思：《资本论》，人民出版社版中译版第二版跋，第16页。

用，也不一样。因而如有些资产阶级经济学者所说的那样，经济生活的一般法则永远是同一的，适用于过去，也适用于现在，那是马克思所否认的；“把各种经济范畴顺着它们在历史上起决定作用的前后次序来处理，是不行的，错误的”①，是违反辩证原则的。比如，地租这个范畴，因而租佃这种生产关系，在封建社会，是处在有决定性的地位，有必要把它用来作为说明其他经济活动的出发点或基础，但到了资本主义社会，情形就不是这样：利润这个范畴，因而雇佣这种社会生产关系，是处在决定性的地位，这就有必要把它用来作为说明其他经济活动的出发点或基础。以前一社会形态来说，不弄清楚地租就不能理解商业资本利润、高利贷资本利息等经济范畴；以后一社会形态来说，不弄清楚产业资本利润，就不能理解地租乃至商业资本利润。各种经济现象间存在的必然联系和次第，把它倒置过来，就无法说明它的辩证发展着的关系，那是违反方法原理的。

最后，马克思教导我们，就是我们把一个社会的最有关键性的经济范畴抓住了，如像我们在资本主义社会形态中抓住了它那个占取剩余价值或利润的资本范畴，我们也不能径直由它着手，因为资本是一个高度发展过了的，有了极复杂联系和无数具体规定的概念，不把它所由发展过来的，并且大体已经确定了的抽象了的一般关系开始，自简单到复杂，而抽象到具体，那就会陷在不可究诘的浑沌表象中而无以自拔。十七世纪许多经济学家不了解研究经济应从什么地方下手，因而把社会中最生动具体的人口拿来分析，结局就恰好引起了那样的结果。马克思曾明确地提出他们所犯的反科学的错误。他说：“从实在的具体的东西着手，从现实的前提着手，因而，在经济学上，从成为整个社会生产行为之基础与主体的人口着手，似乎是正确的，但是仔细研究起来，那是错误的。如果我们抛开人口所由以构成的譬如阶级，人口是一个抽象。如果我们不依据阶级所依据的因素，如雇佣劳动、资本之类，阶级又是一句空话。而这些因素，又以交换、分工、价格等等为前提。譬如说资本，如果没有雇佣劳动，没有价值、货币、价格等等，它就什么也不是。”②怎么办呢？如果把颠倒了的程序正过来，最后再回到人口，那时候，人口就不是浑沌一团，“而是

---

① 马克思：《〈政治经济学批判〉导论》，人民出版社版中译版，第 169 页。

② 马克思：《〈政治经济学批判〉导论》，人民出版社版中译版，第 162 页。

一个丰富的、由许多规定形成的总体了"[①]。我们从这段话里,不仅明白了,在经济学研究上,从具体上升到抽象的深刻意义是什么,并还知道分析资本应当从哪里下手的途径。马克思在《资本论》中就是按照他这里指示我们的途径进行研究的。

由上面马克思分别提示给我们的种种方法,显然都是把唯物主义辩证法作为最高的指导原则,应用这些方法的要求,无非是讲求如何才能把现实的辩证发展关系表达出来。恩格斯很扼要地为我们作了这样一个像是总结了上述各论点的指示,那是针对着《政治经济学批判》说的,当然也适用于看作《批判》底续篇的《资本论》。他说:"对于政治经济学的批判,即令按照已经获得的方法,也可以用两种方式进行:依照历史或者依照逻辑。既然在历史本身方面,也如历史在文献上的反映方面一样,发展进程整个说来是从最简单关系向着较复杂关系的推移,那么,政治经济学文献的历史发展进程就提供了进行批判所能遵循的自然基本线索,并且经济学的种种范畴,整个说来同时也会按照像逻辑发展进程中那样顺序地出现。"[②]不过,完全按照历史进程,也有行不通的地方,因为"历史的行程往往有飞跃和迂回曲折的,如果一定要跟着它走,那就势必不仅要注意许多不大重要材料的,并且常要打断思路……因此,逻辑的研究方式乃是唯一的适当的方式,但是这一方式本质上也还是历史的方式,只是摆脱了它的历史形式和对它起着破坏作用的偶然现象而已。历史从什么地方开始,思路也应当从什么地方开始,并且它的进一步的运动也不外是历史过程在抽象的理论上一贯的形式上的反映;它是被修正了的反映,但是这是依据实际历史过程本身所提供的法则来修正的,并且这时对于每一个因素可以在它的发展过程达到完全成熟和典型形式的那一点上加以考察"[③]。

恩格斯这段话,我们几乎可以从《资本论》中讨论到每一个经济范畴(不管是商品也好,资本也好……)所采用的方式方法,而得到印证。他都是在尽可能地叙述到它们的历史发展进程的限内,就它们发展到了成熟

① 马克思:《〈政治经济学批判〉导论》,人民出版社版中译版,第162页。

② 恩格斯:《论卡尔·马克思著〈政治经济学批判〉一书》,见《马克思恩格斯文选》两卷集,莫斯科中文版第1卷,第51页。

③ 恩格斯:《论卡尔·马克思著〈政治经济学批判〉一书》,见《马克思恩格斯文选》两卷集,莫斯科中文版第1卷,第51页。

的典型的那种程度而加以考察。但要做到这点，就如马克思在《资本论》第二版跋中所提到的，需要采取的研究和说明的两种方式："说明的方式在形式上当然要与研究的方式相区别。研究必须搜集丰富的材料，分析它的不同发展形态，并探索出这各种形态的内部联系。不先完成这种工作，便不能对现实的运动，有适当的说明。不过，这层一经做到，材料的生命一经观念地反映出来，看起来我们就好像先验地处理一个结构了。"①

《资本论》底体大思精的严密完整结构，就是在唯物主义辩证法基础上依着种种有效的方式方法把搜集所得的有关资本主义经济制度的丰富的思想材料和历史材料加以缜密研究处理的结果。

五、小结

"自从地球上存在有资本家与工人以来，还没有出现过一本比像摆在我们面前的这本书对于工人更为重要的书。"②这是恩格斯在一八八五年论到《资本论》的时候说的话，到了今天，我们还有理由这样说：自从人类有科学文献以来，实在还没有一部这样关系着人类历史命运的书。

这部书是在这样的时代出现的，是在它所分析的对象——资本主义经济制度已经在物质上在思想意识上准备了这样一些启发敦促工人阶级当作一个阶级来和资产阶级斗争的条件，但在工人阶级方面，还迫切要求一种指导他们斗争运动的正确而系统的阶级学说的时代出现的。只有在这个时代，工人阶级的革命导师，把当时存在的德国古典哲学、英国的政治经济学、法国的社会主义作为他研究的思想材料的来源，加以批判吸收，而由是建立起符合于工人阶级利益并给予他们以明确斗争方向和斗争力量的新的政治经济学体系。

这个新的政治经济学体系当然吸收了资产阶级古典经济学理论的一些正确成分，特别是如像亚当·斯密所发挥的劳动价值学说，和李嘉图在劳动价值学说基础上建立的反映着阶级对立矛盾的分配学说，但那都在另一种世界观，即唯物主义世界观指导下，被再组织安排在一个新的系统

---

① 马克思：《资本论》，人民出版社版第1卷，第17页。

② 见恩格斯：《马克思著的〈资本论〉》，《马克思恩格斯文选》两卷集，第一卷，第379页。

里面了。马克思依据他所创建的唯物史观公式，从人类最根本的物质生活的生产方式出发，第一，把唯物主义引进了社会生活方面；第二，把一切社会关系归结于和当时物质生产力发展相适应的生产关系；第三，把特定社会生产关系或社会经济结构的变革，归结于在那种生产关系允许或促进下发展起来的生产力的改变。根据这样的唯物主义观点来研究资本主义这种社会形态，就是要看它怎样在依着生产关系必须适合生产力性质的规律，发生发展以致趋于没落的全运动过程。这样从物质生活的生产方式出发来进行研究，就显然和资产阶级学者从形而上学的自然观点，从政治法律观点乃至从道德观点出发来进行研究，那就不但所得的结论完全两样，而所研究的内容，也迥然不同。《资本论》由严密的科学分析，得出了资本主义经济制度暂时性过渡性的结论，得出了“剥夺者被剥夺”的结论，那就说明它对于传统的为资本主义制度永生辩护的政治经济学作了一次彻底的革命，并使后者在内容上体系上根本改观了。

对于同一经济制度，用不同观点来予以考察，那同时也说明考察研究根据了不同的方法原理。资产阶级经济学者是要掩蔽资本主义制度的剥削本质，并否认其不可避免的灭亡命运的，为了这个阶级目的，他们在考察研究当中，就有必要采取自然主义的唯心主义的观点，因而他们对于资本主义的各种经济原理、范畴、规律，就有必要把它们安排在便于割裂内部联系、阻断发展线索的形式主义的体系中，所谓四分法：生产、分配、交换、消费，所谓三位一体公式：资本——利润，土地——地租，劳动——工资，就是这样被广泛采用的。这样的经济学方法和体系，是和资本主义的现实不相容的，是和真理不相容的。所以，马克思在批判资产阶级的政治经济学的时候，非常重视研究的方法。他把辩证法作为方法论的基础；他处理题材，安排各种经济范畴规律的讨论次序都兼顾到历史的逻辑的程序，由简单到复杂，由抽象上升到具体，而由是更好达到揭露资本主义经济的辩证发展规律的目的。

有那样的阶级，就要求采取那么样和它的阶级利益相适应的研究观点和方法，这是马克思主义的阶级学说的真理。在《资本论》中，就充分论证了并也充分体现了这个真理。

关于《资本论》及其研究的目的与方法*

——我们当前研究《资本论》的目的与要求

(一)

由上面的说明,我们已经认清了《资本论》是这样一部伟大的著作:它是作为代表工人阶级的根本利益的革命的政治经济学而产生的,同时却为整个马克思主义的哲学社会科学,为科学的社会主义,为工人阶级的革命运动,提供了理论基础。

正因为是这样一部著作,工人阶级对它的看法,和资产阶级对它的看法,当然是完全两样。先看工人阶级是怎样看待它罢。恩格斯曾经讲过这样的话:"在大陆方面,《资本论》常常被称为'工人阶级的圣经',本书所得的结论,一天胜似一天的,成为工人阶级伟大运动的基本原理;这不仅在德意志、瑞士是这样,即在法兰西、比利时、荷兰、美利坚,甚至意大利、西班牙也是这样。随便在什么地方,工人阶级都一天胜似一天的,承认这个结论是他们的状况与愿望的最适切表示。这是每一个熟悉工人运动的人都承认的。并且在英国,马克思的理论,就是此刻,也在社会主义运动中发生着有力的影响。"①恩格斯这段话,是在一八八六年讲的,那是《资本论》第二卷出版的后一年,而第三卷则还没有问世,尽管如此,它当时在工人阶级中间,在他们的运动中,就已经表现了伟大的"启蒙"作用和影响。但当时的资产阶级是怎样看待它呢?这部书,是就典型资本主义的

* 本文原载于《中国经济问题》1959年第12期,系《关于〈资本论〉及其研究的目的与方法》系列论文的第二篇,收录本卷时标题略有调整。《关于〈资本论〉及其研究的目的与方法(一)——〈资本论〉是怎样一部关系人类命运的伟大著作》的大部分内容发在《〈资本论〉研究》"《资本论》是一部关系人类历史命运的著作"中,见本卷第182~192页。——编者注

① "英译本第1卷编者序",见《资本论》,人民出版社1956年版第1卷,第27页。

"英国经济状况彻底研究"的结果。这部书的第一卷出版以后很久，英国资产阶级一直不理睬它，想"以缄默代替批判"来闷死它。等到这部书在工人阶级运动中，发生了不利于他们的作用和影响，他们就改变了缄默态度，开腔了，尽量贬低它的革命作用，说它是一部纯理论的脱离实际的书，或者只不过是具有普通学术价值的书，或者用修正主义者的章法，说成是一部好的经济学书，但是被辩证法损害了。

当然，一部彻头彻尾代表工人阶级利益，彻头彻尾反对资产阶级剥削，反对资本主义制度的书，怎么能希望资产阶级感到兴趣，并给予公平正确的评价呢？资产阶级怎样看待《资本论》倒毋宁说是看一般人，看一般有文化的知识分子是怎样看待它，怎样学习研究它。如果人们把它看作是一部革命的书来学习研究，资产阶级的统治者，就会采取一个对待的方法；如果把它看作一部普通学术思想的书来学习研究，资产阶级的统治者，就会采取另一种对待的方法。记得在希特勒的德国，曾有这样一个做法：《资本论》不准在书肆上公开发卖的，但不论是谁，只要有反对马克思主义，反对共产党的具体表现，又能找到两个监护人予以保证，就可以在大学及其他公共机关图书馆的所谓特别研究室中，读到《资本论》及其他马克思主义的书。但在其他的国家，又依据具体情况，有其他的不同做法，日本在第二次世界大战以前，《共产党宣言》是禁止发行的，但《资本论》却不妨有几个译本，因为在它的统治阶级看来，《资本论》有较大的学术性，《共产党宣言》则有更露骨的政治斗争性；也许是依据同一理由罢，在我们中国的国民党统治时期，《资本论》也象被看作是学术思想论著，一般并不禁止翻印发售，但却有一个饶有兴趣的做法：不少地方图书检查机关，动不动从我们发行书店搬去几部、几十部，说是为了从长检查，许久没有下文，但到头还是由他们偷偷发卖出来了；寓经济掠夺于政治检查中，马克思死而有知，也许要说这是很别致的亚细亚的"生产"方式啊！

上面这几个生动的例子告诉了我们什么呢？它说明，哪怕象《资本论》这样一部革命的书，也可以用反革命的目的去学习它，也可以无所谓地漫无目的地学习它，还可以为了一定学术目的而学习它。且不论别的，抱着这样一些目的来学习研究《资本论》，能够得出什么结果呢？很显然的，到了今天，到了《资本论》的结论，已经在世界范围内，已经在中国，变成现实的今天，我们对于《资本论》的看法，我们学习《资本论》的目的，当然大大改变了。也许说，除了极少数右派人物，有时仍只不过是为了反对马克思主义，反对社会主义而学习《资本论》以外，绝大部分殷切要求学习《资本论》的人，都是希望通过这种学习，来增进自己的经济理论的基础知识，来提高自己的马克思列宁主义的认识水平，来坚定自己对于社会主义事业的信念。其中，当然还有一些人在结合自己的专门研究，企图从《资本论》里面，探索到自己所研究的这样那样社会历史问题的理论根据。一般地讲来，抱着这么样一些目的来学习研究《资本论》，并不能笼统地说是怎么不对的，但仔细分析一下，就会感到那仍是太一般化了，太容易走上为求知而学习，为学术而研究的道路上去。为什么呢？我们又究该怎么学习呢？毛主席在《改造我们的学习》那篇经典论著中，关于学习马列主义文献的一段话，对于我们学习《资本论》，有着特别深刻的教导意义。他说："许多同志学习马克思列宁主义，似乎并不是为了革命实践的需要，而是为了单纯的学习。所以，虽然读了，但是消化不了。只会片面地引用马克思、恩格斯、列宁、斯大林的个别词句，而不会运用他们的立场、观点和方法，来具体地研究中国的现状和中国的历史，具体地分析中国革命问题和解决中国革命问题。这种对待马克思列宁主义的态度，是非常有害的，特别是对于中级以上的干部，害处更大。"[①]我们从毛主席讲的这段话里，不但理解到了为什么研究《资本论》的目的和要求，还体会到了如何研究《资本论》的方法。我觉得，我们必须根据这段话的精神，来回答我们应当怎么研究《资本论》的问题。

（二）

我们知道，任何一种认真而有效的学习，都是要通过一定的思想感情的。是那么一种性质的书，就需要用那么一种符合于它的性质，符合于它的精神实质的目的来学习它。《资本论》的阶级性和党性是非常明确、非常强烈的。它既然是如上面恩格斯所说的，是"工人阶级的圣经"，那么，我们学习研究它，就只有把这种学习研究看作是为了配合我们当前的工人革命运动，为了配合工人阶级领导下的社会主义建设事业，才能对它有

① 《毛泽东选集》第三卷，第817页。

较深切的体会,较正确的认识,乃至有较创建性的阐述和发挥。这也就是说,我们研究《资本论》必须结合到我们当前的革命建设的政治历史任务,或者说,必须结合到我们当前在进行革命建设过程中提出的理论工作方面的要求。然则我们国家在当前的社会主义建设事业中,究竟提出了哪一些理论方面的问题,有可能与必要联系或依据《资本论》来进行研究讨论呢?或者从另一方面说,在我们学习研究《资本论》的时候,它有哪些方面的理论或原则方法,可应用来帮助我们解决或说明当前革命建设中存在的各种经济理论问题呢?这大体可以从两个方面来说,一是关于资产阶级学说和修正主义改良主义思想批判方面,一是关于社会主义的建设理论方面。而在这两方面,显然是密切联系的。

现在且先从前一个方面来说罢。当我把问题这样提出来的时候,人们或者以为我们已经是社会主义国家了,过去半封建半殖民地的、资本主义的经济基础,已经连带其上层建筑,基本铲除了,对于资产阶级的这样那样的学说思想批判,已经不是那么重要了。但这样设想的人,当然没有考虑到:我们今天的建设,不仅还是在刚从半封建半殖民地及资本主义改造过来的社会主义经济基础上进行,而且还是在帝国主义及国内阶级异己分子、阶级蜕变分子千方百计造谣破坏的环境下进行,不时刻百倍警惕地注意国内外敌人在我们建设工作中造成的思想障碍,不时刻努力展开反帝国主义、反殖民主义、反资产阶级的各种学说思想,以及反修正主义改良主义的斗争,我们的建设工作,就要大大受到影响。且不讲整风反右运动当时右派分子,用这样那样的思想言论,向我们猖狂进攻的情形,即使就在目前,不正还有各种各样的荒谬议论,在国外国内,党外乃至党内散布么?事实上,不是我们已在从事社会主义建设,不是我们的社会主义建设已在飞跃发展,就不存在着反资产阶级思想、反修正主义改良主义的斗争问题,恰好相反,正因为我们在大跃进,在各方面迅速发展,我们的公开的和隐蔽的敌人,就更需要向我们展开思想攻势。如果说问题在这一点上是非常明白的,大家接下去要问到的,也许是说,这和我们学习《资本论》有什么关系呢?这是有很密切的关系的。国内外敌人的反动宣传,是从两方面着手,一是说他们的资本主义做得怎么对,一是说我们的社会主义做得怎么不对;提到理论上,提到原则上,他们就在马克思学说上做文章,特别是在《资本论》上做文章。资产阶级经济学者、社会学者以及各种各色的修正主义者、改良主义者，认定我们是把《资本论》看作是马克思主义哲学社会科学的中轴，是马克思主义政治经济学的基石，就企图从这方面来将我们一军；他们不但干脆宣传《资本论》是过了时的东西，并还分别就《资本论》中的劳动价值学说、剩余价值学说、工人阶级相对绝对贫困化学说、人口学说、资本集中学说、再生产学说、恐慌学说……提出反对意见，同时也在反批判马克思学说当中，结合当代资本主义的一些特点，分别提出他们的一套更反动的辩护理论。为了配合资产阶级学者们的这些谬论，修正主义者改良主义者，围绕着《资本论》做的文章更多，表面上是边赞成，边反对，实质上是次要的方面赞成，主要的方面反对；对某些经济理论赞成，对革命的辩证法反对；对经济上阶级斗争赞成，对政治性的阶级斗争，特别是对无产阶级专政则拼命反对。面对着这样的思想斗争的现实，我们在学习研究《资本论》的时候，能够无动于衷、等闲视之么？当然不能够这样。

再来看社会主义建设方面提出来的理论问题吧。要知道，我们不只是在中国的历史条件下建设社会主义，而且是在新的世界的历史条件下，建设中国的社会主义。这就使得我们在社会主义建设过程中，每年每月，甚至每日每时都在不断出现以往从未经过，或和过去很不相同的新事物、新问题。这些新事物、新问题在《资本论》中，显然是没有为我们提出说明解决的现成实例的。尽管如此，它却为我们提出了说明解决的原则和途径。从总的方面说来，由一个半封建半殖民地国家，经过民主革命，很快进入社会主义革命，又很快展开社会主义建设，又在总路线号召下，实现大跃进局面，出现人民公社……这一序列的变革和发展，如果不是党中央和毛主席全面掌握运用了马克思列宁主义原则，把那些原则和中国社会的具体条件结合起来，使我们的革命建设每进到一个新的阶段，都即时在正确理论指导下，确定前进再前进，跃进再跃进的方针和步骤，就要成为不可想象的事了。那些原则是什么呢？如我们论坛上不断提出讨论，并且还正在进行讨论的，不还是最基本的生产力与生产关系的发展规律问题么？不还是基础与上层建筑的关系问题么？当然，在我们新的历史条件下，党中央和毛主席还提出了，并还在讨论中的，不断革命论和历史发展阶段论的统一原则，主观能动性和客观规律性的统一原则，所有这些原则，都是根据唯物史观引申发展出来的。如果要问这和我们讨论的学习《资本论》的问题有什么关系，大概有一句话就可以解答清楚了：《资本论》本身就是唯物史观或历史唯物主义的最典型最形象的表现。事实上，还不仅是这些最基本的原则，就是那些比较具体的或者属于某一方面的理论，如我们当前讨论得较热烈的商品生产和价值规律问题，有关再生产公式方面的，如建设规模、速度以及优先发展重工业原则问题、市场问题、货币问题、计件工资问题等等，虽然大家在结合我们的新历史条件中，提出了不少新的解释和说明，但是，谁也没有忘记从《资本论》中去找寻他的这样那样的理论根据。

(三)

总之，不论关于哪一方面的问题，站在资产阶级的立场，依据他们的观点方法，有一套想法和做法；马克思主义者站在工人阶级和广大劳动人民立场上，依据我们的观点方法，当然有另一套想法和做法。我们其所以把建设工作看作经济文化战线上的工作，同时又看作是两条道路、两个方法的思想斗争工作，其原因就在这里。应当说，我们的每一项建设工作，每一个从实际建设工作中提出的问题，都要成为我们整个思想战线上"谁战胜谁"的考验，也都要成为我们每个人在有关工作有关问题的想法和做法上的"谁战胜谁"的考验。资产阶级的想法做法多一分，工人阶级的想法做法就要少一分。资产阶级的反动经济学说的宣传，五颜六色的修正主义、改良主义的宣传，只不过是要达到影响妨碍我们社会主义建设的目的；我们在建设过程中提出的问题不能在理论上在思想上得到好好地说明和解决，就无异在为各种无孔不入的反动宣传创造传播影响的机会。在这样的场合，任何一种可以反击敌人，同时又有助于解决我们理论思想工作上的困难的力量和手段，都要好好使用出来。《资本论》如我们上面所说的，既是我们反击敌人和敌人展开理论斗争的有力武器，同时又是我们创建发展社会主义理论的可靠依据，所以，我们学习《资本论》，帮同把解决上述两方面的问题作为我们学习的目的，那就和国家在理论方面向我们提出的要求结合起来了，那就不只是理论联系实际，还是科学与政治的统一；那就不是单纯为了学习而学习，而是为毛主席所指示的，是为了中国"革命实践的需要"而学习了。

学习的目的这样肯定了，接下去就要考虑学习的方法，要考虑怎样进行学习了。

我们应当怎样研究《资本论》*

——关于《资本论》及其研究的目的与方法之三

一

如其说，我们学习《资本论》的目的，要符合它那作为“工人阶级的圣经”，作为革命指南书的精神和实质，否则不会取得任何正确的理解，那么，我们学习《资本论》的方法，就必须服从那个目的，否则也不会有很好的效果。

很显然的，人们学习《资本论》，如果为了反对马克思主义，反对《资本论》，或者是漫无目的地随便翻翻，或者仅是把它当作一般学术思想读物来学，那就又当别论了。如果有了正确的学习目的，不讲究方法，不仅要使学习效果受影响，还可能发生违反原来学习意图的后果。不是有这么一种人么？抱着一股求进步的热忱去接触《资本论》，到头因为没有抓到它的根本关键，没有抓到它的精神实质，反而变成了这部大书的“精神俘虏”；以进步要求始，以单纯学习终，其间当然有许多原因，而没有找到符合学习研究目的的正确方法，也许大有关系。

特在说明研究《资本论》的方法的时候，先有必要区别一下，我们研究《资本论》的方法，和《资本论》本身的方法是不同的，后者是《资本论》作者研究分析资本主义生产方式所采用的方法，虽然我们研究《资本论》时，是必须密切注意作者的研究方法的。其次，我们研究《资本论》的方法，一般地讲来，有的是属于技术性的，有的是属于原则性的，如像讲《资本论》应当怎样读法：应先修一些什么预备读物；先读哪些篇章，后读哪些篇章；在

---

* 本文原载于《中国经济问题》1960 年第 1 期，系《关于〈资本论〉及其研究的目的与方法》系列论文的第三篇，前二篇系列论文见本卷第 182～192 页，第 426～431 页。——编者注

阅读过程中，做笔记，还是做小结；是一章没有读懂就不要往下读，还是读一章，先只求了解其梗概，等到读完一篇或一卷再回头来复习或精读，……所有这些，都是属于技术性的方法。而方法原理或方法论，则要求把握《资本论》的精神实质，看它是怎样依据唯物辩证法，把整个资产阶级社会，从基础到上层建筑，从现象到本质，从里到外，从低级到高级，活生生地表现出来；又是怎样分别在基本原则和各种经济理论上，对资产阶级学说思想展开深刻而周到地批判，并在批判进展中，把自己的革命的政治经济学体系建立起来，……所有这些，都是属于研究方法原理上要提出的要求。在学习研究进展过程中，这两种性质的方法，显然是有联系的，但前者是比较具体的做法，它的目的只是为了要满足后者的要求。

在这里，我不想多讲学习的具体做法，原因是，我们今天要下决心学习《资本论》的人，为他们开先修预备书单，为他们提议如何读法，已像不是那么重要了。以先修预备书单来说，关于马克思自己的，有哪些书要读，恩格斯就《资本论》写的提纲，列宁论到《资本论》的书，以及其他国内外马克思主义经济学者、哲学者写出的辅助《资本论》研究的读物，只要大家着手学习《资本论》的时候，认真注意一下，自己就会找到。至于怎么读才好，说不上有什么绝对有效的做法；我们大家今天都多少学过一点历史唯物主义哲学，并且所学习的政治经济学资本主义部分，又基本上是《资本论》的通俗本，如果有了这些基础知识的话，是不是要照过去所讲的那样，先暂不忙读第1卷第一篇，尤其是第一章，等到把后面某些有关历史性的部分读过了，再回头来读，那就值得考虑了。就阅读时写笔记好，还是写小结好的问题，那就是个人学习习惯的问题，以《资本论》这样一部大书而论，似乎写小结比做笔记好，当然那需要更多的独立思考。此外，读任何一部经典著作，都是不能希望一下就搞得很通的，而况《资本论》不但是按照辩证逻辑展开理论说明，并还在说明中，高度地运用着抽象法，有些道理，往往是要读到后面才更加明了的。

二

如其说，我在这里要说明的研究《资本论》的方法，不是把重点放在技术性一方面，那么，是不是把重点放在方法原理或方法论一方面呢？我想，如果是在较广义的理解上，并加上一定的限制，是不妨这么说的。特谈到这里，我倒想简单提论一下第二世界大战后日本论坛上关于如何研究《资本论》的论争。不久以前，日本《资本论》的新译者长谷部文雄先生，把他的《〈资本论〉随笔》寄赠给我，在那里面，他不仅告诉我他在参加如何研究《资本论》的论争，并告诉了我们资本主义社会是在怎样研究《资本论》的一些实况。那是"改造我们的学习"的极好参考材料。他说，战后有一批专门从方法论方面着手研究《资本论》的人，把战前研究《资本论》的人称之为"注释派"，而他则把他们称之为"方法论派"，他认为这两派都有一个共同的缺点，就是没有把《资本论》通读一番，作一个彻底的统一的研究，因而注释也好，方法论也好，都难免带有片面性。假使有人把他称作是"全面研究派"，我想他是不会怎么反对的。我没有"全面"读到他们的论战文章，不便乱作批评。但有一点是值得指出的：像《资本论》这样一部巨大著作，有少数人对它的难解文句或历史出典，作一番注释工作；有少数人以毕生的努力，对它作全面而彻底的系统的研究介绍，甚至还有少数人像所谓战后"方法论派"所强调的那样，根据列宁关于不懂黑格尔伦理学，就难得弄懂《资本论》的指示，从黑格尔伦理学入手，集中研究方法论，都是没有什么不可以的。但作这样一些主张的研究者，似乎有两点值得考虑：

其一，这只能是限于少数个人的做法；

其二，还不能把这样只适合于少数个人的做法，强调成一般读者都有效法的可能和必要。

就专门搞《资本论》研究的少数个人来说，不管你是做注释，还是通过黑格尔伦理学来搞方法论，必须对《资本论》有个通盘的系统的了解，在这一点上，我毋宁是赞同长谷部先生的意见的。但即使如此，也不能要求每个接触《资本论》的人，都作全面而彻底的研究；且不讲是否完全有此必要，至少在事实上是有困难的。他在前书中谈到了有关《资本论》出版和阅读情况，《资本论》在一八六七年出版第一卷，只印了1000册，经过五年才卖完；战后德意志民主共和国的狄兹版，仅在一九四七年到一九五三年，就印刷了15万部；苏联到五十年代初，就共印销了150万部。在日本，把所有的版本合计起来，约计50万部，其中仅在战后就达到15万部。他当时还不确切知道中国的实印数字，大约到目前，前后约共印行20万部。这种变化，也许不是《资本论》著者始料所及的。可是，长谷部似乎很惋惜地说，许多接触到《资本论》的人，并不是一本正经地认真读下去，有的人不仅没有全部阅读，甚至没有终卷，没有终篇，只翻翻前面几页就放下了。原因何在呢？他没有明确谈到。由于没有充分时间么？没有学习干劲么？太困难么？我觉得像《资本论》这样一部体大思精的书，要叫一般不是专门搞《资本论》研究工作，甚至不是专门搞经济学说史工作的人，面对书本，硬啃下去，确实不是太容易的；但如果让读者知道读这部书，在哪些方面，并且怎样和他们当面遭遇到的现实问题，发生联系，情况可能就不完全一样。而且《资本论》本身，就是一个理论联系实际的典范。不是以这种精神来读，恐怕也难懂得透彻。日本在战后由宫川实主编，由青木书店发行的《资本论研究》期刊，每期登载一两篇按着《资本论》顺序，来解述其中某某章节的文章，接下去，就在“今日的问题”的项目下，刊载几篇有关当前实际经济问题的文章，这个做法，也许是希望补救一下理论不联系实际的缺点，虽然那个联系还是不够密切的。

我在前面已经明确提出了，我们当前研究《资本论》的目的，必须和我们国家现阶段的理论斗争和理论建设的政治历史任务相结合，必须像毛泽东同志教导我们的，把它拿来和中国革命实践相结合，因此，我们研究《资本论》的方法，就要针对着这个目的，看怎样学习它，才有助于结合中国的革命实践。在这方面，毛泽东同志也给予了我们很明确的指示，他说：“事物发展过程的自始至终的矛盾运动，列宁指出马克思在《资本论》中模范地作了这样的分析。这是研究任何事物发展过程所必须应用的方法，列宁自己也正确地应用了它，贯彻于他的全部著作中。”[①]毛泽东同志接着指示我们说：“中国共产党人必须学会这个方法，才能正确地分析中国革命的历史和现状，并推断革命的将来。”在这种意义上，我们说学习《资本论》，必须更多注意学习它的方法论。只有这样，我们才能在学习过程中，很好地体会和掌握其中最基本的原则及其运用。我是依据这样的要求，来尝试安排我的研究计划，看能否对读者的学习兴趣和学习效果，多少有些益助。

---

① 《毛泽东选集》第2卷，第774页。

三

这个使马克思的《资本论》和中国革命建设实践相结合的尝试本身，就要求我在研究方法上，根据下面几个原则。

第一，必须全面而有重点，注意各种基本经济理论，尤其是历史唯物主义原则在基本经济理论方面的应用。

既然是学习《资本论》，既然要求拿《资本论》中的原则方法和理论来联系结合我们当面的实际，总得对这部书有一个比较全面的理解，否则联系应用起来，就会是枝节的，断章取义的，流于形式片面的。马克思自己，曾在法文译本之序与跋中，讲过这样的话："法国读者常常是没有耐心，急求结论的，他们渴望知道一般原则和他们所直接关心的问题的联系，我担忧，因为不能一开始就有一切，或不免使他们气馁而不继续读下去。"[①]"不能一开始就有一切"，这是颇值玩味的提示；特别是像《资本论》这样一部以现实社会生产关系的辩证发展为研究对象的书，任何一个概念和论点，任何一个论理，都是要在发展过程中来加以论证与说明的，没有一个比较全面的认识，就要使我们对于它的理解，受到极大限制。然而，学习也是一个思维发展的过程，对于一般读者来说，过于全面彻底的学习要求，是不是也会使他们望而却步呢？我觉得：就我们今日一般读者的各方面的条件考虑起来，提出全面而有重点的学习要求与方法来，也许还是比较切实可行的。不过，所谓全面而有重点，究是从全书整个理论体系中看出的重点呢？还是为了配合我们当前理论工作要求，在全书中拣选出来的重点呢？这两者间，当然是可以有一定距离的，但也并不是不可以统一。事实上，我们当前理论工作要求上最需要注意的地方，也恰是《资本论》全书精神实质所在，那就是以剩余价值学说为核心的各种基本经济理论，特别是历史唯物主义基本原则在各种基本经济理论中的贯彻和运用。

我在前面已经讲到《资本论》是怎样一种著作，说是由于《资本论》，作为研究人类社会历史的锁钥的唯物史观，就由科学的假设，变成了"放之四海而皆准，运用到一切社会形态而有效的普遍真理"，接着，我还谈到，

① 马克思：《资本论》第1卷，人民出版社1956年版，第19页。

《资本论》为科学社会主义，为工人阶级革命运动提供了理论基础。事实上，它为科学社会主义，为工人阶级运动所提供的理论基础，也还是在于它运用唯物史观或历史唯物主义原则和辩证方法，来剖析资产阶级社会的结果。比如说，由于马克思根据了历史唯物主义诸基本原则，如物质生活的生产方式决定着社会生活、政治生活及精神生活的一般过程，如基础决定着上层建筑，如生产关系必须适应生产力的一定发展水平，等等。他就能了解一个社会形态，和其他不同社会形态，是由什么来区别，他就能抓住资产阶级社会的实质和特点；他就能把握这个社会的一切经济生活的决定的动因或制动力量；他就因此能在这个社会的现实关系的基础上来观察它的整个经济运动，来发现它的基本经济规律，来确定其他各种经济规律对基本经济规律的依属关系和作用，于是我们才对资产阶级社会有一个整体的概念，才能明了为什么这个社会的任何一个经济范畴，都只能看作是它的生产关系的个别侧面，任何一个经济行为，到头都要显现出它的阶级剥削本质。作为一个资本主义社会，有关商品生产、价值、剩余价值、利润、工资、地租等分配形态以及再生产等等方面的理论，当然是非常重要的，但同是这些经济范畴及其规律，或者总起来说，同是以资本主义经济为研究对象，马克思研究所得结果，为什么和资产阶级经济学者所研究的，那么不同呢？很显然的，那是由于研究的目的要求不同，分析观察的出发点不同，简言之，立场、观点、方法不同。所以我们学习《资本论》，如照列宁在《什么是"人民之友"以及他们如何攻击社会民主党人》那部经典论著中所指示我们的那样，了解作者分析研究问题所依据的历史唯物主义原则，了解他那建立在唯物辩证法基础上的方法论，就可大大增进我们对于它的经济理论的理解，也容易分辨出哪些经济理论在整个政治经济学中是基本的，主要的，必须认真学习，哪些经济理论是次要的，学起来不妨省略些。如果我们所学的是《资本论》中最重要的基本经济理论，同时又能掌握那些理论分析所依据的唯物辩证原则和方法，那就不但可以说是大体满足了全面而有重点的学习要求，并且对我们当前的理论斗争和理论建设的研究工作，也较容易结合起来。

第二，为了突出重点，联系实际，有必要采行专题研究方式，但专题与专题之间，仍须尽可能保持原书的整体结构和理论系统。

大家知道，《资本论》的结构是非常严密的，它的理论，是非常科学系统的。任何不适当的割裂和说明顺序的改变，都有可能导致原书的严密科学系统的破坏。尽管由于我们研究的要求不同，既要有重点，又要着重联系实际，不能逐卷逐篇逐章阐述，有必要采行专题研究方式，但我们的研究，却须尽可能按照原书的整体结构来安排专题的顺序，并使专题与专题间保持较密切的理论系统。这样做，显然不单是为了说明便利，而更重要的，是为了要这样才可能在一定程度内，保持着《资本论》的唯物辩证逻辑。

资产阶级社会，是整个人类社会发展的辩证法的一个特殊段落。由于在一切阶级社会中，这个社会的商品货币经济特别发达，它的各种经济现象、经济关系，在一方面显示了非常密切的相互依存联系，同时也表现了无可调和的内在矛盾，就使得这个社会由发生发展以至没落的全部过程，表现为它内部矛盾的辩证发展过程。《资本论》把这个唯物辩证发展过程如实地反映出来，使得它的结构和体系，具有高度的现实性和系统性；如果在理论上对哪一个环节有了脱漏或变动，就仿佛是现实运动在受着某种阻碍。正是由于《资本论》的作者，把社会经济运动看成是一个不以人们的意志为转移的“自然的过程”，他就必须正确研究运动过程中的“各种秩序的序列，各个发展阶段依以出现的次序与联结”，因而，研究所得的理论体系，就成为社会的现实关系的辩证发展的写照。

从这里可以看到，我们就是对《资本论》作着专题研究，那并不能成为我们不尊重《资本论》结构和理论系统的理由。反之，却正因为我们是进行了重点研究，就必须考虑如何始得尽可能保持那个体系。不难想到，一切从事实出发，一切从现实关系的内在联系和发展方向出发，来对资产阶级的各种经济学说进行批判并展开自己的理论，当然会对于我们当前的理论斗争工作和理论建设工作，具有极大的启发和示范作用。

第三，不论是为了我们当前的理论斗争，还是为了理论建设，必须在《资本论》研究过程中，善于区别哪些是对于一切社会形态都有普遍妥当性的基本原则，哪些是根据那些原则建立起来，但只是对于特定社会形态具有一般妥当性的基本经济理论，而哪些则仅仅是在那些基本理论中的个别论点或者只是适合于特定社会不同历史阶段不同场合的个别论点。

我们学习研究《资本论》，必须以马克思主义的观点方法看待《资本论》，而不能以资产阶级形而上学的观点方法来看待它。对《资本论》盲目地偶象化，笼统地把《资本论》看作万应的教条，都是反马克思主义的，都是违反唯物历史主义原则的。那样，就不但不能对资产阶级社会经济学说进行批判，也决谈不到发展马克思主义，创造社会主义建设理论。

马克思主义的政治经济学，作为那种政治经济学的基石的《资本论》不仅是资本主义时代的产物，且还是资本主义自由发展阶段的产物。但在社会发展史上，人类只是到了这个历史阶段，由于无产阶级的彻底革命要求，才容许有最革命的辩证唯物主义的观点，才容许并要求把这种观点应用到社会现象方面，而有唯物史观的发现。所以，马克思在《政治经济学批判》中，把《资本论》中，作为其政治经济学的方法论而提出的唯物史观或历史唯物主义原则，虽然是在资本主义时代才提出的，虽然基本上是就资本主义生产方式进行研究时才提出的，但无论是物质生活的生产方式决定着社会生活、精神生活的一般过程的原则，是基础决定上层建筑的原则，还是生产关系适应于生产力发展的一定水平的原则，对于任何一个社会经济形态的发展演变都是适用的。因而它是有普遍妥当性的，是所谓"放之四海而皆准"、"百世以俟圣人而不惑"的。可是，我们不能以为这些最基本的原则是普遍真理，就说应用这些原则来建立的有关资本主义社会的基本经济理论，如剩余价值学说，如资本积累的一般规律，如恐慌理论，等等，也有一般的妥当性，也适用于一切形态的社会。当然，在资本主义商品生产存在一天，不管它是自由资本主义，还是垄断的，这些学说，就一天有它的现实性，就一天有它的相对妥当性，可是，由于自由企业和垄断组织，毕竟有它们各别不同的特点，不同的历史条件，我们如果说，构成那些基本经济理论的每一个反映自由经济阶段的现实的个别论点，对于当代的垄断资本主义现实，都是适合的，都是无可争论的，那就很不恰当了。

我们学习《资本论》或其他经典著作，如果不分清这个绝对真理和相对真理的界线，就不但不能在和当代资产阶级学者，和修正主义者、改良主义者的理论斗争上获得满意的结果，也恐不能对社会主义理论建设作出何等贡献。就前者来说，我们对于资产阶级代言人诽谤马克思主义，把《资本论》中某些基本经济理论的个别论点的失去时效，含糊笼统地加以夸大歪曲，说整个《资本论》是过了时的理论，那当然是非常荒谬可笑的。但如果我们也含糊笼统地，把《资本论》中的这样那样的个别论点，看得和它的基本经济理论，乃至看得和那些理论中体现的唯物历史辩证原则，一样地不仅是历史意义上的真理，并还完全适用于当前资本主义经济的现实，那能有说服力么？《资本论》显然没有因此受到尊重，反而要受到误解。我们对于全面贯彻了唯物历史辩证原则的《资本论》本身，是完全有必要采取正确的发展观点来看待它的。《资本论》的伟大处，它对于我们的社会主义革命和社会主义建设的巨大贡献，就在于它不仅向我们提出了对一切社会形态都有妥当性的历史唯物主义原理原则，不仅向我们提出了对整个资本主义社会都适用的各种基本经济理论，并还在提出那些原则和理论当中，教导我们如何运用那些原则，如何发展那些理论。因为这正是《资本论》的精神实质所在。所以，随着社会经济的发展，随着工人革命运动的前进，马克思的学说，一直在向前发展中；而《资本论》则不论是在理论斗争方面，还是在理论建设方面，一直在起着极其巨大的指导作用和推动作用。

总之，要使《资本论》与中国革命的实际相结合，我们学习的方法，就必须能适应这个目的，要有重点，要尽可能保持它的结构系统，尤其要以发展的观点，分别对待它的历史唯物主义原则、基本经济理论和个别论点，不仅要注意它的原则理论本身，并还特别要注意那些原则在理论中的应用，那些理论的发展。以这样的方式方法进行研究，就能结合得上我们国家当前革命建设方面的理论要求。因此，我在全面而有重点地研究《资本论》的各种基本经济理论之前，专就它的总结构，就它的辩证方法作一概括的说明，也许是非常必要的。

《资本论》的方法*

一

马克思自己曾经有些惋惜地说,“《资本论》应用的方法,不常为人理解”[①]。在《资本论》第一卷出版以后不久,人们对于《资本论》的方法,就有种种矛盾的解释。有人说是用形而上学的方法,有人说是用批判的分析法,有人又说叙述的方法是辩证的。当马克思在第二版跋中清算了这样那样的说法,肯定地说他的方法,是辩证方法[②]以后,资产阶级经济学者、改良主义者、修正主义者又针对着他的辩证方法来进行曲解和攻击。由于辩证方法在本质上是批判的革命的,它不仅是针对着他们一直信守不渝的形而上学的方法而提出来的,并且用它来进行研究的结果:“在现存事物的肯定的理解中,包含着它的否定的理解,它的必然的消灭的理解”[③],也使得他们感到“烦恼与恐怖”。他们对《资本论》的辩证方法,妄加曲解,多方攻击反对,宁是理所当然、毫不足怪的。

值得引起我们注意的,倒是在我们马克思主义者中对于《资本论》的基本方法的看法,见智见仁,也并不完全一致。有人说马克思在《资本论》中应用的是“抽象分析的逻辑的方法”,或“分析的方法”,也有人说“由抽象上升到具体的辩证的认识方法,是马克思应用于《资本论》中的基本的逻辑方法”。这里且不忙分辨谁是谁非,也不忙指证他们的看法究在何种

---

* 本文原载于《经济研究》1962 年第 12 期。——编者注

① 《资本论》第 1 卷第 2 版跋,人民出版社 1956 年版(下同),第 13 页。

② 我们一般对辩证逻辑和辩证方法,都混称为辩证法,马克思在《资本论》中,讲辩证逻辑是用“Dialektik”这个字,讲辩证方法是用“Dialektische methode”这个字。在本文中,我把它们这样区别开了。

③ 《资本论》第 1 卷,第 18 页。

程度符合于事实，符合于《资本论》的精神实质。我想，先把有关这方面可能引起大家认识不一致的几个重要原因摆一摆，也许能使我们的理解较接近一些，讨论起来较方便一些。

首先，《资本论》是使唯物主义历史观的假设，成为科学真理的第一部书。当马克思把辩证唯物主义应用到社会生活方面的时候，他是假定，社会和自然一样，是按照辩证的规律发展的。在整个人类社会的一般辩证关系中，他把资本主义社会当作它的一个段落来考察。用这样的观点来看社会，来看资本主义社会，最先就要完全排除资产阶级学者把资本主义社会看作永恒不变的，或者只有量变没有质变的形而上学的方法，而要应用适合于它的不断变革的不断发展的方法，这种方法，就是辩证方法。在这里，有这么一些疑难被提出来了：怎么在没有研究以前就先作出结论，把社会，把资本主义社会看作是按照辩证的规律发展的呢？如果说科学允许假设，怎么一面对研究的对象作着辩证发展的假设，一面又用辩证法去处理它，这不是把假设与验证假设的方法，把对象与研究对象的方法混同起来了么？说不定马克思所说的认识事物的辩证法并不是什么方法，只不过是辩证的原则罢？这在不承认《资本论》研究的结果，已经把唯物主义历史观变成了真正的科学，不承认研究对象的性质决定着方法，不承认认识论和方法论的统一的资产阶级哲学者经济学者看来，是不能不发生问题的。但我们马克思主义哲学者经济学者是不是也会在这些方面多少受到一点感染呢？

其次，《资本论》作为科学真理，是一部革命实践的指南书，同时也是一部结合实践来进行理论研究的指南书。每个马克思主义研究者，都要求用《资本论》武装他们的头脑，用《资本论》的理论与方法，来指导他们的研究工作。但时代的进展，历史的变革，使他们面对着的问题或革命建设的实践，与当时提到马克思面前的问题的内容和性质，颇不一样。且不讲垄断资本主义形态对自由资本主义形态的改变，社会主义国民经济体系和资本主义国民经济体系，就是完全不同性质的东西。社会主义社会，是不是也是辩证发展着的呢？它的内部矛盾和变革历程，是不是也可以按照研究资本主义社会那样的途径去研究呢？在认识不深不透的尝试摸索阶段，无疑会有各种不同的看法提出来，在我们的经济论坛上，已经有人在争论着社会主义政治经济学的研究对象，是生产方式，还是生产关系？

是侧重生产关系,还是侧重生产力?研究对象的讨论,显然不能不联系到研究方法。而这种讨论,到头会导向《资本论》的研究对象与方法的再学习与再认识,就似乎成为逻辑上的必然的事了。

第三,《资本论》作者自己在《政治经济学批判》中,特别在《资本论》中,对于研究的方法,前后有许多不同的提法,如在《政治经济学批判》导言论经济学的方法中,就着重讲的是由抽象上升到具体的认识方法,在《资本论》第一卷二版跋中,特别讲到他的方法是辩证方法,又讲到抽象法,说明的方法,研究的方法,而在全书各别场合,更多地讲分析的方法。恩格斯在《论马克思的〈政治经济学批判〉》一文中,还提出历史的逻辑的方法,后来列宁除了非常强调《资本论》的辩证法外,又在《谈谈辩证法问题》中,说《资本论》先分析资产阶级社会的商品交换关系,揭示其矛盾,再在它的总和和发展过程中,加以综合的叙述[①]。如果我们没有仔细分别马克思和其他革命导师,是在什么场合,对待什么问题的情况下,提出这许多方法,就很容易得出一个印象,仿佛马克思对于他的研究方法,是讲得很随便的,他并没有坚持他的基本方法是辩证方法。从而,把它看作是分析的方法,或由抽象到具体的方法或其他什么方法,也似乎没有什么讲不通。

因此,如果说,后面这一点肯定会对其他两种看法加重影响,我们先把马克思、恩格斯就《资本论》讲到的辩证方法和其他方法的关系作一交代,定会有助于我们的理解。不过我得在这里着重指出一点,我提到论坛上还讨论着的上述两种方法,只是作为从正面说明《资本论》的方法的旁证,而不是要对它们本身作深入的探讨。

二

马克思在《资本论》第一卷第二版跋中,为了答复那些议论他的各种谬见,曾就《彼得堡欧洲通信》的一篇论《资本论》方法的论文中有关《政治经济学批判》序言所讲的话,作了抄引,其重要论点是:“在马克思,只有一件事是重要的,那就是发现他从事研究的现象的法则。他认为重要的,不

① 参见《列宁全集》第38卷,人民出版社版,第409页。

仅是在各种现象具有一个完成形态，并保持一种可以在一定期间看到的联系的限度内支配着这各种现象的法则。对于他，更重要的，是现象之变化的法则，发展的法则，由一形态到他一形态，由一种联系的次序，到另一种联系的次序的推移的法则。……这样一种研究的科学价值，是在于说明，一定社会有机体的发生，生存，发展，死灭，以及它由别一个更高级的社会有机体来代替的事实，是受着怎样一些特殊的法则支配。马克思这部书实际上有这种价值。”①马克思在抄引了这段话之后，作了这样的肯定的表示：“这位作者如此正确地描写了我的现实的研究方法，而在考察这个方法在我手上的应用时，又如此好意地描写了它，他所描写的，不是辩证方法，又还是什么呢？”②马克思的这个表示，不但肯定了他的现实的或真正的基本的方法，是辩证方法，并还由此说明了什么是辩证方法。特别值得注意的是，他的这个意见，是在反对资产阶级学者这样那样误解非难他的方法的场合，是在他惋惜“《资本论》应用的方法，不常为人理解”③的场合，从正面提出来的。我们还能怀疑马克思自己没有强调他的方法是辩证方法么？不错，马克思又还在其他场合讲到了其他方法。现在我们要看，关于其他的方法，他究竟是在怎样的场合处理怎样的问题提出来的。在紧接着上述那段话之后，他指示我们：“说明的方法，在形式上当然要与研究的方法相区别。研究必须搜集丰富的材料，分析它的不同的发展形态，并探寻出这各种形态的内部联系。不先完成这种工作，便不能对于现实的运动，有适当的说明。”④这段话分明表明了，要在辩证方法基础上进行研究，首先就要通过大量材料作好分析工作，只有把现实的各种经济形态区别开了，发现了它们的内部联系，才能谈到综合的说明。分析与综合，都必须符合辩证法的要求，否则，现实的辩证发展关系，就无从表达出来了。至于“在经济形态的分析上，既不能用显微镜，也不能用化学反应剂。那必须用抽象力来代替二者。”⑤那无疑是指着所谓抽象法说的。如果在这种意义上，说研究的或分析的方法和说明的或叙述的或综合的

---

① 马克思：《资本论》第 1 卷第 2 版跋，第 14～16 页。

② 马克思：《资本论》第 1 卷第 2 版跋，第 16～17 页。

③ 马克思：《资本论》第 1 卷第 2 版跋，第 13 页。

④ 马克思：《资本论》第 1 卷第 2 版跋，第 17 页。

⑤ 马克思：《资本论》第 1 卷初版序，第 2 页。

方法是从属于辩证方法的，那末，抽象的方法，就是从属于分析的方法的。同时，我们还看到，恩格斯自始就是把马克思批判资产阶级经济学的基本方法，看作是辩证方法。他说："马克思对于政治经济学的批判就是把这个方法作基础的，这个方法的树立，我们认为是一个成果，就重要性说丝毫不次于唯物主义的基本观点。"①但他接下去也述及其他方法说："对于政治经济学的批判，就是依照已经得到的方法（按指辩证方法——引者），也可以用两种方式来进行，或者依照历史的方法，或者依照逻辑的方法。"②我们把这段话和上面马克思讲到的研究的方法与说明的方法的那段话联系起来看，就知道，要把所分析的各种形态及其内部联系综合起来加以叙述，历史的逻辑的方法，就显出它的作用了。而由抽象上升到具体的方法，也许正是在这里显示它的作用。虽然在思想过程中，在进行抽象的分析之前，可能已经考虑到了，并依照这个顺序，进行综合的叙述。

从上面的说明，我们似乎可以毫无疑义地肯定以下两个论点：

1.马克思自己和恩格斯都认定，在《政治经济学批判》和《资本论》中，都是把辩证方法看作研究资本主义现实关系的"现实方法"，或研究资本主义基本生产关系的基本方法。这无疑是照应着整体或总的对象，提出的总的方法。

2.他们对于一切其他从属于总的方法或辩证方法的方法，则都只认定它们是分别在一定场合，一定范围，处理不同问题起着助手的作用。它们的作用，是有一定的条件限制的。列宁指示我们："应用分析的方法还是应用综合的方法，这决不是（如常常所说的）'我们随心所欲的事'，——这取决于'那些必须认识的对象本身'"③。我想这个原则，适用于前面讲到的抽象分析的方法，也同样适用于由抽象上升到具体的辩证认识方法。

---

① 恩格斯：《论马克思的〈政治经济学批判〉》，《政治经济学批判》，人民出版社 1961 年版，第 169 页。

② 恩格斯：《论马克思的〈政治经济学批判〉》，《政治经济学批判》，人民出版社 1961 年版，第 169 页。

③ 列宁：《黑格尔〈逻辑学〉一书摘要》。《列宁全集》第 38 卷，人民出版社版，第 254 页。

三

当然，我们接下去，还必须从种种方面，例如从辩证法的要求方面，从《资本论》的研究对象方面，从《资本论》研究结果的完整体系方面，来进一步考察，看抽象分析方法，看由抽象上升到具体的方法，是否可以代替辩证方法，能否完全体现它的精神实质以及它们在应用上表现出怎样的局限性或片面性。而我也只是在这个意义上，把这两种看法，放在一块来考察，至于它们互相间有多大的联系，那就不是我在这里要注意的问题了。

应当说，被看作《资本论》的基本方法的辩证方法，当被应用来考察和处理《资本论》的对象或资本主义的现实关系时，必须依照辩证法的要求，如列宁所指示的：第一，为了真正认识的对象，必须把握和研究它的一切方面，一切联系和媒介；第二，必须在对象的发展上，在它的“自己运动”上，在它的变化上去把握它；第三，必须把人的实践加进对象的完全的“定义”里面去，任何逻辑的概念和范畴，只有在实践活动的基础上作为实践活动的结果才能产生；第四，必须使所研究的结论，符合于事实，符合于现实关系，“没有抽象的真理，真理总是具体的”[①]。且不管马克思主义革命导师，关于辩证方法在应用上还提出了其他什么要求，单就这几点而论，如果说抽象分析法还要加上一些补充说明才好满足第一个要求，那么，由抽象上升到具体的认识方法，最多也只比较能满足第二个要求。当然要勉强分别把它们联系到其他的要求上去，说它们如何都能满足辩证法的要求，那么，人们就会问，为什么不遵照马克思恩格斯的指示，直接了当地把辩证方法看作《资本论》的基本方法，而要说抽象的分析法或由抽象上升到具体的认识的方法，是基本的方法呢？也许是因为不这么做就显不出抽象的分析，或由抽象上升到具体的研究顺序的特殊重要性吧。其实，这是用不着顾虑的。我将在下面结合《资本论》的研究对象，来交代这一点。

马克思曾反复把《资本论》的研究对象，确定为资产阶级社会的生产

---

① 列宁：《再论工会、目前局势及托洛茨基和布哈林的错误》。《列宁全集》第 32 卷，人民出版社版，第 84 页。

关系，或作为那种生产关系总和的社会经济结构的内部联系。他这样确定对象，事实上，已不仅是应用了抽象分析方法的结果，把经济关系从一般社会关系中抽象出来，把生产关系从经济关系抽象出来，尤其是最先把资产阶级生产关系与其他社会的生产关系区别开。同时在一定意义上，还是应用历史的逻辑的结果，把资产阶级社会生产关系看作整个人类社会生产关系发展史中的一个段落，也可看为是应用由抽象上升到具体方法的结果。在这里，我们不难看到，马克思主义的认识论，是如何同方法论密切联系着统一着。在确定研究的对象的场合，抽象的分析方法，由抽象上升到具体的方法，分别扮演了重要角色。而在资产阶级社会生产关系被确定作为研究对象以后，它们的作用，也许还更重要一些。资本主义社会的经济现象，是错综复杂、千头万绪、千变万化的；特别是它的人与人的关系又被物与物的关系掩盖着。要了解它的内在的联系和发展的动态，就不能不对它的整个社会机体，作生理的解剖；不仅要就本质与现象的差别上去分析，就发生成长的机能变化上去分析，还要就运动过程的形态转变上去分析。马克思正是这样不厌其详地做着这件事情。他从商品开头，在商品中区别一般商品与货币商品，在货币中区别作为货币的货币与作为资本的货币，并还进一步区别出货币的各种机能，资本的各种形态：把资本区别为不变资本与可变资本，把劳动区别为具体劳动与抽象劳动，把价值区别为价值实体与价值量、价值与价值形态、价值与生产价格，以及把剩余价值区别为绝对剩余价值与相对剩余价值，那都是有决定意义的；又如区别劳动与劳动力，区别工资与劳动力的价值，区别剩余价值与利润，区别为卖而买的流通形态与为买而卖的流通形态，区别劳动过程、价值形成过程和价值增殖过程，区别个别资本运动与社会总资本运动等等，不一而足。惟其要对资本主义的经济范畴、概念、过程，作这样的精密的区别，这种区别又有赖于分析方法，所以在《资本论》中，我们随在看到"分析"的字样。这说明马克思是如何重视分析的方法，但我们要据此硬说他的基本方法，不是辩证方法，而是分析方法，那就不符合事实了。我们每个《资本论》的读者，都可以仔细体察到，马克思是在怎样的场合，才应用"分析"这个词汇。例如在《资本论》第一卷初版序中，他就接连提到，"尤其在分析商品的那部分"，"关于价值实体与价值量的分析"，"在经济形态的分析上，既不能用显微镜，也不能用化学反应剂”[①]等等，在同卷最后附录《评瓦格纳〈经济学教程〉》中，为反驳那位庸俗经济学者不懂得价值与使用价值的区别，价值与交换价值的区别，他差不多逐段用了“分析”的字样，并说“我的分析方法”云云。但在不是这样区别事物性质的场合，他一般是用“考察”、“研究”、“说明”一类字眼，而分析则被限定在一定范围、一定条件下。如在《资本论》第一卷第二版跋中，他指出“研究必须搜集丰富的材料，分析它的不同的发展形态，并探寻出这各种形态的内部联系。不先完成这种工作，便不能对于现实的运动，有适当的说明”[②]云云，这不但说明了马克思的严格精审的科学研究态度，也说明了分析方法的局限性。事实上，分析和综合一直是在同时进行的，而在事物本身的性质及其相互依存关系上，也是非这样不行的。把商品的价值与使用价值区分开，但离开了使用价值，价值就没有社会存在的依据；把商品与货币商品区分开，但离开了商品属性，货币又不成其为货币；把货币与资本区分开，但离开了货币，资本又无从表现它价值自行增殖了。既要分开，又要综合，既要综合说明它们相互并存关系，又要综合说明它们的发展连续关系。在这里，已显然看到了，这样来看待并这样来处理这些经济范畴，只有辩证的方法才是可能的。抽象的分析法固然无能为力，但我们提出一些理由说，由抽象方法区别开，再由综合方法将其联系起来的由商品到货币到资本的发展转化过程，恰好是由抽象上升到具体的过程，因而，由抽象上升到具体的方法，就成为《资本论》研究的基本方法了。这么说，恐怕连分析论者也不会同意罢。我想，不论是这种由抽象上升到具体的方法，还是抽象法，只要就《资本论》研究结果的体系本身来加以考察，它们的局限性，是会看得很明白的。

谁都承认，《资本论》的科学结构，是非常完整严密的，它不但全面地显示了资产阶级社会生产关系总和的内在相互联系，并还如实地体现了它的总的发展动态，从而，使得在这里面的每个经济范畴、规律，都像很恰如其分地成为资本主义总现实关系或其总运动趋势之个别侧面的理论表现。这样一个科学理论的生产物，只能是在历史唯物主义的基础上，应用

---

① 马克思：《资本论》第1卷初版序，第2页。

② 马克思：《资本论》第1卷第2版跋，第17页。

辩证方法的结果。当然，我们就是有了正确的历史观，又很理解辩证法的要求，也还不能完全保证建立一个科学体系，把错综复杂的、千变万化的现实经济生活，合乎历史逻辑地生动地表现在它里面。我们不要忘记，马克思是第一个人也是第一次通过《资本论》把他的唯物主义历史观应用到资本主义社会经济生活方面的。为了要使他所建立的科学体系，符合唯物主义历史观，尽可能满足辩证法的要求，他曾多方努力尝试，看他的叙述，应当从哪儿着手，包括哪些内容，依照怎样的程序。在《〈政治经济学批判〉导言》中，他在论述经济学的方法时，提出了一个分篇法；在同书序言中，他又提出了一个大体依据那个分篇法作了一些修改的研究顺序。而在《资本论》中，他的分卷分篇系统，又对那个研究顺序，有所改变。如果我们全面了解到马克思对于他的《资本论》体系的研究过程，就知道，他最初在《政治经济学批判》导言中，论到经济学方法所讲的由抽象上升到具体的方法，并不就是他在《资本论》中应用的基本方法。他开始对资产阶级政治经济学进行批判时，从哪儿着手，依照怎样的程序开展下去，确是一个特别值得重视的问题。马克思在那篇"导言"中，把生产看为整个资本主义经济的决定的环节，并批判了资产阶级经济学者关于生产、交换、分配、消费的一般关系的看法，然后再归结到政治经济学的研究，不能象早期资产阶级经济学者所作的那样，从实在的具体入手，而要由他们通过分析而发现的一些有决定意义的抽象一般关系出发，再沿着现实发展的道路，逐渐上升到包含有"许多规定的总结，因而是复杂物的统一"，也就是说，由简单的范畴到较发展较复杂的范畴。《政治经济学批判》由商品论到货币是依照这个程序，《资本论》第一卷由商品到货币到资本，由资本生产剩余价值，再转到剩余价值资本化，也大体是依照这个程序，但把《资本论》全三卷（且不说他原来打算包括在《资本论》里面的《剩余价值学说史》）的结构综合加以考察，第一卷讲资本的生产过程，第二卷讲资本的流通过程，第三卷讲资本主义生产的总过程，似乎并没有完全应用由抽象上升到具体的方法，而宁是应用抽象分析法。为了便于把资本主义制度的剥削本质揭露出来，作者在第一卷先把容易混淆掩盖那种剥削关系的流通过程、分配过程舍象去，等到剩余价值的秘密在直接生产过程找到了，然后再讲流通过程分配过程，而在第二卷流通过程，第三卷包括分配的总过程的叙述，也都不能说是在遵循着由抽象上升到具体的程序，这也许正是历史的方法必须与逻辑的方法结合起来运用的实例吧。我体会，马克思在《政治经济学批判》导言中讲到由抽象上升到具体的方法，而在《资本论》第一卷初版序中，只着重讲抽象分析法，在《资本论》第一卷第二版跋中，专讲辩证方法，这并不是说，由抽象到具体的方法，不再应用，而只是说，这每篇序文，都有他写作当时所要阐明的重点。就是他在答复资产阶级学者批评他的方法论，而直截了当地明确地提出他的方法是辩证方法的第二版跋中，他也并未排斥由抽象上升到具体的方法，只不过把后者看为是从属于辩证方法的一种方法罢了。

四

总之，不论是抽象分析法还是由抽象上升到具体的方法，或者还是其他什么方法，在《资本论》的方法论或辩证的方法中，都有它在一定场合的一定的甚至非常重要的地位和作用。但决不能因为它在某种场合，处理某种问题，显得突出重要，就把它拿来代替辩证方法，或看作是《资本论》的基本方法。那样做实在有把我们导向忽视辩证法，忽视《资本论》的精神实质的危险。抽象分析法，如果不同综合的说明或叙述的方法联系起来，它就不能理解事物的真正矛盾，解决任何对立统一的问题。由抽象上升到具体的方法，如果它不是作为历史的逻辑的方法应用的具体表现，它就很容易变为由简单的概念范畴到较复杂的概念范畴的一种纯抽象的公式。事实上，马克思在作着由抽象上升到具体的叙述中，同时也随在注意到了由实在具体到简单抽象的这一面，这是我们在《资本论》中论到一切重要范畴概念时，都可以看到的。恩格斯曾就马克思在《政治经济学批判》中如何用辩证方法的问题指出："依照这个方法，逻辑的发展完全不必限于纯抽象的范围。相反，它需要历史的例证，需要与现实不断接触。因此这里引了各种各样的例证，有的指出事物在各个社会发展阶段上的现实历史进程，有的指出经济文献，从头追溯明确作出经济关系的各种规定的过程。"①这可以说是马克思应用他的辩证方法的范例，在《政治经济学

① 恩格斯：《论马克思的〈政治经济学批判〉》。《政治经济学批判》。人民出版社 1961 年版，第 171 页。

批判》中是如此，在《资本论》中也是如此。要对于错综复杂的千变万化的现实经济状态，把它的辩证发展关系表达出来，显然不是片面的抽象分析法或由抽象上升到具体的方法可以做到的；那必须依据辩证法的全面的发展和不断联系实践活动的要求，在不同的场合，对待不同的问题，借助于各种不同的方式方法来进行。在不违反历史唯物主义总原则，和能满足辩证法的要求的前提下，马克思在《资本论》中的研究叙述方式，是并不怎么拘泥于一定的格局的。我们不难看到：他在《资本论》第一卷中对于原始积累，对于协作手工制造业这一些出现于现代初期的经济现象，并不曾放在由小商品生产向资本主义商品生产过渡的场合来说明；在《资本论》第三卷中，他还打破了先分析后综合的一般程序，开头就利润的总形成过程及其发展倾向，作了综合的叙述，然后才讲到它的各别具体形态。当然，马克思这么做，也并不是随意的，而是为了这样才便于在理论上把现实的生产关系复制或再生产出来，才便于把资本主义社会的总的辩证发展关系表达出来。当我们已知道，要把资本主义的现实的辩证发展关系表达出来，非辩证方法以外的任何方法所能办到；我们还知道，马克思应用他的辩证的方法，建立了《资本论》的严密的完整的体系；特别是我们都对马克思说他的方法是辩证的方法的文句，背诵得烂熟，为什么我们还不满足于这些，而要提出这样那样的方法，来代替他的辩证方法呢？这不能不说是我们应当深切反省的问题。

再论《资本论》的方法*

一

1962年第4期《哲学研究》，发表了吴传启同志的《由抽象上升为具体是辩证的认识方法》。这个标题的提法，是没有什么值得怀疑的。问题是该文开头的这句话："这种逻辑的认识方法，就是由抽象上升为具体的辩证的认识方法，也就是马克思应用于《资本论》中的基本的逻辑方法。"于是有些青年政治课教师同志，看到这种提法，再把他们从《资本论》中学到的马克思自己的说法联系起来，提出这样一些问题：

1.马克思在《资本论》中应用的基本方法，不是辩证的方法么？

2.由抽象上升到具体的方法或抽象分析的方法，是否就等于辩证的方法呢？

3.有人说，由抽象上升到具体的方法是基本的方法；又有人说，抽象分析的方法是基本的方法，是一回事么？究竟哪个对？

有些同志把这些问题提给我，要我写一篇文章谈一谈，由于水平的限制，几经考虑之后，觉得也不妨借此学习学习，好在道理是会愈讲愈明白的。于是就用《〈资本论〉的方法》这个题目写了一篇文章刊载在1962年第12期《经济研究》中。今年第2期《哲学研究》，就刊出了吴传启同志的长达数万言的《关于〈资本论〉的方法问题》一文，对于我那篇文章，提出了不同看法。我欢迎这种讨论，并衷心感谢他为我那篇文章费了那么多劳动以及由此提出的宝贵意见。

---

* 本文原载于《哲学研究》1963年第3期。——编者注

二

仔细阅读过他那篇文章以后，我初步感觉到，吴传启同志的文章虽然是专为批评我那篇文章写出的，但他并没有针对我的主要论点，并还把我的主要论点，作了一些曲解。

我那篇文章有两个主要论点，其一是说，在《资本论》中，应用的基本方法，是辩证方法，不是抽象分析，也不是由抽象上升到具体的方法，或其他什么方法，即使说，后面这两者比较重要，在《资本论》中也应用得比较广泛，那也不能这样去理解。我的另一个主要论点，是和前一个论点相联系的，那是把辩证方法看为总的方法，基本的方法，其他一切的方法，则是从属于辩证方法的，在辩证方法的指导下，对所研究的总的对象的某些方面，某些场合，作着较为具体的处理的。我在《〈资本论〉的方法》那篇文章中，完全是就这两个论点立论的，我并且在其中第二段的结尾，还把它们概括地表述出来了。吴传启同志的文章，抄引了我那篇文章的许多片段，但却就把概括的说明避开了。有些象是“明足以察秋毫之末，而不见舆薪”。为了说明的便利，我只好自己抄引在这里了。

> 从上面的说明，我们似乎可以毫无疑义地肯定以下两个论点：
>
> 1.马克思自己和恩格斯都认定，在《政治经济学批判》和《资本论》中，都是把辩证方法看作研究资本主义现实关系的“现实方法”，或研究资本主义基本生产关系的基本方法。这无疑是照应着整体或总的对象，提出总的方法。
>
> 2.他们对于一切其他从属于总的方法或辩证方法的方法，则都只认定它们是分别在一定场合，一定范围，处理不同问题起着助手的作用。它们的作用，是有一定的条件限制的。列宁指示我们：“应用分析的方法还是应用综合的方法，这决不是(如通常所说的)‘我们随心所欲的事’，——这取决于‘那些必须认识的对象本身’”①。

依我想，吴传启同志的批评，如果是针对我这两个论点，那不独便于被批评者，使他知道对在哪里，错在哪里，同时也好让一般读者去作判断。

① 《列宁全集》第38卷，人民出版社1959年版，第254页。重点号系引者加。

照他的批评章法，确有些叫人摸不着头脑。

就第一个论点说，他讲了很多，我仍然不明白他是否还坚持，《资本论》的基本方法，是由抽象上升到具体的逻辑方法。照他在全文一二两段引伸的说明，虽然没有对此作明白的交代，但在骨子里，却还认定这是没有什么值得考虑的，因为照他看来，第一卷固然是在应用这个逻辑方法，第二卷、第三卷也是；而且照他的看法，如果第二卷、第三卷不是完全贯彻这个方法，《资本论》就不能构成一个完整的体系。我看事实不完全是这样的。我想分几点来说明：首先，第一卷在体现由抽象上升到具体的逻辑程序方面，确是比第二卷、第三卷表现得更明白些，虽然后两卷也并不是完全没有应用这个方法，如吴传启同志详细列举出来那样，有许多地方还是在应用它，但分别就这两卷的整个构成来说，吴传启同志却把它们的重要关节忽略了，第二卷由个别资本的循环周转到社会总资本的再生产与流通，看来是按照由抽象上升到具体的逻辑程序，可是这个社会总资本运动，这个总再生产，如果不是放在这里，而是放在第三卷讲过了“资本运动过程当作一个全体来看所生的各种具体形态”以后，它的具体规定性，不是更充分么？不是更会表现由抽象上升到具体的逻辑么？但马克思没有这样做。第三卷如果按照由抽象上升到具体的逻辑程序，利润这个范畴，是应该在讲过了企业利润、利息、商业利润、地租以后再提出来，那样就更好表现它的具体规定性的复杂性，但马克思没有这样做。他是在前三篇讲了由剩余价值到利润的转化、利润平均化、利润下降法则以后，接下去才讲到那些特殊分配形态的。这里用不着进一步说明马克思为什么没有这样做，而只是要指出：第二卷、第三卷与第一卷研究的对象不同，处理的问题不同，它们就不可能完全按照第一卷的章法。其次，这样做不是会破坏整个《资本论》的体系么？我同吴传启同志的看法不一样，也许这里存在着我们真正的分歧，因为他把由抽象上升到具体逻辑的方法，看为是《资本论》的基本方法，所以企图把每一卷每一篇每一章都说成是应用那个逻辑方法的结果，并且认为不是那样，就不能构成《资本论》的完整体系，或者会破坏那个体系。我认为，《资本论》的总的方法或基本方法，不是由抽象上升到具体的逻辑方法，也不是其他什么逻辑方法，而是辩证方法。按照辩证方法的总的要求，就是要把整个资本主义社会经济运动规律或其辩证的发展关系揭示出来。要服从这个总的要求，就得对其整个辩证发展关系的不同方面、不同对象，运用这样那样的逻辑方法，或者是把哪一种逻辑方法作为重点，例如说《资本论》头两卷中占支配地位的是分析，在第三卷中，则综合占首位。这正符合前面讲过的列宁指示的精神：应用分析的方法，还是应用综合的方法，决不是取决于我们随心所欲的事，而是取决于那些必须认识的对象本身。如果有谁因为要强调抽象分析的逻辑的方法，是《资本论》的基本方法，硬说第三卷也同样是分析方法占支配地位，并以为不是那样就会破坏《资本论》的体系，那能说是对的么？事实恰好是，《资本论》的完整体系的建立，就在于它在辩证方法的指导下，对不同对象、不同问题，采用不同的具体方式方法。因此，第三，即使依照吴传启同志的主张，说《资本论》第二卷、第三卷也同第一卷一样，完全贯彻了由抽象上升到具体的逻辑方法，我们也不能据此就说《资本论》应用的基本方法，是由抽象上升到具体的逻辑方法。试问没有辩证方法作为总的方法摆在前面，就是说，没有把所研究的资本主义社会经济结构，看作是有全面联系的、有机的，是在内在矛盾运动中不断发展的，那末，把由抽象上升到具体的逻辑方法，应用起来，不是要失却方向和依据么？难道说，马克思不是把辩证方法放在前面，再考虑到经济学的研究，不能从实际的具体入手，而要从那种实际的具体情况得出一些基本的抽象范畴，然后再进到包含有复杂的多样规定性的范畴么？我在前文中曾经指出恩格斯就《政治经济学批判》中关于如何应用辩证方法所作的指示，他说："依照这个方法，逻辑的发展完全不必限于纯抽象的范围，相反，它需要历史的例证，需要与现实不断接触。因此这里引了各种各样的例证，有的指出事物在各个社会发展阶段上的现实历史进程，有的指出经济文献，从头追溯明确作出经济关系的各种规定的过程。"（重点号是引者加的）[①]这段话是值得我们深思的，他不仅说明在应用由抽象上升到具体的逻辑方法中，同时还要不断接触现实，从实际的具体情况中得出抽象的规定，也就是说，还有由实际具体到抽象的一面，也许这还是更重要的理论联系实际的一面。不然，就变成了由概念到更复杂的概念，由范畴到包含更多规定性的范畴，变成逻辑的发展，完全"限于纯抽象的范围"了；这还说明，在辩证逻辑中，由抽象上升到具体的逻辑方法，是有很大的局限性

① 马克思：《政治经济学批判》，人民出版社1955年版，第183页。

和片面性的，而这却是吴传启同志不愿意承认的一点。

就第二个论点，即就辩证方法与其他各种逻辑方法的关系说，我非常意外地感到，吴传启同志在有意地曲解我的说法。他的曲解是从他不肯承认对于辩证方法来说，所有一切从属于辩证方法的其他一切方法，都有一定的局限性与片面性的这一命题出发的。他全文中断章取义地认为我有时在上述文句的意义上讲到“其他的方法”，特别是在那篇文章的末尾讲到“非辩证方法以外的任何方法”，就说我把辩证方法与其他的逻辑方法对立起来，由此大做文章。现在我把这句话的全文写在下面，那是在说明由抽象上升到具体的逻辑方法，抽象分析的逻辑方法等等，都不可能把资本主义总的辩证发展关系表达出来，只有辩证方法才能办到之后讲到的：

> ……为了这样才便于在理论上把现实的生产关系复制或再生产出来，才便于把资本主义社会的总的辩证发展关系表达出来。当我们已知道，要把资本主义的现实的辩证发展关系表达出来，非辩证方法以外的任何方法所能办到。

看到上下文便不难明白，总的资本主义的社会辩证发展关系，只有作为总的方法的辩证方法才能全面把握，这以外的，只有局部意义的逻辑方法，都办不到。而且就在这一段文字的开头，我还讲了这一句较概括的话：

> 总之，不论是抽象分析法还是由抽象上升到具体的方法，或者还是其他什么方法，在《资本论》的方法论或辩证方法中，都有它在一定场合的一定的甚至非常重要的地位和作用。但决不能因为它在某种场合，处理某种问题，显得突出重要，就把它拿来代替辩证的方法，或看作是《资本论》的基本方法。

此外，在同一论文的某些场合讲到辩证方法和其他只有局部意义的逻辑方法的关系时，也分别交代了其他方法对辩证方法的从属意义，如在第三段末尾就曾指出：

> 马克思“就是他在答复资产阶级学者批评他的方法论，而直截了当地明确地提出他的方法是辩证方法的第二版跋中，他并未排斥由抽象上升到具体的方法，只不过把后者看为是从属于辩证方法的一种方法罢了。”

事实上这在概括我的全文的两个主要论点中，已再明白不过地交代了。如果说在经过了这样反复指明的前提下，表示《资本论》在应用当作总的方法来看的辩证方法而外，还运用了其他一些逻辑的方法，怎么就是把其他的方法与辩证的方法对立起来呢？就是“割裂”呢？那末，马克思在讲过了他的辩证方法，接着讲说明的与研究的方法；恩格斯在讲了辩证方法之后，接着又说，要应用历史的与逻辑的方式方法；列宁在讲述辩证方法时，还说要分别不同的情况、对象，应用分析的与综合的方法；还有其他马克思主义哲学家，认为应用分析方法，不可同时运用归纳法与演绎法，该怎么去理解呢？大概吴传启同志的意见是，凡属具有辩证逻辑性质的方法，都是辩证方法，只有这样那样的辩证方法，而不是有一个什么总的方法来看的辩证方法，而这些方法在认识中，又是被“综合地应用的”，不能“割裂”的。照此说法，他就不但不能对马克思主义经典作家的指示有所交代，连他自己提出来的“由抽象上升到具体的辩证的认识方法，是应用于《资本论》中的基本逻辑方法”这个命题，也似乎违反了那个“戒律”。因为很清楚，他单就这个方法来谈，不是分割开来了么？他把这个方法看成是应用在《资本论》中的基本逻辑方法，不是还承认有其他的非基本的逻辑方法么？他在理论上讲得这样令人难于索解，当然有他的“根据”。我觉得有必要把它提出来谈一下。

三

《关于〈资本论〉的方法问题》的文章，问题是如下面这样提出全文的线索的：

> 然而究竟什么是《资本论》的方法呢？毫无疑问，当然是唯物主义的辩证方法，不是唯心主义、形而上学的方法，这是不成问题的。在马克思主义的哲学中，世界观和方法论是统一的。唯物辩证法是马克思主义的世界观，同时又是马克思主义的认识周围世界的方法和革命行动的方法。……
>
> 从逻辑的发展来说，《资本论》的辩证法，也可以说就是作为反映资本主义社会发生、发展及消灭的各经济范畴的发展的辩证法。所以问题就在于必须把辩证规律应用于反映论。在这里，要把这一现

实的矛盾运动反映在概念、范畴的逻辑之中，就不能不应用辩证的概念、判断、推理和辩证的逻辑分析的方法，如分析和综合、历史和逻辑、从抽象上升到具体和其他等逻辑方法。这些方法，就是认识的辩证法。而所有这些逻辑方法，又都可以归结为研究事物的本质自身中的矛盾运动。总之作为马克思主义的辩证逻辑，就是认识的辩证法，也就是辩证方法；而认识的辩证法又不过是客观辩证法在思维中的反映。以上这些逻辑方法是不能互相割裂的，它们在认识中是被综合地应用的。

这段话，在一般原则上，没有什么需要讨论的，但在表述上，却会给人一些不明确的、不完全的，从而有些混淆不清的印象，也许这正是应用那些原则来说明我们讨论《资本论》的方法问题，其所以发生不同看法的关键所在。且来分析一下吧。

1.……辩证的逻辑分析的方法，如分析和综合、历史和逻辑、从抽象上升到具体和其他等逻辑方法。……就是认识的辩证法。

2.所有这些逻辑方法，又都可以归结为研究事物的本质自身中的矛盾运动。

3.作为马克思主义的辩证逻辑，就是认识的辩证法，也就是辩证方法；而认识的辩证法又不过是客观辩证法在思维中的反映。

4.这些逻辑方法是不能相互割裂的，它们在认识中是被综合地运用的。

（重点号是引者加的）

从上面的引文看来，且不说吴传启同志在讲辩证逻辑、辩证法、辩证方法中，还讲了许多逻辑方法，并也还勉强用了“其他等逻辑方法”字样，并还因此没有办法不同意辩证方法对其他逻辑方法，是一个总体概念，而其他逻辑方法对于辩证方法，都是一些局部概念，也因此表现了它们的局限性和片面性，也因此说明任何一种只具有局部性和片面性的逻辑方法，无论就它体现事物的本质自身的矛盾运动的实质讲，还是就它所研究的对象范围讲，都不能和当作总的方法全面研究并体现着自然或社会本质自身的矛盾运动的辩证方法混为一谈，或把其中某一个逻辑方法强调为就是辩证方法本身，拿来和辩证方法划等号。事实上，我们所要研究所要把它表现出来的自然或社会的矛盾运动，在各个方面，在各个场合，在各个不同的发展阶段，有极其错综复杂的不同表现，如果不是依据总的辩证方法，指示我们的原则，分别把它们看作都是处在相互依存相互制约的联系和作用中；是处在运动和转变中，是处在由量变到质变的过程中，特别是处在新旧交替正反相成的不断斗争统一中；任何一个只就某一方面，某一特定对象，某个不同发展阶段，来进行研究的逻辑方法，都会失去方向和依据，看不到什么是主要的基本的方面，看不到什么是主要的基本的矛盾。试想，《资本论》的作者，如果不是有他在《政治经济学批判》序言中提出的唯物史观公式，如果不是有《资本论》第二版跋中讲到的辩证方法作为他进行研究的指导线索，他将如何进行分析呢？他将如何运用说明研究的方法呢？他怎么会考虑到由抽象上升到具体的研究程序呢？事实上，分析的方法、综合的方法、历史的方法、逻辑的方法、归纳演绎的方法，乃至其他什么方法，都并不是“自在的”成为辩证逻辑方法，马克思主义的哲学出现以前，它们就分别成为资产阶级哲学家乃至更早的哲学家运用的认识手段或工具，它们其所以具有辩证的性质，就因为它们是从属于辩证方法，在辩证方法的指导下，作为一种认识事物的辩证的要素而作用着。也就因此，它们就在马克思主义者制订的唯物主义的反映论中，在唯物主义的辩证学说体系中，被规定为辩证地认识事物的组成部分。但很显然，它们中间的任何一种逻辑方法（哪怕是比较重要的），甚至把它们全部合起来，也并不能因此就说是辩证方法本身或当作总体来看的辩证方法。能够说这样把辩证方法这个总体概念和那些逻辑方法区别开来，就是“割裂”，就是把它们彼此对立起来么？上面引文中最后一句：“这些逻辑方法是不能互相割裂的，它们在认识中是被综合地应用的”，我看就是按照吴传启同志自己的逻辑来讲，按照他对《资本论》的方法的看法来讲，也显得有些含糊不清，是不是可以把各种逻辑方法和范畴，一视同仁地看待呢？我可不大清楚。

其实，把上面引文综合起来看，已说明那里面存在着含糊不清的因素，而其关键，则似乎在于对于辩证方法本身以及对于马克思主义哲学的认识论与方法论的统一的理解。照吴传启同志的理解，所有上面讲到的各种逻辑方法，都是认识的辩证法，都是辩证法，都是辩证方法，都是作为马克思主义的辩证逻辑：一方面它们“可以归结为研究事物的本质自身的矛盾运动”，同时“又不过是客观辩证法在思维中的反映”。如果说不管是分析的方法、综合的方法、历史逻辑的方法、归纳的演绎的方法或者其他什么方法，都是在研究事物的本质自身的矛盾运动，那是没有什么可以怀疑的，但因此就说它们这些逻辑方法，都是“事物的本质自身的矛盾运动”，即“客观辩证法在思维中的反映”，却就叫人有些费解了。这里面当然存在着术语概念是否运用得恰当的问题，也存在着认识论与方法论如何统一理解的问题。马克思主义的唯物主义的认识论即反映论，不仅认定宇宙是物质的，是矛盾运动发展着的；对于观念来说，物质是第一性的；并还认定物质运动是可知的，是有一定规律可寻的。马克思主义创建者不但依据现代自然科学上的研究成果，确立了反映自然辩证逻辑的认识论，同时还制定了一整套认识客观规律的原则范畴与方法。这里所说的方法，就是我们上面论到的各种逻辑方法。人们往往就把这些方法，看成是和认识论统一的方法论的内容。从上述的引文中，我感到吴传启同志在很大程度上是这样看的。我的看法不是这样。我认为，在反映论或认识论中，认定自然是事物本质自身的矛盾运动过程，这已经在把它作着普遍联系、不断发展转变、不断由量变到质变以及对立统一来处理。即是说，已经在应用辩证方法。这是从认识论方面来看的认识论与方法论的统一，但这里只是一个方面，同时，从方法论方面来看，当我们对自然进行研究分析的时候，首先就要按照认识论所肯定的那样，把自然看作是辩证发展着的，看作是普遍联系，不断发展不断转化的，并按照这样来处理它研究它，这就是从方法论方面来看的认识论和方法的统一。因此，认识论与方法的统一，如果只是就那些有局限性与片面性的各种逻辑方法去理解，固然是极不全面的，单就认识论方面去理解，也是不全面的。把问题归结到我们讨论的《资本论》方法方面来加以说明罢。唯物主义认识论的发展形态，是历史唯物主义或唯物史观。恩格斯指出，马克思有两个大发现：一是剩余价值，一是唯物史观，而这个作为资本主义的动力或矛盾运动的核心看的剩余价值，又是应用唯物史观把资本主义社会的生产关系，看作是辩证发展关系才把它发现的。我们且从研究的角度，看看它有哪些过程。资本主义的辩证发展关系，是客观地存在的，是不以人们意志为转移的自然的发展过程，这是出发点，是我们研究的起点，这是一。对于资本主义社会的生产关系，资产阶级的经济学者哲学社会历史学者并不把它看为是辩证发展的，只有马克思主义者才这么看，这在社会存在决定社会意识的反映论或认识论上便是唯物史观,这是二。关于自然的认识论反映论,是建立在现代各种科学的发现发明上,而认识反映社会存在社会发展的唯物史观,则还有待于在理论上加以科学的论证。《资本论》就是做的这个工作,马克思在进行这个工作的时候,首先就是应用辩证方法,把资本主义社会的生产关系当作辩证发展关系来处理,并且依据辩证方法,或在这个总的方法指导下,分别依不同的对象,应用各种不同的逻辑方法,这是三。当马克思已经完成了他的《资本论》的研究工作,把唯物史观的科学假设,变成了科学的时候,客观存在着的资本主义的辩证发展关系,便在《资本论》中完全正确的得到反映,这是四。如果从研究的角度,把这四个过程或关节区别开,不要以为认识论与方法论是统一的,就把二、三两个过程混起来,那一来,许多看法就会不一样了。

以上是一些不成熟的意见。如果在学习再学习、讨论再讨论中,认识有所提高,看法也许有所不同。所以我欢迎实事求是地讨论。

《资本论》总结构的系统理解*

——关于“《资本论》的总结构、辩证法及其体系对于政治经济学研究的影响”之一之二

一

在这一讲，打算谈三个问题。一是《资本论》的总结构，一是体现在它那总结构中的辩证法或科学的方法论，一是它的完整体系对于此后研究政治经济学的影响。由于我们在后面对《资本论》是作重点研究，这里有必要就它的总结构，作一系统的说明；又由于前面谈到，我们研究《资本论》，要特别注意它的科学方法论，注意历史唯物主义原则在经济理论方面的应用，所以就体现在《资本论》总结构中的辩证法加以论述，也是非常必要的。至于《资本论》体系对于后来研究政治经济学的影响，在今天，还是一个相当现实的问题。

现在且先从总结构讲起。马克思把《资本论》看作是他在一八五九年出版的《政治经济学批判》一书的续编。而《批判》又可以说是他在一八四七年公刊的那个通俗讲稿《雇佣劳动与资本》中的基本论点的深入而系统的研究。所以，到一八六七年才出版第一卷的《资本论》，几乎是马克思在开始他的经济研究生活不久的四十年代中期就开始的。他在一八八三年去世的时候，这部书第二卷、第三卷的遗稿，还是嘱托他的战友恩格斯编订出来，分别在一八八五年、一八九四年问世的。这一部被马克思当作终生事业的大著作，如按照作者原来的写作计划来说，实在还经历了比这更长的难产时间。他原来计划的三卷本，是把现在刊行的第二卷第三卷合

---

* 本文分上下期分别原载于《中国经济问题》1960 年第 2、5 期，在收录本卷时标题略有调整。——编者注

成为第二卷,而把恩格斯临终时嘱托考茨基整理的《剩余价值学说史》遗稿作为第三卷。考茨基后来没有把《剩余价值学说史》放在《资本论》里面,而另行独立出版,于是《资本论》就成为现在这个三卷本的形式。

必须指出:马克思把这部研究资本主义生产方式或解剖资产阶级社会的书,题称为《资本论》,这个提法本身,不仅说明是“有的放矢”,而且恰好打中要害,抓住了这个社会的最根本关键。在资本主义社会,尽管“资本”这个经济范畴,具有最本质最根本的意义,但资本的担当者——资本家,资本的辩护者——资产阶级的经济学者,却有意无意地把它和其他经济范畴,如货币、地租等等,作着无差别地处理。因而,凡属为资本祝福的资产阶级御用学者(甚至包括那些有名的古典经济学者在内),都无法明确解答资本是什么、资本是怎样产生的这个问题。这在他们的立场上,也许正好是要愈把它弄得十分暧昧不明,才愈对他们有利。可是在工人阶级,却又非把它弄个清楚不可。马克思竭尽他毕生精力来研究分析它,并不仅是因为资本活动涉及了整个资本主义经济的一切方面一切过程,也不仅因为它在所有这一切方面一切过程中是起着决定作用,还因为它在所有这些方面这些过程中的作用,都被资产阶级学者弄得颠三倒四,乱七八糟,变成一笔糊涂账了;不拨开这些观念上的尘雾,不全面展开批判,就不能把资本生活的本来面目揭露出来。《资本论》所以被马克思别题为《政治经济学批判》,原因就在这里;马克思原来其所以要把资产阶级学者们有关剩余价值,亦即有关资本的全部理论,专门加以历史的论述,并放在这部书里面,原因也在这里。

《资本论》三大卷,第一卷论资本的生产过程,第二卷论资本的流通过程,第三卷论资本主义生产的总过程。这个章法,首先就对资产阶级经济学者有关政治经济学论著的传统形式来了一个革命。有人曾这样提问过:如果说《资本论》第一卷是论剩余价值的生产,第二卷是论剩余价值的流通,第三卷基本上是论剩余价值的分配,那不依旧是照资产阶级学者的三分法来进行研究的么?但问题不仅在于所研究的是什么,还在于怎样展开研究。这是要分别把第一、二、三卷的结构作一概括说明,才能充分了解的。

二

《资本论》第一卷讨论资本的生产过程，就是要解答什么是资本，资本生活是怎样开始的；在发展过程中，又将怎样结束它这种生活的。这一卷包括七个篇目，第一篇商品与货币，第二篇由货币到资本的转化，第三篇绝对剩余价值的生产，第四篇相对剩余价值的生产，第五篇绝对剩余价值与相对剩余价值的生产，第六篇工资，第七篇资本的积累过程。在这七篇中，首尾两篇是讲资本的来龙去脉，讲它的来历和前途，中间五篇则都是论述资本是如何生产的。资本就是意味着在资本主义商品生产条件下的一定额货币价值的自行增殖。而对原垫支价值增大的部分，就是剩余价值。所以资本的生产过程，从其更本质的机能来说，就是剩余价值的生产过程。

由于“商品流通是资本的出发点”[①]，由于“货币是资本的最初的现象形态”[②]，第一篇讲商品与货币，基本上就是要据以说明资本所由成立的历史前提，要据以说明那些在资本主义生产条件下形成的商品货币关系，并不是什么超历史的自然产物，而是由前资本主义的劳动生产物的简单商品形态和商品的简单价值形态逐渐发展过来的。只有搞清了劳动生产物如何才变成商品，特定商品如何才转化为货币的过程，方始能了解货币如何才转化为资本的过程。马克思是从商品来开始他的分析的。他由商品的二因素：使用价值与价值，引论到生产商品的劳动的二重性：具体劳动与抽象劳动，而又把这归结到以私有制为基础的商品生产所必然要产生的基本矛盾，即社会劳动与私人劳动之间的矛盾。这个建立在私有制基础上的社会劳动与私人劳动之间的矛盾，是劳动生产物为什么必须转变为商品，凝结在商品中的劳动为什么必须表现为价值，价值量如何必须由劳动时间来测定的原因，那同时也当然是商品如何必须在交换关系发展中二重化为商品与货币商品的原因。由于资产阶级学者丢开社会生产关系，丢开商品生产所由建立的私有制基础，丢开劳动的社会性质，来谈

① 马克思：《资本论》第1卷，人民出版社1958年版，第149页。

② 马克思：《资本论》第1卷，人民出版社1958年版，第150页。

商品货币关系，于是商品也好，货币也好，就神秘化为超历史的自然关系，就表象化为物与物的关系，商品拜物教，从而货币拜物教，就是这样发生的。事实上，商品货币关系的发展，就是意味着作为其存在基础的私有制的发展，就是意味着由此产生的社会基本矛盾的发展。当商品生产和货币流通关系发展到了一定阶段，在一方面，使得社会一部分人增大了私有财产，集中了较多的流动货币资金，需要利用他人的劳动，同时在另一方面，使得更多的人失去生产资料，需要向他人提供劳动的时候，真是所谓“一个寻锅补，一个要补锅”，资本主义商品生产方式，就被看作是解决这个社会矛盾“天作之合”的合理生产方式了。资产阶级学者曾用大量的著作、数不清的好听词汇来为新的制度粉饰和祝福，马克思却把它的丑恶的和孕育着更严重社会矛盾的现实，彻底揭露出来了。

接下去，由第二篇到第六篇，是从各方面来分析资本的或剩余价值的生产过程，揭露资本主义的剥削秘密。这个秘密，从现象上，或者单从流通过程，是不容易看得出来的，必须深入到生产过程内部去考察。第二篇讲由货币到资本的转化，就是要探究一定量货币价值，通过由货币到商品和由商品到货币的流通过程，怎样变为更多的货币，或者怎能使货币变成增殖价值的资本呢？货币也是一宗特殊商品。在简单商品货币的流通关系中，依据等价交换原则，由货币到商品和由商品到货币只不过改变了价值的存在形态，并不能增加价值的量。“价值会在货币形态和商品形态的不绝的转换中，自行把它的量变化，从原价值生出剩余价值，从而把自己价值增殖。”[①]原因何在呢？归根结底，不过由于我们在前面讲到的占有生产资料的人，需要利用他人的劳动，而由生产资料游离出来了的人需要向他人提供劳动。劳动力一当作特殊商品被买被卖，整个流通过程就变质改观了，原来的简单商品货币流通，就变为货币资本、商品资本的流通了。资本的总公式 G—W—G′成立了。但是到这里为止，还只算提出了问题，仍未解决问题。因为劳动力的买卖毕竟还是在流通领域，或商品交换领域的限界内进行，这不能完全说明从垫支价值产出更大价值或剩余价值的原因。在第三篇绝对剩余价值的生产中，马克思是就劳动过程与价值增殖过程的区别和不变资本与可变资本的区别来揭露出这个秘密

① 马克思：《资本论》第 1 卷，人民出版社 1958 年版，第 159 页。

的。所谓劳动过程，一般地讲来，是一种有目的的产生使用价值，使自然物适合于满足人类需要的活动，它的一边是人和它的劳动，另一边是自然和它的物材，这对于人类生活的各种社会形态都是适用的。可是当我们进一步把劳动过程看作资本家消费劳动力的过程的时候，马上就呈现出两种特殊现象，一是资本家购买了劳动力，劳动者的劳动就是属于资本家，他就得在资本家的管制下进行劳动；一是劳动生产物也是属于资本家，而不为直接生产的劳动者所有。资本家从事生产，不只是要生产一个决定用来出卖的商品，还是要生产一个价值大于原垫支价值的商品；就是说，不仅要生产使用价值，还要生产价值，还要生产剩余价值。资本家从事生产，在购买劳动力之外，诚然还要购买生产资料，但在交换依照等价原则进行的限内，为购买生产资料投下去的垫支资本，无论如何，总只能取回同多的价值，所以它只能说是不变资本；劳动力的购买，虽然也要按照维持劳动力所需的费用来决定它的价值，但劳动力的使用或消费，却是在资本家管制下进行，资本家能够把劳动过程的时间延长，强制要劳动者作出劳动力价值以上的劳动，使他所费于资本家的，和他为资本家提供的，是两个不同的价值量。于是，资本家垫支在购买劳动力上的资本，就成为可以增大价值的可变资本。而在资本主义商品生产条件下的劳动过程，就附有价值增殖过程的特质。以劳动力在商品市场上的购买为条件，而在生产领域内，把劳动过程的时间延长所产生的剩余价值，就是所谓绝对剩余价值。绝对剩余价值便是建立在劳动日长度的基础上。我们在这里看到了工人阶级和资本家阶级围绕着劳动日长度展开的激烈斗争。由于工人阶级的反抗，就使得资产阶级在已经取得的绝对剩余价值的基础上，把榨取的方向，转到革新劳动技术过程、改进社会组织机能方面，即由绝对剩余价值转向相对剩余价值方面。所以第四篇论相对剩余价值的生产。作者用大量的历史材料说明这个转变过程，就是由协作、手工制造业到大工业的转变过程。当资产阶级不再能由单纯延长劳动日来保证剩余价值的榨取的时候，用革新劳动技术组织来加强劳动力，就很快被发现是有利可图的途径。这样做，不仅会由劳动生产力的提高，相应降低劳动力的价值，不仅会由机器的采用，加强对于工人阶级的统治，并且还可在某种新技术设备没有被普遍采用以前，获有额外利润。当然，资产阶级内部的竞争，由此白热化了，资产阶级对工人阶级榨取的门道和花样，也加多了。第五篇紧接着讲绝对剩余价值和相对剩余价值的生产，就是要把两者统一来看。在发展过程上，绝对剩余价值是相对剩余价值的出发点，但在相对剩余价值已经成为一般形态，资本已经完全确立了对于劳动的统治的时候，延长劳动日仍不失为榨取剩余价值的一个方法，所以，在考察剩余价值量因劳动力价格变动而受到影响的时候，必须考虑劳动生产力、劳动强度和劳动日长度三方面的可能变化。第六篇论工资，是要看资产阶级及其代言人在支付劳动力价值或价格方面，在表演怎样的欺骗伎俩。资产阶级学者把资本家付给劳动者的工资，说成是劳动价值或其变形的劳动价格，就是要企图证明全劳动日都支付了，因而不存在什么剥削。但事实上，如果对于劳动力的使用或消费，全给了，就根本没有剩余价值，也没有资本的积累。所以，劳动价值或劳动价格，只不过是劳动力价值或价格的不合理的表现。而资本的积累，就宁是无给劳动价值的积累。

最后第七篇讲到资本的积累过程，就给资本主义的剥削本质及其后果，全暴露出来了。积累原包括生产、流通、分配、消费的全过程，但这里只是把它看作生产过程的一个要素来考察。在简单再生产过程中，已不难看到，资本家就是把年生产的剩余价值全消费了，在一定年限内，所有的资本，也全都是由剩余价值转化的结果。如果他们把已经占有的剩余价值拿去作获取新剩余价值的手段，那就是剩余价值的资本化，就是把生产规模不断扩大。从这里，我们看到了资本积累的一般法则：资本有机构成不变，劳动力的需要，随积累一同增加；在积累及伴随着积累而发生的积聚进行中，在总资本中的不变资本部分会相对增加，可变资本部分，则相对减少。于是相对过剩人口或产业预备军，就累进增加，而成为资本积累上的一个明显趋势；于是，穷困、压迫、奴役、退化、榨取之量不断增加，而为资本主义生产过程所统一、训练和组织的工人阶级的反抗队伍，也不断增加，可是实行专横独占的大资本家老爷们的人数，却在不断减少。其结果，当生产资料的集中与劳动的社会化，一达到与它们的资本主义外壳不能相容之点，这个外壳就要破裂，资本主义私有制的丧钟，就要敲响，剥夺者就要被剥夺。当然，资产阶级是不会忘记拿他们“生产发家”的“光荣历史”来为他们的历史命运辩护的。对于这点，马克思却用血与火的文字，就原始积累过程描述了他们从何处来的残暴肮脏故事。第一卷就此终结了。

这已经是一部相当完整的资本生活史或资本主义生产方式的由发生发展以至灭亡的运动史；从社会阶级关系来讲，又是资产阶级统治、压制、剥削工人阶级和工人阶级反抗并到最后剥夺资产阶级的历史。不过，这还只是就资本的直接生产过程来进行研究说明的。马克思自己说："在第一卷，我们研究的，是资本主义生产过程本身当作直接的生产过程所呈现的各种现象。在那里，一切由外部事情引起的次要的影响，都还是存而不论的。但这个直接生产过程，未曾完结资本的生活过程。在现实世界内，它必须由流通来补充。流通过程是第二卷研究的对象。"①

三

第二卷讨论资本的流通过程。

马克思曾这样提示我们："在本书第一卷，我们把资本主义的生产过程，当作个别的过程和再生产过程来分析：即分析剩余价值的生产和资本自身的生产。我们假定了资本在流通领域内所经过的形态变化和物质变化，但未进一步考察它们。我们假定，资本家是依照生产物的价值来售卖生产物；又假定，他在流通领域内发现了过程重新开始或继续进行所必要的各种物质的生产资料。在那里，我们只详细考察了流通领域的一种行为，那就是劳动力的买卖。这种买卖，在那里，是当作资本主义生产的基本条件。"①这就是说，在第一卷，只是在讨论资本生产过程必要涉及流通的限度内，论到了流通的行为。哪些是讨论生产过程必须涉及的流通行为呢？除了上述劳动力的买卖以外，在开始，还对于作为资本生产历史前提的商品货币及其流通关系，作了说明；在理解直接生产过程必要限度内，分别涉及了由货币到商品的流通和由商品到货币的流通。除了这些以外，就只是作了这样那样的假定，但没有进一步考察。那都是要留待这一卷来讨论的。这一卷包括三篇，第一篇讲资本的形态变化及其循环，第二篇讲资本的周转，第三篇讲社会总资本的再生产与流通。总的要求，是要说明所生产出来的剩余价值，是如何依一定的流通过程来实现，或者看

---

① 马克思：《资本论》第3卷，人民出版社1958年版，第5页。

① 马克思：《资本论》第2卷，人民出版社1958年版，第429页。

它是否能顺利实现。

著者在第一篇资本的形态变化及其循环中告诉我们的是：第一，这里所讲的流通，和我们在第一卷第一篇开始论到的简单商品货币流通不同，它一开始就是商品资本、货币资本的流通，而在资本的一般公式 G—W—G′或 G—W…P…W′—G′上，第一阶段 G—W 由货币到商品的流通和第三阶段 W′—G′由商品到货币的流通，都不发生价值增殖问题，它们其所以分别称为货币资本和商品资本，就是因为在其中第二阶段生产过程增殖了价值。可见第二，资本只能当作运动来把握，只能在运动过程来把握；增殖价值的关键虽在于生产过程，但没有买与卖的流通过程作为条件，就无从表示出价值在生产过程的增殖。作为一个会把价值增殖的价值来看的资本，它的运动，要通过各种阶段的循环过程，这个过程本身，又包含着循环过程的三个不同形态。货币资本、生产资本、〔商品资本〕分别是作为产业资本运动上的各种机能资本。一种价值，一个当作运动起点来看的货币资本价值，“会通过种种形态，种种运动，并且在这里面保存它自己，增加它自己的价值，使它增大”①。因此第三，正如同在第一卷讨论资本的直接的生产过程时，在说明的必要的限内，须谈到流通过程，而这里讨论资本的流通过程，在说明的必要的限内，也须谈到生产过程，而讨论资本的形态变化和循环运动，更不能不谈到生产资本形态。马克思在这一篇分别说明了货币资本的循环、生产资本的循环、商品资本的循环，接下去就把三者加以统一的考察，认为这三个循环有一个共通点，它们都是以价值的增殖为决定的目的。但货币资本的循环，把这点表现得特别突出，把资本主义的特征表现得格外明显，所以它是产业资本的一般表现；生产资本的循环，是以价值增殖过程开始，它指示了生产资本周期更新的机能，表明那个过程里不但包含着剩余价值的生产，并还包含有剩余价值的周期的再生产。至于商品资本的循环，它是以增殖了的价值开始，而以新增殖了的价值终结。在现实上，每一个个别的产业资本，都同时是在这三个循环之内。这三种循环，这三种资本的再生产形态是相互并存而又连续进行着。当一种产业资本的价值采取商品资本形态开始向货币资本转化的时候，已经由货币资本转化为生产资本的价值的一部分正在

① 马克思：《资本论》第 2 卷，第 107 页。

转化为商品资本,并再转化为货币资本。所以说,“资本在它的每一个形态,每一个阶段上的再生产,都和这些形态的变化,这三个阶段的依次进行一样是连续的。所以,总循环是它的三个形态的现实的统一”[①]。在这里,我们看到了总循环的任何一个环节的中断,就将引起全面脱节的现象。马克思指出:“产业资本循环过程的最明显的特质之一,从而,资本主义最明显的特质之一,乃在于,一方面,生产资本的构成要素,必须由商品市场来,不绝由这种市场更新,并当作商品购买;另一方面,劳动过程的生产物,则当作商品由劳动过程出来,必须不绝当作商品售卖。”[②]由于买进卖出对于产业资本循环,对于资本价值的增殖有了决定的意义,由买进卖出时间构成的流通时间,就在资本通过它的循环的全部时间中,有着非常重大的关系。产业资本家即使能在生产过程中,想尽办法缩短生产时间,如果他取得生产所需的材料,发生故障,或者如果生产品销售发生故障,使得流通时间延长,流通费用加大,剩余价值的生产和实现,就要受到影响。这在下一篇是会看得更清楚的。

第二篇讲资本的周转,那是继续在前一篇资本的循环的基础上来展开说明的。马克思自己概括地讲到了这篇的主要内容:“在第二篇,我们是把循环当作周期的,当作周转来考察。那里,一方面指示了,资本各个构成部分(固定资本及流动资本)是怎样在不同时间内,依不同的方法,完成形态的循环;另一方面又研究了劳动时间和流通时间不同的长度所由规定的各种事情,那里指示了,循环期间及其构成部分的不同比例,对于生产过程的范围和年剩余价值率有怎样的影响。”[③]把循环当作周转来考察,那就是对于资本的循环,不当作孤立过程,而当作周期过程来考察;在G—W…P…W′—G′这个产业资本的一般公式上,G—G′,算是货币资本的一个循环,但用一定额货币资本购买劳动力和生产资料,生产资料部分,并不完全转变为生产资本而投入生产过程中;在生产过程中,那个生产资料并没有完全消费掉;由生产过程移出的生产品采取商品资本形态,也并不一下都能在市场实现,所以,就这个货币资本说,它虽然成就了

---

① 马克思:《资本论》第2卷,第101~102页。
② 马克思:《资本论》第2卷,第109页。
③ 马克思:《资本论》第2卷,第430页。

G—G′循环，并没有终结它的周期。它的一部分价值可能留在库存品形态上，一部分价值可能当作耐久的固定资本留在生产过程，还有一部分价值可能当作待销品，堆在仓库里。于是，我们在资本价值的保存和转移上看到了固定资本与流动资本的区别。资产阶级学者没有能够很好地弄清这个区别，特别是没有弄清固定资本、流动资本与不变资本、可变资本的区别，引起了许多糊涂看法。马克思分别给予了他们以批判。在资本的运动上，流动资本一次就把它的价值转移到新产品上去了，固定资本却不能这样，所以一个资本的固定资本与流动资本的构成比例，直接影响它的周转时间，周转时间又要影响到资本垫支量，影响到可变资本量，影响到剩余价值的生产。马克思分别在"周转时间在资本垫支上的影响"、"可变资本的周转"以及剩余价值的流通诸章，提出了精辟的理论，特别是关于垫支资本和实际发生机能的资本间之关系的理论，固定资本定期大规模更新形成周期经济危机之物质基础的理论等等，那都是准备在后面专篇论述的，这里就不详细解说了。

第三篇讲社会总资本的再生产与流通。这一篇所研究的，用马克思自己的话说："在第一篇和第二篇，我们还只考察个别资本，还只考察社会资本一个独立部分的运动。……现在，我们要把个别资本当作社会总资本的构成部分来考察它们的流通过程(那在它的全体性上就是再生产过程的形态)，并从而考察这个社会总资本的流通过程。"①正是由于研究的对象，和前面第一第二篇不同，第一篇第二篇所研究的是个别资本运动，而这个第三篇则是研究把那些个别资本通通合起来的社会资本运动；前面两篇，是就生产与流通的统一来说明个别资本的循环与周转，在这一篇，却是要讲社会总资本的再生产与流通，因而，在讲个别资本的循环周转时，不妨假定不存在的问题，这里却须加以考虑了；不同的对象，要用不同的方法来处理了。"个别诸资本的循环是互相交错的，是互为前提互为条件的，且也就在这种交错中，形成社会总资本的运动。"②我们知道，各个产业资本的循环，都要采取货币资本、生产资本、商品资本诸形态，连续通过各不同阶段，交错起来运动。一个个别产业资本的运动条件，是由其

① 马克思:《资本论》第 2 卷，第 430～431 页。

② 马克思:《资本论》第 2 卷，第 431 页。

他个别资本运动作为其外部条件来加以保证；某一个别资本在运动过程中的买与卖的行为，是由其他个别资本在运动过程中的卖与买的行为来补充，结局，在论及个别资本运动时，只是假定在观念上当作前提存在的东西，在论及社会资本运动时，就不能不认真地当作现实条件来要求了。比如说，一个棉纺企业生产的棉纱，将如何在市场上实现价值呢？将由谁来购买呢？它生产所需的纺纱设备、棉花及其他辅助材料等等，将如何从市场上取得或分别由谁供给呢？显然，在这里，不只是象在个别资本运动的场合那样，单单考虑价值补偿问题，还要考虑物质替换问题，要考虑整个社会的各种生产物，各种商品，当作使用价值来看，在数量质量上的相互适应问题。不止如此，把整个社会的资本运动作为问题，而再生产与流通，考察它的总过程，那就有必要把工人阶级和资本家阶级的个人的消费问题加入考虑。马克思说："这个总过程，包含生产的消费（直接的生产过程）及其媒介的形态变化（从物质方面考虑，便是交换），也包含个人的消费及其媒介的形态变化或交换。"[①]这就是说，在考察社会总资本的再生产与流通的时候，不能不包括生产、分配、交换、消费的全过程。尽管资产阶级是只顾他们个人的资本活动，只顾自己发财致富，不管他人的死活，但在他所生产的商品，要当作社会产品，在市场上实现其价值的时候，也不能不关心这个问题。在近代初期，资产阶级经济学者曾对这个问题，作过努力，如重农学者魁奈有名的《经济表》，这是一个天才的构想，亚当·斯密也曾试图在这方面有所说明，但资本主义经济的发展及其关系的复杂化，倒把他弄糊涂了。此后商品价值实现问题，曾引起许多不同的看法，但都没有把握问题的本质和基本关键，马克思在"前人对于这个问题的说明"一章中分别对他们做了批判之后，接着就简单再生产和积累与扩大再生产过程，来分析社会资本运动；和一切资产阶级经济学者不同，他是从整个社会年生产物出发，从包含有剩余价值在内的商品资本 W′出发，指出它在 W′……W′的运动中，不仅"包括社会生产物中替换资本的部分（社会的再生产），也包括生产物中成为消费基金的部分（要由资本家和劳动者消费的）"[②]。由是他独具只眼地把社会的总生产物，从而把社

① 马克思：《资本论》第 2 卷，第 428 页。

② 马克思：《资本论》第 2 卷，第 482 页。

会的总生产，分成两大类：即生产资料与消费资料，生产资料的生产和消费资料的生产。属于生产资料生产部类的资本，和属于消费资料生产部类的资本，都是分解为不变资本和可变资本两个部分，而就物质方面考察则可变资本是由活的劳动力自身构成，而不变资本又分为固定资本和流动资本。上述二生产部类中任一部类得资本之助生产出来的全部生产物的价值分二部分：一部分代表在生产上消费掉的不变资本 C，另一部分是全年劳动创造的新价值，分别作为垫支可变资本的补偿物 V 及这以上形成剩余价值 M 的超过额。因此，象每个商品的价值一样，各部类年生产物的全部价值是分解为 C＋V＋M。由于这样的科学分析和分类对社会资本运动中的各种经济条件，找到了它们的相互转变的共同因素和基础，就使得我们有可能发现资本主义商品再生产与流通中存在的不可能克服的根本矛盾问题。这也是我们后面要专篇讨论的。

总起来说，资本论第二卷所包括的三篇，除了上面所说，第一、二篇分析的对象是个别资本运动，第三篇是社会资本运动以外，还可以就其侧重点，看出第一篇着重在讲货币资本，第二篇较多地讲到生产资本，而第三篇则是从商品资本出发。这最后一篇不如说是作为由个别资本运动过程研究移向资本主义总过程研究的必然阶梯。

四

《资本论》第三卷是在第一卷讲了资本的生产过程，第二卷讲了资本的流通过程的基础上，来综合而具体地分析资本主义生产的总过程。

第一卷专就直接生产过程，论到剩余价值是如何产生，至于实际生产出来的剩余价值是如何实现，如何为资产阶级各方面所瓜分的问题，暂时没有被考察到或暂时被舍象了；第二卷虽然紧接着把剩余价值通过流通过程予以实现，或在流通过程受到妨碍不易实现的问题提出来，但仍旧没有考察到剩余价值的现实分解过程；到了第三卷始依据第一卷第二卷就剩余价值的生产与流通详加分析所得的结论，展开剩余价值如何在资本主义生产总过程中进行具体分配的解析。如马克思自己所说的："在第一卷，我们研究的，是资本主义生产过程本身当作直接的生产过程所呈现的各种现象。在那里，一切由它外部的事情引起的次要影响，都还是存而不论的。但这个直接的生产过程，未曾完结资本的生活过程。在现实世界内，它必须由流通过程来补足。流通过程便是第二卷研究的对象。第二卷，尤其是第二卷第三篇(在那里，我们是把流通过程，视为社会再生产过程的媒介来考察)，指出了资本主义生产过程，当作一个全体来考察，是生产过程与流通过程的统一。在这个第三卷，我们所要做的，不能是对于这个统一之广泛的考察了。我们宁可说要在这一卷发现并且说明，资本的运动过程当作一个全体来看所生的各种具体形态。诸资本在它们的现实运动中，便是在这各种具体形态上，互相对立着的。对于它们，资本在直接生产过程中的形式以及它在流通过程中的形式，都只表现为特别的要素。所以，我们在这个第三卷所要说明的各种资本形态，对于资本在社会表面上，在不同诸资本相互的行动中，在竞争中，在生产代理人通常的意识中所借以出现的形态，是一步一步地更加接近了。”①

这说明，《资本论》第三卷的内容，对第一卷第二卷表现了一些值得注意的不同特点和要求：

第一，它的分析，逐渐由我们看不见的本质的东西，移到我们日常可以感触到的经济现象；就资本的具体形态讲，我们开始要和产业资本、商业资本、贷借资本以及农业方面的资本活动打交道了；就剩余价值的具体形态来说，我们要分别和企业利润、商业利润、贷借资本利息以及地租形态打交道了。而这一些，正是资产阶级政治经济学一开始就大做文章的东西。

第二，以前在第一卷第二卷暂时被假定不存在或不成问题的许多因素，在把资本运动过程作为一个整体来看时，就要逐渐加入考察中，而使所考察的现象，变得异常复杂，使本质的东西和各种具体现象形态显得矛盾，而这些反映在资产阶级及其代言人的思想意识中，就成为颠三倒四的杂汇了。因此，

第三，在由抽象讲到具体的讨论中，第三卷首先还必须把一些本质的形态，如何转化为现象形态的过程交代清楚。在第一卷，如在“由劳动力的价值或价格到工资的转化”那一章，就是这么做的，不过，现在要比较全面地来处理这个问题了。

---

① 马克思：《资本论》第3卷，第5～6页。

第三卷的结构，共七篇，包括三个重要内容：

1.有关剩余价值转化为利润及利润平均化和利润率下降倾向的说明。

2.有关利润分解为企业利润、商业利润、利息及超额利润转化为地租的说明。

3.有关各种所得形态、国民收入及阶级关系的综合说明。

在后面我们将大体按照这个程序，分别专篇讲述，这里只打算简单讲一讲它的内在联系。

第三卷的主要目的，是要说明剩余价值或其转形的利润，如何在资产阶级各剥削集团间进行分配。但在说明这点之前，还须先一般地把剩余价值转化为利润，剩余价值率转化为利润率，不同诸部门生产不同利润率转化为一般利润率，形成平均利润，形成生产价格，以及一般利润率下降倾向，一一交代清楚，因为不这样，剩余价值或利润在资产阶级各剥削集体之间之分配，就说不明白。第一篇第二篇第三篇的主要内容，就是分别讨论这些问题。资产阶级各剥削集体分取或分别占有剩余价值，并不是谁榨取剩余价值多，谁就拿稳占取相应多的利润；他们大家分别生产的商品，都得拿到市场上去较高低，碰运气，拼死活。由竞争造成的无政府状态，或者无政府状态的竞争，不仅掩盖了剩余价值榨取的实质，也把剩余价值分割的途径，弄得非常错综复杂了。只有就社会全体来看，资产阶级各剥削集体占有的利润，等于剩余价值，一切在分配上被歪曲被掩蔽的剥削本质，就充分揭露出来了。在社会实质上，整个资产阶级在把劳动阶级为他们无偿提供的剩余劳动——剩余价值，作为他们相互拼命争夺的共同财产。他们各个剥削集团，乃至剥削集团内部谁占便宜谁吃亏的问题，具体地说，是企业主集团、商人资本集团、贷借资本集团乃至地主集团或其中各别经营者，谁占便宜谁吃亏的问题，只不过是劫掠者分赃的问题罢了。第四篇第五篇第六篇的主要内容，就是分别讨论这些问题。只有把这些问题弄清楚之后，才能彻底了解“所谓分配关系，是与生产过程的历史规定的特殊社会形态，及人类在他们生活的再生产过程内加入的关系相适应，并由此发生。这种分配关系的历史性质，就是生产关系的历史性质，分配关系不过是生产关系的一面而已”[1]。资产阶级社会，就是分别以工资、利润、地租为所得源泉的工资劳动者、资本家、地主三大阶级所构成。后两个阶级或者总称为资产阶级，剥削前一个阶级，而在资本主义发展过程中，在资本积累的一般规律的作用下，前一个阶级将剥夺后两个阶级。这是第一卷第七篇已经论证了的前景，这个第三卷第七篇，不过是通过所得分配形态及其有关的资产阶级学者的理论的批判，进一步加以肯定罢了。

五

总起来说，在《资本论》三大卷中，每一卷的结构都是严密的，但必须把三卷合起来看它的总结构，才能深刻体会它的完整性，它的严密的科学性，特别是它的科学精神和革命精神的统一。如我们将在后面论到的，资产阶级经济学者及现代的修正主义者们曾在《资本论》的总结构总体系上，做过多少曲解毁谤的文章。而他们一般的做法，就是这样那样的割裂，不把它看作一个整体；或者以为看作一个整体，前后就有矛盾。即使把他们罪恶的企图丢开不说，他们那种习惯于表面现象罗列的庸俗理解，也是不可能对《资本论》有一个全面的认识的。

当然，当我们全面把握了《资本论》的总结构的时候，也可能会感到三卷各有不同特点。第一卷是马克思在世时亲自负责出版的。这一卷的内容，虽然把剩余价值的流通过程和分配过程抽象去了，但对资本主义产生发展以至趋于灭亡的倾向，作了全面完整的叙述，一直被看为是可以独立的一个著作。马克思在撰写这一部分的时候，精力也比较饱满。这是从全书的高度严密的系统性和犀利无比的革命战斗性，可以得到理解的。第二卷第三卷是马克思死后，恩格斯依据马克思遗留的手稿，整理而成的。第二卷留存的不完全的文稿很多，第三卷则“除了一个最早的草稿，就没有别的什么可以利用”[2]。而编者为了保持原著的精神面貌，尽可能把著者的原稿，逐字逐句抄录下来，只在行文最必要的地方，插入说明的

---

① 马克思：《资本论》第3卷，第1157页。

② 马克思：《资本论》第3卷，编者序第3页。

插句和连结语，所以和第一卷比较起来，第二卷第三卷在文体上，在问题的说明上，就在个别场合，表现了不十分连贯的地方。特别是第三卷，恩格斯曾说马克思在写作第三卷当时的身体情况，已不容许他对原稿作进一步的推敲，但虽如此，原书个别场所的美中不足的地方，并不影响它的整个的理论体系的完整性。恩格斯在寄丹尼尔逊的信中，曾一再称道第三卷的特点。他说："这最后的一卷，是一个壮丽而无可指责的著作，所以，我觉得，我应当这样编辑它，让全部的思想进行、明晰而透辟地表现出来。"①他又说："我现今在整理第三卷，那是全书最后的，带有王冠的部分，甚至会使第一卷感到失色。"②他并表示这个第三卷，是他从来读过的书中的最可惊的东西。恩格斯之所以一再赞赏这个第三卷，就因为在它里面，在第一卷第二卷分析的基础上，由里到面，由本质到现象，由抽象上升到具体地把整个资产阶级社会的错综复杂的经济面貌，十分条理明晰地表达出来了。自从第三卷问世以后，资产阶级经济学者曾就第一卷第二卷喋喋不休，说《资本论》是一部不切实际的抽象虚构的诽谤，就开始改变调子了。当我们这样论述第一卷和第三卷的特点的时候，丝毫也没有看轻第二卷的重要性，它不只是如我们在表面看到的那样，是联系第一卷第三卷间的桥梁，同时还是由个别资本运动移向社会资本运动，由资本的抽象形态移向现实具体形态的过渡。而且，对我们当前研究社会主义经济来说，不论是其中的周转理论，还是再生产诸原则，都有着较大的现实意义。

要之，《资本论》三卷是一部各具有不同特点的整体；它的体大思精的结构，是建立在唯物主义辩证法基础之上。我们要比较全面而彻底地了解它，或者说，要对它为什么要采取那种论述的程序和体系，有较深入的理解，是必须把体现在全书中的辩证法，加以说明的。

---

① 马克思：《资本论》第3卷，附录第1211页。

② 马克思：《资本论》第3卷，附录第1202页。

体现在《资本论》中的辩证法*

——关于“《资本论》的总结构、辩证法及其体系对于政治经济学研究的影响”之三之四

一

在上面，我已把《资本论》三大卷的总结构，按照其篇章的联系，概括地加以说明。从资产阶级政治经济学的传统章法看来，这样的结构本身，就是一大革命。这个结构首先给我们最深刻的印象，就是作者把资产阶级社会，把这个社会经济形态，看为是一个辩证的发展过程，正因为如此，他对于这个社会形态，就必须依据历史唯物主义的观点，依据辩证的方法，来加以分析研究和说明。

由于马克思在开始他的政治经济学研究的生活时，他已经从他对青年黑格尔派的批判中，从他对费尔巴哈的批判中，初步建立了他的辩证唯物主义的世界观，并运用历史唯物主义辩证的方法，来研究社会经济问题，所以他对待资产阶级经济学的那一套形而上学的方法和体系，自始就是格格不入的。不仅如此，他反对或批判资产阶级政治经济学，自始就不是枝枝节节地孤立地去挑剔其中的个别理论或论点，而宁是从全面整体出发，看那些理论或论点，是否如实反映了资本主义内部某一方面或某些方面的联系。这就是说他是就资本主义制度整体，它的整个经济结构，来考察有关资产阶级经济学体系；他还是就那个体系来批判其中的这样那样的理论或论点。恩格斯曾就《政治经济学批判》这部书，作了这样的说明：“我们面前这样的著作，决不是对于政治经济学中的个别章节作零碎

* 本文分上下期分别载于《中国经济问题》1960年第6、7期，在收录本卷时标题略有调整。——编者注

的批判，决不是挑选出经济学上某些争论问题作孤立的研究。相反，他一开始就以系统地总结经济科学的全部复杂内容，并在联系中说明资本主义生产与交换法则为目的。经济学家既然无非是这些法则的解释者和辩护人，那末，这个说明同时就成为对于全部经济学著作的批判。”①

事实上，马克思并不是到了一八五九年《政治经济学批判》这部书出版时，才采取这一批判方法的。恩格斯曾就《哲学的贫困》说：“此书写成在一八四六至一八四七年冬天，那时，马克思已经亲自弄清楚了他底新的历史的和经济的理解方法底诸基本特点。”②这说明，他在揭露蒲鲁东学说的矛盾和错误中，已经初步批判了资产阶级经济学的方法和体系。

我们知道，在马克思开始社会经济的研究的时候，资本主义经济已有几百年的历史，有关资本主义的经济思想学说，也有几百年的历史。资产阶级已经有它的成套的经济学说，已经有用它的世界观和形而上学方法论组织好了的经济理论体系。所以，不论对它的哪个理论或论点，表示任何不同的看法，都必须要牵涉到纲维着支持着那个理论的哲学和方法论。从而，从世界观方面、从方法论方面入手来展开对于资产阶级政治经济学的批判，就成为最必要的最有效的途径了。只有用唯物史观、用唯物辩证方法，来代替资产阶级的形而上学的观点方法，才能完成对于资产阶级政治经济学的革命。

马克思正是这样做的。

但全面批判资产阶级经济学体系，并在批判展开中，全面建立起自己的体系，该是怎样一项艰巨工作，我们从马克思在建立这个体系之初，所作的种种尝试性的努力，就不难了解一个梗概。比如说罢，马克思曾在一八五七年写好一篇《〈政治经济学批判〉导言》，在那里面，他一般地批判地说明了资产阶级经济学对于生产交换分配消费这几个重要经济范畴的错误认识，也指出了它们之间的适当联系，并还就正确处理各种经济关系、经济范畴之间的关系的政治经济学的方法，作了非常深入而精辟的说明。最后，他提出了他拟议中的政治经济学的轮廓：“显然，应该这样来分篇，

① 恩格斯：《论马克思的〈政治经济学批判〉》。《政治经济学批判》，人民出版社 1955 年版，第 177～178 页。

② 《哲学的贫困》，1884 年恩格斯序言，人民出版社 1953 年版，第 1 页。

第一，一般的抽象的规定，它们因此或多或少地，在前面分析过的意义上，与一切社会形态有关。第二，构成资本主义社会内部结构并且是几个基本阶级的依据的范畴。资本、雇佣劳动、土地所有权。它们相互之间的关系。城市与乡村。三大社会阶级。它们之间的交换。流通。信用制度(私的)。第三，资本主义社会在国家的形式上的总结。就其本身来考察。'不生产'的阶级。税。国债。公信用。人口。殖民地。移民。第四，生产的国际关系。国际分工。国际交换。输出与输入，汇兑。第五，世界市场与危机。"[①]这个写在《〈政治经济学批判〉导言》中的政治经济学的分篇规划，已经成为他正式撰写《批判》一书时所依据的根本线索。在一八五九年一月写好的《政治经济学批判》序言中，他是这样指示我们的："我照着这个次序来研究资本主义经济制度：资本、土地所有权、雇佣劳动；国家、对外贸易、世界市场。在前三项下我研究现代资本主义社会分成三大阶级的经济生活条件；其他三项的相互联系是一望而知的。第一卷论述资本，其第一篇由下列各章组成：一、商品，二、货币或单纯流通，三、资本一般。前两章成为本分册内容……"[②]

把上面分别引述的"导言"和"序言"中的两段话加以比较考察，我们立即会有这几种体会：首先，后面这个篇章次序虽是沿着前一规划来的，但显然有所改变：它不是从一般的抽象规定开始，而把作为一般的抽象规定的第一项，放在第二项里面来处理了；其次，原来第二项基本上是要处理资本、雇佣劳动、土地所有权，而在序言中讲到的安排，就只是先提出资本来谈，而且还只是在《批判》这部书中，论到商品，论到货币或单纯流通，或者说，还只是论到资本借以形成的历史前提条件，直到撰写《资本论》，才把"资本"作为主题，马克思是在这种意义上，把《资本论》看作《政治经济学批判》的续编的；再次，就"导言"中拟议的篇次及"序言"中提出的研究顺序来看《资本论》的结构，当然又会发现作者在他的最后这部大著中确定的完整体系，对"序言"的研究顺序，又进一步作了自我批判的修改。尽管马克思的整个研究计划没有完成，无法测知他对于他打算继续论述的国家、对外贸易、世界市场，究将作何处理，而在《资本论》中却已经把他

---

① 马克思：《政治经济学批判》，人民出版社 1955 年版，第 170 页。

② 马克思：《政治经济学批判》，人民出版社 1955 年版，序言第 1 页。

研究顺序中的前三项:资本、土地所有权、雇佣劳动,连同处理了。也就是说,不是分开各别处理,而是统一在资本项下来处理了。马克思在写作过程中,如此重视研究结构,如此反复自我批判修正研究结构,那不是如我们一般所理解的,单单为了说明的便利,才在体裁上大做工夫,而是他一步一步地更深刻地体会到资产阶级社会,就是一个辩证发展过程;对于这样的发展过程,如果不是采用辩证的方法,不采用符合于辩证原则的叙述方法,就不可能按照它的本质特点在观念上再现出来。在这里,前者是关于政治经济学的认识论的问题,后者是关于政治经济学的方法论问题;对于马克思主义来说,认识论和方法论是统一的,当我们把资本主义经济制度看作辩证的发展关系时,那么已经是把它作了辩证法的处理;当我们运用辩证方法来处理那种制度下的各种经济问题时,那已经是把它看作辩证的发展关系了。马克思在《政治经济学批判》序言中提出的唯物史观公式,从一方面看是有关社会的认识论的基础,同时也是有关社会认识的方法论的基础。所以,恩格斯在《论马克思的〈政治经济学批判〉》一文中,曾就其中运用的辩证法指示我们说:“马克思对于政治经济学的批判,就是把这个方法作基础的,这个方法的树立,我们认为是一个成果,就重要性说丝毫不次于唯物主义的基本观点。”①

很显然的,辩证唯物主义观点是必须伴以辩证方法的。对于所研究的对象,在方法论上,在结构上,如果没有处理安排得恰到好处,就根本无法贯彻辩证唯物主义原则。但当我们这样强调政治经济学的认识论和方法论的统一的时候,丝毫也没有忽视形成政治经济学体系的观点和方法,不但可以而且往往有必要分别加以探讨,就我们这里所研究的问题来说,把资产阶级社会生产关系,看成是辩证发展关系,和把那种辩证发展关系如实地表达出来,那并不完全是一回事。从出发点来讲,前者是最重要的,不把客观社会,不把资产阶级社会,看成是依着它自身条件辩证发展转变着的“自然史”过程,或者,如资产阶级学者所理解的那样,至多只是把它看作仅有量变的社会形态,那在一开始,就无异把通向科学分析说明的道路给堵塞住了;可是,在另一方面,即使我们大体体会了或接受了马克思在《政治经济学批判》序言中提出的历史唯物主义观点或唯物史观,

① 马克思:《政治经济学批判》,人民出版社1955年版,第180页。

也不等于说,我们即此就能把资产阶级社会的产生发展和死亡的全部过程,给活生生地表达出来。在这里,立脚在唯物主义辩证法基础上的方法论,或依据正确方法论作出的研究结构或体系,就非常重要了。只有在观点上把整个资产阶级生产关系看成辩证发展关系,同时又能依据正确的辩证方法来处理来表述那种关系,我们才能把资产阶级社会的辩证法在观念上再生产出来。《资本论》就是这样一部如实反映着资产阶级社会的辩证发展的规律的著作,它的研究叙述过程,自始至终都贯彻着辩证法,都在按照唯物主义辩证原则展开对于资产阶级政治经济学批判中,建立起新的理论体系。

二

现在且先看看马克思是怎样把资产阶级社会形态当作一个辩证发展过程来理解的。

在马克思主义者看来,自然、社会乃至人类思维,都是辩证发展过程。所谓辩证法,就是自然、社会、人类思维的一般发展规律。在辩证发展过程中,必然存在着矛盾,存在着解决矛盾发生的斗争,存在着对立统一的情况;数量变化达到一定程度,就会引起质变;使原来曾被肯定、曾被视为合理的事物或其存在状态,变成不合理而受到否定。自然界是按照这样的辩证规律发展过来的。我们人类对于这个自然辩证法,在马克思主义出现以前,也多多少少有一些素朴的不完全的理解。可是对于人类社会的辩证法,由于它直接关系到人们生活于其中的社会制度,直接关系到人们的切身利害关系,所以能够或敢于这样设想的人就更少,关于这方面的认识就更加模糊了。如其说,1859 年的达尔文的《物种起源》的问世,为自然界的辩证法的理解提供了非常有力的科学论证,而非常巧合地,马克思于同一年度在他的《政治经济学批判》序言中提出的唯物史观公式,就可以说是为认识社会的辩证发展规律,开辟了一个新纪元。他的那个有名的唯物史观公式是这样指示我们的:“人们在自己生活的社会生产中,参与一定的、必然的、不依他们本身意志为转移的关系,即与他们当时的物质生产力发展程度相适合的生产关系。这些生产关系的总和就组成为社会的经济结构,即法律的和政治的上层建筑所借以树立起来而且有一定的社会意识形态与其相适应的那个现实基础。物质生活的生产方式决定着社会生活、政治生活以及一般精神生活的过程。并不是人们的意识决定人们的存在，恰好相反，正是人们的社会存在决定人们的意识。社会的物质生产力发展到一定阶段时，便和它们向来在其中发展的那些现存生产关系，或不过是现存生产关系在法律上的表现的财产关系发生矛盾。于是这些关系便由生产力发展的形式变成了束缚生产力的桎梏。那时，社会革命时代就到来了。随着经济基础的变更，于是全部庞大的上层建筑中也就会或迟或速地发生变革。……大体说来，亚细亚的、古代的、封建的与现代资本主义的生产方式，是社会经济形态向前发展的几个时代。资本主义生产关系是社会生产过程的最后一个对抗形式，这里所说的对抗，不是指个人的对抗，而是指那从个人的社会生活条件中生长出来的一种对抗；但是，在资本主义社会母胎中发展起来的生产力，同时就创造着解决这种对抗的物质条件。因而，人类社会的前史与这种社会形态一起结束。”①

这个唯物史观公式，不但叫我们把人类社会的历史过程理解为辩证发展过程，并且还为我们认识那种过程提供了锁钥；不止如此，我们不但由此了解人类社会的辩证发展规律，并还依据“物质生活底生产方式决定着社会的政治的以及一般精神生活的过程”的指示，基本上了解了人类思维的辩证发展规律。列宁曾就马克思运用唯物史观公式在《资本论》中阐述资本主义社会的辩证发展关系说：“他从各个社会经济形态中取出一个形态（即商品经济体系）加以研究，并据大量材料（他花了不下 25 年的工夫来研究这些材料）把这个形态的活动规律和发展规律做了极详尽的分析。这个分析仅限于社会成员间的生产关系。马克思一次也没有利用生产关系以外的什么因素来说明问题，但他使我们有可能看出社会经济的商品组织怎样发展，怎样变成资本主义组织而造成资产阶级和无产阶级这两个对抗的（这已经是在生产关系范围内）阶级，怎样提高社会劳动生产率，并从而带进一个与这一资本主义组织的基础处于不可调和的矛盾地位的因素。

“《资本论》的骨骼就是如此。可是全部问题在于马克思并不以这个

① 马克思：《政治经济学批判》，人民出版社 1955 年版，序言第 2～3 页。

骨骼为满足，并不以通常意义的'经济理论'为限；他专门以生产关系说明该社会形态的结构和发展，但又随时随地探究适合于这种生产关系的上层建筑，使骨骼有血有肉。《资本论》所以大受欢迎，是由于'德国经济学家'的这一著作把整个资本主义社会形态作为活生生的东西向读者表明出来，将它的生活习惯，将它的生产关系所固有的阶级对抗的具体社会表现，将维护资产阶级统治的资产阶级政治上层建筑，将资产阶级的自由平等之类的思想，将资产阶级的家庭关系都和盘托出。"①

在这里必须指明的是，把资本主义社会作为辩证发展关系来理解，首先就要肯定，在资本主义生产关系内部，不仅存在着对抗性的矛盾，并还在它发展过程中，在不同的各发展阶段中，在不断创造新矛盾，也创造出解决那些矛盾的可能物质条件和精神条件。这就是马克思所说的"在资本主义社会母胎中发展起来的生产力，同时就创造着解决这种对抗的物质条件"；也就是列宁所说的，"马克思一次也没有利用生产关系以外的什么因素来说明问题"。就资本主义整个发展过程说，是如此；它由资本主义生产关系推移到更高级的社会主义生产关系的过程说，也是如此，所不同的，只是在前者的场合，我们只看到量变，而后者的场合，则是质变；前者因其还有容许生产力发展的可能，直到最后，尚力图维护其生存，而后者则因其大大束缚社会生产力，而不能不根本给予否定了。其次，辩证的观点，不只是发展的，同时还是全面的，尽管政治法律制度和社会思想意识形态是适应资本主义生产关系或经济基础而派生的上层建筑，但它们对于社会经济生活的反作用，却是不能忽视的。在既得利益阶级凭借旧的政治法律权力、旧的思想意识形态来维护旧的社会生产关系的场合，固然不难见到这一些上层建筑因素对于经济生活的影响，就是在新的社会力量为了建立新的社会生产关系，必须推翻旧统治，打破旧思想束缚的场合，也显然要认清政权对于经济、上层建筑对于经济基础的决定作用。事实上，我们对于资本主义的任一发展阶段的任一经济措施，单纯从经济上是不能说明问题的，也是不能有较深刻的理解的。在政治经济学的范围内，"专门以生产关系说明该社会形态的结构与发展"，其所以要"随时随地探究适合于这种生产关系的上层建筑"，原因就在这里。

---

① 列宁：《什么是"人民之友"》，《列宁全集》第1卷，人民出版社1955年版，第121页。

然而，对于资本主义经济制度的研究，依照辩证法的要求，既要有发展的观点，要在它的各种范畴的历史的逻辑的形成过程中去阐述它们，同时又要有全面的观点，要适当注意各种上层建筑因素对于生产关系的作用，那就显然要在方法论上，在研究结构上，引起双倍的困难。现在要看马克思在《资本论》中是怎样克服这些困难，而把资产阶级社会当作"一般辩证法的特别情况"来加以表述的。

三

前面讲过，马克思在《政治经济学批判》"序言"中的唯物史观的设想，是通过《资本论》的实践，而成为研究各种社会经济形态的普遍真理的。我们知道，唯物史观公式只不过是指示了研究社会辩证发展的几个极关重要的基本原则，要运用这些原则来全面地并且是在发展过程中研究现实社会，特别是研究商品生产有了高度发展的，因而也是极其复杂的资本主义社会，显然有一序列待处理的问题提到我们面前来。马克思正好是面对着这一序列问题并且成功地解决了这一序列的问题，才使他所研究分析的结果，在《资本论》中作为一个完整的辩证逻辑体系呈现出来。

不难了解，现实社会的辩证发展关系，只有在研究上运用了辩证的方法，才能把它在观念上再现出来。马克思曾在《资本论》第二版中，力言他研究资本主义经济所用的方法，就是辩证法。作为一个最高的方法原则，辩证法首先要求抓住所研究对象即资产阶级社会的实质和特点，要求抓住这个社会的最基本的经济关系，要求抓住它内在的最本质的必然联系和矛盾，而由是来揭露它的整个运动规律或由发生、存在、发展以至灭亡的全过程。从我们前面论述到的《资本论》的总结构，就知道马克思是怎样进行这个工作的。他始终在掌握运用他自己及恩格斯分别在不同场合所作的几个有关方法论的提示，来展开他的说明。那些提示，严格地说，不外就是占有大量材料，运用抽象力，找典型，抓特点，分清主从关系和内在矛盾发展的必然联系，依照逻辑的也是历史的方法，作着辩证的叙述。

这里打算就下面几点来展开说明：

首先，任何一种科学的研究，按照唯物主义的要求，都是必须从占有大量的丰富的实际材料乃至有关的思想材料出发的。这在社会科学和自然科学没有什么不同。但自然科学的"物理学者考察自然过程时，要在它表现在最精确的形态且最不受扰乱影响的地方去考察；如可能，还在各种条件保证过程正常进行的地方做实验"①。在社会科学方面，做实验是做不到的，为了选定表现较成熟较典型的形态，并为了使主要形态的分析不受次要形态的因素的搅扰影响，必须大大地运用抽象力，他认为"在经济形态的分析上，既不能用显微镜，也不能用化学反应药，那必须用抽象力来代替二者"②。他从一切资本主义国家中找到比较成熟发展的典型，把英国作为他展开理论说明的主要例解；更进一步从英国大大发展了的复杂的资本主义经济现象中找到它的最本质的特点，从而在各种社会经济关系中找到它的最基本的关系和根本矛盾。资本主义商品生产的最本质的特点，就是由拥有生产资料的资本家，雇佣劳动生产并出卖商品，赚取利润；利润是来自剩余价值。所以，马克思说："可以作为资本主义生产标记的……是剩余价值的生产，当作生产的绝对目的和决定的动机。"③他又说，"资本家的目的，是增殖他的资本……剩余价值的生产或增殖，是这个生产方式的绝对法则"④。这个明如观火的事实，每日每时千百次呈现在我们面前的事实，就是资产阶级社会对其他一切社会表现的不同特点。资产阶级经济学者由于他们的阶级本能和形而上学的方法论，始终不能或不敢认真面对着这个事实，他们或者是回避它，或者是掩饰它，或者是歪曲它。马克思正好是从这里出发，把有关资本主义经济的政治经济学理解为"资本的政治经济学"⑤，并把他的政治经济学大著题称为《资本论》。这样把资本作为研究资本主义经济的纲，以往资产阶级经济学一般尚论的生产、分配、交换、消费所采取的所谓四分主义和他们强调把劳动——工资，资本——利润，土地——地租结成的三位一体公式，就被彻底粉碎而显得是仅在表面罗列现象，没有反映内在有机联系的杂拌了。只要把这个社会的这种本质的特点把握住了，就不难了解它的最基本的经济关系，就是人们在资本生产中，在剩余价值的生产中所结成的关系，

① 马克思：《资本论》第1卷，初版序，第3页。
② 马克思：《资本论》第1卷，初版序，第2页。
③ 马克思：《资本论》第3卷，第1134页。
④ 马克思：《资本论》第1卷，第778页。
⑤ 马克思：《资本论》第1卷第2版跋，第11页。

即是劳动者与资本家结成的资本主义的生产关系。资产阶级与无产阶级间的矛盾，正是这个社会的最根本的矛盾所在。对于资本主义商品生产的这种特点，这种关系，这种矛盾，不仅在研究上为极其错综复杂的表象所掩蔽着，并且还笼罩在资产阶级经济学者大量的似是而非的观念尘雾中。资产阶级经济学者自始就是用流通上乃至分配上的虚假现象来混淆视听，颠倒是非。马克思以资本为纲，开始暂时抽象去容易引起错觉的流通过程和分配关系，分别把它们放在第二卷第三卷讨论，只在第一卷专讲资本的直接生产过程（虽然也讲到和直接生产过程有极密切联系的流通和分配关系，如劳动力的买卖、工资形态……）；等到在这个资本的直接生产过程中，彻底摸清了资本主义商品生产的底，揭露了剩余价值的秘密，明确了作为这个社会的经济基础的生产关系，无非就是资本家和劳动者结成的关系，无非就是资产阶级剥削无产阶级和无产阶级对资产阶级进行斗争的对抗关系，然后再回转头来，在第二卷讲流通过程，讲生产与流通的统一，这样，我们就非常明了，无论因着市场需给关系的变动，价格的变动，剩余价值能否实现，或能在何种程度实现，都不会改变问题的本质，劳动者阶级总归是被剥削了。至于剥削的果实，在他们资产阶级之间，在企业资本家、商业家、银行家、地主之间怎样通过必死竞争进行分配，那是在生产过程与流通过程统一的基础上，由第三卷讨论的问题，在那里，一切隐蔽在背后的东西，开始抛头露面了，一切在前面为了说明的方便被抽象去了的东西，又现出原形了；各种具体的资本形态，各种类型的资本家，各种各色的利得，都分别恢复了它们在现实中的本来面貌；我们又回到五光十色的“天下人皆为利来皆为利往”的现实社会了；所不同的，只不过是人们在这里虽然已不再多谈剩余价值，剩余价值向利润转化了，向各种形态的利得分解了，但利润的来源被揭露了，它产生的许多中间曲折环节被重新规定了，它的内容丰富得多、具体得多了，不再是躲躲闪闪、不易被识破被捉摸的幽灵了。资产阶级长期多方隐秘起来讳疾忌医的疮疤，就这样被暴露出来。事实上，如果说，马克思在《资本论》里面，在总体布局方面高度运用了抽象力，加强了他的研究结论的科学系统性，而同时也表明，他对于每种经济关系，每个经济范畴，也无往而不尽可能地应用这个科学抽象分析的法宝，来使他的说明更臻于完善和严密。这是每个《资本论》的读者都能体会到的。

其次，当我们了解，资本主义的剥削的本质，是在资本主义现实经济生活中揭露出来的，是通过体现着那种生活之各别不同方面的经济关系或其概念范畴探索出来的，那么，马克思在作着上述那种揭露工作的当中，显然已经就那些经济关系和范畴相互之间，以及它们对其他社会事象之间的相互依存和矛盾的关系，作了恰如其分的正确处理；有任何一个关键或环节被遗脱了，或者把它的作用夸大或缩小了，或者被位置在不符合实际的地方，那就无法实现完整的理论，即我们这里讨论到的剩余价值学说的说明。我们且试看马克思该是如何周到而又深刻地进行这项工作。如列宁所说，马克思“从社会生活各种部门中划分出经济部门，从所有一切社会关系中划分出生产关系，当作是决定其他一切关系的基本始初关系”①，他认为马克思在《资本论》中的分析，“是专以社会组成员间的生产关系为限”②，“马克思一次也没有借用什么超出这些生产关系的因素来说明问题”③。不错，他不是时常在《资本论》中论述到生产关系所适应的生产力发展状况，和适应着经济基础的上层建筑诸因素么？但必须知道，他在必要场合论到这一些，也只是从生产关系出发，看这种生产关系在怎样发展或妨碍着生产力，或者看这种生产关系在怎样受着它的上层建筑的维系或制约。至于这个社会的所有其他经济关系，如买卖、贷借、租佃关系等等，则或者是作为它那个基本生产关系的补充，或者是看作由它所派生，而在政治经济学范围内讨论的所有经济范畴，如商品、货币、资本、价格、信用、利润、工资、地租等等，则分别看作是那个基本生产关系的某一侧面的存在形态。而在这个社会经济生活中扮演着各种不同角色，在政治经济学中“被考察的一切人，都不过是经济范畴的人格化，是一定的阶级关系和利益的担负者”④。就资本家来说，他是资本这个经济范畴的人格化。“资本家的心，就是资本的心”。资本的存在，就要求增殖，不增殖就不能保证其存在。这个在资本主义社会条件下的不以人们意志为转移的客观事实，就决定了资本家的无限贪欲和必死竞争。这正是马克思所说的“无论个人主观地说可以怎样超出他所加入的各种关系，社会地

① 列宁：《什么是“人民之友”》。《列宁文选》两卷集第1卷，第96页。

② 列宁：《什么是“人民之友”》。《列宁文选》两卷集第1卷，第99页。

③ 列宁：《什么是“人民之友”》。《列宁文选》两卷集第1卷，第99页。

④ 马克思：《资本论》第1卷，初版序，第5页。

说，他总归是这各种关系的产物”[①]。正是由于所谓经济人，是经济范畴的人格化，而经济范畴又只表现为特定生产关系某一侧面的存在形态，那么，任何经济范畴，就不但要由特定生产关系决定它在不同社会的作用和地位，也还必须由那种关系来决定它在同一社会的出现顺序。关于前者，马克思曾就地租和资本这两个范畴分别在封建社会、资本主义社会中的不同作用和地位指示我们说，“把各种经济范畴顺着它们在历史上起决定作用的先后次序来处理，是不行的，错误的。它们的次序倒是应该照它们在现代资本主义社会中的相互关系来决定的”[②]。这就是说，不能因为地租先于资本而出现和它在封建社会演着决定的作用，就认为它在资本主义社会也是如此，事实上在资本主义社会演着决定作用的是资本，地租不过是由资本所产生的剩余价值的一个特殊表象形态。马克思在《资本论》中正是按着这个事实的逻辑来处理它们的。关于后者，马克思曾就人口在资本主义社会经济构成中的关系，这样教导我们：“在经济学上，从成为整个社会生产行为之基础和主体的人口着手，似乎是正确的，但是仔细研究起来，这是错误的。如果我们抛开了人口所由以构成的譬如阶级，人口是一个抽象。如果我不认识阶级所依据的因素如雇佣劳动、资本之类，阶级又是一句空话。而这些因素又以交换、分工、价格等为前提。譬如说资本，如果没有雇佣劳动，没有价值、货币、价格等等，它就什么也不是。”[③]经济关系、经济范畴自身表现的这个逻辑顺序，马克思是在前述《〈政治经济学批判〉导言》中提出，而在《资本论》中予以实践的。有关资本主义社会的人口问题，马克思是等到剩余价值资本化，资本有机构成不断提高和在社会总投资中，不变资本部分愈来相对愈大，可变资本部分愈来相对愈小的情况下才讨论的，事实上，不到这种场合，资本主义社会的相对过剩人口法则和人口问题也根本不会发生。如果像资产阶级经济学者们所做的那样，丢开过剩劳动发生的一切前提环节来谈人口问题，那就连什么也谈不出来。死去的马尔萨斯和迄今还活着的马尔萨斯的徒子徒孙们，正是这样讲着连篇诨语的。此外，我们还应当指明，马克思不仅从上述这些

① 马克思：《资本论》第 1 卷，初版序，第 5 页。
② 马克思：《政治经济学批判》，人民出版社 1955 年版，第 169 页。
③ 马克思：《政治经济学批判》，人民出版社 1955 年版，第 162 页。

方面依据资本主义生产的性质特点，分别批判了资产阶级经济学者关于各种经济范畴的种种错误理论，更加重要的是，他还依着严密的科学分析，特有创建地提出了资产阶级经济学者始终没有设想到或者没有想透没有讲明的一系列经济关系或其概念范畴；粗略沿着出现在《资本论》中的顺序指数出来，如像具体劳动与抽象劳动，相对价值形态与等价形态，为买而卖的流通形态和为卖而买的流通形态，劳动力与劳动力的买卖和使用，劳动过程与价值增殖过程，不变资本与可变资本，绝对剩余价值与相对剩余价值，资本的积累、积聚与集中，资本的价值构成、技术构成和有机构成，绝对过剩人口与相对过剩人口，资本积累与原始积累，资本的循环与周转，单纯再生产与扩大再生产，消费资料生产与生产资料生产，价值与生产价格，货币资本与现实资本，级差地租与绝对地租等等，都是资产阶级学者没有触到没有搞清的，但却都是在现实中客观存在着的经济关系和范畴，在有关理论的说明中，没有发现它们，或把它们漏了，怎么讲得通，怎么能不陷于破碎支离呢？从反面来看，这也正是《资本论》的科学体系严整完密的关键所在。然而马克思在《资本论》中还正确地处理了比这些更加难于处理的问题。

最后，依据唯物辩证原则的要求，我们在政治经济学的论述中特别需要阐明的，与其说资产阶级社会的生产关系或其各种经济范畴所体现的经济现实的存在形态，毋宁说是它们在不断发展变化中的运动形态。马克思曾经明白指出，他的大著《资本论》的“最终目的是揭露近代社会的经济的运动法则”①。而在正确地把握了他这部书的基本精神的俄国经济学者考甫曼，也认为：“这样一种研究的科学价值，是在于说明，一定社会有机体的发生、生存、发展、死灭，以及它由别一个更高级的社会有机体来代替的事实，是受着怎样一些特殊的法则支配。”②所以，他着重指出：“在马克思，只有一件事是重要的，那就是发现他从事研究的现象的法则。他认为重要的，不仅是各种现象具有一个完成形态，并保持可以在一定期间看到的联系的限度内支配着这各种现象的法则。对于他，更重要的，是现象之变化的法则，发展的法则，由一形态到他一形态，由一种联系的次序

① 马克思：《资本论》第1卷，初版序，第4页。

② 马克思：《资本论》第1卷第2版跋，第16页。

到另一种联系的次序的推移的法则。”①既然在每一个社会，在每一个社会特定历史时期，都有不同于其他社会、其他历史时期的经济现象和法则，以及由一种具有完成形态的经济现象推移到其他经济现象的法则，那么，我们所研究分析的资本主义的一切经济法则、经济概念、范畴，在它们正确反映着客观现实的限度内，显然不能是一成不变的，而是一直在发展变动中的。问题是在于我们怎样去认识它，把握它，并怎样在政治经济学中来表述它。马克思在《政治经济学批判》序言中，已就唯物史观公式提供了我们认识、把握这个问题的锁钥。他指出了生产关系与生产力之间不相适应的矛盾，以及经济基础与上层建筑之间的不相适应的矛盾，是促使整个社会经济生活处在不断变革斗争中、不断发展变化中的动力，所谓现存生产关系“由生产力发展的形式变成了束缚生产力的桎梏，那时社会革命时代就来到了”，所谓“在资本主义社会母胎中发展起来的生产力同时就创造着解决这种对抗的物质条件”，以及所谓“随着经济基础的变更，于是全部庞大的上层建筑中也就或迟或速地发生变革”，就非常明确地把社会经济变革的根本原则提出来了，而在《资本论》中，他随处都是依据这些原则来展开说明的。资本主义商品生产是在小商品生产的基础上发展起来的。在资本主义母胎内，又在孕育着、创造着实现社会主义的物质和人的条件。这在《资本论》第一卷中是讲得非常明白的。劳动生产物在如何的社会条件下，并且在如何的矛盾发展过程中，变成商品，特定商品又经历如何的矛盾发展，转变为货币，货币再通过促使社会生产资料与劳动力分离的社会变革，转变为资本。作为资本，它是沿着协作、手工业、大工业的途径，由绝对剩余价值生产推移到相对剩余价值生产，再由剩余价值的资本化，由资本积累的一般法则，而走到它的尽头。在这第一卷开展的这个辩证发展逻辑中，作为资本的直接生产过程之补充的流通过程和分配过程，马克思都分别在第二卷第三卷中作了详尽叙述，或者说明其历史发展过程，或者论证其历史发展倾向。由个别资本运动论到社会总资本运动，由单纯再生产论到扩大再生产，由价值规律作用论到生产价格规律作用，由各种不同利润率平均化论到一般利润率下降倾向，在那里，尽管其说明系统有些地方不象第一卷那样完全依据历史，有时还依据逻辑，但

① 马克思：《资本论》第1卷第2版跋，第14～15页。

却在照应了第一卷中展开辩证发展的关系。恩格斯曾就《政治经济学批判》指示了我们依据历史的方法，同时还必须依照逻辑的方法的道理。他说："对于政治经济学的批判，就是依照已经得到的方法，也可以用两种方式来进行，或者依照历史的方法，或者依照逻辑的方法。既然无论在历史上或在历史的文字反映上，整个说来，发展总是从最简单的关系进到比较复杂的关系，那末，政治经济学文献的历史发展就提出了批判所可以遵循的自然线索。"[①]不过，完全按照历史进程，也有行不通的地方，因为"历史常以跳跃和曲折前进，如果必须处处跟它，那就不仅必须注意到许多无关重要的材料，并且必须常常打断思维进程；并且，要写政治经济学史，决不能没有资本主义社会的历史，而这会使工作无限，因为任何准备工作都还没有呢。因此，唯一可用的是逻辑的研究方法。但是，实际上，这个方法无非就是历史的研究方法，不过摆脱了历史的形式以及起扰乱作用的偶然性而已。历史从什么开始，思维进程也应从什么开始，而思维进程的进一步的发展不过是历史过程在抽象的、理论上前后一贯的形式上的反映；这种反映是修正过的，但是它是依照着现实的历史过程本身的法则修正过的，这时，就可以在每一个要素完全成熟而具有典型形式的发展点上来观察这个要素。"[②]恩格斯这段关于研究政治经济学的方法论的经典文献，对于我们理解《资本论》的整个结构及其中的任何经济范畴的说明方式方法，提供了极其宝贵的启示。

四

由上面的说明，我们知道，要把一个象资本主义社会这样复杂的社会的辩证发展关系，如实地表达出来，最先就必须是唯物主义的。但唯物主义的含义，比我们不时泛泛讲到的面对现实，或从实际出发，要深刻得多，严密得多，全面得多。在一方面，必须从包罗万象的资本主义经济现象中去抓它的本质和特点，从各种社会生活中去抓经济关系，从而再进一步去抓它的最基本的生产关系，此外，还须结合这种关系和社会生产力，乃至

---

① 马克思：《政治经济学批判》，人民出版社 1955 年版，第 180～181 页。

② 马克思：《政治经济学批判》，人民出版社 1955 年版，第 181 页。

和它的上层建筑相适应也相矛盾的两方面，去考察整个资本主义社会的经济运动规律。这无疑是历史唯物主义的最本质的最基本的要求。但是，我们即使在这一方面把彻底认识资产阶级社会的基本关键抓住了，并由是把那些从各方面体现着资本主义商品生产实况的经济法则和经济概念范畴，按照它们在各种经济生活中，在那种经济运动中，所处的不同地位，所扮演的不同作用，恰如其分地加以正确的处理了，如果同时对于那些为了研究说明便利而暂时被排开或被抽象去了的社会表面现象、次要关系乃至上层建筑因素，没有分别在必要场合作着适当的交代，那就不能说是从里到面，从本质到现象，从低级到高级，从抽象上升到具体地把整个资本主义社会的经济运动，和盘托出；也即是说，那还不能说是彻底唯物主义的。转过来说，如果是彻底的唯物主义，如果真的把所研究分析的资产阶级社会的经济的现实运动，如实地揭露出来，那个揭露的结果，就必然是辩证的。因为事物原来就是在辩证发展着的。愈是唯物主义的，那也就不能不愈是辩证的。唯物史观同时也是辩证史观。

我们由此知道，马克思其所以能在《资本论》中把资产阶级社会的辩证发展关系，那样简单明了地表达出来，就是由于自始就把握着唯物史观原理，而把《资本论》作为那个原理的实践。事实上，马克思自己在《〈政治经济学批判〉导言》中，非常深刻而有创建地讲到的经济学的方法，特别是其中有关各种经济范畴的认识；他在《资本论》第一卷初版序、第二版跋中，分别讲到的抽象分析法和说明的方法与研究的方法的区别；以及恩格斯在《论政治经济学批判》中讲到的逻辑的方法与历史的方法区别等等，严格地说来，都是唯物史观原理的贯彻，都是在唯物史观指导下，看怎样才能便于把所研究对象，即资产阶级社会经济的内在的矛盾发展关系及其辩证逻辑揭露出来。马克思在《资本论》第一卷第二版跋中，在肯定《彼得堡欧洲通信》作者关于他的《资本论》研究方法的说明非常正确，并认为那位作者把他的现实的研究方法，当作辩证法来描述的时候，紧接着讲了这样一段有深刻意义的话："说明的方法，在形式上当然要与研究的方法相区别。研究必须搜集丰富的材料，分析它的不同的发展形态，并探寻出这各种形态的内部联系。不先完成这种工作，便不能对于现实的运动，有适当的说明。不过，这层一经做到，材料的生命一经观念地反映出来，看起来我们就好像是先验地处理一个结构了。”[①]这就是说，马克思一经借助于正确的研究方法，把资本主义的现实经济运动，观念地反映在《资本论》中了，《资本论》的体系，就俨然成了一个原来就是这么存在那里的现实秩序。这个体系已经严整完密到了这样的程度，仿佛对于它的任何方面作了任何改变或改动，就要显得是不符合现实经济运动，不符合现实的辩证发展。马克思是没有留下辩证法的专门论著的，但他的《资本论》就是一个活生生的辩证法。赖有《资本论》，我们不但对辩证法有了较透彻的理解，同时还对于如何才能很正确把客观的现实运动，在观念上反映出来，也有了较明确的认识；我们不但由此了解了资本主义社会的辩证法特殊情况，还进一步全面了解了整个人类社会的一般辩证法。“资本主义社会是历史上最发达、最复杂的生产组织。因此，表现它的各种关系的种种范畴，关于它的结构的理解，同时对于一切已经复灭了的社会形态的结构和生产关系提供了透彻理解的可能性。”[②]毛主席也说过：“马克思把这一法则（唯物辩证原则——对立的统一法则——引者）应用到资本主义社会经济结构的研究的时候，他看出这一社会的基本矛盾在于生产的社会性和占有制的私人性之间的矛盾。……这个矛盾的阶级表现则是资产阶级和无产阶级之间的矛盾。

“……当着马克思把资本主义社会这一切矛盾的特殊性解剖出来之后，同时也就更进一步地、更充分地、更完全地把一般阶级社会中这个生产力和生产关系的矛盾的普遍性阐发出来了。”[③]他还指示我们：“事物的发展过程的自始至终的矛盾运动，列宁指出马克思在《资本论》中模范地作了这样的分析，这是研究任何事物发展过程所必须应用的方法。列宁自己也正确地应用了它，贯彻于他的全部著作中。”[④]由于列宁把《资本论》的分析方法看成是一般的辩证的叙述以及研究方法，所以他认为，马克思虽然没有留下辩证法专著，他的《资本论》就大大弥补了这个缺憾。

《资本论》是政治经济学的经典，同时也是唯物辩证法的典范。《资本论》作者有两大划时代的发现：在政治经济学上他的伟大发现是剩余价值

---

① 马克思：《资本论》第1卷第2版跋，第17页。
② 马克思：《政治经济学批判》，人民出版社1955年版，第167页。
③ 《毛泽东选集》第1卷，人民出版社1966年版，第305～306页。
④ 《毛泽东选集》第1卷，人民出版社1966年版，第295～296页。

学说，在哲学上他的伟大发现是唯物史观，而他的剩余价值学说，又是全面应用唯物史观原理的结果。《资本论》同时为马克思主义政治经济学和哲学奠定了基础。正是由于这样，全面体现着唯物史观，全面体现着辩证法的《资本论》体系，就由于它的非常严密完整的科学性和非常彻底的革命性，对于后来政治经济学的研究，具有决定的影响。

《资本论》体系对于政治经济学研究的影响(上)*

——关于“《资本论》的总结构、辩证法及其体系对于政治经济学研究的影响”之五

一

现在要进而讨论《资本论》体系对于后来政治经济学研究的影响了。

由《资本论》总结构及其科学的研究的说明所形成的体系，是一个革命的辩证体系，同时又是一个完整的历史科学体系，所以《资本论》的问世，不仅是资产阶级政治经济学的革命，同时也是整个资产阶级哲学社会科学的革命。资产阶级的政治经济的统治，是到了俄国十月革命才开始瓦解的，而它的精神统治却是在马克思主义形成过程中，特别是在《资本论》出现以后不久，就发生动摇了。我们都承认，《资本论》不只是一部政治经济学著作，同时就其涉及的内容来看，还很可以说是一部辩证哲学著作，一部经济史著作，一部经济学说史著作，也还是一部有关社会主义的基础理论著作，而归根结底又毕竟是如恩格斯所说的：“自世界上有资本家和劳动者以来，没有别的书，比我们当前这本书，还对于劳动者更重要了。我们今日的社会制度全部，是建筑在资本和劳动的关系这一轴心上。对于这个关系，这还是第一次的科学的说明。”①正因为这首先是一部站在工人阶级立场，用唯物辩证观点方法，揭露资产阶级剥削秘密，指证资本主义灭亡前景和对工人阶级提出正确斗争道路的书，在《资本论》第一卷出版的第二年，即 1868 年，“根据贝克尔的提议，国际的代表大会通过

---

* 本文原载于《中国经济问题》1960 年第 9 期。——编者注

① 恩格斯：《论〈资本论〉》。马克思：《资本论》第 1 卷，第 1001 页。

了一项决议案:把《资本论》作为‘工人阶级的圣经’推荐给各国的社会主义者。”[①]这是保尔·拉法格在《忆马克思》一文中讲到的。他并说,此后,“《资本论》已经成为各国社会主义者的教科书。所有社会主义者的报纸和工人的报纸都宣传他的学说。而在美国,在纽约的一次大罢工中,从《资本论》中摘录出的片断被印成传单,用来鼓励工人们坚持下去,并向他们证明他们的要求是正当的。

“《资本论》差不多在欧洲每一个国家都有译本,在欧洲或美洲,每当马克思学说的敌人企图驳倒他的原理的时候,马克思主义者立刻就会找到使他们开不得口的回答。今天,《资本论》确实已经成为国际代表大会所说的‘工人阶级的圣经’了。”[②]

一部著作,对于工人阶级来说是“圣经”,那么,同时,对于资产阶级来说,就无异是它的罪恶和死亡的宣判书了。这说明《资本论》表现了如何强烈的阶级性和党性;也说明后来从事政治经济学研究的人,该会如何因为他们的立场不同(同时也可能因为他们的认识水平的差异),而分别对于《资本论》采取非常不同的态度。不过,在这里,我不是要一般地讲《资本论》的影响,只想就政治经济学研究领域内,长期争论、直到目前还没有失去现实性的那个问题,即《资本论》体系对于政治经济学研究的影响的问题,加以讨论。当然,我们讲《资本论》体系是连带着它的革命方法而言的。下面打算从四个方面来说明它的影响。

第一是看资产阶级经济学者是怎样看待《资本论》的研究系统和方法以及他们如何因此逐渐改变他们的辩护理论的体裁和内容的。

第二是看现代修正主义者、社会改良主义者是怎样看待《资本论》的体系以及他们如何用一切卑鄙的手法来割裂和歪曲那个体系的精神实质的。

第三是看马克思主义的继承者是怎样捍卫和阐扬《资本论》的革命辩证体系和方法并运用它来研究现代资本主义,来发展马克思主义政治经济学的。

最后,第四是看我们当前研究社会主义经济学应不应该或能否采行

① 见《回忆马克思恩格斯》,人民出版社 1957 年版,第 85 页。

② 见《回忆马克思恩格斯》,人民出版社 1957 年版,第 85 页。

《资本论》的体系和方法。在最近的论坛上不是已经有人提出：采用《资本论》的体系，来编写政治经济学的社会主义部分么？

二

就第一点而论，《资本论》第一版出现以后，整个资产阶级经济学界，最初原来是采取一种忽视或抹煞的态度；或者推诿说，那还是一个不完全的著作，作者许诺要到第二卷第三卷才彻底解决的问题，还难断定能否兑现。但毕竟因为《资本论》不是一个普通的学术著作，而是工人阶级革命实践指南，而且如前面所说，这部书出版的第二年（即1868年），工人阶级的国际代表会即已通过决议，把它看作是“工人阶级的圣经”。这样一来，就更不能令资产阶级的卫道学者保持缄默了。

首先，《资本论》在他们看起来最感到不顺眼的地方，也许就是马克思采用的方法和体系。前面讲过，在经济学理论上，特别是作为《资本论》核心的剩余价值学说上，马克思还和英法古典经济学者保持了一定的联系，批判吸收了他们一些合理的论点，但在经济学方法论上，他却一开始就是和所有资产阶级学者应用的形而上学的方法，立在尖锐对立的地位。在一切可能的场合，他都反复抨击了资产阶级学者在所谓三分主义（生产、交换、分配，后来再加一项消费，就是四分主义）和三位一体公式（劳动——工资，资本——利润，土地——地租），把那种形而上学的体系，看作只是便于掩饰现实和为资本主义制度的永恒性祝福。而他自己所用的辩证法，他也认为那是会叫资产阶级学者们害怕的。他说：“辩证法，在它神秘的姿态上，是德意志的流行品，因为它使现存事物显得光采。但在它的合理形态上，辩证法却引起资产阶级和他们的代言人的烦恼与恐怖，因为它在现存事物的肯定的理解中，包含着它的否定的理解，它的必然消灭的理解；它对于每一个生长了的形态，都是在运动的流中，就它暂时经过的方面去理解；它不由任何物受到威胁，就它的本质说，便是批判的、革命的。”[①]也就因为这样，马克思在《资本论》第一卷出版后六年（1873年）再

① 马克思：《资本论》第1卷第2版跋，第18页。

版时,曾说:“《资本论》应用的方法,不常为人理解。”[①]他还举述了德国法国学者们如何责难和误解他的方法论的例子。可是说也奇怪,在十九世纪最后二三十年间,尽管西欧各国资产阶级经济学者那样对于《资本论》的方法和体系不理解和曲解,在经济落后的俄国,竟还出现了连马克思自己也感到满意的关于他的《资本论》体系的科学说明。在《资本论》第二版跋中,他不仅举述了俄国经济学教授考甫曼正确地理解了他的方法论,并还声言另一个经济学教授西伯尔同样正确地理解了他的价值论。其实这是不难说明的,在那个时期,俄国的资本主义尚处在初期的发展阶段,它的工人阶级的革命运动尚处在潜伏状态中,而为农民的暴动和起义所掩盖着,因此,还允许它的资产阶级经济学者保持一点科学的理性和良心,而当时正在为工人阶级革命所威胁着的西欧各资本主义国家,就没有这个条件,所以他们的反应就不同了。

当然,《资本论》的体系和方法,不为那些资产阶级学者所理解,在很大程度上也是由于它的内容、它的基本理论,自始就是和资产阶级学者正相对立并且是在批判资产阶级经济学者的错误见解中展开的。且不讲别的,关于那个对资本主义商品生产来说,可以说是最关重要的商品价值问题,就连顶呱呱的古典经济学者,也没有能够把价值与交换价值,价值实体与价值量,价值与生产价格区别开,更不用说那些根本连价值和使用价值乃至价值和价格也分不清楚的庸俗学者了。至于讲到劳动,创造价值的劳动和创造使用价值的劳动的区别,劳动与劳动力的区别,劳动过程与价值增殖过程的区别,在他们或者是不存在的,或者被看作是多余的。结局,马克思从商品这个细胞形态出发来展开的对于资本主义经济的分析,就怎么也使他们接受不了。他们力求用他们自己的从表象上罗列的一些概念和抽象原则,去评判马克思在《资本论》中揭露资本主义内在联系的各种范畴和规律,当然是风马牛不相及的。马克思在《资本论》第一卷附录的《评瓦格讷〈经济学教程〉》,就说明资产阶级经济学者们该是如何曲解他的价值理论的。事实上,资产阶级学者们的阶级任务,并不止于曲解马克思的经济学说。随着马克思主义深入人心,并愈益和工人阶级运动结合起来,十九世纪最后二三十年中的每个资产阶级学者,都必须用他们

① 马克思:《资本论》第1卷第2版跋,第13页。

反对马克思主义，反对《资本论》的不懈努力，来证示他们对于资产阶级统治的忠诚。那时大体上发生了两个大资产阶级经济学派，一是在德国的历史学派理论基础上演变出了新历史学派，一是在奥地利出现了主观主义的限界效用学派，这两个学派都是以反对马克思主义的政治经济学相标榜。不过前者着重以各种各色的经济史观、唯心史观来代替马克思的唯物史观，后来再和改良主义合流而形成资产阶级教授学者组成的所谓讲坛社会主义学派，他们愈来愈和经济学不相干了。而后者则着重在企图建立主观效用价值学说来代替马克思的劳动价值学说——剩余价值学说，他们不仅仇视马克思主义经济学，而且凡属为马克思所肯定的古典经济理论，他们也都一概拒绝，以为采用这个釜底抽薪的做法，就要使马克思的理论基础站不住脚了。作为奥地利主观主义经济学派代表者的庞巴卫克的《马克思主义体系的崩解》一书，就是按照这个章法，由亚当·斯密、李嘉图一直批评到马克思的。然而也就因为这样，他们的经济理论，就愈来愈一般化抽象化，而变成和现实没有什么联系的主观设想了。为了表示所谓经济学的“新生”，他们有的人不喜欢在经济学上戴起“政治”的帽子，而代替以像是更有学术性格的“纯粹”或“抽象”字样；四分主义的体裁也要“革新”，把消费搬到生产前面，表示人们生产“总”是为了消费，它得在经济学上坐第一把交椅；差不多就在四分主义进行这一“革新”手术的同时，三位一体公式也相应改变了内容。在十九世纪末二十世纪初，在一方面承袭奥地利学派衣钵，同时又承受了一些改良主义影响的英国大经济学教授马歇尔，竟宣告资本家的利润，不过是酬报他们管理经营企业的工资，而晚近的“人民资本主义”理论，还正在论证工资到头无非就是利润，无怪在资产阶级经济学的“革新”过程中，连价值这个经济范畴也给取消了，而代以价格，甚至连经济科学上最起码的因果规律，也给取消了，而代以函数关系。这还有什么经济科学可言呢？所以，愈到晚近，资产阶级的经济学著作，就只能是一些彼此没有内在联系的抽象概念的杂凑和堆积。为了表示他们也有“体系”，有的学者就支离破碎地把那些概念编组在这样那样的数学公式中。像这样不反映现实，也不能说明问题，从而对工人阶级革命运动，不复能发生何等欺骗作用的货色，连资产阶级也感到很不满意，而真正和他们同呼吸并真能了解他们在经济学上需要什么的马歇尔教授的大弟子凯恩斯，就昌言要来一次“经济学的革命”了，他不但这么讲,而且这么做了,他的经济学论著确实像丢开了四分主义、三位一体的旧传统,但他的目的,如他自己所说的,是要从根本上推翻马克思主义政治经济学。结局,他只好沿着真理的反面去努力,而从经济学说史上搜索一切庸俗的烂货色,将它们巧妙地编成辩护理论体系来成就他的"革命"了。我们后面将有机会详细谈到它。

要之,资产阶级经济学的完全破产,是和资本主义经济的瓦解过程密切联系着的,但从理论研究的角度来看,由于马克思运用了革命辩证法,建立了如实反映着资本主义运动的完整的科学体系,并由是揭露了资本主义剥削本质和暂时性,武装了工人的革命头脑,就使得承担有反马克思主义的阶级任务的资产阶级的经济学研究,不能不反其道而行之,走向真理的对极或反面。这能说是马克思或他的《资本论》的过错么?两个不同的世界观,两种不同的方法,本来就不能不形成两个不同的科学思想体系啊!可是这虽然有些像是先验地决定了的,但却是在阶级历史斗争过程中用各种不同的姿态实现的。我们马上还要看到改良主义者、修正主义者们是如何看待《资本论》的。

三

在十九世纪六十年代,马克思的革命学说,已开始确立它在西欧各国工人阶级革命运动中的有力指导地位,不仅如前面所说,在这以后不久,经济学领域中,出现了各种庸俗经济学派,还出现了各种改良主义者、修正主义者,他们是在资产阶级经济学理论已被马克思主义者彻底揭露了,完全搞臭了,对工人阶级革命运动已经不大能发生麻醉作用的情况下,打起为工人阶级利益服务的幌子,来为资产阶级效劳的。从社会的发生过程来说,他们破坏工人阶级革命运动、歪曲马克思主义学说的目的,虽然大体上是一致的,但他们在不同历史时期适应资产阶级的要求的做法,却很不一样。他们都是机会主义者,也还可以这样说,每个修正主义者都是改良主义者,可不一定每个改良主义者都是修正主义者。改良主义者在它开始出现于德国,后来盛行于英国时,虽然在一定限度内,肯定马克思的剥削理论,但却公开反对他的整个革命学说体系,认为通过国家,通过议会制度、立法程序、经济措施、赋税政策,就可以免除剥削,实现社会主义。这就是说,他们基本上还是站在反对马克思学说的立场,也不讳言以改良手法来代替革命。列宁极其正确地指示我们说:“欧洲的改良主义实际上是摒弃马克思主义,用资产阶级的社会政策来顶替马克思主义。”[①]可是修正主义者不同,他们一般是在资产阶级理论搞臭了,改良主义也不能阻止工人阶级革命运动高潮的形势下,在资产阶级一方面大量收买工人阶级中的上层分子,同时又在马克思主义阵营内部寻找他们的代理人的情况下,用代表那些工人阶级上层蜕化分子的利益的姿态出现的。为了要迷惑广大工人群众,他们不能不继续披起马克思主义的外衣,不能不更多地使用马克思主义的语言,不能不在形式上死抱着马克思主义不放,因为一丢开马克思主义,他们在资产阶级心目中就没有“使用价值”了,而他们对于资产阶级的更大的“使用价值”,却是在拥护马克思主义的口号下,偷天换日地在把马克思主义的革命精神实质阉割去,他们把这个叫做“修正”。德国社会民主党人伯恩斯坦在这方面很明确地表现了现代修正主义的本质。

从这里,我们就不难想见修正主义、改良主义者们会怎样看待马克思主义的政治经济学,会怎样看待《资本论》的方法和体系了。马克思自己也说过,体现在《资本论》中的辩证法,会引起资产阶级及其代理人的烦恼与恐怖,因为如恩格斯在《资本论》第三卷的“增补与跋文”所指出的:马克思在《资本论》中“所研究的,不仅是一个纯粹逻辑的过程,并且是一个历史的过程和它在思想上的说明的反映,它的内部体系的逻辑研究”[②]。如果有谁在理论上接受了马克思在《资本论》中依唯物辩证方法展开的体系,他就必须承认资本主义经济运动在为否定自己、在为推移到更高级的社会经济形态创造条件,这是资产阶级及其代理人所确难同意的。所以,他们,特别是那些修正主义者、改良主义者对于马克思在《资本论》中阐述的各种经济理论,有的并不怎么反对,有的还不妨大加赞赏或拥护,唯有对于他的唯物史观,他的革命辩证法,则大肆攻击,以为那太神秘了,太宿命论了。普列汉诺夫就《政治经济学批判》序言有关唯物史观公式那段话意味深长地说:“马克思的那个据说是宿命论的理论,正是在经济学史中

① 列宁论《反对修正主义》,人民出版社 1958 年版,第 139 页。

② 马克思:《资本论》第 3 卷,第 1170 页。

第一次使经济学家们的那种拜物主义宣告结束的那个理论;那种拜物主义是通过物质对象的性质,而不大通过人在生产过程中的关系,来说明各种经济范畴——交换价值、货币、资本等。"[①]他认为,尽管马克思在政治经济学中,是运用这个历史观、这个辩证方法来展开他的理论说明的,但当时俄国不少的人,却行所无事地"'承认'马克思的经济理论,而拒绝他的历史观点"[②]。

其实,这手法是一切修正主义者、改良主义者都惯于玩弄的,只不过各有各的花样罢了。每个由马克思主义者转变成修正主义者或改良主义者的途径,在理论上,更具体地说,在对《资本论》的研究上,不外是采行这两个路线:或者是支解它、阉割它,极力贬低乃至否认辩证法在《资本论》体系中的灵魂作用,而强调经济主义,强调生产力论;或者是曲解它、颠倒它的根本命题和科学体系,把生产关系的研究,引向流通过程的研究。这两方面的歪曲,无疑有一定的内在联系,从《资本论》的理论体系中,抽象去辩证法,就无疑抽象去资本主义制度本身在发展过程中不断增大的矛盾,不断增长的生产关系对生产力的桎梏,不断加大的工人阶级对资产阶级革命威胁,而避开生产关系去研究流通过程,也同样可以达到这个目的。所以,不论谁,只要他在马克思主义经济学或《资本论》的研究中,不能坚持革命的辩证发展原则和生产关系是最基本的经济关系的原则,就说明他表现了修正主义改良主义的倾向,而他是否完全堕落到资产阶级经济学者的泥潭中,也就看他无视这些原则到什么程度。

修正主义者像是异口同声地惋惜地说,《资本论》的经济理论是非常周密深刻的,只可惜它被不易捉摸的辩证法弄得晦昧了。他们为什么对《资本论》中的某些经济理论感到兴趣呢?那可以从两个方面来说。对于一个不发达的资本主义国家,由于《资本论》肯定了资本制度对封建制度的进步性,要强调发展资本主义经济,是不妨"利用"一下这个"王牌"的。俄国的合法的马克思主义派的代表人物司徒卢威,就是用这样的根据来反对民粹派的。对于一个已发达的资本主义国家,由于《资本论》论证了一个社会,一定要它的生产力,已发展到了生产关系妨碍束缚其增长的程

---

① 普列汉诺夫:《唯物论史论丛》,人民出版社 1953 年版,第 194 页。

② 普列汉诺夫:《唯物论史论丛》,人民出版社 1953 年版,第 194 页。

度，始能发生革命，所以为了延缓或推迟工人阶级革命的实现，他们就反复揣摩并曲解那个原则，以图达到不可告人的目的，叛徒考茨基就是这样发挥他的生产力论，或者说资本主义制度下的生产力还有发展余地，或者说物质准备条件还没有成熟而不主张爆发革命的。不论是司徒卢威也好，是考茨基也好，还是其他修正主义者也好，他们都是不能以这样歪曲马克思的学说为满足的，因为他们所辩护的资产阶级在工人阶级革命运动的不断增长的威胁中，是不能以此为满足的。这就是为什么司徒卢威要拼命否认资本主义的内在矛盾和社会主义的必然性，考茨基为什么要进一步论证资本主义生产关系永远也不会妨止生产技术、生产力发展的根本原因。可是实践是最不留情的检证。在第一次世界大战中，特别是在十月革命中，那位合法的马克思主义者堕落成为保皇党，那位正统的马克思主义者堕落成为资产阶级的走狗了。

至于把马克思主义政治经济学或《资本论》的研究，由生产关系导向流通过程方面的作法，只不过是转一个弯来避开资本主义经济的辩证发展运动的手法罢了。研究政治经济学，从生产入手，还是从交换流通过程入手，早就由马克思指出过，是资产阶级古典经济学和庸俗经济学的分水岭。马克思主义政治经济学出现以后，为了对抗或反批判，资产阶级经济学界愈来愈把他们的研究集中到流通过程方面，因为那里自始就是掩盖剥削、混淆是非的乐园。而资本主义商品经济的发展，货币关系的发展，证券金融市场的发展，也在无形中加强了这种倾向。面对着这种事实，作为马克思主义者，是愈有必要坚持马克思主义的原则，从生产过程方面，来更彻底地揭露资产阶级的剥削本质及其正在加速瓦解中的灭亡命运的。但一些自命为马克思主义经济理论家的人，并没有这样做，却反而总感到《资本论》那个体系，太不顺眼，太不合他自己乃至一般习惯于资产阶级经济学的人的脾味，总想对它做一番“改造”工夫，博洽德所编的《通俗资本论》就是一个标本。他把马克思的原著的整个体系颠倒过来，从第三卷的若干章节讲到第一卷的若干章节：第一章商品价格及利润，第二章利润及商品交换，第三章使用价值及交换价值，社会必需的劳动……单是这个章法，就够庸俗了，再看它的第一章的开章明义：“政治经济学所研究的，是维持人类生活所需要的物品对他们的经济供给。在近世资本主义国家中，这种供给全是由商品的买卖表现出来的，人们用构成他们的收入的货币去购买商品,即获得此等商品。论到收入,本有许多种类,但我们可以将其总结为三大类:就是资本,替资本家生产利润,土地替地主生产地租,劳动力……替工人生产劳动工钱……关于决定经济物品供给的程度,除掉三个阶级收入的多少外,商品的价格显然是重要的,规定价格高低的关系,也是政治经济学从来最注意研究的……。”[①]够了。在博洽德看来,政治经济学原来就是研究人类的需要与供给关系的,供需关系在资本主义社会是通过买卖实现的,所以,价格的研究就极为重要,而制约着价格高低的需要者的收入问题,也不能不优先加入考虑中。研究政治经济学从供需关系入手,强调价格,并且在极其荒谬的三位一体的收入公式下,从需要者方面来考虑价格的高低问题,都是现代最庸俗的资产阶级经济学的翻版,挂起羊头卖狗肉,说是对于《资本论》的通俗化,真是厚颜无耻了。也许这是一个太过极端的修正主义的例子罢。且看一位自认为是马克思衣钵继承者希法亭的作法罢。他的大著《财政资本论》一度被誉称为是《资本论》的继续,列宁曾说它提供一些有价值的材料,但却指出它在货币论上犯了严重的错误,具有使马克思主义和机会主义调和的倾向,由于他从交换角度看问题,就不能正确理解马克思的再生产的理论,不能认清资本主义的对抗性矛盾的发展,他后来竟提出极端荒谬的“有组织的资本主义”学说,以致丧失立场,成为反马克思学说的修正主义者,那也是和他的错误流通观点有一定的联系的。此外,我们还必须在这里以十分惋惜的心情,谈到和希法亭同时的德国卢逊堡,她曾做了不少阐扬马克思经济学说的工作,她还以生命贡献给了共产主义的伟大事业。尽管如此,由于她理论研究出了偏差,一直是着重从流通方面考虑问题,她就不能好好认识马克思的再生产理论,而在她的大著《资本积累论》中,竟认为资本增殖的价值不能由资本主义生产方式内部得到实现,而必须在非资本主义的落后地域去实现。一旦落后地域资本主义化了,剩余价值就不能实现,而剥削落后地域的帝国主义就自动消灭。不仅如此,她还由同一流通观点,在她的《国民经济学概论》中,得出另一个错误结论,就是,由于政治经济学是研究商品经济的,是随着资本主义商品经济的发展而发展起来的,一旦资本主义商品生产关系不存在了,政治经济学也要寿终正寝。后来

① 博洽德:《通俗资本论》,神州国光社1949年版,第1～2页。

这些修正马克思主义政治经济学的论据，都被布哈林吸收在他的《转形期经济学》中，而成为他跌进反革命粪坑中的“思想肥料”。

可见，不能正确看待马克思主义政治经济学或他的《资本论》中的方法和体系，都是资产阶级的庸俗的经济观点在作怪。而政治斗争实践中的动摇性，则把这种倾向加强了。所有这些修正主义者的谬论，都分别受到列宁的严厉批判和谴责。在下面，我们将看到始终保持着革命坚定性的列宁及其他革命导师，是怎样在他们的理论研究中，彻底地贯彻发扬着《资本论》的原则的。

列宁对于《资本论》体系的阐扬、应用与发展*

——关于“《资本论》的总结构、辩证法及其体系对于政治经济学研究的影响”之六之七

一

在前面，我们已经就《资本论》体系对于政治经济学研究的影响，分别讲到了资产阶级经济学者们和现代修正主义者改良主义者们是怎样看待《资本论》这个辩证体系和他们是如何因为企图曲解那个体系，以致把他们的理论研究引到错误道路上去的一般情形。现在，我要进而论到，作为马克思主义继承者的革命导师们是怎样针对着这些错误理论，捍卫和阐扬《资本论》的革命辩证体系，并运用它来研究资本主义，来发展马克思主义的政治经济学的。为了说明的便利，这里只打算主要就列宁对于《资本论》体系的阐扬、应用与发展，概括地加以叙述，但在说明的联系上，似乎还有必要简单追述一下恩格斯在他后期对维护《资本论》体系所作的巨大的贡献。

从马克思和恩格斯的通讯中，我们知道马克思在写作《资本论》过程中，不绝由恩格斯提供了极其宝贵的意见。在马克思逝世以后，编辑《资本论》第二卷第三卷的繁难工作还是由他承担下来的。《资本论》第一卷出版后，他不仅写了几篇书评，并还写了一个简明的纲要。他写的英译《资本论》第一卷编者序，第一卷第四版编者序以及第二卷编者序第三卷编者序，都分别结合当时资产阶级经济学者们对于《资本论》的这样那样的诬蔑攻击作了捍卫的反批判，并在许多关键性的论点上彻底阐扬了马

* 本文分上下期分别载于《中国经济问题》1961年第1、2期，系“《资本论》体系对于政治经济学研究的影响(上)”的下篇，在收录本卷时标题略有调整。——编者注

克思的科学理论。事实上，恩格斯对《资本论》所作的最伟大的贡献，尤在于他对《资本论》的精神实质，对《资本论》整个体系及其方法论的深刻认识与阐扬。《政治经济学批判》一书，是作为《资本论》的前篇或引论来理解的。这部书刚出版不久，恩格斯就写了一篇《马克思的〈政治经济学批判〉》的评介文章，力言马克思在这部书中是把“物质生活的生产方式，决定着社会生活、政治生活以及一般精神生活的过程”这个最革命的历史科学的结论作为出发点，而在其展开批判中建立起来的理论体系，则是以崭新的辩证法作为基础；他着重地指出：“这个方法的树立，我们认为是一个成果，就其重要性说，丝毫不次于唯物主义的基本观点。”①在《资本论》第一卷出版的翌年即 1868 年，他所写的那篇评介性的文章《论〈资本论〉》，对这部书作了这样的评价：“自世界上有资本家和劳动者以来，没有别的书，比我们当前这本书，还对于劳动者更重要了。我们今日的社会制度全部，是建筑在资本和劳动的关系这一个轴心上。对于这种关系，这还是第一次科学的说明。这个说明的根本性和透辟性，只有一个德国人能够有。欧文，圣西门，佛里埃之流的著作，是有价值的，将来还会是有价值的；这一个德国人，方才登上那个高点，从这个高点看去，现代社会关系的全部范围，就一览无遗地，明白地，陈列出来，像许多小山，罗列在一个立在最高点的观察者面前一样。”②为了总结或概括这个高瞻远瞩的考察，再过十年的 1878 年，在一个《人民历书》的刊物上，他又发表了《卡尔·马克思》的论文，论到了马克思在《政治经济学批判》和《资本论》中的两大发现，说他第一，“在世界历史的整个观点上实现了变革”；第二，“彻底弄清了资本和劳动间的关系”，前者所指的是唯物史观，后者所指的是剩余价值学说，他并说，“现代科学社会主义就是奠立在这两个重要根据上”③。他这里的说明，无疑对整个马克思主义体系作了极其全面的概括。有名的《反杜林论》，就是按照这个章法展开的。把唯物史观应用在剩余价值学说中，通过剩余价值学说，得出社会主义必然产生的科学结论，我们由此看到了《资本论》体系确实为整个马克思主义奠定了基础。而《资本论》

---

① 马克思：《政治经济学批判》，人民出版社 1955 年版，第 180 页。

② 马克思：《资本论》第 1 卷，人民出版社 1953 年版，第 1001 页。

③ 《回忆马克思恩格斯》，人民出版社 1957 年版，第 8～12 页。

体系所以具有这样高度的科学性，就在于它的世界观与方法论的正确，用恩格斯的话，就是由于“只有马克思一人能够探究一切经济范畴的辩证的发展，把它们的发展动因和制约着这些动因的因素联系起来，并建立起一座完整的经济科学的理论大厦”[①]。

应当说，恩格斯不但正确地评价了《资本论》，大力宣扬了《资本论》，并还在其晚年的论著中，结合当时工人阶级革命运动情况，对各种反马克思主义的资产阶级经济学说和社会改良主义修正主义的社会经济理论，展开了斗争，捍卫了《资本论》体系，并由是发展了充实了《资本论》的科学结论。

可是，作为一部历史科学的典范的论著，《资本论》是要在历史发展过程中，是要由工人阶级的斗争运动，在各不同发展阶段的不同社会实践中，逐渐显示它的无比正确性的。同时，我们也是要由各种实践斗争中的理论指导要求，才能逐渐体会到恩格斯对于它的伟大的历史评价的。

这就是为什么恩格斯在十九世纪后期对《资本论》体系作了那样全面而深刻地阐扬与发挥以后，列宁又依据他所处的历史时代与俄国不同于德国，不同于西欧各国的革命实践与理论要求，更进一步有了新的应用与发展。

二

列宁是在马克思恩格斯晚年的时候出世的，但时代的变化，却是太大了。所以，在我们阐述列宁对于《资本论》体系的阐扬与应用以前，有必要把当时的大变化，资本主义由自由阶段向着帝国主义阶段的推移，革命中心由德国向着俄国的推移的过程，简单作一交代。

列宁是生于巴黎公社出现的前一年，即1870年。无论就工人阶级革命运动讲，或就世界资本主义的发展讲，这都是一个具有特征意义的年代。德意日几个后进国家，分别大踏步地走上资本主义旅程。在这以前不久，为了开拓资本主义前进的道路，美国在1861年开始南北美战争，俄国在同时宣布了形式上的农奴解放，这种落后赶先进的不平衡发展局面，

① 《回忆马克思恩格斯》，人民出版社1957年版，第92页。

开始严重地威胁到英国独占了将近一百年的世界工厂的优越地位。而资本主义向着帝国主义发展的倾向也在这时逐渐冒出头来；同时，从另一方面看，工人阶级的革命运动，在1864年已有了统一领导的第一国际，《资本论》第一卷1867年问世，翌年就被国际决议为指导革命运动的“圣经”。由于受到英国、法国先进工人运动的影响和马克思主义的宣传教育，德国资产阶级还没有摆脱封建主义的束缚，就遭到了工人阶级的有组织的反抗。德国曾经一度成为西欧革命运动的中心了，拉萨尔之流的改良主义以及后来伯恩斯坦的修正主义，其所以相率出现在德国，并不是偶然的。全世界，特别是西欧发生的这些经济、政治、思想上的变动，很快地同时也是很复杂地反映在当时处在方生未死状态中的俄国。怎么办？到何处去？这是俄国进步思想界共同的语言，是当时急切需要解答的问题。伴随各种反封建剥削、反沙皇专制主义的农民运动与资产阶级立宪运动、社会民主革命运动，相率导来了种种色色的资产阶级学说思想；马克思主义早被介绍进来了；西欧各国的改良主义修正主义，也通过俄国社会的不同历史条件，而分别演变成为它的亚种与变种。由于马克思主义已经在西欧各国工人运动中取得了领导地位，已经成为各国社会改革运动首先受到尊重的思想旗帜，于是俄国代表小资产阶级利益的民粹主义的和实质上代表资产阶级利益的所谓“合法的马克思主义”的各种流派，就分别按照它们的要求和理解来歪曲马克思主义。马克思主义是代表工人阶级的基本利益的，它认为推翻资产阶级的统治是工人阶级的历史任务，而工人阶级是要在资本主义发展过程中成长起来的。由于俄国资本主义的落后性，民粹派就断章取义地从这里找根据，说俄国没有资本主义，也不需要发展资本主义，从而工人阶级根本就没有什么力量，因此推翻沙皇统治的任务，就要落在由知识分子领导的农民身上；而在另一方面，“合法的马克思主义”者，则认为俄国已有了资本主义，但资本主义尚未充分发展起来，从而，工人阶级的任务，就不是推翻资产阶级统治，而是帮助资产阶级推翻沙皇封建统治，发展资本主义。从这里已看到，代表小资产阶级的民粹主义，比起代表资产阶级的合法马克思主义来，不只是更反动的，而且对于工人阶级运动是有更大的危害性的。这就是为什么在十九世纪最后几十年间，俄国马克思主义者的主要斗争矛头是针对民粹主义；虽然俄国资本主义在这几十年间不断发展，俄国工人运动的不断发展，在一方面使民粹派的理论由代表小资产阶级者逐渐转移到代表富农，同时反对民粹派的合法马克思主义者也要更多地反对工人阶级运动，反对马克思主义了。但无论是民粹派，是合法马克思主义者，还是和合法马克思主义一鼻孔出气的经济派，乃至后来的孟什维克，都企图在马克思主义的理论体系中，在《资本论》体系中，寻找他们可以钻空子的漏洞。对于这个斗争，普列汉洛夫当时做了很多捍卫马克思主义的工作。但宣扬应用并发展马克思主义的重担子，却是落在列宁身上。

《资本论》第一卷于 1867 年出版后不到几年，即 1872 年，照马克思自己说，已有了“一个优秀的俄文译本”[①]。列宁在 1888 年至 1889 年间的整个冬天，即还不到 20 岁的时候，就已经很出色地钻研了这个著作，到了 1894 年，他那部被评价为“俄国共产主义者真正的宣言”的《什么是“人民之友”以及他们如何攻击社会民主主义者》一书就问世了。这部书是为后期民粹派的头子米海洛夫斯基反对马克思主义特别是反对《资本论》所作的反批判。在这部书里，我们看到了俄国的杜林的嘴脸，同时也看到了，这个俄国的杜林，也像德国的杜林一样，对于马克思主义做了一件好事；由于杜林在哲学社会科学领域的东拉西扯的胡说，才使得恩格斯有必要从哲学、政治经济学、社会主义三个方面来阐扬马克思主义，我们由是有了一个一目了然的完整的马克思主义体系；由于这个俄国杜林——米海洛夫斯基对于马克思主义特别是对于《资本论》所作的浅薄幼稚的非难与挑剔，才使得列宁有必要就《资本论》体系，作进一步的阐扬与分析，这就使我们对它有更深透的认识。

三

我们在前面反复讲过，马克思主义政治经济学的精神实质，就是建立在历史唯物主义的基础上，《资本论》体系就彻头彻尾地体现了唯物史观与辩证法。马克思自己在《政治经济学批判》序言中，在《资本论》第一卷第二版跋中，都讲得非常明白；任何一个对《资本论》体系有初步了解的人，都会感到马克思是认真地遵循了而且成功地完成了这个科学研究的

① 马克思:《资本论》第 1 卷第 2 版跋，人民出版社 1953 年版，第 13 页。

纲领。尽管如此，米海洛夫斯基之流，却真象有眼不识泰山似地，仿佛读破了《资本论》，还不知在哪里去找唯物主义或唯物史观。米海洛夫斯基就马克思的有关著作，也就《资本论》，这样表述他的"精密"观察："首先自然要发生这样一个问题：马克思究竟在哪一部著作中叙述了自己的唯物主义史观呢？在《资本论》中，他给我们提供了一种把逻辑力量与渊博学识、与对全部经济学文献和有关事实的精细研究结合起来的范例。"[①]讲了这一段半是嘲弄半是恭维的话之后，他拿马克思和达尔文来比较，他说："达尔文的全部著作是什么呢？这就是把堆积如山的实际材料总结为几点概括的、彼此相联系的思想。马克思与此相称的著作究竟在哪里呢？这样的著作是没有的。"[②]列宁指斥他说："他读了《共产党宣言》，竟看不出那里对现代制度（法律制度、政治制度、家庭制度、宗教制度和哲学体系）的解释是唯物主义的"，"他读了《哲学的贫困》，竟看不出那里对蒲鲁东社会学的剖解是从唯物主义观点出发的"，"他读了《资本论》，竟看不出那里是用唯物主义方法，科学地分析一种（而且是最复杂的一种）社会形态的模范，是大家公认无与伦比的模范"。[③] 既然米海洛夫斯基看不出或宁说不愿看出《资本论》里面如何从头到尾贯彻了辩证唯物主义，列宁就教导他，指示了《资本论》如何体现了或论证了唯物主义史观，或者说，自有了《资本论》，唯物史观这个假设，方才成为科学。他说：第一，在唯物史观出现以前，人们对于社会历史问题，总不善于探究象生产关系这样简单的始初的关系，而惯于径直着手去研究政治法律这些上层建筑形式；第二，以前人们对于复杂的社会现象中的主要现象和次要现象，也不能找到一种划分的客观标准；第三，以前人们对于社会形态的发展的看法，也没能够找到一个可靠的根据。当物质生活的生产方式决定着社会生活，政治生活以及一般精神生活的过程这个唯物主义的革命命题被提出来以后，第一个问题彻底解决了；当特定社会经济形态从各种社会现象，从各种历史形态区分出来以后，第二个问题得到解决了；当"把社会关系归结于生产关系，把生产关系归结于生产力的高度"[④]的时候，第三个问题得

① 转引自《列宁全集》第 1 卷，人民出版社 1955 年版，第 113～114 页。

② 转引自《列宁全集》第 1 卷，人民出版社 1955 年版，第 113～114 页。

③ 《列宁全集》第 1 卷，人民出版社 1955 年版，第 122～123 页。

④ 《列宁全集》第 1 卷，人民出版社 1955 年版，第 120 页。

到了解决。列宁说，马克思在40年代提出唯物史观这个假设后，就着手实际地研究材料。“他从各个社会经济形态中取出一个形态（即商品经济体系）加以研究，并根据大量材料（他花了不下25年的工夫来研究这些材料）把这个形态的活动规律和发展规律做了详尽的分析。这个分析仅限于社会成员间的生产关系。马克思一次也没有利用这些生产关系以外的什么因素来说明问题，但他使我们有可能看出社会经济的商品组织怎样发展，怎样变成资本主义组织而造成资产阶级和无产阶级两个对抗的（这已经是生产关系范围内）阶级，怎样提高社会劳动生产率，并从而带进一个与这一资本主义组织的基础处于不可调和的矛盾地位的因素。”①

列宁在对《资本论》作了这样概括的说明之后，还补充说：“《资本论》的骨骼就是如此。可是全部问题在于马克思并不以这个骨骼为满足，并不以通常意义的‘经济理论’为限；他专门以生产关系说明该社会形态的结构和发展，但又随时随地探究适合于这种生产关系的上层建筑，使骨骼有血有肉。《资本论》所以大受欢迎，是由于‘德国经济学家’的这一著作把整个资本主义社会形态作为活生生的东西向读者表明出来，将它的生活习惯，将它的生产关系所固有的阶级对抗的具体表现，将维护资产阶级统治的资产阶级政治上层建筑，将资产阶级的自由平等之类的思想，将资产阶级的家庭关系都和盘托出。”②他并由此针对着米海洛夫斯基的荒谬意见说：“现在可以看出，把马克思和达尔文相比较是完全正确的；《资本论》不是别的，正是‘把堆积如山的实际材料总结为几点概括的、彼此紧相联系的思想’。谁读《资本论》而不能看出这些概括的思想，那就怪不得马克思了。”③

当然，米海洛夫斯基既然看不出《资本论》怎样贯彻着历史唯物主义，他就无从理解体现在《资本论》中的辩证方法了。他认定：“事物的历史进程的实质根本不可捉摸，经济唯物主义学说也没有把它捉摸住，虽然这个学说看来依靠两个基石，一个是生产和交换形式具有决定一切的意义的发现，一个是辩证过程的无可争辩性。”④从这段妙论里，我们看到了历史

---

① 《列宁全集》第1卷，人民出版社1955年版，第120页。

② 《列宁全集》第1卷，人民出版社1955年版，第121页。

③ 《列宁全集》第1卷，人民出版社1955年版，第121页。

④ 转引自《列宁全集》第1卷，人民出版社1955年版，第143页。

不可知论和"经济唯物主义","生产和交换形式具有决定一切的意义"这一类非科学的术语命题的胡扯。而他以讥讽语调提到的马克思主义者借以了解历史的进程的"辩证过程的无可争辩性",在他看来,无非是依靠黑格尔式的否定之否定的逻辑,所以,马克思在《资本论》中由资本的发生发展,最后论证到它创造出自我否定条件,而达到"剥夺者被剥夺"的结论,他以为,那并不是马克思通过大量的实际材料研究分析的结果,而是硬套黑格尔的否定之否定的公式,并依照黑格尔的思想方法,把先验地作出来的判断加以演绎。列宁严厉地驳斥了米海洛夫斯基睁着眼不看马克思一再为他自己的唯物辩证法与黑格尔的唯心辩证法所划的界线;事实上,任何一个在《资本论》第一卷第二版跋中读到马克思引述俄国经济学者考甫曼对他的辩证法的正确描述的人,是决不会再把马克思的辩证法和黑格尔胡扯在一起的。不错,马克思曾对资本的发展过程,讲到否定之否定的话,但他是在怎样的场合下讲这种话的呢?列宁说:"马克思只在说完其历史的经济的论据后才继续说:'资本主义的生产方式和占有方式以及资本主义私有制,是以自己劳动为基础的个体所有制的第一个否定。资本主义生产由于自然历史过程的必然性而自己造成自己的否定。这是否定的否定'等等。"①"可见马克思把这个过程叫做否定的否定的时候,并不是想以此证明这一过程的历史必然性。恰恰相反,他只是从历史上证明这一过程一部分确已实现,而另一部分一定会实现以后,才说到这个也是按一定的辩证规律发生的过程。如此而已。"②所以,他认定,"马克思和恩格斯称之为辩证法(它与形而上学方法相反)的,不是别的,正是社会学中的科学方法,这个方法把社会看做处在经常发展中的活的机体(而不是机械地结合起来因而可以把各个社会要素随便配搭起来的一种什么东西),要研究这个机体就必须客观地分析组成该社会形态的生产关系,必须研究该社会形态的活动规律和发展规律"③。

米海洛夫斯基用他的主观的社会学方法,没有发现《资本论》中有什么历史唯物主义,没有看出《资本论》中贯彻了什么唯物辩证法。也许可

① 《列宁全集》第1卷,人民出版社1955年版,第152~153页。

② 《列宁全集》第1卷,人民出版社1955年版,第153页。

③ 《列宁全集》第1卷,人民出版社1955年版,第145页。

以说是依据相同的理由罢，竟有人惋惜《资本论》没有专章讨论价值，没有把价值概念交代清楚，真是无独有偶。马克思自己对于这样立论的人，在他于《资本论》第一卷出版的翌年即1868年给库格曼的信中是这样的回答的："他不知道，我的著作虽然没有一章讨论价值，我所提示的现实关系的分析，却已包含现实价值关系的证明与论证。他曾大发谵语，说有证明价值概念的必要。他的妄言，是以对于这种科学的对象和科学的方法最完全的无知作为根据。"[1]马克思这个批评，完全适用于米海洛夫斯基，然而，在我国大学教育界，还有比这更离奇的事。一个有名气的大学的一位有名气的教授，在他用一学期的时间对一名选修《资本论》课程的学生教完了第一卷之后向我讲："老实说，我教完了《资本论》第一卷，还没有搞清价值与劳动的关系。"这对我曾是一个非常深刻的印象。我想如果没有这个印象，就很难得理解人们为什么那样不了解《资本论》体系，那样对于科学的对象和科学的方法的无知。

然而，丑事往往产生出好的结果来。正是由于米海洛夫斯基的献丑，由于他对于《资本论》的无知与曲解，我们才得有列宁关于《资本论》体系，关于《资本论》的唯物历史观点和辩证方法的精辟论述与发挥。然而，列宁对马克思主义政治经济学的最大贡献，不仅在于捍卫了阐扬了《资本论》，尤其是在他应用《资本论》的观点与方法，依据《资本论》所提出的各种基本原理，就俄国资本主义经济，就帝国主义，就由资本主义到社会主义的过渡的精辟分析，把马克思主义政治经济学发展到一个新的阶段。

四

应当说，列宁对于马克思主义政治经济学的最大贡献，不仅在于捍卫了阐扬了《资本论》体系，尤在于他应用马克思主义的观点方法，依据《资本论》所提出的各种基本原理，就帝国主义，就资本主义到社会主义的过渡，就革命前俄国资本主义发展所作的精辟分析，把马克思主义政治经济学发展到了一个新的阶段。

我们都知道，《资本论》所研究的对象，只限于近代社会的经济形态，

---

① 马克思：《资本论》第1卷，人民出版社1953年版，第997～998页。

对于这个经济形态到何处去，虽然提示了一些基本的原则，对于这个经济形态从何处来，虽然也在一定的必要的范围内，作了一些科学的叙述，但毕竟都不是这部书所要承担的基本任务。恰好是由于《资本论》作者把他的主要研究任务作了这样的科学严格限制，就使得他的光辉的研究成果，即运用历史唯物主义与辩证法来解释资本主义经济所建立的科学理论体系，对于资本主义以前和以后的社会经济发展过程的研究，提供了一个锁钥。

马克思是在资本主义刚由自由阶段向垄断阶段推移的时候就与世长辞了。由于时代的限制，他不但对于垄断资本主义，只能提示一些发展动向，对于必然到来的社会主义，只能提示一些基本原则，就是对于他力所能及的前资本主义生产关系，也来不及具体深入论究，而这一切，只有期之于他的伟大的继承者了。列宁的帝国主义论和他的有关社会主义经济的文献，无疑都是依照马克思主义的基本原理，并参验马克思在《资本论》中所作的各种提示写出来的，但从应用《资本论》体系，强调《资本论》方法论这个角度出发，我在这里就特别有必要就《俄国资本主义的发展》的这部大著，来加以论述。为什么呢？这有几个原因：第一，这部书不但从头到尾都贯彻着马克思主义政治经济学的方法论，不但一直在分别与民粹派、合法的马克思主义者争论着那个方法论，并还在反复说明怎样才是真正应用那个方法论。第二，这部书在应用大量的丰富的材料，说明俄国资本主义的形成与发展过程的同时，还不断论证俄国资本主义形成和发展中的具体情况，完全符合马克思在《资本论》中指出的由小商品生产转化到资本主义商品生产的基本论点，这就不但可以看为是丰富了马克思的理论的内容，并还是对于整个《资本论》体系的补充与发展。《资本论》第一卷第二篇第四章论货币到资本的转化，虽然把劳动力的买卖，当作最基本的关键指出来了，并且在后面论述所谓原始积累时，使我们对小生产者农民怎样才变成自由劳动者，有一些基本概念和认识，但其间的转变过程，毕竟还是不甚了然。《俄国资本主义的发展》，无疑是具有它的不同历史特点的，但在大体上这并不妨碍我们把它看作是那个阶段的一般发展趋势。第三，马克思在《资本论》中基本上是就发展较成熟的资本主义工业方面立论的。这虽然不像民粹派所说的那样，马克思根本没有讲到农业,“马克思的理论不包括农业”,[①]但看到列宁对考茨基的“资本主义社会中的农业的发展”所作的评价,[②]就知道当时关于农业发展的动态,存在着许多思想认识上的疙瘩,不少的反动学说是从这里产生的,所以澄清那些思想认识上的疙瘩,对于全面了解资本主义的发展过程和彻底领会《资本论》体系的精神实质,是大有帮助的。当然,俄国民粹派在农业方面所抱的那一些糊涂思想,马克思一点也不要负责,他在《资本论》第一卷原始积累那一章,第三卷论地租那一篇以及其他场合,对于什么是资本主义农业及其进步性的问题的说明,是不应引起任何误解的。在下面,我想从这几个方面来说明列宁运用《资本论》体系,从而发展了那个体系所作的重大贡献。

五

《俄国资本主义的发展》这部书,所要解决的问题是什么呢?照列宁自己说,“作者写这部著作的目的是要研究这样一个问题:俄国资本主义的国内市场是怎样形成的?”[③]为什么这样一个问题,竟要求写一部资本主义发展史来解决呢?这和马克思要解决利润来源或剩余价值问题(这个问题在十九世纪中叶前后,在理论上实践上有重大的意义)非用《资本论》来全面阐明不可一样,当时俄国的资本主义国内市场问题,也是一个在理论斗争乃至实际斗争中牵涉很广的问题,单从市场本身立论,是不易满足要求的。列宁曾讲明了这个道理,他说:“这个问题早就由民粹派观点的主要代表者(以瓦·沃·先生和尼·一逊先生为首)提出,我们的任务是批判这些观点。我们认为这种批判不能只限于分析对方观点中的错误和不正确的地方;我们觉得,只举出国内市场的形成和发展的事实来回答所提出的问题是不够的,因为可能会有人反对说,这些事实是任意挑选

---

① 列宁:《俄国资本主义的发展》。《列宁全集》第3卷,人民出版社1959年版,第281页。

② 列宁:《俄国资本主义的发展》第一版序言。《列宁全集》第3卷,人民出版社1959年版,第5～8页。

③ 列宁:《俄国资本主义的发展》第一版序言。《列宁全集》第3卷,人民出版社1959年版,第5页。

出来的，而把反面的事实省略了。我们觉得对俄国资本主义全部发展过程整个地加以研究并试作一番描述，是必要的。”“指出社会经济一切部门中所发生的这个过程的各个方面的联系和相互依存的关系是绝对必要的。”①

可是，在另一方面，要就“国内资本主义全部发展过程整个加以研究”，又太广泛了，不但时间不允许，还可能分散当时理论斗争中的核心问题的注意力，所以，如列宁在第一版序言中所说的，他开始就用一个“大工业国内市场形成的过程”的副标题，表示专门从国内市场的观点来研究俄国资本主义发展的问题；把时间限于改革以后的年代；不谈到国外市场和对外贸易的材料；所有的资料，几乎全是取给于俄罗斯内部各省；此外，尽管理论斗争的对方民粹派惯于把社会伦理上的问题，扯到经济方面来，作者却明确规定只限于“专门研究过程的经济方面”。

全书分八章，第一章，从民粹派经济学家的理论错误开始，第二、三、四三章讲农业上的发展变化，第五、六、七三章讲工业上的发展变化，而最后一章归结到国内市场的形成。当我们把这样的章法，和《资本论》体系联系起来看时，会产生什么印象呢？

首先，关于第一章从民粹派经济学家的错误理论开始，列宁说是要在这里“尽可能的研究一下抽象的政治经济学关于资本主义国内市场的问题的几个基本原理”，这不是唯物主义所最要避免的从抽象原理出发么？这怎么解释呢？要知道，我们其所以会有这种疑问，就是由于我们往往把从抽象原理出发的含义绝对化了，以为不论在什么场合，不论处理什么问题，都不容许先摆摆已经被科学论证了的正确原理。事实上，我们讨论许多问题，恰好就是在科学上作了结论的一些基本原理上进行，如像列宁的另一部名著《帝国主义论》，不就是把马克思在《资本论》中就资本主义经济研究出来的一些运动倾向或发展规律，作为立论的张本么？不过，在那里，列宁对于那些运动倾向或发展规律的说明是当作既予的真理予以确认，没有加以复述，而在《俄国资本主义的发展》这部书中，因为民粹派认为俄国资本主义的国内市场和国外市场都有问题，包括在商品中的剩余价值部分根本无法实现；由于他们曲解马克思的实现论，错误地理解国内

① 列宁:《俄国资本主义的发展》。《列宁全集》第 3 卷，人民出版社 1959 年版，第 5 页。

市场，这就使得列宁不能不在开章明义时，讲述一些马克思关于资本主义国内市场的基本原理，而接下去，再就俄国的具体事例的分析，来确证来丰富来发展那些原理。列宁曾经告诫我们说：“我曾经完全肯定地说过：我所说的正统思想决不是指简单解释马克思。……要创造和发展，‘简单解释’显然是不够的。……做彻底的马克思主义者，根据条件的改变和各国当地的特点来发展马克思主义的基本原理”。① 他还意味深长地教导我们说：“我要继续坚持下列意见：宁肯承受叙述枯燥无味的责难，也不愿使读者认为我的观点是根据对《资本论》的‘引证’，而不是根据对俄国统计资料的研究。”②可见，把马克思根据英国经济现状所得出的结论，硬套到俄国方面，和从俄国经济状况，得出符合那种结论或原理的结果，完全是两回事。

其次，我们还会从《俄国资本主义的发展》的章法上发生另一个疑问罢，那就是，《资本论》主要是就比较成熟的资本主义工业立论，最后才在地租那一篇，讲到农业，为什么列宁偏偏先从农业谈起，然后再讲工业呢？事实上，这正是马克思主义的方法论的贯彻，而绝不能说是对于那种方法论的背离。正如同在资本主义社会把利润作为主要的经济形态来处理，而在封建社会则不能不把地租当作主要的经济形态来处理一样，因为所研究的对象不同，同一种经济形态在不同社会所处的地位不同，我们就不容许用同一的章法来安排不同的研究对象。《资本论》是要研究已经相当成熟了的资本主义经济，而《俄国资本主义的发展》则是要弄清楚俄国资本主义是否已在发展，或者它是否能够发展，有没有发展的前途，也就是说，前者作为出发点来研究的，正是后者要依据农业工业上的大量实际统计材料来加以确定的。正是由于这样的不同要求，再加上俄国资本主义的发展的研究，最后要归结到大工业的国内市场如何形成，于是由农业叙述到工业，就成为非常顺理成章的次序了。

最后，如果说在研究的方法论上，还有什么需要论到的，也许是关于这一点，即马克思在《资本论》中讲实现论，完全是就国内市场立论，没有

---

① 列宁：《俄国资本主义的发展》。《列宁全集》第 3 卷，人民出版社 1959 年版，第 579 页。

② 列宁：《俄国资本主义的发展》。《列宁全集》第 3 卷，人民出版社 1959 年版，第 568 页。

涉及对外贸易，列宁在《俄国资本主义的发展》中，也是这样做的。不过，这里也有值得注意的地方。马克思抽象去了对外贸易来讲实现论，只交代了这一句话："在年再生产的生产物价值的分析上，把国外贸易导入，不过会使我们的说明更加错乱，而对于问题自身及其解决，不提供任何新的要素。"[①]这似乎并没有完全驱除人们的疑难。不是有人这么设想么？仿佛既然在现实上任何一个国家的资本主义的发展都不是和它的国外市场或对外贸易无关，那么，马克思在讲实现论时，即使可以采用抽象法，暂时把对外贸易的关系舍象去，不是应当在往后的适当的场合，回到现实中来么？也许正是由于马克思还欠缺这一个说明，就使得他的后继者(且不讲那些反马克思主义的角色)像罗莎·卢森堡那样的马克思主义经济学家，竟致怀疑他的实现论，怀疑他的再生产公式，认为剩余价值要实现，非有非资本主义的落后的农业地区作为补充不可。不管事实是不是这样，至少列宁已经由民粹派的错误理解，感到有必要把这个关系进一步交代清楚了。他曾在一切可能的必要场合，反复论证资本主义愈发展愈需要国外市场和资本主义商品价值的实现，不能混为一谈。资本主义商品价值实现的困难，是资本主义商品生产的本质规定了的，不可避免的，对外市场的扩大，不但不能解决那个困难，历史事实说明，那反而要增大那种困难；而且，商品价值实现的困难，也并不是像他们所设想的那样，只限于其中的额外价值或剩余价值部分，不变资本价值部分可变资本价值部分，是连在一起的。

所有上面这几个方面的说明，充分告诉了我们一件事情，就是，马克思主义的唯物辩证的方法论，在政治经济学上的应用，是依据不同的具体历史条件，不同的理论斗争要求，而不能是千篇一律的。如其说，有一个万变不离其宗的原则，那就是研究分析一国国内的市场的形成问题，不论抱有哪种目的，不论从哪里开头，一定要着眼在它的社会经济制度的阶级构成及其发展变化方面，一定要把这个问题，看为是整个社会经济发展中的一个重要环节，或者说，一定要把它联系到资本主义商品经济发展的动向，来加以说明。像民粹派那样，企图不问商品经济和资本主义经济的发展情况怎样，而单独提出国内市场问题来解决，那在一开始，就是非科学的，十分浪漫主义的。

---

① 马克思：《资本论》第2卷，人民出版社1958年版，第588页。

六

列宁很明确地指示我们：国内市场的建立的基本过程，即商品生产和资本主义的发展的基本过程，就是社会分工，从近代社会形成的出发点来讲，就是各种手工加工副业一个一个从农业分离，这样就造成了工农业产品交换的局面，造成了农业工业相互提供市场的局面。[①] 但在这个新的局面中，隐伏了更本质的更深刻的更有利于促进国内市场发展的社会关系的变化。那就农业方面讲，就是小农分化为农业企业主和农业劳动者，列宁把这种分化，看成是资本主义生产的国内市场形成的基础。[②] 为什么这样说呢？就是在这种分化过程中，不但使农村的农业企业家，能够雇佣到他们所需要的农业劳动者，同时并还能按照其分化的程度，不绝使大量的农业劳动者，从农村游离出来，"非农民化"，转变成为都市工商企业方面所需要的工资劳动者或自由劳动者，这样，就在工农业产品市场形成的同时，为劳动力这个特殊商品市场的形成造出了历史的前提条件。只有这个历史的前提条件被创造出来了，货币才能转变成为资本；为买而卖的商品流通形态才能转变成为为卖而买的商品流通形态，小商品生产才能转变成为资本主义的商品生产。象这样的转变，本来是明如观火地客观存在着的事实，并且几乎在近代一切国家，还是通过这样那样形式的政治社会变革，来把它催生出来的。但由于这个过程本身，关系到整个社会经济形态的变化，那并不是随着一两次社会政治上的变革，就能一蹴完成的。也就因为这个缘故，小商品生产形态和资本主义商品生产形态，以生产者自己的劳动为基础的形态和以对别人劳动的榨取为基础的形态，相应着，为买而卖的商品流通形态和为卖而买的商品流通形态，就有相当长的期间是相并存在的，但事实上并不是也不可能是"和平共处"的，它们几乎在每一个并存的场合，都在发生极其深刻的社会性质的斗争和变化。然而，这在专门从表象上看问题的资产阶级的经济学者，是体会不到的。

---

① 列宁：《俄国资本主义的发展》。《列宁全集》第 3 卷，人民出版社 1959 年版，第 46 页。

② 列宁：《俄国资本主义的发展》。《列宁全集》第 3 卷，人民出版社 1959 年版，第 49 页。

马克思说："政治经济学，原则上，把极相异的两种私有制混而为一了。其中一个是以生产者自己的劳动为基础，别一个是以对别人劳动的榨取为基础。它忘记了，后者不单是前者的直接反对，且也只是在前者的坟墓上长大起来的。"①资产阶级经济学者其所以看不透这种所有制上的差别的原因，马克思是这样说明的："在西欧，政治经济学的故乡，原始积累的过程已经多少完成了。在那里，资本制度已直接征服了国民生产的全部，而在这种关系尚未发展的地方，它也至少间接统制着那些社会阶层，那些属于陈旧的，在资本主义生产方式旁边继续存在的，但已经腐败了的生产方式的社会阶层。"②可是，在原始积累刚开头的殖民地带，在铁的事实前面，叫资产阶级经济学者另眼相觑了。"在那里，资本制度到处都会碰着生产者的妨碍。那里的生产者，当作自己的劳动条件的所有者，依自己的劳动，使自己变得富有，而非使资本家变得富有。这两种正相反对的经济制度的矛盾，在那里，实际发动成为它们的斗争。资本家在有母国权力作后盾的地方，曾企图用暴力去扫除那种以自身劳动为基础的生产方式及占有方式。……政治经济学者，……大声宣布这两种生产方式的对立性。为了这个目的，他证明了不对劳动者行使剥夺，不相应地把他们的生产资料转化为资本，劳动的社会生产力的发展，协作，分工以及机器的大规模使用等等，都是不可能的。"③殖民主义的政治经济学家"发现了以下的事实：一个人尽管有了货币，生活资料，机器及其他各种生产资料，但只要他缺少这个补充物，工资劳动者，被迫而自愿出卖他自身的人，他就还是不能成为资本家"④。马克思补充这段话的意思说，"我们知道，生产资料与生活资料，当作直接生产者的所有，不是资本。要在它当作劳动者的剥削手段和统治手段来用的条件下，它才成为资本。"⑤所以，"……旧世界的政治经济学在新世界发现的并大声宣布的秘密：资本主义的生产方式与积累方式，从而，资本主义的私有制，是以那种以自身劳动为基础的私有

① 马克思：《资本论》第1卷，人民出版社1953年版，第966页。

② 马克思：《资本论》第1卷，人民出版社1953年版，第966页。

③ 马克思：《资本论》第1卷，人民出版社1953年版，第967页。

④ 马克思：《资本论》第1卷，人民出版社1953年版，第968页。

⑤ 马克思：《资本论》第1卷，人民出版社1953年版，第968～969页。

制的破坏,那就是,以劳动者的剥夺作为条件”①。

在十九世纪九十年代前后的俄国,它不是原始积累过程已经大体完成的西欧,也不是如上面所说的那种过程刚刚开始的新殖民地区,而是处在资本主义生产方式逐渐开始对整个国民生产,产生支配影响的过渡阶段,用列宁的话,就是所谓“徭役经济制度和资本主义经济制度的结合”阶段,俄国的这种不同于西欧的经济结构,正好为说明这个过渡阶段提供了社会现实基础。俄国的徭役经济制度,本来随着农奴制的废除而崩溃了。但如前面已经指出来的,由封建制度的解体到资本主义的建立,不能很快的完成,列宁指示我们,这里有两个原因:“第一,资本主义生产所必需的条件尚未具备。需要有一个由惯于从事雇佣劳动的人们组成的阶级,需要用地主的农具代替农民的农具;需要把农业组织得像其他各种工商企业一样,而不是像老爷们的家务那样。所有这些条件只能逐渐形成……不能一下子过渡到资本主义制度的第二个原因,就是旧的徭役经济制度只不过遭到了破坏,但是还没有彻底消灭。”②他并由是着重说明:“可见,资本主义经济不能一下子产生,徭役经济不能一下子消灭。因此,唯一可能的经济制度只能是一种既包括徭役制度特点又包括资本主义制度特点的过渡的制度。改革后的地主经济制度实际上就正好具备了这些特点。过渡时期所固有的形式虽然多不胜数,但是现代地主经济的经济组织却只能归结为以各种方式结合起来的两种基本制度:工役制度和资本主义制度。所谓工役制度……乃是徭役经济的直接残余。”③它和徭役制度不同的地方,就是在计件雇佣时,其报酬不是实物,而是货币;为地主耕种土地时的农具,不是属于地主而是属于农民,而在资本主义制度方面,则是由雇佣工人用业主的农具来耕种土地。包括有这两种制度的过渡时期,虽然不易搜集到明确判定何者在全国范围占优势的具体材料,但列宁就许多重要地区的土地经营面积、雇佣劳动人数、耕畜、农具的变化方面,论证了资本主义倾向在不断发展,资本主义生产方式在不断增大其支配的

---

① 马克思:《资本论》第1卷,人民出版社1953年版,第978页。

② 列宁:《俄国资本主义的发展》。《列宁全集》第3卷,人民出版社1959年版,第161页。

③ 列宁:《俄国资本主义的发展》。《列宁全集》第3卷,人民出版社1959年版,第162页。

影响与作用，资本主义商品流通形态在不断扩大活动范围，也就是说，资本主义的国内市场在不断形成。

在这里，民粹派提出了他们的片面的独特的看法。他们以为农民的分化，小农的破产，只能证明国内市场的缩小，不是反而扩大。他们认为，农民从小产者变成无产者，他们的可能的消费量是减少了，即令他们中间有一部分人变成了资产者，由他们这一小部分人所增加的消费量，决不能抵补由另一大部人所减少了的消费量。列宁从以次这个方面指出了这种皮相观察的错误：首先，他们"把一切消费都归结为个人消费而忘记了生产消费"①，其实"农民之变为农村无产者，建立了以消费品为主的市场，而农民之变为农村资产阶级，则建立了以生产资料为主的市场。换句话说，我们看到，在下等'农户'中，劳动力变成了商品，而在上等农户中，生产资料变成了资本。这两种变化正是提供了为一般资本主义国家的理论所证实的国内市场的建立过程"②。其次，他们"忘记了农民的分化过程同时也是商品经济代替自然经济的过程，因而市场之所以能够形成，并不是由于消费的增加，而是由于消费由实物（即使还是较多的）转为货币或支付了（即使还是较少的）。我们现在已经看到，就个人消费品来说，无马的农户比中等农户消费得少些，但他们却购买得多些。他们愈来愈穷，但同时他们收入和支出的货币却愈来愈多，而这一过程的两个方面正是资本主义的必然现象"③。"对市场来说，重要的决不是生产者的生活水平，而是生产者现有的货币资金；早先以自然经济为主的宗法式农民，他们生活水平的降低与他们手中货币资金的数目的增加完全相一致，因为这种农民愈破产，他们就愈加不得不出卖自己的劳动力，他们就愈加必须在市场上购买自己更多部分的（即使是极有限的）生活资料。"④列宁透辟分析俄国小农分化加速国内市场形成的结论，完全符

① 列宁：《俄国资本主义的发展》。《列宁全集》第 3 卷，人民出版社 1959 年版，第 137 页。

② 列宁：《俄国资本主义的发展》。《列宁全集》第 3 卷，人民出版社 1959 年版，第 136 页。

③ 列宁：《俄国资本主义的发展》。《列宁全集》第 3 卷，人民出版社 1959 年版，第 137 页。

④ 列宁：《俄国资本主义的发展》。《列宁全集》第 3 卷，人民出版社 1959 年版，第 21～22 页。

合马克思在《资本论》中提出的货币向资本转化，小商品生产向资本主义商品生产转化的一般原则。

当然，这个转化过程的出发点在农村，从农村方面的农工业分离和农村分化，已不难看到国内市场形成的图景。但如把农村变化和都市商工企业的发展联系起来考察，就更加清楚了。都市商工企业所需的劳动力，基本上是由农村提供的，都市商工企业生产所需的原料乃至半制品和他们资产者雇佣劳动者所需的粮食品，是由农村提供的，同时都市商工企业还把他们制造的生产资料和加工过的各种消费品，倾销到农村，都市与农村，工业与农业，就由商品经济作为联系的枢纽，在商品经济日益增大其影响，扩大其活动范围的情况下，小商品生产愈来愈不能不为资本主义的商品生产所代替。我们在这里看到了资本制农业与商业性农业，是在怎样的工业条件下发展起来的，同时也看到了工业方面由最初阶段的协作、手工业工场向着各种大型机械工业的转化，是在怎样的农业条件下促成的。这种发展转化过程，如列宁在这部著作中用非常丰富而生动的材料所论证的，不论在俄国各地区间，各行业间，表现得如何参差快慢不同，并还表现了如何不同的形象，但并不妨碍他得出资本主义国内市场形成的若干基本原理：他认定，资本主义国内市场的基础，是社会分工，首先是工农业的分工，是工业从农业分离，是农民分化，是农村资产者和农村无产阶级同时出现；是农村人口作为都市商工企业雇佣者的来源而不断向都市流动；是农民由生产资料“解放”出来的同时，也使他们由原来的自耕而食、自织而衣的生活资料得到了“解放”；是他们自给自用的生活资料、生产资料通过经济的超经济的强制活动，在新的主人手中变成了商品，并变成了强制他们劳动的资本；是生产劳动者愈益使他们的劳动力变成为特殊的商品，同时所有役使劳动者并推动他们劳动的生产资料和消费资料也愈益变成道地的商品；最后，是资本主义生产方式要求不断改进技术，扩大规模，更快地发展生产资料的生产的特质，已经在所有的资本制商品生产站稳脚根的地方，在极有力的当作一个不可抗拒的倾向表现出来。所有这些基本事实和基本论点，全面而有力地说明了国内市场形成的总过程。我们正好由此进一步明确了这个过渡历史阶段的社会经济结构的内部有机联系和当时社会阶级的消长变化关系。

然而，俄国当时的民粹派，是不会因此感到满足的。他们还有比市场问题更本质得多的农业性质问题需要解决。

七

为什么说在俄国民粹派看来，农业性质问题是比之于市场问题还要更本质的问题呢？

因为他们提出市场问题，提出商品价值(其中的额外价值部分)实现问题，在早一些时候(同世纪六七十年代)，就是要说明俄国没有资本主义，等到资本主义已经明如观火的存在着，他们在八十年代前后，就把调子改变了，说是要说明俄国没有发展资本主义的前途。而归根结底则是企图根据他们小资产阶级设想的浪漫主义的图景，在原有的宗法农业的基础上，多少作一些便于富裕农民发展的“改良”罢了。在他们看来，俄国资本主义即使有所发展，只要稍微检点一下，在发展中对小资产者造成的毁灭的灾祸，以及发展起来了，又必然要遭遇到的种种困难和不断的危机，也没有什么“甜头”。而况在农业方面，一般地都不利于资本主义的大规模的经营啊！为了加强这个论点，他们象是特别以“悲天悯人”的伦理的情怀，无限惋惜小农分化、小农破灭的灾祸。仿佛马克思在《资本论》原始积累那一部分用血与火的文字描述近代资产阶级剥夺剿灭小资产者的史实，倒要成为他们捍卫农民，反对资本主义的理论张本。无怪列宁结论他与民粹派的根本分歧说：“我们与民粹派的意见分歧的最深刻的原因，可以说是在于对社会经济过程的基本观点不同。在研究社会经济过程时，民粹派通常作了这种或那种道德上的结论；他们不把各种生产参加者集团看作这种或那种生活形式的创造者；他们的目的不是把社会经济关系的全部总和认为是利益不同与历史作用各异的这些集团间的相互关系的结果……”①

列宁这里指明的是：

第一，“民粹派惯于把社会伦理上的问题扯到经济方面来”，一个社会

---

① 列宁：《俄国资本主义的发展》。《列宁全集》第3卷，人民出版社1959年版，第550页。

有一个社会的伦理的道德准则，用一个旧社会的伦理观点来判断一个新社会的经济关系，是根本不能说明问题的。

第二，在阶级社会里，每一个社会都有它特定的生活方式的创造者集团或阶级，都有它们内在的阶级矛盾，都有剥削阶级与被剥削阶级间存在的斗争与困难；看到资本主义社会的阶级矛盾斗争关系，以为以前的社会集团与阶级是和谐的相处，美满的生活着，而以“世风不古”的心情看待新的社会关系，显然是非常皮相而不现实的。

第三，同是阶级社会，同是有阶级矛盾与剥削被剥削的关系，但不把握社会经济关系的全部总和，不从历史发展过程来分别看待它们不同利益关系、不同历史作用，那就更加没有什么好说了。

由于民粹派不是把研究限定在经济方面，不是用阶级的观点来看问题，不是从历史发展的全过程来看问题，他们就很容易为过渡历史阶段所呈现的各种社会经济现象所迷惑，特别是抓住农民被剥夺的破产破灭状态，来反对资本主义化。他们为了使自己在理论方面站得住脚，有时说，马克思在《资本论》中没有谈到农业资本主义问题，有时又断章取义地说“马克思承认小农业有生命力”①，何况马克思在《资本论》所谓原始积累那一章，应用多么生动而丰富的史料，揭露了农民被剥夺被蹂躏被消灭的悲残景象啊！这里需要指明出来的是，马克思在《资本论》中讲资本积累的过程，讲剩余价值资本化，讲资产阶级自始就是以剥削掠夺起家，为了堵塞资产阶级经济学者的口，把资本家“勤俭发家”的老底子即原始积累过程和盘托出来，是完全有必要的，但谁若以为马克思这样揭露资本家阶级的创业发家的肮脏故事，是为了替农民打抱不平，并以此来反对资本主义，那就完全曲解了马克思的意思。事实上，马克思不是在《资本论》第三卷讲地租的那一篇这样清楚明白地告诉过我们么？“小土地所有制、依照它的性质，就排斥劳动社会生产力的发展，劳动的社会形态，资本的社会集中，大规模的畜牧，科学的不断进步的应用。”②这段话不已从反面说明了，只有资本主义的土地所有制，才允许并要求发展社会的劳动生产力，

① 转引自《俄国资本主义的发展》。《列宁全集》第3卷，人民出版社1959年版，第288页。

② 马克思：《资本论》第3卷，人民出版社1958年版，第1054页。

搞大规模的畜牧业，并利用科学进步的成果么？小土地所有制，小农经营的好处在哪里呢，那并不曾带来像浪漫主义者所描绘的那种好景况。在那种社会政治条件下，“高利贷和课税制度必然会到处使这种所有制衰败。把资本投在土地价格上面，一定会夺去耕作的资本。生产资料的无穷的分裂和生产者自己的个别分立。人力的可惊的浪费。生产条件日益恶劣化和生产资料的昂贵化，是小土地所有制的必然法则。对于这个生产方式，好的年成也是不幸”①。“小土地所有制的前提是：人口的最大多数是农村人口；统治的，不是社会的劳动，而是个别分离的劳动；以致财富以及再生产连同它的物质条件和精神条件的发展，在这样的情形下，都在排除之列；合理耕作的条件，也是如此。”②当马克思这样说明了小土地制，小农经济的“并不理想”或“太不妙”的光景以后，还从正面来强调资本主义的进步性：“资本主义生产方式的重大结果之一是：一方面，它使农业，由一种单纯经验的，机械地相传下去的，原来由社会最落后部分经营的方法，转化为自觉的科学的农学应用，只要这种转化在私有制度所规定的各种关系以内，一般地说是可能的；一方面，是使土地所有权，完全从统治和服从关系解放出来，另一方面，又使当作劳动条件的土地，完全从土地所有权和土地所有者分离开来，……资本主义生产方式的巨大功绩，就在于一方面使农业合理化，使农业第一次有可能依照社会化的方法来经营，另一方面又把土地所有权还原为不合理的东西。资本主义生产方式的这种进步，同它的其他各种历史的进步一样，首先要把直接生产者转化为完全的赤贫，用这个作为代价，方才得到它。”③

马克思早已意识到了，由于资本主义生产方式对封建生产方式表现了这样的优点和进步性，资产阶级经济学家就惯于强调这一方面。他说：“生产者转化为工资劳动者的历史运动，一方面就表现为生产者从封建义务和行会束缚解放出来的运动。对于我们的资产阶级历史家，只有这一方面是存在的。另一方面，这些新被解放的人，要在他们所有的一切生产资料，和旧封建制度给予他们生存上的一切保证，都被剥夺干净以后，方

① 马克思：《资本论》第3卷，人民出版社1958年版，第1054页。
② 马克思：《资本论》第3卷，人民出版社1958年版，第1061页。
③ 马克思：《资本论》第3卷，人民出版社1958年版，第805～806页。

才会成为他们自身的出卖者。”[①]在后面这一方面，在这一点上，对于资产阶级历史家似乎更是并不存在的。恰好相反，我们现在讨论着的俄国民粹派，他们却死死抱住后面这一方面，而前一方面对他们又是不存在的。也许说，俄国在十九世纪八十年代前后，资本主义生产方式，尚不曾痛快顺利地发展起来，而过渡期中的生育阵痛，在社会各方面，特别在小生产者破产没落方面所引起的悲惨状态，正还在激动人心，因而就使得那些惯于向后看而不向前看的小生产者的改良家认识糊涂，迷失方向；因而就使列宁还有必要就俄国的具体社会实况，来指证他们的错误。列宁反复论证了，俄国农村的阶级分化与矛盾的加剧，正说明资本主义农业在不断发展。要想取得下面这些伟大的成就，而不发生社会尖锐的矛盾，不经过社会的斗争，是不能想象的。那些成就表现在农村方面，“第一，资本主义一方面把农民从‘世袭领主’，另一方面把农民从宗法式的依附农民变成了同现代社会中其他一切业主一样的手工业者。……第二，农业资本主义首先打破了我国农业数百年来的停滞状态，大大地推动了我国农业技术的改造和社会劳动生产力的发展。……第三，资本主义首先在俄国建立了以使用机器和工人的广泛协作为基础的大规模农业生产。……最后，第四，俄国的农业资本主义首先连根摧毁了工役制和农民的人身依附关系”[②]。他特别加重后一点说：“从‘俄罗斯法典’的时代起，直到现在农民用自己的工具耕种地主的土地为止，工役制经济体系一直绝对地统治着我国的农业；伴随着这种制度而来的必然是农民的贫困和愚昧，使农民受屈辱的，如果不是农奴制的劳动性质，那就至少是他们的‘半自由的’劳动性质；如果不剥夺农民的一定的公民权利（例如，所属等级低下，遭受体罚，被派担负公差，束缚于份地等等），工役制的存在就是不能想象的。因此，自由雇佣劳动代替工役制是俄国农业资本主义的巨大历史功绩。”[③]除此以外，列宁还在全书的末了，用“资本主义的使命”这小标题，总结了资本主义在俄国经济发展中的历史作用，认为资本主义所造成的劳动社

① 马克思：《资本论》第1卷，人民出版社1958年版，第904页。

② 列宁：《俄国资本主义的发展》。《列宁全集》第3卷，人民出版社1959年版，第276～279页。

③ 列宁：《俄国资本主义的发展》。《列宁全集》第3卷，人民出版社1959年版，第279～280页。

会化，不仅由商品生产增长本身破坏了自然经济所固有的小经济单位的分散性，把小的市场汇合成为广大的国家市场，更进而成为世界市场；不仅在工业中和农业中创造了空前未有的生产集中，以代替过去的生产分散；不仅排除了人身依附形式，不仅减少了从事农业的人口的比例，从而增大了大工业中心数目，并还由其集中社会化的社会经济活动，在不同的性质上，把不同地位的人们分别联合起来，赋予这样联合起来的集团以组织团结的力量。所有这些改变，最后又必然全面改变人们的精神面貌，特别使生产者的性格发生深刻的变化，这样，就为更新的更高级的社会创造准备了物质的和精神的条件。所以，列宁就资本主义在俄国经济发展中的历史作用指示我们说："承认这种作用的进步性，与完全承认资本主义的消极和黑暗的方面，完全承认那为资本主义所必然固有的把这一经济制度的历史过渡性质揭露出来的深刻的全面的社会矛盾，是完全一致的。"①

由此可见，一个社会经济制度的进步性和它的消极黑暗面，只有把它放在历史发展过程中来考察，才能作出正确的判断。就社会历史关系的总和看来，它对于社会的劳动生产力是发生促进作用，还是发生阻滞的作用呢？它对于广大的生产者劳动人民是起着启蒙"解放"的作用，还是起着麻痹精神和束缚人身的作用呢？这是首先要考察到的问题。马克思在《资本论》中，正好是用这样的观点方法来批判资本主义制度；列宁在《俄国资本主义的发展》中，也正好是用这样的观点方法，来评价俄国资本主义制度在俄国经济发展中的历史作用。不过，任何一种著作，特别是像马克思列宁这些革命导师的著作，都是有它在特定历史时期，要在理论上完成特定的历史任务的，《资本论》所要完成的理论任务，是对西欧已经发展起来的资本主义经济，揭露它的剥削的秘密，论证它的暂时过渡性，因而，它的论述的中心命题，就不是在如何强调资本制的进步性方面，虽然马克思在一切可能的场合，都没有忘记提出它对社会生产力的发展，对社会化的促进，所作出来的重大贡献。在另一方面，《俄国资本主义的发展》所要完成的理论任务，却是在俄国过渡历史时期，要解决民粹派所提出来的俄

① 列宁：《俄国资本主义的发展》。《列宁全集》第3卷，人民出版社1959年版，第546页。

国资本主义没有发展前途，俄国没有发展资本主义的必要的这些现实问题，对于这些问题的分析研究，无疑要更多的着重阐明资本主义的进步意义，虽然列宁在一切必要的场合，都没有忘记指出资本主义制度的消极黑暗的一面。如果说，封建制度的爱好者，乐于断章取义地从《资本论》关于原始积累和地租问题的讨论中摘取支持他们的意见的词句；今日的资本主义的拥护者，也尽可从《俄国资本主义的发展》中，去摘取有利于他们的词句。然而，马克思主义者是从全面发展的观点来看问题的，贯彻着辩证唯物主义和历史唯物主义的理论，对于任何形而上学的"卫道者"，都不是可以营养他们贫乏心灵的"智果"。但在马克思主义者看来，列宁从资本主义农业的角度，来阐述资本主义在俄国农业发展中的积极作用，不但大有助于我们全面认识资本主义制度，并也实在是对于《资本论》体系的发展与补充。

写在《〈资本论〉讲座》前面*

一

《资本论》的学习，一般总是感到有不少的困难的。对于我们一般文化基础知识较差，而又没有充分时间仔细钻研的青年干部同志来说，尤其是如此。学习原来就是一个克服困难的过程，在任何一部有价值的著作的学习过程中，要想不遇到一点困难，是不可能的。问题是象《资本论》这样一部“体大思精”的书，如果能让读者在开始学习它以前，或者在学习过程中，得到某种有助于减轻他们困惑、增进他们理解的入门书，那也是非常必要的。《资本论》第一卷出版后不久，恩格斯就曾为它写过一个简洁明了的《纲要》。此后，在各国马克思主义出版物中，还出现了种种关于《资本论》学习津梁一类的书。事实上，我们有很多人学习《资本论》（特别在《资本论》中译本出版以前），就是通过各种津梁书，慢慢去接触领会它的。解放以后，学习《资本论》的人愈来愈多了，对于学习它的津梁书的要求，也更迫切了。综合各方面的要求，以下这三类书，似乎是大家所希望的：

第一，简易通俗本——基本上是按照《资本论》的体系章法，就其中如恩格斯所提示过的最基本最重要的部分（关于第一卷，他写了《纲要》，关于第二、第三卷，他在1895年给阿德勒的信中，更把哪些篇章是重要的，哪些是不那么重要的分别有所交代），逐卷逐篇乃至在很大程度上逐章加以简易通俗解说。分量不超过全书三分之一。

第二，压缩本——还是根据恩格斯上述的提示，就《资本论》原本加以

---

* 原载于《〈资本论〉讲座》（第一册）（王亚南、袁镇岳主编），上海人民出版社1963年12月版。

压缩。这样,不仅使读者能花较少的时间和精力,而读到原书最重要最精辟的部分,而且还可作为以后通读全书的过渡。压缩本篇幅最多不超过全书三分之一。

第三,一般研究本——这可能有种种格式。但一般总希望包括这么些内容:说明《资本论》的精神实质何在;概括而系统地阐述全书结构;论证它在理论与实践各方面发生的深刻影响,特别是它的理论方法,应如何应用到当前的经济问题的研究上来。这个研究本的篇幅可以写二三十万字,也可以稍多一些,但不能太大。

这三个形式的津梁书,说不上哪一种最重要,问题是因人而不同。也许简易通俗本的要求更迫切一些。因为一般研究本,毕竟是属于一种在内容上较有伸缩余地,并还是具有较广泛基础知识的人才需要的读物;对于压缩本,还有不同的看法。有一次在北京谈起这个问题时,有同志就认为,一个读者能阅读压缩本,还不如让他通读全书,而且"半部《论语》不知从何割断",三分之一的《资本论》,毕竟也是很难剪裁的。这也许是《资本论》迄今还不曾出现一个全书压缩本的原因。至于简易通俗本,国外是有各种版本的,介绍到国内来的,也有好几种。考茨基的《马克思的经济学说》,博洽德的《通俗资本论》,河上肇的《经济学大纲》,高畠素之的《资本论大纲》。此外,还有用政治经济学教程、教本名义,而其实是解说《资本论》的种种书籍。尽管如此,可是我们在实际上,对于简易通俗本的要求,并不曾因为有了这些翻译本而变得缓和一些。为什么呢?

这除了有些从国外翻译过来的通俗本子,如博洽德、高畠素之等等的论著,有较严重的错误外,似乎还存在着这样一些问题。首先,象《资本论》这样一部关系人类历史命运,关系马克思主义哲学社会科学理论的建设与发展的伟大著作,在每一个历史发展阶段,在每一个采取了不同阶级斗争形式的国家民族,学习起来,都会依照它的时代或阶级的要求,提出不同任务。哪怕同是这一部书,它里面蕴藏着丰富而深刻的内容,只有通过各个不同时代和阶级斗争的不同要求,才能逐渐启发引导我们去发掘它,体会它,发扬它。"温故而知新",在这里是有更深刻得多的含义的。其次,《资本论》的学习研究,也是一个历史过程。当《资本论》的理论体系,在敌对阶级看来,尚是当作一种邪说,一种政治成见,一种幻想存在的情形下,来对这部书加以解说,和在另一种情形下,即在马克思的学说已经由社会革命建设实践，证明为科学真理，连它的阶级敌人，也不复把它看作是政治成见或幻想，却看成是对他们的存在的威胁的时候，来对这部书做简易化通俗化的工作，该会多么不同啊！时代前进了，对于马克思主义的认识发展了，由马克思主义的经典作家和进步人类，不断对《资本论》所作的研究而获得的成果，愈积愈多了，我们不能满足于以往的那些哪怕是正确的通俗论著，那也是非常明显的。尤其重要的是，我们从事任何一项科学思想工作，都是要把时代向我们提出的要求和任务，贯串在它里面的。尽管搞《资本论》简易化通俗化工作，是“述而不作”，不能凭自己的臆断或主观揣测，来改变原书的主旨，但一联系到我们不是单纯为《资本论》而学习《资本论》，而是希望通过《资本论》的学习，直接间接有助于我们当前的理论与建设的任务（批判分析当代垄断资本及其思想意识，彻底揭露各种修正主义、改良主义和全面研究我们社会主义经济制度，等等），我们在对《资本论》作着解说的过程中，就会在无形中贯串我们的时代精神，使它有生气，有生命，有着我们见不到摸不着，但却非常真实存在的新鲜的气息与活力，叫读者不感到它是过于生疏的、相去很远的，和我们的精神生活没有什么相通的东西。当然，要做到这一点是很不容易的，而作这样的要求，却是十分应当的。

这里已表明，我们学习《资本论》，我们通俗解说《资本论》，应把中心注意点放在什么地方。我们要认真了解《资本论》里面的重要基本理论，尤其要了解贯彻在那些理论里面的观点方法。这不仅是因为不明确理解马克思的观点方法，就不可能正确认识他的理论，同时还因为，或者更因为，我们要达成上面讲到的时代向我们提出的理论斗争与建设的任务，学习马克思在《资本论》里面体现着运用着的革命的批判的观点方法，是非常必要的。马克思认为，任何一种理论，都只能在它所反映的事物的发展过程中去把握它，都只能就有关事物在总体系中所处的地位及其扮演的作用，去确认它评价它。马克思的唯物主义的原则和辩证的方法，是他自己和恩格斯曾就《资本论》及其他有关的论著，反复为我们论证说明了的。那是《资本论》本身和我们了解《资本论》的科学的线索。

二

我们知道,《政治经济学批判》这部著作,是作为《资本论》的初篇而发表的,《资本论》还被附题为《政治经济学批判》。马克思就《政治经济学批判》一书所作的导言和序言,恩格斯所写的《卡尔·马克思〈政治经济学批判〉》以及马克思就《资本论》所写的初版序和第二版跋,这五个文献,可以看作是马克思主义哲学的世界观与方法论的最精粹的最生动的说明,是马克思写作《资本论》的指导思想,因而,也是我们学习《资本论》的指南。详细解说这五个文献的内容,不是我这里要做的,我只想指出其中有助于理解《资本论》,也有助于我们当前从事理论斗争与理论建设的下面这几点:

首先,我想谈谈《资本论》的世界观问题。世界观就是我们对客观世界的看法,把范围缩小到我们当前讨论的问题上来说,就是对所研究对象即资本主义经济制度的看法。由于把客观世界的存在和发展看作第一性的,是属于辩证唯物主义的认识论的范围,而把社会经济制度的存在与发展看作第一性的,就是把辩证唯物主义推广到社会生活方面,属于历史唯物主义的认识论范围。马克思主义的唯物主义其所以是唯物主义的最高级的形式,是最完备的形式,就是因为它不象以前的唯物论那样"离开人的社会性,离开人的历史发展,去观察认识问题"①。历史唯物主义或唯物史观,是马克思的伟大的发现,而他的《资本论》则是他的历史唯物主义的全面的科学论证。包括在历史唯物主义或唯物史观中的几个基本原理,如物质资料的生产方式决定着社会生活、政治生活及精神生活的一般过程;如生产方式中的两个方面:生产关系与生产力的辩证发展关系;如经济基础与上层建筑的辩证发展关系;如生产关系阻碍生产力的发展,必然要引起社会革命等等,就是马克思对资本主义经济制度进行研究的指导思想。这一些基本原理,要求把所研究的对象,即资本主义经济制度的形成发展看成是一个不以人们的主观愿望为转移的自然历史的过程。资本主义制度是否合理,它是否能永恒存在,不取决于我们对它的爱憎,而

---

① 《毛泽东选集》第1卷,人民出版社1952年第2版,第271页。

取决于客观的科学根据,取决于它自身内在的本质表现及必然的发展趋势。在马克思以前,资产阶级经济学者,已对资本主义经济制度写下了非常多的论著,作了各种各样的说明,其中有的是错误的,有的是正确的,正确的里面也包含着错误。他们都没有能够把资本主义经济制度的本质揭露出来,这除了阶级成见的限制外,就是由于他们所采取的观点方法,使他们不可能作出完全正确的论断。正因如此,所以马克思对于他们的批判,就不能枝枝节节地分别来做,而必须就资本主义本身的整体活动,来看他们的理论如何与事实相抵触。恩格斯在前述《卡尔·马克思〈政治经济学批判〉》一文中曾这样讲过:"我们面前的这部著作,绝不是对经济学的个别章节作零碎的批判,绝不是对经济学的某些争论问题作孤立的研究。相反,他一开始,就以系统地概括经济科学的全部复杂内容,并且在联系中阐述资产阶级生产和资产阶级交换的规律为目的。既然经济学家无非是这些规律的解释者和辩护人,那么,这种阐述同时也就是对全部经济学文献的批判。"①资本是资本主义社会的灵魂或生命线,整个资本主义经济的活动,无非就是资本的活动。资本的活动,无非就是资本家对于劳动者的剥削活动。把《资本论》作为书名,抓住资本这个范畴,把它作为这个社会的最本质最基本的关系,来进行分析,就叫那些为资本辩护的理论没有躲闪的余地;在资本及其运动规律的系统说明中,对那些资产阶级理论展开了全面的批判,并在批判中建立起了自己的理论体系。这就是为什么作为政治经济学批判的《资本论》,竟积极地创建起了马克思主义的政治经济学。

其次,想再谈谈《资本论》的方法论问题。必须先交代清楚,马克思主义的认识论,是和它的方法论统一的。对于客观世界的看法,是属于认识论的范围,同时也包含了方法论。客观世界是第一性的这个命题的成立,那已经是在方法论上把思想、意识、一切精神现象看作是和它相区别,并作为它的反映的结果。不过,我们可以这么说,要贯彻唯物主义的观点,它的方法,必须是辩证的,是符合于辩证的表达的要求的。就资本主义经济制度的研究而论,即使采取唯物史观,一开始就抓住了资本这个关键性

---

① 恩格斯:《卡尔·马克思〈政治经济学批判〉》。《马克思恩格斯全集》第13卷,人民出版社1962年版,第529页。

的社会生产关系来进行分析，但如果没有运用辩证的方法，由简单到复杂，由里到外，由低级到高级来一步一步地展开研究说明，还是不能系统地全面地把资本主义的本质及其运动规律揭露出来，从而也就无法贯彻唯物主义的观点。正是在这样的意义上，恩格斯曾就辩证法指示我们说："马克思对于政治经济学的批判就是以这个方法作基础的，这个方法的制定，在我们看来是一个其意义不亚于唯物主义基本观点的成果。"①我们知道，辩证法是自然、社会和人类思维发展的一般规律。但由于人类社会的发展过程是非常复杂和曲折的，要把社会和人类思想发展的一般规律表达出来，就我们现在研究的问题来说，要把资本主义社会的发展规律，如实表达出来，在研究当中，显然要采取一些便于那样的表达的做法。在前述五个文献中，马克思恩格斯所以在说明辩证法的同时，提到抽象分析法，提到研究的方法与说明的方法，又提到历史的和逻辑的方法，原因就在这里。有不少学习《资本论》的同志曾问到这些方法相互间的关系问题。我想在这里试图简单交代一下。研究要从大量的丰富的材料出发，有了大量的丰富的反映资本主义经济生活的客观的材料，就可以从那里辨认出各种各样的经济活动形态，发现出它的各别的表现的倾向。就以资本主义社会的资本为例来说吧，就资本门类讲，有产业资本、商业资本、借贷资本等等；就资本转变形态讲，有货币资本、生产资本、商品资本等等；就资本的价值关系讲，有固定资本和流动资本，不变资本和可变资本等等。发现出了这种种资本的名目及其作用，这是一个很重要的研究工作，但把它们综合起来，在一个总的体系中来系统地加以说明，则是一个更费气力的工作。在任何一个资产阶级经济学家(包括他们最优秀的代表人物)看来，这是没有什么问题的，因为：第一，他们始终就不曾从现实中，发现并研究这么多的资本形态；第二，他们照例是在生产、交换、分配的分篇法中，在资本这个生产要素的项目下，来含糊笼统地处理一切资本形态；第三，由于他们没有把资本运动看作资本主义社会一切经济活动的总枢纽，对于这些资本形态的安排，随意一点，似乎也感不到什么矛盾。马克思却认为，这正是他们应受到严厉批判的地方。他愈是发现现实中

① 恩格斯：《卡尔·马克思〈政治经济学批判〉》。《马克思恩格斯全集》第13卷，人民出版社1962年版，第532页。

存在那么多的不同性质、不同机能、不同价值运动形式的资本形态，就愈感到要在总体系中恰如其分地区别对待它们。于是说明或表述的方法，就关系到把资本主义经济现实在观念上再生产出来的体系或结构问题。资本的运动，就是价值增殖的运动，就是劳动者阶级为资本家阶级生产剩余价值的运动，而在这个社会，流通在结局，就是为了实现那个剩余价值，分配就是为了分配那个剩余价值。在《资本论》里面，把资本的生产过程，资本的流通过程，资本主义的总过程作为总结构，是完全符合资本主义的现实的。这个总结构确定下来了，我们前面讲到的那些不同的资本形态，就会分别安排在适合于它们实际的地位。在资本的生产过程中，说明不变资本与可变资本；在资本的流通过程中，说明资本的三种转变形态（货币资本、生产资本、商品资本），并在生产资本转形项下说明固定资本与流动资本；最后，在资本主义总过程中，说明各类型资本瓜分剩余价值竞争的场面。这样的布局，就表明，我们把错综复杂的现实经济运动，分别门类，分清主从关系和先后次序，加以表述，一方面要采用抽象法，同时又要依照历史的逻辑的程序。为什么呢？就抽象法来讲，那是研究一切无法在实验中加以检证的社会现象必须采用的方法。在现实的经济关系中，各种经济活动，各种资本运动，是相互依存相互交错的。不运用抽象法，分别设定合理的假设，暂时把所要集中研究以外的因素舍象去（作为是不存在的，或作为是不成问题的），就无法进行分析。可是，所有暂时被舍象去的东西，又必须在以后研究的适当的场合，逐步一层一层地加入考察范围，使最后的研究，接近于实际情况。马克思在《资本论》中，就是高度运用抽象力，从简单到复杂，从抽象到具体来开展他的研究的。还是就前面处理各种资本形态的例子来说明吧。在第一卷，资本的生产过程，我们还只碰到一个作为资本家阶级的代表人物出现的产业资本家，还只接触到产业资本，并且假定他所生产的商品，都能按价值售出，能稳得到全部剩余价值。这就是说，除了和说明剩余价值生产有密切关系的劳动力买卖和工资这个分配形态以外，一般的流通和分配情况，都假定是不存在的，或不发生问题的。等到资本生产剩余价值的秘密（即只有购买劳动力的可变资本部分，由劳动力的使用增大了价值这个秘密），在直接生产过程中被揭露出来了，再回过头来，把原来看作不成问题的剩余价值的实现问题，加入考察。在流通过程中，才看到资本由货币形态转变成生产要素形态,再转变成商品形态的全过程,并才在资本生产要素形态方面,看到固定资本与流动资本的不同结构,如何影响资本周转的速度。等到剩余价值的生产与流通的问题解决了,再在这个基础上,看到了原来假定不存在的各种资本家和地主,各种形态的经营资本,为了瓜分剩余价值,攫取更多分额的利润,相互间作着你死我活的竞争。我们在这里才见到日常比较熟悉的资本主义活动场面。但作为资本主义生产的总过程来看,它已经不象原来呈现在我们面前的那样千头万绪,不可究诘,而是从本质到现象,关系分明,条理清晰的了。这已不难想见,合理的抽象该是如何有助于对本质的分析。可是在这里,我们应当注意,作出那样一个象是事先存在那里的体系,单单采用抽象法,是办不到的。从复杂的经济现象中,单抽取出某些因素来讨论,而把其他因素暂时舍象去,那也不是任意的,而要依据一定的次序,要看怎样才便于把所研究对象,即整个资本主义经济的辩证发展关系,如实表达出来。由简单到复杂,由低级到高级,由单纯的抽象上升到包括有各种规定的具体,这个进程,就是恩格斯所指示的历史与逻辑的方法的统一的体现。就全部《资本论》三卷讲,就各卷的篇章讲,以及就每篇每章各论点展开的顺序讲,都明确地显示了这个方法的高度运用。这里也许需要交代一下历史的方法与逻辑的方法的区别及其统一。《资本论》开头所讲的,是商品、货币、资本的发展、转变过程。劳动生产物采取商品形态,商品分化为商品和货币商品,以及货币转化为资本,从它们的演变先后次序讲,是历史的,从它们在演变的内在必然因果联系讲,是逻辑的;劳动生产物一采取了商品形态,同时就提出了作为其交换媒介的特定商品的货币化的要求,而在一定历史条件下,货币又成为资本的出发点,历史的发展,一般总表现为其内在本质关系的逻辑的发展。不过,由于经验上的自然的社会的条件不同,各别社会的具体历史发展过程,往往不免发生一些曲折或表现得不那么千篇一律,这就要具有一般趋势的逻辑,来予以补充。不论是这里讲到的商品、货币、资本的发展关系,是商品分析中价值形态的发展关系,是剩余价值由绝对形态到相对形态的发展关系,是资本由积累积聚到集中的演变……都明确证示了历史的方法与逻辑的方法的统一的运用。比如,资本主义的工业,由协作和工场手工业,到机器大工业的发展历史,就清楚地表明了各个别资本家为了争取超额利润,拼命改良生产技术,不断提高资本的有机构成,这是一种不可抗拒的必然趋势，它促使绝对剩余价值不能不合乎逻辑地向相对剩余价值发展。只有这样，事实上也正好是这样，整个资本主义社会的经济运动才表现成为合乎历史逻辑的辩证的发展。这在《资本论》第一卷就充分表明了。第二卷和第三卷讲的内容不同，表述的方式方法，也不能和第一卷完全一样，但无论是在流通方面讲各种资本在循环周转上的转形，讲个别资本运动综合为社会资本运动，讲再生产公式上的简单再生产与扩大再生产，以及在资本主义总过程中，讲价值发展为生产价格，讲各生产部门不同利润率的平均化，和一般利润率的下降趋势，这都和第一卷的有关说明相照应，并且都符合于历史的逻辑的表述程序。不是这样，整个资本主义的辩证发展关系，就表达不出来，《资本论》就不能成为马克思所留下的"活的辩证法"了。一句话，《资本论》的方法论，是把所研究的资本主义的生产关系的辩证发展作为它的出发点，而要把这种辩证关系如实地唯物地表达出来，不但要采用科学的研究分析方法，还须在说明或表达中，应用抽象法，应用历史的逻辑的方法。

最后，再谈谈《资本论》的观点与方法的应用问题。马克思采取上述的观点与方法，来研究资本主义经济制度，批判资产阶级经济学说，来建立马克思主义的政治经济学理论体系。他的研究的科学的结论，证示了那种观点方法的一般正确性或普遍妥当性。毛泽东同志这样指示我们："当着马克思把资本主义社会这一切矛盾的特殊性解剖出来之后，同时也就更进一步地、更充分地、更完全地把一般阶级社会中这个生产力和生产关系的矛盾的普遍性阐发出来了。"[①]事实上，在《资本论》中，虽然马克思基本上是研究资本，研究资本主义经济制度，但在说明资本主义起源时，他已经极有创见地论述到封建制度的基本特点，及其如何向资本主义制度过渡；在说明资本将如何被剥夺时，论述到资本主义向社会主义制度的过渡，以及社会主义制度的诸基本特点。这些，就不仅在观点方法上，而且还在体现观点方法的理论上，给予我们当前的理论斗争与理论建设，以极有力的提示和指导。尽管我们今天面对着的垄断资本体制，和垄断前的资本主义经济相比，是有许多不同的特点的；今天的改良主义、修正主义，也远不象马克思所批判的空想的小资产阶级的社会主义流派；特别是

---

① 《毛泽东选集》第1卷，人民出版社1952年第2版，第306页。

我们的社会主义经济，在本质上和资本主义经济则完全两样，但《资本论》的基本理论，仍在很大的程度上是我们研究这些新经济情况与批判当代各种假社会主义流派的科学依据。特别是体现在《资本论》中的观点方法及其应用，更是为我们进行那些研究批判工作，提供了极生动和极有启示指导性质的典范。那是我们体味无穷，受用不尽的。

三

很显然的，在《资本论》的简易解说中，应当把体现在马克思的理论中的观点方法，以及他运用那种观点方法，所作的种种科学范例，给予足够的注意，在一切关键论点上，作出明确的交代，使读到它的人，较容易理解到那是活的知识，那是只要经过独立思考，并联系当前的实际情况，就满可以应用到我们当前的经济问题研究上来的东西。能做到这样，当然是非常理想的，但对我们的水平来说，这要求是太高了。那不仅对《资本论》研究要有极高的造诣，还要有较成熟的表达艺术。我们不敢期望作出这样的成果来，但却不妨把它看作是今后长期努力的方向。我们就我校经济研究所中抽出几位同志，边学边写，共同学习研究。我们把学习研究的结果，在《中国经济问题》这个刊物上陆续发表出来，主要的是希望由此得到各方面的帮助和指示。

《中国经济问题》从 1961 年 8 月号起，就开始按照预定计划，陆续刊登我们学习研究的结果，现在已两年了。由于我们经济学界的赞助与支持，特别是由于广大青年干部同志肯定了这个工作对他们学习《资本论》有一定的帮助，上海人民出版社同意分出一部分出版力量，把它分册集印出版，这对我们当然是一个极大的鼓励。我们除了期望进一步得到经济学界的支持与指教外，当再接再励，做好这个工作，以期不负各方爱护的盛意。

唯物主义历史观与马克思主义政治经济学方法论*

——关于《资本论》第一卷的几篇序与跋

一

《资本论》第一卷共有六篇序言和跋，即著者的初版序、第二版跋、法文译本的序与跋，再就是恩格斯的第三版序、英译本编者序及第四版序。在恩格斯的三篇序言中，第三版序是写于马克思逝世的那一年即1883年，主要在说明这个版本就第二版所作的一些更正，和根据法文版本加进去的一些补充；还顺便论到了马克思的文体以及他的特具一格的抄引方法。英译本编者序，则是讲他组织力量进行翻译工作的一些情况。英文翻译是根据第三版，也参照了法文版本。其中还论到了一些名词的用法，表示任何科学，遇到新情况，提出新解释，“总不免要在这个科学的术语上，发生革命”，如果不是这样的话，理论的研究，就会大大受到用语的束缚。他指出，资产阶级经济学者的形而上学的观点，在这方面引起了不少麻烦。第四版序，除了说明这个版本参考法文本及马克思的有关笔录，增加进去了若干新的材料和作了一些技术性的改正外，几乎是单就马克思在第一卷第七篇中抄引的英国财政大臣格莱斯登在国会演说中的一段话的真实性，加以论证。由于资产阶级学者从马克思的这一卷的几百条的抄引中，找出这一条来挑剔造谣，想借此来叫人怀疑马克思的全部抄引是否真正可靠。恩格斯却论证出，就是这一条被他们怀疑的抄引，也是千真万确的。这说明了《资本论》所依据的任何史料，都是无可置疑的。

---

* 原载于《〈资本论〉讲座》(第一册)(王亚南、袁镇岳主编)，上海人民出版社1963年12月版。

如果说恩格斯所写的这几篇序文，主要是向我们指示出了《资本论》第一卷的第三版、第四版和英文译本的编写过程，它的文体与抄引的特点，及其对第二版有所增订补充的一些较具体的情况，那么由马克思自己所写的初版序、第二版跋以及法文译本的序与跋（特别是前面两篇），则基本上是就全书（不只是第一卷）讲它所依据的观点与方法，它的世界观与方法论，或者它的唯物主义历史观与辩证方法。

我们知道，马克思在他 1859 年刊行的《政治经济学批判》的序言中，已把他作为政治经济学研究的导线的唯物主义历史观或唯物史观，用一般的公式把它提出来了。他还在这个序言中，讲到他为这本书起草了一篇总的导言。在导言中，他又讲明了他依据唯物主义历史观，批判资产阶级政治经济学所应用的方法。《资本论》是被看作《政治经济学批判》的续篇，《政治经济学批判》只讲到商品与货币，而《资本论》则继续沿着商品与货币，论述到资本，因此，《政治经济学批判》讲到的观点与方法，也是《资本论》的观点与方法。我们现在要说明的是，马克思在《资本论》初版序和第二版跋中所讲的观点与方法，具有的重大意义和特点。《资本论》第一卷刊行于 1867 年，当时第二卷、第三卷的草稿，有的基本完成，有的只须加工整理。马克思在这时来写初版序言，就显然和他写《政治经济学批判》的导言和序言时的情况，不完全一样了。对于资产阶级政治经济学的批判，在《政治经济学批判》这部书的序言和导言中，他还只把唯物主义历史观当作科学假设，用一个确定的公式来作为他进行批判的出发点。同时，对于这种批判，要放在怎样的体系中才便于展开，他似乎还在摸索前进的阶段。在导言的末尾，他已提到了全书应如何分篇的结构问题；在序言的开始，他又在那个结构的基础上，讲到研究资本主义经济制度所应采行的先后次序；最后直到着手写《资本论》，才确定按照资本的生产过程，资本的流通过程，资本主义生产的总过程这样的程序来进行。而这样进行批判所完成的科学体系，已经使他当作科学假设提出的唯物史观，变成真正的科学了。因此，在写《政治经济学批判》序言和导言时，他有必要就他准备进行批判所采用的唯物史观这个创见本身，反复加以解说，等到写《资本论》第一卷初版序言，他已经可以就他批判分析所得的结论，应用那个观点，来对整个资本主义经济制度的不可抗拒的辩证发展过程，作着全面的说明了。还必须指出的是，唯物主义历史观的建立，和与它相适应的辩证方法的建立，是分不开的。恩格斯指示我们说："马克思对于政治经济学的批判就是以这个方法作基础的，这个方法的制定，在我们看来是一个其意义不亚于唯物主义基本观点的成果。"①这表明，采用唯物主义历史观来进行批判分析，事实上就已经在应用辩证方法；在认识论上把现实的资本主义社会经济看作是按照辩证逻辑发展的，那在同时就无异说在方法论上已经对它作着辩证的处理了。这就是所谓马克思主义哲学的认识论与方法论的统一。不过，由于马克思在《政治经济学批判》的序言和导言中，着重在说明唯物主义历史观这个创见，即使在导言中，专用一节的篇幅，来论述经济学的方法，也只是表明，从唯物主义历史观出发，看批判应从何着手，应依照怎样的程序进行，而不曾就唯物主义历史观所要求的辩证方法，全面加以论述。因此，在《资本论》第一卷出版以后，他感到批判者多半是集中在他的方法论方面，使他认为《资本论》的方法"不常为人理解"，觉得有必要在第二版中结合唯物主义历史观，来全面加以交代。

我们由此知道了：马克思在《资本论》第一卷初版序、第二版跋中所讲的观点方法，已经比他在《政治经济学批判》的序言与导言中所讲到的，要更深进一层了。就唯物主义历史观说，他是把它应用来说明整个资本主义经济制度发生发展的辩证过程；就辩证方法说，他已经是就它与唯物主义历史观的联系，来全面加以解说了。此外，他还在上述的初版序与第二版跋中，就唯物主义历史观与辩证方法，来阐述政治经济学随着资本主义经济制度演变所受到的历史的阶级的限制，以及它由资产阶级政治经济学，转变为为劳动者服务的政治经济学的必然归宿了。

二

现在先来看看马克思在《资本论》第一卷初版序言中，就整个资本主义经济制度在英、德两国的发展趋势，所作的唯物史观的说明。

他开始简单交代了一下《资本论》与《政治经济学批判》的联系，由此讲到了分析劳动生产物的商品形态，商品的价值形态的必要和开头学习

① 恩格斯：《卡尔·马克思〈政治经济学批判〉》。《马克思恩格斯全集》第13卷，人民出版社1962年版，第532页。

到这一部分会感到的困难。接着，他分别指出了下面这几个社会经济发展认识论上的关键性的论点：第一，他说明，他是一个德国人，而必须用英国的经济史和现实经济情况作为研究分析的依据，这是因为经济科学的研究分析，不但需要丰富的经济材料与经济思想史料，还要所研究分析的对象，是发展了的成熟的资本主义经济形态，这两个有密切联系的条件，在当时只有英国是完全具备的。第二，他认为，研究英国经济，研究它通过一系列对工农大众的剥削榨取而发展过来的实况，也无异在研究德国，因为从资本主义社会经济发展的一般趋势来看，德国的今天，不过是英国的昨天，而英国的今天，还是德国的明天。“产业较发展的国家，在较不发展的国家面前，不过指示了它们的将来的形相。”①其间贯彻着的各种规律在以铁的必然性发生作用。第三，我们得承认，面对着先进国家，落后国家要走上资本主义道路的过程，要曲折得多，要经历双重的痛苦。马克思说，以德国而论，“不仅有资本主义生产的发展来苦我们。而且有资本主义生产的不发展来苦我们。除了各种近代的痛苦，还有全系列遗传下来的痛苦，压迫着我们”②。处在“方生未死之间”的过渡阶段的一切国家，都会如此，它们的无产阶级，都会遭到双重的折磨。但在另一方面，由于先进国家，如象英国的革命过程提供了示范作用，落后国家的资产阶级会向英国的资产阶级学样，学着怎样才好更有效地榨取无产阶级；落后国家的无产阶级也会向英国的无产阶级学样，学着怎样才好更有效地向资产阶级展开斗争。“一个国家，应该并且能够从外国学。”③无产阶级的发展受到限制，就是资本主义本身的发展受到限制，要使资产阶级知道这一点，无产阶级就必须展开斗争。所以马克思说：“在大陆方面，这个过程将会采取较残忍的形态，或采取较温和的形态，那要看工人阶级自身的发展程度而定。”④第四，把上述的英国革命过程，把那个过程中围绕着工厂法、劳动日等等的斗争情况叙述出来，特别是把贯彻在它里面的社会经济运动法则揭露出来，叫无产阶级认识他们的命运，认识它们斗争的力量和前途，正是马克思写这部书的目的。他也明白指出了：“一个社会就令已

---

① 马克思：《资本论》第1卷，人民出版社1953年版，序第3页。
② 马克思：《资本论》第1卷，人民出版社1953年版，序第3页。
③ 马克思：《资本论》第1卷，人民出版社1953年版，序第4页。
④ 马克思：《资本论》第1卷，人民出版社1953年版，序第4页。

经把它的运动的自然法则发现,它也还是不能跳过或以法令废止自然的发展阶段。但它能够把生育时的痛苦缩短并且缓和。”①他这里所说的“自然的发展阶段”,是指着不以人们的意志为转移的社会发展的客观必然性。他说,“经济的社会形态的发展,从我的立场看,是被理解为自然史上的一个过程”,你赞成也好,反对也好,它终归是要按照它自己的铁的必然性的规律贯彻下去的。由封建社会到资本主义社会的转变是如此,由资本主义社会向更高级社会的推移也是如此。但在这里,必须明确地认识到:由一个社会向另一个更高级社会推移的过程中,要借助于一种革命的催生力量,那也是一种历史的必然。第五,在这个社会的“自然史的过程”中,人是被看作特定社会的人,特定社会阶级的人,他不能不是一定阶级关系阶级利益的负担者,因而,不能不是一定经济范畴的化身。无论主观地说可以怎样超出他们所加入的各种关系,社会地说,他总归是这各种关系的产物。在这种意义上,他对于现实社会经济状况的认识,就不能不受到阶级利害关系的限制。不少经济研究者,正在为了他们的阶级利害,把社会说成是固定不变的结晶体,但各国社会经济的发展,却连他们的统治阶级也感到形势逼人,不但封建的紫袍黑衫掩盖不了,就是资本主义的黄金白银也镇摄不住。

马克思在《资本论》第一卷初版序中所讲的,就是这几个非常重要的论点。这些论点,其所以是那样重要,就因为它们是应用唯物主义历史观来全面说明整个社会经济发展过程的最基本的线索。

三

其次,再来看马克思在第二版跋中对我们作了哪些指示。他自己在法文译本跋文中告诉我们:第二版跋“曾经说明政治经济学在德国的发展和本书应用的方法”②。这里就按照这个提示,分两点说明。

关于前者,他是从下面这个唯物史观的论点来展开说明的:德国的社会经济发展情况,不容许德国资产阶级有政治经济学,但德国以及英、法

① 马克思:《资本论》第1卷,人民出版社1953年版,序第4～5页。

② 马克思:《资本论》第1卷,人民出版社1953年版,序第20页。

等国的社会经济发展变革情况，却容许并促使德国无产阶级有它的政治经济学。为什么德国的社会经济发展情况，不允许它的资产阶级有政治经济学呢？这是根据这样一种历史事实：德国社会经济在1848年以前，还是相当落后的，国内还分成了许许多多的封建割据的小王国；普鲁士统治的残余封建势力，还在有力地妨碍着莱茵河流域的资本主义的工商业的发展，资产阶级的社会统治建立不起来，一般人民还是生活在小资产阶级的世界里。在这样的历史条件下，"政治经济学在德国的生活地盘依然没有。这种科学依然是当作完成品，从英、法两国输进来。德国的经济学教授，都还是学生。外国的现实之理论的表现，在他们手上，成了个教条集成。……他们必须在一个实际上他们并不熟习的范围内钻研"①。但此后，以1848年资产阶级对封建势力的斗争取得决定的胜利为转折点，德国资本主义生产方式很快地扩展开来了，它的资产阶级茁壮起来了，可是在政治经济学领域内，它的时运还是不佳，它还是不能有它的政治经济学。为什么呢？就因为在整个资产阶级世界范围内，已经再不能有科学的经济学了。前面已经讲到，和一切社会科学比较，政治经济学所研究的材料，更具有直接触及人们的利害关系，支配人们的思想意识的特殊性。在近代初期，资产阶级的斗争的矛头，是指向封建势力的，资本主义的内部矛盾，即资产阶级与无产阶级之间的矛盾与斗争，还处在潜伏的没有发展的状态中。这时，它还能允许甚至要求发现社会经济的内在联系和运动规律，或者说，还能使它的理论工作者不受拘束地自由研究以劳动价值学说、剩余价值学说为基础的分配理论。这就是古典政治经济学派所以出现的社会原因。这个学派在英国，"它的最后的伟大代表李嘉图，终于有意识地把阶级利害关系的对立，工资与利润的对立，利润与地租的对立，当作他的研究的出发点，因为他素朴地把这种对立当作社会的自然法则来理解。但由此资产阶级的经济科学就达到了它的不能跨过的限界了"②。这里所说的限界，一方面是说，作为资产阶级的政治经济学，它能把阶级对立作为研究的出发点，已算到达了极限；另一方面是说，在十九世纪二十年代三十年代相继出现的现代性的经济危机以及在危机发生状

① 马克思：《资本论》第1卷，人民出版社1953年版，序第8～9页。

② 马克思：《资本论》第1卷，人民出版社1953年版，序第9～10页。

态下出现的紧张的阶级斗争情况，再也不允许资产阶级经济学者有自由研究的余地了。在英国如此，在法国也是如此。就在这时候，法、英两国的资产阶级都已取得了对传统封建势力的斗争的决定胜利，他们所面对着的阶级敌人，已经是无产阶级了。因而“从此以往，无论从实际方面说，还是从理论方面说，阶级斗争都愈益采取公开的威胁的形态。科学的资产阶级的经济学之丧钟，敲起来了。从此以往，成为问题的，已经不是这个理论还是那个理论合于真理的问题，只是它于资本有益还是有害，便利还是不便利，违背警章还是不违背警章的问题。超利害关系的研究没有了，代替的东西是领津贴的论难攻击；无拘束的科学研究没有了，代替的东西，是辩护论者的歪曲的良心和邪恶的意图”①。从此以后，不但英、法两国，所有资产阶级国家的政治经济学，都已愈来愈走上庸俗化的反科学的道路了。尽管德国资本主义经济在1848年以后，已有很快的发展，它的资产阶级，已可能有它的政治经济学了，但因为德国工人阶级学习英、法诸国的先进斗争经验，比它的资产阶级学习英、法诸国的先进生产经验，还要来得到家，这就使得它的经济学者，更有必要走上反科学的庸俗的道路了。这就是为什么德国资产阶级在资本主义未发展的阶段，不能有独创的政治经济学；等到资本主义发展起来了，也还是没有它独创的政治经济学的原因。

可是，马克思指示我们说：“德意志社会的特殊的历史发展，使德意志在资产阶级经济学上，不能有任何独创的造就，但其批判却不是这样。这种批判在它是代表一个阶级的限度内，是只能代表这个阶级。这个阶级的历史使命，是资本主义生产方式的颠覆和阶级的最后废除。那就是无产阶级。”②在无产阶级作为一个阶级来与资产阶级作斗争的过程中，必然要产生一种批判资产阶级政治经济学的理论体系，正如同资产阶级作为一个阶级来与封建贵族、僧侣的传统经济思想以及近代初期的重商主义作斗争的过程中，必然要产生资产阶级的古典政治经济学一样。关于资产阶级古典政治经济学，我们已讲到它产生于英国、法国的原因，批判资产阶级政治经济学的理论，为什么产生在德国呢？我们已经讲到，德国无产阶级很快就

---

① 马克思：《资本论》第1卷，人民出版社1953年版，序第11页。

② 马克思：《资本论》第1卷，人民出版社1953年版，序第12页。

学会了英、法两国无产阶级的斗争经验，因而在德国也最初建立了无产阶级的政党。恩格斯说："当德国的资产阶级、学究和官僚们把英法经济学的初步原理当做不可侵犯的教条拼命死记，力求多少有些了解的时候，德国无产阶级的政党出现了。它的全部理论内容是从研究政治经济学产生的，它一出现，科学的、独立的、德国的经济学也就产生了。"①从批判的政治经济学体系建立的方法论出发来看，我们还不能不注意到，英国产业革命、法国社会革命在德国哲学思想上的反映，使德国在它的"方生未死之间"的过渡时期，就有了辩证学说体系。"辩证法，在它的神秘姿态上，是德意志的流行品"②，这就使得德国人，特别是德国无产阶级的理论代表者，更容易看到"资本主义社会的充满着矛盾的运动"③，更容易看到构成这种总的运动的基础的各种经济关系、经济范畴的内在矛盾和运动。恩格斯又曾就商品这个范畴，论证辩证的分析方法，对于认识事物的内在矛盾，从而，认识资产阶级经济学的错误的极大优点。他说："谁想要找一个鲜明的例子，来证明现今发展阶段上的德国的辩证方法比旧时庸俗唠叨的形而上学的方法优越，至少象铁路比中世纪的交通工具优越一样，那就请他读一读亚当·斯密或其他某位著名的官方经济学家的著作，看看交换价值和使用价值使这些先生受了多大折磨，看看把两者分清并理解它们每个特有的规定性对这些人来说是多么困难，然后再把马克思的简单明了的说明与之对比一下。"④从这里，我们已可看到，辩证的方法，对于马克思批判资产阶级经济学，建立他自己的经济理论体系，有着决定的重要性。可是，人们对《资本论》中应用的方法，往往缺乏理解。马克思觉得有必要在第二版跋中较全面地作一说明。他列举了许多不同的错误的看法后，再从正面介绍了一个俄国经济学家所写的讨论《资本论》方法的论文，并作了肯定的赞许。这篇论文包括以下几个重要论点：

第一，他说，马克思认定，经济科学的研究，就在发现他从事研究的各

---

① 恩格斯：《卡尔·马克思〈政治经济学批判〉》。《马克思恩格斯全集》第 13 卷，人民出版社 1962 年版，第 525 页。

② 马克思：《资本论》第 1 卷，人民出版社 1953 年版，序第 18 页。

③ 马克思：《资本论》第 1 卷，人民出版社 1953 年版，序第 18 页。

④ 恩格斯：《卡尔·马克思〈政治经济学批判〉》。《马克思恩格斯全集》第 13 卷，人民出版社 1962 年版，第 534 页。

种现象的规律，并确定其作用的结果，"他认为重要的，不仅是在各种现象具有一个完成形态，并保持一种可以在一定期间看到的联系的限度内支配着这各种现象的法则。对于他，更重要的，是现象之变化的法则，发展的法则，由一形态到他一形态，由一种联系的次序，到另一种联系的次序的推移的法则。这种法则一经由他发现，他就要详细研究这个法则在社会生活上表现出来的各种结果"①。

第二，他说，马克思认为，严密的科学研究，就是要证明社会关系上各种一定的秩序的必然性，并且把那些对于他说来当作出发点和根据点的事实，尽可能完善地指证出来。"他只要证明现在的秩序有其必然性，同时又证明别一种秩序也有其必然性；不管人是否相信，不管人是否意识到，现存的秩序，总是必须推移到这个别一种秩序去的。"②从这里可以看到，"马克思把社会的运动，看为是一个自然史的过程；支配它的法则，不仅和人的意志，意识和意图是独立的，却宁说是决定人的意志，意识和意图的。……"③

第三，他说，马克思认为，"以文化为对象的批判，不能以意识的任何一个形态或结果来做基础。这就是说，能作为这种批判的出发点的，不是观念，只是外部的现象。批判的范围，不限于拿事实和观念来比较对照，却是拿一个事实和别的事实来比较对照"④。

第四，他说，马克思认为，社会的运动，在它不以人的意志为转移的限度内，是一个自然史的过程，它在那种运动中表现的规律，有些类似自然的规律，但"旧经济学家以经济法则比于物理学法则或化学法则时，是把经济法则的性质误解了。……更深刻地把现象分析一下，就知道诸种社会有机体，是和诸种动植物有机体一样，彼此有根本的区别。……并且，同一个现象，也因各种有机体的全部构造不相同，因它们的个别器官有差别，因这各种器官是在不同的条件下发生作用等等原故，须受支配于完全不同的法则。例如，马克思就否认人口法则是任何时任何地都相同的。反过来，他是主张，各发展阶段有各自的人口法则。……生产力的发展不

---

① 马克思:《资本论》第1卷，人民出版社1953年版，序第15页。

② 马克思:《资本论》第1卷，人民出版社1953年版，序第15页。

③ 马克思:《资本论》第1卷，人民出版社1953年版，序第15页。

④ 马克思:《资本论》第1卷，人民出版社1953年版，序第15页。

同,社会关系与支配社会关系的法则也不同”①。

最后第五,他说,马克思是从上述的见地,去研究并说明资本主义的经济制度。“这样一种研究的科学价值,是在于说明,一定社会有机体的发生,生存,发展,死灭,以及它由别一个更高级的社会有机体来代替的事实,是受着怎样一些特殊的法则支配。”②

上面这五个论点,很全面地说明了马克思根据唯物主义历史观研究资本主义经济制度所采取的方法,是全面的发展的辩证的方法。马克思自己很满意地表示:“这位作者如此正确地描写了我的现实的研究方法,而在考察这个方法在我手上的应用时,又如此好意地描写了它,他所描写的,不是辩证法,又还是什么呢?”③我们由此看到,马克思在《政治经济学批判》导言中讲到的由抽象上升到具体的方法,恩格斯在《卡尔·马克思〈政治经济学批判〉》中讲到的历史的方法和逻辑的方法,马克思自己在《资本论》初版序言中讲到的分析法、抽象法等等,都不过是在他运用这个辩证方法当中,在特定场合,处理特定问题或安排叙述程序所采用的一些具体的做法罢了。如果我们今天还有人企图把辩证方法简单化,把从属于辩证方法论体系的任一具体方法,拿来代替他的辩证方法,那就不但是对于《资本论》的方法的误解,同时也很难想象,那如何能把体现在《资本论》中的资本主义社会的辩证发展关系,全面表达出来。

① 马克思:《资本论》第1卷,人民出版社1953年版,序第16页。
② 马克思:《资本论》第1卷,人民出版社1953年版,序第16页。
③ 马克思:《资本论》第1卷,人民出版社1953年版,序第16~17页。

《资本论》第一卷学习提要及其问题*

一、总提

《资本论》第一卷于1867年出版。它在第二卷于1885年问世以前的近二十年中，一直是当作一个独立的著作，在政治经济学革命中，在工人阶级运动中，发生广泛而深刻的影响。这在一方面说明，它所研究的资本的产生过程，是资本主义现实关系的主要的基本的方面，同时也因此说明，有关资本主义的许多基本原理，基本范畴，基本运动规律的说明，都在这一卷打下了基础。此外，我们还不应当忘记，马克思对于全部《资本论》研究的观点方法，虽然在《政治经济学批判》序言中，已经明确提出了，但却是在这一卷的初版序与二版跋中作了更具体的指示的。

这一卷包括以下七个篇目：

第一篇　商品与货币

第二篇　由货币到资本的转化

第三篇　绝对剩余价值的生产

第四篇　相对剩余价值的生产

第五篇　绝对剩余价值与相对剩余价值的生产

第六篇　工资

第七篇　资本的积累过程

这样七篇内容，是在资本的生产过程这个总课题下提出的。这里且不忙解说为什么在这个总课题下讲这样一些内容。那是我们在后面要当作问题来补充说明的。

---

* 本文原载于《中国经济问题》1964年第2～3期。

二、各篇内容提要

第一篇讲商品与货币，包括三个章目，即第一章商品，第二章交换过程，第三章货币或商品流通，重点分别是商品与货币，这两章讲得较详细，而交换过程那一章，则是作为商品形成的条件，作为由特定商品转化为货币或货币商品所须通过的桥梁。商品是劳动生产物在一定历史条件下，在发生了所有制，发生了分工，从而需要通过交换来满足人们彼此需要的历史条件下产生的。劳动生产物一采取商品形态，它就除了具有满足人们需要的使用价值这一属性外，还把它具有交换依据的价值这一特质显示出来了。由使用价值与价值二因素，探索到劳动的二重性，由具体劳动创造使用价值，由抽象劳动或社会劳动创造价值。由于作为一种商品，使用价值只是在它作为价值的担当者的限内，才被考察到，我们所要研究的，只是价值，是一种商品对另一种商品相对表现的交换价值或价值形态。两商品在相对表现的价值关系中，一方表现为相对价值形态，一方则表现为等价形态。交换关系发展，价值形态也相应发展，逐渐使一种商品成为一般等价物，来和一切其他商品相对立。于是我们就有货币形态。商品由一定量的货币来表现它的价值，是长期社会经济发展的结果，是交换关系发展不适于或不容许一切其他商品或其中许多商品，同时都担任一般等价物的结果。货币原来也是商品，等到它作为一般等价物来发生作用，它就愈来愈不表现为商品，而愈表现为货币，以致使那些只看表象，不问实质的人，根本不承认它曾是商品，并且实质上还是商品，或被称为货币商品。事实上，对于货币的错误认识，在很大程度上，还是由于它在交换关系发展过程中，形成了各种不同职能，分辨不清那些职能，自然要对货币本身产生错觉。然而深入一层考察，就会知道，对货币形态发生的错觉，还是跟着对商品形态发生的错觉来的。人们不了解劳动生产物采取商品形态，是由于人类劳动的等一性，取得了劳动生产物的均等的价值对象形态；是由于劳动力支出时间，取得了劳动生产物的价值的量的规定形态；结局是由于体现着劳动社会性质的生产者的关系，取得了劳动生产物的社会关系形态，以致颠倒过来，把人们自己的劳动的社会性质，看作是劳动生产物自己的对象性质，看作是劳动生产物的自然属性。也就是说,把人与人的关系,看作是物与物的关系,这就是所谓商品拜物教。由于货币是商品发展分化出来的,不了解生产商品的劳动的特殊社会性质,就更不能了解比商品还多一些曲折关系的货币所由产生的劳动的特殊社会性质。无怪货币的拜物教,比商品的拜物教还显得突出,还不可理喻。当我们知道资本是由货币转化而来的时候,资本的拜物教,就成为商品拜物教、货币拜物教自然而必然的延伸与发展了。

第二篇讲由货币到资本的转化,只讲这个转化的一章,即第四章。这里首先说明"商品流通,是资本的出发点","商品生产与发展了的商品流通——商业——是资本依以成立的历史的前提"。从历史上看,"货币是资本的最初的现象形态"。任何一个新资本,开头总是以货币或货币资本的姿态出场的。资本的总公式是:

$$G——W——G'$$

这里是以 G 代表货币,以 W 代表商品,以 G'代表增加了价值的货币,投下一定货币额,买进一宗商品,然后将它卖出去,获得更多的货币。终点货币大于始点货币,价值增殖了。不但有了量变,并且还有了质变。因为这样投出的货币,不是作为货币,而是作为增殖价值的资本了。作为货币的货币与作为资本的货币的区别,从商品流通形态上可以清楚地看出来。为买而卖的商品流通,即为买进自己所需要的他人的剩余产品,而卖出自己剩余的产品,其目的是为了满足需要,为了使用价值,那和为了卖而买的商品流通,即为了买进来,以较大价值卖出去,为了谋利,为了增殖价值,有本质的不同。前者是把货币当作货币支出,后者则是把货币当作资本支出。现在要问,为什么这样当作资本的货币额,在流通中,不仅保存了自己的价值,并还变更了价值量,出现一个加额,或剩余价值呢?资产阶级的庸俗经济学者在这里提出了许多错误的看法,但马克思告诉他们,"流通是商品所有者相互关系的总和",他们相互间的买卖差价,或分配上有如何的变化,不会使流通价值总和有一点点增加。在等价物交换时不会有剩余价值发生;"在不等价互相交换时,也不会有剩余价值发生。流通或商品交换,是不会创造剩余价值的"。这一来,资本的总公式就存在着不能解决的矛盾了。该怎么解决这个矛盾呢?马克思把注意力由流通过程移到生产过程去。为买而卖的商品流通形态,是建立在以自己劳动为基础的简单的商品生产的基础上,为卖而买的商品流通形态,则是建立在以他人劳动为基础的资本主义商品生产的基础上。如果从那个只包括买卖两个流通环节，特别是适合于表现商业资本运动的公式：

$$G——W——G'$$

把注意力转移到表现产业资本运动的公式，

$$G—W\begin{cases}Pm\\A\end{cases}\cdots P\cdots W'—G'$$

（在这个公式中，Pm 代表生产资料，A 代表劳动力，P 代表直接生产过程，W′代表增殖价值的新商品，虚线则表示流通的中断），上述那个总公式的矛盾就解决了。为什么呢？因为这里用一定量的货币购买商品，生产资料和劳动力，投入生产过程，产生新的增殖了价值的商品，卖出的新商品会获得更多的货币。尽管首尾还是买与卖，但中间插入了一个直接生产过程，并且所买的商品中，还有劳动力这个特殊的商品，这个商品其所以特殊，就在它即使是照等价原则买进来，却可以不等价地使用它；就是说，资本家购买劳动力所付出的价值，和他利用劳动力所创造的价值，是一个不等的量。这就是剩余价值的来源。问题是被正确地提出来了，但要严密而系统地说明它，却是接下去几篇要做的事。

第三篇讲绝对剩余价值的生产，其中包括劳动过程与价值增殖过程，不变资本与可变资本，剩余价值率，劳动日，剩余价值率与剩余价值量诸章。马克思主要是就劳动过程与价值增殖过程的区别和不变资本与可变资本的区别来揭露剩余价值的秘密的。所谓劳动过程，一般地讲来，是一种有目的的生产使用价值，使自然物适合于满足人类需要的活动，它的一边是人和它的劳动，别一边是自然和它的物材，这对于人类生活的各种社会形态都是适用的。可是当我们进一步把劳动过程看作是资本家消费劳动力的过程的时候，马上就呈现出两种特殊现象：一是资本家购买了劳动力，劳动者的劳动就是属于资本家，他就得在资本家的管制下进行劳动；一是劳动生产物也是属于资本家，而不为直接生产者的劳动者所有。资本家从事生产，不只是要生产一个决定用来出卖的商品，还是要生产一个价值大于原垫支价值的商品；就是说，不仅要生产使用价值，还要生产价值，还要生产剩余价值。资本家从事生产，在购买劳动力之外，诚然还要购买生产资料，但在交换依照等价原则进行的限内，为购买生产资料投下去的垫支资本，无论如何，总只能取回同多的价值，所以它只能说是不变资本；劳动力的购买，虽然也要按照维持劳动力所需的费用来决定它的价值，但劳动力的使用或消费，却是在资本家管制下进行，资本家能够把劳动过程的时间延长，强制要劳动者作出劳动力价值以上的劳动，使他所费于资本家的，和他为资本家提供的，是两个不同的价值量。于是，资本家垫支在购买劳动力上的资本，就成为可以增大价值的可变资本。而在资本主义商品生产条件下的劳动过程，就附有价值增殖过程的特质。由于剩余价值是来自可变资本，是可变资本发生价值变动的结果，剩余价值对可变资本之比，就是剩余价值率，亦即资本家对劳动者的剥削率。劳动者在一定劳动日内，要拿出一部分时间，为抵偿劳动力价值或可变资本价值而劳动，即必要劳动，在这以外，还要用一部分时间，为资本家生产剩余价值而劳动，即剩余劳动，所以，剩余价值对可变资本之比，又成为剩余劳动对必要劳动之比。一个劳动者的劳动日所供给的剩余价值有多大，就看它在必要劳动时间以上的剩余劳动时间拉得多长，由尽量拉长劳动日所获得的剩余价值，马克思把它叫作绝对剩余价值。绝对剩余价值便是建立在劳动日长度的基础上。我们这里看到了工人阶级和资本家长期围绕着劳动日长度展开的激烈的斗争。由于延长劳动日有自然生理，特别是由于社会的限制、工人阶级的反抗，就使得资产阶级在已经取得的绝对剩余价值的基础上，把榨取的方向，转到革新劳动技术过程、改进社会组织机能方面，即由绝对剩余价值转向相对剩余价值方面。

第四篇讲相对剩余价值的生产，其中包括：相对剩余价值的概念，协作，分工与手工制造业，机器与大工业诸章。作者首先明确交代了相对剩余价值的概念，他说："由劳动日延长而生产的剩余价值，我把它叫做绝对剩余价值。但若剩余价值由必要劳动时间的缩短，由劳动日二部分数量比例上的相应的变化而产生，我就把它叫做相对剩余价值。"[①]由绝对剩余价值的榨取推移到相对剩余价值的榨取，经过了非常曲折的复杂的社会的技术的变革的过程。他用大量的历史材料说明这个过程，就是由协作、手工制造业到大工业的转变过程。当资产阶级不能由单纯延长劳动日来保证剩余价值的榨取的时候，用革新劳动技术组织来加强劳动力，就很快被发现是有利可图的途径。这样做，不仅会由劳动生产力的提高，相

---

① 马克思：《资本论》第1卷，第375页。

应降低劳动力的价值，不仅会由机器的采用，加强对工人阶级的统治，并且对个别资本家说来，还可在某种新技术设备没有被普遍采用以前，获得额外利润。当然，资产阶级内部的竞争，由此白热化了，资产阶级对工人阶级的榨取的门道和花样，也加多了。

第五篇讲绝对剩余价值和相对剩余价值的生产，其中包括三章，即绝对剩余价值与相对剩余价值，劳动力价格与剩余价值的量的变化，剩余价值率的各种公式，其目的就是要把两者统一来看。在发展过程上，绝对剩余价值是相对剩余价值的出发点，但我们并不能因此就作出结论，说资本主义商品生产一进到采取相对剩余价值形态的阶段，就不采取绝对剩余价值形态了。事实不是这样的。当资产阶级已由技术革命，加强资本对于劳动的统治；又由技术革命，造成机器驱逐劳动的形势，并还由是造成劳动者的内部竞争局面之后，为了榨取更大的剩余价值，就更有可能在提高劳动生产率、加强劳动强度与延长劳动时间三者之间，任意抉择了。所以，在相对剩余价值已经成为一般形态，资本已经完全确立了对于劳动的统治的时候，延长劳动日仍不失为榨取剩余价值的一个方法，所以，在考察剩余价值量因劳动力价格变动而受到影响的时候，必须考虑劳动生产力、劳动强度和劳动日长度三方面的可能变化。

第六篇讲工资，其中包括劳动力价值或价格到工资的转化，计时工资，计件工资，以及工资的国民差异诸章。其中心论点，是要弄清工资的本质，是要看资产阶级及其代言人在支付劳动力价值或价格方面，在表演怎样的欺骗伎俩。资产阶级学者把资本家付给工人的工资，说成是劳动价值或其变形的劳动价格，就是要企图证明全劳动日都支付了，因而不存在什么剥削。但事实上，如果对于劳动力的使用或消费，全给了代价，根本就没有剩余价值，也没有资本的积累。所以，劳动价值或劳动价格，只不过是劳动力价值或价格的不合理的表现。而资本的积累，就宁是无给劳动价值的积累。从剩余价值的本源来说，无论它是多是少，终归是对于劳动者的剩余劳动的无偿占有，这是已经明确了的。现在要进而讲到的是，这个为资产阶级无偿占有的剩余价值部分，和代表劳动者必要劳动的劳动力价值部分，在价值生产物中的相互关系。这两者都有它的绝对界限：剩余价值不能少到让资本无利可图，也不能多到让劳动者活不下去。在这两极间，就看资产阶级怎样发挥它的资本对劳动的支配权，和劳动阶级怎样发挥它的组织力量和反抗斗争了。工资的各种形态，计时工资，计件工资，实际工资，货币工资，乃至工资在国民间的差异，都成为引起资产阶级与劳动阶级间展开斗争的具体要求与条件。

最后第七篇讲资本的积累过程，其中一共包括了简单再生产，由剩余价值到资本的转化，资本主义积累的一般法则，所谓原始积累以及近代殖民学说诸章。积累包括生产、流通、分配、消费的全过程，但这里只是把它看作生产过程的一个要素来考察。在简单再生产过程中，已不难看到，资本家就是把年生产的剩余价值全消费了，在一定年限内，所有的资本，也全都是由剩余价值转化的结果。如果他们把已经占有的剩余价值拿去作获取新剩余价值的手段，那就是剩余价值的资本化，就是把生产规模不绝扩大。从这里，我们看到了资本积累的一般法则：资本有机构成不变，劳动力的需要，随积累一同增加；在积累及伴随着积累而发生的积聚进行中，在总资本中的不变资本部分会相对增加，可变资本部分，则相对减少。于是相对过剩人口或产业后备军，就累进增加，而成为资本积累上的一个明显的趋势；于是，穷困、压迫、奴役、退化、榨取之量不断增加，而成为资本主义生产过程所统一、训练和组织的工人阶级的反抗队伍，也不断增加，可是实行专横独占的大资本家老爷们的人数，却在不断减少。其结果，当生产资料的集中与劳动的社会化，一达到与它们的资本主义外壳不能相容之点，这个外壳就要破裂，资本主义私有制的丧钟，就要敲响，剥夺者就要被剥夺。当然，资产阶级是不会忘记拿他们“生产发家”的“光荣历史”来为他们的历史命运辩护的。对于这点，马克思却用血与火的文字，就原始积累过程描述了他们从何处来的残暴肮脏故事。而近代殖民学说那一章，不过是用来加强资本主义积累必然要经由原始积累并以原始积累为起点的论点。

第一卷就此结束了。

三　值得提起的若干关键性问题

上面已经把《资本论》第一卷的内容，作了简单的叙述。我们由此初步得知，资本的全部生活史，或者说资本主义生产方式由发生、发展以至趋向灭亡的运动史，事实上，无非是资产阶级统治、压制、剥削工人阶级和工人阶级不断反抗、不断促使资产阶级改变剥削方式,以至最后造成剥夺者被剥夺的结局的历史。以资本与劳动关系为基础的资产阶级社会经济的辩证发展关系,由此清楚明白地表现在我们眼前了。但如我们在前面已经提到,资本主义的实际经济现象是非常错综复杂的,它不但不能直接把那个辩证发展关系显示出来,反而把它掩盖了;资产阶级经济学者的庸俗理论,又还进一步把它曲解了。因此,对资本主义的辩证发展关系的揭露,或其现实运动规律的发现,就不只是要解析各种经济现象,还必须针对着资产阶级经济学者的各种庸俗理论及其错误的研究方法系统,进行批判;看在批判分析中,怎样的科学处理,才能更好地在有力地驳倒那些错误理论系统的同时,从本质上把资本主义的辩证发展关系表达出来,把自己的科学理论体系建立起来。不认清这一点,我们对于这一卷的研究程序上和一些关键问题,就会有些不易理解。

首先,这一卷讲的是资本的生产过程,并还是讲它的直接生产过程。为什么把研究的范围限得这样狭呢?就我们在上面提到的产业资本公式

$$G—W\begin{cases}Pm\\A\end{cases}\cdots P\cdots W'—G'$$

来说,只是集中讲到中间的环节,前后两个环节,由货币到商品的转化和商品到货币的转化,都只当作前提假定了,提到了,而没有进一步考察,因此,我们在日常经济生活中习见的价格变动关系或供需变动关系,也暂时存而不论。那就是假定所有的商品,都是按照价值买卖,假定生产所需的生产资料和劳动力,都能充分得到供给,假定所生产的商品,都会顺利销售出去。不但如此,在直接生产过程,我们当然还只能看到生产资本家或产业资本家,所有在直接生产过程创造的剩余价值,假定只是由他占有,暂且不问他和其他资产阶级间作如何的分配。因此,我们日常习见的那些分配形态,如利润、利息、地租等等,也被抽象去了。为什么要这样做呢?我们大家都知道一个道理,如马克思所说的"物理学者考察自然过程时,要在它表现在最精确的形态且最不受扰乱影响的地方去考察;如可能,还在各种条件保证过程正常进行的地方做实验"①。社会科学的研究,就不能这样做实验,"在经济形态的分析上,既不能用显微镜,也不能

① 马克思:《资本论》第1卷,初版序,第3页。

用化学反应剂。那必须用抽象力……”[1]。把一些有相互关系，但对所研究的对象说，还不是最必要的因素，暂时抽象去。不过，马克思研究直接生产过程，暂时不讨论流通关系和分配关系，还有一个道理，那就是因为他在这里所要发现的资本价值增殖的原因，或剩余价值的来源，正好为一般资产阶级经济学者用流通的现象、分配的现象所掩盖着。他们对于资本为什么增殖，投下一定额资本价值为什么会收回更多的价值，或者是由贱买贵卖来解释，或者是由此盈彼亏来解释。针对着他们这些错误的看法，马克思暂时排开这些流通分配现象，径直在直接生产过程去探索它的根源，就显然有重大的批判意义了。如我们在上面看到的，资本家把他购买来的劳动力，强使其在劳动过程作出劳动力价值或必要劳动以上的剩余劳动，强使其提供不给报酬的劳动，这就为剩余价值找到了真正的来源。这样，就使得劳动过程，成为价值增殖过程了，使直接生产过程既是劳动过程，又是价值增殖过程，而成为两者的统一了。至于所增殖的价值，能否实现，或以何种程度实现，哪种实现，有利于谁，不利于谁，那就要看市场的供销状况了。那已经不是剩余价值的生产问题，而是剩余价值的流通与分配的问题了。一个资本家即使把他所生产的商品堆在仓库里腐烂，亏本拍卖，或者投到海里去，也并不能证明他在生产过程没有剥削劳动者，只不过表明他剥削所得的果实，没有实现罢了。

其次，这一卷只限于资本的直接生产过程的研究，为什么研究的结果能如上面指出的那样，把整个资本主义社会的经济运动，把它的辩证发展关系揭露出来呢？要说明这一点，必须明了，在科学研究上，愈是要把握一个社会的总的全面的发展倾向，就愈需要从它的本质的、主要的、基本的方面下手。我们已经知道，资本主义社会的最本质的经济关系，就是资本与劳动的关系，恩格斯把它叫作轴心的关系。资本的增殖价值的机能，是表现在对于剩余劳动的剥削上，是出现在直接生产过程中。就剩余价值的生产而论，不论是生产资料，还是劳动力，在这个过程以外，都还只是可能的生产因素，它们要在直接生产过程中，方才成为现实的生产因素。尽管在直接生产过程中，生产资料并不增殖价值，只有劳动力被要求作超过其价值以上的支出，因而增加了价值。可是，一定劳动力推动一定生产

① 马克思：《资本论》第1卷，初版序，第2页。

资料的量的比例关系的改变,就要发生剩余价值量与剩余价值率或剥削程度的改变。而这种改变,又是以生产技术构成、劳动组织与最必要的生产资本量的改变,作为前提。我们知道,剩余价值由绝对形态向相对形态的转变,就是由此产生的。由于相对剩余价值的榨取,是要求不断改进劳动技术组织过程,要求不断增加投资,于是把已经榨取得来的剩余价值,尽可能多地再投下去,或尽可能多地资本化,就成了一个无可变更的定律。同时,在包括不变资本与可变资本的总资本中,不变资本对可变资本的比例,相对地愈来愈大,或者反过来,可变资本对不变资本的比例,相对地愈来愈小,也成了一个无可改变的定律。从这里我们不但看到了劳动人口过剩的内情,看到了生产过程的内情,还看到资本社会化和被集中被组织的劳动者集体化,而由是出现的社会主义革命的前景。当然,整个资本主义的经济现象,比这里所指出的,无疑是要复杂得多、曲折得多的,但千头万绪、千变万化的关系和现象,最后都是要从那个直接生产过程找到说明。因为"它的决定的动机是剩余价值的生产"①。那是整个资本运动的轴心和它的一切表面变化所由发生的根源。既然剩余价值是资本主义的生命线,资产阶级社会发生发展以至灭亡的辩证发展关系的揭露,怎么能够不最先在创造剩余价值的直接生产过程中进行呢?这是马克思主义政治经济学在研究的方法论上,与一切庸俗经济理论截然不同的地方。

再其次,这一卷所研究的,既然是资本的生产过程——直接生产过程,为什么开头第一篇讲商品与货币,接着第二篇,还是讲货币到资本的转化,直到第三篇,才正式讲直接生产过程?对于这个问题,可以从三个方面来说明。第一是历史的,表示资本所由发生,表示资本生产要经历一个社会的变革;第二是理论的,表示资本研究需要预先交代一些有关的基本概念范畴;第三是在批判的立场上,把简单商品生产与资本主义商品生产明确区别开,借以清除资产阶级经济学者混淆这两种生产方式,在剩余价值来源的认识上造成的混乱。第一点是非常明白的,资本是商品生产与商品流通发展到了一定的阶段才出现的,它最初又是表现在货币形态上。所以,把劳动生产物转变为商品,商品通过交换过程分化为商品与货币商品或货币,再由货币转化为资本的全过程,作一概述,我们就不仅对

① 马克思:《资本论》第2卷,第427页。

于资本的历史性，有一明确概念，同时还会由此理解到资本的社会特质，就是体现在劳动力这一点上。劳动力的购买者，不自己劳动，而利用他人的劳动力来劳动，那说明他拥有相当的生产资料；劳动力的出卖者，不为自己劳动，那说明，他已和自己的生产资料分离了。生产资料与劳动力出卖者分离，和它在劳动力购买者手里集中，有破有立，是一个过程的两面。这个过程是逐渐发生的，但却要诉之于催生的暴力革命把它完成。现代的资产阶级革命，其实就是要在社会范围内成就这个经济上的变革。在市场上找不到现成的劳动力，资本就无从诞生了。第二点是属于理论性上的要求，正是因为这一卷要暂时撇开流通关系，集中考察直接生产过程，而直接生产过程的研究，剩余价值的说明，又少不了要涉及一些最基本的概念，如商品、劳动、价值、货币等等，所以，在对商品货币发生发展的历史考察中，把这些基本概念，分别交代清楚了，就使得资本的直接生产过程的分析，能按照严密的逻辑顺序展开，而无须为这些概念的说明所中断了。就第三点来说，那是有深刻批判的意义的。必须指出，上述那些概念范畴在第一篇第二篇的交代，只限定在它们对一切商品经济有共同性的范围内。马克思把简单商品生产与资本主义商品生产作了严格的区别，表明在简单商品生产方式下的商品货币这些概念，一到资本主义商品生产社会，它们就要在作为资本运动中的一个环节的限内，附上资本的特质，而成为商品资本、货币资本，并且，它们的这种性质的改变，归根结底，还是由于劳动的性质改变了，原来只是形成商品价值的劳动，这时已经是创造包括有剩余价值在内的商品价值的劳动了。这样一来，资产阶级经济学者混同两种生产形态，动不动借口以简单商品生产不产生剩余价值，否认资本主义商品生产产生剩余价值的伎俩，就不攻自破了。要之，这一卷讲资本的生产过程，而必须在开头两篇讲商品货币以及货币转化为资本的关系，其着眼点都在讲资本，或者是讲资本发生史，或者是讲资本研究上所需要交代的各种有关的概念范畴，或者是讲非资本生产到资本生产的过渡。

还必须讲到，把工资这个分配形态放在生产过程考察，在习惯于传统讲法的人看来，简直是太意外了，太不可理解了。但仔细体会一下，就知道这不只是第一卷的重要关键，也是全三卷的重要关键，还是马克思主义政治经济学对于资产阶级政治经济学在方法论上，在理论体系上的一个彻底的革命的重要关键。我们已在前面讲《资本论》的结构与体系时提到了这个问题,但没有展开说明,看来是需要在这里进一步交代的。现在且先来看把工资安排在这一卷来考察,有什么重要意义。这一卷是考察资本的生产过程。资本的生产,就在它的价值增殖;价值其所以增殖,又在资本家购买劳动所支付的价值与利用劳动力所创造的价值有一个差量,这个差量,就是资本家未给报酬而占有剩余劳动的结果。资本家如果按照他在直接生产过程利用劳动力所创造的全部价值,在工资名义上付给劳动者,那个差量就不存在,剩余价值就不存在,资本就不成其为增殖价值的资本了。资产阶级经济学者把工资说成是劳动价值或劳动价格,以示全部劳动都给予了代价,那显然是一种欺骗。事实上,他只给付了抵偿劳动力价值所必要的必要劳动部分,这以上的剩余劳动部分,是被他无偿占有了。因此,很明白,不把工资这个范畴放在生产过程来说明,资本的产生,就无法说明了。我们再来看这一安排,对全三卷的安排有什么重要意义。由于工资这个分配形态,被当作资本生产过程的一个最必要的条件来处理了,第二卷讲资本的流通过程,就不需要再考虑劳动力买卖这种特殊流通,而便于在第一卷讨论过了的资本的生产的基础上,专门讲资本的流通、剩余价值的流通了;也就因此,第三卷在讲资本主义生产总过程中提出来的诸分配形态,就只会是剩余价值在资产阶级中间的分配了。只有这样,这整个体系,才符合于资产阶级社会的现实关系,由工人阶级的无偿劳动,创造出来的全部剩余价值,以各种分配形态以各种名义分归社会不劳而获的各阶层。正如恩格斯指出的:"一般的说,社会上一切不劳动的分子,都是靠这种无给劳动来维持。由资本家阶级负担的国税和各种捐税,土地所有者的地租等等,都是由这种无给劳动来支付。全部现有的社会状态,都是建筑在这种无给劳动上面。"①我们如果按资产阶级经济学者采用所谓三位一体公式,资本——利润,劳动——工资,土地——地租,将得出什么结果呢?那就只能说是各出一份力量,各得一份收入,谁也没有剥削谁。但事实完全不是这样。这个看来像是整齐的系统,只要把工资这个分配形态与利润、地租等等形态,从本质上区别开,显出一方面是被剥夺去生产资料,向他人提供剩余劳动、剩余价值的结果;

① 恩格斯:《论〈资本论〉》。《资本论》第1卷,第1005页。

另一方面是占有并利用生产资料榨取他人的剩余劳动、剩余价值的结果，它的欺骗性，就被彻底揭露出来了，它的整个体系就被瓦解了。

最后，人们对于在这一卷最后资本原始积累那一篇中讲所谓原始积累那一章，总感到不顺眼，不很释然，因为在他们看来，原始积累，理应出现在现代资本积累之前；有的经济学者甚至企图把它搬到前面货币到资本的转化那一篇去，以为这样就顺理成章了。先应当知道，根据唯物主义历史观来研究资本主义经济制度，它的目的并不是要叙述历史，而是要在理论展开的必要限度内，才引据历史事实来证实理论。也就因为这个缘故，尽管货币到资本的转化，劳动力的买卖，要有一个社会变革作为出发点，但马克思只简单提出了问题，而并没有，也无须把它的全部过程写出来。在资本积累那一篇，其所以特别要讲到原始积累，乃是因为，第一，只有把现代性的资本的积累交代清楚了，原始积累这个概念，才能从理论上提出来；第二，通过上面的资本如何生产剩余价值，剩余价值又如何资本化的分析，资产阶级经济学者已不再能为资本家的剥削辩护了，但他们总像不能忘情于资本家的勤俭创业的功绩而为此喋喋不休，马克思认为有必要在这方面穷追到底，把他们的“光荣发家史”的老底子搬出来。由此可知，马克思在这里讲原始积累，是从属于理论逻辑的要求，而不是要倒转历史的叙述。这正是理论的逻辑，往往不能拘泥于历史顺序的一个范例。

《资本论》第二卷学习提要及其问题*

一、总提

《资本论》第二卷，是在马克思逝世后两年，即1885年，由恩格斯整理出版的。

这一卷的总课题，是资本的流通过程，很显然，它是在讨论了第一卷资本的生产过程的基础上提出的。资本价值的增殖，或剩余价值的生产，必须在生产过程发生，但又不能不通过流通领域发生。第一卷已把前一点论证明白了，但第二卷在论证资本价值增殖必须通过流通领域的同时，还必须说明资本在流通过程的变化，只是单纯形态的变化。这里有许多关键问题要讨论，有许多资产阶级经济学者的错误看法要清除。这在事实上是从未被深入研究过的新境界。所以马克思在分析第一卷资本的生产过程时，为了说明的便利，对于所需通过的流通环节，暂时只被提到了，而要留到这里才详细讨论。他曾这样指示我们："在本书第一卷，我们把资本主义的生产过程，当作个别的过程和再生产过程来分析：即分析剩余价值的生产和资本自身的生产。我们假定了资本在流通领域内所经过的形态变化和物质变化，但未进一步考察它们。我们假定，资本家是依照生产物的价值来售卖生产物；又假定他在流通领域内发现了过程重新开始或继续进行所必要的各种物质的生产资料。在那里，我们只详细考察了流通领域内的一种行为，那就是劳动力的买卖。这种买卖，在那里，是当作资本主义生产的基本条件。"[①]这就是说，在第一卷，只是在讨论资本生

---

* 本文分上中下分别载于《中国经济问题》1964年第6、7、8期，在收录本卷时标题略有调整。——编者注

① 马克思：《资本论》第2卷，人民出版社1958年版，第429页。

产过程必要涉及流通的限度内,论到了流通的行为。哪些是讨论生产过程必须涉及的流通行为呢?除了上述劳动力的买卖以外,在开始,还对于作为资本生产历史前提看的商品货币及其流通关系,作了说明;在理解直接生产过程必要限度内,分别涉及了由货币到商品的流通和由商品到货币的流通。除了这些以外,就只是作了这样那样的假定,但没有进一步考察。那都是要留待这一卷来讨论的。这一卷包括以下三篇:

第一篇　资本的形态变化及其循环;

第二篇　资本的周转;

第三篇　社会总资本的再生产与流通。

总的要求,是要说明所生产出来的剩余价值,是如何依一定的流通过程来实现,或者看它在实现过程中,存在着哪一些限制和障碍。在下面,将按顺序概述三篇的内容。

二、各篇内容提要

第一篇讲资本的形态变化及其循环,其中包括:货币资本的循环,生产资本的循环,商品资本的循环,循环过程的三个公式,流通时间,流通费用等六章。它是从货币资本的循环开始。但在解述货币资本的循环以前,需要交代清楚几个和资本形态变化及各种资本循环有关的问题。首先要说明的是,这里所说的资本形态变化和循环的资本,是指着产业资本。产业资本活动,要经过几个阶段:先是拿出一定货币,作为货币资本,在商品市场与劳动市场去购买生产资料与劳动力,这是第一阶段;接着把所购买来的生产资料与劳动力,作为生产资本,拿到生产过程去作生产的消费,这是第二阶段;最后再把它通过生产过程生产出来的一种价值较大于各种生产因素价值(生产资料的价值和劳动力的价值)的商品,拿到市场去售卖,售卖所得的货币,也相应较大于原来投下的货币额,这是第三阶段。一宗产业资本,通过三个不同的活动阶段,采取了三个不同的形态,在第一阶段,是作为货币资本;在第二阶段,是作为生产资本;在第三阶段,是作为商品资本。在资本运动之流上,从货币开始,到货币终结,称为货币资本的循环;从生产过程开始,到生产过程终结,称为生产资本的循环;从商品资本开始,到商品资本终结,称为商品资本的循环。上述的

产业资本活动过程，是把货币资本的循环，作为它的一般公式，因为

$$G—W\begin{cases}Pm\\A\end{cases}\cdots P\cdots W'—G'$$

这个公式，最明显地表现了以赚钱，以增殖价值为目的的资本运动的特质。不过这里必须明确区别一点：作为产业资本运动的一般公式，它的着眼点，在以流通为媒介的资本价值的增殖；而在货币资本的循环上，它的着眼点则在资本的流通。

其次，这里所讲的流通，和我们在第一卷第一篇开始论到的简单商品货币流通不同，它一开始就是商品资本、货币资本的流通，而在资本的一般公式 G—W—G′或 G—W…P…W′—G′上，第一阶段 G—W 由货币到商品的流通和第三阶段 W′—G′由商品到货币的流通，在等价交换原则上，都不发生价值增殖问题，它们不增殖价值，却分别称为货币资本和商品资本，就是因为在这里投下的货币，不是为了支出，而是为了收回更多的货币；这里从生产过程出来的商品，已把增殖的价值包含在它里面了。还因为它们的活动，有助于第二阶段生产过程增殖价值，因而发生了资本的机能。可见资本只能当作运动来把握，只能在运动过程来把握；增殖价值的关键虽在于生产过程，但没有买与卖的流通过程作为条件，就无从表示出价值在生产过程的增殖。资本的运动，要通过各种阶段的循环过程，这个过程本身，又包含着循环过程的三个不同形态。货币资本、生产资本、商品资本，分别是作为产业资本运动上的各种机能资本。

因此第三，正如同第一卷在讨论资本的直接的生产过程时，在说明的必要的限内，须谈到流通过程；而这里讨论资本的流通过程，在说明的必要的限内，也须谈到生产过程；而讨论资本的形态变化和循环运动，更不能不就生产资本形态的特点，它的各组成部分的价值转移迟速的条件，加以充分的考察。

只有把这几点交代清楚了，我们才好进而说明资本的各种循环。现在先从货币资本的循环讲起。

关于货币资本的循环，马克思分别就它的每一个阶段作了分析，认为第一阶段由货币到生产资料和劳动力的转化，其中包含了两个值得注意的事实，一是在这种转化中，货币转化为劳动力，是作为资本增殖的本质

的条件,"有了它,那在货币形态上垫支的价值,方才现实地转化为资本"[①]。购买生产资料其所以是必要的,不过为了要实现购进来的劳动力所提供的剩余劳动量。因此,另一个事实是:购进来的生产资料与劳动力,不仅有相互适合的质的关系,还有量的关系,即生产资料要恰好够把那样多的剩余劳动吸收起来。当生产资料与劳动力进入第二阶段生产过程,作着生产的消费,流通是暂时停止了,但资本运动还继续着。在生产过程形成的新商品,有较大于原来各生产因素价值的价值,它被投入市场,实现为货币。这时,货币一方面表现为原垫支资本价值的复归,同时又是包含在商品中的剩余价值的实现。到这里,货币资本就结束了它的第一个循环。但在货币资本循环继续反复过程中我们不仅看到生产资本P,从而生产资本循环 P…P,总是作为它的存在前提而存在;就是商品资本 W′,从而商品资本循环 W′…W′,也总是作为它的存在前提而不断更新着。

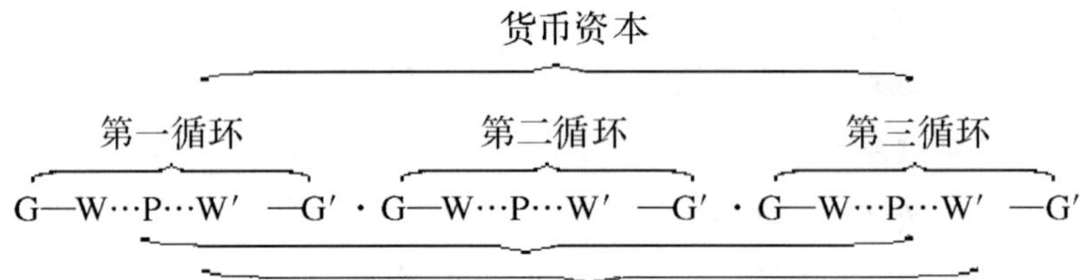

生产资本的循环,是采取这个公式:

P…W′—G′ · G—W…P

在这个公式中,W′—G′ · G—W 是表明新商品 W′的价值已实现为 G′后,再把它用来购买生产资料和劳动力 W。这首先对货币资本循环表现了一个不同的特点:在货币资本循环上,是生产过程在中间,成为前后两个流通阶段的媒介;而在生产资本的循环上,两个流通阶段在中间,成为生产过程的媒介。这个特点,即以不增殖价值的流通过程为媒介的特点,显示生产资本的循环,在简单再生产上,它的公式是 P…P;在资本积累的再生产上,虽然是表现为 P…P′,但那个价值大于始点的 P′,不是表明剩余价值被生产出来,而是表明所生产的剩余价值再被投用下去,或被资本化。

---

① 马克思:《资本论》第 2 卷,第 11 页。

说到商品资本的循环，它的总公式是：

$$W'—G'—W\cdots P\cdots W'$$

很显然，W′在一方面表明是前两个循环的结果，同时又为它们的前提。不论是货币资本的循环，还是生产资本的循环，都是非有作为资本生产物的商品存在那里不行的。由于这个循环开始的W′，已经是包含了剩余价值的商品资本，所以在再生产以扩大规模进行的条件下，它的终点W′就会大于始点W′，而表现为W″。这个循环也因此对前两循环，表现了许多不同的特点。例如，它的起点，已经是增殖了的资本价值，而前两者的起点，都还是待增殖的资本价值。又如在W′…W′运动形态上，包括个人的与生产的消费全部，都是当作正常条件来假定的；因此，在它的运动中的前两个流通阶段，即W′—G′和G—W，一方面是由商品资本到货币资本和货币资本到商品资本的资本形态的变化，同时又是关于消费品买卖的一般商品流通；也因此，我们在这里就不仅要弄清楚个别资本形态变化与其他个别资本形态变化的错综关系，还要弄清楚个别资本形态变化和总生产物决定用在个人消费部分的错综关系。

总的说来，在上述三种资本循环或运动形态中，尽管它们有一个共同点，都是以价值的增殖为决定的目的，并且"在现实上，每一个个别的产业资本，都同时是在这三个循环之内。这三种循环，这三个资本形态的再生产形态，是互相并存而又连续进行的"[①]。但在个别产业资本循环的考察上，主要是以前两形态为基础，而在包括各个个别资本运动的资本总运动的考察上，则必须以第三形态为基础。但不论就个别资本考察，还是就总资本考察，我们都不难看到，总循环的任何一个环节的中断，就将引起全面脱节的现象。马克思指出："产业资本循环过程的最显明的特质之一，从而，资本主义生产的最显明的特质之一，乃在于，一方面，生产资本的构成要素，必须由商品市场来，不绝由这种市场更新，并当作商品购买；另一方面，劳动过程的生产物，则当作商品由劳动过程出来，必须不绝当作商品售卖。"[②]由于买进卖出对于产业资本循环，对于资本价值的增殖与实现有了决定的意义，由买进卖出时间构成的流通时间，就在资本通过它的

① 马克思：《资本论》第2卷，第101页。

② 马克思：《资本论》第2卷，第119页。

循环的全部时间中,有着非常重大的关系。产业资本家即使能在生产过程中,想尽办法缩短生产时间,如果他取得生产所需的资料,发生故障,特别是如果生产品销售发生故障,使得流通时间延长,流通费用加大,剩余价值的生产和实现,就要受到影响。但在这里必须指出:这一篇后面两章,虽然是讲流通时间与流通费用,可是它的基本精神,却似乎在借此说明,资本通过全循环的时间,只有在有人类劳动加到劳动对象去,从而发生增殖价值机能的时间,即它的劳动过程的时间,才是生产的,才是生产价值创造剩余价值的。生产资料已加入生产过程,但中断了生产机能的时间,以及生产资料尚没有加入生产过程,只是当作资本材料预备在生产领域的时间,都和买者卖者进行交易所费的时间一样,尽管是必要的,但却是不生产的。不管这种必要性是由于自然的原因,还是社会的原因,如果要在资本循环过程中使价值增殖的那一部分资本继续发生作用,社会的劳动力与劳动时间,它的生产资料,就得有一部分不断分别使用在这些不生产的方面。这是一个矛盾。这个矛盾,在接下去讲资本周转时,就看得十分清楚了。

第二篇讲资本的周转,那是在前一篇资本的循环的基础上展开说明的。马克思自己概括地讲到了这篇的主要内容:“在第二篇,我们是把循环当作周期的,当作周转来考察。那里,一方面指示了,资本各个构成部分(固定资本及流动资本)是怎样在不同的时间内,依不同的方法,完成形态的循环;另一方面又研究了劳动期间和流通期间不同的长度所由规范的各种事情。那里指示了,循环期间及其构成部分的不同的比例,对于生产过程的范围和年剩余价值率,有怎样的影响。”①因此,这一篇包括了第七章周转时间与周转次数,第八章固定资本与流动资本,第九章垫支资本的总周转:周转循环,第十章第十一章关于固定资本与流动资本的学说,第十二章劳动期间,第十三章生产时间,第十四章流通时间,第十五章周转时间在资本垫支量上的影响,第十六章可变资本的周转,第十七章剩余价值的流通。从这个章目中,我们可以看到,这一篇主要是就生产资本中的固定资本与流动资本,论述它们的不同性质和特点,不同的转移价值形式和更新的速度,来考察其在垫支资本总周转上的影响。尽管周转的时

---

① 马克思:《资本论》第2卷,第430页。

间，包括生产时间与流通时间的总和，但它毕竟是“一个资本价值更新或重演它的增殖过程的时间”，在这里，生产资本的形态变化，特别是可变资本的周转，具有决定的意义。由于用一定额货币资本购买劳动力和生产资料，投入生产，生产资料中的劳动手段部分，总只是逐渐地、断片地移转它的价值，而不像劳动力和原材料那样，一次就把它们的价值转移到新生产物中了，于是我们就在资本价值的保存和移转上，看到了生产资本中的固定资本与流动资本的区别。这个区别，是资产阶级经济学者提出来的，重农学派已经触到了它，亚当·斯密才开始加以确定的说明，但不论是他们还是以后的李嘉图，由于对资本本身的概念，对于利润的来源，都没有明确的理解，他们一接触到这样那样的资本形态，就无法就其不同的机能加以区别。由于他们没有弄清流动资本与固定资本的区别，特别是没有弄清固定资本、流动资本与不变资本、可变资本的区别，引起了许多糊涂看法。马克思在资本的生产过程方面讲不变资本与可变资本，看什么资本增殖价值，什么资本不增殖价值；在资本的流通过程方面讲固定资本与流动资本，看它们分别是怎样影响资本的周转，这个科学的处理本身，就把他们那许多糊涂思想，彻底予以廓清了。在资本的运动上，流动资本一次就把它的价值转移到新产品上去了，固定资本却不能这样，所以一个资本的固定资本与流动资本的构成比例不同，会直接影响它的周转时间；一个生产物完成所必要的劳动期间不同，流通所需的时间不同，在在会影响到资本垫支量，影响到可变资本的周转，影响到剩余价值实现的快慢及其所需的货币条件。

马克思在论及资本的总周转即周转循环时，提出了两个重要的理论问题，一是和固定资本有关的周期经济危机问题，一是和流动资本中的可变资本有关的年剩余价值率问题，对于前一个问题，他认为固定资本定期大规模更新，为周期经济危机给予了物质基础。那是说，现代资本主义生产愈发展，愈趋向不断改革生产技术过程，提高资本有机构成，不断增加固定资本比重。各个独立企业的固定资本的定期更替，虽然是不同时地、而是分散地进行，但由于大工业企业间的相互联系，会在无形中，使那种更替凑合在一块，而在若干年内，比如说，平均在十年内，形成周期循环，以致每次的经济危机，都表现为生产设备投资过剩。一度危机刚要过去，大规模的设备投资又开始活跃，为下一度危机准备条件。不过，周期的经济危机的产生，单就这点说明是不够的，它的较全面的理解，必须联系到这种事实，那就是不变资本在社会总资本中对可变资本的比重愈来愈大，相应着，社会劳动生产力感受到社会生产关系的束缚，也愈来愈形紧张。对于后一个问题，即对于可变资本周转，影响年剩余价值率的问题，马克思在一方面把可变资本归属在流动资本范围内，认为它一样要遵循流动资本周转的一般规律，但同时却认为，由于可变资本不是象其他的流动资本，如原料辅助材料那样，把它们的价值移转到新生产物中，而是由劳动力创造新价值，其中包含剩余价值，这个在生产阶段产生的剩余价值，也一同在流通阶段转化为货币。这就表现了可变资本自己在周转过程中的特殊运动。周转期间的快慢不同，使得可变资本发生垫支可变资本与实际发生机能的可变资本的区别。比如，有两个资本，在一切其他条件相等（如一年间使用的可变资本额相等，一年以五十周计算，每周支出的可变资本相等，劳动日相等，必要劳动与剩余劳动的分割也相等）的情形下，前者一年周转一次，后者一年周转十次，那末，在一年内，后者就会比前者推动十倍的劳动力，因而使后者的年剩余价值率，为前者的十倍。象这样，周转得愈快，剩余价值也愈多，会给人以流通产生剩余价值的印象，而事实却是可变资本在周转上表现了垫支可变资本与实际发生机能的可变资本的差别。这不仅是流通理论上的一个重大的创见，同时也把可变资本的认识引到了一个新的境界，使得我们对轻重工业间，对工农业间的资本积累的快慢问题，有一个较深入而全面的理解。

第三篇讲社会总资本的再生产与流通。这一篇所研究的，用马克思自己的话说："在第一篇和第二篇，我们还只考察个别的资本，还只考察社会资本一个独立部分的运动。……现在，我们要把个别资本当作社会总资本的构成部分来考察它们的流通过程（那在它的全体性上就是再生产过程的形态），并从而考察这个社会总资本的流通过程。"①正是由于研究的对象和前面第一第二篇不同，第一第二篇所研究的是个别资本运动，而这个第三篇则是研究把那些个别资本流通综合起来的社会资本运动；由于前面两篇，是就生产与流通的统一来说明个别资本的循环与周转，在这一篇，是要讲社会总资本的再生产与流通，所以，在讲个别资本的循环周

---

① 马克思:《资本论》第2卷，第430～431页。

转时，不妨假定不存在的问题，这里却须加以考虑了；不同的对象，要用不同的方法来处理了。马克思在这一篇开始的一章即第十八章绪论中，讲了两个节目，除了研究对象外，还讲到货币资本的作用。为什么要在这里交代货币资本的作用呢？因为接下去要讲的社会总资本中，货币资本不只是一个构成部分，并且构成总资本的各种因素，全要确定在货币形态上："全部垫支的资本价值，那就是，资本的一切构成部分，由商品构成的，由劳动力构成的，由劳动手段构成的，由生产材料构成的，都须不断用货币来购买，并且再购买。就个别资本说是如此，就社会资本说也是如此。"①在本书前面第一篇，马克思详细论到了货币资本的循环，第二篇又从资本的周转过程，反复说明现实的资本积累，同时要求有相应的货币积累，而对货币的来源，则表明："要转化为货币的追加商品，会寻到必要的货币量，因为别一方面，有追加的金银，要转化为商品的，会不由交换，但由生产直接投到流通中来。"②而在这里，却是要着重指明：1.虽然资本的现实积累，需要有相应的货币积累，但并不能因此就认定，资本增殖价值的范围，生产的规模，是依照机能中的货币资本的范围来决定；在现实上，同量的货币资本，能有种种途径推动更大的生产资本，来发挥更大的作用。2.社会的劳动与生产资料，每年必须有一部分被用来生产或购买金银，以补充铸币的磨损。这虽然会成为社会生产范围的相应缩减，但当作流通手段和货币贮藏的货币价值，会存在于社会并会当作世界货币来和他国交换借以扩大生产规模。凡属不适合在资本的总再生产运动中夹杂说明的货币问题，预先在这里交代了。

但接下去还没有讲到社会总资本运动本身，而是在第十九章"前人对于这个问题的说明"中，就过去资产阶级古典经济学者有关这方面的理论，加以清算。马克思指出，第一个把社会总资本的再生产问题提出来讨论的，是重农学派的创建者魁奈。尽管他把社会现象当作自然现象来理解，尽管他只承认农业能创造剩余生产物，而不承认工业也能创造剩余生产物，以及他不是从价值方面考虑问题，而是从使用价值来考虑问题，使他的理论留下了不少缺点，但他的有名的《经济表》，毕竟是这方面的一个

---

① 马克思：《资本论》第2卷，第432页。

② 马克思：《资本论》第2卷，第415页。

天才的尝试。亚当·斯密在魁奈以后,也曾在这方面作过一些努力,但由于他自始就因对劳动价值学说采取了生产所费劳动决定价值和交换所得劳动决定价值的二元观;把价值理解为各种所得,如利润、工资、地租的综合,从而分不清资本与所得的界限,分不清总收入与纯收入的界限,他的再生产理论,就比魁奈还后退了。他的后继者如李嘉图一流人物,因为承袭了他把价值理解为各种所得的综合这个教条,所以一样没有长进。马克思在分别批判了这些古典学者的错误论点之后,才开始在第二十章简单再生产和第二十一章积累与扩大的再生产中,分别论述社会总资本运动在简单再生产和在扩大再生产下的实现条件。

扩大再生产是在简单再生产基础上进行的。有关社会总资本运动的许多关键性问题,马克思是集中在简单再生产条件下来说明的。必须首先指出,这里所讨论的虽为总资本运动,把讨论个别资本运动暂时存而不论的一些条件都重新考虑进来,但为了说明的便利,仍作了一些假定:如商品按价值售卖,如资本在循环运动中价值不变,如资本有机构成不变等等。我们知道,各个产业资本的循环,都要采取货币资本、生产资本、商品资本诸形态,连续通过各不同阶段。"个别诸资本的循环,是互相交错的,是互为前提互为条件的,且也就在这种交错中,形成社会总资本的运动。"[①]一个个别产业资本的运动条件,是由其他个别资本运动作为其外部条件来加以保证;某一个别资本在运动过程中的买与卖的行为,是由其他个别资本在运动过程中的卖与买的行为来补充,结局,在论及个别资本运动时,只是假定在观念上当作前提存在的东西,在论及社会资本运动时,就不能不认真地当作现实条件来要求了。比如说,一个棉纺企业生产的棉纱,将如何在市场上实现价值呢?将由谁来购买呢?它生产所需要的纺纱设备、棉花及其他辅助材料等等,将如何从市场上取得或分别由谁供给呢?显然,在这里,不只是像在个别资本运动的场合那样,单单考虑价值补偿问题,还要考虑物质替换问题,要考虑整个社会的各种生产物、各种商品,当作使用价值来看,在数量质量上的相互适应问题。不止如此,把整个社会的资本运动作为问题,而就再生产与流通,考察它的总过程,那就有必要把工人阶级和资

① 马克思:《资本论》第2卷,第430～431页。

本家阶级的个人消费问题加入考虑。马克思说:“这个总过程,包含生产的消费(直接的生产过程),及其媒介的形态变化(从物质方面来考察,便是交换),也包含个人的消费,及其媒介的形态变化或交换。”[①]即是说,在考虑社会总资本的再生产与流通的时候,不能不包括生产、分配、交换、消费的全过程。正因为这样,社会总资本运动就不适于采用G…G′或P…P公式来表现。在这两个公式中,都是以资本的运动为起点或终点,其中虽然也包含消费,包含所消费商品的买卖,但在所论为个别资本时,并不要问及从谁买,卖给谁,并不要管生产物的各个价值部分会变成怎样,而总资本运动,则恰好要考虑总生产物的每一个价值部分的着落。所以,必须从整个社会年生产物出发,从包含有剩余价值在内的商品资本W′出发,在W′…W′运动中,不仅“包括社会生产物中替换资本的部分(社会的再生产),也包括社会生产物中成为消费基金的部分(要由资本家和劳动者消费的)”[②]。“社会再生产的条件,正要由这样去认识:那就是,说明总生产物W′的各个价值部分会变成怎样。”[③]由是第一步就要把社会的总生产物,从而把社会的总生产,分成两大部类:即生产资料与消费资料,生产资料的生产和消费资料的生产。属于生产资料生产部类的资本,和属于消费资料生产部类的资本,都是分解为不变资本和可变资本两个部分,而就物质方面考虑则可变资本是由活的劳动力自身构成,而不变资本则由生产资料构成。由上述二生产部类中任一部类生产出来的全部生产物的价值分二部分:一部分代表在生产上消费掉的不变资本c,另一部分是全年劳动创造的新价值,分别作为垫支可变资本的补偿物v及这以上形成剩余价值m的超过额。因此,象每个商品的价值会分解为c+v+m一样,各部类年生产物的全部价值是分解为c+v+m。由于这样的科学分析和分类,对于社会资本运动中的各种经济条件,就找到了它们相互转变的共同因素和基础。

设用具体数字把它们的关系表达出来,而价值增殖的比例又都是

---

① 马克思:《资本论》第2卷,第428页。

② 马克思:《资本论》第2卷,第482页。

③ 马克思:《资本论》第2卷,第483页。

100%，那末，

Ⅰ　生产资料的生产

资　　本……4000c＋1000v　　　　　＝5000

商品生产物……4000c＋1000v＋1000m ＝6000

这个生产物，是存在于生产资料中的。

Ⅱ　消费资料的生产

资　　本……2000c＋500v　　　　　＝2500

商品生产物……2000c＋500v＋500m　＝3000

这个生产物，是存在于消费资料中的。

全年的生产物

Ⅰ　4000c＋1000v＋1000m ＝6000（生产资料）

Ⅱ　2000c＋ 500v＋ 500m ＝3000（消费资料）

总价值＝9000

现在且来看在简单再生产下，这两大部类[①]，这全部商品生产物及其价值要怎样才能相互适应和实现。马克思向我们提出了这样一个公式：

Ⅰ(v＋m)＝Ⅱc

即Ⅰ部类供给Ⅱ部类以生产资料即不变资本2000，而由Ⅱ部类取得和它的可变资本1000与剩余价值相等的消费资料2000。这一来，Ⅰ部类剩下价值4000的生产资料，用作本部类的不变资本；Ⅱ部类剩下价值1000的消费资料，供本部类消费，所有两部类间的商品生产物，都按照价值实现了。这就是社会总资本运动在简单再生产条件下得以顺利进行的基本公式。

正是由于Ⅰ(v＋m)＝Ⅱc，我们又分别看到两个引伸的公式，即

1.Ⅰ(c＋v＋m)＝Ⅱc＋Ⅰc

由Ⅰ部类供给Ⅰ、Ⅱ两部类生产所需的全部生产资料；

2.Ⅱ(c＋v＋m)＝Ⅱ(v＋m)＋Ⅰ(v＋m)

由Ⅱ部类供给Ⅰ、Ⅱ两部类生活所需的全部消费资料。Ⅱ(v＋m)中的v是工人阶级所得的来源，m是资本家阶级所得的来源；而在Ⅰ(v＋m)中的v和m，则分别是这一部类的工人阶级与资本家阶级所得的来

① 马克思：《资本论》第2卷，第489页。

源。在简单再生产条件下，构成国民收入的Ⅰ和Ⅱ部类的所得，全部在当年消费掉，而Ⅱ部类的商品生产物即消费资料，恰好满足这个需要，结果，Ⅰ部类的生产资料，就全部为Ⅰ、Ⅱ部类的生产的消费所吸收，Ⅱ部类的消费资料，就全部为Ⅰ、Ⅱ部类的个人的消费所吸收。即前面所说的，包括剩余价值的各个价值部分，都得到补偿，而其自然形态的物质要素，也得到更替。一切都进行得非常圆满。当然，以上的这些公式，是在一些假设下提出的，在现实的社会，除了工人阶级与资本家阶级以外，还有其他社会阶级阶层；且不说在生产资料中，有固定资本与流动资本的区别，在消费资料中，有必要消费资料与奢侈消费资料的区别。生产资料在Ⅰ部类资产阶级内部，消费资料在Ⅱ部类资产阶级内部，也还有交换、流通；特别是在资本主义基础上，就不可能没有积累，没有规模扩大的再生产；逐年的再生产，不可能没有变动。但这些并不妨碍我们作抽象的考察，因为"在有积累发生的地方，简单再生产也常常是积累的一部分，可以就其自体考察，视为是积累的一个现实因素"①。

我们现在可以在简单再生产基础上，就最基本的条件和表式，来考察积累和扩大再生产的进行。

既然简单再生产的实际条件，是Ⅰ、Ⅱ部类资本家阶级的所得，全当作所得消费掉，而在公式上表现为Ⅰ(v＋m)与Ⅱc所体现的消费资料相交换，表现为Ⅰ(v＋m)＝Ⅱc。那末，要有所积累，要扩大再生产，Ⅰ(v＋m)中的m就不能全部消费在消费资料上，而必须有一部分积累下来。积累多少呢？假定是一半吧，即把一半的剩余价值拿来扩大再生产；同时，在Ⅱ部类方面，为了积累或扩大再生产得以顺利进行，也不能不作相应的改变；在资本构成都不变的条件下，两部类的新组合就是下面这样：

Ⅰ　4400＋1100＋500(消费基金)＝6000

Ⅱ　1600＋ 800＋600(消费基金)＝3000

总计还是 ＝9000

Ⅰ部类原来的资本构成是4∶1，Ⅰ1000m用一半来积累，来资本化，依原来的构成比例，就使不变资本4000成为4400，使可变资本1000成为1100，消费基金500。在Ⅱ部类，原来的不变资本1500，就因此不能与Ⅰ

① 马克思：《资本论》第2卷，第486页。

部类(v+m)即 1100+500 相交换,必须也有所积累,从原来Ⅱm 的 750 的剩余价值中,积累下 100,作为不变资本,使 1500 成为1600,恰好与Ⅰ部类(v+m)=1100+500 相交换。由于Ⅱ部类资本构成的比例是 2∶1,所以,不变资本增加了 100,还得从Ⅱm 中再积累下 50,追加到可变资本方面去,于是Ⅱ部类的资本构成成为 1600+800,其消费基金为 600。

结果,两部类的资本总额就是

Ⅰ　4400c+1100v =5500

Ⅱ　1600c+ 800v =2400

7900

现实的积累依这个基础进行,剩余价值率不变,到了下年终末,其结果将是:

Ⅰ　4400c+1100v+1100m =6600

Ⅱ　1600c+ 800v+ 800m =3200

9800

这样,依这个基础,在一切其他条件不变的情况下,继续扩大再生产,社会总生产物及体现在它上面的各个资本价值部分,就会在两大部类间相互适应平衡,而不断成就积累的任务。当然,马克思在这里的说明,是在作了许多假设的纯粹形态上进行的,尽管如此,对于在资本主义基础上的简单再生产与扩大再生产如何才能实现的基本条件,已经是第一次地把它作了科学的规定。

三　值得注意的若干关键性问题

在把第二卷的内容作了上面这样的简单叙述之后,也还有一些在我们学习过程中会遇到的重要疑难之点,需要有所解释。

首先,我们都知道,第一卷所讲的资本的生产过程,是透过资本主义实际经济生活的表象,就直接生产过程的诸基本条件、基本关系,来分析揭露它的剥削本质——剩余价值的生产和剩余价值的资本化过程与规律。第二卷所讲的是流通过程,照一般的说法,买与卖的过程,是属于经济现象的范围,那末,第二卷是在进行本质的研究分析么?不能这样来理解。尽管对于生产过程来说,流通过程是第二次的,有那样的生产,才有那样的流通，资本主义的流通方式或交换方式，是适应资本主义的生产方式产生的，但正因为资本主义的生产在本质上是剩余价值的生产，它的流通，在本质上也是实现剩余价值的流通。《资本论》第二卷正好是要排除流通上的贱买贵卖、此盈彼亏的一些表面现象而揭露它在这一方面的本质关系。

其次，在这一卷考察资本的流通中，不但研究了产业资本的循环、周转，并还特别着重地研究了再生产。就这一点说，也往往在我们学习当中，感到有些不很释然。事实上，这正好是马克思对资产阶级经济学者只知道从表象上把一切有关生产的事象放在生产项下，把一切有关流通的事象放在流通项下处理的形式主义的批判。他已在生产过程，就资本的生产或其价值增殖的必要的基本的条件，考察了劳动力买卖这种特殊的流通；在这里，他又从流通的角度，看资本的构成不同，看资本的周转的速度不同，看社会总资本生产物总商品及其各种价值部分的比例关系的相互适应的条件不同，如何影响其剩余价值的实现。这就是说，这里所要说明的，不是剩余价值如何生产，资本如何增殖，那在第一卷已经讲明白了，而宁是在第一卷的基础上，说明剩余价值如何始得缩短循环周转时间，更快地生产、更快地实现和再生产。生产资本中的固定资本与流动资本的构成比例不同，固定资本的各种因素的耐久力不等，流动资本中的不变成分与可变成分的差别，特别是可变资本中的垫支可变资本与实际发生作用的可变资本的相关比例不一样，都会在整个周转过程中发生不同的影响。就个别资本的流通说是如此，就社会总资本的流通说也是如此。第二卷第三篇就是“要把个别资本当作社会总资本的构成部分来考察它们的流通过程（那在它的全体性上就是再生产过程的形态），并从而考察这个社会总资本的流通过程”①。所以我们要明白，这里所讲的简单再生产与扩大再生产过程，和第一卷第七篇讲到的简单再生产与扩大再生产，是从不同的角度去考察的。

再次，产业资本在流通过程中，在运动中，采取了货币资本、生产资本、商品资本三种变形，从而表现了三种不同的循环。在每一种循环中，又都分别包括了循环的各个阶段，表现为生产过程与流通过程的统一。

---

① 马克思：《资本论》第2卷，第431页。

马克思在考察进行中,大体上,第一篇从货币资本的循环出发,第二篇从生产资本的循环出发,第三篇从商品的资本循环出发。这里面包含了深刻的科学含义。产业资本运动的决定动机与目的,是增殖价值,是赚钱,货币资本的循环的公式,$G—W\begin{cases}Pm\\A\end{cases}\cdots P\cdots W'—G'$ 恰好把这个特征明确地、毫无隐饰地表现出来了,所以,它成为产业资本的一般公式。由于这个公式,一方面是产业资本在货币形态上的循环公式,同时又表现为产业资本的一般公式,在讲产业资本的各种变形及其循环时,从货币资本的循环出发,并以它为重点来说明三种循环的连续与并存的关系,是再恰当不过的。把资本的循环看作是周期的形态,看它要在多少次循环内才能完成一次周转,其关键就在生产资本方面,就在不变资本中的固定资本方面,固定资本的"机能时间,是由它加入生产过程的时候算起,到它完全用尽,完全消灭,必须用同种类的新东西替换,或必须再生产的时候为止"①。因此,第二篇讲资本的周转,就不适合用货币资本循环的公式,而必要从生产资本的循环公式出发。至于第三篇讲社会总资本的再生产与流通,要就商品资本的循环公式立论的理由,我们在前面已经说明了,因为讲社会总资本的再生产,就不但要考虑生产的消费,还要考虑个人的消费,不但要考虑价值的补偿,还要考虑物质的更替,不但要考虑本年度进行如何规模的再生产,还要考虑前一年度是否有足够的物质贮藏允许它们进行那种规模的再生产,所以,就已经增殖了价值的商品资本这个循环公式来展开说明,就成为顺理成章的事了。但必须指出,尽管三篇不同的对象,分别采取不同的研究出发点,但毕竟因为三个循环公式都是着眼在资本价值的增殖,所以三者的循环,被统一在产业资本运动中,分别表现为它的不同的侧面。

又其次,我们从资本运动或其循环周转中,时常看到发生在货币信用或商品流通上的限制与阻扰。不足的货币资本会限制它,过多的货币信用会扰乱它;商品资本不只会限制它的再生产规模,过剩的商品,同样会阻止它的再投资活动,但这些干扰会集中表现为周期性的危机,归根结底,都要在生产资本的膨胀与收缩上找到它的物质基础与社会的说明。

---

① 马克思:《资本论》第2卷,第175～176页。

为什么呢？我们已经知道，剩余价值由绝对形态转化为相对形态，要不断改革生产技术过程，要不断提高劳动生产力，而在各个别资本相互依存而又相互排斥的条件下，大家一见有利可图，就不顾死活地竞相增加固定资本设备，扩大生产规模，这已经要形成固定设备投资过剩、生产过剩的局面，而恰好在不断改进生产技术过程，提高资本有机构成当中，又要相对减少可变资本，相对减少劳动力，增加失业人口，从而相对限制购买力，就形成了恩格斯所说的“生产力以几何级数增加时，市场的扩大至多不过依算术级数进行”[①]的局面。一种大衰退、大破坏刚要过去，下一度的衰退破坏的局面又会开始形成，于是一种类似疟疾性的危机，就周期地从资本主义的生理结构中不断迸发出来。

最后，我们由此可以看到，马克思依再生产公式来表述的资本主义的社会总资本运动过程，与其说是要由此从正面来说明它的可能顺利实现的条件，毋宁是从反面来证示它的不可能顺利实现的条件。建立在生产资料个人占有与生产品社会销售的矛盾的基础上的资本主义商品生产，就是在周期出现的恢复阶段乃至繁荣阶段，也并不曾掩盖弥缝大鱼吞小鱼的破产歇业状态，特别是不曾根绝劳动者失业状态，至多不过表明严重的脱节破坏程度有所缓和罢了。这就表明，依再生产公式来表现的社会两大部类生产间的产品及其价值的实现条件，只有在生产资料公有、全社会生产在统一计划管理下，才有可能。马克思在这一卷的个别场合，已把这一点暗示出来了。他认为资本主义的生产，是以商品过剩的危机作为控制器。“在资本主义社会，社会的理智屡屡要到事情过后才来运用，所以能不断发生而且必然会不断发生各种大的扰乱。”[②]他还说：“若我们设想一个非资本主义的社会，那就是设想一个共产主义的社会，货币资本就会完全消灭，从而，由此引入的交易上的烟幕也会消灭。问题会简单还原为：社会必须预先计算，能用多少劳动、生产资料，和生活资料在某种事业上，而不致有害。”[③]他在讲到长期投资事业与短期投资事业的比例关系时指出，一个事业由投下资本到取得成果的劳动期间，是由劳动过程的物

---

① 英译本《资本论》第1卷编者序。马克思：《资本论》第1卷，第30页。

② 马克思：《资本论》第2卷，第378页。

③ 马克思：《资本论》第2卷，第377～378页。

质条件决定,而不是由社会形态决定,即是说,在资本主义的社会和社会化的社会,是一样的,“但在社会化的社会的基础上,我们就能够在分配劳动力与生产资料上,决定前一类的事业,依什么规模进行,才不致有害于后一类事业。”①所有这些指示,都说明,资本主义扩大再生产公式的实现条件,是在社会主义制度下才有现实性的。斯大林虽曾说,马克思在他的《资本论》中,“并没有研究过他的再生产公式,是否适用于社会主义的问题”,但他表示:“马克思的再生产公式决不只限于反映资本主义生产的特点;它同时还包含有对于一切社会形态——特别是对于社会主义社会形态——发生效力的许多关于再生产的基本原理。马克思的再生产的理论的这些基本原理,类如关于社会生产之分为生产资料的生产与消费资料的生产的原理;关于在扩大再生产下生产资料生产的增长占优先地位的原理;关于第一部类和第二部类之间的对比关系的原理;关于剩余产品是积累的唯一源泉的原理;关于社会基金的形成和用途的原理;关于积累是扩大再生产的唯一源泉的原理,——马克思的再生产理论的这一切基本原理,不仅对于资本主义社会形态是有效的,而且任何一个社会主义社会在计划国民经济时,不运用这些原理也是不行的。”②不但如此,马克思的资本主义的再生产理论,是在资本的循环与周转的前提下提出的,他的循环与周转中论到的关于流通时间与生产时间相互制约的理论,由劳动过程的物质条件决定的长期投资与短期投资的相互配合的理论,以及垫支可变资本与实际发生机能的可变资本的相关理论等等,对于我们的社会主义国民经济建设,不是也大有参考价值的么?

---

① 马克思:《资本论》第2卷,第436页。

② 斯大林:《苏联社会主义经济问题》,人民出版社1957年版,第72~73页。

学习《资本论》第三卷值得注意的若干问题*

从第三卷的结构及其主要内容看，我们觉得应当提起注意的，有这几个方面的问题：

首先，就这个第三卷对第一卷第二卷的联系及其所表现的特点讲，我们惯常在说，那是由本质到现象，由我们不易把握察知的抽象形态到我们熟悉的可以意识到的具体现象形态。但是由本质到现象云云，是不能从字面来了解的，好象第三卷只是谈现象。完全不是这样的。我们在前两卷，只接触到价值、剩余价值、剩余价值率……这些抽象的概念范畴，举凡价格、利润、利润率、竞争、需要供给、企业利润、生息资本、地租等等经济关系及其规律表现，都是到第三卷才正式讨论到。马克思也说："我们在这个第三卷所要说明的各种资本形态，对于资本在社会表面上，在不同诸资本相互的行动中，在竞争中，在生产代理人通常的意识中所借以出现的形态，是一步一步地更加接近了。"①但开始讨论这些具体现象形态，并不是说他不再讲到它们的本质关系。恰好相反，马克思正是把前面已经分析过的本质关系，作为他进一步来研究这些具体现象形态的理论基础。在第一卷讲相对剩余价值概念的那一章，我们看到这样的文句："资本的一般的必然的趋势，是要和那些趋势的现象形式相区别的。我们不要在这里考察，资本主义生产的内部规律如何表现为资本的外部运动，如何当作竞争的强制规律发生作用，并如何在资本家个人的意识中作为发动的

---

* 关于第一卷第二卷，作者都是先就它们的内容，作了提要说明之后，再讲到其中值得注意的是哪些问题。由于第三卷牵涉面广，论点多，内容提要讲得较长，将披露在即将刊印的《〈资本论〉研究——〈资本论〉的学与用》专书中，这里只把其中值得注意的若干问题的说明提出来，供同志们参考。

本文原载于《中国经济问题》1964年10月。——编者注

① 马克思：《资本论》第3卷，人民出版社1953年版，第5～6页。

动机，不过这自始就是非常明白的：像天体的显而易见的运动，只有那些已经认识天体的现实运动，即不能由感官直接认识的运动的人方才可以理解一样，关于竞争的科学分析，也只有在资本的内部性质已经被我们把握之后，方才是可能的。”①很显然，马克思在研究资本之一般的必然的趋势时不要考察的那些问题，即资本主义生产的内部规律如何表现为外部运动，如何当作竞争的强制规律发生作用的问题，却正好是第三卷所要讨论的，并且它们还只是在研究了资本主义生产的内部规律之后，才好讨论的。第三卷的每一个论点，每一个理论的说明，都是把前两卷，特别是第一卷关于价值与剩余价值的基本理论作为依据。也就是说，都在把“可见的仅仅外表上的运动，还原为内部的现实运动”②；都在把资本家个人意识中由竞争造成的颠倒错乱的观念，用价值与剩余价值设定的限界，来加以解析。“竞争……必然会在这些人头脑中，起完全颠倒的作用。如果价值和剩余价值的限界已经给予了，便易于了解，资本间的竞争怎样会把价值转化为生产价格，再进一步转化为商业价格，同时又把剩余价值转化为平均利润。”③在同卷第七篇竞争的假象那一章，马克思就是根据这个原则，来综合地概括地说明一切由竞争引起的假象。从这里，我们就知道，从本质到现象的含义，要比我们一般理解的深刻得多：一方面是透过现象去抓本质，一方面则是把现象还原到本质。只有在前面已经透过外表现象抓住了本质关系，才好在后面把外部运动还原到本质关系。这里存在着不能逾越的严密的逻辑程序。

其次，对于这一卷的结构，也有一些像是疑难之点，需要予以释明。比方说，前三篇讲剩余价值利润化、利润平均化和利润率倾向下落的法则，着眼点都是利润，都还是产业资本所生产的剩余价值转化来的利润，也都还是把利润当作整体，即到这里为止，依旧没有讲到它的各种具体形态，如企业利润利息等等。为什么要这样做？为什么不先分别论到它的各种具体形态之后，再回头来综述它作为一个整体所表现的一般趋势？还有，在利润分割为企业利润与利息之前，就商人资本或商业资本的两个

① 马克思：《资本论》第1卷，人民出版社1953年版，第333～334页。

② 马克思：《资本论》第3卷，第384页。

③ 马克思：《资本论》第3卷，第384页。

亚种：商品经营资本与货币经营资本来说明商业利润，而在企业利润中，又包含有商业利润，这个章法和程序，也象颇费揣测？至于在最后一篇各种所得及它们的源泉中，重又用生产过程的分析的章目，来考察劳动每年总生产物的价值，考察社会总资本的生产物的价值，这和第二卷第三篇所讲的社会总资本的再生产与流通，有什么联系呢？为什么《资本论》的作者没有象现在一般编政治经济学教科书的人所做的那样，索性把那一篇（第二卷第三篇）移到这一篇（第三卷第七篇）来讲呢？恩格斯不是表示过，要是他，他就会把第二卷第三篇的内容，保留到最后，保留到第三卷已经有初步钻研之后再讲么？[①] 我想分别就这几个有关结构的问题讲讲我的学习体会。关于前三篇专门讲产业利润问题，我们只要了解马克思、恩格斯批评资产阶级经济学者，不曾把利润当作一个总体来论述，不曾把利润这个剩余价值的代表形态，与它的各种具体形态区别开来，就知道这个章法的重要意义。马克思由第一卷、第二卷的本质探索，到第三卷开始接触到现象形态，也并不是一下把所有的现象形态全盘托出来，而是根据现实的逻辑的要求，一步一步前进的。恩格斯这样指示我们：到第三卷，“才会知道，由剩余价值一般的理解，到剩余价值如何转化为利润和地租的理解，也就是，到剩余价值如何在资本家阶级内部实行分配的法则的理解，其间还有多少中间环节是必要的”[②]。其间有些什么中间环节呢？最关重要的，就是在讲到剩余价值利润化的时候，不是也不能直接转到各种具体分配形态，而必须有一个把利润作为一个整体来讲述它，如何平均化，如何由价值到生产价格，然后才好再讲到利润率的一般趋势。只有这样，就不但廓清了资产阶级经济学者把价值与生产价格，把剩余价值与利润，把利润一般与其各种具体形态搅在一起所引起的混乱，同时如象在第三篇利润率倾向下降的法则中所讲到的实际情况，也正好是第一卷第七篇资本主义积累的一般规律的具体化。不管总利润在资产阶级内部如何实行分配，它的榨取过程，总要受到上述第三篇利润率倾向下降的法则的支配。因为资产阶级间的第二次分配，总是要从属于他们与劳动者阶级间的第一次分配的。至于接下去先讲商业利润，然后又讲利润分割为企业

① 恩格斯1895年给阿德勒的信。马克思：《资本论》第3卷，第1213页。

② 马克思：《资本论》第2卷，编者序，第13页。

利润与利息的做法，那应该视为是高度严密逻辑程序的贯彻。他首先从商业利润入手，并不是认为获得商业利润的商业资本，比产业或生产资本还重要，而是因为由剩余价值转化过来的利润，自始就是作为产业资本的利润出现的。产业资本家得不到商业资本家的帮助就不能获得他们之间由竞争形成的平均利润，所以，在等量资本要求等量利润的法则的支配下，他们必须让商业资本家从那个平均利润中也取得一个与其资本相应的份额，结果，原来产业上的平均利润，就因商业利润参加平均化过程而降低了。但产业资本也好，商业资本也好，都不能希望完全获有这个降低了的平均利润，因为它们用以从事商工企业的资本，不论是自备的，还是借入的，都不能不从它们的利润中，为这宗货币资本额，分出一个相应的部分作为利息，所以，在商业资本利润以后，紧接着讲利润分割为企业利润和利息，实在是再恰当，再顺理成章没有了。关于第三卷第七篇讲的总生产过程的分析与第二卷第三篇讲的社会总资本的再生产与流通的联系，以及第二卷第三篇所讲的内容，为什么不留在第三卷后面一起来说明的问题，我是这样来理解的。马克思在第一第二第三卷的终篇，都归结到了再生产的论述，但第一卷在资本积累过程中，讲规模扩大的资本主义生产过程，是从生产角度出发；在第二卷社会总资本的再生产与流通中，讲社会产品的价值在简单再生产与扩大再生产条件下的实现，是从流通角度出发；而第三卷在生产过程的分析中，讲劳动者在一年内创造的年生产物价值部分，表现在三种所得——工资、利润、地租——的常年价值额上，则是从分配的角度出发。在这三方面所研究的内容不同，分别批判了的资产阶级经济学者的错误见解，也不一样。如果说，第二卷第三篇所讲的社会总资本运动，不妨在讲到了资本主义生产总过程中的各种具体资本运动形态以后，再作综合的叙述，那就不但在讲资本的流通过程时，只能论到个别资本的运动，不能使它和社会总资本的运动联系起来，而且第三卷紧接着各种具体分配形态的考察之后，再把社会总资本的再生产与流通的内容插进去，那就难免要变更第三卷后半部的整个系统，而把有关流通过程与分配过程的问题放在一起来处理，恐怕那也是不无困难的。

再次，第三卷是就资本主义生产的总过程来说明剩余价值在资产阶级间的分配。为什么分配问题要在资本主义生产的总过程来说明呢？其中的道理，是不是说，第一卷第二卷分别考察的剩余价值的生产与流通，需要运用抽象的分析法，设定种种假设，作着本质的探讨，而分配则不适于这么做，必须在资本主义生产的总过程去考察呢？这样显然未说明问题。问题的关键所在，乃在资本主义社会的主体，是资产阶级，是各类资本家和地主，他们分别在工商业、农业、金融业方面从事这样那样的投资活动，他们相互作着你死我活的竞争，就是要从社会总剩余价值中，从总利润中，攫取最大可能的份额。或者至少要挣得与其资本成比例的份额。他们不绝把资本从不利的用途移到有利的用途，不绝引起金融市场、劳动市场、商品市场的供需关系的不同反映和波动，而所有这些方面的实际活动，都包括在资本主义生产的总过程中。这就是马克思为什么要就资本主义生产的总过程来考察剩余价值的分配的现实的原因。必须在这里附带地指出，由于资本主义生产总过程，是包罗万象的，尽管马克思自己也说在这个第三卷，不能是对于生产过程与流通过程的统一的广泛的考察，而宁是要发现并说明，资本的运动过程当作一个全体来看所生的各种具体形态①，但就是这个被大大地限制了的考察范围，也是千头万绪，要发现，要说明的问题，要批判分析的论点，都是多至不胜枚举。从这一卷前三篇陆续提出来并分别作了概括分析的各种范畴及其规律，已够我们钻研体会了；接下去三篇所处理的商业资本利润，利润分割为企业利润与利息，以及地租，特别是关于后面两者，都是异常繁杂的问题，都要结合到工商业乃至农业的全面发展关系，始能有所理解，并才能对于资产阶级经济学者在这些方面存在的片面的看法，予以批判的廓清。如果说，像第一卷那样，透过现象去抓资本主义内在的本质关系，是困难的，那么，像第三卷这样，面对着资本主义运动的各种表象形态，而分别把它们还原到那种本质关系，那也是困难的，也许还是更困难的。恩格斯说这一卷，把“最困难的问题……被说明被解释得好像简单的轻而易举的事了”②，说它是“全书最后的带着王冠的部分，甚至会使第一卷感到失色”③。这无疑是因他深切感到马克思在这一卷里面妥善处理了政治经济学上的一些非常棘手的问题。

---

① 马克思：《资本论》第3卷，第5页。

② 恩格斯1885年给丹尼尔孙的信。马克思：《资本论》第3卷，第1209页。

③ 恩格斯1885年给丹尼尔孙的信。马克思：《资本论》第3卷，第1209页。

还须谈到的是，尽管恩格斯对于这一卷给予了极高的评价，但我们一般读者的看法，似乎有些领会不到。有人这样提问过：第一卷已经把有关资本主义的社会经济形态的最基本的理论阐述过了，那会成为我们钻研政治经济学和一般社会科学的基础；第二卷关于社会总资本运动，关于再生产公式的考察，对于我们正在进行的社会主义的计划经济，也无疑有提供启示与参考的极大的价值；至于第三卷的现实意义，似乎有些讲不来了。事实上，《资本论》是一个完整的学说，是一个严密的科学体系。从整体分割开来，强调其中某一部分对于我们这样那样的用途，已经不免失之片面了。比如说，不联系到第三卷就资本主义生产总过程所讲到的那些资本现象形态，我们对于第一卷中的资本理论，显然会感到抽象；又比如说，对于社会主义计划经济的理论问题，决不能说，只有第二卷第三篇讲社会总资本的再生产部分，才有参考价值。当然，只要不从整体脱离开，说某些部分的理论，对我们有较大的现实意义，那也是讲得通的。我们已经知道，第三卷包罗了非常丰富的内容，其中就有许多特别适用于作为反对当代资产阶级庸俗经济学者与修正主义者、改良主义者曲解马克思经济学说的理论根据。他们从不同的角度，把马克思的经济学说或《资本论》当作是只反映十九世纪中叶以前的资本主义经济现实的，从而是过了时的产物，而加以否定。他们讲得最得意的论点，就是说马克思是处在自由的资本主义时代，而在马克思逝世(1883 年)以后，我们已进入垄断的资本主义时代了。我们怎么可以拿自由资本主义时代的理论，硬套到垄断资本主义时代的现实上来呢？他们似乎一点也没有想到，社会科学——经济学的理论，就是要把社会经济的最基本的最一般的发展规律发现出来，而这种发现，又必须是从所研究的资产阶级社会的内部联系中，发现出来的必然的，象铁一般的规律贯彻着的基本倾向。十九世纪前期，资本主义已经在西欧许多国家发展成熟了，那就是说，它的内在的必然的发展倾向，已经可以由科学的研究来加以确定了。马克思在《资本论》第一卷第七篇资本积累过程中指出的资本主义积累的历史趋势，即最后“剥夺者被剥夺”的归宿不正是这个发展倾向么？如果说马克思在第一卷那里所讲的，太概括了一些，他在第三卷第三篇，已经把它进一步具体化了，特别是在第五篇讲信用在资本主义生产中的作用那一章，他就股份公司产生所出现的新局面，已经把自由资本主义转化到垄断资本主义的各种端绪，明确指出来了。且不讲恩格斯后来编订第三卷时附加进去的有关自由竞争已在英国为独占所代替的按语①，马克思自己早已就股份公司出现引起的各个别资本直接结合起来的社会资本与私人资本的对立，社会性企业与私人的企业的对立，而指出了整个资本主义向着独占，向着金融资本统治发展的必然倾向。他对于由不变资本对可变资本以惊人比例发展所招致的资本股份化趋势说："这是资本主义生产方式在资本主义生产方式之内的扬弃，是一个自行扬弃的矛盾，那显然是当作一个进到一个新生产形态的单纯过渡点来表现的。……它会在一定部门内形成独占，并且引起国家的干涉。它会再生产出一种新金融贵族，那就是，在发起人、创业人和名义董事的形态上，再生产出一种新的寄生虫，并由公司的创立，股票的发行和股票的买卖，引起一整个体系的欺诈……。"②他并还表示："股份制度没有克服财富当作社会财富的性质和当作私有财富的性质间的对立，却不过在新的形态上发展了它。"③事实上，列宁往后在《帝国主义论》中所指出的资本主义发展到最高阶段所表现的一些新现象，如生产集中，工业与银行资本相结合，资本输出等等，在第三卷中，已经在各别场合，当作必然要产生的萌芽状态提示出来了。这说明，《资本论》并不单纯是对于十九世纪前期或其中叶前后的资本主义经济状况的反映，而更重要的，它是从那种经济状况的内部联系中，发现了此后发展的较具体过程及其必然归趋。从十九世纪末期以来的资本主义的现实经济生活，不完全证实了马克思在《资本论》中的预见么？怎么说《资本论》过时了呢？

最后还必须讲到，由于马克思在《资本论》中，特别在第三卷中，论证资本主义由自由趋向独占或垄断的过渡趋势，是结合着对于资产阶级庸俗经济学者单从表面现象观察事物的批判展开的。所以，他在那里，就不但指出了资本主义经济向何处去的问题，同时也预见到了资产阶级经济学进一步庸俗化的途径。那第一要讲到的，就是资本主义生产方式的发展，是以它的劳动生产力不断提高，是以它的资本构成中的不变资本对可

① 马克思：《资本论》第3卷，第558～559页。

② 马克思：《资本论》第3卷，第559～560页。

③ 马克思：《资本论》第3卷，第562页。

变资本比例的不断增大为特征，这反映在资产阶级经济学者的脑子里，就会是这样："跟着相对剩余价值在真正特殊资本主义生产方式内发展——劳动的社会生产力会跟着发展——这各种生产力和劳动在直接劳动过程内的社会联系，都好像由劳动移到资本上面来了。由此，资本已经取得一个极神秘的性质，因为劳动全部的社会生产力，都象不是劳动本身所有，而是资本所有，是由资本自己胎里生出的力量。"[①]当代资产阶级经济学者强调在十九世纪，特别是同世纪前期的生产条件中，劳动所占的比例，比资本为大，所以资本家剥削了劳动者；在二十世纪，资本在生产条件中所占的比例比劳动为大，所以劳动者剥削了资本家。[②] 这种庸俗透顶的滥调，就是把上述的表面观察作为基础。但这里还有更离奇的引伸。既然资本自身有增殖价值的力量，所增殖的价值要归功于资本自身，要归功于资本所有权，由剩余价值转化为利润的东西，首先就是对于这种资本所有权的支付，再才是对于运用这种资本的企业家的经营活动的机能的支付。这就是说，"利润的一部分，现在表现为资本在一个决定性上自然会得着的果实，表现为利息；利润的别一个部分，则表现为资本在一个相反的决定性上的特别的果实，表现为企业利润。其一表现为资本所有权的单纯的结果，其他则表现为仅仅用资本发生机能的结果"[③]。利润经过这样的质的分割，从它作为资本所有权的单纯结果这一方面来看，我们就有了由奥地利经济学派以至所谓北欧学派的专为金利生活者辩护的理论体系；从它作为用资本来显出机能的结果这一方面来看，我们又看到了在很大程度上继承奥地利学派衣钵的英国马歇尔教授的妙论了，他毫不觉得羞赧地宣告：资本家的利润不过是酬报他们管理经营企业的工资。这恰好印证了马克思的话："企业利润和监督工资或管理工资的混同，原来是由利润在利息以上的超过额与利息相对立所采取的对立形态发生的。但由于辩护的意图，不把利润视为剩余价值或无给劳动，却把它视为资本家自己所做劳动的工资的意图，这种混乱是更进一步发展了。"[④]其当然的结果是：资产阶级古典经济学者由劳动来说明价值，由价值论引出分配论

---

① 马克思：《资本论》第 3 卷，第 1083 页。

② 典型的例子。见美国凯尔索和阿德勒两教授于 1958 年出版的《资本家宣言》。

③ 马克思：《资本论》第 3 卷，第 469 页。

④ 马克思：《资本论》第 3 卷，第 489 页。

的做法，被视为是不合实际情况了，因为利润中的一部分——利息——既然是由资本自身产生，另一部分企业利润，又被视为是资本家借资本来进行活动的机能的结果，这就不但否定了资产阶级与劳动阶级的分配为第一次分配，资产阶级间的分配为第二次分配，第二次分配从属于第一次分配的理论，并还根本否定了分配与价值与剩余价值的联系，他们根本把价值看成可有可无的东西。比如晚近最露头角的凯恩斯一派的经济学，就在丢开价值理论而大谈其国民收入分配的学说，在他们的心目中，第一次的分配倒反而是从属于第二次的分配的了。由英国费边学派以至凯恩斯就力言劳动者目前所得的减少或失业状况的发生，就是由于地租利息收入者，把生产的重要成果吞食去了。这是百分之百的庸俗现象论。马克思早就把他们这种病根指出来了："庸俗经济学实际不过传教似地，拿那些拘囚在资产阶级生产关系内，当作这种生产的代理人的人的观念来解释，来系统化，来辩护。所以，庸俗经济学对于经济关系的疏远的现象形态……会特别觉得熟悉，并且内部联系越是隐蔽，越是为普通的见解所熟悉，这种关系对于它就会越加象是自明的。"[①]这是我们批判当代任何一派资产阶级经济学理论所必须认识的前提。因为所有那些流派的共同特征，就是丢开社会生产关系的本质去抓那些经济关系的疏远的现象形态。

---

① 马克思：《资本论》第3卷，第1069～1070页。

关于《资本论》第三卷第五篇主要内容的概括说明*

《资本论》第三卷草稿系完成于1866年，当时银行资本已非常发达。银行资本与工业资本结托，形成金融资本的趋势，正开始显出一些端绪。这一卷第五篇“利润分为利息与企业利润　生息资本”，对于生息资本的性质，其发展与转化，银行资本与工商业资本的联系和相互制约，作了非常详尽深入的分析，提出了一些指导我们去认识现代资本主义结构的最基本原则。至其中关于资产阶级经济学者间的“货币就是资本”和“货币不是资本”的理论斗争的批判，仍是我们今天解析判断当代资产阶级经济学者有关这一方面的论争的是非曲直的理论准则。

《资本论》第三卷第五篇“利润分为利息与企业利润　生息资本”这一长篇，专讲企业利润与生息资本，包括十六个章目。乍看起来，象是头绪纷纭，不易把握，但仔细探索体会，就知道各章是按着严密的逻辑程序展开的。前四章由“生息资本”(第二十一章)到“资本关系在生息资本形态上的外表化”(第二十四章)，一般地论述这种资本形态的特质，它和工商业资本的关系及其所生利息如何从利润分割出来，然后再看它俨然脱离商工业机能资本而独立化外表化的现象；这种独立化外表化，在生息资本的特殊形态，银行信用上，有了充分的发展。紧接着就由“信用和虚拟资本”(第二十五章)到“银行资本的各个构成部分”(第二十九章)，来说明信用的产生，信用在资本主义生产中的作用以及银行资本如何成为虚拟资本活动的中心；接下去三章(由第三十章到第三十二章)连续讲货币资本与现实资本，意在反复说明一切在生息资本形态上的货币资本与现实资

---

* 本文原载于《厦门大学学报》(社会科学版)1965年第1期，原文署名：王真。——编者注

本(即商品资本与生产资本)的关系;从它们的不同积累规律中,发现前者如何以后者为牺牲,而到头仍不能不受到后者的制约。由于生息资本一般是以借贷的形式,表现为货币资本,资产阶级经济学者对于货币资本,就一直存在着不同的看法:有的只把它看成是流通手段,有的则特别强调其资本的机能,于是在英国就发生了所谓通货学派与银行学派的论争。马克思在第二十六章、第二十八章中,分别就这两派的片面性理论进行了批判,而展开他的独创的货币资本学说。除了最后一章关于生息资本的历史论述外,其余自第三十三章信用制度下的流通手段以下,都是就上述两派围绕着银行立法、银行实务的不同论争而加以说明的。所以,为了论述的便利,下面拟就生息资本一般,银行资本,货币资本和现实资本的关系,以及通货学派与银行学派的理论斗争这几个方面来概括说明。

(一)关于生息资本的一般论述,首先在揭示作为借贷资本来使用的货币,它除了当作货币的使用价值,还有一种当作资本来发生机能的使用价值。这后一使用价值,使它能由借者的生产地使用,把所增殖价值的一部分,作为报酬,那就是利息。归根到底地说来,利息的来源,无非是剩余价值,是利润的一部分,正如前述的商业的利润一样。但生息资本不但不同于流通过程内的商品资本,也不同于流通过程内的货币资本,从它和资本总运动的联系说,我们看到这样一个公式:

$$G—G—W\begin{cases}Pm\\A\end{cases}\cdots P\cdots W'—G'—G'$$

在这里,始点的G(货币)是贷者把它作为生息手段来用的货币资本,第二个G,是借者用来作为购买生产资料与劳动力,借以增殖价值的货币资本;后面前一个G′,是垫支资产价值的复归加剩余价值的实现,末了一个G′,是原本加利息。这个公式为我们指出了许多有深刻含义的问题:第一,这里作为贷借资本的货币资本,是二重地支出,二重地流回。G—G′是"贷者与借者两方是把同一个货币额,当作资本支出。但只是在后者手里,它才当作资本发生机能"[①]。后面第一个G′,乃表明"它先是在再生产过程内,流回到机能资本家手里,然后归流还要复演一次,移转到贷

① 马克思:《资本论》第3卷,人民出版社1956年版,第441页。

者即货币资本家手里”[①]，那就是最后一个 G′。

第二，贷者即货币资本家贷给机能资本家或商工业资本家的 G，是一宗可能的资本，后者把它拿来转化为各种生产要素，生产并实现比原资本价值更大的价值，其中包括由贷者借者共同占有的剩余价值或平均利润。在这种限度内，贷者贷给借者的，无非就是生产平均利润的能力。也就是说，“货币资本家照一定期间，把他对于所贷资本的支配权，让渡于产业资本家时，他就在这个时间内，把货币当作资本的使用价值——生产平均利润的能力——让渡给产业资本家了”[②]。

第三，货币资本家把资本的支配权，把它生产平均利润的能力让给了产业资本家，是以分有那种实现了的剩余价值或平均利润为条件。尽管那种条件是由贷借当事人按照资本供需情况，按照通行的金融行情，当作法律事务，在法律形式上去规定的，但作为一个资本家的使用而支付的额数，总和使用这个资本所生的结果，保有一定的比率，即以货币计量的利息率。这个利息率的大小，一般是取决于利润率，取决于总利润在贷者与借者间的分割比例。[③]

第四，由上面的说明，我们已看到，把总利润的一部分转化为利息，是由于资本家分为货币资本家与产业资本家，而利息率的大小，则是由于这两类资本家间有竞争，货币资本家倾向于多要，产业资本家则倾向于少给，这是很明白的。问题在于总利润分为纯利润或企业利润与利息，原是一种量的分割，到头却表现为质的分割。原因是产业资本家对贷者支付的利息，表现为原利润中属于资本所有权自身的部分，与此相反，属于产业资本家的利润部分即企业利润，“好象纯然是由他用资本在再生产过程内实行的操作或机能，特别是由他当作产业上或商业上的企业家的机能发生的”[④]。其结果，尽管来自同一剩余价值来源的企业利润与利息，后者竟表现为资本所有权的单纯的结果，前者表现为仅仅用资本发生机能的结果，这两者彼此相互独立化，硬化起来，就不但使得社会全部资本全体资本家阶级相应取得一种质的分割的性质，并且使得形成利息的利润

① 马克思：《资本论》第 3 卷，人民出版社 1956 年版，第 428 页。
② 马克思：《资本论》第 3 卷，人民出版社 1956 年版，第 438 页。
③ 马克思：《资本论》第 3 卷，人民出版社 1956 年版，第 448 页。
④ 马克思：《资本论》第 3 卷，人民出版社 1956 年版，第 468 页。

部分，好象只是出自资本单纯所有权，出自资本自身，不是与产业资本和商业资本发生联系，而是与货币资本发生联系。于是，

第五，“在再生产过程中，机能资本家代表别人所有的资本，而与工资劳动者对立；货币资本家，则由机能资本家代表，而参与劳动的剥削。活动的资本家，本来只是当作生产资料的代表，和劳动者对立，来实行他的机能，使劳动者为他劳动，或者说使生产资料当作资本来发生机能。但看到再生产过程内的资本机能与再生产过程外的资本所有权的对立，这个事实就被人忘记了”①。不但如此，由于这种对立的存在，由于作为企业利润与利息来源的剩余价值，总归是资本自体由再生产过程引出来，还由于前面讲到，利息表现为资本所有权自体单纯的结果，企业利润则表现为是机能资本家在工商企业上用那种资本来发生机能的单纯结果，这样，就不但利息不与工资劳动相对立，连企业利润也不与工资劳动相对立，以致获得企业利润的产业资本家，就以非资本所有者的身分，只“表现为与资本相分离的机能者，表现为劳动过程的简单担负者，表现为劳动者，并且正好是表现为工资劳动者”②。在这里，他们把企业利润偷换为监督指挥劳动工资，企图使自己的产业资本家身分，披上工资劳动者的外衣，而绝没有想到，他们自己和他们所雇佣的大小监督指挥劳动人员的那种监督指挥劳动，那种专门用来加强榨取一般劳动者的特殊的、为马克思所指称的“剥削的劳动”与一般直接生产者的“被剥削的劳动”，完全是两回事。监督指挥劳动在对抗的社会生产过程中发生的生产的机能，是通过它对一般直接生产者的劳动的加强榨取来表现的。

第六，就在作为总利润的一部分的企业利润，被看作是劳动工资的同时，它的另一部分即利息，也由它的自始就表现是资本自身所有权的单纯结果，并由于它的占有者不直接参加剥削，而更加向着脱离现实基础的外表化与独立化的形态发展。其结果，“在生息资本上，资本的运动是缩短了；媒介的过程是省略了”③。我们在开始时看到的

① 《资本论》第3卷，人民出版社1956年版，第477～478页。

② 《资本论》第3卷，人民出版社1956年版，第479～480页。

③ 《资本论》第3卷，人民出版社1956年版，第495页。

$G—G—W\begin{cases}Pm\\A\end{cases}\cdots P\cdots W'—G'—G'$ 公式，被缩短省成 $G—G'$。

“在 $G—G'$ 上，我们有资本的无概念的形式，有生产关系最高度的颠倒和倒转：生息的形态，资本的简单形态，在其内，它是当作它自己的再生产过程的前提被假定着；货币或商品，和再生产相独立，已经有增殖自己的价值的能力——这是最显著形态上的资本神秘化。”①

生息资本由它完全的公式

$$G—G—W\begin{cases}Pm\\A\end{cases}\cdots P\cdots W'—G'—G',\text{简化为 }G—G',$$

已经使人看不清它的来源了；又加上这种资本形态，在近代产业资本发生以前，已经和商业资本一同作为所谓洪水期前的资本形态而存在，这就更加深了人们的幻觉。马克思其所以对于英国经济学者马希把利息看成是所借资本生产的利润的一部分②，给予以有划时代意义的发现的评价，其原因就在这里。可是，事实的真相，尽管在十八世纪中叶，就由马希揭示出来了，随着产业资本发展而逐渐发展起来的信用制度，特别是银行信用制度，却通过各种虚拟资本形态的活动，使人们对生息资本的本质的认识，又增添了不少障碍。接下去，我们将由生息资本一般，移向它的特殊发展形态的银行资本。

（二）在本书前面第一卷第三章，已经讲到了货币当作支付手段的机能，在这一卷第四篇第十九章，又讲到货币在产业资本以及商品经营资本的流通过程中，通过各种纯技术的运动（如货币的收付、保管等），独立化为一种特殊的资本机能，即货币经营资本的机能。不过，上面所讲的货币经营业，在纯粹形态上，是只和商品流通的一个要素的技术有关的，没有涉及信用制度，尽管银行信用制度，在它的起源上，是和货币经营业有一定的联系的。随着商业及资本主义生产方式的发展，逐渐通行于生产者与商人间以及商人与商人间的商业信用，他们的相互垫支或汇票流通，乃一步一步地集中到银行方面。同时，一向由货币经营业者为商工业者经营的货币业务，也逐渐由生息资本或货币资本的管理，使他们成为货币资

① 《资本论》第3卷，人民出版社1956年版，第494页。

② 《资本论》第3卷，人民出版社1956年版，第448页。

本的实际贷者和借者中间的媒介人，而为货币经营业发展到银行业铺平了道路。这就表明，一方面，真正的银行信用，是以商业信用为基础，而一般的银行业务，又是原来的货币经营业的继续与发展。银行首先表现为贷借资本出纳的总汇。它所支配的贷借资本，一部分是来自工商业者作为准备基金保存的或他们在收付上收进的货币资本，一部分是由货币资本家存进来并委托它贷借出去的，还有一部分是由准备渐次消费的各种所得储存进来的，而它所给予的信用，则是采取汇票贴现、各种形态的垫支（如以个人信用为基础的直接垫支，以有息证券、国债券、各种股票作抵押的银行垫支，特别是以提单、仓库及其他各种关于商品所有权合法证件作抵押的垫支）、存款的透支等等来实行①。单就上述这种借入贷出的活动讲，“一个银行，一方面代表货币资本的集中，贷者的集中，另一方面又代表借者的集中”②。银行成了货币资本的总管理人。由这样统一发展起来的信用就在资本主义生产中，以积极消极两方面来发生作用。从积极方面说，它对于产业各部门间的利润率的均衡化，对于立脚在整个资本主义生产上的均衡运动，起了媒介的促进作用；对于各种与货币有关的流通费用，被大大缩减了；商品的形态变化，资本的形态变化，从而再生产过程，因此加速了，那些需要不断在货币形态上存在的准备基金，也相应减少了，尤其是伴随着银行信用发展而出现的股分公司，使得以前只能由政府经营的大规模企业，已经可以采取公司的经营形式了，已经在以社会化的资本形态来与私人企业资本相对立了。在这当中，“信用又使个别资本家或当作一个资本家出现的人，在一定限界内，可以绝对地支配别人的资本和别人的财产，并由此支配别人的劳动。对于社会资本（不是自己所有的资本）的支配权，使他对于社会劳动有支配权。因此，一个人实际有的或公认有的资本，不过还是信用上层建筑的基础。大商业特别是如此”③。在这里，我们已不难看到，信用制度在促进资本主义扩大生产规模和加速流通运动的同时，已经预示了它的反作用或消极破坏的影响。人们早就认识到，在信用的活动上，“一切便利营业的事情，也会便利投

① 《资本论》第3卷，人民出版社1956年版，第510页。
② 《资本论》第3卷，人民出版社1956年版，第509页。
③ 《资本论》第3卷，人民出版社1956年版，第560页。

机，在许多场合，营业与投机是紧紧结合在一起的”①。事实上，“银行业者资本的最大部分，纯然是虚拟的，是由债务要求权（汇票），国债券（代表已经消灭的资本）和股票（对于未来收益的凭证）构成”②。银行就是靠了这些虚拟的资本和仅少部分代表现实价值的资本的保证，来反复进行贷款、抵押、贴现等等业务活动，更正确地说，就是来反复进行投机和欺诈的活动。同时，与银行业者打交道的大商工业者，特别在股份制度下，又都是些资本的非所有者，他们不会象那些用自己私有的资本来发生机能的人，知道小心权衡他的业务的限界，结果，信用制度就表现为生产规模过度扩张、商业过度投机的主要支点，它变成了“把资本主义生产的发条——由榨取他人劳动而致富——发展成为最纯粹最巨大的赌博和诈欺制度”③。尽管每次的过度的信用，以及由此引起的过度生产与过度商业投机，总是以破局的危机而告终，但经济情况一旦好转，这各方面的过度活动，重又在竞相追逐利得的要求下开展起来。这已经成了一个规律。

（三）现在要进一步说明的问题是，狭义的货币资本即在生息资本形态上的货币资本的积累，如果归根结底，不外是对于生产的要求权的积累，那么，这里就有两个问题被提出来：其一是，看前者的积累，究在何种程度指示资本的现实积累；其二是，看前者的缺少，又在何种程度指示现实资本的缺少，它与货币自身的缺少、流通手段的缺少是一致的么？在答复这个问题之前，需要进一步明确一下货币资本与现实资本的真正含义。所谓现实资本就是指着处在再生产过程不同阶段的商品资本与生产资本，即一般商工业资本，而这里的货币资本，并不是产业再生产过程中的货币资本，而是在生息资本意义上的货币资本。我们已在前面讲过，作为生息资本或贷借资本的货币资本，在很大程度上是虚拟的、想象的资本。既然如此，这种虚拟的货币资本的积累，究与现实的商品资本与生产资本的积累，保持着怎样的关系呢？那大体可以从三个方面来说：首先，前者在一定的程度反映着后者；其次，前者与后者相独立，由银行信用的发展

① 《资本论》第3卷，人民出版社1956年版，第515页。

② 《资本论》第3卷，人民出版社1956年版，第603页。

③ 《资本论》第3卷，人民出版社1956年版，第563页。

而自我扩大；还有就是前者以后者为牺牲。要说明这些关系，需要就银行信用发生前后的情况，加以比较考察。我们已经知道，银行信用是在商业信用的基础上发展起来的。商业信用是从事再生产的资本家相互给予信用，它依赖资本的归流，清算相互间的债务要求权，而且不排除清算差额现金的支付。这已说明，商业信用的范围，会与产业资本自身的范围一同扩大；这种信用的最高限，是产业资本的最充分使用，它的扩张，是以再生产的扩张为基础。只要归流迟滞，市场充塞，价格下降，以致巨额商品不能卖出，信用缺乏现象，就会发生。在这种限度内，商业信用对于产业资本扩大或收缩的反映，是非常明白的。自银行信用参加进来以后，商工业者相互间的信用，就变得错综复杂，并还逐渐为前者所代替；一切欺诈投机活动就跟着出现了。到了这种场合，贷借资本的积累，就对生产资本的积累，显示为一个独立运动。我们由此就理解到，贷借货币资本上的积累，会在何种程度与现实的积累，即再生产过程的扩大相一致的问题，要进一步看信用资本是怎样由货币转化来的：是单纯由货币转化为贷借资本呢？还是由资本或所得转化为货币，再由货币转化为贷借资本呢？很显然，前一转化，是非常简单的，是可以依种种方式与现实资本运动相独立而大大积累起来的，后一种转化，即由资本或所得到货币，再到贷借资本的转化，包含有积极意义，它的积累，是现实资本积累的结果，是再生产各种要素增加的结果，但不论这两种转化及其积累过程如何不同，各种形态的借贷资本的要求权，最后总要取偿于现实资本所生产的剩余价值或利润，那还可以是以产业资本为牺牲而实行的；在产业资本循环的不同阶段，利息率往往竟能够高到把所有的利润完全吞并掉。在这里，我们看到了，随着资本主义生产与商业的发展，随着信用制度的发展，站在再生产圈外，与商工业资本家相对立的货币资本家、各种证券经纪人、银行业者阶级人数及其所控制的社会物质财富，也会大大增加起来。尽管他们对于剩余价值的剥削，是通过产业资本家来实行的，是第二次的，但是只要有可能，产业资本家总是想尽办法，把他们从各种货币资本家那里受到的"盘剥"，转嫁到无产阶级身上。而且，由过度的信用引起的过度的生产和过度的商业，以及由此造成的危机与祸害，也主要要由无产阶级来承当。论到这里，我们已不难看到，马克思的货币资本理论，不但是完整的、透辟的，并还沿着他的劳动价值学说——剩余价值学说的线索，而把它引到一个全新境界。

(四)但是必须指出,马克思在展开他的货币资本理论的说明时,一直在对于资产阶级经济学者有关的学说,特别是结合着银行立法、银行业务,对有名的通货学派与银行学派的学说,进行非常生动而深入的批判分析。那可以看作是他在《政治经济学批判》中关于流通手段和货币学说的进一步的阐述。

从资本主义在十六世纪开始的新纪元以来,货币的问题,就一直在它不同的发展阶段,以不同的提法,成为资产阶级经济学者所关心着和论争着的问题。并由此产生了一些经济理论和政策上的不同派别。十六十七世纪,是重商主义——货币主义盛行的时期,当时国民生产大部分,还是封建的,工农业产品还基本上没有变成商品。人们一般只把货币(贵金属)看为绝对财富。因为当时的资本主义活动,还只限于商业资本的流通活动,而获得货币——贵金属,就成为那种活动的目标。赚钱,是资本主义的本质,重商主义者素朴地、毫无保留地把这个本质给暴露出来了。

当古典经济学者把考察的对象,由流通方面转到生产方面,他们对于财富有不同的看法,对于货币的评价,大大地打了折扣,而对于重商主义者那样露骨地暴露资本主义本质,尤其感到不安而厌恶。他们把货币只看作是帮助商品流通的媒介,只是流通手段,因而认为,它不但不是商品生产的目的,并还认为流通手段太过充溢,只不过是对同量商品给予相应多的估价。有名的休谟的货币流通的三原则,就是当作所谓通货学派的最早的教义而确定下来的。那三个原则是:(1)一国中商品价格决定于该国中存在的金银数量;(2)一国流通中的货币,代表着国内存在的一切商品;(3)如果商品增加,商品价格就降落,货币价值就高涨,如果货币增加,那末,相反,商品的价格就高涨,货币的价值就降落。① 他完全是从货币数量论出发,认为金银没有内在价值,不是商品,商品在进入流通以前,也没有价格——价值。商品价格的增高或降落,决定于流通中的货币的数量。

休谟的通货理论或货币数量理论,是十七十八世纪贵金属大量流入,

---

① 参见马克思:《政治经济学批判》,人民出版社1955年版,第123页。

而物价不绝增高的反映。而在这方面作为休谟的继起者李嘉图所面对着的事实,却是纸币的贬值和商品价格的同时高涨。结果,李嘉图就有必要提出新的说明了。而他所坚持的商品价值决定于生产所费劳动时间的主张,也不容许他完全踏袭休谟的货币数量理论。他认为:“货币——金属货币——的价值,是由在其内对象化的劳动时间决定,不过要在货币的量与待交换的商品的量和价格保持恰当比例的限度以内才是如此。如货币量超过这个比例,它的价值就会下降,商品价格就会上涨;如货币量下降到这个恰当的比例以下,货币价值就会上涨,商品价格就会下降——假设一切其他的事情不变。在第一个场合,有过剩的金的国家,将会把它的落在它的价值以下的金输出,而输入商品;在第二个场合,金就会流往金被估价在它的价值以上的国家,而估价过低的商品就会由该国输往它能够获得正常价格的别的市场去。”①这说明,货币(金属货币)并不象休谟所认定的那样,在加入流通过程以前无价值,而是它的原来的价值,会在流通中遇到的商品量有多有少,其价格有大有小,因而成为更小或更大的价值记号。由于流通的银行券,是可以兑现的,它的实际价值与名义价格是一致的,它就会分有金属货币的同一命运。以致由金和银行券构成的全部通货的价值,会同样受到引起金属货币价值变动的上述法则的支配。这里且不忙指出李嘉图的这个关于通货理论的错误在哪里,先要说明的,是这个理论,简直被所谓通货学派奉为经典,为他们用来与银行学派作斗争的理论武器。作为李嘉图的大弟子,且是大银行家的欧维斯坦一流人物,就是把这个理论拿来作为支持庇尔爵士1844年和1845年银行立法的基本原则。可以说,1844年银行立法,不但是李嘉图通货理论的实践,并还是那个学说的考验。那个立法的主要内容是:全国的银行券发行,逐渐集中到英格兰银行;英格兰银行划分为一个发行部,一个银行部,以便相互监督;发行部发行的银行券,在1400万镑以下,以有价证券——其中最大部分为政府债券——为担保,这以上每发一镑的银行券,须有值一镑的金准备,即要有完全的担保;银行部为了信贷业务要在1400万镑总额以上从发行部取得一镑银行券,就须拿出一镑与它交换的黄金。据说,根据这个作法,银行券的发行将受到限制,由通货过多过少引起的物价波

① 《资本论》第3卷,人民出版社1956年版,第707页。

动，就可以减少，商业循环的危机就可以防止。事实上，除了英格兰银行由垄断控制发行，得到了大大提高利息率的好处外，银行划分两个部分，使它不能机动适应客观需要，正好造成了加速加深危机的结果。1844年银行法实行不久后的破产，不能不使人联想到李嘉图的通货理论的脆弱点。他按照休谟以来的传统，只把货币看成是流通手段；他把一个国家所有的黄金（一部分白银），都看成是铸币；他还认为适用于铸币的流通法则，完全适用于可以兑现的纸币，因而，过充的流通手段的减值，“不是指纸币与金相比的减值，而是指金和纸币合起来看的减值，是指一国流通手段的总量的减值”①。这就把流通手段以外的一切货币机能都抹煞了，把金的现存量与铸币的流通量混淆了，把铸币流通法则与纸币流通法则混为一谈了。

李嘉图的通货学说的片面性，早就为反对他们的银行学派所责难，但由于他们走到另一个片面去了，始终没有能够在理论上提出有说服力的论点。银行学派的代表人物，是杜克和富拉吞等人。他们的代表意见，是把货币看成资本，把货币区分为流通手段与资本；认为在商人与消费者间当作所得流通的是货币，而在商人与商人间作为支付工具的则是资本；输出的金显然不是作为流通手段，而是作为支付手段，而是资本。他们的这个不同于通货学派的看法，使得他们在实践上也有不同的主张。不论是杜克还是其他银行学派人物，都把金输出看成是非常值得忧虑的事，他们举出了许多由金输出招致危机的例子。在这点上，他们简直是重商主义的信徒。但不输出金，是不是要用它作为发行的准备呢？不是的，他们和通货派相反，不认为发行要有充分准备；在他们看来，银行要受到限制的，不是在发行上，而是在信用上，只要没有过度的信用，就不致要求过度的发行。他们相信“任何银行都不能超过公众需要所决定的数额来发行它的银行券”②。单就这方面讲，他们还象是比较言之成理的。可是作为他们的理论出发点的流通手段与资本的区别，却经不起推敲。他们不就货币与资本来考虑，而就货币的一种机能——流通手段与资本来考虑，而没有理解到，“把流通当作所得的流通和当作资本流通间的区别，转化为流

① 《资本论》第3卷，人民出版社1956年版，第708页。

② 《资本论》第3卷，人民出版社1956年版，第577页。

通手段和资本的区别，是一种完全的颠倒"①。事实上，"当作支付手段的货币和当作购买手段(流通手段)的货币的区别，是一种属于货币自身的区别；不是货币与资本间的区别"②。而且，货币并不因为它采取了资本形态，就改变了它本身的这样那样的机能。当机能资本家把借来的货币，当作资本支出，去购买生产资料或支付工资时，人们并不能因为它已采取资本形态，就不再有购买手段支付手段的机能。从这里，我们看到银行学派关于资本概念，是非常混乱的。他们不但没有把作为货币的货币与作为资本的货币区别开，也没有把用作机能资本的货币资本与作为生息资本的货币资本区别开。结果，就认为他们用作生息资本的货币资本，和商品资本生产资本是同一性质的东西。金的输出，作为他们的生息资本的货币资本的输出，就被看成是资本的输出。马克思说："象启蒙经济学坚决地企图把货币看为不是资本一样，这种银行家的经济学是坚决地认为货币事实上是最突出意义上的资本。"③

可是，这种看来象是不易调和的意见，一到危机来临的金融紧急关头，就不一样了，但这时改变主意的，不是银行学派，而是通货学派。"启蒙经济学者在它专门地考察'资本'时，是以最轻蔑的眼光来看待金和银，把它们看作是资本的事实上最不关紧要和最无用处的形态。但一讨论到银行制度，那就一切都倒转过来了，金和银成了最突出意义上的资本。"④事实上，"杜克和欧维斯坦双方都承认，为了要在紧急时期保持金属的基础，让现实的财富忍受最大的牺牲，是必要的。争点不过旋转在加号还是减号上面；所争的，只是这种不可避免的事，应该以更合理的还是以更不合理的方法去应付"⑤。这里所谓不可避免的事，就是指着"一旦信用动摇——这个阶段，在近代产业的循环中总是必然会出现的——一切现实的财富，就都必须现实地突然地转化为货币，为金和银"⑥。如果说在资

---

① 《资本论》第3卷，人民出版社1956年版，第569页。

② 《资本论》第3卷，人民出版社1956年版，第570页。

③ 《资本论》第3卷，人民出版社1956年版，第595页。这里所谓启蒙经济学是指休谟一流人物的通货理论。

④ 《资本论》第3卷，人民出版社1956年版，第743页。

⑤ 《资本论》第3卷，人民出版社1956年版，第742页。

⑥ 《资本论》第3卷，人民出版社1956年版，第743页。

本主义生产的基础上，由货币制度向信用制度发展，是一个必然的趋势，那么，只要还是在资本主义生产基础上，由信用制度帮同造成的周期危机，也就会不断突然地要使信用制度逆转到货币制度。不论是通货学派，还是银行学派，都不能就资本主义生产的特点，去理解货币制度与信用制度的本质及其转变过程，去分辨货币与资本的区别及其形态的变化。如果说过去的资产阶级经济学者不能不在有关这一方面的理论上留下许多漏洞和矛盾，到了金融资本统治的当代，一味以辩护为能事的庸俗经济学者，就更没有希望从本质上去理解这种问题了。

关于《资本论》第三卷最后一篇“各种所得和它们的来源”的概括说明*

这一篇是紧接着上面各种具体分配形态来讲的，可以视为是这一卷的综合结论。但作者在讲述各种所得的来源时，回顾到了第一卷、第二卷的最基本的内容，最后才归结到整个资本主义社会的生产关系，归结到由一个阶级的剩余劳动养活全社会其他一切阶级的那种阶级关系。所以，这一篇，又可以说是对全书的总结。

这一篇讲到：三位一体公式，生产过程的分析，竞争的假象，分配关系与生产关系，阶级。乍然一看，似乎断简残篇，其内在联系，也不大容易把握。但恩格斯在编者序言中指出，这一篇的初稿，是马克思完全写好了的，最后一章只开了一个头没有写下去，乃因马克思有一个写作习惯，总希望在最后编好付印时，把最新的最现实的材料加进去。① 讲到这几章的逻辑程序，大体上是这样展开的。三位一体的公式是资产阶级经济学者间最流行的也最庸俗的分配程序；这个分配理论包含着社会生产过程的一切秘密，需要就包括各种分配形态的总再生产过程予以揭露和分析；而在进行那种揭露与分析时又必须根据竞争不可改变的基本事实，以消除由它所由产生的各种颠倒错乱的假象。由是归结到分配关系受决定于生产关系；到这里我们才深切了解，所谓近代社会的三大阶级（资本家阶级、劳动者阶级、地主阶级），分别依不同的所有者形式（资本的所有者、单纯劳力的所有者、土地所有者），获得不同所得（利润、工资、地租），在实质上究是怎么一回事。

在说到三位一体时，马克思首先就这个公式包含的三个分组资本——利润、劳动——工资、土地——地租的来源，即资本、劳动、土地三

* 本文原载于《厦门大学学报》（社会科学版）1966 年第 1 期，原文署名：王真。——编者注

① 马克思：《资本论》第 3 卷编者序，人民出版社，第 8 页。

者的不同性质和没有共同点，来说明它们不可能成为综合在一起的命题；然后再就它们的产物即利润（或利息）、工资、地租三者属于同一价值的范围，来论究它们是通过怎样认识过程，而达到这个最庸俗最荒谬的理解的。他告诉我们，这个公式把社会生产过程的一切秘密都包括在里面了，因为资本主义的生产特征，就是表现在剩余价值形态上，假使把这个公式中的第一个分组资本——利润，掉换成资本——利息，那就是我们在前面第五篇谈到的生息资本公式 $G-G'$，由货币到更多的货币，那末，剩余价值的痕迹，就被消灭得干干净净了。但首先要问，列在这个公式中的资本、劳动、土地这三个因素，它有什么共同点呢？资本不是任何物，而是一定的、社会的，属于一定历史社会形态的生产关系；劳动就它本身来看，一般地说，是并不存在的一个抽象，如说它是指着人的生产活动，它就不仅脱弃了一切社会形态和性质的规定性，并且只有作单纯的自然存在物，与社会相独立；至于土地，它其实就是无机的自然自身，是地球的一个片段，这"逐年可以利用的财富的所谓源泉，是属于绝不相同的各个领域，彼此间没有任何类似的地方。它们相互间的关系，和证人手续费，人参，和音乐相互间的关系有点相象"①。如果说，资本是属资本主义生产方式所特有的，劳动与土地则是现实劳动过程的两个要素，是为一切生产方式所共有的。就是把这个三位一体公式表现为资本——利息，工资劳动——劳动工资，与资本主义生产方式相适应的土地所有权——地租，那至多也只能使它在社会形态上一致起来，若把它们归属到价值的范围内来说明，就矛盾百出了。资本——利息，是一个消灭了一切中介的无概念无内容的不能理解的公式；劳动——工资（劳动的价格），自始就是在价值概念上相矛盾的；土地所有权——地租，一眼看去，就知道是不合理的，一方是一个使用价值，一个物，他方则是一个确定的社会关系，剩余价值，土地怎样会创造它自己的生产物中的那个特殊的形式地租的价值部分呢？可是，"不管这各种关系在其他各点上表现得怎样不同，它们总还是有这个同点：资本逐年为资本家提供利润，土地逐年为地主提供地租，劳动力——在正常的关系下，并且在它依然是可以使用的劳动力的时候——逐年为劳动者提供工资。……它们好象是一株或宁可说三株长生树的可以逐年供人消

① 马克思：《资本论》第3卷，人民出版社，第1066页。

费的果实，它们形成三个阶级的年所得，即资本家、地主和劳动者的年所得。这各种所得，是由机能资本家，当作剩余劳动的直接榨取者和劳动一般的使用者，来分配的”①。尽管这种分配，是把年生产物的总价值物当作前提，是把对象化的社会劳动作为前提，但在剩余生产的代理人看来，资本、土地私有权和劳动，总是三个不同的互相独立的源泉；地租、利润、工资，就好象分别是由土地，由生产资料，由劳动在简单劳动过程所起的作用发生的。这显然是一种颠倒。“一切已经有商品生产和货币流通的社会形态，都有这种颠倒。但在资本主义生产方式和资本（资本主义生产方式的统治的范畴，它的决定的生产关系）上面，这个怪诞的和颠倒的世界还更发展得多。当我们首先考察直接生产过程内的资本，把它视为剩余劳动的吸收器时，这种关系还是极简单的，现实的联系会闯进这个过程的担负者，资本家心中，并且还是在他们的意识内。关于劳动日界限的激烈的斗争，适切地证明了这一点。但甚至在这个非间接的领域内，在劳动和资本间这个直接过程的领域内，事情也不会停留在这样简单的地位。跟着相对剩余价值在真正特殊资本主义生产方式内发展——劳动的社会生产力会跟着发展——这各种生产力和劳动在直接劳动过程内的社会联系，都好象由劳动移到资本上面来了。由此，资本已经取得一个极神秘的性质，因为劳动全部的社会生产力，都象不是劳动本身所有，而是资本所有，是由资本自己胎里生出的力量。”②讲到这里，马克思接着就第二卷所讲的流通过程如何插进来，还就第三卷所讲的资本的均衡化过程，价值到生产价格转化过程如何插进来，使得对象化的社会劳动，即社会总价值与各种所得间的关系，显得非常神秘、疏远、颠倒错乱、不可理喻的情形，作了说明。当企业利润采取工资形态，生息资本变成资本本身，地租成为土地这个自然要素的产物的时候，“资本主义的生产方式的神秘化，社会关系的物化，物质的生产关系与其历史——社会规定性，直接混而为一的过程是完成了”③。我们在经济三位一体中，看到了资产阶级庸俗学的最集中的表现。对于这个被看成是相互独立而又颠倒错乱的世界，古典经济

① 马克思：《资本论》第3卷，人民出版社，第1075～1076页。

② 马克思：《资本论》第3卷，人民出版社，第1082～1083页。

③ 马克思：《资本论》第3卷，人民出版社，第1087页。

学曾从资产阶级社会的内部联系，去求得统一的理解："它把利息还原为利润的一部分，把地租还原为平均利润以上的余额，让二者在剩余价值内合而为一；因为它把流通过程当作单纯的形态变化来说明，最后并在直接生产过程内，把商品的价值和剩余价值还原为劳动。"[①]在这点上，古典经济学确实有伟大的功绩。但当作资产阶级经济学理论，它的说明，是不可能不陷于不彻底、矛盾和半途而废的状况中的。马克思接着就通过社会总资本的生产物价值的分析，来指出它发生错误的关键所在。

生产过程的那一章，就是对社会总资本的生产物价值进行分析。前面第二卷第三篇社会总资本的再生产与流通，原来只是讨论社会总资本的运动问题，但那里是从流通的角度出发，而这里则是从分配的角度出发；那里在说到各种价值成分时止于讲剩余价值，但尚不曾具体地说明剩余价值的转化形态——利润，尤其是没有涉及它的各种具体形态：企业利润、利息和地租。在这一卷前面既分别就这些问题作了交代，这里已经有必要把它们包括在社会总资本的生产物价值的分析中来进一步予以说明了。一个商品的价值，包括三个组成部分：不变资本价值、可变资本价值，加剩余价值。其中剩余价值又分为它的各种转化形态：平均利润加地租或者企业利润加利息加地租。这就个别商品的价值说是如此，就社会总资本的生产物的价值说，也是如此。但如我们在第二卷第三篇说及前人关于总再生产问题的看法时，曾指出所谓亚当·斯密教条的错误，那个教条只承认个别商品价值分解为不变资本加可变资本加剩余价值，至于社会总资本的生产物价值，则认为那是等于可变资本加剩余价值或工资加利润加地租。而不变资本，只不过是"商品价值一个外表上的要素，会在总联系中消灭"[②]。这个教条，包含着并且会引出一系列的错误。并且"这个错误，自亚当·斯密以来，就贯穿着全部政治经济学"[③]。社会总产品的价值，如果只表现为工资、利润加地租这三种所得之和，而没有不变资本价值这个因素包含在内，这讲得通么？马克思曾在第二卷第三篇有关场所予以批判分析，这里更结合所得问题，综合地讲到了其中的原因：

---

① 马克思：《资本论》第 3 卷，人民出版社，第 1087 页。
② 马克思：《资本论》第 3 卷，人民出版社，第 1107 页。
③ 马克思：《资本论》第 3 卷，人民出版社，第 1096 页。

首先说明，那是由于不了解不变资本和可变资本的基本关系，不了解剩余价值的性质，从而也是不了解资本主义生产方式的全部基础；资本家对剩余价值、剩余劳动的榨取，就是把不变资本要素或生产资料作为手段；他把货币资本多少用在生产资料上，多少用在劳动力上，就是看那种比例是否最大可能的榨取剩余劳动。怎么能从商品的总价值中，把作为生产资料的不变资本要素除外呢？其次说明，那是由于不了解劳动的两重作用，不了解它在加入新价值时，怎样在新形态上保存旧价值，而不是把这个价值新生产出来。这一点，可能对于那个错误教条的产生，有着决定的意义。再次说明，那是没有从总资本运动的观点，去理解再生产过程的联系；在总资本的再生产运动中，不只要求各种价值成分得到补偿，并还要求各种价值成分所由体现的物质要素在自然形态上进行更替。从社会总产品价值中，排除掉不变资本价值，虽然象是省去了有关这一方面的补偿更替的麻烦，但有什么实际意义呢？还有，总产品价值只分解为工资利润加地租的错觉，无疑受到了资本与所得的暧昧关系的影响，即这两个牢固范畴的规定性会相互交换，并变更它们的位置。比如，资本产生所得，所得没有消费的部分，又成为资本；又如有的商品的生产，在一年内要通过一些不同阶级，毛线在一个阶段，形成不变资本的部分，毛织品则在另一个阶段，供个人消费，完全加在所得内；又如在总再生产过程中，Ⅰ部类的资本家与劳动者的所得，在价值和物质两方面，补偿替换Ⅱ部类资本家的不变资本……诸如此类的经验事实，会使得人们有这种印象：对一个人为所得的东西，对另一个人是资本；资本与所得的区别，从个别资本家观点看，又是相对的，而从总生产过程的观点看，则会归于消失。最后，由价值到生产价格的转化，由剩余价值到各种所得形态的转化，都在转化过程中插入一系列的中间环节，极容易使人忘记“商品的价值是基础；这个商品价值会分成各个特殊的成分，这各种价值成分会发展为各种所得形态，转化为不同各种生产要素的不同所有者对这些个别价值成分的关系，并依照一定的范畴和名义分配在这些所有者间这一个事实，一点也不会影响价值的决定和价值决定的法则自身”①。一个社会的总生产物或马克思所称的总收益，就是等于各种形成不变资本和可变资本的物质要素，加利

① 马克思：《资本论》第3卷，人民出版社，第1108页。

润和地租借以表现的剩余生产物的物质要素。在总生产物价值中，除去垫支的并且在生产上消费掉的不变资本所借以补偿的价值部分，就是总所得，即工资加利润加地租。而在总所得中除去以可变资本名义支给劳动者的工资，剩下的才是属于资本家与地主的纯所得，即由剩余价值转化来的利润与地租。然而，对于总收益、总所得、纯所得的这种科学的区别和理解，在资产阶级经济学者是很难想通的。他们梦寐以求的，是剩余价值，即利润加地租，可是，在理论上，他们却自欺欺人地说政治经济学的目的，在增进所谓国富或国民所得(工资加利润加地租)。围绕着所得问题在价值论上从而在分配论上引起的种种混乱，有许多正是从这里出发的。由于他们不敢正视这个总所得与纯所得的本质关系，遂不惜为逃避困难，而在理论上大兜其圈子，最富有特征的表现，是一面认定商品价值分解为工资加利润加地租，一面又不自觉其矛盾地认定工资加利润加地租构成商品价值。设使把不变资本从商品价值中除去的做法，放在一边，那就无异是说，价值是各种所得的来源，同时各种所得又是价值的来源。后面这种颠倒，被竞争的过程弄得非常复杂了，所以马克思接下去再从商品的价值是基础这个原则出发，来全面清理一下由竞争在其中所造成的假象与混乱。

在竞争的假象这一章中，马克思为商品价值到生产价格的转化，为剩余价值到各种所得形态的转化，按照现实的经济关系，设定了它们在转化过程中的不可逾越的科学的限界，这就使一切假象与诡辩，没有逃避躲闪的余地。就社会总资本的生产物的价值，除去在转化中不发生影响的不变资本部分来说，其余价值部分转化为各种所得形态，受着下述一系列经济关系的制约。首先，就依价值(除去不变资本)分配为各种所得而论，马克思是这样指示我们的："逐年由新加劳动新加到生产资料或不变资本部分上面去的价值，会分化并分解为不同的所得形态，即工资、利润，和地租，但这种分化和分解不会改变价值自身的限界，不会变更分归这些不同范畴的价值总和；和这些个别部分相互间的比例的变化不能变更它们的总和，不能变更这个已定的价值额一样。"[①]那就表明，分为工资、利润和地租的商品价值额，商品各价值部分的总和的绝对限界，是已经被确定了的；就个别的范畴(工资、利润和地租)自身说，它们的平均的和起调节作用的限界，也是

① 马克思：《资本论》第3卷，人民出版社，第1125页。

已经被确定了的。再就剩余价值与工资的关系说,剩余价值的正常状态,自始就是以一个与劳动力价值相当的工资作为前提,“如果劳动者再生产其工资价值所必要的劳动日部分,在他的工资的物理的最低限度上,有它的最后限界,劳动日的别一部分,即代表他的剩余劳动的部分,或表示剩余价值的价值部分,就在劳动日的物理最高限界上,那就是,在劳动者在他的劳动力得以保存和再生产的情况下,每日一般可以拿出的劳动时间总量上,有它的限界”①。而平均的工资,不过是在这个工资的物理的最低限界与劳动日的物理的最高限界之间,由劳动者间、资本家间的竞争所形成并由它来调节一般工资的水平。“在每一个国家,在一定的时期,这个起调节作用的平均工资,都是一个已定量。因此,其他各种所得全体的价值,就有一个限界了。”②剩余价值本身的限界,既以工资为基础,受到工资的制约,它分割成的两个部分:平均利润与地租,首先就受到剩余价值本身大小的制约;“平均利润加地租的总和,在它的正常形态下,也从来不能比总剩余价值大,虽然可以比总剩余价值小”③。并且,“象新加的并且一般地分解为所得的商品价值,会在必要劳动和剩余劳动,工资和剩余价值的比例上,遇到一定的起调节作用的限界一样,剩余价值自身分为利润和地租的分割,也会在那种规定利润率的均衡的法则上,遇到限界。在利息和企业利润的分割上,平均利润自身就是二者合计的限界,它会供给一定的价值量,它们就是分割这个,也只能分割这个”④。总起来说,商品价值(舍弃去了不变资本)按照这样的序列分解下去:

- 商品价值
  - 工资
  - 剩余价值
    - 平均利润
      - 企业利润
      - 利息
    - 地租

---

① 马克思:《资本论》第 3 卷,人民出版社,第 1126 页。

② 马克思:《资本论》第 3 卷,人民出版社,第 1126 页。

③ 马克思:《资本论》第 3 卷,人民出版社,第 1091 页。

④ 马克思:《资本论》第 3 卷,人民出版社,第 1129 页。

都一层一层地有它的量的限界与规制，在由价值到生产价格，到它分解的各种所得转化中，由竞争引起的变动，引起的工资价值、利润率、地租率的变动，总只能在新创造的确定的商品价值所划定的限界内进行。尽管这些价值分解成的各种成分的“确定的分割比例是偶然的，完全由竞争关系决定”[①]；“只有在地租是以独占价格为基础的时候，方才会发生一个例外。但这个唯一的例外，不会改变法则自身，不过使研究更为复杂”[②]。事实上，“价值到生产价格的转化，不取消利润的限界，而仅仅改变它在社会资本由以构成的不同各个特殊资本间的分配，比例于它们在这个总资本内所占的价值部分，均等地把它分配在它们之间。市场价格会提高到起调节作用的生产价格以上，或下降到它之下，但这各种变动会相互抵消。如果考察较长时期的物价表，把商品现实价值因劳动生产力变动而发生变化的场合，及生产过程由自然的或社会的意外事故而受到扰乱的场合除开不说，我们看见：(1)这各种差异的比较狭隘的限界；(2)它们的均衡的规律性，不免会觉得惊异”[③]。市场价格的变动，是和劳动工资、利润率地租率的变动有密切关联的，这个完全受竞争支配的领域，从长期考察起来，其变动的差异既是那样狭，而其均衡规律性又是那样强，足见由竞争在各种所得分配方面引起的变动，只要肯从“商品价值是基础”这个原则出发，一切呈在所得问题上的假象和错觉，是不难得到廓清的。

在所得问题或有关各种所得的分配问题的考察上，贯彻价值——剩余价值原理，一定要归结到分配关系从属于生产关系这个大命题。资本主义生产方式自始就以它具有这样两种特征，来和一切其他的生产方式相区别：其一是，它不只是把它的生产物当作商品来生产，并当作资本生产物来生产；其二是，它是把剩余价值，当作直接的目的和决定的动机。这种商品生产的主体是资本家，他购买生产资料与劳动力，来生产商品，生产资本生产物，就是为了要由此实现剩余价值。这样，所生产的商品的价值就包含生产资料价值或不变资本价值，劳动力价值或可变资本价值，再加剩余价值。由于剩余价值是资本家在生产过程中强制工资劳动者在

---

① 马克思：《资本论》第3卷，人民出版社，第1129页。

② 马克思：《资本论》第3卷，人民出版社，第1121页。

③ 马克思：《资本论》第3卷，人民出版社，第1127～1128页。

劳动力价值以上支出劳动力的结果，分配的过程，就是第二次的，先是年生产物价值分割为工资或劳动力价值与剩余劳动，然后才是剩余价值分割为利润（企业利润和利息）和地租。这也正是马克思要在第一卷讲生产过程时讨论工资，在第三卷讲资本主义生产总过程时讨论其他分配形态的一个重要原因。从这里我们也看到了，把各种所得形态不加区别的混同起来，其不可告人的目的，就在掩盖剥削的实质。事实上，逐年新加劳动新加到生产资料中的价值在工资、利润、地租诸所得形态间进行分配以前，已经有表现土地私有权与劳动手段占有权上的分配作为前提。这说明，资本主义的分配关系是从属于生产关系并与生产关系紧密结合在一起的。资产阶级经济学者尽管一直都强调资本主义是合理的自然的制度，说它的分配关系和生产关系一样是合理的、自然的。但等到各种残存的旧社会遗制，都被迅速发展起来的资本主义制度所代替和消除以后，资本主义制度本身的不合理不自然的性质，才开始为他们中间的一部分未完全失去“科学研究的良心”的经济学者所承认，但作为资产阶级的经济学者，他们的观点，总只能是片面的，认为资本主义制度不合理不自然的地方，只限于分配方面，并且那种“更进步的，更批判的意识，承认分配关系的历史发展性质，不过同时更加固执地，认为生产关系自身有不变的，由人类本性发生的，从而与一切历史发展相独立的性质”①。其实，分配关系不过表示为生产关系的一个方面，“只把分配关系看作历史的但不把生产关系也这样看的见解，从一方面说，只是对资产阶级经济学开始批判，但仍然拘守在其内的见解”②。

不能从生产关系来看分配关系，就不能正确地由商品价值关系来看各种所得的形态，结果，对于由工资劳动者、资本所有者、土地所有者，形成的近代社会的三大阶级，就以为他们分别是以单纯劳动力、资本与土地，为他们的所得，工资、利润、地租的来源。这样一来，“当作这样的所得，不是联系于那种当作它们的源泉的商品价值，而是联系于那些当作它们的源泉的特殊的物质生产要素”③。其结果，就使得人们在社会各阶级

① 马克思：《资本论》第 3 卷，人民出版社，第 1150 页。

② 马克思：《资本论》第 3 卷，人民出版社，第 1157 页。

③ 马克思：《资本论》第 3 卷，人民出版社，第 1108 页。

的所得问题上将发生这样的错觉："最初一看，好象就是所得和所得源泉的同一性。三个大的社会集团，其构成要素，形成它们的个人，是分别靠工资、利润和地租，靠他们的劳动力的价值增殖，他们的资本的价值增殖，和他们的土地私有权的价值增殖来生活。"①

这就是资产阶级经济学者心目中的资产阶级社会的阶级观。既然资本家阶级的所得，是靠"资本的价值增殖"；地主阶级的所得，是靠"土地所有权的价值增殖"；劳动阶级的所得，是靠"劳动力的价值增殖"，那就是谁也没剥削谁，那就和整个资产阶级（包括资本家与地主）完全是由劳动者阶级的剩余劳动养活的马克思主义剩余价值理论相反了。

---

① 马克思：《资本论》第3卷，人民出版社，第1160页。